21世纪法学研究生参考书系列

陈兴良 周光权◎著

刑法学的现代展开 II

中国人民大学出版社
·北京·

作者简介

陈兴良，男，汉族，1957 年 3 月生，浙江义乌人。1981 年毕业于北京大学法律系，获法学学士学位，同年考入中国人民大学法律系，1984 年获法学硕士学位，1987 年获法学博士学位。1984～1997 年在中国人民大学法学院任教，先后任助教、讲师、副教授、教授，1994 年被评为博士生导师。现任北京大学法学院教授、博士生导师、长江学者特聘教授。兼任北京大学法学院学术委员会主任、北京大学法治与社会发展研究院刑事法治研究中心主任、北京大学社会科学部学术委员会副主任、教育部社会科学委员会委员、国家社科基金学科评审组专家等职。1997 年入选国家教委首批跨世纪优秀人才培养计划，并获国务院政府特殊津贴；1999 年当选全国杰出中青年法学家；2000 年获教育部第二届“高校青年教师奖”；2004 年经人事部等八部委批准，入选为新世纪百千万人才工程国家级人选；2004 年入选教育部文科首批“长江学者”特聘教授；2007 年获美国犯罪社会学会国际学术奖；2010 年获日本刑法学会名誉会员称号。主要科研成果包括：撰写《刑法哲学》、《刑法的人性基础》《刑法的价值构造》《本体刑法学》等个人专著十余部，主编或参编刑法学著作三十余部，在《中国社会科学》《法学研究》《中国法学》等刊物发表论文三百余篇，有十余项科研成果获国家、省部级科研成果奖。

周光权，男，汉族，1968 年 1 月生，重庆市人。1992 年毕业于四川大学法律系，1999 年毕业于中国人民大学法学院，获法学博士学位。现为清华大学法学院教授、博士生导师，兼任第十一届、第十二届全国人大法律委员会委员、最高人民检察院案例指导工作委员会委员、教育部（特邀）国家督学、国家社科基金学科评审组专家等职，曾先后挂职担任北京市人民检察院第一分院副检察长（2007 年 11 月至 2010 年 7 月）、最高人民检察院公诉厅副厅长（2013 年 5 月至 2014 年 5 月）。2001 年 4 月至 2002 年 3 月，日本名城大学法学部访问学者。2002 年获第七届北京市哲学社会科学优秀成果二等奖，2003 年获第三届“胡绳青年学术奖”，2004 年获清华大学“学术新人奖”，2005 年获第一届中国青年法律学术奖（法鼎奖）银奖，

2010年获北京市“十大杰出青年法学家”称号，2014年获第三届钱端升法学成果奖三等奖，2014年获北京市哲学社会科学一等奖。主要研究领域为中国刑法学、刑法思想史等。主要科研成果：撰写《刑法客观主义与方法论》《刑法学的向度》《法治视野中的刑法客观主义》《刑法客观主义的中国展开》《注意义务研究》等个人专著11部；参编刑法学著作三十余部，在《中国社会科学》《中国法学》《法学研究》等刊物上发表论文一百八十余篇。

目　录

导 论 常识主义刑法观

刑法学在现代世界各国的发展呈现出如下总体趋势：理论构造越来越复杂、越来越精巧；对问题的研讨越来越深入，说理越来越透彻；学派尖锐对立，学说越来越多，共识似乎却越来越少；实质判断、规范判断越来越多，形式判断、事实判断越来越少。由此带来的问题是：刑法学似乎越来越脱离公众的生活常识，越来越成为公众看不懂的东西。因此，在刑法学发展一路高歌猛进的背景下，讨论刑法学如何关照生活常识，从而在其和生活常识之间确立某种关联这一问题，可能具有独特意义。

一、偏离常识主义的刑法学

1. 刑法越来越偏离我们的生活，偏离我们的常识，变得越来越难懂。这在德国、日本和中国都是如此。

刑法中的很多判断，取决于我们的日常生活中所形成的观念或习惯性思维。弗莱彻教授指出，在因果关系的感知过程中要注入习俗所具有的通常和可预期的标准。如果家庭中的烟雾报警器是极其罕见的，那么，我们就不会在一场家庭大火中，把孩子的死亡解释为没有安装烟雾报警器的后果（我们也许会把死亡解释为在隔壁缺少一个消防站的结果）。但是，如果城市中的其他人家都安装了报警器，那么，我们就会指出，孩子的死亡是由于没有安装本来能够拯救他们生命的报警器。① 但是，类似的判断，在今天的刑法学中，正逐渐被条件说、相当因果关系说、远因说、近因说、预防必要性说甚至客观归责理论替代。换言之，刑法学与生活常识渐行渐远。

当下的刑法学，从总体上看，有以下三个特点：（1）学科内的意见分歧特别大，很多问题没有统一的观点，或者反过来说，相互对立的观点很多，例如主观主义和客观主义的对立、行为无价值论和结果无价值论的对立。（2）刑法学的理论很抽象，比如说犯罪成立理论。如果我们去考察三阶层理论，从古典的犯罪论体系，中间经过新古典主义、目的论体系，到罗克辛的目的理性体系，理论演变过程以及最终成型化的理论，都很复杂。（3）刑法学上解释的方法很多，使用较为随意，各种方法之间差异太大，主观解释、客观解释、目的解释、当然解释、扩张解释、缩小解释这些解释理由或解释方法，对同一个问题的分析，最终可能得出矛盾的结论。对于如何消除解释冲突，刑法学的研究不多。

① 参见［美］弗莱彻：《刑法的基本概念》，蔡爱惠等译，37页，北京，中国政法大学出版社，2004。

所以，刑法学发展到现在，可能变成了一个令人陌生的形象，使得理论和公众的规范感觉，就是笔者以前讲的，和公众认同之间的分歧很大。①

2. 在中国，刑法学在很大程度上受意识形态的影响，反映一种主流的判断。这意味着有的基本原理是说理不透彻的。“这时候的所谓‘刑法学’的基本特点是，它不是规范性，而是政治性的……刑法学就自然而然地在符合目的的前提下作政策性乃至政治性的展开，而不是规范性的认识。”② 这样的理论也注定和基本的生活常识、生活经验是偏离的。

3. 在中国，刑法学者之间的论争有其不同于欧陆学派之争的特点：（1）学者自身立场的一贯性缺乏，没有一个统一的基本逻辑。例如，某些学者对未遂犯的成立坚持客观立场，但是，涉及共犯问题时，则改成了主观主义，很难把一种立场贯彻到底。立场的缺乏导致学派这样的东西在中国是缺乏的，所以真正的学派建立、论争在中国实际上是没有的。所以，我们现在只是说，需要想尽办法去提倡这种学派之间的论争和学派的建立。（2）现在，刑法学中似乎有一种潮流，特别是主流的、通说的刑法观念，把德国、日本的这种所谓“欧陆化的刑法观点”批判为不合理的或者落后的，所以，什么样的刑法解释方法只要跟德国、日本有关，在主流的学者或者通说看来它肯定是不合理的。所以，我们的主流学说或者通说基本上是建立在怀疑或者否认这种所谓的“欧化”刑法立场的基础上的。我们对犯罪论体系的论争就可以让我们看到这样的观点。坚持“四要件”的人，一定认为德日阶层的理论不合理，把欧陆的观点批评为脱离中国的实际的、不合理的观点。被称为脱离中国实际，意味着通说认为它脱离我们中国的国情、脱离我们生活的经验。（3）夸大中外刑法学的差异，认为我们在刑法理论上，特别是犯罪论体系上，完全应该走不同的道路。当然，在这里，实际上又涉及另外一个问题，就是我们现在的中国刑法学，可以分为哪些类型，哪些东西和笔者所讲的“常识”是背离的，哪些理论充分考虑了生活常识。这是一个需要仔细辨析的问题。

最近30年的中国刑法学理论，大概有4种类型：（1）陈兴良教授在20世纪80年代末至90年代初对刑法哲学的探讨，取得了一些令人瞩目的成果。可以说，陈兴良教授很好地完成了刑法理论的启蒙工作，让我们的刑法学研究能够一下子绕过一些难题。③ 在20世纪90年代中期以后，我们的刑法学就能站在一个比较高的理论起点，不再纠缠于意志自由这样的哲学化命题，都和陈兴良教授很好地解决了这些问题有关。当然，刑法哲学的研究也会有它自身的问题。哲学研究高度抽象，如何将其与刑法学研究融为一体，在刑法哲学研究中注入常识主义的内容，不是一个

① 参见周光权：《刑法的公众认同》，载《中国法学》，2003（1）。

② 李海东：《刑法原理入门（犯罪论基础）》，5页，北京，法律出版社，1998。

③ 其中，最有代表性的是陈兴良教授所著的《刑法哲学》，该书自1992年在中国政法大学出版社第一次出版之后，又数次修订再版，时至今日，仍然是刑法学研究生的必读书目。可以说，该书是最近30年来最有生命力的刑法学著作。

容易解决的问题。(2) 将苏联刑法理论稍加改造后形成的、到现在为止还处于通说地位的理论。该理论的特色是，基本以苏联刑法学的四要件说为核心建构犯罪论体系。但是，这样的研究，服务于打击和惩罚的目标的成分太多，意识形态的东西掺杂在犯罪构成要件之中，犯罪客体意味着刑法所保护的而为犯罪行为所侵害的社会主义社会关系。有学者指出："一切犯罪客体的共同本质就在于，都是犯罪行为所侵犯而为我国刑法所保护的社会主义社会关系。任何犯罪都是以不同的方式，在不同程度上侵犯社会主义社会关系的。"① 四要件犯罪构成理论将犯罪客体置于绝对优越的地位②，强调犯罪一定是对社会关系的破坏、对社会的一种挑战。这种研究，会在被告人权利保障方面引发一些问题③，也是用一些我们所讲的"大词"把刑法学自身的很多精髓，就是刑法学能够精巧发展的很多东西，掩盖起来。那么按照这种理论，犯罪的一定是对社会有仇的人，所以，犯罪是公然挑战整个社会秩序，所以"有毛病"的一定是犯罪人。这样一来，行为自身有什么特点，如何非常谨慎地去解释一个犯罪人的犯罪行为，怎么样精巧地建构刑法学理论，等等，在通说强调意识形态这样的理论背景下，都被"遮蔽"了。通说的这种观点，也就是"犯罪一定是对整个社会的挑战"这种观点，粗看是没有问题的，但是，如果仔细分析，是有问题的，是脱离生活常识的。在现代社会，很多犯罪的犯罪人根本没有挑战社会的意思，犯罪可能是迫不得已的，或者犯罪是一瞬间的，比如说很多激情犯罪，很难说犯罪人他有挑战社会的这种动机，但是，他犯了罪。这就说明要建构惩罚的理论体系，还要考虑更细的内容，要考虑生活常识。所以，怎么看待犯罪，不把犯罪解释为对整个社会的挑战行不行，是不是还有另外的解释？还有一些犯罪，比如说一些经济犯罪，像金融诈骗、合同诈骗等诈骗类的犯罪，很难说有多大的挑战整个社会的意思。不是一上来就给犯罪扣上挑战整个"社会主义社会关系"的大帽子，而是结合生活常识把犯罪看作是一种"事态"、一种生活事实，在此基础上，再逐步进行价值评价，可能是刑法学研究要做的。但是，按照以四要件为核心的苏联刑法理论，难以达到这种目标。(3) 以张明楷教授为代表的"精巧解释型"研究。这样的研究，在最近十多年以来取得了非常丰硕的成果。但是这种研究也受到通说的很多批评，认为其很多解释是建立在"欧化"的基础上，是以欧陆刑法理论为样本来分析中国的问题：某些理论就是对欧陆刑法理论的照搬；有的理论，即使不是照搬，拿到中国来，也并没有改造好，并不适合中国的国情。但是，笔者认为这种批评本身并没有十足的道理。(4) 试图在欧陆的刑法理论和中国通说之间寻找一个"中间"的道路的刑法学理论。也就是说要考虑法益侵害，考虑刑法

① 王作富：《中国刑法研究》，95页，北京，中国人民大学出版社，1988。

② 此后，也有学者认为，犯罪主体是犯罪构成四要件说中首当其冲要考虑的构成要件（参见赵秉志、吴振兴主编：《刑法学通论》，88页以下，北京，高等教育出版社，1994），但其对通说权威的细微挑战似乎最后也没有获得成功。

③ 参见周光权：《犯罪论体系的改造》，87页，北京，中国法制出版社，2009。

客观主义，考虑实质的判断。要考虑这样一些要素，但这样一些东西明显是欧陆的刑法才有的，在这样的基础上，再考虑中国的刑法规定，考虑中国人的规范感觉，考虑中国的法制发展水平，考虑中国整个社会的国情，基于这样的立场来建立刑法理论。笔者认为这是最接近于常识主义的刑法观。

综上所述，在中国刑法学中，每一条道路都有它自身的特点。笔者曾经在一篇文章中谈到中国刑法学的前景问题，认为上述第四种中间路线的研究更为适合中国。① 需要承认，不同的道路实际上各自都有各自的问题，刑法学者如果不把刑法的东西和哲学的东西综合在一起，是走不通的；通说借助于意识形态，或者说基本上是以方便处罚这样的基调作为理论建立的起点，在这个方面是有问题的。也就是说，目前处于通说地位的理论，在一个政权建立之初，出于惩罚、巩固政权的便利而建构一种相对容易理解的、便于司法人员适用的理论是可以的。但是，当一个政权已经非常稳固了，当“尊重人”“保护人权”这样的东西显得很重要的时候，通说这种非常粗略的刑法观就是有很多问题的。而在精巧地解释刑法时，怎么进一步和中国国情相结合，可能是需要考虑的问题。当然，对于折中的刑法立场，如何防止其全盘照搬欧陆刑法学，如何考虑公众的常识、生活经验，也是一个很复杂的问题。

换言之，无论走何种刑法学研究的道路，可能都面临需要重新思考的问题：我们的生活当中，哪些常识性的东西，或者哪些生活经验上特别值得重视的东西，是刑法学研究需要仔细考虑的？实际上，这个问题不仅在中国存在，在德国、日本也存在。有的德国学者认为，对犯罪阶层论的研究太过复杂，完全是学问上的“技巧”，对司法也没什么指导，法官也不可能按它那么精巧的理论来处理案件。雅科布斯和普珀都认为犯罪阶层论没有用处，而且认为随便适用哪一种理论对司法实务都一样。② 所以，德日刑法学理论也有一个如何回归常识的问题。这个问题，是所有的刑法立场、刑法观需要考虑的。其实，像德国、日本把刑法理论构建得那么精巧，其弊端也还是比较明显的。比如说，一旦承认客观归责理论，对犯罪客观要件包括行为及其后果、行为的可归责性的判断和原来的理论相比较就变得很复杂，对构成要件的判断就太难了，案件的审理就会变成一个非常漫长的过程。所以，现在德国司法官员实际上也不可能严格按这个理论构架来行事。德国学者把客观归责理论弄得这么复杂，在日本也没有太多市场。其中有一个原因就是脱离通常人所理解的这种生活经验，脱离一般人的规范感觉。因此，笔者的观点是，对于客观归责论的逻辑和方法论，在理论上需要承认，但是按照常识刑法观需要加以改造。

通过前面的分析，笔者想集中展示的一个问题就是：刑法学之所以有那么多学派，或者有那么多的理论，或者有各种各样解释方法、观点，或者它的文字之所以

① 参见周光权：《中国刑法学的想象力与前景》，载《政法论坛》，2006（5）。

② 参见许玉秀：《当代刑法思潮》，53页，北京，中国民主法制出版社，2005。

变得那么难懂，立法上之所以用词那么字斟句酌，和我们这个理论越来越脱离常识有关。

脱离常识必然会带来的一个问题是：在刑法学中内耗严重，共识越来越少。有人会说，共识少了，说明理论争论比较繁荣，是好事情。抽象地讲是这样。但是，刑法学的发展，毕竟是需要有一些共识的，因为它要运用于司法实务去处理为数众多的案件。碰到一个疑难案件，理论上当然可以有数十种观点，但是，最后一定要寻求一种相对说得通的观点、相对讲得有道理的观点。此时，有一些起码的共识是需要的。刑法理论如果过于脱离常识，就注定不容易达成共识。这样，就导致刑法学的整体发展受到很多限制。

因此，刑法学如何回归常识主义是比较重要的问题。回归常识主义，要重视两个问题：一方面，刑法本身对社会有什么益处？或者刑法的社会功能究竟是什么？这是需要特别重视的。另一方面，刑法学回归常识主义，是否有可能性？也就是说，要让刑法学和生活常识接近，或者尽量回归生活常识，尽量让公众能够去认同，是不是有可能？如果有可能，那么，它的出发点或者基点在什么地方？

二、回归常识主义刑法观的可能性

（一）刑法的社会功能

无论哪一派学者，都要充分关注刑法究竟在社会当有什么功能这一问题。对刑法功能的判断，意味着要剔除我们对刑法所寄予的不切实际的愿望，比如说，过于依赖刑法来达到统治的目的，过于把刑法意识形态化，可能都是让刑法承担了太多的使命。所以，对刑法的社会功能的赋予，必须要恰当，如果赋予了很多的社会功能，这样的刑法一定会偏离老百姓一般通常的规范感受。

前面已经提到，通说认为，刑法的运用是因为犯罪人仇恨社会，所以，行为的危害很大，必须要对行为人归责。但是，我们完全可以换一个视角看犯罪：犯罪只不过是社会当中的一段恶缘，刑法要处理恶缘。林东茂教授指出："刑法要圆满对应恶缘的兴灭，在立法和司法上都要慎重将事，否则因缘际会卷入漩涡的人将遭灭顶。"[①] 恶缘是对规范关系加以破坏的结局。犯罪是一段恶缘，意味着犯罪是对规范秩序的破坏。规范关系意味着社会当中的底线秩序，刑法的功能在于恢复社会关系当中被犯罪破坏的规范关系、规范秩序，也就是说，社会的存在，或者说社会之所以有意义，是因为有规范存在，有规范对一般人的行为进行指引、设定处罚网络。如果说社会有意义是因为有规范，那么，社会就是因为规范而存在的，而不是规范因为社会而存在。在这个过程当中，犯罪行为是对这个规范网络的破坏，对这个规范网络当中某一段的破坏。所以，林东茂教授讲犯罪是一段恶缘，笔者觉得是

① 林东茂：《一个知识论上的刑法学思考》，5页，北京，中国人民大学出版社，2009。

有道理的。社会中有这么多的规范网络相互交错，比如，作为教师，我们要遵守什么样的规范；作为一个公民，我们要遵守什么规则；作为一个和邻居相处的人，我们要遵守什么规则，这些规则组成了规范网络。由于社会中存在大量规范关系，某一个犯罪事实，就是对这个规范关系的破坏。所以，犯罪意味着结下了一段恶缘或者孽缘。刑法就是要了却它，要把这一段恶缘或者孽缘终结。而终结这段恶缘的最终的目的，是让人们生活得很安心，确保人们的生活有秩序。

所以，刑法的社会功能是对规范关系或者底线秩序的维护。有人会说，刑法的社会功能不是要保护法益吗？后文会讨论法益和笔者讲的这种规范关系相互之间到底怎么处理。笔者不否认法益这个概念，反而认为它是很重要的，但是，它和笔者讲的规范的相互关系是需要考虑的。既然刑法是对规范关系的保护、对底线关系秩序的维护，既然它的社会功能在于这个地方，那么要达到这个目的，刑法就一定要限制人的自由，就是让人们对很多事情做不了。当然，对人的行为施加羁绊，这个只是形式，实质是刑法通过对人的限制，来确保所有人生活很安心、有保障。

在这里，刑法和民法的差别就表现出来了：民法总是考虑到怎么样去褒奖人，怎么样去使得合法的人能够得到好处。刑法是不管奖励人的。一个守法的人，本来就不应该去杀人，所以，刑法不会说这个人居然一辈子没杀人，就要奖励一下他。刑法只是在一个人做了什么坏事时惩罚他，虽然惩罚过程中尽量克制，如果有自首或者立功的情节，可以宽大，但是，宽大的前提仍然是刑法以冷峻的面目出现，告诉人们什么事是不得做的，如果你做了会有什么后果。所以，刑法的面目是非常恐怖的。这就很好解释一种现象：一个很温和的人，在做了检察官之后，因为总是跟刑法打交道的原因，跟家里人说话时，即便不像讯问犯人，也会非常有进攻性，无论家里人说什么，他可能都要去辩驳、批评，都要说家里人不对；做了检察官之后，回家说话嗓门非常大，一定要压倒对方。这可能会让他的家里人觉得困惑，觉得一旦做了检察官，就像变了一个人一样。实际上，这是很正常的。检察官、法院的刑事法官打交道的是刑法，他们的言行举止都打上了刑法的烙印。所以，刑庭法官和民庭法官一看就是有区别的。民庭的法官总是和颜悦色地调解，而且把两方都安抚得很好。但是，刑庭的法官不做这个工作，再温和的刑庭法官，对待被告人也会有严厉的一面。当然，我们讲法官要客观、公正，但是，刑庭的法官再公正、客观、温和，也会比民庭的法官严厉。刑庭的法官穿上法袍往审判席一坐，被告人不敢说什么，因为他毕竟是被司法力量控制的。所以，刑法要达到这样的目的，在手段上就要通过限制自由或者以阴森森的面目出现，通过限制自由这样的手段最后保护规范关系，保护底线的秩序。这是为了让所有人生活得更安心、更有自由。

要实现刑法维护底线秩序的社会功能，有一个过程，而在这个过程中所展示出来的东西是形式的东西——对人的行动自由加以限制。例如，《刑法修正案（八）》将醉酒驾车、飙车规定为犯罪。有人会说，刑法作这样的规定，限制了自由，也侵犯了人权，很不合适。但是，像醉酒驾车、飙车这样的行为，在当前中国还是一个相对比较突出的一个问题，规定为犯罪也是可以接受的。一旦规定了，那就得说它要保护一种底线的秩序。从形式上看，当然是要限制某些人的自由。但是，从实质上看，限制少数人的自由的同时会让更多人获得自由，让更多人在有秩序的状况下通行和生活，从而维护底线伦理和底线秩序。

维护底线秩序和常识刑法观的关系非常密切：刑法如果要在一定程度上尊重常识，尊重我们的生活经验，那么它就需要考虑在一个社会当中，最基本的生活上的秩序是什么。也就是说，笔者所讲的规范关系或者底线，一定是一个社会当中，维持这个社会生活最起码的生活秩序和社会关系。因此，在保护规范关系或者保护底线秩序、底线伦理的基础上，去把握刑法的社会功能，返回常识主义去建构刑法理论，是有可能的。

（二）不同国家的刑法具有文化特质，但也有跨文化的特征

提到文化这个词，很多人一定会说，不同的国家、民族，在不同的时期，有不同的文化，所以世界上没有相同的民族，也就没有相同的文化，刑法文化也是这样的。但是，如果回归常识主义的刑法观，刑法文化上的相同性是可以找到的。也就是说，我们需要重视不管是哪一种刑法理论，不管它的文化上的差异多大，它最终有共同的特点，就是对某些特别重要的利益是保护的，而这种利益是生活上的利益。笔者不是说有多少文化就有多少特殊的利益，而是说有一些特别重要的利益，即使在不同的文化背景下，也是要保护的。毋庸置疑，文化背景不同，价值观不同，国情当然不同，刑法观就不同。但是，即使在各自完全不相同的这种背景下，也有共性的地方，对一些特别重大的利益，所有的刑法都是要保护的。对生命、身体、财产这些利益给予保障，是从《汉谟拉比法典》以来我们就承认的事实，而生命、身体、财产这样一些东西是和我们的日常生活联系特别紧密的利益。对性犯罪、妨害风化的犯罪以及伪造货币、放火等犯罪进行惩罚，是几乎所有国家刑法的题中当然之意。对生活中得到普遍承认的生活利益的维护是所有的刑法理论都无法绕开的。赫费曾经指出："从刑法的观点看，其实根本不存在极端的外人，也几乎找不到什么样的法律文化在本质上是相异的。"① 也就是说，在现代社会，各个国家文化的特性表现得很充分，但是，刑法文化上的相似性也是存在的，例如，跨国的犯罪或者侵害整个世界利益的犯罪越来越多，国际毒品犯罪、恐怖活动、走私这样一些犯罪，是没有国界的。所以，在德国是犯罪的走私行为，在中国很难说就不是犯罪。所以，从刑法文化上看，没有什么非常极端的外国人。如果一个人被犯罪行为侵害，在中国的感受是这样，在国外的感受也是这样。所以，缩小不同国家之间这种刑法文化上的差异、消除这种差异，建立这种有共识的返回常识主义的刑法观，是有可能的。这是回归常识主义的可能性当中的第二个问题。

① ［德］赫费：《文化际的刑法Ⅱ》，蔡庆桦、孙善豪译，载《二十一世纪》，2000（2）。

（三）刑法学的知识构造

1. 我国刑法学的知识构造与国外的差异，最大的地方在于犯罪论，而不在于刑罚论

刑罚论部分，世界各国的教科书大同小异。当然，涉及刑罚观时，比如，刑罚的目的、刑罚的功能，可能有差异。康德、黑格尔、贝卡利亚在刑罚观上就有差别。但是，在刑罚的适用、刑罚的执行上面，基本没什么差别，所以，真正的差别在于犯罪论。那么，犯罪论上的差别怎么消除？笔者觉得在一定程度上要考虑思维的出发点问题。

思维的出发点是对生活经验、生活常识的判断，所以，犯罪论体系是从生活经验判断出发到理性判断的过程，这个是起点。如果不重视犯罪论问题上对生活经验的判断，一开始就是理性判断，或者是意识形态的判断，这样的刑法学可能是有问题的。犯罪一定是违法和有责的行为，如果从生活经验来讲，这是两个问题：违法是被告人该当何罪的问题；有责是拿谁来“开刀”的问题。构成要件该当性和违法性论的关系特别密切，但是，判断一个人的行为是不是违法，是解决一个人的行为从生活经验上判断或者从常识上判断究竟该当何罪的问题。那么，接下来才是进一步的实质判断，即拿谁“开刀”、由谁负责这样的问题，即有责性判断。刑法的适用，一定是一个“选择性执法”的过程，社会中每一天发生的违法或者犯罪为数不少，“犯罪黑数”也不计其数，但是受到处罚的只能是其中的一部分，惩罚是有意或者无意“选择”的结果，就需要考虑“该当何罪”和“拿谁试问”的问题。这种思考进路，首先是从生活经验出发，从事实出发，从日常生活的一般感受出发，作出判断。那么，犯罪论体系的判断，要从生活经验或者日常生活的感受出发。犯罪论的判断是从经验的到规范的、价值的判断，符合犯罪判断的过程，也符合犯罪论的理论发展史。从这两个角度来讲，犯罪论的判断都是从生活经验、生活常识出发作出的。可见，犯罪判断过程是先立足于对事实的判断。必须先考察有什么样的行为、有什么样的后果，这些外在的东西、事实的东西是什么，然后，才说这样的行为从价值判断上看实质上是合法的还是违法的，最后，才说责任落到谁头上。这个过程是从经验到价值判断的一个过程。刑法的理论史，特别是犯罪论的理论史，从古典主义，从“违法是客观的、责任是主观的”到“违法也可能是主观的”这种新古典主义，到行为是受目的支配，一直到最近的理论发展，都是从单纯地重视经验到逐步地重视价值的判断、重视这种理性的判断这么一种发展史。所以，刑法学要向前发展，一定是建立在这个基础上的，不能脱离常识，如果脱离了这个东西，刑法学者之间的分歧就会无限大。因此，在刑法的知识构造里面，回归常识是有可能的。

2. 刑法理论中有很多模糊地带，需要我们去处理

司法上作出决断的过程，很多时候是对生活经验加以考虑的过程。例如，甲、乙两个人站在某招待所的阳台上，选中离阳台 8 米多远的一个树干上的废瓷瓶作为

目标比赛枪法，约定谁输了谁拿出一包香烟。两个人轮流各射出子弹 3 发，均未打中瓷瓶，但其中某一发子弹穿过树林上空，飞向距离该阳台约 133 米远的人行道上的电线杆附近，导致恰好经过此处的行人丙死亡。事后，司法机关无法查清由谁发射的子弹导致被害人丙死亡，如何处理本案?① 按照中国现在通说的理论，共同犯罪仅限于共同故意犯罪，立法上不承认共同过失，学说上也没有系统的共同过失理论，所以，对这两个人定共同过失犯罪就多多少少有些问题；如果定各自的单独过失犯罪，需要证明致死的那颗子弹由谁发射，从而确定谁对死亡结果负责。但是，本案不能查明共犯关系，也不能查明因果关系，是不是对两个行为人都作无罪处理？笔者认为不能。对本案的处理必须考虑生活常识：被害人死亡，该后果和行为人的行为有一定关联，行为人应当对此负责。所以，法院对本案最终定过失以危险方法危害公共安全罪是否妥当？单纯从理论的角度看，可能还有疑问，但公众并不是不能接受这样的裁判。按林东茂教授的说法，犯罪是一段恶缘，这就需要了结。如果不对甲、乙定罪，这段恶缘还了结不了，就没有人负责。所以，像这样的案件，笔者基本认同法院判决。但是，究竟怎么去解释它，可能有问题。也就是说，如果对甲、乙不定罪的话，结论和国民一般的判断是偏离的。被害人死了，而且明显是这两个人中的某一个人打死的，但是现在没有人为此负责，公众可能就接受不了。

司法判断容易陷于两难境地，但需要法官去决断的场合还有很多，比如说对偶然防卫，司法上就需要决断对这个防卫的人要么定罪要么宣告无罪；又如，牺牲他人保全自己生命的案件，理论上可能有很多处理方案，但是，实务中也有一个选择的问题，而这个选择就是要考虑它是不是最终接近国民的规范感觉。再比如，甲是一个乡镇税务所的所长，打电话向一个公司的经理乙要钱，说：如果你公司能够给我们 16 万元作为税务所组织职工外出旅游的费用，你公司原来提出的免税申请，虽然不符合条件，但是，税务所也可以给予减免。这一减免可能一年就是上百万元，乙当然愿意答应，就给了甲 16 万元。16 万元当中 12 万元用于这个所里所有人外出旅游，还剩 4 万元，所长甲拿去给女儿办婚礼了。检察机关起诉乙对单位行贿，犯罪数额是 12 万元。法院对甲判决受贿 4 万元。这个案子可能判得有问题，就是凭最一般的生活常识、经验判断也可以想象，乙行贿 16 万元的时候，一定会有一个受贿 16 万元的自然人或者单位。如果说乙行贿 16 万元，但是，又判甲受贿 4 万元的话，那剩下的 12 万元就不知道去哪里了。因此，这个判决明显偏离一般的规范感觉。理论上讲，受贿和行贿是对向犯，在对向犯的场合，并不是对两方都一定要定罪，但在行为上这两个人一定是相互对合的关系，行贿的人拿出多少钱，受贿的人一定是收了多少钱。所以，在说乙犯单位行

① 更为详尽的案情，请参见最高人民法院中国应用法学研究所编：《人民法院案例选》（刑事卷），46 页以下，北京，人民法院出版社，1997。

贿罪 16 万元的时候，就得说甲所在的单位受贿 16 万元，再进一步判断甲所在的单位所受贿的 16 万元当中，有 4 万元是不是被甲贪污了。只有这样，这个数额才对得上。所以，刑法理论对很多问题的解释和我们司法实务中对案件的处理，就得考虑在有不同选择、方案的时候，哪一种判断最接近于最基本的常识，这样的分析才可以避免不必要的偏差。

3. 刑法的理论不是精确的理论，很难作经济分析

刑法上的很多判断，必须考虑当下社会中的常理或者常情究竟是什么，而不能作经济分析，不能去“算账”。“刑法的经济分析”这样的思考进路，注定是很边缘的。刑法要对付的是最复杂的社会关系，基本不能依赖于推算，用再精确的数学公式，实际上也是算不清楚关于犯罪与刑罚的问题。[①] 经济分析难以进入刑法学领域的理由在于：(1) 个案的犯罪情节很特殊。根据罪刑相适应原则量刑要均衡，但是，在很多时候，法官的量刑只要不接近于畸重，就很难受到责难。即使是两个大致相同的案件量刑上的悬殊也在所难免。比如，贪污罪的量刑是有数字衡量的，似乎可以作经济分析。在很多地方，只要贪污数额在 10 万元以下，基本上是贪污数额增加 1 万元刑期增加 1 年左右。但是，很多案件很特殊，比如说，犯罪人是为了给父母治病，或者为了小孩上大学，正缺这 1 万元，对其跟其他贪污同样数额的罪犯一样判，就很难做到。罪刑相适应只是一个一般的规定，判刑时要针对个案，作特别的考虑。此时，就一定要去尊重生活常识。期待可能性理论，为什么在 19 世纪被提出来以后，在很长时间是学者们津津乐道的问题？实际上它也就是考虑在国家刑法权威的重压之下，怎么去照顾一些很特殊的情况：由于个案很特殊，作特殊判断的时候就需要考虑生活常识的问题。而期待可能性一旦阻却责任，被告人可能被判无罪。期待可能性能不能阻却责任，是常识主义的判断。再比如，说窝藏和包庇行为是妨害司法的行为，一旦实施即可定罪。但是，当被窝藏、包庇的人是本犯的父母或者配偶时，如果一定要追究窝藏、包庇者的刑事责任，可能效果有限。此时，放弃追究实际上就是常识主义的考虑。如果仅仅靠经济分析，说什么样的窝藏、包庇行为可以定罪量刑，那窝藏、包庇家属的行为一定可以，但是，“亲亲相隐”这样的规定，在中国古代有，在现代的某些西方国家也有，它也是不能简单地算经济账的。此外，一般认为，财产刑是可以算账的，像罚金，似乎一个人犯多大的罪，就应该判多重的罚金。比如生产、销售伪劣产品，判处销售金额 50%以上 2 倍以下罚金，这是《刑法》第 140 条的规定，但是，假设现在有一个参与生产、销售伪劣产品的被告人刚满 17 岁、不到 18 岁，他是主犯之一，即便判他罚金，他没有办法缴纳。考虑到这种情况，法官也可能对其尽量少判罚金，即便其在共同犯罪中所起的作用较大。所以，即使是刑法中最容易算账的这样一部分，用于一些特殊案件、特殊人身上的时候，也可能行不通。对于刑法之所以不能算账，就是因为有

① 在这个意义上，所谓的电脑量刑乃至电脑辅助量刑是否有存在的必要，就很值得商榷。

很多事情的处理涉及最起码的生活常识。(2)刑法当中有些问题的解释会很复杂、很困难，这样的问题很多。对某些问题的解释之所以很困难，那还是因为我们要考虑生活常识，而不是单纯地考虑经济分析那一点东西。刑法上的判断，说到底是善恶的判断，而不是资源配置或者社会财富的分配。(3)刑事上的追诉有时一定要不计成本。被害人的财物被盗窃了，无论其价值多少，按理说，警方花多大的代价也要把这个案子破获，因为我们需要通过犯罪论体系、通过刑法来实现正义。那么，我们就必须考虑，社会的正义，或者有罪必罚，比投入—产出的经济分析更重要，笔者觉得这是需要考虑的。刑事诉讼法上有时候考虑司法效益，考虑投入—产出。但是，在刑法上，类似的东西都是不能考虑的，我们不能去责难司法机关不应该投入那么多、产出那么小。刑法上的判断，是在充分尊重生活常识基础上的价值判断、规范判断。这种判断，注定不是一个很精确的判断；这种判断一定要立足于、偏向于常识主义的判断。

所以，从知识构造的角度看，刑法是从生活常识主义、经验判断出发所作的一种理性的价值判断。在这个过程中，起点是生活常识，而且判断所得出的结论也不能过于偏离生活常识。

三、"欧化"刑法观与常识主义的关系

前面已经提到，德国犯罪论体系沿着古典主义——新古典主义——目的论犯罪论体系——新古典主义和目的论相结合的进路，一直发展到罗克辛的目的理性体系都是以事实判断、生活经验判断为起点，逐步发展到理性主义的漫长过程。在此过程中，价值判断的成分不断加重。欧洲的刑法，或者欧美的刑法发展非常迅速，其中有很多值得我们学习的地方。所以，笔者认为，现在我们对它们的很多批评有可能是不合适的。笔者觉得最值得我们重视的就是欧陆刑法观和常识主义之间的关系，以及对常识的尊重。

1. 随着世界一体化，经济上的、政治上的，特别是经济上的一体化进程的加快，国际犯罪增加，出于打击国际犯罪的需要，欧美国家的刑法高度趋同的趋势很明显。比如说，对死刑，尽可能废除。在整个欧洲都废除，在美国很多州也废除了死刑。对很多新的刑罚方法（例如，社区矫正）的使用，都说明刑法高度趋同。刑法高度趋同，和常识主义刑法观有什么关系？这种关系在于高度趋同建立在一个前提下，就是对人权的尊重，对人权的尊重最后可能又与其他的一些东西（例如，重视通过对规范有效性的维持来确保刑法的实现）联系在一起。人权和笔者前面所讲的那种规范关系以及对法益的保护等都有非常紧密的关系，人的基本权利是建立在他对某些很重要的利益独享的基础上的。这个问题在后文中还会涉及。

2. 欧陆各国文化的差异性存在，但是，刑法的共性更值得重视。刑法和价值

判断的联系特别紧密，虽然不同的国家文化差异性是存在的，但是，刑法的共性也是存在的。刑法和文化传统以及价值系统的关联特别密切，刑法又是高度趋同的，一些特别重要的法益，即便岁月流逝，变化也很小。一个社会中稳定的规范关系的变化相应地也会很小。欧陆刑法观普遍承认这样的一个命题："己所不欲，勿施于人"。对一个犯罪行为、一个犯罪人，之所以要进行惩罚，前提是行为人对于自己的行为可能是明显的不妥当有认识，由此出发，我们对刑法的解释，以及要把刑法定位于保护规范关系、保护底线的秩序，实际上也是对"己所不欲，勿施于人"的承认。可见，欧陆刑法观有这样一个基本的前提，实际上意味着不同国家的刑法观念趋同超过差异。

林东茂教授指出，在刑法领域，"既要以生活经验为基础制定法律与解释法律，复出经验之外，作合理的价值判断"①。欧陆犯罪论体系正是在尊重生活常识的基础上进行价值评价和理性分析，因而取得了长足发展，很值得我们借鉴。但是，在我国刑法学界最近一两年对犯罪构成理论的论争中，通说有一个基本的前提，认为德、日的犯罪论体系都是外来的，是"他者"，和中国的实际并不相符，因而似乎不值一提。怎么看待通说的这种倾向？日本学者丸山真男指出，任何国家的学者在引进别国的思想时，都必定存在着误解，但是，"如果神经质地注目于其歪曲和变质的尺度，日本的思想也许会在某种意义上被全部描写成对原物的歪曲和误解的历史……问题不仅在于弄清是否有'误解'，而且还在于要弄清其'误解'是否能够解决问题、是否具有多产性"②。在引进国外的一些理论这一个问题上，日本和中国是相似的。这两个国家的近代化问题都与如何自主独立地应对西欧冲击的问题紧密相关。中国和日本一样，都要去应对西欧的很多理论对它的冲击，尤其是在思想领域。在日本近代改革初期，引进西欧的思想，是受高度的目的性支配的。就像中华人民共和国刚成立的时候大量引进苏联的思想，受很多目的性的支配，都是在一定的状况下，带着一定的问题意识。这种目的性在近代化初期表现得相当显著。当时的人们努力从一定的现状中提取出一定的问题，并自觉地设法去解决这些问题，在这一过程中必然会产生新的思想。那就是说，在引进别国学者的思想过程中，开始有些混乱是正常的，甚至是有积极意义的。所以，中国刑法学的发展，在中华人民共和国成立初期是引进苏联的，而且引进之后也有一些改造。现在看来，有它成功的地方。但是苏联这套理论，要再往前发展、再精巧化，就有问题。所以，这个时候我们需要看看德国人、日本人，甚至欧美人，究竟怎么看问题。笔者并不是说苏联这套理论就完全是错的，完全要抛弃；笔者没有说通说一无是处。但是，我们要尊重现在的德、日刑法学，看看别人究竟是怎么讲道理的。在引进德、日理论之初，有很多误解在所难免，而且有的误解里面蕴含着很多积极的地方、蕴含着很多

① 林东茂：《一个知识论上的刑法学思考》，12页，北京，中国人民大学出版社，2009。

② [日] 丸山真男：《日本的思想》，区建英、刘岳兵译，93页，北京，三联书店，2009。

很好的东西。丸山真男就提到，清末中国的思想家严复通过同时引进孟德斯鸠的思想和赫胥黎的进化论，创造了一个思想，并产生了巨大的影响。但是，把 18 世纪法国孟德斯鸠的思想和 19 世纪后半期的进化论结合在一起，本来是不恰当的，如果单纯从欧洲思想史的发展来看，那简直是逻辑上的混乱。但是，如果内在地去理解严复对当时中国现状的认识和所采取的克服、解决的办法，把西欧思想用作改变现状的手段，那么就会发现，把孟德斯鸠的思想和赫胥黎的思想同时引进并不奇怪。丸山真男还提到，在日本，自由主义、民权主义引进过程中，也有类似严复的状况——我们现在认识到其重要性，但是当时，其实好多机会蕴含在这种对西方思想的歪曲当中。如果把上述问题作为思考的前提，往往只会纠缠于日本独有、固有的思想问题。丸山真男的意思就是说：在日本，很难说有固有的、优秀的思想观念，那就需要去引进。在引进过程中，有可能会有问题，但也正常。理论发展的很多机会都蕴含在这里面，隐藏在这里面。① 这也同时说明，理论创新是很困难的，所以很多时候理论的发展蕴含在对他人的学习过程当中。在刑法学中，现在已经很难找到德国和日本的学者完全没有讨论过而只中国独有的问题，“在国外，就一个具体问题，可以讨论一二百年，因为具体问题总是与理论根基相联系；而我国的刑法学总是很难持续地讨论某个问题”②。所以，借鉴欧陆刑法学研究完全是理所当然的。丸山真男也曾经认真地讨论了学术研究上的独创性问题，他指出：思想史能否有独创性，是一件很难评价的事情。关于独创性，认真研究过的人都知道，即使拿欧洲的思想史作为背景，也很难发现有新出现的、全新的东西。正如人们所说的，欧洲思想史是以古希腊的思想为主题的变奏曲。也就是说，欧洲的整个思想史，都是在古希腊的思想的基础上，作一些不大的变化。“所谓的思想史，大体上是古来思想不断改编的历史。也就是说，对过去的思想一读再读，读透了再给予重新解释，给之以新的光辉。不外就是这样的历史。从这个意义上看，真正的独创，也并不是什么全新的东西，当然也不是什么新奇的构思。”③ 这个话用在刑法理论上也是合适的，也就是说，除了类似于客观归责这样的理论是独创的以外，真正的独创也不是什么全新的东西，也不是什么新奇的构想。即便是客观归责理论，它和相当因果关系，特别是其中的事实关系，还是有关的，它也可能是多了一个名词，新瓶装的是旧酒。分析这么多，无非是想表明中国刑法学想要取得长足的发展，必须要有多种思路，所以要有比较宽广的胸怀，认识到不同的犯罪论体系都有必要存在，所以，不存在一种理论比另外一种理论要优越这样的问题。在这个意义上，需要承认，的确存在可以从基本原理中推导出普遍有效命题的“没有国别的刑法学”④。

① 参见［日］丸山真男：《日本的思想》，区建英、刘岳兵译，94 页，北京，三联书店，2009。

② 张明楷：《刑法的基本立场》，54 页，北京，中国法制出版社，2002。

③ ［日］丸山真男：《日本的思想》，区建英、刘岳兵译，110 页，北京，三联书店，2009。

④ 樊文：《没有国别的刑法学》，载《法学研究》，2010 (1)。

四、常识主义刑法观的基本原理

回归常识的刑法理论，有一些基本的原理。这个问题相对复杂。

1. 对犯罪的认定要慎重，需要考虑公众基于生活经验的规范感觉。一方面，根据罪刑法定原则，为防止刑罚权的恣意行使，国家只有依据事前制定的法律才能对某种行为进行处罚，行动的预测可能性原理是罪刑法定的当然内容。判断行为人是否具有预测可能性，只能从行为人而非裁判者的观点出发，考虑在实施行为的当时，行为人根据其生活经验对该行为可能为刑法所禁止是否有所认识。如果从行为人的角度看，根据其生活经验，难以形成规范认同，对行为可能受到否定性评价没有认识，则刑罚权的动用可能就存在问题。在这个意义上的刑法规范，首先是行为规范，其次才是裁判规范。另一方面，对犯罪的评价要从事实出发，再到价值评价。犯罪认定上的慎重意味着什么呢？不能一上来就给被告人带意识形态的帽子，认定他破坏了社会主义社会关系，或者在共同犯罪中直接就认定他是主犯，让被告人陷入万劫不复的境地。司法上要有专门的机制给被告人以辩解的机会，要在不同的犯罪成立理论阶段、层次让犯罪人辩解。这就意味着犯罪论体系一定是阶层的，控诉的机制蕴含在中间，辩护的机制也蕴含在中间。所以，控、辩能够对抗，在理论的构造上能够为这种对抗留有空间。对此，通说肯定会批评：凭什么一定要有阶层的理论？这可能是更复杂的问题。阶层的理论，笔者一再强调说，出发点从形式上看是要给被告人辩护的机会，但是，该理论的实质在于先有经验的判断、生活常识的判断，或者说是先有事实的判断，再到价值的判断、实质的判断。而我们现在所讲的四要件理论，这种判断是全部糅合在一起的，没有先后过程之分，当然会带来思维上的混乱。

2. 关于规范和法益的关系的问题。刑法要保护法益，但最终要保护的是规范关系和底线的秩序，实现社会有序化。这又回到了行为无价值论和结果无价值论的关系问题上。大谷实教授认为，犯罪是违反社会上一般人应当遵守的伦理规范，进而侵害或者危害法益的行为，因为犯罪侵犯了社会伦理规范，在这个基础上进一步造成了法益侵害，所以要对其进行处罚。① 在当下德国成为通说的理论认为：犯罪的本质是违反行为规范，法益以行为规范的存在为前提，刑法以行为规范为基础，规范和刑法的关系特别密切。刑法要最终保护法益，就必须立足于保护规范关系这一基点。这是行为无价值二元论的观点。

笔者对此的进一步解释是：关于规范和法益的关系问题，行为无价值二元论关于规范违反的判断优先于法益侵害说、结果无价值的主张，是最接近于常识主义的一种理论，回归常识的基本刑法原理意味着在刑法立场上是行为无价值论的。在规

① 参见［日］大谷实：《刑法讲义总论》，新版第2版，243页，东京，成文堂，2007。

范和法益这两个概念之间，法益侵害说认为法益是重要的，它是唯一的东西。但是，在笔者这里，法益只是表面的东西，法益必须放到规范中去理解，没有规范关系的维持法益这个静态的东西没有意义，这样，规范关系的维持才是问题的关键。但是，对此需要特别详细的论证。笔者初步的考虑是：在现代社会中存在的不是单纯的个体，而是利益和价值取向都不同的规范共同体和社会。实际上，如果世界上只有一个人，什么都好说；有两个人时就有矛盾了；有三个人时，就是一个社会，就需要规范。所以，在现在社会存在的不是单独的个体，而是利益和价值都不同的人的群体，在这个过程当中，我们必然承认有一些东西是优先的，是具有优越性的东西。那么这个具有优越性的东西不一定是法益，而是规范关系。也就是说，不是法益重要，而是因为我们要维护这个关系，才说由法益所体现出来的或者法益背后的关系重要。换句最简单的话说，从最终看，法益可能是重要的，但是，必须是我们说他重要他才重要，而当我们要说什么东西重要的时候，我们一定是将其放在规范关系中去理解，其重要性才能突显出来。我前面曾经提到被告人的权利，提到欧陆刑法的合理性问题，被告人的权利保障和这里所讲的规范关系存在以下关联：在一个社会当中，有一些底线秩序、最基本的规范关系，这个规范关系的存在，决定了人的生存状态和生存质量。有这样的东西存在，个人才能安心，自由才能得到保障，生存才有质量。这样，才有被告人权利的概念。在承认被告人权利这样的背景下，才会说某些权益或者利益是重大的，才会有法益这样的概念。所以，在笔者的理论体系中，规范关系最为重要。有人可能会说，我们这个社会当中有一些最基本的东西，比如生命、身体、财产、婚姻，都很重要。但是，反过来也会说，这种法益，比如生命、身体、财产、婚姻，都只不过是规范关系的体现。法益，要在规范关系中得到承认才会凸显其意义。而规范关系基本上是由一些道德、伦理规范所组成。“几乎在所有地方，人们都服从于某些具有道德性质的规则，例如保护生命和身体、财产和婚姻”①。对于法益和规范之间的关系，似乎可以考虑作这样的解释：以生命权为例，任何人都有生命本能，都有攻击别人的本能，都有暴力的倾向。但是，并不是每个人都会成为杀人犯，只是说人人都有可能攻击别人，但是，并不说人人都可能成为罪犯。但是，个人实际上是潜在的罪犯。为什么有这样的可能，但是很多人并不会去杀人、不会去伤害他人呢？因为有刑法的道德性的约束。这个道德性的约束就是说，只要你觉得生命重要，不愿意别人侵害你，你也不应当侵害别人。反过来，别人也应当这样去思考问题。换言之，任何人都不应当成为别人的刀下鬼！那就是说，你的生命权受到保护，这是法益。这时候，生命权应当受到保障，看起来好像就是因为生命权是重要的。但是，中立地看，或者动态地看，说某一个东西重要是没有意义的。必须是别人认识到这个是重要的，从而不侵犯它，这个东西才是重要的。说婚姻、财产、生命这样的东西重要，其实是没什么意义的。

① ［德］赫费：《文化际的刑法Ⅰ》，蔡庆桦、孙善豪译，载《二十一世纪》，2000 (1)。

它们当然重要，但是说它们重要其实是因为在特定的规范关系、特定的社会环境中，别人认识到这个东西重要。而当别人认识到这个东西重要，而且需要去保护的时候，才不会使用暴力。这样的思考，是放在规范关系里讨论的。所以，仅仅说生命权重要是不够的，要让别人也承认、认为它重要，才是关键。法益概念一定生存在规范关系当中，或者在规范关系当中这个概念的重要性才得以体现，才显得有意义。赫费指出："我之所以有生命和身体的权利，是因为所有的别人都有义务去克制他们以暴力侵犯我的能力……并不是因为每一个人的存在都以生命和身体为一个（优先的）利益，而主要是因为：（1）利益只有在相互性中才能实现；（2）在'相互性的体系'中，每一个人所宣称合理的作为（别人应该放弃使用暴力），只有以相对的作为（自己放弃使用暴力）为条件，才能成立。"①

一个人，之所以他的生命显得特别重要，是因为所有的他人都要克制他们以暴力来侵犯被害人的冲动。在这个意义上，在规范关系上，这个法益才重要。财产也是一样的：假设我有一只名牌手表，价值1万元，我天天戴着它，我自己感觉它重要，因为我知道它是价值较高的财物，但是，静止地看，这只手表本身对别人、对刑法来讲，都是没有意义的。只有别人认识到这个东西重要，它的价值才能有意义。所以，家财万贯对别人来说没有什么意义，如果没有人来偷、没有人来抢，刑法根本就不管。刑法要干预的是，在规范关系当中，他人的财产是不能动的，任何人都应当尊重他人的财产。这就是说，某种法益是不是很重要，完全是相对的，必须放在规范关系中去阐释——你不能侵害我，你不能对我使用暴力，你必须要克制你的暴力冲动，要不就会对整个规范关系产生影响，进而侵害法益。所以，我们现在所讨论和重视的法益概念，是静止的概念，可能对一个人的世界或者两个人的世界是有意义的。但是，我们现在都生活在共同体之中，"共同体是一种个人联合体，或者是含有合作和冲突诸因素的关系结构"②。一旦这个世界上有了三个以上的人并结成共同体的时候，传统的、静态的法益概念，或许有问题。这是行为无价值论所理解的法益和规范之间的关系。在这个意义上，犯罪是对规范的违反，违法的本质在于行为的无价值，以此为立足点的刑法学，才是最接近于常识主义、接近于公众认同的理论。

为什么行为无价值论很接近常识呢?③ 那就是说，犯罪行为一定不是孤立的行为，不是真空状态下的行为，而是社会当中对社会有害的行为。而说它对社会有害的时候，它一定是对某个东西的破坏。而对某个东西的破坏，最后的落脚点，有一

① ［德］赫费：《文化际的刑法Ⅰ》，蔡庆桦、孙善豪译，载《二十一世纪》，2000（1）。

② ［德］赫费：《政治的合法性——法和国家的批判哲学之基础》，庞学诠、李张林译，48页，上海，上海译文出版社，1998。

③ 当然，"对社会一般人观念的关注和对公民法感情的尊重，并不是行为无价值论和社会相当性独有的'专利'，而是以合理解决实际问题为己任的刑法解释本身不可或缺的要素"（陈璇：《刑法中社会相当性理论研究》，97页，北京，法律出版社，2010）。

个实体，或者这个实体的权益被破坏。但作为实体的法益一定要在社会规范联系中去保护，在人与人之间的相互关系中去理解，它才会有意义。也就是在这个意义上，许玉秀才认为："法益论其实也是规范论……法益本身也是一定规范目的下的产物，社会的同一性可以随不同时空而变异，在整个20世纪的时空下，刑法规范不过是将提供个人发展生命的资源评价为法益，评价为证明社会同一性的方法，如果将保护法益说成是规范效用的隐喻，其实是相同的意思。"①

3. 刑法具有文化意义上的普遍性，它来自于对生活常识的承认，意味着我们对欧化的某些刑法理论的学习。对生活常识的承认，要求犯罪论的建立从事实的判断到规范的判断，从生活经验的判断到价值的判断；对犯罪论中很多问题的处理需要考虑公众的生活常识，例如，对于因果关系的错误，即便行为人对于因果流程存在认识错误，但只要结果"保持在根据普遍的生活经验可以预见的范围之内……所设想的和实际发生的因果经过之间的不一致便属于'非本质性的'"②。

只要在刑罚论中，报应是满足了人最朴素的愿望、最起码的生活常识。但是，报应的要素里面，要受积极的一般预防论的约束。也就是说，刑罚论里面应当有积极的、一般预防的因素来调解报应的东西，也就是一体论的，或者是折中的刑罚论。在这个意义上的刑法学，无论其多发达，都是接近于或者充分考虑了常识的理论。

基于前面这三点，最后得出的结论就是：回归常识的中国刑法学，一定是考虑国情、中国独特文化的理论。这样的刑法理论，很可能是一个折中的理论，也就是笔者所主张的是二元的行为无价值理论。③ 我认为，这是适合于中国当前实际的理论。坚持这种理论，实际上就是在中国确立了刑法的基本立场。学派形成和刑法学回归常识的过程是一个相辅相成的过程。由此，在刑法学的核心问题即犯罪论体系的论证上，犯罪论体系要阶层化、精致化，以事实和经验的判断为思维起点，最终要形成价值判断，由此形成精巧的刑法解释体系。坚持行为无价值二元论，也适度考虑了欧陆刑法传统，在借鉴过程中，特别思考规范关系和法益的轻重问题，思考规范和法益的关联性，并最终以规范关系为本，建构接近于常识的理论体系，由此就会形成与中国当下社会发展态势相契合的理论体系。

① 许玉秀：《当代刑法思潮》，26页，北京，中国民主法制出版社，2005。

② [德] 韦塞尔斯：《德国刑法总论》，李昌珂译，149页，北京，法律出版社，2008。

③ 参见周光权：《违法性判断的基准与行为无价值论——兼论中国刑法学的立场定位》，载《中国社会科学》，2008（4）。

第一章

刑法的机能

刑法机能关涉刑法存在的正当性与合理性，因而是考察刑法的基本出发点之一。任何一种刑法必有其存在的理由，因而有其功能定位，但正是机能上的差异使得专制社会的刑法与法治社会的刑法在性质上得以区分。我国社会目前正面临着从人治到法治的转型，刑法机能也发生着某种转换。在刑事法治的背景下，如何认识我国刑法的机能，是一个需要深入研究的重大课题。

一、刑法机能的概念辨析

在对刑法机能进行探讨之前，有必要进行范畴的界定。在刑法理论上，刑法机能是一个通用的概念。大多数日本学者都是在刑法机能的名目下对刑法的规范机能、保护机能和保障机能加以讨论的。例如，日本学者大塚仁指出：作为刑法的机能，特别可以考虑的是规制的机能、秩序维持机能及自由保障机能。① 日本学者大谷实则称为刑法的社会机能，指出：所谓刑法的社会机能，是指刑法在社会上应当具有的机能和固有的作用，分为规制机能和维持社会秩序机能两种。② 在此，刑法的社会机能就是指刑法的机能，而大谷实教授在维持社会秩序机能中论及保护法益机能与保障人权机能，大塚仁则是将自由保障机能与秩序维持机能并列。内容大体一致，只不过是表述上有差别而已。笔者是赞同将社会保护机能与人权保障机能相对应的，后者不能包含在前者之中。刑法机能也被有的学者称为刑法功能，例如，我国学者指出：刑法的机能，或称刑法的功能，是指刑法以其结构和运作所能产生的积极作用。从机能与功能的基本含义当中我们不难看出，所谓机能和功能，乃是指某种事物或方法所具有的积极的作用和影响。③ 我国台湾地区学者陈子平教授把刑法功能分为规制功能、保护功能与保障功能这三项功能。④ 这里的功能与机能两词，实际上是完全通用的。此外，刑法机能也被有些学者称为刑法目的，例如，我国台湾地区学者黄荣坚教授专门论及刑法的目的，并将刑法目的区分为先于刑法的刑法目的和后于刑法的刑法目的：先于刑法的刑法目的是指罪刑法定，刑法提供人民自由开展其生活的保证。后于刑法的刑法目的是指刑法应有的积极意义，主要是指法益的保护以及社会规范的维护。黄荣坚教授指出：刑法目的概念在先天上内含理想性质，但是实然世界还有异于应然的世界。刑法保护人与人间最低限度利益衡平的目的，在现实上的情形必然有落差。⑤ 因此，黄荣坚教授对刑法目的的理解更着眼于刑法应有的积极意义。刑法目的之说似乎较之刑法机能更具主观色彩，但实

① 参见［日］大塚仁：《刑法概说（总论）》，3版，冯军译，22页以下，北京，中国人民大学出版社，2003。

② 参见［日］大谷实：《刑法总论》，黎宏译，3页，北京，法律出版社，2003。

③ 参见周少华：《刑法理性与规范技术——刑法功能的发生机理》，120页，北京，中国法制出版社，2007。

④ 参见陈子平：《刑法总论》（上），8页以下，台北，元照出版有限公司，2005。

⑤ 参见黄荣坚：《基础刑法学》（上），10页以下，台北，元照出版有限公司，2004。

际上刑法目的与刑法机能并无实质上的区分。有些学者在行文中，都是将刑法的机能、目的并用的。例如，日本学者西田典之从“刑法是为何而制定”这一问题出发思考刑法的机能，对于是把保护法益理解为刑法的第一机能、目的，还是把保护成为国家社会秩序之基础的社会伦理或刑法规范作为刑法的机能、目的这一问题进行了探讨。① 在上述论述中，机能与目的是等同的，完全可以互换。值得注意的是，刑法机能在某些著作中也称为刑法的任务。例如，德国学者耶赛克、魏根特的《德国刑法教科书（总论）》一书开头就是关于刑法任务的论述，提出了刑法的任务是保护人类社会的共同生活秩序的命题。② 当然，这里的任务一词在德文中是否与机能一词不同，还存在一个翻译上的问题。无论采用何种措词，刑法的机能（功能、目的、任务）都是对刑法存在的实际功用的考察。这也是刑法正当性问题，它在很大程度上决定着刑法的性质。

我国刑法第 2 条对刑法的任务作了专门规定，条文如下：

> 中华人民共和国刑法的任务，是用刑罚同一切犯罪行为作斗争，以保卫国家安全，保卫人民民主专政的政权和社会主义制度，保护国有财产和劳动群众集体所有的财产，保护公民私人所有的财产，保护公民的人身权利、民主权利和其他权利，维护社会秩序、经济秩序，保障社会主义建设事业的顺利进行。

在刑法中规定刑法的任务，并非我国独创，而是源自苏俄刑法的体例。在大陆法系刑法中，均无关于刑法任务的规定，而是作为一种刑法理论问题，在有关刑法著作中加以讨论。但在俄国“十月革命”以后，随着政治话语对法律领域的垄断，刑法的阶级性得以强调。苏俄学者指出：对刑法和犯罪的阶级性质的看法是同马克思列宁主义关于国家阶级性质的学说相联系的。苏维埃刑事法律从伟大的十月社会主义革命胜利的最初几天起就公开宣布了自己的阶级性质。③ 在这种情况下，刑法任务被视为最能体现刑法阶级性的内容而在刑法中加以规定，并成为社会主义刑法与资本主义刑法在内容上的重大区别之一，在某种程度上成为社会主义刑法的政治标签之一。1958 年《苏联和各加盟共和国刑事立法纲要》第 1 条第 1 款规定：

> 苏联和各加盟共和国刑事立法的任务，是维护苏维埃社会制度和国家制度，保护社会主义所有制，保护公民的人身和权利，维护社会主义法律秩序，以防犯罪行为的侵害。

这里规定的是“刑事立法的任务”，它和刑法的任务还是有所不同的。根据上

① 参见［日］西田典之：《日本刑法总论》，刘明祥、王昭武译，22 页以下，北京，中国人民大学出版社，2007。

② 参见［德］汉斯·海因里希·耶赛克、托马斯·魏根特：《德国刑法教科书（总论）》，徐久生译，1 页，北京，中国法制出版社，2001。

③ 参见［苏］A. A. 皮昂特科夫斯基等：《苏联刑法科学史》，曹子丹等译，16 页，北京，法律出版社，1984。

述规定，1960 年《苏俄刑法典》第 1 条第 1 款规定了苏俄刑法的任务：

> 苏俄刑法典的任务是保护苏联的社会制度及其政治体系和经济体系，保护社会主义所有制，保护公民的人身、权利和自由以及整个社会主义法律秩序不受犯罪行为的侵害。

这一规定与《苏联和各加盟共和国刑事立法纲要》第 1 条的规定可以说是大同小异。在刑法中规定刑法的任务这种立法例，为其他社会主义国家所仿效。除《苏俄刑法典》以外，《罗马尼亚刑法典》第 1 条规定了刑法的目的，其内容与《苏俄刑法典》第 1 条大体相同。《蒙古刑法典》第 1 条规定了刑事立法的任务，《朝鲜刑法典》第 1 条规定了刑法的任务。[①] 我国刑法历次草案中都有刑法的任务这一条文，只不过根据政治话语的变化而有所调整而已。这一规定可以说是刑法中的政治风向标。正如高铭暄教授所言：这是一条具有重大政治意义和法律意义的条文。[②] 我国 1979 年刑法第 2 条的表述是：

> 中华人民共和国刑法的任务，是用刑罚同一切反革命和其他刑事犯罪行为作斗争，以保卫无产阶级专政制度，保护社会主义的全民所有的财产和劳动群众集体所有的财产，保护公民私人所有的合法财产、保护公民的人身权利、民主权利和其他权利，维护社会秩序、生产秩序、工作秩序、教学科研秩序和人民群众生活秩序，保障社会主义革命和社会主义建设事业的顺利进行。

在这一条文的表述中，还存在较为浓厚的政治色彩，例如，反革命、无产阶级专政、社会主义革命等都是当时流行的政治话语。在 1997 年刑法修订中，对这些已经过时的政治术语进行了调换，但该条文的基本内容并未改动。

如何解读我国刑法第 2 条关于刑法任务的规定，始终是一个存在争议的问题。如果我们不是满足于对这一条文的字面解读，而是力图将它纳入大陆法系刑法学的规范话语体系，那么，就会提出这样一个问题：我国刑法第 2 条规定的刑法的任务，能否等同于刑法的机能或刑法的目的？肯定的观点认为，刑法的机能就是指刑法的作用，也就是刑法所要实现的任务。[③] 根据这一论述，刑法的机能和刑法的任务是可以等同的概念。而否定的观点则认为，刑法的任务是指立法者所赋予刑法的职能或者责任，因而刑法的任务不同于刑法的机能和目的。[④] 虽然在上述两种观点中，前者以作用定义刑法的任务，后者以职责定义刑法的任务，似乎有所不同，但从本质上来说，无论是刑法的作用还是刑法的职能，都是刑法对社会发生的实际功效，在这一点上并无根本区别。至于刑法机能与刑法目的，大多不加严格区分，但也有学者认为两者不能等同。刑法的机能是刑法在社会生活中能够发生作用的功

① 参见方蕾等编译：《外国刑法分解汇编（总则部分）》，2 页，北京，国际文化出版公司，1988。

② 参见高铭暄：《中华人民共和国刑法的孕育和诞生》，22 页，北京，法律出版社，1981。

③ 参见赵秉志、吴振兴主编：《刑法学通论》，14 页，北京，高等教育出版社，1993。

④ 参见张小虎：《刑法的基本观念》，56 页以下，北京，北京大学出版社，2004。

能，刑法的目的是刑法价值所在的标志，它回答的是社会组成人员为什么要通过国家制定刑法的问题，因而刑法的目的与刑法的机能不能等同，对刑法的目的必须从宪法的角度来认识。① 笔者认为，如果从文字本身来理解，刑法的任务、机能与目的这些概念之间确实存在一定的区别，例如，刑法的机能主要是从客观上揭示刑法所应当具有的功能，具有较为明显的客观性；而刑法的目的主要是从主观上确立刑法所追求的价值，具有较为明显的主观性；刑法的任务则介乎两者之间，是客观上的手段与主观上的目的的统一。就实现任务的方法而言，离不开刑法的机能；而就确定任务的目的而言，又离不开刑法的目的。因此，刑法的任务、机能与目的，都属于同一层次的概念，可以在互相联系中理解。尤其是我们不能以我国刑法第 2 条表述的刑法的任务只涉及保护法益，而没有涉及刑法机能中的规范机能、保障机能，而得出刑法的任务不能等同于刑法的机能的结论。② 在笔者看来，我国刑法第 2 条规定的刑法任务，实际上就是刑法的机能，只不过是对刑法机能的片面而非全面的表述而已。只有将刑法的任务纳入刑法的机能这一命题下，才能对其作出正确的诠释。

二、刑法机能的全面理解

对于我国刑法第 2 条规定的刑法任务的内容，以往我国刑法学都习惯地概括为“惩罚犯罪，保护人民”。例如，我国学者指出：我国刑法的任务，实际上是我国刑法“惩罚犯罪，保护人民”这一根本价值目标的具体化。简单讲来，它应该包括“用刑罚同一切犯罪作斗争”和“保障社会主义建设事业的顺利进行”两个方面的内容。并且，在“保护人民”和“惩罚犯罪”这两种刑法的基本功能中，前者是我国刑法的根本目的，“惩罚犯罪”只是实现刑法这一根本价值的手段。③ 在以上论述中，惩罚犯罪是从“打击敌人”这一政治话语转换而来，因此，刑法只不过是打击敌人的一种工具，通过打击敌人来达到保护人民的根本目的。在这种“敌人、人民”二元对立的话语框架中，刑法的功能定位得以确立，刑法被纳入政治的话语体系之中。当然，这种状况也有所改变。我国也有学者开始采用大陆法系刑法话语来解读我国刑法第 2 条关于刑法任务的规定。例如，张明楷教授将我国刑法确认的刑法任务归纳为保护法益，保护的方法是禁止和惩罚侵犯法益的犯罪行为。张明楷教授阐述了惩罚犯罪与保护法益之间的密切联系：不使用惩罚手段抑止犯罪行为，就不可能保护法益；为了保护法益，必须有效地惩罚各种犯罪；惩罚是手段，保护是目的。同时，张明楷教授又从刑法任务中引申出刑法目的的概念，认为刑法的目的

① 参见许道敏：《民权刑法论》，64 页，北京，中国法制出版社，2003。

② 参见张明楷：《刑法学》，2 版，32 页，北京，法律出版社，2003。

③ 参见高铭暄、马克昌主编：《中国刑法解释》，上卷，33 页，北京，中国社会科学出版社，2005。

也是保护法益。① 当然，在这种情况下，刑法的任务与刑法的目的之间如何区别就成为一个值得研究的问题。刑法的任务无论是界定为保护人民还是界定为保护法益，都是片面的。当然，这种片面性来自刑法规定本身。只有将刑法的任务纳入刑法的机能这一法理概念中，我们才能对刑法的任务作出全面阐述。

关于刑法的机能，在大陆法系刑法理论中有不同的表述，但一般认为刑法具有规制机能与社会机能这两个方面的内容。我国学者认为，刑法的规制机能是指把刑法作为手段，看它本身有什么作用、能力；而刑法的社会机能是指刑法在社会生活中实现的职能、作用，即从刑法调整目的方面、从刑法对社会生活的影响和后果所观察的机能。因此，刑法的规制机能与社会机能之间存在手段与目的的关系：刑法的规制机能是刑法的社会机能的手段，而刑法的社会机能则是刑法的规制机能的目的。② 当然，也有学者把刑法的规制机能和刑法的保护机能、保障机能都称为刑法的社会机能，认为刑法的社会机能是指刑法在社会上应当具有的机能和固有的作用，分为规制机能和维持社会秩序机能两种。其中，所谓维持社会秩序机能，是指使构成社会的元素（个人和团体）之间的相互关系处于安定状态，以利于社会发展的机能，它可分为保护法益机能和保障人权机能。③ 笔者认为，把刑法的保护机能与保障机能称为维护社会秩序机能是不妥当的，理由在于：社会秩序与个人自由是相对应的范畴，只有刑法的保护机能才具有维持社会秩序的内容，刑法的保障机能主要是指对个人自由的保障。此外，刑法的规制机能与刑法的保护机能、保障机能也是有所区分的：规制机能是就刑法规范作用本身而言的，刑法的保护机能和保障机能则是就刑法的社会作用而言的，它只有通过刑法规范的适用才能最终实现。在这个意义上，刑法的规制机能相对于刑法的保护机能和保障机能而言，是一种手段，后者才是刑法的目的。只有从刑法的规制机能和刑法的社会机能这两个方面，才能全面地对刑法的机能作出解读。

我国刑法第 2 条关于刑法任务的规定，实际上只包含了刑法的保护机能。关于我国刑法第 2 条规定的刑法任务，我国学者高铭暄教授认为：这一条主要讲了刑法打击什么、保护什么，也就是打击的锋芒和保护的对象。我国刑法的任务是要打击敌人、惩罚犯罪的。我国刑法在打击敌人、惩罚犯罪的同时，保护着国家和人民的利益，保护着社会主义的社会关系。④ 当然，在惩罚犯罪和保护人民之间存在手段与目的之间的关系。在我国刑法关于刑法任务的规定中，惩罚犯罪实际上是指刑法的规制机能，也就是刑法规范本身所具有的作用。惩罚犯罪是否为刑法规范的唯一作用，刑法规范是否还具有对惩罚犯罪活动本身的限制机能，这个问题在我国刑法第 2 条关于刑法任务的规定中并没有得到体现。我国刑法一直强调刑法对犯罪的惩

① 参见张明楷：《刑法学》，2 版，30 页以下，北京，法律出版社，2003。
② 参见刘志远：《二重性视角下的刑法规范》，123 页，北京，中国方正出版社，2003。
③ 参见［日］大谷实：《刑法总论》，黎宏译，3 页，北京，法律出版社，2003。
④ 参见高铭暄：《中华人民共和国刑法的孕育和诞生》，24 页，北京，法律出版社，1981。

罚功能，强化刑法的工具性价值。例如，我国学者指出：在阶级社会里，刑法永远是为统治阶级的利益服务的，是统治阶级的专政工具。一切剥削阶级国家的刑法，不论是奴隶制国家的刑法、封建国家的刑法、资本主义国家的刑法还是旧中国半封建半殖民社会的国民党政府的刑法，都是代表剥削阶级意志、保护生产资料私有制、维护少数剥削者对广大劳动人民的统治，都是少数人对多数人实行专政的工具。我国是社会主义国家，我国刑法是社会主义刑法。与一切剥削阶级刑法根本不同，我国刑法是建立在社会主义生产资料公有制基础上的上层建筑的一部分，它体现着无产阶级和广大劳动人民的意志和利益，是保护人民和惩罚、改造极少数犯罪分子的锐利武器，是人民民主专政的重要工具。① 在这种工具主义刑法观的指导下，刑法的惩罚功能被贴上了政治标签。实际上，刑法的惩罚犯罪功能只是刑法规制机能的一部分，刑法规制对象不仅是犯罪的人，而且包括裁判者本身。对此，李海东认为：刑法不仅可以按照阶级属性进行划分，而且可以从国家与公民在刑法中地位的角度在整体上分为两大类：民权主义刑法和国权主义刑法。历史上的许多刑法，是以国家为出发点而以国民为对象的，这类刑法，我们称之为国权主义刑法。国权主义刑法的基本特点是，刑法所要限制的是国民的行为，而保护国家的利益。基于这一出发点和功利目的，国权主义刑法可以存在于任何法律发展阶段、任何立法形式中，甚至可以无须法律的形式。与此相反，民权主义刑法是以保护国民的利益为出发点，而限制国家行为的刑法。也就是说，民权主义刑法的对象是国家。李斯特一语中的："刑法是犯罪人的人权宣言。"民权主义刑法的这一基本特点是当代刑法罪刑法定原则的核心所在。② 根据国权主义刑法与民权主义刑法这一分析框架，刑法的性质主要取决于它的规制对象。惩罚犯罪只是对公民行为的规制，只有对惩罚犯罪的活动加以限制，才是对国家行为的规制。就此而言，我国传统的刑法仍然是以国权主义刑法为基础的。对此，我国学者指出：我国是一个具有漫长的封建专制传统的国家，刑法工具主义思想根深蒂固。这种将刑法视为以镇压犯罪为内容的刑法工具主义思想之所以流行，主要还是与我国长期以来的社会结构有关。中华人民共和国成立以后，虽然我国的社会发生了根本性的变化，但在计划经济体制下，刑法长期作为政治的婢女，成为阶级斗争的工具。随着市场经济体制的建立和完善，随着依法治国进程的不断向前推进，刑法不再是国家镇压犯罪的一种工具，而是规制镇压犯罪之工具——刑法是准绳，是保障人权、促进民权的重要武器。③ 当然，从国权主义刑法向民权主义刑法的转变是一个漫长的过程。我国刑法第 2 条关于刑法任务的规定中将惩罚犯罪作为刑法的基本职能恰恰就是国权主义刑法的标志性话语。对于这一点，也许只有在刑事法治思想逐渐普及的今天，我们才能深切地认识到。

① 参见高铭暄主编：《刑法学》，修订本，22 页，北京，法律出版社，1984。

② 参见李海东：《刑法原理入门（犯罪论基础）》，4 页以下，北京，法律出版社，1998。

③ 参见许道敏：《民权刑法论》，55 页以下，北京，中国法制出版社，2003。

如果说，惩罚犯罪被我国刑法第 2 条确认为实现刑法任务的手段，那么刑法任务，实际上也就是通过惩罚犯罪这一手段所要达致的刑法目的，则是以下四个方面：（1）保卫国家安全、保卫人民民主专政的政权和社会主义制度。（2）保护国有财产和劳动群众集体所有的财产，保护公民私人所有的财产。（3）保护公民的人身权利、民主权利和其他权利。（4）维护社会秩序、经济秩序。① 我国学者将这些任务概括为法益保护是完全正确的。对法益的保护就是指对社会利益的保护，它主要是通过对犯罪惩罚这一手段达到的目的。但是，刑法存在的根据并不仅仅在于对法益的保护，而且在于对人权的保障，也就是对个人自由的保障。而这一目的主要是通过对国家刑罚权的限制来实现的，这也就是刑法的限制机能。刑法不仅限制个人而且限制国家，这种双重限制的机能是法治社会刑法的根本标志之一。对此，李斯特指出：在从 15 世纪末开始的近代国家，由于一个统治所有人的国家权力（如指挥权力和强制权力）的产生，使得法律发展成为一个强制性规范体系。这些强制性规范不仅对个人有约束力，而且（在现代立宪国家）对国家权力本身也有约束力。只有这样才能保证共同目的的实现。② 我国刑法第 2 条关于刑法任务的规定，只确认了社会保护的刑法任务，却并未将人权保障的刑法任务加以确认。这一规范内容在 1979 年刑法中是合乎当时的立法逻辑的，因为 1979 年刑法第 79 条规定了类推制度。在阐述类推存在的理由时，我国学者高铭暄教授指出，这是因为我国地大人多，情况复杂，加之政治、经济形势发展变化较快，刑法，特别是第一部刑法，不可能把一切复杂多样的犯罪形式包罗无遗，而且也不可能把将来可能出现又必须处理的新的犯罪形式完全预见并予以规定；有的犯罪虽然现在已经存在，但我们与它作斗争的经验还不成熟，也不宜匆忙规定到刑法中去。因此，为了使我们的司法机关能及时有效地同虽刑法无明文规定但实际上确属危害社会的犯罪行为作斗争，以保卫国家和人民的利益，就必须允许类推。③ 这一类推的存在就完全是以惩罚犯罪、保护社会为根据的，显然没有意识到类推本身具有对人权保障不利的消极方面。在 1997 年刑法中，我国废除了类推制度，确立了罪刑法定原则。立法者指出：罪刑法定原则是相对于封建社会罪刑擅断而言的。确立这个原则，是现代刑事法律制度的一大进步，实行这个原则需要做到：一是不溯及既往；二是不搞类推；三是对各种犯罪及其处罚必须规定明确、具体；四是防止法官滥用自由裁量权；五是司法解释不能超越法律。罪刑法定原则，既是立法原则，刑法修订时遵循了这个原则，同时也是执法原则。刑法取消类推，明确规定这个原则，是我国司法制度的重大改革，是我国社会主义民主与法制的重大进步，对内更有利于保护公民的合法权益，对外也更能体现我国保护人权的形象。④ 由此可见，罪刑法定原则是以保障人

① 参见胡康生、郎胜主编：《中华人民共和国刑法释义》，3 版，3 页，北京，法律出版社，2006。
② 参见［德］李斯特：《德国刑法教科书》，修订译本，徐久生译，5 页，北京，法律出版社，2006。
③ 参见高铭暄：《中华人民共和国刑法的孕育和诞生》，126 页，北京，法律出版社，1981。
④ 参见胡康生、郎胜主编：《中华人民共和国刑法释义》，3 版，4 页，北京，法律出版社，2006。

权作为其价值取向的，它赋予刑法以人权保障的机能。但在1997年刑法修订中，在废除类推制度、确立罪刑法定原则的同时，都只对刑法第2条关于刑法任务的规定作了个别文字调整，而没有对刑法任务的内容进行补充，使刑法任务仍然维持通过惩罚犯罪来保护社会这一内容，没有体现通过限制刑罚权来保障人权这一内容。因此，我国刑法第2条关于刑法任务的规定是片面的，也是与罪刑法定原则相悖的。在刑事法治的背景之下，我们应当重新审视我国刑法第2条对刑法任务的规定，按照刑法机能的法理对刑法任务的规定进行补充，实现法理对法律的纠偏。

三、刑法机能的科学界定

如上所言，我国刑法第2条关于刑法任务的规定是存在片面的，为此应当将刑法任务纳入刑法机能的理论体系当中来，对其作出科学界定。基于以上考虑，本章从以下三个方面对刑法机能进行界定：

（一）刑法的规制机能

从“打击敌人”这一纯粹的政治话语到“惩罚犯罪”这一法律话语的改变，当然是一种进步。因为敌人是一个完全政治化的概念，而犯罪毕竟是一个法律概念。但将刑法的规制机能仅仅归结为惩罚犯罪还是不全面的，这里涉及对刑法规制机能的理解。在大陆法系刑法理论中，刑法的规制机能亦称为规范机能或者规律机能，其内容可以分为以下两个方面：一是评价机能，二是意思决定机能。

刑法的评价机能是刑法规制机能的应有之义。这里的评价机能，确切地说，是刑法作为评价规则体系所具有的功能。对于刑法的评价机能，日本学者作出了深刻的阐述：刑罚是剥夺生命、自由、财产的国家制裁方法。科处国家的制裁必须有相应的根据，科处刑罚的理由和根据就是犯罪。只要出现了侵害或者威胁国家保护的法益的犯罪行为，就应该予以刑罚制裁。不过，对何种行为处以刑罚，必须事先明确作出规定。刑法在法律上具有明确规定无价值行为应受刑罚处罚的机能，预先规定出犯罪与刑罚的关系，可对一定的行为进行价值判断，这就是刑法的评价机能。① 从上述刑法的评价机能的内容中可以看出，它是刑法规范作为裁判规范所具有的机能：刑法首先是一种裁判规范，是司法机关定罪量刑的法律准绳。在这个意义上，刑法首先是规范裁判者的，刑法所具有的裁判规范性质表明刑法对国家刑罚权的限制机能。显然，刑法的评价机能，是在裁判规范意义上而言的。正如我国学者指出：刑法规范作为裁判规范所具有的规制机能，是评价机能。刑法规范通过规定犯罪构成和刑罚，为裁判者提供评价的前提条件（犯罪构成）和评价内容（刑事责任的有无以及刑罚的种类和轻重），这就是刑法规范作为裁判规范所具有的、作

① 参见［日］木村龟二主编：《刑法学词典》，顾肖荣、郑树周等译，10页，上海，上海翻译出版公司，1992。

为一种特定评价标准的作用和能力，简称为评价机能。① 定罪量刑活动是对行为的一种法律评价活动，在罪刑擅断的刑法制度下，虽然有刑法规定，但刑法规定本身不完备、不明确、不合理，因此法官的定罪量刑活动并不完全受刑法规制，往往存在司法裁量权的滥用，导致出入人罪。而在法治社会，实行罪刑法定原则，法官的司法裁量权严格地受到刑法的限制。在这种情况下，对行为的评价才真正是依照法律所作出的评价，刑法才能真正发挥裁判规范的机能。

除评价机能以外，意思决定机能也是刑法规制机能的重要内容。对此，日本学者指出：国家用法律规定犯罪与刑罚的关系，也是向公民发布保护法益的命令，要求公民的意志不能背离国家保护法益的意志，反映保护法益的需要，不可侵害或者威胁法益，也就是说，不应产生实施违法行为的犯意。要求公民的意志抑止犯罪的决定，就是意志决定机能。刑法便具有这种意思决定机能。② 刑法的意思决定机能是针对公民而言的，是刑法对一般公民的规制机能，也是刑法作为行为规范所具有的机能。我国学者认为，刑法的意思决定机能强调刑法规范对人的意志的强迫性。但这是不全面的，因而主张代之以指引机能的概念。刑法的指引机能包括两个方面：一是行为人因为畏惧刑法规范中的惩罚结果而产生的被迫性行为选择，二是行为人仅仅因为知道刑法规范对哪些行为是禁止的而产生的自愿性行为选择。③ 行为指引是法律规范的基本作用之一，刑法亦不例外。在法理学上，行为指引是法律通过对权利、义务的规定，提供人们社会活动的行为模式，引导人们在社会活动中作出或不作出一定的行为。根据法律规范内容所提供的行为模式的特点，法律对行为的指引包括以下三类：第一，授权性指引，即允许人们作出什么行为，而实际上是否作出由权利主体自行决定。第二，义务性指引，通常又称为积极义务，即要求人们积极作出法律要求的行为。第三，禁止性指引，即法律规定禁止人们作出一定行为。④ 刑法对行为的指引主要是禁止性指引，刑法将某些行为规定为犯罪并予以刑罚处罚，表明这些行为是法律所禁止的，公民不能实施。显然，刑法的这种禁止性指引是具有强制性的，但不能认为公民不实施犯罪行为都是刑法强制的结果。实际上，行为指引可以通过两种途径实现：一是威慑，二是鉴别。威慑是对那些已经产生犯罪意念的人而言的，这些人是潜在的犯罪人。但不能把社会上所有的人都视为潜在犯罪人，大多数公民是通过刑法的一般鉴别与个别鉴别而获得刑法的指引，从而自觉地约束自己行为的。在这种情况下，不犯罪就不是强迫的结果，而是自觉选择的结果。长期以来，刑事古典学派中的贝卡里亚、费尔巴哈等人都倡导刑罚威慑主义，将威慑作为刑罚预防的主要内容。尤其是费尔巴哈基于心理强制说，提出了

① 参见刘志远：《二重性视角下的刑法规范》，124 页，北京，中国方正出版社，2003。

② 参见［日］木村龟二主编：《刑法学词典》，顾肖荣、郑树周等译，10 页，上海，上海翻译出版公司，1992。

③ 参见刘志远：《二重性性视角下的刑法规范》，130 页，北京，中国方正出版社，2003。

④ 参见公丕祥主编：《法理学》，73 页，上海，复旦大学出版社，2002。

“用法律进行威吓”的著名命题，导致我们对刑法指引机能的片面认识。在这个意义上，将刑法规制机能中的意思决定机能改为指引机能，是具有理论意义的。

刑法是裁判规范与行为规范的统一，因而刑法的规制机能是评价机能与指引机能的统一。在传统刑法观念中，强调刑法对公民个人的威吓作用，将刑法视为驭民工具，凡此种种都是国权主义刑法思想的反映。在刑事法治建设中，随着罪刑法定原则的确立，我们应当树立起民权主义刑法思想，强调刑法规范作为裁判规范对国家刑罚权的限制作用，强调刑法规范作为裁判规范的唯一性、明确性和合理性。

（二）刑法的保护机能

刑法的保护机能就是指刑法对法益的保护，因此，法益是刑法保护的客体。日本学者在论述刑法的保护机能时指出：刑法是基于国家维护其所建立的社会秩序的意志制定的，根据国家的意志，专门选择了那些有必要用刑罚制裁加以保护的法益，侵害或者威胁这种法益的行为就是犯罪，是科处刑罚的根据。① 刑法的保护机能可以说是刑法最为原始的机能，甚至可以说是刑法的本能。德国著名刑法学家提出了“作为法益保护的刑法”的命题，把法益保护看作是刑法的首要职能。事实上，法益的概念也是首先由李斯特提出来的，李斯特指出：由法律所保护的利益我们称之为法益（Rechtsgueter）。法益就是合法的利益。所有的法益，无论是个人的利益还是集体的利益，都是生活利益，这些利益的存在并非法制的产物，而是社会本身的产物。但是，法律的保护将生活利益上升为法益。在反对国家权力专断的宪法和打击侵犯他人的利益的刑法颁布以前，人身自由、住宅不受侵犯、通信自由（通信秘密权）、著作权、发现权等一直是生活利益，而非法益。生活的需要产生了法律保护，而且由于生活利益的不断变化，法益的数量和种类也随之发生变化。②由此可见，法益的内涵、外延本身就是随着社会生活的发展而处在变化之中③，法益的变化表明国家关切的变动。传统刑法理论将法益分为三种类型，即国家法益、社会法益和个人法益，并且将国家法益置于社会法益、个人法益之上。这种情形，在第二次世界大战以后有所改观。例如，1810年《德国刑法典》，也就是《拿破仑刑法典》，其刑法分则是按照先超个人法益后个人法益的顺序对犯罪进行排列的。但1994年《法国刑法典》改变了这一排列顺序。法国学者指出：目前新刑法典包括了法律的一般理论、刑事责任与制裁，其次，还包括对“侵犯人身之犯罪”“侵犯财产之犯罪”“危害民族、国家及公共安宁罪”。按照这一顺序并且与《拿破仑法典》所采取的顺序相反，国民方确立了价值上的某种等级轻重。《拿破仑法典》开编首先规定的是“危害公共法益”的犯罪，然后，才考虑针对个人实行的犯罪；尽

① 参见［日］木村龟二主编：《刑法学词典》，顾肖荣、郑树周等译，9页，上海，上海翻译出版公司，1992。

② 参见［德］李斯特：《德国刑法教科书》，修订译本，徐久生译，6页，北京，法律出版社，2006。

③ 关于法益概念的可变性，请参见［德］克劳斯·罗克辛：《德国刑法学总论》，第1卷，王世洲译，16页，北京，法律出版社，2005。

管在新刑法典的制定过程中也有朝这一方向提出的建议，但法典后来的规定是：人的生命优先于财产。① 除此以外，1996年《俄罗斯联邦刑法典》在刑法分则排列顺序上也发生了这种变化。苏联从集体主义价值观出发，“十月革命”胜利后，无产阶级的国家利益和取代私有财产的社会主义所有制历来是刑法优先保护的对象。依照1960年《苏俄刑法典》，国事罪和侵犯社会主义所有制的犯罪在分则中居前两位。苏联解体后，俄罗斯的价值观发生了巨大的变化。1993年通过的宪法第2条明确规定：“人、人的权利与自由是最高价值。承认，遵循和捍卫人与公民的权利和自由是国家的义务。”在构建刑法典分则体系时，立法者以宪法第2条为根据，本着“先个人，后社会和国家”的原则，重新设定了各结构单位的排列位置：分则第一篇为“侵犯个人的犯罪”，第二篇为“经济领域的犯罪”，第三篇为“危害公共安全和公共秩序的犯罪”，第四篇为“危害国家政权的犯罪”，第五篇为“妨害军务的犯罪”，第六篇为“危害和平和人类安全的犯罪”。分则各结构单位排列次序的退移和变化，反映出当今俄罗斯的执政者倡导与追求的是以个人利益为本位的价值观。② 显然，刑法分则犯罪的排列顺序不是一个简单的立法技术问题，而是立法价值的反映。我国刑法第2条关于刑法任务的表述中的实体内容，也可以归入一定的法益类型，其中：国家安全、人民民主专政和社会主义制度、国有财产属于国家法益；公民私人所有的财产，公民的人身权利、民主权利和其他权利属于个人法益；劳动群众集体所有的财产、社会秩序、经济秩序属于社会法益。从排列顺序来看，是按照国家法益、个人法益和社会法益的顺序排列的。刑法分则犯罪类型的排列稍微有些变化，但大体上与这一顺序是相同的。无论如何，立法者都把保卫国家安全、保卫人民民主专政的政权和社会主义制度看作是刑法的首要任务。③ 尽管我国宪法将“国家尊重和保障人权”载入宪法，但从目前来看该规定在刑法中并没有得到完全体现。

法益保护作为刑法的基本功能，是为刑法理论所公认的。但规范保护的观点越来越对法益保护的理论提出挑战。例如，德国刑法学家雅科布斯就提出了刑法的机能主义（strafrechtlicher Funktionalismus）理论，这一理论认为：刑法要达到的效果是对规范同一性的保障、对宪法和社会的保障。④ 雅科布斯在此力图用规范保护取代法益保护。因此，犯罪的本质不再是法益侵害而是规范违反，刑罚目的也不再是以威吓为内容的消极的一般预防而是以忠诚为内容的积极的一般预防，等等。规范保护的理论以及由此引申出来的规范违反说受到我国学者的肯定，例如，我国学

① 参见［法］卡斯东·斯特法尼等：《德国刑法总论精义》，罗结珍译，104页，北京，中国政法大学出版社1998。

② 参见薛瑞麟：《俄罗斯刑法研究》，79页以下，北京，中国政法大学出版社，2000。

③ 参见胡康生、郎胜主编：《中华人民共和国刑法释义》，3版，3页，北京，法律出版社，2006。

④ 参见［德］格吕恩特·雅科布斯：《行为 责任 刑法——机能性描述》，冯军译，101页，北京，中国政法大学出版社，1998。

者周光权教授通过对法益概念的分析指出：刑法并不一般化地保护抽象的利益。利益永远是相对的利益，仅仅处于与另一个人的确定行为的联系之中。在雅科布斯那里，利益已经超脱地体现为规范，并且不会把与利益有关的其他人仅仅看作是特定利益的非所有权人，而是根据社会的规范联系，将其描述成一个有责任或者没有责任避免利益侵害的人。社会的秩序不能单独地对利益进行定义，人的角色同时在最早就参加进来了。这样，自然就引出了规范违反说的命题。① 当然，在大陆法系国家，也有刑法学者并不赞同规范保护说，或者毋宁说揭示了法益保护与规范保护之间的同一性。例如，日本学者西田典之指出：刑法也是规范，对人的意思也会产生作用，从而控制其行动。然而，刑法的目的是保护值得用规范来保护的法益。而且，伦理规范、刑法规范也都是因社会需要而产生，在此种限度内应当说它们具有同样的理论结构，即伦理规范、刑法规范并非其本身有价值，而是其所保护的对象有一定的价值，才具有存在的理由。刑法规范即便是纳入伦理规范，也不是为了强加进特定个人的伦理与道德，而是必须充分考察由伦理所维护的价值即法益是否存在，而这种法益是必须达到要用刑罚这样的强力制裁以便在国家的范围内予以保护之程度的共同利益。② 笔者认为，法益保护的理论为现代刑法确立了存在根据，因而具有重要意义。规范保护的理论并非对法益保护理论的否定，而是在法益保护理论的基础上进一步将那些虽然侵犯法益但并非出于理性对抗而是缺乏人格体的行为从犯罪中排除出去，使刑法的机能进一步收缩以维护规范的有效性。雅科布斯指出：自从自然法终结以来，刑罚就不再是针对非理性者而科处的，而是针对对抗者(Unwillige)。制裁就是纠正破坏规范者的世界构想（Weltentwurf des Normbrechers)。破坏规范者主张在现实的事件中规范的无效性，但是，制裁则明确这种主张不足为准（Unmaßgeblichkei)。③ 在某种意义上说，规范保护是一种更为精致的刑法理论。当然，规范保护是以确证规范的合理性为前提的，在不具备这一前提条件的情况下，法益保护也许是一种更为有效的理论。就我国而言，目前的当务之急是根据法益保护的理论对刑法规范的内容进行清理，只有在条件具备以后才有可能采用规范保护说。

（三）刑法的保障机能

刑法的保障机能是指刑法对人权的保障，这里的人权是指犯罪嫌疑人、被告人和犯罪人的人权。而这样一个内容，恰恰是我国刑法第 2 条关于刑法任务的规定中付诸阙如的。如果说，刑法的法益保护机能是任何刑法都具有的，只不过法益范围有所差别而已，刑法的人权保障机能则是法治社会刑法才具有的机能，专制社会刑

① 参见周光权：《刑法学的向度》，198 页以下，北京，中国政法大学出版社，2004。

② 参见［日］西田典之：《日本刑法总论》，刘明祥、王昭武译，23 页，北京，中国人民大学出版社，2007。

③ 参见［德］格吕恩特·雅科布斯：《行为 责任 刑法——机能性描述》，冯军译，109 页，北京，中国政法大学出版社，1998。

法是不具有的。

刑法的人权保障机能是指通过明确地将一定的行为作为犯罪、对该行为科处一定刑罚，来限制国家行使刑罚权，由此使一般国民和罪犯免受刑罚权的任意发动而引起的灾难的机能，也叫保障自由机能。① 刑法的人权保障机能主要是通过罪刑法定原则实现的。可以说，刑法是否实行罪刑法定原则是刑法是否具有人权保障机能的一个标志。

我国刑法第 2 条关于刑法任务的规定，通过惩罚犯罪所要达致的目的是保护人民。这里的人民是一个政治概念，它是与敌人相对应的。更为重要的是，这里的人民是一个整体的概念，而非指构成人民的每一个公民。因此，这里的人民是可以直接转换为国家、社会、制度、专政等概念的。我们完全可以把这里的"保护人民"解读为保护社会、保卫国家、维护专政等。因此，在我国传统刑法理念中，犯罪人作为敌人是刑法打击、惩罚的对象，怎么可能是保障的对象呢？刑法的人权保障机能是闻所未闻的。只是近些年来，尤其是 1997 年刑法修订以后，随着刑事法治的启蒙，人权保障的观念才在我国开始传播，但相对于打击敌人的观念而言，人权保障的观念还是极为淡薄的。我国刑法第 3 条关于罪刑法定原则的规定，是最能体现刑法的人权保障机能的，但我国刑法对罪刑法定原则的表述显然不同于其他国家的刑法。世界各国刑法关于罪刑法定原则的表述，无论措词如何，基本逻辑都是"法无明文规定不为罪，法无明文规定不处罚"。因此，罪刑法定原则所具有的限制机能，是指限制国家刑罚权，不得将法无明文规定的行为作为犯罪加以刑罚惩罚，但并不对出罪加以限制。对此，日本学者指出："在保障国民的自由以及基本的人权方面，对罪刑法定的内容本身提出了更高的要求。也就是说，不能简单地认为，只要有法律的规定，对什么样的行为都可以科以刑罚，而且可以科以任何刑罚。"应根据犯罪的内容，是否有必要动用刑罚进行处罚（处罚的必要性和合理性），而且对于该种犯罪所定的刑罚是否与其他犯罪相平衡（犯罪上刑罚的均衡），亦即从所谓实体的正当程序的角度来强调罪刑法定的意义。② 但我国刑法第 3 条是这样规定的：

> 法律明文规定为犯罪行为的，依照法律定罪处刑；法律没有明文规定为犯罪行为的，不得定罪处刑。

在此，刑法规定的内容可以分为两个方面。立法者认为是罪刑法定的两个方面内容：一方面，只有法律将某一种行为明文规定为犯罪的，才能对这种行为定罪判刑，而且必须依照法律的规定定罪判刑。另一方面，凡是法律没有将某一种行为规定为犯罪的，对这种行为就不能定罪判刑。③ 对于我国刑法第 3 条规定的罪刑法定原则的这两个方面内容，我国学者认为：第一个方面可称为积极的罪刑法定原则，

① 参见［日］大谷实：《刑法总论》，黎宏译，4 页，北京，法律出版社，2003。

② 参见［日］野村稔：《刑法总论》，全理其、何力译，46 页，北京，法律出版社，2001。

③ 参见胡康生、郎胜主编：《中华人民共和国刑法释义》，3 版，4 页，北京，法律出版社，2006。

第二个方面可称为消极的罪刑法定原则。这里所谓积极，是指从积极方面要求正确运用刑罚权，处罚犯罪，保护人民。因此，我国学者认为，我国刑法第3条克服了西方刑法的片面性，在刑法史上第一次把正确运用刑罚权，打击犯罪，保护人民作为罪刑法定原则的重要方面明确规定，而且把它放在第一位。这是罪刑法定原则的新发展。[①] 对于这一观点，笔者是不赞同的。所谓积极的罪刑法定并非罪刑法定主义的题中之意，事实上参与立法的有关人员也并不赞成将刑法第3条前半句理解为积极意义上的罪刑法定，认为它强调的是“依法”，它所针对的不是简单的司法机关的不作为，而是司法机关可能存在的不公。[②] 但罪刑法定原则只能解决法无明文规定不为罪这一基本的人权保障问题。至于司法不公问题，包括有罪不罚、轻罪重判或者重罪轻判等，都不是罪刑法定原则所能解决的。尽管我国刑法关于罪刑法定原则的表述存在不能令人满意之处，但罪刑法定原则在我国刑法中的确认，在一定程度上弥补了我国刑法第2条关于刑法任务在规定上的偏颇。

在刑法的规制机能与刑法的社会机能之间存在一种对应关系：刑法的规制机能中的评价机能与刑法的保障机能之间存在手段与目的之间的关系。刑法的规制机能中的指引机能与刑法的保护机能之间也存在手段与目的之间的关系。刑法的规制机能的内容，正如日本学者指出：是对一定的犯罪，预告施加一定的刑罚，由此来明确国家对该犯罪的规范性评价。而且，这种评价有这样的内容，即：各种犯罪值得施以各种刑罚这一强劲的强制力。阐明了这种评价，刑法作为一种行为规范，起着命令普遍国民遵守的作用。另外，刑法对有关司法工作人员来说，作为一种裁判规范，成为犯罪认定和刑罚适用的指标，这些无非刑法规制的机能。[③] 由此可见，刑法的规制机能是通过刑法作为行为规范与裁判规范共同实现的。而刑法规制机能又为实现刑法的法益保护和人权保障机能提供了客观基础。刑法的法益保护和人权保障机能两者之间存在一种悖论关系，这种悖论关系也被日本学者称为二律背反关系，认为二者处于重视保障人权的话，就会招致犯罪的增加，不能对法益进行保护；相反地，重视保护法益的话，就不能指望对人权进行保障的矛盾关系之中。日本学者指出：重视保障人权而轻视保护法益，或者相反，轻视保障人权而强化法益保护的话，都会使国民对秩序失去信赖，招致难以维持社会秩序的结果。因此，只有在调和二者，使二者发挥作用的时候，刑法才能充分发挥其维持社会秩序的机能。[④] 将法益保护与人权保障这两种刑法机能加以协调这一观点当然永远是正确的，但两者之间毕竟存在矛盾，面对这种矛盾就有一个价值上的取舍问题。笔者认为，在我国当前刑事法治建设的大背景下，更应当强调的是刑法的人权

① 参见何秉松主编：《刑法教科书》，上卷，68页，北京，中国法制出版社，2000。

② 参见张军等：《刑法纵横谈（总则部分）》，22页，北京，法律出版社，2003。

③ 参见［日］西原春夫：《刑法的根基与哲学》，顾肖荣等译，44页，北京，法律出版社，2004。

④ 参见［日］大谷实：《刑法总论》，黎宏译，5页，北京，法律出版社，2003。

保障机能，只有这样才能实现刑法的最终目的，使之在人权保障方面发挥更大的作用。

从刑法的任务到刑法的机能，这是一个刑法理论的话语转换过程，也是刑法理念上的一个祛意识形态之魅的过程，我们应当回归对刑法的规范思考而放弃习惯了的政治话语。

第二章

行为无价值论的构造

一、问题意识

在刑法上，说某种行为违法，就是说某种行为明显不妥当，值得用刑罚加以处罚。也就是说，刑法要惩罚的一定是一个恶的或者坏的行为。行为的恶或者坏，就是刑法意义上的违法性。但是，这种恶和坏不是一般意义上的恶和坏，而是达到值得动用刑罚程度的恶、坏。违法性的判断，是对处罚根据和处罚对象的确定。井田良教授指出，如果把犯罪论比作汽车，那么，违法论是发动机，责任论则是用来对处罚加以限定的刹车装置。和责任论相比较，违法论显得更重要一些。正如人们在购买汽车时，通常不会去特别问汽车的刹车怎么样，而是要问发动机性能如何。① 如果说发动机的性能决定了汽车的好坏，那么，我们就可以说，对违法论的态度也就决定了犯罪论的面貌。违法论在犯罪论体系中的地位之重要，由此可见一斑。

在我们可以根据什么标准来判断一个行为是否达到值得科处刑罚的程度这一问题上，有两种并驾齐驱的处理方案：一种思路是仅仅从结果、结局上看，行为造成"恶果"（法益侵害、危险）的，就值得处罚，从而具有违法性。这种观点重视结果，坚守了结果无价值论的立场。按照结果无价值论，违法性的本质是法益侵害，刑法的目的就是保护法益。② 因此，结果无价值论的另外一个说法就是法益侵害说。将刑法目的定位于法益保护，违法评价的对象基准是广义的、客观存在的结果（法益侵害后果或者危险），该评价只是对一定的事态或者结果在法律上作出判断，与侵害事实是否由人所引起无关，人的行为或者物的行为，都是违法评价对象。③ 至于行为样态是什么，行为人对于可能发生的法益侵害事实是否知晓，这些都对行为的违法与否没有影响。如果一个学者认为结果比过程重要，通常会赞成这种主张。④

另外一种思路是从行为出发思考问题，只有那些用明显不妥当的行为造成恶果的，才给予处罚。这种观点重视过程，强调通过"恶行"造成"恶果"。这是行为无价值论的特色。由于将违法性仅仅界定为社会伦理规范违反的观点存在很多不足，所以，一元的行为无价值论受到广泛批评。在今天，得到很多学者赞同的是二元的行为无价值论。本文所讨论的行为无价值论也是这个意义上的理论。二元的行为无价值论认为，对违法性的判断，应当以结果无价值论为基础，同时，作为对结果的违法性的限定，也应当考虑行为举止对于规范的违反。因此，在违法性判断中，行为和结果具有同等重要的地位。如果一个学者强调思维的起点，认为过程与

① 参见［日］井田良：《讲义刑法学总论》，78页，东京，有斐阁，2008。

② 参见张明楷：《刑法学》，3版，27页，北京，法律出版社，2007。

③ 参见［日］前田雅英：《刑法总论讲义》，4版，50页，东京，东京大学出版会，2006。

④ 如果用谈恋爱打比方，坚持结果无价值论的人会认为，一旦两人谈崩了，结果就是"坏"的（结果无价值），就不应该留下美好回忆。在这个意义上，可以说结果无价值论重视当下的结局。

结果同样重要，或者过程重于结果，通常会选择这种思考路径。[①]

本章对行为无价值论的基本含义、行为无价值论与结果无价值论的差异、行为无价值论对刑法解释和刑罚适用的影响等问题进行分析，问题意识主要基于以下三点：

（一）行为无价值论和结果无价值论的争论还需要向纵深推进

在我国，结果无价值论和行为无价值论的争论在最近十年来次第展开。笔者曾经指出，重视规范，对于维持基本的社会正义和尽可能创造一种真正的生活方式都极其重要，二元的行为无价值论与中国法治建设的实际需要相一致，因而需要坚持。[②] 几乎与此同时，张明楷教授认为："刑法立法与司法实践的方向应是贯彻结果无价值论。"[③] 此后，笔者对于如何在中国系统地建立行为无价值论进行了详细论述。[④] 针对笔者的上述研究，主张结果无价值论的张明楷教授、黎宏教授对笔者的观点提出了批评意见。[⑤] 张明楷教授的观点主要从理论的侧面展开，对犯罪论范围内行为无价值论和结果无价值论的差异进行了全面检视；黎宏教授则对行为无价值论可能存在的问题进行了系统梳理。此外，黎宏教授还结合我国刑法的具体规定，对结果无价值论在立法、司法上的存在合理性进行了分析。[⑥] 最近，有学者明确对"去道德主义"的行为无价值论表示支持。[⑦] 围绕行为无价值论和结果无价值论问题，之所以有这么多争论，和理论本身的重要性有关。两派的对立，实际上表明了刑法基本立场上的差异，牵一发而动全身。思考上述问题的方法或者路径不同，可能导致犯罪成立范围、认定犯罪的思维过程、犯罪和刑罚的关系、刑法和社会的关联度都不相同。所以，违法论是刑法理论的"试金石"。对实质违法论的思考，具有超越犯罪论，进而影响刑罚论和刑法分则各罪解释的意义。因此，对行为无价值论进行再展开，具有重大理论价值。

在德、日刑法学中，对行为无价值论和结果无价值论的研究持续进行了数十年，今天，理论上已经逐步从"主义之争"转向对具体问题的思考。但是，这不意味着我们也可以绕开行为无价值论和结果无价值论的问题。其实，对行为无价值论

① 如果还用谈恋爱打比方，坚持行为无价值论的人会认为，即便两人谈崩了，恋爱过程也会给人留下美好回忆，结果也不一定是"坏"的；即便结果确实不好，这个"无价值"的结果是如何造成的，也是需要总结的。总结这次恋爱失败的经验，实际上是为未来取得恋爱成功打下良好基础。因此，行为无价值论着眼于长远。

② 参见周光权：《法治视野中的刑法客观主义》，241页，北京，清华大学出版社，2002。

③ 张明楷：《刑法的基本立场》，188页，北京，中国法制出版社，2002。

④ 参见周光权：《行为无价值论的提倡》，载《比较法研究》，2003（5）；周光权：《违法性判断的基准与行为无价值论——兼论中国刑法学的立场定位》，载《中国社会科学》，2008（4）。

⑤ 对此，请参见张明楷：《行为无价值论的疑问——兼与周光权教授商榷》，载《中国社会科学》，2009（1）；黎宏：《行为无价值论批判》，载《中国法学》，2006（2）。

⑥ 参见黎宏：《结果无价值论的展开》，载《法学研究》，2008（6）。

⑦ 对此，请参见陈璇：《德国刑法学中结果无价值与行为无价值的流变、现状与趋势》，载《中外法学》，2011（2）；陈璇：《刑法中社会相当性理论研究》，90页，北京，法律出版社，2010。

和结果无价值论的研讨，在中国才刚刚开始。只要认为犯罪是行为，只要肯定法益侵害对于犯罪认定的意义，坚持罪刑法定主义、法益保护主义和责任主义，行为无价值论和结果无价值论的对立就始终存在，并在对具体犯罪的解释上随时凸显。

（二）需要进一步论证行为无价值论、结果无价值论的争论和我国通说间的关系

有的人可能会认为，讨论行为无价值论和结果无价值论，是在讨论一个外国刑法的问题。其实，这是一种误解。一方面，在外国会遇到的难题，在我们的立法和司法实务中，同样难以绕开。另一方面，行为无价值论和结果无价值论的争论涉及实质的违法论，类似问题，我国刑法学通说在讨论犯罪本质时并没有忽视。阶层犯罪论体系中的违法论，是形式的违法论和实质的违法论的统一，并以后者为主。在我国，行为的社会危害性、刑事违法性之间存在紧密关联，社会危害性是实质的违法性，刑事违法性是形式的违法性。社会危害性对于行为是否成立犯罪的影响巨大，刑事违法性则往往只有象征意义。在我国社会危害性是主、客观相统一的，社会危害性的有无及程度，取决于行为及其后果，也取决于行为人及其主观心态。因此，我国的通说理论和行为无价值论很接近。但是，在我国，关于实质违法性的研究并未充分展开，因此，对于行为和行为人两者孰重孰轻、过于重视行为人会带来什么理论困扰、是否会使刑法陷入主观主义等问题，都没有得到全面讨论。即便在重视行为的前提下，对于是行为重要还是后果重要，如果重视行为及其因果线索，会在犯罪论体系构造上有什么要求，也研究不足。因此，还不能说按照我国刑法学通说就一定会得出行为无价值论的结论。在有的场合，我国刑法学和刑法主观主义之间存在千丝万缕的联系。在这种情况下，如何合理借鉴我国刑法学通说的资源确立刑法基本立场，并对通说的理论进行合理化、客观化、体系化的改造，就是需要研究的问题。

二、理解行为无价值论的三种进路

既然违法是从规范内涵的角度看某种行为的发生是“不应当”的，那么，违法就一定与规范存在特殊的、紧密的关联。

在行为无价值论中，最为传统、影响最大，但同时也承受批评最多的是社会伦理规范违反说（旧规范违反说）。此外，同样站在规范违反的角度，但是，将规范理解为行为规范、刑法对人所发出的规范呼吁，进而将违法性的本质解读为行为规范违反的观点，也是非常有力的立场（新规范违反说）。除了这两种进路之外，并不主要从规范违反的角度出发，而是特别看重行为是否具有法益侵害导向性的观点（行为的法益侵害导向性说），是思考行为无价值论的第三种相当重要的进路。①

① 对行为无价值论的含义，还有其他解释，但基本上都可以归入前面这三种思考进路的范畴。

（一）旧规范违反说

自威尔策尔（Welzel）以来的行为无价值论在很长时期内都坚持这样的主张：与保护具体的、个别的法益相比，刑法更重要的使命在于通过处罚违背社会伦理道德的行为，来揭示行为的不值一提。麦耶（Mayer）曾经指出："犯罪是侵犯法益，但另外还难以忍受地侵害了伦理秩序。"① 以此为基础的传统行为无价值论认为，违法性的实质是对社会伦理规范的违反（大塚仁、大谷实）②；或者是对作为法秩序基底的社会伦理规范的违反（团藤重光）；或者是对社会通常观念、社会相当性的脱离或者偏离③。按照这种立场，法益侵害对于犯罪的认定而言，仅仅是一个非独立的要素，是认定行为是否违反社会伦理道德的素材。刑法的根本任务是维护社会道德的有效性，只有在社会道德得到保护的情况下，法益才可能得到保护。

将违法性的本质定位于社会伦理规范违反的观点，虽有不足，但也并非毫无合理性：（1）刑法是社会伦理的"底线"。刑法并不一般地限制和惩罚个人违反伦理道德的行为，而只是惩罚严重冲击主流社会伦理观念的极个别行为。④（2）对自然犯而言，公众认同的刑法规范在很大程度上和社会道德规范有关。这里的规范，由文化传统、主流价值观、社会道德规范所组成。例如，强奸行为客观上侵犯妇女的性自由决定权，同时，其作为不道德行为一定会受到指责；诈骗、生产销售伪劣产品的行为会侵害他人的财产权、扰乱市场秩序，而编造谎言、以假充真的行为一定会遭到伦理道德上的否定评价；制造并传播淫秽物品、组织淫秽表演行为与刑法所试图确立并引导的"善良风俗"道德观是相违背的。⑤ 对行政犯而言，在社会发展过程中，会不断产生新的利益，确定新的规范关系，并逐步得到公众的认同，刑法通过增设新罪、直接保护规范关系、肯定某种主流的伦理价值观，来间接地保护法益。（3）在一个国家规范秩序比较混乱的时期，在刑法上首当其冲地将违反伦理规范的行为作为处罚对象，正本清源，可以达到逐步引导国民养成良好规范意识的功效，对于社会秩序的建构意义重大。因此，在笔者的早期研究中，就赞成将违法性定位于对社会通行的伦理规范的违反。⑥

但是，近年来，笔者逐渐认识到，对违法性本质的认识仅仅停留在社会伦理规

① 转引自［德］卡尔·恩吉斯：《法律思维导论》，郑永流译，120页，北京，中国政法大学出版社，2004。

② 学者认为，在历史上已然形成的社会伦理框架内的法益侵害行为，即便引起了后果，也应该理解为具有社会相当性而不属于违法。参见［日］大谷实：《刑法总论讲义》，新版3版，237页，东京，成文堂，2009。

③ 参见［日］福田平：《全订刑法总论》，4版，143页，东京，有斐阁，2004。

④ 实际上也可以认为，几乎所有刑法上的违法行为，都是违反社会伦理道德的行为。但是，不能反过来说，所有违反社会伦理道德的行为都是刑法上的违法行为。

⑤ 至于得到当事者双方同意的介绍卖淫、容留卖淫罪，损害的明显是社会伦理道德，很难说是具体的法益。

⑥ 参见周光权：《法治视野中的刑法客观主义》，258页，北京，清华大学出版社，2002。

范违反这一点上，可能存在明显不足：（1）按照这种主张，既遂犯和未遂犯对社会伦理规范的违反都是相同的，处罚上也应该相同。但这样的结论可能违反我国刑法规定。（2）可能违背行为刑法的基本原理，强化一元的道德观，过分限制个人自由，使刑法陷入“思想刑法”或者“心情刑法”的境地。的确，“对于没有侵害或者威胁法益的行为，不管其行为样态如何，即使行为人的内心再恶，行为本身对社会伦理秩序的违反再严重，也不具有违法性”①。（3）伦理的分析、验证都很困难，违法性判断沦为直观把握的可能性太大，结论可能并不公允。

（二）行为规范违反说（新规范违反说）

与社会伦理规范违反说不同的思考路径是将规范解释为行为规范、行动准则，从而认为违法性的实质是对作为一般人行动基准的行为规范的违反。②

新规范违反说认为：刑法规范是行为规范（命令规范），同时也是评价规范（裁判规范）。刑法规范具有作为面向社会一般人的命令、禁止的行为规范的侧面。在（二元的）行为无价值论中，应该重视违法判断对于公众行动的提示、指引功能，突出的是刑法的行为规范特质。③ 其主要理由是：（1）因为刑法规范是专门为人所设计的，人的行为是规范意欲调控的唯一对象，如果不用规范来控制人的行为，法益保护就会经常落空。例如，非法侵入住宅罪处罚的是人的行为，动物的行为不在违法行为的范畴之内。刑法通过处罚人的不法侵入行为来保护住宅安宁权；侵入他人住宅就要受到处罚的规定中，明显包含作为裁判规范的前提的“不得非法侵入他人住宅”的行为规范的内容。行为无价值论特别重视揭示在行为实施的当时，行为违法、适法的界限，重视发挥违法判断的提示机能、告知机能。由此一来，对违法性的认定，就必须将行为设定为思考问题的逻辑起点，必须和规范违反相关联，通过规范来确保人不实施违法行为，通过对规范效力的确证来控制人的行为，从而实现法益保护的刑法任务。（2）刑法无论如何要让公众知晓如何行动才是法律不反对的，明确在行为时点适法和违法的界限，其存在才有理由。换言之，违法性实际上就是对“行为”的基准作一种提示：某一身体动静正是因为违反了作为“一般性”的行为基准而存在的规范，才具有违法性。正是行为以及行为的规范违反性才是评价的基础；行为能够为一般社会观念、行为准则所容忍的，难言违法。④（3）故意犯是明显违背行为准则的行为；在过失犯的违法性判断中，无论行为人如何注意，只要他是人而不是神，就难以预见结果的，结果避免义务就根本不可能履行，违法性就不具备。从刑法的行为指引以及对公众规范信赖的确保出发，认为引起该结果的行为是违法的，就是不合理的结论。由此可见，以行为为基准的

① 张明楷：《刑法的基本立场》，163页，北京，中国法制出版社，2002。

② 参见［日］井田良：《讲义刑法学总论》，240页，东京，有斐阁，2008。

③ 结果无价值论肯定评价规范（裁判规范）的意义，认为违反评价规范的行为，具有违法性；违反命令、禁止规范的行为，具有责任。结果无价值论试图以此来确保违法性和责任的区分。

④ 参见［日］井田良：《刑法总论の理论构造》，8页，东京，成文堂，2005。

行为无价值论，能够提供关于违法性判断的客观标准，表示哪些场合刑法的介入是被允许的、哪些场合刑法的介入是让人难以接受的，这样也能够确保拥有不同价值观的国民能够结成规范共同体，经营其共同生活。

由于刑法规范是行为规范，对于行为是否违反规范的评价，实际上是拿具体的行为和规范相比对，就需要考虑行为的手段（样态），考虑行为所伴随的意思。基于规范违反说，要考察“有人干了坏事”（法益侵害），也要考察其“怎么干的这件坏事”（行为的规范违反性）。所以，违法性的实质是行为偏离行为规范，进而造成法益侵害。对此，有学者指出：“不法的意义并不仅限于行为给法益造成了某种实际损害即结果的无价值，而同时也决定于具备构成要件行为的目的性、行为的其他特征与主观意图等，也就是行为本身的无价值。实害犯中如果没有实现结果的无价值，而具备了行为无价值，就构成未遂；如果实害犯中具备了结果无价值而无法认定行为人的行为无价值，就不具备不法本身，而不出现可罚的问题。”①

行为规范违反说的立场具有合理性，更容易对很多刑法问题的理解提供理由：（1）刑法中一些条文的设计与法益侵害有关，但是，其可能更多地考虑了惩治规范违反行为的要求。例如，日本刑法对单纯遗弃罪的处罚轻于保护责任者遗弃罪，不是只从对被害人的生命、身体法益侵害的角度就能够说明的。立法者是在重点考虑了身份者的义务违反这种行为无价值之后对犯罪进行了区别规定。我国刑法中，将自己占有转变为自己所有的行为分别规定为职务侵占罪、贪污罪、（普通）侵占罪，实际上也有相同的考虑。因此，违法的行为举止是否存在与违法性判断有关。（2）众多犯罪类型的不法内容不仅仅是由破坏或者危害了被法律保护的法益所决定的，而且也是由行为实施的方式和方法决定的，相关犯罪种类的应受处罚性恰恰存在于其中。例如，刑法对财产的保护不是针对每一种想象的损害，而只是针对特定危险的犯罪种类来规定的。以欺诈方式造成的财产损害是诈骗；以强制方式造成的财产损害是敲诈勒索；以违反诚信的方式造成的财产损害是挪用；抢劫和抢夺的区别在于暴力是针对人还是针对财物实施等，刑法并没有规定一般性地侵害财产法益就是犯罪。（3）即便同样成立某种犯罪，手段的不同也会影响违法性程度：以暴力手段造成被害人轻伤，进而抢劫财物的，违法性类型化地重于仅仅恐吓然后取得财物的行为；以暴力手段实施的强奸，其违法性也类型化地重于以致人昏醉方式的强奸。（4）部分犯罪要求违反行政管理法规才能成立，例如，危害道路交通安全的行为除要求造成财产、人身损害外，还要求严重违反交通管理法规，并以过失的方式实施，如果只考虑法益侵害，这一表明犯罪行为特征的方式和方法也许是不好理解的。②（5）故意、过失、特定目的都是违法要素。在醉酒后擅自进入他人房间的行为，是故意地非法侵入住宅，还是有盗窃、强奸或者杀人的意思，甚至是单纯走错

① 李海东：《刑法原理入门（犯罪论基础）》，47页，北京，法律出版社，1998。

② 参见［德］汉斯·海因里希·耶赛克、托马斯·魏根特：《德国刑法教科书（总论）》，徐久生译，295页，北京，中国法制出版社，2001。

了房间，都是行为无价值论特别强调的，仅仅根据法益侵害说或许不好解释。而行为无价值论对此解释却变得比较容易：从明确犯罪成立范围的立场出发所作的各种主观构成要件的限制，其实也是刑法规范自身已经内含的设定。“人们应当记住，刑法仅仅是辅助性地保护法益，例如在不具有牟利目的和占有目的时，如果使用民法手段就足以对付的情况下，就不应当考虑刑法手段。”①

（三）行为的法益侵害导向性说

该说认为，违法性的本质是行为指向法益，并有导致法益实害或者危险发生的可能性。换言之，行为有无价值，取决于其所追求的事实、状态、结局有无价值。凡是行为的意志是以侵害法益为目标，相应的行为也被实施的，就具有违法性。反过来，行为人追求一个并不道德的目标，主观上的意思也不纯正（例如出于报复、泄愤的动机），但是，其目的的实现并未造成法益侵害，不具有法益侵害导向性的，也难以认定其违法。根据这种观点，在违法性论中，行为是否违反命令、禁止规范，虽然也要考虑，但是，与之相比，行为在客观上是否指向法益并是否有法益侵害发生的导向性，才是关键。按照笔者的理解，在德国成为通说的行为无价值论基本持这种态度。

按照这种理论，对行为无价值论的理解，分为三个步骤：（1）对于行为是否违反规范、是否妥当需要加以简单判断；（2）对于行为是否指向法益进行客观的、细致的判断，同时要考虑部分主观要素；（3）发展系统的客观归责理论，对法益侵害是否可以归责于行为加以判断。至于基于行为能力、是否具有行动的自由等个人因素而难以避免结果发生这个意义上的行为和结果的关系，对于违法性的确定完全没有意义。这就是说，对违法性的判断，要考虑作为规范对象的人是否能够基于其意思改变因果过程而抵制结果的发生。

（四）笔者的立场

曾根威彦教授指出：“最近的行为无价值论，在违法的实质问题上，有尽量淡化其伦理特征的趋势”②。笔者认为，行为无价值论需要尽可能告别道德主义的影响③，并同时考虑新规范违反说和行为的法益侵害导向性说，而且将行为的法益侵害导向性说置于优先考虑的地位。这是有别于传统观点的二元的行为无价值论。不过，这一意义上的行为无价值论，与结果无价值论相比，除了方法论上的差异以外，其他方面的差异已经很小。

承认规范违反说，一方面，是认可刑法规范是行为规范（其本质是命令规范）：刑罚法规设定行为基准，基于刑罚法规对违法进行事前告知，才能发挥一般预防的

① ［德］克劳斯·罗克辛：《德国刑法学总论》，第1卷，王世洲译，26页，北京，法律出版社，2005。

② ［日］曾根威彦：《刑法学基础》，黎宏译，93页，北京，法律出版社，2005。

③ 行为无价值论是否能够彻底告别道德主义的影响，这样做是否有实际意义，并非不言自明的问题。笔者认为，对刑法中规定的绝大多数犯罪而言，很难否认行为无价值论和道德主义之间千丝万缕的联系。

效果；公众按照这一基准参与社会生活，违反刑罚法规所设定的行为基准的行为，就具有违法性。因此，以行为规范论为基础建构行为无价值论是合理的。赞成结果无价值论的学者会主张刑法规范只是评价规范，而不是行为规范，从而反对行为无价值论。显而易见，刑法规范具有评价规范的侧面。其实，即便承认刑法规范是评价规范，也可以认为评价规范中包含行为规范和保护规范两方面的内容，同样可以得出行为无价值论能够立足的结论。“事实上，刑法是以行为人和被害人二元主义的评价规范为基础的。该评价规范一是作为行为规范（Verhaltensnorm）不允许实施对被害人产生威胁的行为；二是作为保护规范（Schutznorm）不允许对被害人的安全造成现实损害。前者对应于行为无价值，后者对应于结果无价值。”①

另一方面，承认规范违反说，是肯定违法性判断对于社会一般人将来确立行为基准有帮助，使其在未来可能处于行为人的地位时，不会实施类似行为。这样的违法性论，才有助于积极的、规范的一般预防论的确立。所以，要肯定违法性，就需要考虑规范被遵守（其反面就是被违反）的可能性。②

承认行为的法益侵害导向性说，是充分肯定法益侵害对于违法性判断的关键作用。立足于行为的法益指向性和侵害性，而不是站在社会伦理规范违反的基点上，对猥亵行为、伪证罪等完全可以不再把主观倾向和内心表现等作为构成要件要素，而从客观的法益侵害是否存在的角度思考违法性、正当化事由是否存在等问题，从而否认倾向犯、表现犯等概念。那么，在实施医疗过程中，即便行为人主观上在治疗目的之外还有追求性刺激的意思，但只要正当医疗行为的其他条件都同时能够满足，也可以认为行为不具有猥亵犯罪的违法性。

如果重视行为的法益指向性，对于传统上用社会相当性理论否认违法性的主张，也可以用全新的、接近于纯粹的法益侵害说的行为无价值论进行解释。传统的社会相当性理论认为：高速运输工具的使用、重大工程的施工虽然会发生法益侵害的后果，但是其对社会生活是有意义的，行为从一般的社会通念出发具有相当性。违法性的实质就不是法益侵害，也不是形式的规范违反性，而是对整体的法秩序的违反。刑法的目的就是要维护规范不被侵犯。③ 站在行为的法益侵害导向性的违法性论则认为：行为只有在制造并实现了不被规范允许的法益风险时，才是处罚的对象。在现代社会中，高速交通运输业的发达、大规模建筑工程的施工，并未制造并实现了不被规范允许的法益风险，对类似行为刑法没有必要加以限制。

由此一来，基本消除道德主义的影响、告别旧规范违反说，并同时考虑新规范违反说和行为的法益侵害导向性说的行为无价值论就会呈现出全新的面貌：（1）对违法性的看法会比旧规范违反说更为客观。（2）会特别重视法益概念，认为其与行为概念具有同等价值。（3）对主观要素会进行严格限定，减少其范围，严格区分违

① 陈璇：《德国刑法学中结果无价值与行为无价值的流变、现状与趋势》，载《中外法学》，2011（2）。

② 参见周光权：《刑法总论》，44页，北京，中国人民大学出版社，2007。

③ 参见［日］福田平：《刑法总论》，134页，东京，有斐阁，1990。

法和责任。(4) 会特别重视将行为和结果联系起来的客观归责理论。(5) 保护规范的有效性，其主要目的在于保护法益。而法益是否受到侵害，必须结合行为客体、具体行为类型、行为主体、行为的危险程度等进行判断。

这样的行为无价值论，在很多问题（哪怕传统上被认为是行为无价值论和结果无价值论争执不下的问题）上，都基本上会得出与结果无价值论相同的结论。有所不同的是：行为无价值论为了更好地保护法益、凸显行为规范的特殊价值以及对公众行为的指引功能，重视对行为本身不妥当性、法益指向性的评价，因而在具体的思考方法上、思考问题的出发点上会与结果无价值论有所不同，进而导致对少数犯罪认定上的差异。

三、对行为无价值论的批评与回应

（一）行为无价值论是否会造成处罚范围扩大化，进而侵犯人权

有观点认为，结果无价值论可以保障人权，而行为无价值论可能侵犯人权。的确，结果无价值论的出发点是将客观的、“透明”的、单纯的、确定的有害事态作为违法评价的中心，对实体事实进行判断，在很大程度上能够确保判断对象的唯一性、不变性，确保思维的一贯性，确保刑法介入的准确，保持司法中价值观的统一。

但是，仅仅坚持法益侵害说，这样的目的是否能够达到，是否一定就能实现保障人权的目标，并非没有疑问：(1) 现代社会同时是风险遍布的社会，行为一旦实施，总是会导致或大或小的后果，以事后的法益侵害为由进行违法性判断，几乎所有的行为都会具有违法性，由此导致违法性的外延过广，可能不当干预公众的行动自由。(2) 如果坚持纯粹的结果无价值论，自然现象、动物侵害，只要造成损害，都是违法，这样便将违法的触须延伸到不必要的领域。(3) 与主观要素无关的所有法益侵害行为，也都是违法行为。但是，将主观要素完全逐出违法性领域，并不是一种务实的态度，盗窃、诈骗概念本身就含有主观要素的内容，这是理论上难以否认的，结合主观要素，才能限定处罚范围。

因此，在利用刑法进行违法性判断时，必须顾及社会生活的现实和规范的效力，考虑行为是否脱离要求公众为或者不为一定行为的规则，然后才能得出判断结论。认定行为是违法还是适法，不是根据观念在利益衡量之下作出超越历史的事后判断，而是结合行为本身作出与社会的现实需要相适应的、经验的、事前的判断。因此，不能认为赞同行为无价值论就一定会侵犯人权。

张明楷教授认为，二元的行为无价值论认定犯罪的范围广：“二元说除了要求缺乏结果无价值之外，还要求缺乏行为无价值才承认违法阻却事由，如在正当防卫的场合要求防卫意思，于是偶然防卫不成立违法阻却事由。结果，二元论采取了一

元的行为无价值论态度。"[①] 但是，这一批评并不正确。二元的行为无价值论会同时考虑结果无价值论和行为无价值，法益概念也是行为无价值论的核心范畴；偶然防卫不成立违法阻却事由，是因为在行为无价值之外，还存在杀人未遂的结果无价值，所以，二元论没有采取一元的行为无价值论的态度。再说，犯罪范围大小是根据某种理论得出的结论，不能反过来成为检验行为无价值论或者结果无价值论是否具有合理性的依据。

相反，在理论上，也完全可以认为结果无价值论有侵犯人权的可能性。因为结果无价值论重视客观的结果要素，导致违法性的外延过大，所以只能求助于责任来限定处罚范围。但是，认定某种行为违法，实际上是向国民发布行动指南。结果无价值论仅仅重视客观损害，而不考虑行为及其意思，将按照行为无价值论不认为有违法性的行为认定为具有违法性，实际上是不当限制个人行动自由，使公民难以预测自己的行为，可能会严重侵犯人权。[②] 显而易见，如果法益概念无限扩张，我们甚至可能得出这样的结论：为了保护身体法益，使一个在危险的河流中漂流的人的生命、身体不会出问题，就需要在刑法上处罚漂流者的探险行为！因为法益概念本身可能是无限定的，哪些利益在生活上重要、哪些不重要，有时很难决断，我们就可以说个人必须关心自己的健康状况，努力增进健康，以确保其在更长时间内对国家和社会作出贡献。此时，个人对国家和社会的"义务"而不是身体权利本身成为"法益"，这种"法益"的所有者就不再是漂流者本人，而是国家或者社会。法益概念就成为没有限定的东西。

至于结果无价值论者所主张的在违法性论不能限定处罚范围的情况下，用欠缺有责性来得出无罪的结论，更是将不同层面的问题混为一谈，存在方法论上的问题。

（二）行为无价值论是否混淆了违法和责任

即便根据行为无价值论，承认主观要素（主要是违法的故意、过失）的存在，对于"违法是客观的"这一基本命题还是应当维持，违法性判断应该尽可能明确和直观。这是客观违法论的当然结论，对此，（二元的）行为无价值论也不反对。但是，一方面，并不是真的如同结果无价值论所讲的那样，排除主观要素，就一定能够达到违法性判断的客观性、明确性。另一方面，违法性判断绝不可能像自然科学那样精确。在行为无价值论看来，主观违法要素对于违法性的程度有影响，但是，其并没有否定违法的客观性。

1. 为什么在违法阶段要考虑规范违反

前田雅英认为：刑法规范虽然既是评价规范又是决定规范，二者分别与违法

① 张明楷：《刑法的基本立场》，174页，北京，中国法制出版社，2002。

② 例如，团藤重光教授就认为，结果无价值论认为只要在客观上具有危害，即便主观上不存在道义谴责，也要予以处罚，实质上是提倡"社会防卫论"。参见［日］前田雅英：《现代社会と实质的犯罪论》，81页，东京，东京大学出版会，1992。

性、有责性相对应，但评价规范在前，决定规范在后，二者不可混淆，故不能根据主观事项判断违法性；违法论与有责论分担着不同的任务，不能将有责性的内容放到违法性中加以考虑，对违法性的判断只能根据客观的事实进行。①

按照前田教授的观点，如果在责任阶段再考虑命令、禁止规范，就可以在违法性阶段只对法益侵害或者危险是否存在作事后的判断。这种观点似乎有道理，因为在有责性中的确需要考虑规范违反问题。但是，在违法性阶段考虑行为规范是否被违反有其特定内容：其针对的是社会一般人在规范面前是否当为，行为和规范相比对时是否有出入的问题。而责任判断中的规范违反，考虑的则是具体行为人在特定情境中可能如何行动、是否形成反对动机、是否可能被谴责的问题。违法性判断中的规范违反，与行为是否在刑法上值得加以处罚有关，与行为是否该当作为违法类型的构成要件有关，最终涉及罪刑法定原则。而罪刑法定主义不是到责任阶段才考虑的问题，行为规范的违反也就不是责任的问题。一个违法概念，如果在行为时点没有告知行为者以及可能处于该地位的一般民众违法、适法的界限，和罪刑法定主义以及刑法规范的一般预防要求不相契合。行为无价值论为了满足罪刑法定的要求，为了实现一般预防的刑罚目的，要求公众遵守规范，就有必要在行为时点提前告知公众行为适法、违法的界限究竟在哪里。

2. 主观要素影响违法性的有无及程度

行为规范与社会形影相随，刑法是一定社会中允许或者禁止公民实施特定行为的规则。② 以这种规范为背景，违法自然就意味着对规范的违反。所以，（二元的）行为无价值论的违法性判断，是在坚持法益侵害说的基础上，为进一步限定处罚范围而考虑主观的违法性要素。

李斯特明确指出："并非在行为人实施犯罪后得到的每一个帮助，依《刑法典》第 257 条都是违法的，只是那些故意提供庇护，意图使行为人免受处罚或窝藏犯罪所得的行为才是违法的。烧毁投了火灾险的自己的家具并不一定是第 265 条规定的违法行为，只是为了诈骗保险金而故意烧毁自己投保的家具才是违法的。"③ 由此可以认为，故意反映了行为人从作为行为基准的规范中脱离的强度；行为人的意图、动机、目的以及由这些主观要素所决定的行为样态（举止的异常性、手段的极端残忍性），对于违法性的程度，也会产生重大影响。④ A 故意从金店中盗窃首饰，行为具有违法性；但是，B 盗窃首饰后装入不知情的 A 的背包中，准备待 A 走出商店后再从其背包中窃取该首饰的，A 欠缺盗窃的意思，虽然其行为引起了他人财

① 参见［日］前田雅英：《现代社会と实质的犯罪论》，70 页，东京，东京大学出版会，1992。

② 参见周光权：《刑法总论》，3 页，北京，中国人民大学出版社，2007。

③ ［德］李斯特：《德国刑法教科书》，修订译本，徐久生译，209 页，北京，法律出版社，2006。

④ 例如，使用暴力手段捂死因患有精神病而无比痛苦、治疗费用高昂且没有治愈希望的亲人的行为，和采用非暴力手段杀人，例如拔掉濒死病人的输氧管的行为，导致的法益侵害后果虽然都相同，但是，前者因为手段恶劣，其违法性程度理应重于后者。

物丧失的结果，但不能认为A的行为具有违法性。因此，对盗窃罪而言，有故意才能将结果在主观上归责于行为人，行为人的意思是违法性的要素。

罗可辛教授对故意属于主观的违法要素（当然也是主观的构成要件要素）的理由进行了详尽说明：（1）行为构成（构成要件）是将各种犯罪的应受刑事惩罚的内容典型化并确定其类型，在此过程中，就不能放弃故意。因此，故意毁坏财物在本质上就不同于不受刑事处罚的过失损害财产。同时，对符合构成要件的行为进行描述的实行人的各种形式，就是为故意的行为构成的实施而设置的。（2）犯罪未遂、既遂都以故意为条件。一个开枪但未打中被害人的行为，是构成故意杀人未遂、故意伤害未遂还是故意毁坏财物未遂，或者不能以犯罪处理，都必须在考虑行为目的的指向的前提下，才能得出结论。未遂仅仅由于缺乏结果而与既遂相区别，既遂的成立也要求主观要素。（3）大多数构成要件中的行为都由立法者通过有目的地表达的动词加以限定性规定。伪造、强制、实施性行为等概念都与意思有关，故意的组成因素无可置疑地把有目的的活动性词句挪到了行为构成的中心地位。（4）有别于故意的“非法占有目的”“非法牟利目的”等主观要素在违法要素中具有独立地位。在通过欺骗取得他人财产的场合，如果没有非法占有目的，而仅仅是恶作剧的，行为不是诈骗；伪造公文的人，如果不是意图在法律事务上进行欺骗，就不会损害证据证明过程的纯洁性，就不存在伪造公文罪的不法。①

此外，故意行为和过失行为在违法性上的差异是显而易见的：具有杀意的行为对禁止规范的违反程度，远远高于因为对死亡结果的引起不注意而造成损害的场合。正因为出于故意的行为是对重大规范的违反，故意杀人行为表现出比过失致死行为更重的性质，因此值得给予更重的违法性评价。对故意杀人罪比对过失致人死亡罪处罚重的基础在于违法要素不同，而不是责任不同。所以，故意杀害1人所应受到的惩罚重于交通肇事撞死10人，主要受制于违法要素。那种认为故意杀人罪和过失致人死亡罪在违法性上完全相同、仅仅是责任不同的观点，并不妥当。理由在于：一方面，故意是比过失违法性更高的类型化要素，个人对违法行为具有意思决定的非难可能性在故意行为和过失行为中都是相同的，在责任阶段，故意责任和过失责任的区别实际上不存在。② 另一方面，故意杀人罪与过失致人死亡罪的法定刑有天壤之别，如果认为两罪的违法性相同，仅仅是责任要素决定了处罚差异，那就是对责任要素赋予了过多的功能，会使得其不堪重负。事实上，责任要素也不可能具备如此大的功能。

承认主观要素，并不等于肯定主观的违法论，即使将主观要素纳入违法性判断中，也只是认为主观要素是影响违法性有无和强弱程度的核心因素，并不影响违法的客观性；违法性和责任的界限也还是清楚的，因为包含主观要素的违法性是以社

① 更为详尽的分析，请参见［德］克劳斯·罗克辛：《德国刑法学总论》，第1卷，王世洲译，203页，北京，法律出版社，2005。

② 参见［日］井田良：《讲义刑法学总论》，154页，东京，有斐阁，2008。

会一般人为标准所作的应当如何行为的判断；而责任是以个别具体的行为人为标准所作的是否可能为一定行为的判断，要在理论上区别违法性和有责性仍然比较容易。①

承认主观要素，容易招致的批评是：这样的违法判断可能超越单纯的主观去考虑行为人的心情，容易演变为伦理型行为无价值判断。② 但是，告别道德主义的行为无价值论强调，只有在行为侵害了构成要件所预设的法益，也违反了社会中作为行为基准的规范时，才能给予违法性评价，即只有违反行为准则的法益侵害行为才属于违法。

3. 违法故意和责任要素的故意的差别

“自从目的行为论兴起之后，现今刑法学界已经普遍接受故意亦作为主观构成要件要素之结论，但在有责性层次仍然将故意、过失保留为罪责形态。由于故意同时存在于构成要件与有责性阶层，所以称其为双重定位，但两种故意指涉的内涵有别。”③

德国学者约翰内斯·韦塞尔斯认为，故意、过失概念都内含不法与责任元素。他明确指出：“法律上的‘故意’和‘过失’两个概念不仅仅是用来表示两种不同的举止方式（Unterschiedliche Verhaltensformen），而且同时还是对两种不同的责任形式（Verschiedene Schuldformen）（责任类型）的规定；其中，故意责任意义上的‘故意性’是一个更高的责任层次，而过失责任意义上的‘过失性’系一个较低层次的责任。”④

故意、过失是违法要素，也是责任要素。对于这个双重性在犯罪构造上发挥作用的机理，在这里有必要加以说明。例如，在发现A砸毁了B价值6 000元的花瓶时，就需要结合刑法条文判断A的故意是盗窃故意，还是毁坏他人财物的故意。因此，在违法性阶段就需要分析犯罪故意（窃取还是毁坏），需要分析非法占有目的是否存在。假如认定A只有毁坏的意思，同时，其不具备正当化事由，那么应该对其作出违法的价值评价，就应该进一步在责任范围内讨论是否对A进行责任谴责。在违法性判断阶段已经得到确认的毁坏故意，通常提供了责任故意的相应“佐证”。在有责性判断中，如果可以确认A毁坏B的财物是出于报复泄愤、嫁祸于人或者其他可以谴责的动机，那么，违法故意所提供的“佐证”就会得到进一步强化，责任故意即在A毁坏行为中有意识地置法规范于不顾的意志中得到了展示。另外的情形是，如果A是在错误地认为受到B的攻击时，才将花瓶扔向B（假想防卫），A的违法故意就不可能提供责任故意的相应“佐证”，A的故意不是基于藐视法律的意识，对其进行故意谴责就难以进行，A的行为因为缺乏故意责任而不成立

① 参见［日］福田平：《刑法总论》，3版增补，137页，东京，有斐阁，2001。

② 参见［日］西田典之：《日本刑法总论》，刘明祥、王昭武译，98页，北京，中国人民大学出版社，2006。

③ 林钰雄：《新刑法总则》，174页，台北，元照出版有限公司，2006。

④ ［德］约翰内斯·韦塞尔斯：《德国刑法总论》，李昌珂译，85页，北京，法律出版社，2008。

故意毁坏财物罪。同时，由于刑法对过失毁坏财物行为并不处罚，就没有必要考虑A在具有认识错误的情况下，是否应该受到过失毁坏财物的责任谴责。①

违法性是指违反针对一般人所设定的行为规范。既然在构成要件、违法性阶段对人如何行动设定了基准，那么，在责任判断上，该行为人就具有压制犯罪意思，不得决意实施具有违法性的行为的义务。② 因此，违法性判断的对象是人基于一定意思所为的行为（意思行为）及其结果。既然行为受意思支配，作为违法要素的故意，是指对行为对象的认识和犯罪的意思。在盗窃的场合，认识到是他人的财物并有转移占有的意思，实施一定的身体动作，进而造成转移占有的结果的，就具有违法性。没有基于意思的行为，就不可能有规范违反。在这个意义上，基于一定意思控制行为的能力及其可能性就是违法要素。

责任判断则是对于就个人的人格是否可以进行非难的判断。责任判断的对象是基于规范意识的反对动机形成可能性，涉及与犯罪类型无关的动机、情感、态度、责任故意、违法性认识可能性等内容。“行为人之所以被非难，是由于已实施犯罪行为的意志形成……作为一般的主观不法要素的故意，同时也是责任非难的对象。”③ 当然，违法的故意更多地具有事实认识的内容，而责任故意更多地具有规范认识、规范评价的内容。

将故意、过失放到违法性中讨论，仍然可以坚持客观的违法论。因为法规范将人的行为作为评价对象，而行为规范的评价机能和意思决定机能在违法性和有责性判断阶段都发挥作用。违法性的故意、过失，是以抽象一般人为基准的“当为”判断，与特定主体的责任能力无关。因为刑法规范是一种行为规范，其具有确定性的特征，能够适用于无责任能力的人，因为无责任能力的未成年人完全可能对其他成年人或者未成年人发出指令，通过违反行为规范的行为来说明自己的意思；精神病人在违反规范时仍然可能引起被强制医疗的后果，这些都说明行为规范的效力能够及于这些不具有责任的人。在这一意义上，违法仍然能够保持其客观性，与主观的违法论明显不同。④ 作为责任要素的故意、过失、违法性认识可能性等，是以具体人为基准的“可能”判断。⑤ 主观的违法要素和责任要素的差别仍然是存在的。

① 参见周光权：《犯罪论体系的改造》，129页，北京，中国法制出版社，2009。

② 参见［日］川端博：《刑法总论》，82页，东京，弘文堂，2002。

③ ［德］汉斯·海因里希·耶赛克、托马斯·魏根特：《德国刑法教科书（总论）》，徐久生译，515页，北京，中国法制出版社，2001。

④ 因此，无责任能力者、精神病人的侵害，也是“不法”的侵害，受到侵害的人没有忍受的义务，可以正当防卫。

⑤ 违法性认识与故意、过失不同，不属于行为人“有意识地把因果过程引向结果”的要素，其只能排除责任，因此，任何人如果不知道自己的举止是为刑法所禁止的，也仍然要作为故意来处理。在其违法性错误可以避免的情况下，违法性和有责性都具备，应当成立犯罪。这样说来，具体行为人的违法性认识可能性的错误（禁止错误），就不是一个违法性的问题，而是有责性问题。

（三）将刑法规范视作行为规范是否存在问题

行为无价值论者认为刑法提供了行动指南，违法是有悖于这种行为准则的行为，从而重视刑法作为行为规范的存在价值。同时，行为无价值论并不否认刑法作为裁判规范的侧面，造成法益损害的行为被作为“不应当存在”的情形而被法官否定。但是，行为无价值论者将裁判规范和行为规范紧密联系起来进行理解，认为行为规范主要为确定行为自身的无价值提供理由，而裁判规范则对结果的不法进行阐释，行为规范在前而裁判规范在后。在这个意义上，实现了行为规范和裁判规范的统一。

结果无价值论者只强调刑法作为裁判规范的功能，在违法性阶段全面否定行为规范的侧面。例如，黎宏教授就认为：在现代社会，司法判断是一项技术性、理论性、科学性很强的工作。理解和适用刑法的任务，只有受过专业训练的法官才能完成，社会一般人难以承担这样的使命。如果强调刑法的行为规范特质，肯定其首先是针对一般人的禁止、命令，“那就会在有意、无意中忽视刑法所具有的通过约束实际适用刑法的法官的判断和行动”①。

但是，这一观点值得商榷。(1) 罪刑法定的明确性、禁止溯及既往，都不是仅仅为法官规定的。罪刑法定的明确性意味着何种行为具有违法性并成立犯罪、可能被科以何种刑罚，都必须以简洁明了的文字告诉国民，以便于其选择自己的行动，使之对行为的后果能够预测。基于罪刑法定的违法性判断，实际上是国民的行为和刑法所设定的行为范式、类型化行为之间是否出现抵牾之处。禁止溯及既往是强调不能对国民难以预测的行为进行处罚，也是肯定刑法作为行为规范的功能。因此，如果承认罪刑法定原则，就应该承认刑法是作为国民的行动指南、行为规范而存在的，所谓的违法，实际上是某一行为与国民通常所理解的、认同的行为规范不相一致，进而造成损害。(2) 国家制定法律并公布，是为了让国民知晓相关的法律，形成规范意识，选择合适的行为方式参与社会生活。如果将黎宏教授的观点贯彻到底，会得出刑法制定出来之后，没有必要公开发布，只需要发给法官相应文本这样的不合理结论，有推行愚民政策之虞。(3) 公众认同规范并接受规范的指引，和其是否像法官那样准确理解刑法条文的含义之间是两回事。刑法是行为规范具有双重含义：国民要按照刑法所确定的行为底线行事；对于违反行为准则的行为要进行刑罚处罚。在这里，行为规范所起的是一个行为指引和违法性判断思维引导的作用。这里的违法性判断思维指引，对法官而言，意味着要对违法性的有无根据刑法所确定的行为规范进行专业化判断；对于公众而言，意味着其可以根据规范意识、规范感觉去判断某一具体行为是否和刑法规范的基本取向一致。对违法性判断而言，公众的判断最多属于大致的、第一次的判断，法官的判断才是专业的、尽可能精确的、第二次的（也是最终的）判断。承认刑法作为行为规范的功能，完全可以得出

① 黎宏：《行为无价值论批判》，载《中国法学》，2006 (2)。

公众的违法性判断和法官的不相一致的结论，不会替代、影响或者约束法官的专业判断。(4) 承认刑法的行为规范功能，某一行为与刑法的行为准则不相一致时，确认其违法性，是行为无价值论的主要旨趣。但与此同时，行为无价值论还强调，承认刑法是行为规范，还有助于实现积极的一般预防。只承认刑法作为裁判规范的功能，难以建立犯罪论和刑罚论之间的联系。①

四、行为无价值论与刑罚论的关系

关于刑罚理论，长久以来有报应论、一般预防论和特别预防论的争论。刑罚的意义与目的问题，在刑法史上被反复提出来加以讨论，因而是刑法学中的永恒问题。对此的通常研究将犯罪论和刑罚论分开来讨论，认为其是相互关联不大的问题。但是，这是一种误解。犯罪是和刑罚相对应的概念，合理的违法性论必定与能够充分发挥其效果的刑罚论相勾连；反过来，离开对刑罚的相关问题的认识，要清晰地揭示犯罪的违法本质就是不可能的事情，因此，违法性论和刑罚论之间唇齿相依。

结果无价值论重视法益侵害，必然追求刑罚报应。但是，问题在于：(1) 针对已然发生的具体法益侵害事实，报应不能使受损害的法益“起死回生”，刑罚是否真的还有意义，值得质疑。(2) 坚持结果无价值论，刑罚要指向过去发生的法益侵害，如果又认为在这种理论背景之下，刑法能够达到一般预防的目的，应当是一种相互矛盾的观点。从结果无价值论的立场出发，会得出刑罚报应以及特别预防的结论，难以实现一般预防的刑罚目的。(3) 结果无价值论以法益侵害性或者危险性来界定违法性，试图建构一种以不变应万变的违法论，造成刑法理论不能回应中国当下剧烈的社会转型所带来的诸种问题，从而和社会发展的要求脱节，难言妥当。

事实上，要实现刑罚的预防功能，犯罪论体系就必须能够对行为在性质上进行评价，从而对国民的行为进行指引。如果犯罪论体系不能提供某种行为妥当与否的标准，不能借助于法官的判决为国民的行为提供指导，其自然是存在缺陷的。

行为无价值论支持一般预防论，而且强调积极的、规范的一般预防。在行为无价值论者看来，刑罚是对规范破坏者的反驳。刑罚必须被正面地定义：刑罚是规范效果的展示，从中可以看出规范破坏者的代价。刑罚用以实现受破坏规范的稳定化，而维持规范能够作为社会交往的遵循标准。“如果想要让刑法达到保护法益的效果，就只能让刑法针对未来的、尚未发生的事件发挥作用；只有透过刑罚对未来产生预防的效果，才能达到保护法益的目的。”②

对“积极的一般预防”（positive general prevention）论的理解，需要注意：

① 对黎宏教授相关主张的更多批评，请参见陈璇：《刑法中社会相当性理论研究》，93页以下，北京，法律出版社，2010。

② 蔡圣伟：《刑法问题研究》（一），80页，台北，元照出版有限公司，2008。

（1）“积极”是指刑罚的效果不在于利用刑罚的恐吓，而在于训练公众的规范意识和对法的认同感。[①]（2）“一般”，是指刑罚效果针对所有人。（3）“预防”说明刑罚的目的不仅仅在于制止潜在的犯罪人以后犯罪，而是要稳定因犯罪行为而受破坏的秩序、信赖，通过罪责的归责及处罚的施加，使信赖法规范的正当性得到确认，使公众因为规范的有效性而产生安全感，将因犯罪而被破坏的规范效果再度巩固起来，稳定社会的规范，维持社会规范的同一性，借以维持公众对规范的信赖。刑罚的正当性在于以这种积极的方式来维护法秩序、行为规范的稳定。[②]（4）根据积极的一般预防理论，适用刑罚对规范破坏者进行反驳，通过这种反驳，来证明被破坏的规范值得被坚持。犯罪意味着对规范的否认、对规范效力的攻击。刑罚的意义则在于表明：行为人的主张是不值得赞同的，规范不受影响地持续发挥其效力，社会的形态得以继续维持下去。[③]（5）由于行为无价值论也要考虑法益侵害，在刑罚适用上就不会无视报应的侧面。（6）要实现积极的一般预防功能，犯罪论体系就必须对行为性质进行界定，提供行为对错的标准，对国民的行为进行指引。

行为无价值论视野中的积极的一般预防，追求三个既相区别又相互交叉的目标：“受社会教育动机推动的学习效果，也就是通过刑事司法活动在人民中号召‘学会法律忠诚’；国民通过看见法律得到贯彻执行而产生的忠诚效果；最后是满足的效果，即一般公众基于对违法行为的惩罚而使法律意识得到抚慰，以及他们与违法行为人的冲突被看作是已经得到了结而出现的效果。”[④] 因此，行为无价值论将违法性判断和特定历史时期的规范期待、公众的规范认同相关联，着眼于发挥规范对于公众的行为引导功能，故是合理的理论。其对犯罪论的积极影响自不待言，对刑罚论也有深远影响。

积极的一般预防论着眼于长远，将法益侵害大小、行为的规范违反性及其程度、一般人效仿犯罪的可能性等作为刑罚适用的依据，追求社会政策方面的价值，因而具有合理性，值得理论上认真考虑。

五、行为无价值论的中国命运

行为无价值论和结果无价值论在不同历史时期发挥不同的作用。“在 20 世纪初期的古典与新古典犯罪论中，受到自然主义的强烈影响，将不法与主观要素相隔绝的纯粹客观不法论也曾在德国风光一时。但人们逐渐发现：刑法中的不法是经过具体构成要件类型化了的违法性，而构成要件只有在综合了主客观两方面的要素时才

① 参见周光权：《刑法学的向度》，345 页，北京，中国政法大学出版社，2004。

② 参见［德］雅科布斯著，许玉秀译：《罪责原则》，载（台湾）《刑事法杂志》，第 40 卷第 2 期。

③ 参见［德］雅科布斯著，徐育安译：《市民刑法与敌人刑法》，载许玉秀主编：《刑事法之基础与界限》，17 页，台北，学林文化事业有限公司，2003。

④ ［德］克劳斯・罗克辛：《德国刑法学总论》，第 1 卷，王世洲译，43 页，北京，法律出版社，2005。

能完成罪刑法定原则赋予它的划定犯罪基本框架和轮廓的重任。当今的德国刑法学对此已达成了高度一致。于是，以主观不法要素为重要表现形式的行为无价值论也就顺理成章地成为不法无可动摇的基石。可见，犯罪论百余年演进的基本经验和人们对犯罪阶层理论达成的广泛共识构成了支持行为无价值持续存在的最为坚强的后盾，这也是行为无价值之所以在德国刑法学中享有如此稳固之地位的根本原因所在。"① 这一结论，值得我们在研究行为无价值论和结果无价值论时深思。

在中国刑法基本立场的未来发展趋向上，笔者的基本观点是：（1）结果无价值论的初衷是肯定个人自由，试图以一种相对明确的标准来认定犯罪，以建立"法律帝国"，因此，有其独特的价值观，学者们对此所作的各种努力也值得肯定。但是，如果要考虑适度限制个人自由，为公众提供行动指南，实现社会整合，发挥刑法的社会功能、政策功能，并兼顾处罚标准明确这一点，行为无价值论就是值得彰显的。（2）和结果无价值论这一比较纯粹的、深受自然主义影响的、喜好就事论事的刑法观相比，行为无价值论思考问题的方法及其结论，有参与社会治理、适应刑事政策调整的"雄心"和资本②，因而有其优越性。（3）按照笔者所理解的新行为无价值论，未来（二元的）行为无价值论和结果无价值论一定会呈现出相当程度的接近倾向。（4）在未来中国，是赞成行为无价值论还是赞成结果无价值论这种"主义"之争，可能很重要。同时，尽可能站在客观的立场进行刑法解释，限定处罚范围，并在处理案件时使得犯罪论和刑罚论的解释具有一贯性也至关重要。所以，中国刑法学发展具有主义之争和问题之争的双重向度。

（一）行为无价值论的基本取向

1. 传统的行为无价值论认为违法是对社会伦理规范的违反，或者说违法就是不具有社会相当性。这一意义上行为无价值论存在硬伤。告别传统社会伦理规范违反说的立场，并以行为规范违反说、行为的法益侵害导向性说为基础的行为无价值二元论，应当是相对合理的理论。

2. 行为无价值论将思维的起点定位于行为违反命令（禁止）规范。刑法要对行为的好坏、善恶进行评价，而不能仅仅以结果论英雄。刑法为了保护法益，而对行为是否被禁止向一般人进行告知、提示。违反刑法所设定的行为准则，从而造成法益损害的行为，就应该受到否定性评价，具有行为的无价值。

违法毋庸置疑地就是"不当"。老师上课迟到10分钟，这一行为一定是"不当"的。这种"不当"，首先是行为举止明显不当，违反了教师上课不得迟到的行

① 陈璇：《德国刑法学中结果无价值与行为无价值的流变、现状与趋势》，载《中外法学》，2011（2）。

② 的确，如有的学者所说的那样，肯定二元的行为无价值论背后隐藏着一种国家观念：一方面，在经济高速发展之时，强调规范的意义，重视国家的作用；另一方面，在立法和司法上，也承认法益的功能，考虑保障个人的行动自由（参见黎宏：《刑法总论问题思考》，17页，北京，中国人民大学出版社，2008）。我认为，行为无价值论与国家观念之间存在这种关联对于当前中国社会的发展而言，未尝不是一件好事。

为规范，其次才是结果的不当（使学生少上10分钟的课）。如果像结果无价值论一样，仅仅重视结果，那么，老师在正常下课之后补10分钟的课就可以了。但是，老师这样做事实上是不可以的，校方对老师的迟到一定难以容忍，否则，正常的教学秩序、规范秩序就会被破坏；处罚迟到的老师，也是为了预防其他老师违反规范。如果能够得出老师行为不当的结论，其方法论一定是行为无价值论的，而不是结果无价值论的。对于某种行为是否具有实质违法性的思考，也应该是这样。

笔者在以前的研究中，曾经在一定程度上认可违法性的实质是对社会伦理规范的违反的观点。但是，在后来的研究中，笔者逐渐看到这种观点的不足，并逐步加以修正。过去，立法上规定犯罪较少，大多为自然犯，说行为违反社会伦理规范，也不为错。但是，今天的社会生活更为复杂，规范关系交错，刑法上所设定的违法行为，包括大量的对行政管理、经济管理和社会管理规范的违反的情形，仅仅将违法性的实质解释为对社会伦理规范的违反，会带来很多问题。因此，是否立足于道德立场，是否考虑社会相对性这种抽象的判断，在今天，可能完全不是行为无价值论的关键点。问题的要害在于：能否坚持违法论的指导观念——对国民的行为事前告知，提供行动指南，并对违反行动准则的行为进行处罚。在这个意义上，罪刑法定原则、一般预防都能够得到实现。①

由此一来，笔者对实质违法性论的态度就是：主张行为规范论，认为刑法是规范指引、规范指南，违法是对规范准则、行为规范的违反和破坏，是基于一定意思实施明显不当的行为并进而法益侵害；刑罚是要将违反行为准则的行为作为不值得提倡的举止加以评价。

3. 违反行为规范的行为，必须同时具有法益侵害导向性，才是处罚的对象。也就是说，必须借助于客观归责理论将行为无价值和结果无价值勾连起来。

行为无价值论和结果无价值论的差异仅仅在于：前者不是不重视结果，而仅仅是认为过程与结果同等重要，而后者仅仅认为结果重要。因此，结果无价值论是功利主义者、机会主义者，在结果碰巧没有发生的场合，就不处罚。但是，行为无价值论会认为，于行为制造法益风险，但结果碰巧没有发生的情形，也需要进行处罚。在结果无价值论中，缺乏“行为——结果”的理论逻辑，客观归责理论很难有容身之处。

（二）行为无价值论在中国的特殊意义

行为无价值论不是仅仅重视结果，也重视对行为过程的评价，将一定的行为和刑法分则所确立的行为指南、行为准则相比对，从而凸显刑法规范对国民行为的引导功能。

中国社会目前处于剧烈转型期，各种矛盾突出，首先确立并严格执行规范是我们的当务之急。只有坚持行为规范违反说，国民才会逐步承认：因为犯罪行为扰乱

① 参见［日］井田良：《变革の时代における理论刑法学》，113页，东京，庆应义塾大学出版会，2007。

了刑法上保障规范合法性的期待，所以成了一种需要排除的东西。换言之，刑法最终要保护法益，但是，要达到这一目标，必须先考虑我们是否缺乏通往这一目标的桥梁，如果没有合理的渠道达到刑法目标，就必须先搭建“基础”。确立规范、培养国民的规范意识，对反规范行为进行惩处，就是最终实现法益保护目标的基本步骤。①

在当前中国，采纳行为无价值论可能带来以下积极影响：

1. 刑法判断中主观要素和客观要素之间存在时分时合、极其复杂的纠缠关系（例如，如果坚持二元的行为无价值论，故意就具有违法要素和责任要素的“双重结构”特征），现有的犯罪构成“四要件理论”不能充分展示刑法思考的逻辑进程，不能满足分层次评价主观要素和客观要素的需要，由此带来需要对现有的平面、封闭式犯罪成立理论进行“阶层化”改造的问题。

2. 就刑法的存在价值可能会形成新的思考：刑法不是单纯在他人做了“坏事”以后用来施加惩罚的“大棒”，而应当充当公众行动的“指示牌”，这样，刑法对于社会和个人才是有意义的实在。

3. 承认刑法作为行为规范的特征，公众就能够通过刑法的指引遵守规范，假以时日，在中国能够形成一种刑事秩序。总起来说，行为无价值二元论在违法性判断上有很多比结果无价值论更为优越的地方，同时其能够包容法益侵害说的内容，能够回应中国当下社会发展的阶段性需要，因此，在当前以及未来相当长的历史时期内，中国刑法学应该立足于行为无价值论来建构。要使行为无价值论在中国立足，需要讨论行为人对于作为行为基准的规范的违反问题，需要分析法益概念在行为无价值论中的地位问题，需要强调违法性论和刑罚论之间的紧密关联问题。

（三）行为无价值论与中国刑法立法

1. 任何一个刑法分则条文，都包含行为规范和评价规范。行为规范是构成要件所勾勒出来的犯罪轮廓。司法上判断某种行为是否违法时，必须用这一犯罪标准和行为进行比对，从而得出行为是否失当的结论。一旦构成要件被实现，就表示该构成要件所要保护的行为规范被冲击。实施抢劫行为的人，实现了刑法第 263 条所规定的构成要件，其行为也与构成要件背后的“不得非法夺取他人财物”的行为规范相抵触。在行为对规范造成困扰的情况下，法官对行为的处理，要同时适用刑法第 263 条规定的构成要件和法定刑部分。此时，处罚特定行为的条文，就成了评价规范。

违法意味着对行为规范的违反。在立法上把维持社会生活所必须遵守的底限规范制定出来之后，规范就应该成为社会生活中公众相互影响的行为准则。违法就是对规范有效性的质疑。而对违法行为的认定，就是为了证实规范不可动摇，以此来

① 对此更为详细的分析，请参见周光权：《违法性判断的基准与行为无价值论——兼论中国刑法学的立场定位》，载《中国社会科学》，2008（4）。

确保对他人应当遵守规范的期待，巩固公众对规范的尊重、认同，笔者一直提倡的刑法的公众认同也才能实现。

2. 我国刑法的若干规定，更接近于行为无价值论的立场，因此，完全可以说在我国，没有行为的无价值，就没有犯罪。（1）刑法分则中大量规定的非数额的“情节”，是对行为本身危险性程度而不是结果的强调。（2）增设新罪时，不考虑后果或者情节，将实施一定举止的行为直接确定为犯罪，醉酒驾车构成危险驾驶罪就是典型。① （3）对很多犯罪，按照行为手段（样态）的特殊性加以规定。典型的例子是：取得型侵犯财产犯罪、以各种危险“方法”危害公共安全的犯罪、走私对象不同时成立的犯罪、对利用特殊手段实施的诈骗行为以合同诈骗罪或者金融诈骗罪定罪处罚、按照（并不属于结果的）特殊主体分别规定渎职犯罪等。（4）有的刑法条文直接使用含有明显道德评价的字样，例如，对于在道路上追逐竞驶的，立法上直接规定“情节恶劣”的，构成犯罪。而情节恶劣比情节严重所蕴含的道德评价更丰富。（5）为数不少的分则条文设定“注意规定”，以提示行为样态等。

3. 我国刑法的相关规定说明将主观要素作为违法要素并不多余。有学者认为违法是完全客观的。但是，对绝大多数构成要件的规定，在立法上都使用了包含行为人主观目的、倾向的动词，例如，“诈骗”“伪造”“强迫”“拒不退还”等，这说明故意的某些要素或者足以影响故意认定的要素，已经在构成要件中得到体现，成为构成要件的重要组成部分。再比如，故意杀人行为是基于剥夺他人生命的故意而实施的高度危险行为，与只是本着伤害意思实施的行为，在很多场合都能够区别。但是，要判断故意杀人罪的客观违法性，还是需要考虑基于故意的杀人行为的客观样态。再比如，控制人质的行为，不联系索取债务的意思，就难以区分非法拘禁和绑架；伤害行为，不联系取得财物的主观意思，就难以区分故意伤害罪和抢劫罪；强拿硬要的行为，不联系寻衅滋事的意思，就难以区分抢劫罪和寻衅滋事罪；收购赃物行为，根据事前有无通谋的行为样态来认定其违法性（盗窃罪还是掩饰、隐瞒犯罪所得罪）。此外，对于洗钱罪，刑法将其规定在破坏社会主义市场经济秩序罪中，而非妨害司法秩序罪中，也是充分关注了其行为样态：行为发生在金融领域，在从事金融活动过程中实施，最终危害司法秩序。这些都说明主观要素有区别于行为及其样态的独立存在价值。

倘若不强调支配行为的目的、意思，要全面揭示作为违法类型的构成要件的内容，就可能会增加很多困难。在评价任何一起刑事案件的违法性时，对于危害后果、导致该后果的手段、支配该行为的故意、动机和目的，都是在实践中合并加以

① 有学者指出：“抽象危险是指，立法上假定，特定的行为方式出现，危险状态即伴随而生，具体个案纵然不生危险，亦不许反证推翻。例如，血液中或呼气中的酒精含量超过一定程度而开车，立法上推测为危险状态已经出现，不再就个案判断；纵然驾驶人酒量过人，亦无改于犯罪的成立。”［林东茂：《刑法综览》（修订5版），51页，北京，中国人民大学出版社，2009。］因此，我们完全可以说在抽象危险的情况下，刑法实际上是在保护一种相当抽象的社会规范关系，而不是在保护法益。

分析的。

（四）行为无价值论的系统展开

1. 建立尽可能接近于（一元的）结果无价值论的、更为客观的行为无价值论

（1）法益侵害对于界定行为无价值具有决定性意义。刑法是伦理的底线，既然所有的犯罪在实质上都是违反社会伦理规范的行为，那么，没有必要再将行为是否违反伦理规范作为违法性的本质加以考虑。在某些犯罪中，行为是否违反伦理规范，仅仅是判断行为是否违反行为规范的参考素材。在此基础上，才能建构更为客观的行为无价值论。

（2）主观要素，当且仅当其与构成要件结果（危险）有关时，才是不法要素。换言之，基于违反规范的、一定的"意思行为"，实施一定的作为、不作为并造成法益侵害的，才是违法。以此为标准，可以将故意、过失作为主观不法要素，否则，对于某些行为是否违法难以判断。例如，对于某一翻越他人院墙的行为，如果不结合窃取的意思，是入户盗窃还是翻墙进去做其他事情（比如捡拾刚踢进去的足球）不好判断。此外，对于特殊的主观要素（如目的），也需要作为行为无价值的内容加以考虑。至于倾向犯、表现犯的内心的倾向、表现等，不涉及对构成要件结果的追求问题，可以不再作为违法要素看待。

（3）重视行为的客观侧面：其一，行为制造法益风险的判断。行为一定是具有导致法益侵害可能性的行为或者具有实现结果无价值可能性的行为。其二，重视客观的行为人要素（如身份、作为犯罪主体的单位等）。中国刑法中，对于监守自盗的行为，按照主体的特殊性，分别以贪污罪、职务侵占罪定罪处罚，不是结果无价值论的考虑，而是立足于行为无价值论。对身份犯、共犯与身份问题的研究，就是需要特别重视的问题。其三，重视刑法分则中对特殊的行为方式的规定。

（4）对不能犯与未遂犯的区分，采用新客观说（具体危险说）的主张，重视法益侵害的危险性。对于一个仅仅因为碰巧而没有导致结果发生的行为，如果能够假定在其他时空条件下重演，结果发生的几率很大，法益被侵害的危险性极大，就应该成立未遂犯，而不是不能犯。

2. 建立行为和结果之间的紧密联系

（1）行为至少具有导致法益受到侵害的危险时，才具有行为无价值，从而排斥道德主义对刑法的影响；法益实害或者危险只有在由构成要件行为所造就、可归责于行为人时，才具有结果无价值，从而不将偶然发生的结果也纳入违法的范畴。

（2）客观归责论从行为是否制造法益风险、是否能够实现法益风险角度，其思考问题的出发点是行为，落脚点是结果是否实际发生或者是否可能发生，从而能够将行为无价值和结果无价值两者连接起来。因此，如果赞成行为无价值论，对客观归责论就需要进行仔细研究。

也就是说，按照客观归责理论，行为的无价值，实际上表现在行为可能制造规范所不允许的危险——行为具有指向法益侵害的主观意图；根据行为时的判断，行

为具有侵害法益的现实可能性。在笔者看来，离开行为无价值论，难以承认客观归责理论。站在法益侵害说立场，要系统地研究、发展客观归责理论，可能是比较困难的。[①] 对此，罗克辛教授指出：如果甲经过慎重考虑后，朝乙的头部打了一枪，那么，我们就必须把这个死亡结果甚至看成是死亡行为的组成部分，并且进一步看成是禁止杀人规定的对象。如果甲打偏了，那么，这个行为就不是杀人既遂的行为，而仅仅成立未遂。"一个杀人的行为是由行为无价值和结果无价值共同组成的，在这里，两者必须在一种通过由归责理论更详细表示的关系中相互支持而存在。"[②]

3. 坚持客观的违法性论

结果无价值论坚持客观的违法性论，认为违法是对违反评价规范造成一定事态的评价，人的行为、动物侵害和大自然的灾变，都可能造成这种结局。主观的违法性论认为，具有责任能力的人的行为才具有违法性，从而混淆责任和违法的界限。如果站在新行为无价值论的立场，就应该承认修正的客观违法性论，强调违法是对命令规范的违反，命令规范在违法和责任中具有不同的机能。作为违法性判断基准的规范，是对抽象的、一般人的命令。责任阶段的规范，则是对与特定行为人有关的个别的、主观的意思决定规范的要求。例如，无责任能力的人杀人的，也是对指向抽象的、一般人的意思决定规范的违反，因此具有违法性；但是，行为人对个别的、主观的意思决定规范的违反难以得到确认时，有责性被否认。[③] 从而区分违法性和责任。

4. 违法判断必须同时考虑行为的无价值和结果的无价值

违法，一定是行为的无价值和结果的无价值同时存在。在这一点上，最极端的例子是偶然防卫。如果站在纯粹结果无价值的立场，会认为：虽然被害人死亡，但行为人的行为偶然和正当防卫的效果相一致，制止了不法侵害。这一结果为法律所允许，从故意杀人既遂的角度看不具有结果无价值，因而得出偶然防卫人无罪的结论，也就是说偶然防卫人有行为的无价值，但没有结果的无价值，因而没有必要处罚。但是，按照行为无价值论，也可以认为偶然防卫同时具有行为无价值、结果无价值：从行为当时的情况看，如果该行为换个时间、地点实施，偶然防卫行为剥夺无辜者生命的危险仍然存在，具有"杀人未遂"意义上的结果无价值。

① 这可能也是在德国对客观归责理论的研究很深入，但在系统学习德国的日本却应者寥寥的深层原因。
② ［德］克劳斯·罗克辛：《德国刑法学总论》，第1卷，王世洲译，213页，北京，法律出版社，2005。
③ 参见［日］井田良：《讲义刑法学总论》，237页，东京，有斐阁，2008。

第三章

风险刑法理论批判

从风险社会中引申出来的风险刑法理论已经成为我国刑法学界关注的理论热点之一。劳东燕教授在2007年发表的《公共政策与风险社会的刑法》（载《中国社会科学》2007年第3期）一文，开启了我国学者讨论风险刑法的先河。风险刑法的知识增长极大地刺激了学术资源对其的投入；在某种意义上说，风险刑法被议题化了，它是我国刑法理论研究中最为活跃的一个学术领域。风险刑法还是存在重大争议的一个问题，在按照风险刑法的既有进路进行学术言说的同时，对风险刑法理论进行反思与批判的解构性努力，也从来没有停止过。例如，南连伟的《风险刑法理论的批判与反思》（载《法学研究》2012年第4期）就是一篇系统地质疑风险刑法理论的论文。① 此外，张明楷教授也撰写了《"风险社会"若干刑法理论问题反思》（载《法商研究》2011年第5期）一文，对风险刑法理论进行了否定性的评价。就笔者个人而言，对风险刑法理论虽然早已关注，但未能深入研究。笔者曾经应邀写过一篇笔谈性质的文章，题为"风险刑法与刑法风险：双重视角下的考察"（载《法商研究》2011年第4期），提出了对风险刑法理论所可能带来的刑法风险的担忧。② 当然，在该文中对风险刑法理论还是持一种较为暧昧的态度，论及风险刑法的功能时亦难免语焉不详。本文是笔者对风险刑法理论的一个较为全面的评论，明确了笔者对风险刑法理论的否定性见解，尤其是在对风险社会的风险与风险刑法的风险加以对比性考察的基础上，试图从刑法教义学的面向上对风险刑法理论进行法理分析，以此就教于主张风险刑法理论的各位刑法学界同仁。

一、风险刑法的风险之界定

无论是风险社会还是风险刑法，风险是其中的关键词。如何界定这里的风险，直接关系到风险刑法理论存在的正当性。尤其应当指出，风险刑法是从风险社会引申出来的，因此，风险刑法的风险与风险社会的风险应当具有同一性，至少具有类似性。对此，我们应当采取对比的方法来确定风险刑法中的风险概念。

至于风险社会中的风险概念，要到发明这一理论的德国著名社会学家乌尔里希·贝克的著作中去寻找。贝克对于风险社会中的风险大多是描述性的，但也存在较为接近定义性的叙述："风险是个指明自然终结和传统终结的概念。或者换句话说：在自然和传统失去它们的无限效力并依赖于人的决定的地方，才谈得上风险。风险概念表明人们创造了一种文明，以便使自己的决定将会造成的不可预见的后果

① 该文的扩展版《风险刑法理论的批判性展开》，载陈兴良主编：《刑事法评论》，第30卷，42～97页，北京，北京大学出版社，2012。

② 《法商研究》2011年第4期以"社会风险与刑法规制：风险刑法理论之反思"为主题，分别发表了5篇文章：齐文远：《刑法应对社会风险之有所为与有所不为》；陈兴良：《风险刑法与刑法风险：双重视角的考察》；刘明祥：《风险刑法的风险及其控制》；刘艳红：《风险刑法理论不能动摇刑法谦抑主义》；于志刚：《风险刑法不可行》。以上论文对风险刑法理论基本上持怀疑甚至直接否定的立场。

具备可预见性，从而控制不可控制的事情，通过有意采取的预防性行动以及相应的制度化的措施战胜种种副作用。”① 这个风险的概念，是在与传统社会的自然状态对应意义上确立的，它以人的决定为前提。在农耕社会也存在风险，这种风险主要是指自然风险，这是一种来自于自然界的破坏性力量，例如洪水、干旱、雷电、地震等自然灾害。人类进入工业社会以后，风险来源发生了重大变化。尽管来自于自然界的风险仍然存在，但已经不是威胁人类生存的主要灾害。关于人类生存的主要风险来自人类本身，即人类的工业活动成为危险的主要来源。应当指出，贝克所说的风险社会的风险并不是一般意义上的工业社会的风险，而是后工业社会的风险。这个意义上的风险首先是技术风险，其次是随着科学技术的广泛应用而导致的社会各个领域发生的风险，例如转基因、环境污染、核辐射、生物危机等。贝克不仅将工业社会的风险与农耕社会的自然风险相区分，而且将后工业社会的技术风险与工业社会的事故风险相区分。贝克在论及工业社会的风险与后工业社会的风险时，指出：“第一阶段是工业社会的风险，其风险是以事故概念为前提的，如商船沉没、交通事故、矿难、失业等，事故发生在一定的地点、时间、人群中，因此其风险后果在一定程度上是可以由统计学加以描述和计算的，可以通过保险、保障制度等方式使其受到控制和处理。第二个阶段是后工业社会的风险，这一阶段的风险的后果在时间、地点和人群上都是难以预测和控制的，例如核灾难、化学、生物基因、生态以及金融风险等。”② 除了农耕社会、工业社会与后工业社会这样一种背景叙述以外，贝克还提出了前现代（pre-modernity）、简单性现代（simple-modernity）与反思性现代（reflexive-modernity）的叙述背景，认为反思性现代就是风险社会。应该说，建立在后工业社会的技术风险基础之上的风险社会理论，是20世纪80年代才出现的一种社会学理论，以风险为中心对社会进行描述，具有盛世危言的意味。我们必须认识到，风险社会理论只是对后工业社会解释的一种理论，而非全部。在笔者看来，即使是风险社会理论也不无危言耸听的成分在内。当然，风险社会理论对人类的警觉意义是不可否定的。

如上所述，贝克的风险社会理论是以后工业社会的技术风险为叙述原型，并以此为前提展开其观点的，因此，风险社会的风险是以技术风险为基础的，其他都只是技术风险的外在表现。而在目前我国学者的论述中，风险社会的风险存在着严重的泛化的现象。这种泛化的表现，首先是将风险扩展到制度风险，甚至犯罪风险。例如，劳东燕教授在关于风险刑法的论述中，除了技术风险以外，还论及政治风险与经济风险等制度风险，认为这也是风险结构的组成部分。劳东燕教授甚至还将犯罪率攀升也视为风险社会的风险。③ 还有些学者甚至把经济犯罪也纳入风险刑法的

① ［德］乌尔斯·贝克、约翰内斯·威尔姆斯：《自由与资本主义》，路国林译，118页，杭州，浙江人民出版社，2001。

② ［德］乌尔里希·贝克：《世界风险社会》，吴英姿、孙淑敏译，67页，南京，南京大学出版社，2004。

③ 参见劳东燕：《公共政策与风险社会的刑法》，载《中国社会科学》，2007（3）。

范畴，指出：“随着各国市场经济的快速发展和全球经济一体化的加剧，当今各国的经济发展都不可避免地面临着各种各样的犯罪风险，因而不可不提防。其中，犯罪危害的加剧和犯罪类型的翻新就是这种犯罪风险的直观体现，这必将带来刑法解释学中的些许变化。”① 在以上论述中，风险刑法的风险被表述为犯罪风险，在此基础上的论证，实际上已经与风险社会理论无关。

风险社会的风险的泛化，还表现为将后工业社会的风险混同于工业社会的风险。风险刑法的大多数论证都是以工业社会的风险为根据的，例如，事故型风险就是一个较为瞩目的问题。在工业社会中，事故与犯罪是具有较为紧密联系的，因为事故中除了技术事故和自然事故以外的责任事故就涉及刑事责任的追究。而我国目前确实处在一个重大事故频发的社会发展阶段，因此，在风险刑法的论述中，责任事故犯罪是一个绝佳的例证。近年来各种事故层出不穷，造成了重大的人员伤亡和财产损失。因此，在有关风险刑法的论述中，事故型犯罪被认为是重要的风险源。例如有学者指出：“但风险社会中，恶性交通事故频发、环境污染愈演愈烈、药品与食品安全事故大量涌现——社会成员精神上或心理上的负荷在不断提高。”② 但是，这种事故型风险并不符合风险社会的风险所具有的不确定性特征，它是由行为人的操作疏失或者管理过失造成的，仍然属于常规的风险，属于可以控制的工业社会的风险。正如有学者指出：“传统社会的事故型风险不可能导致全球性灾难，交通事故与核风险、基因风险、生化风险等存在根本区别。”③ 笔者认为，以上观点是正确的。风险社会的风险即后工业社会的风险与工业社会的风险的混淆、风险概念被泛化，导致风险刑法的理论丧失现实基础，也使风险刑法理论与风险社会理论难以对接。

风险刑法理论在对风险社会的风险概念理解上的外延溢出，在一定程度上消解了风险概念的特定性，并使风险社会的理论失去其解释力，而在此基础上建立起来的风险刑法理论，就可能丧失其现实基础。在我国目前关于风险刑法的论述中，风险的范围都十分宽泛，几乎是在一般意义上使用风险一词，由此而脱离了贝克所创立的风险社会理论的特定语境，以至于我国有学者指责为对风险范畴的曲解，指出：“风险刑法理论最根本的谬误在于，未全面了解贝克的反思性现代化理论，因而对风险社会理论的理解过于肤浅和狭隘，更多的是根据‘风险社会’的字面含义，将其理解为‘有风险的社会’或‘风险增多的社会’，这完全背离了风险社会理论的精髓。尤其是，它未能明确风险社会的风险与传统社会的风险之间的‘世纪性差别’，曲解了风险范畴的真实含义。”④ 应该说，这一评论还是切中要害的，因为无限制地扩张风险社会的风险的现象，在风险刑法的理论叙述中或多或少地存在着。

① 姜涛：《风险社会之下经济刑法的基本转型》，载《现代法学》，2010（4）。

② 魏汉涛：《风险社会的刑法风险及其防范》，载《北方法学》，2012（6）。

③④ 南连伟：《风险刑法理论的批判与反思》，载《法学研究》，2012（4）。

应该指出，任何社会都存在各种风险，这是不可避免的。贝克所提出的风险社会的风险绝非一般意义上的风险，而是特定意义上的风险，即在后工业社会随着科学技术的发展所带来的风险。因此，风险社会的风险是指技术风险以及技术风险所衍生的间接风险。英国学者揭示了技术风险的三个特征：(1) 技术风险在科学上具有不确定性。在一些情形中，特别是在应对新技术、新活动的时候，风险与未来行为后果有关，而未来行为后果内在地是不可预测的，这就造成了科学的不确定性。(2) 风险的性质和存在经常取决于人类行为，所以技术风险具有行为上的不确定性。(3) 某个风险是否可以接受取决于文化环境（cultural context）。技术风险的多中心性，彰显了身处社会之中的个人易受社会攻击的一面（social vulnerability）。因此，个人是否能够接受某种风险，不仅仅是个人偏好、风险大小和风险发生可能性的问题，而且取决于环境对个人而言的可接受性。① 在以上三个特征中，不确定性和不可预见性是技术风险的最大特征，这也决定了技术风险的难以控制性。

技术风险是以科学技术的发展为前提的，也是科学技术在给人类带来福祉的同时所具有的消极后果，可以说是人类在享受科学技术成果的同时必须付出的代价。因此，技术风险是无法根除的，只能加以控制，减少其对社会的危害。同时，对技术风险的防范主要还有赖于科学技术的进步。科技史已经证明，技术进步与完善对于消除技术风险具有重大的作用。然而，新技术本身又会带来新风险。因此，随着科学技术的不断发展，技术风险也如影相随。可以说，进入后工业社会以后，技术风险就成为这个社会必须面对的危机。

面对风险社会的这种技术风险，人类社会需要积极应对。这里的应对，包括法律应对。法律应对当然是间接的，因为法律不可能直接消除技术风险。关于技术风险的法律应对是指在制定技术政策和技术规范的时候，应当建立起严格的法律程序，对技术风险进行评估，尽可能地避免技术风险，并对避险的费用成本通过法律程序进行合理的分担。即使是不可避免的技术风险，在风险的承担上也应该通过法律程序在各个社会成员之间进行公平的分配。因此，这里的法律应对基本上属于行政法的范畴。英国学者伊丽莎白·费雪论证了法律（这里主要是指行政法）在技术风险规制中发生作用的机理：因为技术风险具有可接受性，但个体之间的可接受性程度是不同的，甚至彼此之间存在冲突。在这种情况下，技术风险的管理必须上升到政府层面，政府应当成为技术风险规制的主体。政府作为行政决策者在规制技术风险的行政过程中，法律应当而且能够发挥作用。伊丽莎白·费雪指出："法律在技术风险规制中的作用不仅仅是工具性的，也不是不相干的或者起妨碍作用的。行政宪政主义的法律争论是技术风险决策制定的重要组成部分。如何治理技术风险的

① 参见［英］伊丽莎白·费雪：《风险规制与行政行政主义》，沈岿译，7页以下，北京，法律出版社，2012。

争论，会融入到公共行政法律有效性（legal validity）争论之中。当然，并不单纯是技术风险规则引发了行政宪政主义的争论。只是，技术风险规则领域引发的争论，其数量之大，是其他行政领域无法相比的。”① 由此可见，对技术风险的行政法意义上的规制，主要是指对作为技术风险规制主体的政府的决策行为的规范，使之符合社会的最大利益。

那么，刑法与技术风险之间又是一种什么样的关系呢？劳东燕教授在论及刑法如何应对风险社会的风险时指出：“公共政策的秩序功能决定了它必然是功利导向的，刑法固有的政治性与工具性恰好与此导向需要相吻合。无论人们对刑法的权利保障功能寄予多大期望，在风险无所不在的社会中，刑法的秩序保护功能注定成为主导。现代国家当然不可能放弃刑法这一秩序利器，它更需要通过有目的地适用刑法达到控制风险的政治目标。刑法由此成为国家对付风险的重要工具，公共政策借此大举侵入刑事领域也就成为必然现象。它表征的正是风险社会的安全需要。在风险成为当代社会的基本特征后，刑法逐渐蜕变成一项规制性的管理事务。作为风险控制机制中的组成部分，刑法不再为报应与谴责而惩罚，主要是为控制风险进行威慑；威慑成为施加刑事制裁的首要理由。”② 以上论述阐述了刑法作为风险控制机制的重要组成部分在风险控制中所能够发挥的巨大作用。在笔者看来，这一论述具有宏大叙事的性质，而缺乏细致的论证。

这里首先涉及的还是风险的界定。无所不在的风险到底是指什么性质的风险？如果是指一般意义上的风险，甚至包括犯罪率上升，那么，以此论证刑法从作为对犯罪报应和谴责的手段转变成为了控制风险进行威慑的工具的命题就是难以成立的。报应主义和功利主义从来都是牵制刑法的两种力量，刑法始终摇摆于报应主义与功利主义之间，而不可能取其中任何一个极端，因此，刑法的功能与目的也应当是或者实际是报应与功利的折中。如果将这里的风险界定为技术风险，那么，刑法又如何应对呢？如前所述，技术风险本身具有不确定性，这种不确定的风险不可能成为刑法规制的客体。这里涉及风险社会的风险与刑法中的风险的对比。犯罪本质与刑罚惩罚的实体根据，自从贝卡利亚以来就被认为是对社会的危害。③ 及至李斯特创立了法益理论，法益侵害就成为犯罪的实质违法的内容。李斯特指出：“就其实质而言，犯罪是一种特别危险的侵害法益的不法行为。”④ 在苏俄刑法学中，从阶级危害性发展出社会危害性的概念，以此诠释犯罪。苏俄学者指出：“犯罪乃是危害社会的、罪过的、应受刑罚的作为或不作为。”⑤ 我国刑法学承袭了苏俄刑法

① ［英］伊丽莎白·费雪：《风险规制与行政行政主义》，沈岿译，34～35页，北京，法律出版社，2012。
② 劳东燕：《公共政策与风险社会的刑法》，载《中国社会科学》，2007（3）。
③ 参见［意］贝卡利亚：《论犯罪与刑罚》，黄风译，67页，北京，中国大百科全书出版社，1993。
④ ［德］李斯特：《德国刑法教科书》，修订译本，徐久生译，北京，法律出版社，2006。
⑤ ［苏］苏联司法部全苏法学研究所主编：《苏联刑法总论》（下册），彭仲文译，308页，北京，大东书局，1950。

学，因此，社会危害性被确定为犯罪的本质特征。以上无论何种对犯罪性质的理论阐述，都以危害为其落脚点。这里的危害，当然是指行为的危害。刑法上的危害有实害与危险之分。实害是指已经实现的危险，而危险则是尚未实现的实害。因此，实害与危险只有程度上的差别而没有性质上的区分。当然，以实害为根据的刑罚惩罚更具有报应的性质，而以危险为根据的刑罚惩罚则更具有预防的性质。

值得注意的是，目前学术界在翻译有关德国刑法教科书的时候，也来越多地采用风险这个术语。例如，我国学者在翻译德国学者罗克辛教授的客观归责论时，就使用风险这个概念，包括不允许性风险与允许性风险，以及风险实现、风险降低与风险提升等。但在具体的叙述中，风险与危险这两个术语又是交替使用的。例如王世洲教授翻译的罗克辛论及不允许性风险没有实现时归责的排除时，指出："在允许性风险的案件中，归责于客观行为构成是以跨越了允许的界限和因此创设了一种不允许性危险为条件的。但是，在通常的危险创设中，除了危险的实现之外，应当如何对这种完成进行要求，还另外地取决于，在不允许性风险中，结果的可归责性正是在这个结果中实现了这种不允许的风险的。"① 在以上译文中，似乎风险与危险这两个词是可以替换的。从汉语字面含义来看，危险比风险具有更大的实现概率，因此，危险是更接近实现的风险。但是，就包含着现实危害的可能性而言，风险与危险又具有内涵上的同一性。只不过，风险更接近是一个中性词，而危险则具有较为明显的否定性的含义。因此，在法所允许的含义上使用风险一词更为贴切，在法所不允许的含义上使用危险一词也是合适的。由此可见，风险与危险这两个词汇的区分是十分微妙的。因此，客观归责论中的风险与风险社会的风险之间的区别也是明显的，对此，我国有学者指出："在客观归责理论中，风险是一个依附于刑法法益的概念。这种法益的确定性以及风险依附性决定了此处风险判断是由果及因的，即以法益为中心追溯风险来源，从而确定某一行为是否具有侵害特定法益的风险。概括而言，客观归责理论中的风险一词具有地位上的依附性、涉及法益的确定性、判断标准的经验性，具有规范内的解释功能。"② 但是，在风险刑法理论中，却把风险社会的风险与客观归责论中的风险混为一谈，将客观归责纳入风险刑法的体系。例如我国有学者指出："风险社会的转型为超越传统刑法的归责范畴、重构归责原则提供了机会。在此方面，德国的客观归责理论是有益的尝试。客观归责理论的创立具有里程碑的意义，它意味着风险概念规范化的成熟，也就是以法规范来对风险进行评价和界定，从而使风险具有规范性意义。"③ 尽管论者认为客观归责论是风险刑法发展的初级阶段，但客观归责论所要处理的主要还是侵害性犯罪即构成要件行为致使发生法益侵害结果的情况下，能否将该结果归属于其行为的问题。

① ［德］克劳斯·罗克辛：《德国刑法学总论》，第1卷，王世洲译，254页，北京，法律出版社，2005。

② 程岩：《风险社会中刑法规制对象的考察》，载陈兴良主编：《刑事法评论》，第29卷，294页，北京，北京大学出版社，2011。

③ 陈晓明：《风险社会之刑法应对》，载《法学研究》，2009（6）。

这个问题原先是采用因果关系理论或者故意理论来解决的，但罗克辛认为这是一个客观归责的问题。因此，客观归责论与风险刑法理论并无关联，将其纳入风险刑法的理论体系只是论者的一厢情愿。对此，我国有学者指出："罗克辛的刑法理论的确以'风险'为关键词，但显然不是贝克'风险社会'理论中所指的'风险'。把两位德国教授的理论联系起来，是我国一些刑法学者的误解或者主观臆断。"① 误解与臆断在风险刑法理论中始终存在，由此而使该理论的科学性大打折扣。

即使是在德国，风险和危险这两个概念也是存在严格区分的，当然，对于如何区分又是存在争议的，主要可以归结为以下 4 种观点：第一种观点认为，从风险、侵害发生的角度来诠释危险和风险而言，风险是危险发生的可能性，危险是危害发生的现实性。第二种观点认为，从是否可以控制的角度来把握危险和风险而言，危险是可操控的，而风险是不可以把控的。第三种观点认为，从有无负面的意涵作区分，危险的发生带给人类生活不利益的后果，已包含负面评价的意思；风险用语表达出人力不可支配的事实，属于中性词语，因此不包含负面评价的意思。第四种观点认为，从两者的防范角度来区分，对风险采取预防手段（precaution），对危险采取的是防卫手段（prevention）。危险防卫手段，是以完全排除危险为目的；风险预防手段，其目的旨在降低与管理风险，而非确保绝对安全的防卫风险。② 以上对危险和风险的不同角度的理解，对于我们正确地区分危险和风险是具有参考价值的。当然，这里还涉及一个语境的确定问题，即是从刑法教义学角度界定两者还是从一般意义上区分两者。如果从刑法教义学角度区分危险和风险，笔者认为风险和危险都是在行为人的构成要件行为中所包含的发生实害结果的可能性。风险和危险在刑法教义学上具有以下三个特征：（1）风险和危险是一定的行为所包含的，而行为主体是人，这就排除了自然或者其他因素所造成的风险成为刑法调整对象的可能性。（2）风险和危险所承载的行为系符合构成要件的行为，这表明该行为是为刑法所禁止的，因而在一般情况下也是法所不允许的。（3）风险和危险的性质是实害结果发生的可能性，具有对法益的潜在侵害性。

根据以上对刑法中的风险和危险的界定，我们再来对比风险社会中的风险，就会发现，两者在性质上具有实质的区别。如前所述，风险社会的风险主要是指技术风险，这种风险是人的科学技术探索过程中所带来的，是科学技术广泛运用的消极后果。技术风险具有极大的不确定性，对于这种不确定的风险不能直接纳入刑法调整的范围。例如，刑法不能直接将科学技术中具有风险的探索活动予以禁止，也不能在科学技术所带来的风险实现以后，追究相关人员的刑事责任。概言之，刑法不能进入科学技术领域、干预科学技术活动。既然如此，风险社会的风险并不能等同于风险刑法的风险或者危险。从风险社会引申出的风险刑法理论，给人造

① 夏勇：《"风险社会"中的"风险"辨析：刑法学中"风险"误区之澄清》，载《中外法学》，2012（2）。

② 参见张晶：《风险刑法：与预防机能为视角的展开》，18 页，北京，中国法制出版社，2012。

成的一个重大误解就在于使两种完全不同的风险相类比或者相等同，建立在这种逻辑断裂基础之上的风险刑法理论容易造成思想上的混乱。实际上，风险刑法理论并没有指出风险社会中的风险进入刑法视野的适当路径，而是将两者的连接建立在风险社会与风险刑法都采用风险这个内涵漂移与外延模糊的词汇之上，这是一种虚幻的联系。

二、风险刑法的话语体系之解构

如前所述，风险社会与风险刑法之间的联系是虚幻的，风险社会的风险并不是刑法调整的客体。吊诡的是，风险刑法理论还是自成一体地形成了一套独特的话语体系。这里应当指出，我国的风险刑法理论并不是一个正式的理论体系，而是以风险刑法为主要话语的研究群体所形成的一种观点聚集形态。在赞同风险刑法理论的学者当中，对风险刑法的态度也是存在较大区别的。例如，有些学者是主张以风险刑法取代传统刑法的，在风险刑法的道路上走得比较远①；还有些学者虽然也论述了风险刑法的内容，但同时也较为客观地指出了风险刑法本身的内在风险②；另有些学者则主张在传统刑法中借鉴风险刑法的做法，实现传统刑法与风险刑法的共生互动③，如此等等。在笔者看来，风险刑法这一话语体系与风险社会并无直接关联，实际上已经独立于风险社会而存在，并且风险刑法理论具有不断扩展的趋势。为此，有必要对风险刑法理论的主要命题进行刑法教义学的分析。

（一）风险控制的刑法观

风险刑法理论甫一提出，就以一种决绝的姿态对应于传统的刑法理论，构造了法益保护的刑法与风险控制的刑法的二元对立：前者是保护刑法，而后者是安全刑法或者风险刑法。这里涉及对刑法功能的理解。自从刑法教义学的古典学派以来，刑法都被界定为法益保护法。例如，德国学者李斯特指出："尽管刑法有其自身的特点，但是，从其表现来看，刑法是一种保护法益的法律。"④ 一百年来，法益的内涵发生了重大的嬗变，从个人法益到超个人法益、社会法益，从物质性的法益到精神性的法益，等等。但是，刑法具有保护法益的功能这一观点在德国仍然占据着主流的地位。针对雅科布斯关于刑法的任务不是法益保护而是防止规范效力的损害的命题，罗克辛教授发出了"刑法的任务不是法益保护吗"的质问，明确指出："战后，德国刑法学借助法益理论一直试图给刑法的暴力干预找到一个界限。其基本思想是：刑法只能保护具体法益，而不允许保护政治或者道德信仰、宗教教义和

① 参见劳东燕：《公共政策与风险社会的刑法》，载《中国社会科学》，2007（3）。

② 参见陈晓明：《风险社会之刑法应对》，载《法学研究》，2009（6）。

③ 参见孙道萃：《风险社会视域下的风险刑法理论辨析》，载中山大学法学院主办：《中山大学法律评论》，第10卷，305页，北京，法律出版社，2012。

④ ［德］李斯特：《德国刑法教科书》，修订译本，徐久生译，10页，北京，法律出版社，2006。

信条、世界观的意识形态或者纯粹的感情。"① 尽管德国刑法学中的法益概念存在着美国学者所批评的不确定性与灵活性，但美国学者还是正确地揭示了法益概念之于德国刑法学的重要性，指出："德国刑法学真正地提供了有关刑法上的损害以及刑法目的的理论：法益论（Lehre vom Rechtsgut）。基于以上理由，在美国学者看来，法益论具有重要意义。法益在德国刑法体系中占有至关重要的地位。如此根基性的重要性使得德国刑法学家无法想象一部没有法益原则作基础的刑法。"② 建立在法益概念之上的刑法是以已然的法益侵害为前提的。当然，这里的法益侵害包括法益侵害的危险与法益侵害的实害。但这种以法益侵害为核心的刑法观受到了风险刑法理论的批判，后者提出了风险控制工具的刑法观。③ 这里的风险显然不是在与危险近似意义上使用的，因为如果是这个意义上的风险，是完全可以归入法益侵害的范畴的。但如果这里的风险是风险社会中的风险，则因其不确定性，刑法如何进行管控，是一个无解的问题。

其实，对于这个问题罗克辛教授曾经进行了讨论。罗克辛提出的问题是：是否存在一种对未来的刑法保护？如前所述，法益保护是对已经受到侵害（危险与实害）的利益的保护。但风险刑法理论提出的是对未来的刑法保护。那么，这种对未来的刑法保护是否可能呢？罗克辛教授的回答是否定的。罗克辛教授指出："这里涉及的问题是：刑法在什么范围内处于这样一种境地，需要以其传统法治国的自由的全部手段，其中也包括法益概念，来克服现代生活的风险（例如以核材料的、化学的、生物的或者遗传技术方式造成的风险）。这个问题经常被否定，并且要求考虑排除产生这种风险的社会原因的必要性。因为这总是仅仅具有有限的必要性，所以，人们在这个领域内，肯定无法完全放弃刑法的干涉。但是，在运用刑法与风险作斗争时，必须保护法益关系和其他法治国的归责原则。在无法做到这一点的地方，刑法的干涉就必须停止。"④ 因此，现代刑法还是以保护法益为功能的刑法，所谓风险控制的刑法观其实是极为虚幻的，甚至是十分谬误的，并不能成为刑法的核心与基石。

刑法对法益的保护是以法益已经实际受到侵害或者存在着被侵害的危险为前提的。在法益已经实际受到侵害的情况下，因为存在着实害，刑法保护的必要性和正当性是明显的。但在法益存在着被侵害危险的情况下，如何确定法益保护的必要性和正当性，是一个需要谨慎考虑的问题，否则，刑法的惩罚范围就会丧失限制，而这是极为危险的。尽管危险和实害之间存在着差别，但侵害法益的危险还是可以被

① ［德］克劳斯·罗克辛：《刑法的任务不是保护法益吗?》，樊文译，载陈兴良主编：《刑事法评论》，第19卷，147页，北京，北京大学出版社，2006。

② ［美］马库斯·德克·达博：《积极的一般预防与法益理论——一个美国人眼里的德国刑法学的两个重要成就》，杨萌译，载陈兴良主编：《刑事法评论》，第21卷，453页以下，北京，北京大学出版社，2001。

③ 参见王耀忠：《现代风险社会中危害性原则的角色定位》，载《现代法学》，2012（3）。

④ ［德］克劳斯·罗克辛：《德国刑法学总论》，第1卷，王世洲译，19页，北京，法律出版社，2005。

客观地衡量的，甚至也是可以被科学地测算的。例如“醉驾”，虽然尚未发生肇事后果，但肇事后果发生的几率是相当大的，将这种“醉驾”行为入罪是完全合理的。“醉驾”入罪虽然具有防止肇事后果发生这样一种预防性的效果，但这种肇事后果发生的可能性是包含在“醉驾”行为之中的。相对于惩罚交通肇事行为来说，对没有发生肇事后果的“醉驾”行为进行惩罚，确实具有一定的预防性。但就“醉驾”行为本身潜藏着交通肇事后果的可能性而言，对“醉驾”行为的惩罚主要还是基于法益保护。而所谓风险控制的刑法观，试图在与法益保护相对立的意义上阐述刑法功能，将刑法的预防作用放到了一个重要的位置。

这里的问题是：如何界定刑法预防的客体？根据行为刑法，对法益侵害的结果和危险的惩罚，都具有预防其发生的功能。但这种观念是从属于刑法的报应功能的，并且不能超出报应的需要，换言之，只能在报应的范围内追求预防效果。而根据行为人刑法，刑法的功能在于预防再犯，即强调刑法的个别预防效果。但以上两个含义上的预防均非风险刑法所预防的客体，而属于传统刑法理论范畴。风险刑法所预防的风险，如劳东燕教授所指出的，是一种无法认定的危险：“传统刑法强调犯罪的本质特征是法益侵害，这种侵害一般要求是现实的物质侵害后果。在风险社会中，侵害后果往往很难被估测和认定，化学污染、核辐射和转基因生物等可能引发的危险，超越目前人类的认识能力。”① 可以设想：对于一种超出人类认识能力并且不能认定的危险，刑法如何进行预防？刑法的预防并不是与惩罚相脱离的另一种功能，刑法所能达致的预防必然是以惩罚为手段的。“对于超出人类认识能力并且不能认定的危险进行刑法预防”这个命题，在一般意义上说，似乎可以成立。但将这个命题用另外一种语言来表达——“对于超出人类认识能力并且不能认定的危险进行刑法惩罚”，就会变得十分荒谬。实际上，刑法预防是以刑法惩罚为手段的，因此，风险刑法理论所提出的对风险社会的风险进行刑法预防的命题，其实际含义就是对风险社会的风险进行刑法惩罚。因此，将风险管控作为风险刑法的功能并在此基础上建立的刑法观，虽然与以法益保护为核心的传统刑法观之间建立了理论上的对垒，因而具有出新之处，但风险管控的刑法观经不起仔细推敲，不具有逻辑性与现实性。即使是主张风险刑法理论的学者也看到了这一点，指出：“风险刑法以刑法功能的界限取得刑法原有的可罚性界限，也就是以刑事政策的考量取代刑法自身的判断基准，同样难以划定一个合理而明确的刑法干预界限。由此可见，建立在功能主义之上的风险刑法体系的内部存有危机，在不预设法益侵害为实质不法的前提下很难建立起自身的价值体系和处罚范围。”② 以上论述还只是从现实的可行性而言的，在笔者看来，以风险管控为功能的刑法观在逻辑上根本就难以成立。

① 劳东燕：《公共政策与风险社会的刑法》，载《中国社会科学》，2007（3）。

② 陈晓明：《风险社会之刑法应对》，载《法学研究》，2009（6）。

(二) 弥散化的危害原理

风险刑法理论对危害原则的重新厘定，也是其体系化的努力之一。这里应该指出，所谓危险原理，又译为损害原则，其英文表述为 harm principal①，这是一个英美刑法中的概念，其与德国刑法中的法益侵害之间具有对应性。例如，英国学者安德鲁·冯·赫尔希教授对德国刑法中的法益概念与英美刑法中的损害原则进行了比较，指出："如果把对于'损害原则'来说核心的概念——'损失'，定义为损害一种资源，对于这种资源他人有某种请求权或者一种权利，那么，由此——如果我没有看错的话——同时也就规定了德国讨论中的核心概念——'法益'的组成部分。出于这个理由，可以说，从'损害原则'中可以构想出法益类似的东西。"② 根据赫尔希教授的研究，德国刑法中的法益概念与英美刑法中的损害原则具有共同的功能，都是为刑事惩罚提供正当化根据。当然，随着犯罪现象的变化，无论是法益概念还是损害原则都发生了某种变化，主要是扩张其外延以适应惩治犯罪的需要。当然，正如赫尔希教授所指出，无论是德国刑法中的法益概念还是英美刑法中的损害原则，都不能独自完成为刑事惩罚提供根据的任务，还需要其他原则的辅助。因此，对危害原理的理论言说，实际上是在英美语境下展开的，对此应当加以特别说明。例如，美国学者弗恩贝格（Feinberg，1792—1872，亦被译为范伯格）对危害原理的论述与德国学者伯恩鲍姆（Birnbaum，亦被译为毕尔巴模）对法益概念的阐述不能混淆。因此，以下这一论断就存在着这种混淆："为使危害概念具备相应的规范意蕴，弗恩贝格的做法是对妨害利益的方式进行限定，强调妨害利益之行为的不正当性与不可避免性。德日刑法理论则试图通过对利益本身的规范性限定来定义危害，妨碍利益的方式是否正当或免责的问题将放在犯罪构成体系中加以解决。据此，危害被界定为对法益的侵害。法益取代权利而成为危害的定义基础，显然有助于增强危害定义的实证性。借此，人们能够将对权利之外的利益的侵害纳入危害的范畴之内，以迎合刑法适用的扩张需要。这就是伯恩鲍姆所提出的法益概念最终能够胜出的重要原因。"③ 以上论述将美国学者弗恩贝格与德国学者伯恩鲍姆分开论述，使人以为德国学者伯恩鲍姆的法益理论是建立在危害原理基础之上的。但实际上，德国学者伯恩鲍姆是生活在18世纪的刑法学家，而美国学者弗恩贝格生活在20世纪，其4卷本的《刑法的道德界限》一书出版在20世纪80年代。④ 从时间来看，两者并没有交集。因此，不能将美国学者弗恩贝格与德国学者伯恩鲍姆简单地

① 就"harm principal"这个用语而言，笔者以为翻译为"危害原则"更符合刑法语境，翻译为"损害原则"可能更符合其日常语义。本章除引述以外，称为"危害原理"。

② [英] 安德鲁·冯·赫尔希：《法益概念与"损害原则"》，樊文译，载陈兴良主编：《刑事法评论》，第24卷，194页，北京，北京大学出版社，2009。

③ 劳东燕：《危害性原则的当代命运》，载《中外法学》，2008 (3)。

④ 关于弗恩贝格的思想研究，参见方泉：《犯罪化的正当性则——简评乔尔·范伯格的限制自由原则》，载《法学》，2012 (8)。这里的范伯格即是弗恩贝格。

加以对比。可以说，危害原理与法益理论并无关系。如果说有关联，也只是在比较刑法的意义上的联系。

风险刑法理论对刑法中的危害原则进行了反思，提出了在风险社会下刑法中的危害原理受到挑战、危害概念发生了重大的裂变的命题，试图对危害原理进行重新定义与定位。在此，存在以下三个值得研究的问题：

1. 关于危害概念的去规范化问题

风险刑法理论提出了如何使危害概念在具有实证性包容力的同时具有规范性的命题，认为，在风险社会，危害概念的规范性正在丧失。这就是所谓危害概念的去规范化，主要表现为危险内涵的扩张与模糊化。① 这里涉及如何理解规范化与去规范化。按照风险刑法理论，危害概念的规范化是指为犯罪确定边界，而去规范化则是指不能为犯罪确定边界。其实，危险内涵的模糊化则是使犯罪的范围扩张，并没有使危害概念丧失界定犯罪的功能。在笔者看来，危害概念是否具有界定犯罪边界的功能与危害概念是否具有规范化功能，是两个不同的问题。当危害原理作为刑事立法根据的时候，危害概念的功能就是非规范化的或者超规范的。当危害原理作为刑事司法根据的时候，危害概念就具有规范化的功能，它受到刑法规范的限制，只能根据刑法规定来认定行为是否具有危害性。所以，随着社会的变迁刑法中的危害概念也发生重大的变化，这是理所当然的，问题在于，对于危害概念的这种变化如何进行评判？危害概念的这种变化是社会发展的常规性要素所决定的还是风险社会的非常规性要素所决定的，才是一个值得研究的问题。笔者认为，风险刑法理论过于夸大了危害概念的变化，以去规范化的特征描述这种变化也不是十分妥切的。

2. 关于危害概念的主观化问题

危害概念到底是一种客观性判断还是包含了主观要素的判断，是需要考察的一个问题。在刑法理论上，一般认为危害只是对行为的客观判断，并不包括对行为人的主观要素的判断。例如，美国学者在阐述弗恩贝格的损害原则时指出："根据Feinberg的理论，一种行为要有刑法上的重要性，不仅必须是有损害的（schädlich），除此之外，还必须是'有过错的'（wrongful）——至少是故意或者（在某些情况下）是过失实施的。"② 因此，危害概念的主观化不可能是指危害概念中包含主观要素，而只能是指危害评价的主观化。风险刑法理论揭示了危害评价的主观化倾向，指出："在当代的政治语境中，随着刑法成为风险控制的重要根据，随着法定犯的出现与扩张，危害评价呈日趋主观化的趋势。危害评价的主观化，显然与风险社会中风险本身的复杂特点紧密相关。"③ 这里的危险评价是指刑事立法而言还是就刑事司法而言，是需要明确的一个问题。从风险刑法理论的叙述来看，应

① 参见劳东燕：《危害性原则的当代命运》，载《中外法学》，2008（3）。

② ［英］安德鲁·冯·赫尔希：《法益概念与"损害原则"》，樊文译，载陈兴良主编：《刑事法评论》，第24卷，191页，北京，北京大学出版社，2009。

③ 劳东燕：《危害性原则的当代命运》，载《中外法学》，2008（3）。

该是指立法，即在将某一行为规定为犯罪的时候，如何确定该行为具有危险、应当受到刑事追究。这其实是一个在刑事立法时的犯罪甄别问题，当然体现了立法者的意志，因而具有一定的主观性。至于说，相对于自然犯的自体恶，对法定犯的禁止恶在立法判断上更具有主观性，在更大程度上取决于立法者的意志，这是完全正确的。但这与风险刑法并没有关系，因为法定犯并不能等同于风险犯。至于我国学者提出的风险刑法与法定犯时代的共生关联性的命题①，笔者认为也是缺乏实证根据的。可以说，我国刑法中的法定犯，没有一个是与风险社会意义上的技术风险相关的罪名。

3. 关于危害概念的功能化问题

如前所述，危害概念与法益侵害一样，都是为立法上的犯罪化提供正当化根据，并且为司法上的犯罪认定提供实体标准。风险刑法理论提出了危害概念功能化的命题，这里的功能化是指为刑法预防提供根据。例如我国有学者指出："风险刑法对刑法功能的重新定位，直接导致危害的意义评价发生转型。相应地，危害的评价不再优先服务于危害作为刑罚之正当根据的意义，而是主要转向对后一维度的意义，即作为刑法目的的预防危害的关注。"② 根据风险刑法理论，危害的评价具有两个维度：一是作为刑罚正当性根据，二是作为刑罚预防性目的。前者要求的是已然的危害，后者要求的是未然的危害，危害在前者的作用与在后者的功能存在着一种紧张关系。现在的问题是：作为预防对象的危害和作为惩罚对象的危害是否具有同一性？如果肯定刑法是通过惩治已然的危害来达到预防未然的危害这一基本逻辑，则功能化的危害命题即缺乏坚实的根据。

总之，危害原理是英美刑法中为刑法确定边界而采用的一种理论，这种理论从密尔提出到弗恩贝格进一步阐述，经历了一个漫长的过程。在风险刑法的理论背景之下，通过对危害原理进行重新定位，力图揭示危害的弥散化特征，以此作为风险刑法的理论根据，笔者认为这是难以成立的，因为刑法中的危害与风险社会中的风险不能等同视之。

（三）疏离化的责任原则

责任主义是刑法的基石范畴之一，在德日刑法中，从心理责任论到规范责任论，再到罗克辛的实质责任论，经历了一个演变过程。但风险刑法理论对刑法中的责任主义进行了解构，提出了刑事归责的功能化、客观化与规范化的问题。

1. 关于罪责的功能化问题

传统刑法的罪责是以可谴责性为基础的，具有较强的伦理性与报应性。此后，随着德国刑法学的发展，越来越多的学者提出应当将一般预防要素纳入罪责的构造

① 参见孙道萃：《风险社会视域下的风险刑法理论辨析》，载中山大学法学院主办：《中山大学法律评论》，第10卷，305页，北京，法律出版社，2012。

② 劳东燕：《危害性原则的当代命运》，载《中外法学》，2008（3）。

之中，其中，以雅科布斯的功能性罪责概念和罗克辛的实质性罪责概念最为著名。雅科布斯提出了目的（一般预防的目的）决定罪责的命题，指出："责任与目的的联系表现为，目的使责任变成有色的。因为责任刑法（Schuldstrafrecht）作为不应是无目的的刑法而应该是有益于维持秩序的刑法，需要长期存在，为此也需要这种性质的责任，使它即使考虑到责任时也能够长期存在。"① 雅科布斯的功能责任论是要在规范责任的基础上，进一步考量一般预防的目的，但这里的一般预防并非消极的一般预防，而是以法忠诚为主要内容的积极的一般预防，因此，这种责任刑法是有益于维持秩序的刑法。冯军教授在论及雅科布斯的功能责任论时指出："功能责任论的核心主张是，行为人是否具有责任，要根据行为人对法规范的忠诚和社会解决冲突的可能性来决定。在行为人忠诚于法规范就能形成不实施违法行为的优势动机、就能战胜想实施违法行为的动机时，行为人却实施违法行为的，就要把行为人解释为实施违法行为的原因，行为人就对其实施的违法行为负有责任；在社会具有更好的自治能力，即使不追究行为人的责任，也能消解行为人引起的冲突，也能维护法规范和社会稳定时，行为人就无责任。"② 因此，雅科布斯的功能责任论从根本上还是对罪责作出更为严格的限制。只有罗克辛教授的实质性罪责概念，在罪责中引入了预防必要性要素，是一种不顾规范可交谈性的不法行为的罪责。所谓规范的可交谈性是把行为人看作一个规范接受者（Normadressaten），其能够回应规范的呼吁，能够期待他们总会遵守这些规范，只有在这种情况下，预防才是必要的。③ 应当指出，罗克辛教授的预防必要性既包括一般预防，也包括个别预防。显然，罗克辛所说的一般预防并不是传统的以威吓为内容的消极的一般预防，而是积极的一般预防。罗克辛教授指出："刑罚同时取决于两个因素，其一是，用刑罚进行预防的必要性；其二是，犯罪人罪责及其大小。如果人们赞同我的观点，那么，也就意味着，刑罚受到了双重的限制。刑罚之严厉性不得超过罪责的严重性，同时，也不能在没有预防之必要性的情况下科处刑罚。也就是说，如果有利于对犯罪人实行再社会化的话，那么，是可以科处比罪责之严重程度更为轻缓的刑罚的；如果没有预防必要性的话，甚至可以完全不科处刑罚。"④ 由此可见，无论是雅科布斯的功能性罪责概念还是罗克辛的实质性罪责概念，都是在罪责中引入预防目的，使罪责概念功能化，其结果是进一步限制了刑事责任的范围。风险刑法理论也提出了罪责概念化命题，指出"罪责功能化，这是指行为人对其行为负责，是因为有防卫社会安全的需要，没有预防风险的必要，也就可能没有罪责。可见，风险刑法将

① ［德］格吕恩特·雅科布斯：《行为　责任　刑法——机能性描述》，冯军译，6页，北京，中国政法大学出版社，1997。

② 冯军：《刑法中的责任原则——兼与张明楷教授商榷》，载《中外法学》，2012（1）。

③ 参见陈兴良：《教义刑法学》，418页，北京，中国人民大学出版社，2010。

④ ［德］克劳斯·罗克辛：《刑事政策与刑法体系》，2版，蔡桂生译，78～79页，北京，中国人民大学出版社，2011。

罪责的意蕴从‘可非难性’转换为‘预防必要性’，归责的过程不再是将特定后果通过归因归咎于行为人的构成，而是出于分配责任的需要而进行归责的过程”①。风险刑法理论所称的罪责功能化，是以预防风险的必要性取代非难可能性，因而否定了罪责中的主观归责要素。这与德国刑法学家所主张的功能性罪责概念和实质性罪责概念以非难可能性为前提的罪责功能化是存在根本区分的：风险刑法的罪责功能化会扩张罪责范围，而德国学者的具有预防必要性要素的罪责概念则会限制罪责范围。因为，风险刑法理论虽然提出“没有预防风险的必要，也就可能没有罪责”的命题，但却没有从逻辑上消解“只要存在预防风险的必要，也就可能存在罪责”的可能性。

2. 关于罪责的客观化问题

罪责的客观化是一个与风险的功能化紧密相关的问题。其实，刑法教义学中的罪责客观性与风险刑法理论中的罪责客观性，无论是内容还是意义，都是截然不同的。这两者的混淆，夹杂在风险刑法理论的叙述当中。对此，不能不加以仔细辨析。

在德国的刑法教义学中，确实存在着罪责客观化的问题，其含义是指将故意与过失等心理事实要素从罪责中去除，将其前置于构成要件。而后，以期待可能性作为主观归责要素，而期待可能性实际上是他人对行为人的主观心理的一种客观评价，因此称为罪责的客观化。在刑法教义学中，古典的犯罪论体系所主张的心理责任论的罪责概念具有纯主观的性质。新古典的犯罪论体系所主张的是一种综合性的罪责概念（ein komplexer Schuldbegriff），同时包含心理的和评价的要素，因此，其罪责概念具有主、客观统一的性质。及至目的主义的犯罪论体系主张的规范责任论的罪责概念，其内容具有纯客观的性质，只包括期待可能性等评价性要素。例如，日本学者将期待可能性称为客观的责任要素（objektive Schuldelemente）。② 德国学者则将故意与过失称为罪责的评价对象，而将期待可能性称为罪责的对象评价。这里的评价对象当然是主观的，但对象评价确是客观的。例如，罗克辛教授指出，规范责任论“通过这种方式，主观的因素（评价的对象）从罪责概念中被排除出去了，保留下来的‘仅仅是可谴责性的标准’（对象的评价）”③。因此，罪责的客观化具有其特定的含义，是指以评价性要素为内容的罪责概念。这是一种客观化的罪责。

而风险刑法理论所宣称的罪责客观化，则是指将归责的判断前置到构成要件阶层，并且这种归责其实是一种客观归责。例如，我国有学者指出：“风险刑法是要解决现代科技高度发展下风险行为的归责问题，由于风险的不可认识性与不可支配

① 陈晓明：《风险社会之刑法应对》，载《法学研究》，2009（6）。

② 参见［日］大塚仁：《刑法概说（总论）》，3 版，冯军译，439 页，北京，中国人民大学出版社，2003。

③ ［德］克劳斯·罗克辛：《德国刑法学总论》，第 1 卷，王世洲译，561 页，北京，法律出版社，2005。

性，以行为人对结果要有故意或过失的主观归责条件难以成立，事实上也无法查明和认定。因为风险的威胁往往是在不知道确切行为者或者威胁发生的原因太过复杂的情况下就突然发生，因此谈不上查明主观要素问题。风险刑法试图从客观构成要件的类型化，解决行为人的归责问题，以取代行为人主观归责要素所起的决定作用。"① 显然，这一论述是以混淆客观归责与主观归责为前提的。客观归责与主观罪责虽然都是以解决归责问题为使命，但这两种归责的蕴含是完全不同的：客观归责是要解决将一定的法益侵害结果归属于一定的构成要件行为的问题，从而为犯罪成立提供客观根据。而主观归责是在客观归责的基础上，进一步考察行为人是否具备承担责任的主观要素、能否对法益侵害结果承担罪责，从而为犯罪成立提供主观根据。因此，客观归责与主观归责的归责性质和内容都是不同的，尤其是，客观归责与主观归责之间存在逻辑上的位阶关系：前者前置于后者，后者以前者为前提。风险刑法理论所称之罪责客观化，其实是指将原本在主观归责中解决的问题，前置到客观归责中进行解决。例如，罗克辛教授指出："过去信条学的出发点是，客观行为构成会由于行为人举止行为对结果具有因果性而得到满足。在那些刑事惩罚显得不恰当的案件中，人们在故意实施的犯罪中，试图通过否定故意来免除刑罚。"② 罗克辛教授以一个教学案例作为例子加以说明：在暴风雨就要来的时候，把别人派到森林里去，希望他会被雷劈死。对于这个案例，条件说会认为具备了行为与结果之间的因果性，构成要件已经满足。在这种情况下，只能通过否定故意来规避刑事惩罚。但是，罗克辛教授认为这是一个客观归责的问题，而不是一个故意的问题。客观归责使客观构成要件的判断实质化，但并不是一个罪责的客观化问题。风险刑法理论之所以将其误认为罪责客观化的表现，主要还是把客观归责纳入风险刑法的范畴所导致的结果。例如，我国有学者将客观归责理论视为归责上的责任主义，指出："客观归责论的精髓正好体现了风险社会下刑法的价值选择：行为的客观可归责性在于'制造不被允许的风险'，所以'允许的风险'就不应受到刑法的限制。通过'允许的风险'设定了国家刑罚权与公民行动自由的边界，从而防止刑法在社会发展到风险社会阶段过度干预民众的行动自由。"③ 就以上论述的内容而言，是指客观归责理论对客观构成要件的实质审查，难以客观归责的行为当然不构成犯罪。但这里不构成犯罪的原因是缺乏构成要件，而不是不具备罪责。论者之所以将客观归责引入风险刑法论述之中，除了客观归责理论中存在"风险"一词，因其与风险刑法在文字上的契合而容易导致望文生义以外，另一个重要原因是未能区分构成要件与罪责之间的位阶关系。

3. 关于罪责的扩张化问题

风险刑法理论还提出了罪责的扩张化命题，这种罪责的扩张化主要表现在，风

① 陈晓明：《风险社会之刑法应对》，载《法学研究》，2009（6）。

② ［德］克劳斯·罗克辛：《德国刑法学总论》，第1卷，王世洲译，19页，北京，法律出版社，2005。

③ 毛校霞：《风险社会下的责任主义》，载《广西政法管理干部学院学报》，2009（6）。

险刑法在以下三个方面突破了责任原则：一是严格责任的引入，二是代理责任的采纳，三是团体责任的适用。我国有学者指出："在风险社会中由于刑法被视为风险控制机制中的重要组成部分，甚至经常不自觉地被置于优先地位，在这种背景下刑法不再为报应与谴责而惩罚就在所难免。当为预防风险而威慑成为施加刑罚的首要理由时，传统责任主义所建构的防线就面临着大范围被突破的风险。"① 尽管风险刑法理论对于罪责的扩张化在客观描述的同时也表示了担忧，但并没有提出克服之道。更为重要的是，刑法教义学中的预防刑法也并非像风险刑法理论所设想的那样，是防范风险发生的刑法，而是以预防必要性进一步限制报应刑法的处罚范围。例如，德国学者许乃曼教授指出："由报应刑法转为预防刑法，这绝非表示我们可以扬弃个人之可非难性，其仅仅只是将个人之可非难性，由原本作为可罚性充分且必要的条件变成只是必要条件。"② 因此，即使是预防刑法也不存在罪责扩张化问题。

通过以上分析可以看出，风险刑法理论虽然在刑法基本立场与具体观点上呈现出不同于传统刑法理论的学术形象，但其中存在着对传统刑法理论的误读与误解。尤其是，风险刑法理论本身在体系的建构上存在着脱节与断裂，也不乏扩张与虚言。这些都是值得反思的。

三、风险刑法的立法实例之分析

风险刑法理论提出的应对风险的立法之策的根本在于法益保护的提前化，即对法益进行前置性的保护，以避免其受到风险的侵害。为此，风险刑法理论不仅对传统刑法理论进行了改造，而且在具体观点上，也通过一些例证进行实证性的论证。尤其是以我国刑事立法的修改与补充为例，以此形成风险刑法并不仅仅是一种理论，而且是一种已经为立法所确认的现实的印象。例如，我国《刑法修正案（八）》设立了危险驾驶罪、将"醉驾"行为入罪以后，我国有学者从风险刑法角度对危险驾驶罪的规范目的进行了解读，指出："如何以立法约束行为人的行为与强化公民的规范意识，从而把交通可能带来的风险降到最低，也就成为危险驾驶行为入罪的理由。而有效控制交通风险，则成为本罪的规范目的。"③ 即使是质疑风险刑法理论的学者也以为《刑法修正案（八）》对生产、销售假药罪，重大环境污染罪，非法采矿罪，生产、销售不符合安全标准的食品罪，生产、销售有毒、有害食品罪的修改，以及增设食品安全监管失职罪等，是我国刑法对于如何规制风险社会中的风

① 魏汉涛：《风险社会的刑法风险及其防范》，载《北方法学》，2012（6）。

② ［德］许乃曼：《刑法体系与刑事政策》，王效文译，载许玉秀、陈志辉合编：《不移不惑献身法与正义——许乃曼教授刑事法论文选译——贺许乃曼教授六秩寿辰》，55页，台北，2006。

③ 姜涛：《危险驾驶罪——法理与规范的双重展开》，载陈兴良主编：《刑事法评论》，第32卷，191页，北京，北京大学出版社，2013。

险作出的回应。① 因此，对于这些风险刑法的立法表现需要进行深入的考察。

（一）过失犯的范围拓展

过失犯是风险刑法理论言说中一个不能绕过的话题。事实上，风险刑法理论也确实是从过失犯引发的。因此，对于风险刑法中的过失犯的范围拓展问题，有必要进行研究。

在风险刑法理论提出之前，在刑法理论上就曾经提出在工业社会的科技条件下过失犯理论面临挑战的问题。例如，苏俄学者对于科技条件下过失行为的犯罪化问题出现了争议："有些人认为，过失只有实际发生结果的，才可能承担责任。但大多数人的观点相反，他们提出了如下论据：在科技革命条件下过失的危险性增大了；根据造成的后果（主体没有预见，或者希望避免结果）规定刑事责任，其预防作用不能充分发挥，必须规定故意和过失犯罪（实施危害社会的行为，而不是发生的结果）承担责任的一般原则；过失引起的结果大都具有偶然性；必须根据对损害发生之前的活动有无辨认能力、在主观上是否进行控制来规定责任。"② 这里的"大多数人的观点"就是过失危险犯的设立，以此扩张过失犯的惩罚范围。与此同时，德国学者对于工业社会中危险增加条件下的过失犯，出现了两种相反的倾向：一方面，通过允许危险原则限制过失犯的成立。例如德国学者许乃曼教授指出："随着生产、交通领域甚至私生活领域的科技化，预计在工业社会中必然会发生一些预想不到的事件，由于某些复杂程序的存在这些事件不能完全避免，此即刑法理论中所称的'允许危险'的原则。根据该原则，危害结果的刑事责任问题不能仅根据每一案件中的可预见性确定，而应从安全准则被忽略的行为中确定。刑事责任体系意味着：首先，违法行为本身取决于对一般预防措施的忽略；其次，个人贯彻安全准则的能力成为责任承担的另一个要件。"③ 根据允许危险原则，危害可以分为允许的危害与不允许的危害。在允许危害范围内，不需考虑行为人主观上的过失而直接出罪。只有在不允许危害范围内，根据是否具有过失来确定是否构成犯罪。因此，允许危害原则事实上是限制了过失范围。另一方面，德国学者又提出了从过失犯罪向危险犯罪演变的命题，由此而使过失犯的处罚前置。许乃曼教授指出："过失犯罪未来会表现为各种危险犯罪。如果我们能够正确地用法律术语表述危险行为，在过失犯罪领域我们才能有望取得进展。"④ 以上论述都是在工业社会科技发展、危险源增加这样一个社会背景下展开的。可以看出，随着从农业社会向工业社会的转变，尤其是在科技条件下，过失犯罪的形态与特征都发生了重大变化。为此，过失犯罪的立法也应该随之而转变。但是，以上学者所说的风险或者危险都是

① 参见齐文远：《刑法应对社会风险之有所为与有所不为》，载《法商研究》，2011（4）。

② ［苏］И·С·戈列利克等：《在科技革命条件下如何打击犯罪》，王长青、毛树智译，110页，北京，群众出版社，1984。

③④［德］许乃曼：《传统过失刑事责任观念在当代社会中的弊端——新的趋势与展望》，王秀梅译，载《法学家》，2001（3）。

指工业社会的风险，而不是指后工业社会的风险。因此，并不能将这些应对工业社会风险的过失犯演变的理论纳入风险刑法的理论体系之中。

在刑法教义学的意义上，对于许乃曼教授所说的从过失犯罪向危险犯罪演变的命题如何评价？这里的问题是：转变以后的所谓危险犯还是过失犯罪吗？这本身也是一个值得从刑法教义学角度进行深入探讨的问题。

在风险刑法理论中，过失危险犯被视为刑法为应对风险、阻止风险实现或者造成更大的风险，刑法的防线前移的一个绝佳例证而屡被提及。由此，过失犯是受到风险刑法理论影响最大的领域之一。例如，我国有学者指出："一定程度的抽象性类型化设置可以作为具体事实和法规范的最佳连接点，既符合过失犯的开放性构成要件的特点，又使得在风险社会下过失犯的多样化和复杂化得到相应处置，而不至于频繁增加法条以致增加法官的解释法条的惰性。"① 我国在《刑法修正案（八）》中增设的危险驾驶罪，被认为是在风险社会中对过失犯处罚前置的一个立法例。在此之前，我国刑法规定了交通肇事罪，这是一种以肇事结果发生作为犯罪成立条件的犯罪，是传统刑法中典型的过失犯。而"醉驾"只不过是对交通肇事罪从重处罚的量刑情节之一。但鉴于醉酒驾驶的严重危险性，立法机关专门设立了危险驾驶罪，将未发生肇事结果的"醉驾"行为规定为犯罪。在这种情况下，对交通肇事罪的处罚前移至未发生肇事结果的"醉驾"行为。在危险驾驶罪设立以后，对于其主观罪过究竟是故意还是过失，以及究竟是具体危险犯还是抽象危险犯存在着争议，但主张危险驾驶罪属于过失的抽象危险犯的见解具有一定影响。例如，冯军教授指出："《刑法》第 133 条之一处罚醉酒型危险驾驶罪的规范目的在于，防止行为人在因为醉酒而不具备安全驾驶能力时在道路上过失地不安全驾驶机动车。它针对的应该仅仅是这样一种情况：行为人故意或者过失饮酒后，虽然行为人事实上已经因为醉酒而处于不能安全驾驶机动车的状态，却因为疏忽大意而没有预见自己的醉酒驾驶行为会造成公共安全的危险；或者已经预见自己的醉酒驾驶行为会造成公共安全的危险，却轻信自己还能够在道路上安全驾驶机动车，轻信自己的醉酒驾驶行为不会危害公共安全，因而故意在道路上醉酒驾驶了机动车，却过失地造成了公共安全的抽象危险。"② 在此，冯军教授并不否认醉酒驾驶行为本身是故意的，之所以认定为过失的抽象危险犯，是指行为人对于公共安全的抽象危险具有主观上的过失心理。但在这里，冯军教授是把抽象危险看作一种结果，因此才会有对这种结果的过失可言。笔者认为，抽象危险犯是一种特殊的行为犯而非结果犯，其责任形式也应该依对行为起支配作用的主观心理态度确定。因此，将危险驾驶罪确定为过失的抽象危险犯并不妥当。③ 虽然冯军教授不是在风险刑法的语境下论述危险驾驶罪属于

① 刘崇亮：《风险社会视野下过失犯构成设置模式之思考》，载《中国人民公安大学学报》，2010（4）。

② 冯军：《论〈刑法〉第 133 条之 1 的规范目的及其适用》，载《中国法学》，2011（5）。

③ 对于冯军教授观点的商榷，参见张明楷：《危险驾驶罪的基本问题——与冯军教授商榷》，载《政法论坛》，2012（6）。

过失的抽象危险犯，但这对于正确理解过失危险犯还是具有理论意义的。

对于所谓过失的抽象危险犯，笔者认为并不是过失犯，因为过失犯是结果犯。在结果没有发生的情况下，对行为的处罚是一种故意行为的犯罪化。在这种情况下，应当成立的是故意的抽象危险犯。我国主张过失危险犯的学者认为，过失危险犯在主观上具有以下两个层次的罪过心理：一是行为人有违章的故意，二是行为人对于严重危险结果的出现是出于过失。① 这一对过失危险犯的主观心理状态的描述是以过失的具体危险犯为对象的，是按照行为人虽然有故意但对结果却是过失这样一种思路进行逻辑推演的结论。至于过失的抽象危险犯，因为连具体危险都不存在，因此也就不存在对抽象危险的过失问题。换言之，只要证明过失的具体危险犯不存在，过失的抽象危险犯自然也就不存在。笔者认为，没有发生实害结果、具有过失的故意行为犯罪化以后，究竟是认定为故意的行为犯还是过失的危险犯，涉及一个对故意的理解问题，即：是否存在着危险故意？危险故意是相对于实害故意而言的，是指明知或者预见自己的行为会对某种法益足以发生危害结果的危险，并且期待或者放任这种危险发生的犯罪心理。② 因此，危险故意并非是对危害结果的故意，而是对危险的故意。当然，对于具体危险犯与抽象危险犯来说，危险故意的内容也还是存在着差别：具体危险犯的故意要求具有对具体危险的认知，而抽象危险犯则只要具有对其行为性质的认知即可成立故意。如果承认危险故意，那么对于危险犯的主观心理态度就不能再按照行为虽然故意但对结果却是过失这样一种思路进行逻辑推演。这种区分故意与过失的观点，在很大程度上还是以实害故意为基准的。基于危险故意的观点，只要行为人对于行为的危险性具有故意（抽象危险犯的故意）或者对于行为造成的具体危险具有故意（具体危险犯的故意），就应当成立故意的危险犯。因此，在“醉驾”构成的危险驾驶罪中，只要行为人对于“醉驾”行为本身具有故意，就应当构成故意犯罪，而不能根据其对于危险结果具有过失而认定其为过失犯罪。我国有学者根据危险犯的类型，将危险故意分为以下 4 种情形：(1) 紧迫型具体危险犯的故意表现为：行为的知与欲＋实害结果的知与欲。(2) 中间型具体危险犯的故意表现为：行为的知与欲＋危险结果的知与欲。(3) 轻缓型具体危险犯的故意表现为：行为的知与欲＋危险结果的过失。(4) 抽象危险犯的故意表现为：行为的知与欲＋抽象危险的过失或者故意。并在论及“醉驾”型的危险驾驶罪的主观罪过形态时指出：“危险驾驶罪的罪过内容为：行为人对于危险驾驶行为具有故意，对于行为所造成的抽象危险既可以是故意也可以是过失。”③ 这一论述是较为细致的，也是具有启发性的。无论如何，对于危险犯都应当根据行为人对于行为的主观心理来认定其为故意犯罪，这也在事实上否定了过失危险犯的存在。

① 参见刘仁文：《过失危险犯研究》，58～59 页，北京，中国政法大学出版社，1998。

② 参见陈兴良：《刑法哲学》，修订 3 版，185 页，北京，中国政法大学出版社，2004。

③ 欧阳本祺：《论危险故意》，载《法学家》，2013 (1)。

危险犯包括具体危险犯与抽象危险犯的主观罪过到底是故意还是过失，当然是一个刑法教义学问题，与风险刑法似乎并未关联。但在风险刑法的理论论述中，经常把过失的抽象危险犯作为过失犯在风险刑法背景下的扩张的一个例证，因此对此的讨论还是必要的。

（二）行为犯的处罚前置

行为犯是区别于结果犯的一种犯罪类型，是指不以结果发生作为构成要件的犯罪类型。行为犯存在广义与狭义之分：狭义上的行为犯是指纯粹行为犯，即与危险犯、举动犯相对应意义上的行为犯。而广义上的行为犯则包括了阴谋犯、危险犯、举动犯等不以实害结果发生作为犯罪成立要件的犯罪类型。在更广义上说，持有犯也属于行为犯的范畴。行为犯与结果犯在侵害客体的程度上有所不同：结果犯发生了实害结果，侵害程度较深；行为犯只具有侵害危险，尚未发生实害结果，侵害程度较轻。而行为犯又具有不同的情形：一种情形是行为本身根本就不可能发生某种结果，另一种情形是行为可能发生某种结果，立法者不要求这种结果发生即构成犯罪，如果结果发生，则构成更为严重的犯罪。在行为犯中，前一种情形较为罕见，后一种情形较为多见。因此，立法者设立行为犯确实具有将处罚前置的目的。

风险刑法理论一般都以行为犯中的危险犯作为刑法为应对风险将刑事处罚前置的例证。例如我国有学者在论及风险刑法的刑事立法语境中的立法技术时将危险犯作为犯罪标准的前移的表现，指出："在当代，基于对威胁公众生命与健康危险的预防需要，结果被扩张解释为对法益的侵害或危险。危险犯成为重要的犯罪形式大量地出现在公害犯罪中。现实的法益侵害不再是构成犯罪的必备条件。具体危险犯中危险尚需司法者作具体判断，即根据具体案件的特定关系，确定行为对于通过相关构成要件加以保护的客体造成现实的结果性危险。抽象危险犯中司法者甚至无须关注个案的特定情形，也无须判断具体的结果性危险存在与否。抽象危险犯是以一般社会生活经验为根据，通过类型化技术建构的类型化危险；防止具体的危险与侵害只是立法的动机，并不成为构成要件的前提。"① 在此，该论者将危险犯置于风险社会的刑法应对这样一个背景下进行论述。确实，相对于古典时期以结果为本位的刑法，现代刑法逐渐地向以行为与结果为双本位的方向漂移。但是，这种立法现象并非风险社会理论出现以后才有的，在应对工业社会的风险时就已经采取了这种立法方式。例如，张明楷教授指出："抽象危险犯不是风险社会的产物。例如，19世纪的《德国刑法典》《法国刑法典》都规定了抽象危险犯，1907年制定的《日本刑法典》也规定了不少抽象危险犯。此外，即使当今各国刑法不断扩大处罚范围，但其所增加的犯罪也不乏实害犯，如我国八个刑法修正案所增加的犯罪大多是实害犯。因此，上述所谓立法模式'正在从实害犯到具体危险犯再向抽象危险犯的时代

① 劳东燕：《公共政策与风险社会的刑法》，载《中国社会科学》，2007（3）。

跃进’的说法并不符合实际。”[①] 笔者认为，现代刑法中的危险犯增加是一个不可否认的现实，但说危险犯的时代已经到来，则多少有些危言耸听。更何况，危险犯的增加具有其不同的立法背景。张明楷教授论及我国刑法修正案增加的罪名中确实实害犯较多，但也有不少将结果犯修改为行为犯、将具体危险犯修改为抽象危险犯的立法例。例如，我国刑法第 141 条规定的生产、销售假药罪，原刑法以“足以严重危害人体健康”为成立要件，这是典型的具体危险犯，但《刑法修正案（八）》删去了具体危险的内容，实际上是将本罪从具体危险犯修改为抽象危险犯，使本罪的入罪门槛大为降低，有利于惩治生产、销售假药的犯罪行为。对此，立法机关解释本罪的立法理由时指出：“根据原规定，生产、销售假药‘足以严重危害人体健康’的才构成犯罪。在修改后的规定中，本罪为行为犯，只要实施了生产、销售假药的行为就构成犯罪。这样修改是考虑到药品的主要功能是治疗疾病，维持人体健康，生产、销售假药的行为已经构成对人体健康的威胁。”[②] 这里所说的行为犯其实就是抽象危险犯。从这也可以看出，在我国刑法理论中对于行为犯与抽象危险犯并不怎么区分。此外，我国刑法第 338 条规定的污染环境的犯罪，原刑法规定只有造成重大环境污染事故，致使公私财产遭受重大损失或者人员伤亡的严重后果才构成犯罪。因此，本罪是责任事故型的过失犯罪，并且是结果犯。但《刑法修正案（八）》修改为：只要实施了违反国家规定，排放、倾倒或者处置有放射性的废物、含传染病病原体的废物、有毒物质或者其他有害物质的行为，严重污染环境的，就可以构成犯罪。立法机关在解释本罪的立法理由时指出：“为保障人民群众的生命健康安全，严惩严重污染环境的行为，维护经济的可持续发展，本条对重大环境污染事故罪的犯罪构成作了修改，降低了犯罪构成的门槛，将原来规定的‘造成重大环境污染事故，致使公私财产遭受重大损失或者人员伤亡的严重后果’修改为‘严重污染环境’，从而将虽未造成重大环境污染事故，但长期违反国家规定，超标准排放、倾倒、处置有害物质，严重污染环境的行为规定为犯罪。”[③] 经过修改以后，本罪的罪名从重大环境污染事故罪改变为污染环境罪。对于本罪是否从过失犯罪改变为故意犯罪，在我国刑法学界存在着争议。例如张明楷教授指出：“本罪原为过失犯罪，但经《刑法修正案（八）》修改后，本罪的责任形式应为故意。”[④] 但也有个别观点认为，本罪仍为过失犯。[⑤] 至于是否从结果犯修改为行为犯，取决于对严重污染环境的理解。立法机关指出：“所谓严重污染环境，是指既包括了造成财产损失或者人身伤亡的环境事故，也包括虽未造成环境污染事故，但

① 张明楷：《“风险社会”若干刑法问题反思》，载《法商研究》，2011（5）。

② 全国人大常委会法制工作委员会刑法室编：《中华人民共和国刑法修正案（八）：条文说明、立法理由及相关规定》，77 页，北京，北京大学出版社，2011。

③ 同上书，179 页。

④ 张明楷：《刑法学》，4 版，995 页，北京，法律出版社，2011。

⑤ 参见周道鸾、张军主编：《刑法罪名精释》（下），4 版，858 页，北京，人民法院出版社，2013。

是已使环境受到污染或者破坏的情形。”① 按照这一理解，除造成环境污染事故的构成本罪以外，即使没有造成环境污染事故，但环境受到污染或者破坏的，也可以构成本罪。在这个意义上，本罪还不能说是行为犯，但入罪门槛大为降低则是事实。

对于我国刑法修改过程中，将具体危险犯修改为抽象危险犯、将结果犯修改为行为犯这样一种现象，风险刑法理论都将之归结为刑法应对风险的立法体现。如果说，这里的风险是指工业社会的风险，那么还有一点道理。其实，这一刑事立法的转变在经济发达国家早在半个世纪以前就已经完成，而我国当前正处在工业社会的飞跃时期，大量事故型犯罪出现，亟须刑法介入。不过，我们还必须看到，我国刑事立法的这一发展，还具有我国特定的法律语境，这就是二元制的处罚体制。我国采取的是行政处罚与刑事处罚的二元处罚体制：由行政机关行使行政处罚权，包括公安机关行使治安处罚权；由司法机关行使刑事处罚权。两种处罚制度所处罚的行为，除了一部分在性质上存在区分以外，绝大多数是同一种行为根据其情节轻重分别受到行政处罚与刑事处罚。为实现这种二元处罚体制，刑法对犯罪设置了数额与情节的限制。这种二元处罚体制当然有利于限制犯罪的范围，但涉及行政处罚与刑事处罚的衔接等制度技术。从目前的运行情况来看，效果并不理想。例如，对于污染环境的犯罪，根据原刑法的设计，只有造成重大事故的污染环境犯罪才进入司法程序、受到刑事处罚，没有造成重大事故的污染环境行为由行政机关进行行政处罚。但行政处罚不力，使一般的污染环境违法行为未能受到应有的行政处罚。在这种情况下，降低污染环境犯罪的刑事处罚的门槛，实际上是使本应当受到行政处罚的行为进入刑事处罚的范围。这是刑事处罚权与行政处罚权的此消彼长。在我国存在广泛的行政处罚的特定语境下，对于刑事处罚前置这种立法现象，与其看作是应对风险的举措，不如视为调整刑事处罚与行政处罚边界的一种努力。因此，风险刑法理论对于我国刑事处罚前置的立法变迁的解释也是缺乏内在根据的。

在讨论刑事处罚的前置这一问题的时候，需要考虑特定法律语境的另外一个例证是预备犯。德国学者是在预备犯的正当性的题目下探讨通过危险犯前置可罚性这一命题的。例如有德国学者指出：“刑法学界通过不同的方式承认了危险犯所必要的特殊正当化标准并且将其体系化。从这种立场出发，接下来将区分危险犯的三种具有不同特殊正当化的主要类别：第一类是‘客观危险创设犯’（objektive Gefahrschaffungsdelikte），此时对法益的危险主要源自于由行为人——故意或者过失——所创设的，但是不能再为其所控制的客观危险状态。第二类是‘预谋犯’（Plaungsdelikte），此时危险由行为人通过外在行为所表现的、实施犯罪行为的故意而引起。第三类是‘协作犯’（Kooperationsdelikte），其特点在于，特别地通过多个行

① 郎胜主编：《中华人民共和国刑法释义》，5 版［含《刑法修正案（八）》］，589 页，北京，法律出版社，2012。

为人的——致使风险提升的——共同影响将犯罪决意与其客观表征相结合。”① 以上三类情形，都是以《德国刑法典》不以处罚预备犯为原则的特定法律语境为前提的。只有在刑法总则没有处罚预备犯的一般规定的情况下，才需要对刑法分则通过设置危险犯将刑事处罚前置的正当性进行专门论证。但在我国刑法中总则明确规定了处罚预备犯的一般原则，在这种情况下，刑法分则即使没有危险犯的设置，对这种情形也可以按照预备犯加以处罚。因此，对于刑法分则设置危险犯等情形的正当性并不需要专门论证。正是在这个意义上，我国刑法中危险犯的设置及罪名增加，与风险社会并没有关系。

（三）不作为犯的边界扩张

不作为犯是相对于作为犯而言的，一般来说，刑法以处罚作为犯为原则，以处罚不作为犯为补充。因此，传统刑法中的不作为犯总是罪名较少的。风险刑法理论认为，当代刑法出现了不作为犯扩大的趋势，此外还出现了持有这种特殊的行为，这被认为是风险刑法的表现之一。例如，我国有学者在论及不作为犯扩大趋势时指出：“传统不作为中的作为义务，常限于行为人与被害人之间有特殊身份关系的情况，但如今作为义务有不断扩展的趋势。为防止危害，人们赞成扩大而非收缩不作为刑事责任的范围。作为义务开始扩大至普通人之间，制定法成为作为义务的直接来源。”② 作为不作为犯边界扩张的一个范例是见危不救行为的犯罪化，有论者指出：见危不救只有在高风险的工业社会才被犯罪化。见危不救首先是一个道德问题，其次才是一个法律问题。事实上，见危不救可以分为两种情形：一是基于职务、业务而具有救助义务的见危不救，二是基于伦理关系或者公共道德而具有救助义务的见危不救。前者是一个违反法律义务的问题，后者是一个违反道德义务的问题。前者的犯罪化，主要涉及的是社会管理问题；后者的犯罪化，主要涉及的是道德水平问题。这是两个不同的问题，从风险刑法理论的角度，成为问题的应该是前者而非后者。无论是职务、业务上的见危不救还是违反道德义务的见危不救，在刑法上都远远早于风险社会理论的提出，例如，我国有学者对各国刑法中的见危不救犯罪规定进行了梳理，指出：在中国对特定情形下不救助行为的惩罚性规定可以追溯至秦朝，而德国也在1871年刑法典中就有关于不予救助行为的规定。③ 因此，我认为，见危不救行为的犯罪化与风险社会并无关联。见危不救中的危险，是一种通过他人救助可以避免的风险，刑法对见危不救行为的惩罚有利于防止这种风险的实现。也许是在这个意义上被风险刑法理论关注并吸纳。但这只是一种臆想性的关联，而不是实质性的联系。

① ［德］乌尔里希·齐白：《全球风险社会与信息社会中的刑法——二十一世纪刑法模式的转换》，周遵友、江溯等译，210页，北京，中国法制出版社，2012。

② 劳东燕：《公共政策与风险社会的刑法》，载《中国社会科学》，2007（3）。

③ 参见叶慧娟：《见危不助犯罪化的边缘性审视》，68、72～73页，北京，中国人民公安大学出版社，2008。

除了不作为犯以外，风险刑法理论还提及持有犯，认为持有行为的犯罪化也是应对风险的立法举措。例如我国有学者指出："持有犯罪的对象通常是与犯罪有高概率联系的物品，如犯罪工具、毒品、枪支等。尽管持有可能由作为引发或者产生作为，若没有证据证明作为的存在，或作为本身不具有刑法意义而无法构成作为犯罪，则持有犯罪本质上惩罚的便是某种状态。状态型犯罪的立法目的是要把侵害法益的风险扼杀在摇篮里。"① 在此，该论者提及侵害法益的风险，由此而在持有犯与风险刑法之间建立起某种联系。问题在于：侵害法益的风险是风险社会的风险吗？任何侵害法益的行为，根据行为发展进程都可以分为以下不同的阶段：预谋、着手、实行、结果发生，结果加重。在一般情况下，刑法是以结果发生为要件设立犯罪的，此即结果犯。但在刑法中也存在以下较为特殊的犯罪类型：以预谋为要件的犯罪，此即阴谋犯；以着手为要件的犯罪，此即举动犯；以实行为要件的犯罪，此即行为犯，包括危险犯、持有犯等。至于加重结果，则是在结果犯的基础上构成结果加重犯。除此以外，刑法还有预备犯、未遂犯、中止犯之设，对于在犯罪发展不同阶段停顿下来的犯罪，分别予以处罚。相对于结果犯与既遂犯而言，对其他犯罪类型的处罚都具有前置性，也都具有预防法益侵害风险的意蕴。这里的"法益侵害的风险"与风险社会的风险是没有任何联系的，因为后工业社会的技术风险根本进入不了刑法的调控范围。因此，在持有犯问题上，风险刑法的论述同样是想象的成分大于科学的论证。

四、结　语

刑法所规制的犯罪现象不仅是一种法律现象，而且是一种社会现象，并且首先是一种社会现象。因此，随着社会形态与社会生活的变迁，刑法，包括刑事立法与刑事司法，也必然随之发生改变。这是毫无疑问的，也是刑法学者必须把握的刑法发展规律。从这个意义上说，风险刑法理论试图从社会演变当中寻找刑法以及刑法理论变化的根据，借此推进刑法理论的发展，这是值得肯定的。但是，风险刑法理论与其赖以凭借以作为理论根据的风险社会理论之间难以无缝对接，使风险刑法理论根基不稳。风险刑法理论在对刑法例证的论证中，过于大而化之而没有细致推敲，结果导致大胆假设有余、小心求证不足。所有这些，都使得风险刑法理论只能获得一时之观点喧嚣，而难以取得长久之学术积淀。这是令人遗憾的。对风险刑法理论进行法教义学的批判，并不是否认刑法理论的创新，而是指出这种创新必须要以刑法教义学为依托，对刑法教义学的理论体系进行知识补充与思想升华。

① 劳东燕：《公共政策与风险社会的刑法》，载《中国社会科学》，2007（3）

第四章

但书规定研究

我国刑法第 13 条分为前半段和后半段，前半段是犯罪概念，后半段是但书规定："但是情节显著轻微危害不大的，不认为是犯罪。"这一规定（以下简称但书规定），被认为是我国刑法中一项具有特色的内容。对于但书规定，我国学者以往是在犯罪的定量要素的名义下进行研究的，但它远不是刑法理论中的热点问题。在《刑法修正案（八）》设立了危险驾驶罪以后，围绕着"醉驾"行为是否一律入罪展开了激烈的争论，由此而引起我国刑法学界对但书规定的持续关注。对于"醉驾"行为是否一律入罪，可以分为肯定说与否定说。① 其中否定说以刑法第 13 条的但书规定作为情节显著轻微、危害不大的"醉驾"行为的出罪根据，以此否定"醉驾"行为一律入罪的观点。而肯定说则认为在刑法分则对于"醉驾"行为构成危险驾驶罪没有规定定量要素的情况下，根本就不存在情节显著轻微、危害不大的"醉驾"行为，因此"醉驾"行为应当一律入罪，而不能援引刑法第 13 条的但书规定予以出罪。以上争论，虽然是以"醉驾"行为为中心而展开的，然而它关系到对刑法第 13 条但书规定的理解和适用，由此而将但书规定这一课题摆在了我国刑法学者面前。应该指出，在我国司法实践中，但书规定的适用存在一定的混乱，甚至滥用。但书规定几乎成为出罪的总括性的根据，而情节显著轻微、危害不大的司法判断缺乏明确的标准。在我国目前入罪容易、出罪难的司法背景下，但书规定的积极意义被我国学者强调。然而，对于我国刑法中的但书规定，还是需要从法理上进行深入的探讨。

一、但书规定的历史沿革

但书规定是我国刑法关于犯罪概念的规定即犯罪的法定概念的重要组成部分。因此，只有结合犯罪的法定概念才能对但书规定作出正确的解读。对于犯罪的法定概念，在大陆法系国家刑法中存在不同的立法例。此处引入比较法的分析工具，由此揭示我国刑法关于但书规定的渊源。

刑法规定犯罪的法定概念，始自《苏俄刑法典》。此前，在大陆法系刑法中只有犯罪分类的规定而无犯罪法定概念的规定。被誉为大陆法系刑法典摹本的 1810 年《法国刑法典》第 1 条规定："法律以违警刑处罚之犯罪，称违警罪；法律以惩治刑处罚之犯罪，称轻罪；法律以身体刑或者名誉刑处罚之犯罪，称重罪。"这就是大陆法系刑法典罪分三类的肇始。在此，《法国刑法典》也只是以所受刑罚为标准将犯罪分为重罪、轻罪和违警罪，而并没有对犯罪的实体内容作出定义性的规定。大陆法系另一著名刑法典 1871 年《德国刑法典》在犯罪规定上与《法国刑法

① 关于"醉驾"入罪，也称为"醉驾"入刑，笔者认为：入罪与入刑虽是一字之差，含义有所不同。入罪是一个罪与非罪的问题，出罪则无刑。但入刑是一个是否受到刑罚处罚的问题，根据我国刑法规定，入罪未必入刑，因为存在着免予刑罚处罚的规定。因此，应当区分入罪与入刑。本文采用"入罪"的表述。

典》如出一辙，同样将犯罪分为重罪、轻罪和违警罪。① 上述规定严格来说并非犯罪的法定概念。《瑞士刑法典》则较为正面地规定了犯罪的形式概念："犯罪是法律所禁止的，并以刑罚制裁的行为。"大陆法系国家的刑法典之所以在其总则中对犯罪概念不作规定，与其所实行的罪刑法定主义有着一定的关联性。基于罪刑法定主义，法无明文规定不为罪。这里的法，是指刑法分则。刑法分则通过设置构成要件，对具体犯罪加以规定，为司法机关定罪提供规范根据。在这种制度设计下，大陆法系国家刑法将立法重心放在刑法分则，刑法分则规定对于刑法总则来说具有优先性，并且在定罪思维上确立了刑法分则与总则之间的位阶性。尤其是德国著名学者贝林提出了构成要件的概念，并将构成要件确立为犯罪成立的第一个要件。这就为在定罪过程中从刑法分则到刑法总则的思维方法提供了逻辑进路。因此，在传统的大陆法系国家刑法中并未规定具有实体内容的犯罪一般概念，更不可能存在出罪性质的但书规定。

犯罪概念的但书规定是伴随着《苏俄刑法典》关于犯罪的具有阶级内容的犯罪实质概念应运而生的一种刑法制度，其逻辑基础是犯罪的社会危害性理论。1919年《苏俄刑法指导原则》（以下简称《指导原则》）是苏俄第一部具有刑法典性质的刑事法律，但它只规定了总则而没有规定分则。《指导原则》第6条规定了犯罪概念："犯罪是危害某种社会关系制度的作为或不作为。"这就是所谓犯罪的阶级概念。1922年《苏俄刑法典》第6条又规定了一个更加扩张的、实质的和阶级的犯罪概念："威胁苏维埃制度基础及工农政权在向共产主义制度过渡期间所建立的法律秩序的一切危害社会的作为或不作为，都被认为是犯罪。"1926年《苏俄刑法典》第6条关于犯罪概念的规定基本上复制了1922年《苏俄刑法典》第6条，同样是一个犯罪的阶级概念。犯罪的阶级概念是就上述犯罪概念的内容而言的，它揭示了犯罪的阶级危害性。苏俄学者从20世纪20年代开始对犯罪概念进行研究，注意到了苏维埃刑法中的犯罪概念与所谓资产阶级刑法中的犯罪概念的区别，由此而把《苏俄刑法典》第6条规定的犯罪概念称为犯罪的实质概念，而把所谓资产阶级刑法中的犯罪概念称为犯罪的形式概念。例如苏俄学者M. A. 切利佐夫-别布托夫指出："资产阶级刑法典是从形式上规定犯罪的定义，把犯罪看成是实施时即为法律所禁止，并应受惩罚的行为。苏维埃立法则与之不同，它是从实质上，也就是从对法律秩序的损害上、危害上来规定犯罪的定义的。"② 在这种情况下，社会主义刑法典的犯罪实质概念与资产阶级刑法典的犯罪形式概念这样一种对应关系被建立起来。如果不是基于历史主义的观念，而是仅仅着眼于实质与形式的哲学原理，对于

① 现行《德国刑法典》取消了违警罪（轻微犯罪），对犯罪从三分法改采两分法即重罪与轻罪。参见［德］冈特·施特拉腾韦特、洛塔尔·库伦：《刑法总论》，Ⅰ·犯罪论，杨萌译，65页，北京，法律出版社，2006。

② 转引自［苏］A. A. 皮昂特科夫斯基等：《苏联刑法科学史》，曹子丹等译，19页，北京，法律出版社，1984。

所谓犯罪的实质概念与形式概念的对立，我们就会毋庸置疑地偏向于犯罪实质概念的价值立场。那么，什么是历史主义的观念呢？这里的历史主义观念就是要把犯罪的实质概念置于其所提出的特定社会环境与法律语境，揭示犯罪实质概念的功能与作用。其实，犯罪的实质概念是一种为类推提供实体根据的理论。在苏维埃国家建立初期，为了更加有效地打击犯罪，《苏俄刑法典》没有采用罪刑法定原则，而是在刑法中规定了类推制度。显然，在类推制度的法律语境下是不可能采用犯罪的形式概念的，正是犯罪实质概念的开放性为类推定罪提供了广阔的空间。而且，犯罪的实质概念也是在社会主义国家建立初期，关于是否需要制定刑法典的争议中产生的犯罪概念。从1917年“十月革命”胜利以后，关于在社会主义国家是否应当制定刑法典始终存在争议，这种争议一直持续到20世纪30年代。例如苏俄学者沃尔科夫就曾经断言：“由于苏维埃刑事立法是从实质上理解犯罪，必然得出不要规定具体犯罪行为的刑事责任制度。”① 在这种情况下，犯罪的实质概念就成为入罪的唯一根据。由此可见，《苏俄刑法典》中的犯罪实质概念具有为更为宽泛的行为提供入罪根据的功能，它与苏维埃国家建立初期的法律虚无主义思想有着密切的关联。

在以上犯罪的实质概念产生的历史背景下，我们再来考察但书规定的功能，就会具有完全不同于拘泥其字面表述的深刻认知。苏俄学者在论及但书规定的产生时，将其追溯到1919年《指导原则》第16条的规定，并对但书规定的产生过程作了以下描述，指出：“每种罪行的社会危险性，表现在社会主义刑事立法所规定之刑事处分上。常有这种场合，即某种行为适合于刑法所规定之犯罪构成之某些要件，而实际上在某种具体场合，却不得不承认其具有社会危险性，从而亦不得不处以刑罚。这种情形之发生，或是由于行为细小、不足道与并未发生有害的结果，或是由于社会政治环境变化所致。这种情形在《指导原则》第十六条，亦曾予以规定：‘当构成某种行为成为现制度的危险行为的条件消逝之后，实行该行为者即不复被处刑。’1922年的苏俄刑法典对此问题未予规定。但在1924年，全俄中央执行委员会会议即命令中央委员会主席团研究关于交付裁判之细小过失案件之停止审理问题。据此，1925年2月9日全俄中央主席团对苏俄刑事诉讼法第四条加以补充。根据此补充条文，检察官与法庭有权‘拒绝提起刑事追诉，并有权停止刑事案件的审理——在以下场合：被追诉行为虽具备刑法法典所规定之犯罪要件，但因其结果细微、不足道，而不能认为具有社会危险性时，或提起刑事追诉或继续实行审理已觉不适宜时。’虽然此第四条附一（即前述之补充条文）系包含于苏俄刑事诉讼法之内，然就实质言，此条绝不是诉讼法规范，而是实体刑法规范。这一条例在1926年苏俄刑法典中列于第六条的附注内。第六条的附注写道：‘形式上虽符合于本法

① 转引自［苏］A. A. 皮昂特科夫斯基等：《苏联刑法科学史》，曹子丹等译，21页，北京，法律出版社，1984。

典分则某一条文犯罪要件之行为，但因其细微不足道且因其无损害结果，而缺乏社会危险性者，不为罪。’”① 从以上叙述可以看出，苏俄刑法典中的但书规定经历了一个从刑事诉讼法规范到刑法规范的演变过程。在以社会危害性为中心的犯罪实质概念中，在赋予社会危害性入罪功能的同时，也使其具有出罪功能。但书规定所出之罪，主要是指那些轻微之罪，即具备刑法分则某一条文规定的构成要件，但因行为细微、不足道或者未发生结果，因而予以出罪。毫无疑问，但书规定的这种出罪功能是对实质的犯罪概念所具有的强大的入罪功能的一种救济与纠偏，这是其所具有的正面意义。当然，我们也必须看到但书规定毕竟是在苏俄刑事法治尚不发达背景下的产物，对其出罪功能不宜夸大。

苏俄刑法学界关于犯罪概念的理论经历了一个从犯罪的实质概念到犯罪的混合概念的转变过程。在这当中，苏俄学者杜尔曼诺夫对犯罪概念的研究成果产生了重要的影响。杜尔曼诺夫首次把犯罪的实质特征同形式特征结合起来研究，指出："如果说犯罪的实质特征是行为的社会危害性，那么形式特征就是以违法性、罪过和人的责任能力为条件的应受惩罚性。"② 此后，随着法律虚无主义思想受到清算，犯罪的实质概念逐渐被废弃，直到 1958 年《苏联和各加盟共和国刑事立法纲要》（以下简称《立法纲要》）第 7 条第 1 款首次确立了犯罪的混合概念："凡是刑事法律规定的危害苏维埃社会制度或国家制度，破坏社会主义经济体系和侵犯社会主义所有制，侵犯公民的人身权利、政治权利、劳动权利、财产权利和其他权利的危害社会的行为（作为或不作为），以及刑事法律规定的违反社会主义法律秩序的其他危害社会的行为，都是犯罪。"这一犯罪概念不仅揭示了犯罪的社会危害性，而且指出了犯罪的刑事违法性，因而被称为犯罪的混合概念。从犯罪的实质概念到犯罪的混合概念，是苏联社会主义法制建设进步的表现。对此，苏俄学者比较了 1919 年《指导原则》、1922 年《苏俄刑法典》和 1926 年《苏俄刑法典》关于犯罪概念的规定与 1958 年《立法纲要》关于犯罪概念的规定，认为前者都强调对苏维埃制度、对工农政权和劳动人民的国家建立的法律秩序有危害的行为是犯罪。在犯罪的定义中并没有指出形式的因素——按照刑事法律行为的应受惩罚性。这种情况可用刑法中存在类推制度来解释，也就是说，对法律没有直接规定的危害社会行为可以比照刑法典同这种犯罪最相类似行为的规定追究刑事责任。这种在刑法典中没有明文规定的行为也属于犯罪范畴。《立法纲要》首次提出了实质和形式的特征二者兼有的犯罪定义，并指出：犯罪就是刑事法律所规定的行为。这就意味着抛弃了过去苏维埃刑法中的类推制度。然而，这个规定并无损于犯罪的实质特征。《立法纲要》不

① ［苏］苏联司法部全苏法学研究所主编：《苏联刑法总论》（下册），彭仲文译，308 页，北京，大东书局，1950。

② 转引自［苏］A. A. 皮昂特科夫斯基等：《苏联刑法科学史》，曹子丹等译，22 页，北京，法律出版社，1984。

仅没有摒弃实质特征，还使立法有了改进和发展。① 由此可见，从犯罪的实质概念到混合概念的演变是以类推制度的存废为背景的，这是一个逐渐地向罪刑法定原则接近的过程。当然，苏俄学者还是习惯性地推崇犯罪概念中的实质特征，或多或少地贬低犯罪概念中的形式特征。这一思维定式也表现在犯罪概念的但书规定上：在《苏俄刑法典》采用犯罪的混合概念以后，但书规定也被保留下来。例如1962年《苏俄刑法典》第7条规定："形式上虽然符合本法典分则所规定的某种行为的要件，但是由于显著轻微而对社会并没有危害性的作为或者不作为，都不认为是犯罪。"这一规定被认为是区分罪与非罪的根据，由此防止了刑法被形式地适用。苏联解体以后的《俄罗斯联邦刑法典》关于犯罪概念的规定承袭了《苏俄刑法典》的犯罪混合概念，同样承续了犯罪概念的但书规定。《俄罗斯联邦刑法典》第14条第2款规定："行为（包括不作为）虽然在形式上具有本法典规定的某一行为要件，但由于情节显著轻微而不具有社会危害性的，不是犯罪。"根据俄罗斯学者的解释，情节显著轻微是一个危害性程度的问题，而且，因为情节显著轻微而不构成犯罪的，并不意味着该行为不受任何处罚。正如俄罗斯学者指出："情节显著轻微的行为本身没有达到构成犯罪本质的社会危害性程度（刑法典第14条第2款），但这种行为可以引起除刑事责任以外的法律责任（如行政责任）或道德责任。"② 由此可见，但书规定并非实质上的非犯罪化规定，而只是形式上的非犯罪化规定。

《苏俄刑法典》的但书规定在犯罪论体系中的地位如何确定，是一个值得研究的问题。苏俄刑法学采用四要件的犯罪论体系，那么，但书规定在四要件中归属于哪一个要件呢？根据苏俄学者的解释，法律所规定的情节显著轻微而对社会没有危害性的行为可表现为：未产生危害性的后果和产生的后果危害性不严重；后果显著轻微；后果遥远；行为在产生后果中的作用不大以及其他一些情况。③ 由于《苏俄刑法典》对于通过但书规定出罪的情形主要以否定犯罪结果的形式体现出来，因此，苏俄学者特拉伊宁在论及犯罪结果时曾经批判那种将犯罪划分为以结果为构成要件的实质犯罪与不以结果为构成要件的形式犯罪的观点，主张对犯罪结果作实质解释，指出："把结果的实质（对客体所造成的损害）和特点（多样性，相对性）揭示出来以后，便可以明显地看到，它是犯罪构成的必要因素。理论原理是这样的，法律上的规定，也是这样。如《苏俄刑法典》上具有十分重大的原则意义与实践意义的第6条附则规定着'由于轻微不足道和缺乏损害结果'而失去社会危害性

① 参见［苏］H.A.别利亚耶夫、M.И.科瓦廖夫主编：《苏维埃刑法总论》，马改秀、张广贤译，61页，北京，群众出版社，1987。

② ［俄］Л.B.伊诺加莫娃-海格主编：《俄罗斯联邦刑法（总论）》，2版，黄芳等译，30页，北京，中国人民大学出版社，2010。

③ 参见［苏］H.A.别利亚耶夫、M.И.科瓦廖夫主编：《苏维埃刑法总论》，马改秀、张广贤译，66页，北京，群众出版社，1987。

质的行为。”① 由此可见，特拉伊宁是把但书规定作为缺乏犯罪构成要件中的实质的结果要件而出罪的情形看待的。因此，但书规定在四要件的犯罪论体系中并没有独立的体系性地位。这一规定也为苏联解体以后的俄罗斯学者所接受，只不过将但书规定纳入犯罪行为的要件中考察，作为犯罪行为的实质判断标准而出现。例如俄罗斯学者指出：“所谓行为的社会危害性，是指行为给法律所保护的利益造成损害或者有造成损害的可能性。任何犯罪行为都给刑法保护的客体带来损害。从这个意义来看，任何犯罪都有后果，没有无后果的犯罪。正是行为给社会利益造成的损害大小及损害性质决定了该行为的社会危害性程度和性质；也正是某种行为可能造成严重损害社会的后果，才是判断该行为是否构成犯罪的基础。所以，《俄罗斯联邦刑法典》第 14 条第 2 款中专门强调：‘行为（包括不作为）虽然在形式上具有本法典规定的某一行为要件，但由于情节显著轻微而不具有社会危害性的，不是犯罪’。”② 虽然以上将但书规定视为行为社会危害性程度判断标准的观点与特拉伊宁将但书规定作为犯罪结果的判断标准的规定，对于但书规定在四要件的犯罪论体系中的归属并不完全相同，但在将但书规定纳入犯罪构成的客观要件方面是一致的。在这种情况下，符合但书规定的情形要么是缺乏犯罪结果而无罪，要么是缺乏行为而无罪。

我国刑法中的但书规定正如我国刑法中的犯罪概念的立法例，都来自于苏俄，这是毋庸置疑的，可以说是对《苏俄刑法典》但书规定的一种模仿。当然，我国学者也指出了我国刑法但书规定与《苏俄刑法典》但书规定之间的重大差别：“附则”规定的是“缺乏损害结果而失去危害社会的性质”（对社会没有危害性）；“但书”规定的是“危害不大”。根据一些原苏联学者的解释，“附则”主要是指犯罪预备行为。而且《苏俄刑法典》分则中具体犯罪构成没有一个规定“数量”要件，包括“情节严重”或“造成严重后果”这类内含定量因素要件的具体罪状也为数不多，所以，《苏俄刑法典》总则关于犯罪概念的“附则”不具有定量含义。③ 在《苏俄刑法典》中其附则的规定具有区分犯罪与其他违法行为的功能，这是没有问题的。例如俄罗斯学者指出：“犯罪与其他违法行为的主要区别在于行为的社会危害的程度。所有违法行为都是危害社会的行为，但是，从本质上看，犯罪具有更为严重的社会危害性质，这是与其他违法行为的主要区别，可以从实施违法行为造成的后果的严重性、行为人的罪过形式、实施危害社会行为的特殊手段等情况来认定行为的社会危害程度。例如，非法捕捞水生动物和植物造成巨大损失的，构成犯罪（《俄罗斯刑法典》第 256 条第 1 款第 1 项），而实施相同行为，没有造成巨大损失的，

① ［苏］A. H. 特拉伊宁：《犯罪构成的一般学说》，王作富等译，120 页，北京，中国人民大学出版社，1958。

② ［俄］Л. В. 伊诺加莫娃-海格主编：《俄罗斯联邦刑法（总论）》，2 版，黄芳等译，67 页，北京，中国人民大学出版社，2010。

③ 参见储槐植：《我国刑法中犯罪概念的定量因素》，载《法学研究》，1988（2）。

只是行政违法行为。"① 由此可见，《俄罗斯联邦刑法典》并非没有对具体犯罪规定数量因素，事实上存在一个包罗万象的《俄罗斯联邦行政违法行为法典》，对各种行政违法行为作了明文规定，由此而与《俄罗斯联邦刑法典》的规定相衔接。例如，俄罗斯学者在论及上述《俄罗斯联邦刑法典》第 256 条第 1 款第 1 项的规定时指出："应该根据犯罪的对象和行为的客观方面，其中包括实施犯罪的地点、手段和工具、发生的后果、刑法典第 256 条第 3 款规定的加重责任要件去区分本条规定的犯罪构成与《行政违法行为法典》第 85 条'违反狩猎和捕鱼规则以及捕鲸规则'规定的行政违法行为。"② 此类规定，随处可见。因此，《俄罗斯联邦刑法典》中的但书规定并非没有定量含义。

其实，犯罪概念的定量要素并非我国刑法所独创，不仅过往的《苏俄刑法典》，而且现今的《俄罗斯联邦刑法典》，都存在这种定量要素。不仅如此，其他国家的刑法典也有类似规定。例如《奥地利刑法典》第 42 条被认为是与我国刑法第 13 条的但书规定极为相似的出罪条款。该规定指出："如果一个依职权应予以追诉的行为仅需以罚金刑、三年以下自由刑或以这样的罚金刑与自由刑的总和相威吓，则其在满足以下条件时，不可处罚：1、行为人的罪责微小；2、行为未造成后果或造成的后果不显著，或者行为人至少严肃认真地试图从根本上排除、矫正或补救行为后果，以及 3、以判处刑罚为手段力图实现让行为人远离可罚的行为之目的，或力图实现与由他人所犯之可罚行为作斗争的目的是不适当的。" 该条作为一个实体法规范，为那些轻微的犯罪行为的出罪提供了法律根据。即使是没有在刑法典中规定但书的国家，在其司法过程中也需要将那些情节轻微的行为排除在犯罪概念之外。例如我国有学者在论及德语国家刑法中的定量要素时指出："德语国家并非不关注'量'的问题，无论是从实体法还是程序法的角度，德语国家都对刑法中的定量问题给予了高度关注，并从自身的理论、实践等情况出发，为合理解决这样一个问题而付出了不少值得肯定的努力，也获得了不少值得外来文化学习的成果。"③ 需要注意的是，在德、日等国因其情节轻微而出罪的行为，因为警察没有行政处罚权，因此也就根本不再受到来自公权力的任何处罚，是一种实质上的非犯罪化。

基于以上分析，我们可以看到，情节轻微的犯罪行为之出罪，是各国所面临的共同问题，只不过采取的法律途径不同而已：有的采取实体法的途径出罪，有的采取程序法的途径出罪。但书规定只不过是采取实体法途径出罪的一种立法例。因此，对于但书规定我们应该去除其意识形态色彩，将其还原为一个刑法规范问题，采用刑法教义学的方法对其进行分析。

① [俄] Л. В. 伊诺加莫娃-海格主编：《俄罗斯联邦刑法（总论）》，2 版，黄芳等译，31 页，北京，中国人民大学出版社，2010。

② [俄] 斯库拉托夫、列别捷夫主编：《俄罗斯联邦刑法典释义》（下册），黄道秀译，714 页，北京，中国政法大学出版社，2000。

③ 熊琦：《德国刑法问题研究》，59 页，台北，元照出版有限公司，2009。

二、但书规定的内容界定

但书规定的“情节显著轻微危害不大，不认为是犯罪”如何正确理解，是在对但书规定进行法理分析时首先需要解决的问题。

(一) 情节

但书规定的情节，是指与犯罪有关的情节，但因为但书规定的是不认为是犯罪的情形，因此该情节不能称为犯罪情节。尽管如此，该情节与犯罪的相关性是不容否定的。值得注意的是，《苏俄刑法典》没有采用情节一词，而把但书规定的适用条件描述为“形式上虽然符合本法典分则所规定的某种行为的要件”。在这种情况下，为了适用但书规定，必须具备行为在形式上符合刑法典分则条文所规定这一要件。如果某一行为在刑法典分则中没有规定，就不能引用但书规定出罪。① 由于形式上符合刑法分则所规定的某种行为的要件这一用语，容易引起犯罪构成形式化的误解，我国刑法中的但书规定没有采用这一表述，而是使用情节一词。我国刑法第13条的但书规定在情节一词的前面又没有犯罪的限定，因此同样容易产生误解，需要从理论上加以厘清。例如，这里的情节是指客观要素还是包括主观要素，就是一个需要界定的问题。就情节而言，一般来说是指客观要素，例如近亲盗窃情况下所窃取的财物系家庭财物或者近亲属财物、已满14周岁不满16周岁的未成年人与幼女偶尔发生性行为等；但也不排除主观要素，例如走私珍贵动物制品不以牟利为目的等。应该说，将以上主、客观要素纳入但书规定的情节是合理的，但从适用但书规定的司法解释来看，纳入情节的内容过于宽泛，例如，(1) 主体的责任能力状况：又聋又哑的人；(2) 全部退赃；(3) 被害人谅解；(4) 为生活所迫等。这些情形，有些是违法性要素，有些是责任要素，从逻辑上说，不能完全纳入情节的范畴。这些要素已然不是构成要件要素，它的存在使但书规定的出罪事由模糊化，正如我国刑法中存在的入罪规定的盖然性。

对于但书规定的这种模糊性，我国有学者认为将造成执法中认识的混乱，造成执法的不统一，即可能出现有罪不罚，让徇私舞弊的人钻空子，不利于打击犯罪的情况，也可能会对不应当构成犯罪的人定罪处刑，扩大打击面。② 概言之，但书规定的模糊性给区分罪与非罪的界限造成了一定的困难。我国也有学者虽然承认但书规定的模糊性，但又认为这种但书内容的模糊性具有不可避免性，因为但书的内容要将其完全明确化是几乎不可能的。不构成犯罪的有两种可能：行为违法但不构成犯罪；行为既不违法也不犯罪。违法但不犯罪是一个介乎犯罪与合法行为之间的层

① 参见［苏］H. A. 别利亚耶夫、M. И. 科瓦廖夫主编：《苏维埃刑法总论》，马改秀、张广贤译，66页，北京，群众出版社，1987。

② 参见王尚新：《关于情节显著轻微规定的思考》，载《法学研究》，2001 (5)。

次，对于违法达到什么程度算是犯罪，立法者很难给出一个标准，所以只能用模糊的语言来进行表述。① 关于犯罪成立条件的规定应当具有明确性，这是罪刑法定原则的必然要求，当然这种明确也是相对的。至于但书规定，这是一个出罪事由的规定，它并不是具体犯罪的罪与非罪的划分标准，其立法上的模糊性并不是一个特别严重的问题。但是，对但书规定的解释还是应当使其具有一定的明确性。我认为，这种立法规定的模糊性和法律解释的明确性是可以共存的。我国有学者曾经指出，大陆法系国家根据法益侵害性或者规范违反说进行实质违法性的判断本身也是模糊的。但是，无论是法益侵害说判断标准的不够明确性还是规范违反说判断标准的极度抽象性，都没有改变人们对实质违法性理论的承认及对相应判断标准的运用，也没有妨碍法益侵害说成为今日普遍承认之学说。既然如此，我们也就没有必要因为但书判断的模糊性而否认其价值。② 这里存在着对德国刑法体系中的出罪判断的误解，需要加以澄清。我国有学者揭示了德国刑法中数量要素判断的明确性，指出："在德国刑法体系中，对'量'的因素的判断，时刻也离不开构成要件，法益价值判断因此而转化为一个构成要件归纳的技术问题。因此，在德国刑法体系中，量的判断一般只考虑构成要件明确规定的因素，不得考虑与构成要件无关的事物（如犯罪分子对所犯罪行的认罪态度等），又由于相对于大而无当的'情节轻微'等刑事政策学的概念而言，构成要件用语精确、稳定性强、有明确的标准，所以德国刑法体系中定量因素的考虑范围相对较窄，但也较为明确。"③ 由此可见，只有将法益侵害性等实质性的判断根据与构成要件这样一些类型化的要素结合起来，才能对出罪事由进行正确的判断。

（二）显著轻微

显著轻微是但书规定中对情节的定量要素。在我国刑法中，对情节根据其轻重可以进行阶梯式排列：情节显著轻微、情节轻微、情节较轻、情节严重（恶劣）、情节特别严重。在以上情节的阶梯式排列中，只有情节显著轻微是非罪的情节，其法律后果是不认为是犯罪。情节轻微，一般是免除刑罚处罚的情节。例如刑法第37条前半段规定："对于犯罪情节轻微不需要判处刑罚的，可以免予刑事处罚。"免予刑事处罚是一种犯罪的法律后果，它与但书规定的不认为是犯罪，在性质上是完全不同的。情节较轻，是一种刑罚减轻事由。情节严重（恶劣）在不同的犯罪中具有不同的性质：在情节犯中是构成犯罪的条件，而在基本犯中则是加重处罚事由。同样，情节特别严重也是一种特别加重刑罚事由。由此可见，于我国刑法规定的犯罪，犯罪情节轻重不仅是罪与非罪的界限，而且是轻罪与重罪的界限。

那么，这里的显著轻微如何判断呢？笔者认为，显著轻微是指行为本身的微不

① 参见张永红：《我国刑法第13条但书研究》，98页，北京，法律出版社，2004。

② 参见上书，99页。

③ 熊琦：《德国刑法问题研究》，52页，台北，元照出版有限公司，2009。

足道，应当以构成要件行为所具有的轻微性进行考察。例如，非法拘禁罪中的拘禁行为是一种继续犯，要求在一定的时间内对被害人的人身自由加以剥夺。显然，时间要素是拘禁行为的内容之一。但是，如果拘禁的时间过短，虽然不影响拘禁行为的成立，却可以被认为是非法拘禁的情节显著轻微。此外，在近亲盗窃的情况下，其所盗窃的财物属于家庭或者近亲属的财物这一性质，也使盗窃行为的危害性质降低，成为判断情节显著轻微的一个要素。

（三）危害不大

如果说，显著轻微是对行为而言的，那么，危害不大就是对结果而言的，是指没有造成较大的危害结果。我国刑法中的犯罪可以分为行为犯与结果犯：行为犯并不要求一定结果的发生，而结果犯则要求发生一定的结果。对于结果犯来说，没有结果则构成要件要素没有完全具备，在这种情况下，可能构成未遂。对于符合犯罪未遂要件的，当然应当按照未遂犯的规定处理。但书规定中的危害不大，并不是指没有发生结果，而是说这种结果的危害不是很大。例如 2012 年 3 月 15 日最高人民法院、最高人民检察院、公安部、司法部《关于依法惩治拐卖妇女儿童犯罪的意见》第 17 条规定："对私自送养导致子女身心健康受到严重损害，或者具有其他恶劣情节，符合遗弃罪特征的，可以遗弃罪论处；情节显著轻微危害不大的，可由公安机关依法予以行政处罚。"这是对遗弃行为危害不大的规定。遗弃行为的结果是对子女的身心健康造成损害，因此，遗弃行为的危害不大是指没有对子女的身心健康造成严重的损害。

这里存在一个值得研究的问题，就是情节显著轻微和危害不大之间到底是一种并列关系还是递进关系。如果是并列关系，则显著轻微和危害不大只要具有其一就可以适用但书规定。但如果是递进关系，则不仅要求具备情节显著轻微，而且必须同时具备危害不大的要件。对于这个问题，从有关司法解释的规定来看是将情节显著轻微与危害不大相提并论，没有特别加以区分。笔者认为，但书规定的情节显著轻微与危害不大，其含义是有所不同的，它不是同义反复。但我们必须注意，但书规定的适用条件是一个整体，情节显著、危害不大是一种综合判断，而不是根据单一的指标所得出的结论。正如我国有学者指出："在适用刑法第 13 条但书时，必须同时具备情节显著轻微和危害不大这两个条件，仅仅情节显著轻微或者仅仅危害不大是不能适用但书的。"① 例如，2006 年 1 月 11 日最高人民法院《关于审理未成年人刑事案件具体应用法律若干问题的解释》第 6 条规定："已满十四周岁不满十六周岁的人偶尔与幼女发生性行为，情节轻微、未造成严重后果的，不认为是犯罪。"根据这一规定，适用但书需要具备以下四个条件：（1）行为人必须是已满 14 周岁不满 16 周岁的人；（2）行为人是偶尔与幼女发生性行为；（3）情节轻微；（4）未造成严重后果。这里的情节轻微，虽然不是但书规定中的情节显著轻微，但因为其

① 张永红：《我国刑法第 13 条但书研究》，7 页，北京，法律出版社，2004。

前提已经是与幼女发生性行为具有偶尔性，在此基础上的情节轻微，就可以理解为情节显著轻微，即：偶尔+情节轻微=情节显著轻微。这里的“未造成严重后果”，就是指危害不大。我国有学者指出：以上司法解释中的“情节轻微”“未造成严重后果”的规定暗含着经幼女同意的条件，也就是说，是专门针对未成年的少男经幼女同意或自愿而与之发生性关系的情况，即少男与幼女谈恋爱或熟识而自愿发生性关系“两小无猜”的情形。① 由此可见，对于适用但书规定来说，情节显著轻微与危害不大必须同时具备。

（四）不认为是犯罪

但书规定中的“不认为是犯罪”，是情节显著轻微、危害不大的法律后果。这是一种有利于行为人的出罪后果。如何理解这里的“不认为犯罪”，高铭暄教授在论及1979年刑法第10条时曾经指出：“本条‘但书’的表述，究竟是解决罪与非罪的界限，还是解决论处不论处的界限？二十二稿的写法是：‘情节显著轻微危害不大的，不以犯罪论处’；三十三稿的写法是：‘情节轻微危害不大的，不以犯罪论处’；现在刑法的写法是‘情节显著轻微危害不大的，不认为是犯罪’。看来这条‘但书’的任务是从原则上划分罪与非罪的界限，而不是划分论处不论处的界限，否则与第三十二条就不好区分了。”② 高铭暄教授在此所说的是1979年刑法第32条，也就是现行刑法第37条关于免予刑事处分的规定，这一规定也被称为定罪免刑。不以犯罪论处与不认为是犯罪之间是存在区别的，那么，能否像某些学者所说的那样，不以犯罪论处的行为仍然构成犯罪，只是不以犯罪处理而已呢？③ 笔者认为不能如此理解。不以犯罪论处还是不构成犯罪的意思，而定罪免刑并非对某一行为不以犯罪论处，而是在行为已经构成犯罪的基础上免予刑罚处罚。但书规定中的“不认为是犯罪”与“不是犯罪”也是不同的：“不是犯罪”是指其行为根本就不具有构成要件该当性。而情节显著轻微、危害不大的情形，仅仅是不“认为”是犯罪而已。在这个意义上来说，笔者认为但书规定中的不认为是犯罪，其含义就是不以犯罪论处。

这里涉及“不认为是犯罪”的情形与犯罪之间的逻辑关系。我国学者一般认为，犯罪概念是从正面对犯罪进行定义，而但书是从反面规定不是犯罪的情况，以使犯罪的概念更加明确。④ 按照这一界定，犯罪概念与但书规定就是犯罪的正面与反面的关系，也就是犯罪与不是犯罪的关系。笔者认为，这种对犯罪概念与但书规定关系的理解是值得商榷的。根据我国刑法上的犯罪概念及但书规定，我国刑法中的非罪存在以下两种情形：一是纯正的非罪，即没有实施刑法所规定的构成要件行为，也就是法无明文规定的行为。这种情形称为“不是犯罪”，即行为性质与犯罪

① 参见方鹏：《出罪事由的体系和理论》，49页，北京，中国人民公安大学出版社，2011。
② 高铭暄：《中华人民共和国刑法的孕育与诞生》，37页，北京，法律出版社，1981。
③④ 参见马克昌主编：《犯罪通论》，31页，武汉，武汉大学出版社，1999。

不相符合。二是不纯正的非罪，即已经实施了刑法所规定的构成要件行为，只不过情节显著轻微、危害不大，不以犯罪论处。这种情形称为“不认为是犯罪”，即行为性质虽与犯罪相符合，但没有达到犯罪成立所要求的危害程度。在这个意义上，应该把但书规定的“不认为是犯罪”理解为不以犯罪论处。正如我国有学者指出：“我国刑法中犯罪圈的划定是由刑法第 13 条的前段和但书两段相结合共同完成的。根据前段，一切具有社会危害性、刑事违法性和应受刑罚惩罚性的行为都是犯罪；但框入圈内的行为有些并非犯罪；根据但书，那些已被框入圈内但情节显著轻微危害不大的行为，不认为是犯罪，就将一部分行为排除出去，这才是最终划定的犯罪圈。”① 只有这样，才能把“不认为是犯罪”的情形与“不是犯罪”的情形区分开来。可以说，“不认为是犯罪”是一种介乎犯罪与不是犯罪之间的非罪情形。

三、但书规定的价值评判

关于但书规定的正当性，在我国是一个存在争议的问题。这里主要涉及但书规定是否违反罪刑法定原则的问题。

我国刑法第 3 条规定了罪刑法定原则：“法律明文规定为犯罪行为的，依照法律定罪处刑；法律没有明文规定为犯罪行为的，不得定罪处刑。”以上规定可以分为前半段和后半段。后半段是指“法无明文规定不为罪”，对此没有争议，问题在于：前半段如何理解？对于前半段，我国学者将其称为积极的罪刑法定原则，即只要法律明文规定为犯罪行为的，就应当依照法律定罪处刑。例如何秉松教授指出：“对于一切犯罪行为，都要严格地运用刑法加以惩罚，做到有法必依，违法必究。其基本精神是严肃执法，惩罚犯罪，保护人民。从这个基本点出发，积极的罪刑法定原则要求：1、法律明文规定为犯罪行为的，要依法追究其刑事责任，任何机关或个人，不得违反刑法的规定，任意出人于罪，宽纵罪犯。2、对犯罪分子定罪和处刑，都必须严格遵守刑法的规定，该定什么罪就定什么罪，该判处什么样的刑罚就判处什么样的刑罚，不得违反刑法的规定，重罪定为轻罪、轻罪定为重罪或者重罪轻判、轻罪重判。”② 根据这种所谓积极的罪刑法定原则，只要刑法规定为犯罪行为的，就一律定罪处刑。基于这一所谓积极的罪刑法定原则，但书规定的正当性被质疑。例如我国有学者指出：“我国刑法第 3 条的规定不仅包含了罪刑法定原则中的法无明文规定不为罪的一般规定，而且包含了法律规定为犯罪行为的，就要依法定罪处刑，要严格执法。但是，根据‘情节显著轻微危害不大的，不认为是犯罪’的规定，刑法分则已规定为犯罪的行为有可能被司法机关确定为不是犯罪、不予刑事处罚。罪刑法定原则要求刑法对个罪构成的规定要具体、确定，而‘情节显

① 张永红：《我国刑法第 13 条但书研究》，107 页，北京，法律出版社，2004。

② 何秉松主编：《刑法教科书》（上卷），68 页，北京，中国法制出版社，2000。

著轻微危害不大，不认为是犯罪’的规定则使刑法个罪的罪与非罪的标准永远处于一个不确定的状态，从而与罪刑法定之确定性要求相悖。”① 显然，这一对但书规定的批判是基于对积极的罪刑法定原则的理解，认为但书规定将那些刑法明文规定为犯罪行为的情形予以出罪，因而不妥。

那么，积极的罪刑法定原则能够成立吗？笔者的回答是否定的。笔者认为，刑法第3条前半段不能理解为，“只要法律明文规定为犯罪行为的，就应当依照法律定罪处刑”，而应当理解为，“只有法律明文规定为犯罪行为的，才能依照法律定罪处刑”②。因此，不能认为但书的出罪规定是违反罪刑法定原则的。这里涉及一个至关重要而过去又没有充分引起我国刑法学界关注的问题，这就是：

入罪必须要法律根据，难道出罪也必须要法律根据吗？

笔者的回答是否定的。概言之，出罪根本就不要法律根据。正如我国有学者指出：“入罪必须法定，出罪无须法定，这是本书一贯强调的理念，也是世界各国刑法实践所一致赞同的。例如，超法规的违法阻却事由，即是没有法律规定却能出罪的范例。而作为罪刑法定的派生原则的禁止类推，也只是禁止不利于被告人的类推（即入罪类推），而允许有利于被告人的类推（即出罪类推）。因此，法定原则，亦即只有法有明文规定才可作出有效裁判的原则，只是限制入罪判断的原则，而不是限制出罪判断的原则。‘但书’规定，其本意即是出罪，是对纯粹形式理性作出的实质正义修正，并不受法定原则的限制，当然也不违背罪刑法定原则保障人权的主旨。”③ 对于这一观点，笔者是完全赞同的。在此，我国有学者论及出罪事由的法定性与非法定性。例如，所谓超法规的正当化事由就是一种非法定性的出罪事由。我国刑法规定了某种出罪事由，这是法定的出罪事由，包括正当防卫、紧急避险等法定的违法阻却事由，是有法律明文规定的。但除了法定的出罪事由以外，还存在非法定的出罪事由。可以说，出罪事由是一个开放性的体系。

但书规定并不违反罪刑法定原则，这就为但书规定的正当性提供了法理根据。与此同时，我们也必须指出，但书规定在司法实践中确实存在着善意的滥用。这种善意滥用的根源还是在于“出罪须有法律规定”的思想在作祟。如果明确地树立起“出罪无须法定”的理念，但书规定或者可以作为提示性规定而存在，或者只限于作为那些确属情节显著轻微、危害不大的行为的出罪根据。例如，超法规的正当化事由，也称为超法规的排除犯罪性的事由，本来就是没有出罪的法律根据的情形。对此，我国学者作了正确的解读，指出：“‘超法规排除犯罪性事由’之所以排除了犯罪性，其根据虽然没有在法规条文中明确显示，但依据的是刑事法的整体精神，

① 王尚新：《关于刑法情节显著轻微规定的思考》，载《法学研究》，2001（5）。

② 关于这一问题的深入讨论，参见陈兴良：《罪刑法定主义》，57～63页，北京，中国法制出版社，2010。

③ 方鹏：《出罪事由的体系与理论》，306页，北京，中国人民公安大学出版社，2011。

是法规条文作为一个整体所体现出来的刑法价值观，所以，超法规的根据并不是外在于法规，而仍然是内在于法规之中。”① 超法规的正当化事由或者排除犯罪性事由，都是一种没有法律明文规定的出罪事由，这就体现了“出罪无须法定”的理念。但是，以上论者又把但书规定作为超法规排除犯罪性事由的根据，指出：“超法规排除犯罪性事由符合犯罪构成的客观方面，具有一定的形式上的违法性，但不符合犯罪构成整体，没有社会危害性，以但书为依据，排除其犯罪性，在理论上是行得通的，但书可以作为其排除犯罪性的理论依据。”② 在此，有些说不通之处：但书规定是一种出罪的法律根据，怎么又成了理论依据呢？超法规的排除犯罪性事由如果依据但书规定出罪，不是超法规的出罪事由，而是依据法律的出罪事由。这种将但书规定作为超法规的正当化事由的出罪根据本身，恰恰反映了“出罪须有法律根据”这种思想的束缚。

根据但书规定出罪，是否会导致任意出罪，也是对但书规定被滥用的一种担忧。例如，我国有学者指出：“认定某一行为是否具有较为严重的社会危害性或者说是在认定某一行为是否社会危害性不大，这个社会危害性在具体的执法者那里往往具有较大的主观色彩，没有法律上的或者客观上的参照系。将这种‘不认为是犯罪’的认定权交予司法机关行使，是不是会使司法机关的权力过大？这种不认为是犯罪的认定，不仅限于人民法院的认定，包括侦查机关认为情节显著轻微不予立案或者中止侦查，也包括人民检察院不起诉。多个司法机关行使这一权力会使这一规定的执行具有更大的随意性。”③ 笔者认为，这种担忧是没有必要的。司法机关的定罪权本身就包括了两个方面的内容：一是入罪权，二是出罪权。前者是对某一行为根据刑法规定予以入罪的权力，后者是对某一行为予以出罪的权力。这种出罪，又包括了两种情况：一是对于根本就不符合构成要件的行为予以出罪的权力，这些行为不是犯罪；二是对于虽然符合构成要件但情节显著轻微、危害不大的行为予以出罪的权力，这些行为不被认为是犯罪。在世界各国，都不是某一行为只要符合刑法规定就一律入罪，对于那种情节显著轻微、危害不大的行为，都是采取各种途径予以出罪。一个公正的刑事诉讼程序中，不仅入罪的渠道是畅通的，而且出罪的渠道也是无阻的。从我国目前的司法实践情况来看，入罪容易出罪难，入罪的动力远远大于出罪的动力。在这种情况下，强调顺畅的出罪机制具有重要的理论意义与现实意义。应该指出，强调司法出罪的重要性，并不意味着鼓励出罪权的滥用，尤其是要防止贪赃枉法，放纵犯罪，但这个问题与建立顺畅的出罪机制之间并不矛盾。

在我国刑法学界，对于能否直接援引但书规定作为司法个案的出罪根据，存在着较大的分歧意见。其中肯定说认为，但书规定可以成为司法个案的出罪根据，不

① 陈庆安：《超法规排除犯罪性事由研究》，6页，上海，上海社会科学院出版社，2010。

② 同上书，128页。

③ 王尚新：《关于刑法情节显著轻微规定的思考》，载《法学研究》，2001（5）。

仅法院是适用但书规定的主体，而且公安机关和检察院也是适用但书规定的主体。① 应该说，这是通说，也为司法机关所采纳。但否定说则认为，但书规定不能成为司法个案的出罪根据。例如张明楷教授指出："犯罪概念不是认定犯罪的具体标准，同样，刑法第 13 条的但书也不是宣告无罪的具体标准。司法机关只能根据刑法规定的犯罪成立条件认定行为是否成立犯罪，而不是直接依社会危害性的大小认定犯罪。如果行为符合犯罪成立条件，当然构成犯罪；如果行为不符合犯罪成立条件，自然不成立犯罪。如果行为符合犯罪成立条件，却又根据刑法第 13 条但书宣告无罪，便使刑法规定的犯罪成立条件丧失应有的意义，也违反了刑法第 3 条的规定。"② 张明楷教授在此论及的并不仅仅是一个能否直接引用刑法第 13 条但书规定作为出罪根据的问题，而且涉及定罪的思维方法论的问题，即：刑法规定的犯罪成立条件只是入罪条件呢还是同时也是出罪条件？根据张明楷教授的观点，犯罪成立条件既是入罪条件又是出罪条件。在符合犯罪成立条件的情况下，犯罪成立条件是入罪条件；在不符合犯罪成立条件的情况下，犯罪成立条件就是出罪条件。因此，正如不能在犯罪成立条件之外根据犯罪概念入罪，也不能在犯罪成立条件之外根据但书规定出罪。对于张明楷教授的这一观点，笔者是完全赞同的。这并不是说，目前在司法实践中根据但书规定出罪的情形不应当出罪，而只是说这些情形本来就不符合犯罪成立条件，应当根据不具备犯罪成立条件而出罪，而不是根据但书规定而出罪。当然，我国有刑法学界也有一种较为折中的观点，把出罪根据分为实质的出罪根据和形式的出罪根据。例如，我国有学者指出："将'但书'定位为不可罚出罪事由的法条提示，亦即我国刑法中反映不可罚出罪事由的法条规定，而未将其作为出罪事由本身。言下之意，不可罚的出罪事由以及不可罚性只是理论层面的归纳和说理，'但书'才是实定法层面的法条规定。从法条解释的角度来看，可以将'但书'规定的具体内容解释为不可罚的出罪事由（学理解释）。而从司法运用的角度来看，如果在司法实务中运用不可罚的出罪事由时必须援引法条，那么就应当援引刑法第 13 条'但书'规定。"③ 该论述试图将不可罚的出罪事由分为实质性的解释论的根据与形式性的实定法根据，由此两全其美。其折中意味是十分明显的。在目前我国司法语境下，这种观点不失其现实的合理性。当然，从法理上来说，但书规定只具有提示性而不能直接作为出罪根据援引，更加符合立法理性与司法逻辑。

四、但书规定的司法适用：以"醉驾"为例

我国刑法学界以往对于但书规定虽然存在一些争议，但"醉驾"行为是否一律

① 参见张永红：《我国刑法第 13 条但书研究》，76 页，北京，法律出版社，2004。

② 张明楷：《刑法学》，4 版，93 页，北京，法律出版社，2011。

③ 方鹏：《出罪事由的体系和理论》，303 页，北京，中国人民公安大学出版社，2011。

入罪的讨论才使这一争议浮上台面，引起广泛的社会关注。在上文中，笔者已经对但书规定在司法实践中的适用情况，从司法解释和司法个案这两个方面作了述评。本文的结论是：在我国司法实践中存在着但书规定被善意地滥用的情况。这里所谓“被善意地滥用”，是指对于某些虽然应当出罪，但不应当按照但书规定出罪的情形，都适用了但书规定、予以出罪。在这种情况下，虽然不能否定出罪的正当性，然而但书规定的适用范围却被无限制地扩张。根据但书规定对所谓情节显著轻微、危害不大的“醉驾”行为出罪，就是但书规定被滥用的一个绝佳例证。不仅如此，刑法规定“醉驾”行为构成的危险驾驶罪的特殊性，使得这种但书规定的滥用不具有正当性与合理性，由此而成为但书规定被善意地滥用的一个例外。

“醉驾”行为是否一律入罪的主要争点在于如何解读法律文本。刑法第133条之一规定：“在道路上驾驶机动车追逐竞驶，情节恶劣的，或者在道路上醉酒驾驶机动车的，处拘役，并处罚金。”从以上规定来看，追逐竞驶行为构成犯罪要求具备情节恶劣的要件，但醉酒驾驶行为构成犯罪并没有规定情节严重的要件。对此，我们可以还原立法过程，以便准确地理解立法本意。参与立法的有关人员在解说上述规定时，指出：“对在草案审议中有人提出对醉驾增加‘情节严重’的限制条件的建议，经公安部、国务院法制办等部门研究后认为，醉酒驾车标准是明确的，与一般酒后驾车的区分界限清晰，并已执行多年，实践中没有发生大的问题。如果再增加规定‘情节严重’等限制条件，具体执行中难以把握，也不利于预防和惩治这类犯罪，建议维持草案的规定，立法采纳了这个意见。”① 在这种情况下，根据立法本意，追逐竞驶和醉酒驾驶这两种行为构成犯罪的条件不同：在道路上驾驶机动车追逐竞驶，情节恶劣的才构成犯罪；而醉酒驾车行为构成犯罪无须具备任何其他要件。② 基于对刑法第133条之一的以上理解，我国有学者认为“醉驾”行为应当一律入罪。应该说，“醉驾”行为一律入罪是符合立法本意的。那些反对“醉驾”行为一律入罪的学者则认为，对于情节显著轻微、危害不大的“醉驾”行为，应当适用但书规定予以出罪。例如我国有学者指出：“不能因为《刑法修正案（八）》第22条没有为醉酒驾驶机动车设定情节限制，就突破刑法总则第13条关于犯罪概念的相关规定；刑法总则对分则所有条文都起着制约作用，刑法总则第13条‘但书’的规定和分则关于醉驾入罪的规定并没有矛盾。而‘醉驾不能一律入罪’正是承认刑法总则效力的必然结果，也是其应有之义。”③ 这是基于对刑法总则与分则的关系而得出但书规定适用于“醉驾”行为的结论。应该说，这是符合司法逻辑的。因为在以往的司法解释和司法个案中，并非刑法分则对某一犯罪没有规定定量要素，

① 黄太云：《〈刑法修正案（八）〉解读（二）》，载《人民检察》，2011（7）。

② 参见全国人大常委会法制工作委员会刑法室编：《中华人民共和国刑法修正案（八）条文说明、立法理由及相关规定》，72页，北京，北京大学出版社，2011。

③ 赵秉志、赵远：《危险驾驶罪研析与思考》，载赵秉志主编：《“醉驾入刑”专家谈》，162页，北京，法律出版社，2011。

就不能适用但书规定。因此，最高人民法院于 2011 年 5 月发布了《关于正确适用刑法修正案（八）依法追究醉酒驾车犯罪案件的紧急通知》。该通知明确指出：刑法第 133 条之一规定在道路上醉酒驾驶机动车予以追究刑事责任，虽然没有规定情节严重或情节恶劣的前提条件，但根据刑法第 13 条的规定，危害社会行为情节显著轻微危害不大的，不认为是犯罪。根据刑法和修改后道路交通安全法的规定，对在道路上醉酒驾驶机动车的行为需要追究刑事责任的，应当是具有较恶劣的情节、较严重的社会危害性的情形。要避免不加区别，一律入罪。这一规定为情节显著轻微、危害不大的“醉驾”行为出罪提供了根据。之所以对情节显著轻微、危害不大的“醉驾”行为出罪，其理由之一是为了使“醉驾”行为的刑事处罚与行政处罚衔接。但恰恰在这一点上，刑法对“醉驾”行为的规定无法与行政处罚衔接。根据刑法第 133 条之一的规定，醉酒驾驶行为构成危险驾驶罪。而对于酒后驾驶行为应当按照《道路交通安全法》的有关规定予以行政处罚。在此，醉酒驾驶与酒后驾驶的区分就在于血液中检测出的酒精浓度：酒精浓度超过 80 毫克／100 毫升的，就是醉酒驾驶；没有达到 80 毫克／100 毫升的，则是酒后驾驶。《道路交通安全法》（2011 年修正）第 91 条规定：“饮酒后驾驶机动车的，处暂扣六个月机动车驾驶证，并处一千元以上二千元以下罚款。因饮酒后驾驶机动车被处罚，再次饮酒后驾驶机动车的，处十日以下拘留，并处一千元以上二千元以下罚款，吊销机动车驾驶证。醉酒驾驶机动车的，由公安机关交通管理部门约束至酒醒，吊销机动车驾驶证，依法追究刑事责任；五年内不得重新取得机动车驾驶证。饮酒后驾驶营运机动车的，处十五日拘留，并处五千元罚款，吊销机动车驾驶证，五年内不得重新取得机动车驾驶证。醉酒驾驶营运机动车的，由公安机关交通管理部门约束至酒醒，吊销机动车驾驶证，依法追究刑事责任，十年内不得重新取得机动车驾驶证，重新取得机动车驾驶证后，不得驾驶营运机动车。饮酒后或者醉酒驾驶机动车发生重大交通事故，构成犯罪的，依法追究刑事责任，并由公安机关交通管理部门吊销机动车驾驶证，终生不得重新取得机动车驾驶证。”根据上述规定，对于醉酒驾驶行为，除了吊销驾驶执照以外，只规定了依法追究刑事责任。而对于酒后驾驶行为，规定再犯的，可以处以 10 日以下拘留，并处 1 000 元以上 2 000 元以下罚款。因此，对于醉酒驾驶的，如果血液中的酒精浓度刚刚达到“醉驾”标准，可以认为是“醉驾”行为情节显著轻微、危害不大，不认为是犯罪。那么，对于这种行为同时也不能作为酒后驾驶予以行政处罚。因此，可能就会出现这种情况：醉酒驾驶行为没有受到任何法律处罚，而酒后驾驶行为却受到行政处罚。这显然是不合理的。由此可见，我国刑法规定的“醉驾”行为构成的危险驾驶罪具有其特殊性，这就是根据血液中酒精浓度之高低，在立法上就已经将饮酒后的驾驶行为在性质上区分为醉酒驾驶与酒后驾驶：醉酒驾驶行为构成犯罪，酒后驾驶行为则不构成犯罪。在这种情况下，从酒精含量上来说，逻辑上也就不存在情节显著轻微的醉酒驾驶行为。只要是醉酒驾驶的，一律构成危险驾驶罪。

我国学者在讨论“醉驾”行为是否一律入罪的时候，都论及“醉驾”构成的危险驾驶罪是抽象危险犯。对此没有异议。然而，从抽象危险犯却得出一律入罪与不能一律入罪这两种不同的结论。抽象危险犯是相对于具体危险犯而言的，具体危险犯的危险是需要司法认定的危险，而抽象危险犯的危险是类型性地存在的危险或者拟制的危险。① 这里的类型性存在的危险，是指这种危险是依附于行为而存在的，只要实施了某种行为，则其危险自在其中。拟制的危险则是指某种损害程度无从具体把握，因此拟制性地将一定的行为与某种法益侵害结合在一起，只要实施了某种行为，则其危险自在其中。以上两种抽象危险犯的危险的共同特点是：这是一种立法推定的危险，无须司法认定。这也正是抽象危险犯与具体危险犯的根本区分。基于此，我国学者指出：“醉酒驾驶机动车的行为已构成（醉酒型）危险驾驶罪，其性质是抽象的危险犯，司法中无须证明醉驾行为的危险程度，行为人只要实施醉酒后驾驶机动车的行为即构成危险驾驶罪。”② 正因为“醉驾”型危险驾驶罪是抽象危险犯，所以应当一律入罪，没有适用但书规定的余地。当然，以上观点同时也认为刑法第 13 条但书规定只具有宣示性功能，不得直接援引作为出罪的法律根据。同样是基于抽象危险犯，我国另有学者得出了不能一律入罪的结论，指出：“由于抽象危险犯不以法律所保护的社会利益受到实际侵害或存在具体危险为要件，行为的危险性由立法者拟制，一旦该种法律拟制与事实情况不符，且行为人有证据证明实际上不存在任何风险，完全可能产生形式上符合抽象危险犯的构成要件但实质上没有制造成立抽象危险犯所要求的法律禁止的风险。作为抽象危险犯构成要件形式化表现的法条与作为实质内涵的风险便无法形成统一解释。与此同时，危险行为在社会现实中也会出现拟制风险与实际风险的明显背离。”③ 根据以上对抽象危险犯之危险的理解，该学者认为对于不可能对道路交通安全制造风险的“醉驾”行为应当适用但书规定予以出罪。这种观点把“醉驾”型危险驾驶罪视为拟制的抽象危险犯，认为当这种拟制的风险不存在时，应当予以出罪。笔者认为：拟制的风险主要是针对侵害法益的损害无从确定的情形，而“醉驾”型危险驾驶罪的危险并非法律拟制的危险，而是类型性存在的危险。这种危险存在于行为之中，无须司法认定。因此，不存在情节显著轻微、危害不大，需要但书规定予以出罪的情形。

更为重要的是，我们可以分析一下“醉驾”型危险驾驶罪的情节显著轻微、危害不大而根据但书规定予以出罪的到底是哪些情形。根据目前笔者所掌握的资料，这些情形可以归纳为以下 8 种：（1）夜深时分在人车稀少的道路上醉酒驾驶的；（2）醉酒驾驶行驶距离较短的；（3）因没有找到“代驾”而醉酒驾驶的；（4）初次

① 参见［日］西田典之：《日本刑法总论》，刘明祥、王昭武译，63 页，北京，中国人民大学出版社，2007。

② 殷磊：《论刑法第 13 条功能定位——兼论（醉酒型）危险驾驶罪应一律入刑》，载《政治与法律》，2012（2）。

③ 谢杰：《“但书”是对抽象危险犯进行适用性限制的唯一根据》，载《法学》，2011（7）。

醉酒驾驶，被查获后后悔莫及态度真诚的；（5）血液中的酒精浓度刚刚超过 80 毫克／100 毫升的标准的；（6）因食用含有酒精的食物、药物导致血液中的酒精含量超过 80 毫克／100 毫升的标准的；（7）醉酒的情况下在停车场或者地下车库开动机动车的；（8）为送病人去医院而醉酒驾驶的，等等。在以上情形中，第一～四种情形属于醉酒驾驶行为较为轻微的情形，但在一律入罪的情况下，这些情形只能作为量刑情节考虑。如果确实存在以上一个或者数个较轻情节的，可以适用刑法第 37 条的规定，予以定罪免刑的处理。第五种情形是一个醉酒的标准问题，如果认为以血液中的酒精浓度 80 毫克／100 毫升作为醉酒的标准过低的，应当适当修改醉酒的标准。在标准没有修改之前，仍然应当坚持这一标准。第六种情形是非饮酒引起的酒精浓度超过醉酒的标准问题，在这种情况下，可以通过将醉酒解释为饮酒引起的醉酒而将其出罪。第七种情形是醉酒是否发生在交通道路上的问题，可以将停车场和地下车库排除在交通道路之外，只有醉酒驾车行驶在交通道路上才属于醉酒驾驶而将其出罪。至于第八种，明显属于紧急避险问题。对于这种情况下的“醉驾”行为，符合紧急避险要件的，应当援引我国刑法关于紧急避险的规定予以出罪。

通过以上分析可以看出，所谓“醉驾”行为一律入罪，是指对其不能以情节显著轻微、危害不大而予以出罪，但其他不属于“醉驾”的行为，仍然可以通过对构成要件的解释予以出罪。在这种情况下，立法公正与个案公正之间是可以获得统一的。

第五章

刑法解释方法位阶性的质疑

18世纪末19世纪初，人们试图制定一个包罗万象、无须解释即可回答所有问题的刑法典。费尔巴哈拟定1813年巴伐利亚刑法典时出于对法治国权力分立的考虑，也禁止法官解释刑法，认为法官的工作就是将案件和法律文字相比对，而不需要考虑法律的意义和精神。孟德斯鸠早就描绘了法官作为制定法奴隶的情形，主张法官的判决无非就是制定法的精确复写，因此，法官需要的只是眼睛，法官本人仅是“宣告及说出法律的嘴巴而已”，是一种无意志的生物，不能减弱制定法的效力与严格性，法官的权力“在某种形式上等于零”①。但是，人们很快发现，既不存在完美无缺、没有歧义的制定法，也不能将法官作为宣读制定法的自动机器，法律适用离不开法官的创造性解释活动。

“法律人的技艺，就是论证”②。对这种技艺掌握得越好，就越容易成功。就刑事案件的处理而言，法律人论证技艺的娴熟运用固然与学派论争有关，也与犯罪论体系的建构尤其是较为广阔的理论发展空间的设定有关，但最为重要的是法学方法论的掌握。刑法解释方法③属于方法论的核心内容之一。刑法解释必须要探究法条用语的含义，揭示其所描述的事实、表达的价值判断和应然观念。而要讨论刑法解释，无法绕开的问题就是各种解释方法之间究竟有无位阶性的问题。

在民法解释学中，我国学者对解释方法的“优先适用次序”进行过总结：将文义解释作为出发点；在依文义解释不能得出唯一结论时，再进行体系解释和法意解释（主观解释）；在进行法意解释时，可以采用扩张解释、限缩解释或当然解释的技巧；如果仍然不能澄清法条文义，则应再进行目的解释。经上述解释之后，如果存在相互抵触的结果，且各种解释结论都有其合理性，则需要最终进行利益衡量或价值判断，从中选择具有社会妥当性的解释结果。④ 换言之，民法学的主流观点是肯定解释方法的位阶性，但多数学者同时也承认这种位阶性仅仅是一个“大致的排序”，是法官适用法律的“指引”，没有强制效力。

① ［德］阿图尔·考夫曼：《法律哲学》，2版，刘幸义等译，60页，北京，法律出版社，2011。

② ［德］英格博格·普珀：《法学思维小课堂》，蔡圣伟译，1页，北京，北京大学出版社，2011。

③ 自萨维尼以来，经典的法律解释学区分了“语法的、逻辑的、历史的和体系的”四个解释要素。有的人把这四个要素称为解释理由。有的学者则认为，只有规范目的是解释理由，文义解释、体系解释、历史解释只是解释方法。“一部分方法论文献认为，有必要在解释理论方案内区别解释目标和解释方法。解释方法指字面含义、体系关联和法律目的。解释目标或是对历史上立法者意志的领悟，或是对法律在今天的目的之考察。”（［德］阿图尔·考夫曼、温弗里德·哈斯默尔主编：《当代法哲学和法律理论导论》，郑永流译，382页，北京，法律出版社，2002。）但是，多数学者认为文义解释、体系解释、历史解释、目的解释是解释方法。法学方法论上赞成这种观点的文献很多，代表性的文献请参见［德］卡尔·恩吉斯：《法律思维导论》，郑永流译，73页，北京，法律出版社，2004。在刑法学上，多数说将其称为实质的刑法解释方法。参见［德］汉斯·海因里希·耶赛克、托马斯·魏根特：《德国刑法教科书（总论）》，徐久生译，191页，北京，中国法制出版社，2001；［日］井田良：《讲义刑法学总论》，53页，东京，有斐阁，2008。

④ 参见梁慧星：《民法解释学》，245页，北京，中国政法大学出版社，1995；王利明：《法学方法论》，368页，北京，中国人民大学出版社，2012。

在刑法学中，通常的观点认为：文义解释确定刑法解释活动的大致边际，司法实践中还应适度考虑立法者意思对此范围加以调整，对规定的意旨作出提示；再依靠体系解释、目的解释在前面已经划定的范围内最终确定规范意旨的内容。不少学者从这一基点出发论证刑法解释的位阶性。

陈兴良教授认为：应当承认各种解释方法之间存在一定的位阶关系，尽管它并非固定不变。如果这种解释方法之间的位阶关系得不到遵循，可能会影响解释结论的合理性。① “在一般情况下，语义解释当然是应当优先考虑的，在语义是单一的、确定的情况下，不能进行超出语义可能范围的解释。但在语义非单一的、非确定的情况下，应根据立法沿革进行历史解释以符合立法精神。在这种背景下，沿革解释具有优于语义解释的效力。”② 吴学斌教授提出：“在各基本诠释方法之间确立一个大体的逻辑顺序，有利于清理司法实践对于构成要件诠释混乱的思维，使对构成要件的诠释朝着一个客观的、理性的、可操作的方向发展。”③ 苏彩霞教授主张：刑法解释应遵循文义解释→体系解释→历史解释→目的解释→合宪性解释的运用顺序；在可能文义的界限点上，文义因素绝对优先，在可能文义的界限内，目的解释居解释之冠。解释刑法时应运用与遵循这种位阶关系。④ 程红教授则认为，刑法解释方法之间肯定存在一定的位阶关系。刑法解释方法的位阶表现为两个层面：一方面，刑法解释方法之间的“适用位阶”，应遵循“文理解释→体系解释→目的论解释”的适用序列，即：首先进行文理解释，客观地认识刑法条文的语言意义；其次，联系相关法条的含义，进行体系解释；最后，在上述解释仍不能释疑时，才可以进行目的论解释。另一方面，刑法解释方法之间的“效力位阶”。刑法解释方法的效力位阶问题仅存在于最终目的论解释的结论与文理解释的结论发生冲突时，对此，应优先适用文理解释的结论。但是，如果最终目的论解释的结论并未与之前文理解释的结论相冲突，那么，应该当然地选择最终目的论解释的结论，不存在效力上的位阶问题。⑤ 在我国，除了上述明确肯定刑法解释位阶性的主张外，还有学者承认解释的“决定性”。例如，张明楷教授认为，刑法解释没有明确的位阶性，但目的解释具有“决定性”，在对一个法条可以得出两种以上的解释结论时，只能采纳符合法条目的的解释结论；同时，由于罪刑法定原则的存在，文义解释也具有“决定性”，任何解释都不能超越法条用语的可能含义，即使符合刑法条文的目的，也不能被采纳。⑥ 同时肯定文义解释和目的解释的决定性的观点，也可以说是一种

① 参见陈兴良、周光权：《刑法学的现代展开》，78页，北京，中国人民大学出版社，2006。

② 陈兴良：《判例刑法学》（上册），65页，北京，中国人民大学出版社，2008。

③ 吴学斌：《刑法适用方法的基本准则》，140页，北京，中国人民公安大学出版社，2008。

④ 参见苏彩霞：《刑法解释方法的位阶与运用》，载《中国法学》，2008（5）。

⑤ 参见程红：《论刑法解释方法的位阶》，载《法学》，2011（1）。

⑥ 参见张明楷：《刑法学》，4版，40页，北京，法律出版社，2011。值得注意的是，在其他更为详尽地讨论刑法解释方法位阶性的论著中，张明楷教授明确反对刑法解释方法或解释理由具有位阶性的观点。参见张明楷：《刑法分则的解释原理》，2版，50页，北京，中国人民大学出版社，2011。

承认解释位阶性的主张。①

根据上述分析，似乎可以得出结论：在我国很多刑法学者看来，刑法解释和民法解释没有差别，解释方法都有一个位阶性的问题。但是，这一判断是否准确、是否有实际意义、是否符合司法的逻辑，都很值得研究。

本章的基本结论是：文义解释处于解释起点的位置，不意味着这种解释方法是决定性的；目的解释在何种情况下是最高准则不可一概而论；司法判断的高度复杂性决定了在各种解释标准中，并没有一个“确定的次序”（gesicherte Rangordnung）②，因此，所谓的刑法解释方法位阶性并不存在，讨论位阶性的有无并无理论上的实益。需要指出，否定和质疑刑法解释方法位阶性本身不是目的，本章的真正意图在于揭示以下诸点：（1）与其讨论刑法解释方法的位阶，不如更多关注司法过程的复杂性，关注司法中实践理性的形成过程；（2）与其对刑法解释方法进行排序，不如去细致地建构各种解释方法自身的运用规则；（3）与其关注解释方法位阶性对实务的影响，不如更多考察对刑法适用真正产生影响的构成要件、处罚必要性、法益保护、国民规范意识等因素。

一、文义解释不具有绝对优位性

（一）文义解释的局限性十分明显

在刑法解释上，运用得最多的是文义解释，通过这种解释方法探究法条用语的文义，是解释的起点。文义解释之所以重要，是因为具体案件能否被涵摄到刑法概念之下并不清楚，需要对法条用语的含义进行阐释；解释无论如何不能逾越法条用语的可能含义，从而使得罪刑法定原则被坚守。因此，理论上一般认为，文义解释具有优位性。但是，笔者认为，文义解释具有所谓优位性的情形极其有限，仅仅表现为：（1）在单独运用文义解释即可得出明确结论的情形中，文义解释的意义是显而易见的；（2）在目的解释和文义解释抵触时，文义解释的结论优先采用。其实，在实践中，真正成为问题且出现概率更高的情形是，通过文义解释得出多种结论时，难以判断哪一种结论更合适，目的解释是否真的与文义解释相抵触难以判明。此时，文义解释的结论需要其他解释方法予以印证或反证，其自身的优位性并不存在。

任何一个刑法概念都存在肯定选项（概念核心）、中立选项（概念外围）、消极选项（概念之外）见（图5—1）。刑法解释就是要考虑待解释事项与法条用语本身所具有的意义（处于概念核心的肯定选项）的距离及处罚必要性。

① 相同的判断，请参见程红：《论刑法解释方法的位阶》，载《法学》，2011（1）。

② 参见［德］卡尔·恩吉斯：《法律思维导论》，郑永流译，95页，北京，法律出版社，2004。

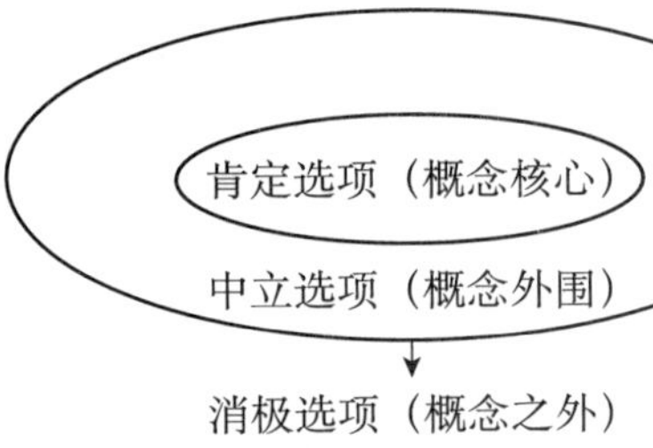

图 5—1

应该说，对处于“概念之外”的消极选项的判断相对容易[①]（例如，没有任何法官会将私营企业的员工解释为国家工作人员，进而认定其行为构成贪污罪）。但是，在刑法解释上大量存在那些根据一般的概念界定或语言使用习惯，无法清楚确认是否应该进入此概念范围的情形，这就是处于概念外围的“中立选项”[②]，其范围极其广阔。这些情形是否能够被涵摄到特定概念之下，将其解释为可以与概念核心同视，通常并不是从文义解释中就能够得出肯定结论的。前田雅英教授指出：对于概念核心部分，原则上在肯定构成要件符合性的基础上，作为例外应考虑限定处罚的事项（包括限定性的合宪解释）；对于中间选项，应在正面考虑的基础上，根据保护法益的需要确定处罚必要性。[③]但是，即便如此，如何确定中立选项的最终归属，甚至初看起来属于概念外围的情形是否能够被解释到肯定选项之中，从文义解释方法中难以寻找到解决之道。

这样说来，文义解释自身的局限性是显而易见的。“法律适用的肯定的、否定的和中立的对象之区别以其精确见长。但它只可能使刑法解释界限有一个表面精确的概念界定。实际上，这个概念界定，可能只是在有一个主体间接受的程序，去决定否定的、肯定的、中立的对象时，才是确切的。对此必须也存在一个程序：强度如何可能被确定为客观的。但这类程序尚未见产生的征兆。”[④]

确实，在文义解释过程中，通常要去比较“中立选项”是否更接近于那些明显可以被涵摄到法律中的案例，来判断其属于肯定选项还是否定选项。但是，难题在于：有的案件比较极端、罕见，缺乏类似案例可以比较。此时，仅靠文义解释显然不能解决司法难题。有学者指出，文义大多可以作多种理解，这“使得所有的关于法律解释方法的排序问题显得毫无价值”[⑤]，即文义解释具有优位性在实务中也没有实际指导意义。例如，组织淫秽表演罪中的“表演”概念，通常指的是经过组织的多人在舞台上或其他特定场所就其特殊技能进行展示，其形式特征通常是表演者、观看者都是多人。但被告人招募模特和摄影者，要求模特摆出各种暴露性器官的淫秽姿势

① 这其实也是仅就通常的情形而言的。

② ［德］英格博格·普珀：《法学思维小课堂》，蔡圣伟译，53页，北京，北京大学出版社，2011。

③ 参见［日］前田雅英：《刑法总论讲义》，4版，79页，东京，东京大学出版会，2006。

④ ［德］阿图尔·考夫曼、温弗里德·哈斯默尔主编：《当代法哲学和法律理论导论》，郑永流译，387页，北京，法律出版社，2002。

⑤ 陈金钊：《法律解释学》，432页，长沙，湖南人民出版社，2009。

供摄影者拍摄，在模特和拍摄者“一对一”的情况下应如何处理？如果其是国内第一起案件，就缺乏“更接近于那些明显可以被涵摄到法律中的案例”可以比较，从而使得文义解释方法的运用受到限制。当然，似乎也可以通过对“文义”的“字典式”理解认定其属于组织淫秽表演罪中的“表演”——向他人展示自己的过程，对组织者就应该定组织淫秽表演罪。① 但是，如果考虑到该罪的规范目的是制裁妨害社会管理秩序的行为，在模特和拍摄者“一对一”的场合，因为行为极度私密，社会管理秩序不会受到妨害，从文义解释角度所得出的定罪结论就可能被推翻，先前似乎可以扩大解释到概念核心的“中立选项”不得不重新回到“消极选项”。对此，有学者指出：“规范的目的可能，不一定能在文义中被认识。因此，必须用其他解释方法来检验文义解释，也就是体系解释和历史（产生历史）解释。”②

（二）文义解释需要体系解释来印证

在实务中通过文义解释所得出的结论，大多要接受其他解释方法的验证（只不过在多数情形下，这一过程被司法人员无意识地完成了），通常首先要接受体系解释（系统解释、逻辑解释）的检验。

体系解释，“是指将需要解释的法律条文与其他法律条文联系起来，按照逻辑规则，从该法律条文与其他法律条文的关系、该法律条文在所属法律文件中的地位、有关法律规范与法律制度的联系等方面入手，系统全面地分析该法律条文的含义和内容，以免孤立地、片面地理解该法律条文的含义”③。体系解释是要将个别的法律概念放到整个法律秩序中去考察规范的内在关联。体系解释包括四方面：（1）无矛盾的要求；（2）不赘言的要求（明确规范的适用范围，避免使某些规范成为多余的规定）；（3）完整性要求（通过解释排除法律漏洞）；（4）体系秩序的要求（法律规定的编排都是有意义的）。④ 体系解释符合逻辑常识：显而易见，从逻辑学上，“我是人”和“我不是人”之间只能选其一，不能对人的性质作相互矛盾的理解。刑法解释也是如此。从法律上看，刑法是对市民及司法人员的行为指示，对其必须体系性地加以理解，不能有内在矛盾，只有这样，刑法才能得到一体遵守和执行。在通常的刑法解释中，如果运用文义解释难以得出确定结论，或者其结论难以说服其他解释者，就会用到体系解释方法，这是因为每一个法律规范在目的上都与整个法律秩序有关，对法律条文不能作孤立理解。

虽然刑法学上体系解释的真正目的不是堵塞处罚漏洞⑤，但是，在文义解释结

① 参见徐世亮：《董志尧组织淫秽表演案》，载最高人民法院刑事审判庭编：《刑事司法指南》，第85卷，89页以下，北京，法律出版社，2009。

② ［德］伯恩·魏德士：《法理学》，丁小春、吴越译，328页，北京，法律出版社，2003。

③ 葛洪义：《法律方法讲义》，182页，北京，中国人民大学出版社，2009。

④ 参见［德］英格博格·普珀：《法学思维小课堂》，蔡圣伟译，57页，北京，北京大学出版社，2011。

⑤ 因为刑法片段性、谦抑性的存在，规定的无漏洞性在刑法领域中，只会是法律解释的次要目标。参见上书，64页。

论有争议时，在没有穷尽其他可能的解释方法时，仍然不要轻易得出不能处罚的结论。此时，要考虑尽量用体系解释方法去印证、检验文义解释的结论，从而做到不放纵犯罪。例如，2003 年 9 月 4 日最高人民法院、最高人民检察院联合发布的《关于办理非法制造、买卖、运输、储存毒鼠强等禁用剧毒化学品刑事案件具体应用法律若干问题的解释》第 6 条明确规定："本解释所称'毒鼠强等禁用剧毒化学品'，是指国家明令禁止的毒鼠强、氟乙酰胺、氟乙酸钠、毒鼠硅、甘氟。"也就是说国家明令禁止的这几种"禁用剧毒化学品"，属于刑法第 125 条第 2 款非法买卖危险物质罪中的"毒害性"物质。但是，问题在于：刑法第 125 条规定的毒害性物质如果是化学品时，是否仅仅局限于以上这五类？

实务中，有的人认为，构成毒害性物质的化学品只能是上述司法解释所限定的五类禁用剧毒化学品，因为许多毒害性化学品无论是毒性还是实际危害都远远低于这五类化学品。即使要定罪也必须设定更高的追究标准，而不能简单比照现有的司法解释。2005 年 7 月 14 日，浙江省高级人民法院就《关于非法制造、买卖、运输、储存液氯如何定罪处罚的请示》作出的答复（浙高法〔2005〕163 号）指出："《中华人民共和国刑法》第一百二十五条第二款规定的非法制造、买卖、运输、储存危险物质罪中的毒害性物质应为禁用毒害品。液氯虽列入了《剧毒化学品目录》（2002 年版），但非国家明令禁止使用的剧毒化学品，故非法制造、买卖、运输、储存液氯不适用刑法第一百二十五条第二款，如果违反有关管理规定，在生产、储存、运输、使用液氯过程中发生重大事故，可按刑法第一百三十六条规定以危险物品肇事罪定罪处罚。"浙江省高级人民法院指导性文件出台的背景是：2003 年 11 月 3 日，浙江省温州市平阳县发生一起液氯爆炸事故，造成 2 人死亡，100 多人中毒；2004 年 5 月 8 日上午，浙江省温州市龙港镇某废品收购点发生液氯泄漏事件，4 000 多名群众被迫大转移，并造成了重大经济损失。"液氯"虽然排在《剧毒化学品目录》（2002 年版）序列中的第 84 号，但浙江省高级人民法院明确否定其为危险物质。对于这一结论，从刑法解释方法合理运用的角度评价，可以认为其是不合适的。其实，从文义解释的角度，就应该可以判定液氯这种剧毒化学品具有明显的"毒害性"，既然列入《剧毒化学品名录》，就属于严格监管的对象，不允许任意买卖。如对这一解释结论有疑问，完全可以结合体系解释进行印证，因为从体系解释的角度看，刑法第 115、144、127、291 条之一都使用了"有毒有害物质"或"毒害性物质"概念，都认为包括毒鼠强等之外的其他《剧毒化学品目录》中的化学品，那么，有什么理由仅仅在第 125 条中对其范围进行限制？

其实，最高人民法院发布的指导案例第 13 号"王召成等非法买卖、储存危险物质案"中的裁判要旨并不认为刑法第 125 条规定的毒害性物质仅仅局限于毒鼠强等五种"禁用剧毒化学品"，该案例的裁判要旨认为，氰化钠虽不属于禁用剧毒化学品，但系列入《危险化学品名录》中严格监督管理的限用剧毒化学品，易致人中毒或者死亡，对人体、环境具有极大的毒害性和极度危险性，极易对环境和人的生命健康造成重大威胁和危害，属于毒害性物质，系刑法第 125 条第 2 款中的危险物质。指导案例第 13 号在未修改以往司法解释的前提下，将危险物质从“禁用剧毒化学品”扩大到了《危险化学品名录》中的“限用剧毒化学品”，对于解决分歧、指导司法实务具有积极意义。①

必须明确，对某些案件的处理，实务中如果仅仅采用文义解释方法，而不以体系解释或目的解释去反向检验文义解释的结论，就可能出现将文义解释变为“望文生义”，把办案子变成“查字典”的不当情形。例如，实务中，不少司法机关把以土地使用权为内容的股权转让行为认定为非法转让、买卖土地使用权罪，认为转让股权就是“买卖土地”。这种解释结论没有考虑基于体系解释的法秩序统一性原理，忽略了体系解释对文义解释的限制。理由在于：(1) 转让行为不违反民商法的相关规定。根据我国公司法第 27 条的规定，土地使用权是和知识产权等财产权的性质相同的“非货币财产”，其可以用于出资，当然就可以用转让股权方式转让该土地使用权。公司法第 71 条规定有限责任公司的股东之间可以相互转让其全部或者部分股权，因此，以转让股权方式转让土地使用权益，从股权转让的角度看完全符合我国公司法、土地管理法等相关法律的规定，形式上转让土地使用权的行为，实质上只不过是转让了公司的非货币财产，对此，法律不应该禁止。(2) 转让的仅仅是股权，土地使用权仍然登记在出让方名下，其是土地的权利主体，因此，从物权流转的角度分析，这一交易模式并没有真正实现土地使用权主体的变更，当然也不存在违反土地流转等方面的法律法规的可能。(3) 实务中大量存在房地产企业和非房地产企业转移包含土地使用权益的股权的情况（股市上每天都在进行的股权转移，就包括包含土地权益的股权转移行为）。如果将类似行为作犯罪追究，就使股权转让行为存在严重的不安全性和不可预期性，从而严重损害市场交易秩序。(4) 最高人民法院（2004）民一终字第 68 号判决、最高人民法院（2007）民二终字第 219 号判决、最高人民法院（2013）民一终字第 138 号判决，都认定以土地使用权为标的的股权转让交易模式合法有效，即使法院在查明股权转让的目的是转让土地使用权的情况下，依然作为股权纠纷按照民事诉讼程序处理，并强调此方式并不会涉及不法转让土地使用权的行政责任或刑事责任，不能因为股权转让使转让方获得了土地使用权的升值利益，就否定民商法的基本法理。因此，实务中，不能因为股权转让涉及土地使用权，就将民事上合法的行为在刑法上以犯罪论处，否则，就可能违反“法秩序的统一性”原理，从而与刑法体系解释的精神相抵触。

（三）文义解释要受目的解释的检验

在文义解释之外，体系解释方法很重要。但是，文义解释、体系解释又都不能

① 在笔者看来，指导案例第 13 号是目前最高人民法院所发布的多个刑事指导性案例中，相对能够发挥业务“指导”功能的案例，基本做到了名实相副。对此更为详尽的分析，请参见周光权：《刑事案例指导制度：难题与前景》，载《中外法学》，2013 (3)。

与目的解释分开。文义解释的结论，在很多时候还要受目的解释的检验。换言之，对法条用语的扩张解释要符合规范目的。形式上符合文义，且与目的解释不相冲突的结论才是可以接受的。例如，德国法院关于使用盐酸攻击他人是否属于使用“武器”的解释就认为，以往仅仅将机械性的工具称为武器，但随着技术的发展，在出现“化学武器”等术语的背景下，法条用语就必须有所变化，文义范围必须扩张，以与刑法规范的意义和目的相符合。

在这里，有一个相关问题：我国刑法第133条之一所规定的危险驾驶罪中的“道路”是否包括“乡间小道”?《道路交通安全法》第119条第1项规定：“道路，是指公路、城市道路和虽在单位管辖范围但允许社会机动车辆通行的地方，包括广场、公共停车场等用于公众通行的场所。”按照该条文的核心意思（肯定选项），连乡村公路都算不上的“乡间小道”，似乎应该不属于公路。但其是否属于“中间选项”，从而将其解释到公路的范围内？此时，就需要考虑规范目的即规范的客观意思——保护足以供车辆通行的场所内行人的安全。如果考虑到这一点，则凡是具有公共性、汽车能够通行的场所，就都是“道路”。这样，农村中具有一定规模、可以通行社会车辆的道路，即便仅属于乡间小道，也可以被认定为危险驾驶罪中的“道路”。

需要明确，即便再明确的文义解释结论，也可能只是相对的，也应该视情况接受目的解释的检验。这里以对“信用卡”概念的解释为例进行分析。自从全国人大常委会2004年12月对信用卡的含义作出解释之后，“信用卡”包括借记卡似乎就是没有疑问的，很多司法人员也认为对信用卡只需要作文义解释即可判案。但是，在某些特殊个案中，考虑目的解释的影响，对信用卡仅作文义解释并不能妥善处理案件。例如，被告人T被控在南方某市注册公司并申请多台POS机，后携带POS机到澳门，为参加赌博的中国公民刷“借记卡”套取港币现金。T先后为他人刷卡套现金额为七千多万元（所赚取的利润无法查实）。检察机关以非法经营罪起诉T。法院认为，T的行为违反了国务院颁布的《非法金融机构和非法金融业务活动取缔办法》第5条的规定，以及2009年12月3日最高人民法院、最高人民检察院《关于办理妨害信用卡管理刑事案件具体应用法律若干问题的解释》第7条的规定，系使用销售点终端机具（POS机）等方法，以虚构交易、虚开价格、现金退货等方式向信用卡持卡人直接支付现金，情节严重，构成非法经营罪，遂判决其有期徒刑8年。本案判决是否有道理？这涉及对上述司法解释第7条信用卡的理解。

“信用卡”原本就有广义和狭义之分。广义的信用卡包含借记卡，狭义的信用卡仅指可以透支的电子支付卡。全国人大常委会2004年12月关于信用卡的解释，采用了广义的信用卡概念。但是，这不意味着信用卡在所有的条文、所有的犯罪情形中，都只有一个含义，都仅指广义的信用卡。其实，全国人大常委会的立法解释只是提示，为了周延地保护金融机构、持卡人的利益，需要对信用卡作扩大解释。但是，在利用借记卡客观上不能实施某种特定犯罪时，此时的信用卡只能是具有透支功能的电子支付卡（狭义的信用卡）。例如，刑法第196条信用卡诈骗罪中，恶意透支行为构成犯罪。恶意透支时的“信用卡”，仅指具有透支功能的电子支付卡

（狭义的信用卡），因为使用不具有透支功能的借记卡，事实上无法透支，不可能实现行为人恶意透支的犯罪意图，也不会侵害银行利益。因此，刑法第 196 条中“冒用他人信用卡”中的信用卡指的是广义的信用卡（包括借记卡）；但恶意透支时，其中的信用卡指的是狭义的信用卡（不包括借记卡）。同样，最高人民法院、最高人民检察院《关于办理妨害信用卡管理刑事案件具体应用法律若干问题的解释》第 7 条规定的利用 POS 机为信用卡套现中的“信用卡”，也应该仅指具有透支功能的电子支付卡（狭义的信用卡），不包括借记卡，利用 POS 机为借记卡套现的，不构成非法经营罪。如此区分的主要理由在于：一方面，根据目的解释方法，只有在持卡人用具有透支功能的电子支付卡（狭义的信用卡）在 POS 机上套现、透支时，金融机构的资金才存在不被归还的风险，行为才会违反规范保护目的。如果持卡人用其借记卡在行为人的 POS 机上刷卡，不会为银行带来风险，因为其无论在哪里刷卡，都是消费其本人事前存入借记卡中的资金，不会造成法益侵害。对于没有法益侵害的行为，按照刑法谦抑性的原理，不应该定罪处罚。另一方面，根据体系解释方法，对司法解释不同条款规定必须协调理解。最高人民法院、最高人民检察院《关于办理妨害信用卡管理刑事案件具体应用法律若干问题的解释》第 7 条第 3 款规定：“持卡人以非法占有为目的，采用上述方式(指利用 POS 机套现——引者注)恶意透支，应当追究刑事责任的，依照刑法第一百九十六条的规定，以信用卡诈骗罪定罪处罚。”这说明，司法解释的打击重点是利用 POS 机为（狭义的）信用卡持有人套现，使其恶意透支得逞的人。换言之，刑法对于利用 POS 机为（狭义的）信用卡持有人套现的人和恶意透支者都要定罪，只不过罪名不同。因此，将该司法解释第 7 条第 1 款、第 3 款联系起来看，刑法的规范目的究竟是什么就非常清楚了。该司法解释第 7 条第 3 款明显具有限制第 1 款适用范围的效果，脱离第 3 款来理解第 1 款，任意扩大第 1 款非法经营罪的处罚范围，明显是不合适的。

因此，如果考虑目的解释，就可以认为上述司法解释第 7 条的规定，其实包括两种情况：(1) 使用销售点终端机具（POS 机）等方法，以虚构交易、虚开价格、现金退货等方式向“具有透支功能的（狭义的）信用卡”持卡人直接支付现金的行为，是违反国家规定的，应当依据刑法第 225 条的规定，以非法经营罪定罪处罚。(2) 使用 POS 机，向借记卡持卡人直接支付现金的，即便行为人以虚构交易、虚开价格、现金退货等方式实施，也应该认为其既没有违反国家规定，也不属于情节严重，不应当定罪处罚。如此解释，和法律精神相一致，也有利于保护金融机构的资金安全，不会造成处罚漏洞。因此，以最高人民法院、最高人民检察院《关于办理妨害信用卡管理刑事案件具体应用法律若干问题的解释》第 7 条的规定对被告人 T 论以非法经营罪是否妥当，还值得研究。①

① 实务中，也有不少司法机关认定被告人属于非法从事资金结算业务。反对的观点认为，POS 机商户其实并不处于支付结算的地位，其没有能力，也没有资格进行结算，当然就不可能成为“非法从事资金支付结算业务的”主体。参见叶良芳：《将信用卡套现入罪是司法“造法”》，载《法学》，2010 (9)。

这样说来，文义解释并不具有决定性，其有存在价值但没有终极价值。“刑法学者的主导观点认为，可能的语言使用习惯是解释的界限……但是，可能的语言习惯只是一个非常弱的解释界限。”① 对构成要件符合性的判断，可能会大量采用文义解释方法，而对违法性的判断，文义解释基本上不能提供令人满意的解决方案；文义解释的优先性仅仅在文义解释是解释起点的意义上存在，但这样的结论无助于疑难问题的解决。“认为文义解释是解释的起点，与其说是强调文义解释的重要地位，还不如说是承认文义解释之不足。文义解释也仅仅是起点而已。”②

二、目的解释只在相对意义上处于优位

在实务中，的确应该根据规范保护目的、具体情境权衡各种解释理由，形成具体的协调规则限制法官在刑法解释上的恣意，但是，这并不意味着目的解释始终绝对地具有优位性。

（一）主观解释也是目的解释的一部分，其显然不处于优位

1. 目的解释的辩驳

学界一般认为，主观（历史）解释、客观解释是文义解释、体系解释、目的解释之外的解释方法。对此，普珀教授提出不同观点：主观解释、客观解释都只不过是“在上述三种解释方法中所要运用的决定标准”，因此存在“历史的文义解释”（历史上的立法者在何种意义上在法律中使用了某个特定概念）与“客观的文义解释”（法律概念的当下意义）与“主观的体系解释”（法律漏洞与历史上的立法者意思相抵触，才算得上真正有漏洞）与“客观的体系解释”（特定案件不能同其他在法律中有明确规定的案件得到相同处理，且结论明显不公时，才是有法律漏洞）、主观的目的解释和客观的目的解释等方法的对立。③ 这一观点对于全面理解目的解释具有特殊意义。

因此，目的解释不能将主观解释排斥在外。主观的目的解释有其自身的存在逻辑：法律由人所创造，其背后隐含了立法者的意向、价值追求以及对事物的考量，法律解释要“受法律的约束”不仅仅是受文字的约束，也包括受立法当时的立法者的评价以及意向的约束。“当特别要揭示立法者所设想到的目的时，目的解释与历史解释就关联在一起。”④ 在进行目的解释时，不能完全绕开主观的目的解释。“法律解释的最终目标只能是：探求法律在今日法秩序的标准意义（其今日的规范性意义），而只有同时考虑历史上的立法者的规定意向及其具体的规范想法，而不是完

① ［德］阿图尔·考夫曼、温弗里德·哈斯默尔主编：《当代法哲学和法律理论导论》，郑永流译，385页，北京，法律出版社，2002。

② 陈金钊主编：《法律方法论》，113页，北京，中国政法大学出版社，2007。

③ 参见［德］英格博格·普珀：《法学思维小课堂》，蔡圣伟译，67页，北京，北京大学出版社，2011。

④ ［德］卡尔·恩吉斯：《法律思维导论》，郑永流译，94页，北京，法律出版社，2004。

全忽视它，如此才能确定法律在法秩序上的标准意义。”①

不可否认，在今天有一个主观的目的解释和客观的目的解释相互接近的现象：在解释时，考虑立法者的意思，但其不是立法制定当时的立法者的意思，而是“今日的、真正的、不单纯想象的立法者的意思，该立法者同意这个应该是对未来开放的法律，能够继续适用”，也就是取决于“想象的立法者客观化的意思，如同今日人们若将系争案件提出于立法者，立法者将所为的判断一样”②。“目的是文本的灵魂。所以，法官解释和适用法律就是要将立法者的目的具体化，这就有必要遵守对立法者意图的阐释最大化原则。”③ 这样，主观解释和客观解释就不是非此即彼的关系，而是包容、并存的关系。

2. 主观的目的解释并不处在解释的最高位阶

主观解释也是目的解释，但其显然不是决定性的解释方法，不能将其绝对化。一方面，如果在法律解释时一定要考虑几十年前的立法者意思，会造成法律僵化。“施塔姆勒赋予主观或历史的方法优越的地位，但他也不放弃，通过解释使陈旧的法律配合时代的需要和观点。”④ 在文义解释与历史解释之间存在矛盾时，不应该一概以历史解释优先，尤其在历史解释不利于实现刑法保护法益的目的时。⑤ 按照这种逻辑，对于遗弃非家庭成员的行为，将主观的历史解释方法置于最高位阶，认为行为人不构成遗弃罪，就可能是不正确的。⑥ 另一方面，立法一旦规定出来，就会发展出固有的实效性，针对不同时代发挥作用，对一些立法者完全没有考虑到的问题提供解决方案，可能会脱离立法者最初的想法。“在一定程度上，每个法律解释都有其时代性。”⑦ 因此，在刑法解释上，不应该仅仅去寻找立法本意（因为其明显是一种错觉和幻觉），而应该去探寻规范本身的意义与目的。

其实，所谓主观目的解释的立法者意思，如果一定要说其具有决定性的话，只能是其在作为反面的、限制处罚的“资料”出现时才存在。例如，在投机倒把罪已经废除的情况下，如果再要对相应行为定罪，就不能不考虑新的立法已然认为类似行为合法的“立法者意思”。因此，主观解释在作为不定罪的理由出现时，其功能是决定性的。考虑到类似情形并不多见，对于历史的目的论解释，就应该是这样的态度：不应该过于强调这种目的解释的价值，其仅仅是理解规范的“有价值的协助

① ［德］卡尔·拉伦茨：《法学方法论》，陈爱娥译，199页，北京，商务印书馆，2003。

② ［德］阿图尔·考夫曼：《法律哲学》，2版，刘幸义等译，111页，北京，法律出版社，2011。

③ 王利明：《法学方法论》，423页，北京，中国人民大学出版社，2012。

④ ［德］卡尔·拉伦茨：《法学方法论》，陈爱娥译，198页，北京，商务印书馆，2003。

⑤ 参见张明楷：《罪刑法定与刑法解释》，155页，北京，北京大学出版社，2009。

⑥ 更何况，在1997年刑法对遗弃罪的保护法益已经作出调整之后，原本应该在处理案件时考虑1997年修订刑法“立法者意思”时，还反过去优先考虑旧刑法遗弃罪的立法者意思（保护家庭成员），会使得刑法的修改变得没有意义，在方法论上也是成问题的。

⑦ ［德］卡尔·拉伦茨：《法学方法论》，陈爱娥译，196页，北京，商务印书馆，2003。

资料”①。

（二）客观目的解释的功能具有多面性，不能一概认为其具有决定性

1. 客观目的解释可能支撑文义解释的结论，朝着可以处罚的方向“发力”。客观的目的解释论主张，不应该去考察立法者的意图，而是要分析法律自身的意图，寻求大多数人所认同的观念，而这种观念可能恰好和文义解释的结论相一致。在客观目的解释仅仅是佐证文义解释正确性的资料的情形下，客观目的解释独立决定处罚的意义并不存在。

2. 在法条用语可能的含义范围较窄时，不能仅根据客观目的解释的结论扩大处罚范围，此时，目的解释受制于文义解释。所有对法条的解释都要从文义开始。“可能之语义的界限也即是解释的界限……法律解释的任务只能是，在特定法律语词的语义空间之内，就选择那些使用了该法律语词的特定法条而言可最恰当地赋予该法律语词的含义。”② 如果个案已经很清楚地不能被包摄到法条之下，这个法条就不能直接适用于此案。如果目的解释还倾向于这个法条的适用性，就可能违反禁止类推原则。例如，德国刑法第224条规定了危险性武器伤害罪。从墙上取下砖头去击打被害人时，该砖头是危险性武器。但是，将被害人拎起来，用其头部去撞墙的，墙体本身不是危险性武器，即使处罚这种行为符合目的解释的要求，也不能够将危险性武器概念作过于扩大的解释。又如，德国刑法第303条规定了故意毁坏财物罪，对于被告人K将他人饲养的名贵小鸟从笼子中放走的行为，德国的少数说从目的解释论出发，认为对所有权人所有物的用途、目的的任何损害都是“毁坏”，从而得出K成立故意毁坏财物罪的结论。③ 通说则站在文义解释的角度，认为应该严格解释刑法，在本案中，被告人K对财物本身直接或间接的“毁坏”作用力并不存在，其仅实施了一个纯粹的不受刑罚处罚的使财物“脱离主人占有”的行为。④与此类似，交通肇事后逃逸致人死亡的，不应当包括第一次肇事后逃跑途中发生第二次事故导致被害人死亡的情形；冒充军警人员抢劫，不包括真正的军人抢劫被害人的情形。法条用语的文义，是解释的界限，即便根据目的解释能够实现处罚，但如果是采用过度扩张法条用语的通常含义的方式，则解释结论就是不可接受的。在这种场合，目的解释的意义和功能都极其有限。日本在很长时期内关于电力等无体物不是财物的观点就清晰地反映了这一点。因此，在刑法中，如果考虑到罪刑法定原则的约束，就必须肯定：目的解释所得出的结论，最后仍然必须与法条的“字面含义”保持一致，必须以特殊方法“表现在”制定法中，例如，深更半夜打恶意电话，无论基于何种目的也不能被解释为非法“侵入”住宅。此时，只要考虑法条用

① ［德］卡尔·拉伦茨：《法学方法论》，陈爱娥译，220页，北京，商务印书馆，2003。

② ［德］齐佩利乌斯：《法学方法论》，金振豹译，67页，北京，法律出版社，2009。

③ 日本的通说及司法实践都毫无争议地赞成这种（德国的少数说）观点。参见［日］西田典之：《日本刑法各论》，王昭武等译，148页，北京，法律出版社，2013。

④ 参见［德］约翰内斯·韦塞尔斯：《德国刑法总论》，李昌珂译，28页，北京，法律出版社，2008。

语可能含义的约束，目的解释的结论是什么就并不重要，其决定性意义也并不存在。

3. 在法条用语可能的含义范围过宽时，客观的目的解释论被用来逾越文义，以限制构成要件的适用范围。对此，普珀教授也认为，如果具体个案清楚地被包摄到法条文义之下，但目的性衡量的结果却是反对将该法条适用于此案件，那么这个法条适用的范围就可能通过所谓的“目的性限缩”来限制，使其不再涵盖这个案件。“除此之外，在不同的解释方法之间便没有其他抽象的优先原则。”客观的目的解释固然重要，但不能将其理解为：目的解释无论如何都必须被贯彻，甚至当其与法条文义抵触时亦应得到贯彻。[①] “人们一旦通过目的解释限缩了构成要件的文义，基于公平与安定性的利益，就必须贯彻、遵循这样的目的性限缩，而不可以又在某个地方停下来。”[②] 应该说，在这种情况下，目的解释似乎相对地具有决定性。

对于目的解释究竟在何种意义上有价值，松宫孝明教授也曾进行过详尽研讨。他指出，因为结果无价值论将保护法益作为刑法的唯一目的，目的解释在很多时候就和法益保护原则联系在一起。但是，对法益保护原则意义上的目的解释的运用必须持谨慎态度。在日本司法中，对于行为人甲以汽车作为障碍物部分地遮断了宽度为5.9米的道路（但还留有2米的空隙）的情形，法院认定其行为属于堵塞交通，构成妨害交通罪；行为人乙冒名顶罪被识破，但被羁押的真凶其实不可能因为乙的行为逃脱的，法院认为乙的行为构成藏匿犯人罪；行为人丙仅放火烧毁30公分地板角的行为，法院认定构成放火罪（既遂）。在上述案件中，定罪的理由都是行为侵害了法益，从目的解释的角度看，值得处罚行为人：甲妨害道路的效用产生车辆来往的危险；乙妨害司法作用的具体发挥；丙使建造物达到独立燃烧的状态，从而具有公共危险。但是，在上述案件中，应该认为甲的行为并未真正堵塞交通，乙无法藏匿已被羁押且无法脱身的本犯；丙的行为虽然引起了独立燃烧，但并未“烧毁”建造物。法院对这三个案件的处理在逻辑上存在低级错误——法院的逻辑是：“因为A罪的法益是B，所以将B置于危险中的行为都构成A罪”。这样的推理显然是不成立的。因为完全可能存在A罪的法益是B，但将B置于危险中的行为处于构成要件之外，无法被解释为概念核心的情形。这也是坚持罪刑法定的当然结论。这样一来，“‘法益’不过是解释、发现构成要件的立法理由，‘法益’为个别构成要件要素设定定义时，应限于法规的文言过于宽泛而必须采用‘目的论缩小解释’时。除此之外，我们应系统地依据构成要件该当结果而非‘法益’”[③]。

由此可见，这种作为“优先原则”而存在的目的性限缩才是有意义的。但是，在哪些情形下能够通过目的性限缩将行为排除在构成要件之外，也不是一件容易判

① 参见［德］英格博格·普珀：《法学思维小课堂》，蔡圣伟译，78页，北京，北京大学出版社，2011。

② 同上书，71页。

③ ［日］松宫孝明：《结果无价值论与行为无价值论的意义对比》，张晓宁译，载《法律科学》，2012（3）。

断的事情。例如，乙为复仇持刀杀死了 3 名无辜者，作案后逃往外地。多年后，乙与妻子甲取得了联系，甲找到丈夫的住处并一起租房居住。两人以卖鱼为生，对外则以虚构的姓名相称，一起共同生活，直到十多年后乙被警方抓获。期间两人生有一女儿。对甲如何处理？有两种意见：(1) 甲的行为构成窝藏罪，因为其明知丈夫行凶杀人后被公安机关追捕，但在得知其下落后，不及时报告公安机关，与其隐姓埋名共同生活多年。(2) 甲的行为不构成犯罪，仅仅是知情不举。笔者认为，从文义解释的角度看，甲的行为是窝藏本犯，不能仅仅因为对甲定罪可能不合适而对文义进行目的性限缩解释，对窝藏还是应该维持其文义。但是，可以在免责（缺乏期待可能性）的意义上认为其没有责任，而最终不对甲定罪。这说明，对文义解释而言具有决定性、优位性的客观目的解释（目的性缩限）的适用范围也是极其有限的，而不能“一路通吃”。

4. 体系解释和目的解释的关系纠缠不清。“每一个法律规范，当它们大部分承担着与其他规范一道实现具体的目的，最终补充其他规范这一任务时，在意义上关系到整个法律秩序，它们主要是目的性的，所以，体系解释很少可以与目的解释分开。它作为体系解释在很大程度上同时又是目的解释。”① 如果肯定目的解释处在最高位阶，在一定意义上就等于承认体系解释也处于最高位阶。如果再肯定多数学者所认可的文义解释具有最高位阶的观点，最后，可能只能得出所有解释方法都处于最高位阶的结论，使得关于解释位阶问题的说法没有任何实际意义。对此，井田良教授指出：“对于解释方法的优先顺位，虽然通常认为目的解释比文理解释或者论理的、体系的解释更为优先，但是，一般的序列关系是不存在的。”②

三、实务中对解释方法的选择完全可能“各取所需”

西方学术界对于各种解释方法之间是否存在绝对的先后次序，一直没有共识。认为文义解释优先者有之；认为目的解释最为重要者有之；也有人认为文义解释、历史解释比其他解释方法更为优位。

征诸西方法学方法论研究，似乎可以得出一定的解释适用顺序存在的结论：首先考虑法条用语的文义；再考察其与其他条文的前后关系，避免对相同事理在不同条文中作差别过大的理解；最后，如果文义解释和体系解释之后仍然难以明确法条用语的含义，就应该采用目的解释方法。因此，抽象地说，在多数情况下，目的解释的确是所有解释方法的核心。我国有学者曾主张，解释刑法时应遵循文义解释→体系解释→历史解释→目的解释→合宪性解释的先后顺序。③ 拉伦茨也认为：“字义可以划定规定可能的解释界限，因此应该由此开始解释工作；由此自然很快会趋

① ［德］卡尔·恩吉斯：《法律思维导论》，郑永流译，92 页，北京，法律出版社，2004。
② ［日］井田良：《讲义刑法学总论》，53 页，东京，有斐阁，2008。
③ 参见梁根林：《罪刑法定视域中的刑法适用解释》，载《中国法学》，2004 (3)。

向——该规定与其他规定之间的——意义脉络。而唯有基于对规整目的的认识，才能理解前述意义脉络。”① 但是，解释通常有顺序并不意味着刑法解释方法就一定具有位阶性。拉伦茨主张不同解释方法之间存在关联性，但这并不意味着他承认各种解释方法之间存在固定的位阶关系，更不能说目的解释具有至高无上的地位。

（一）在刑法解释的商谈和试错过程中，方法的采用具有灵活性

1. 刑法解释是一个商谈、反复试错的过程

在疑难案件中，不可能直接找到法条用语的可能含义，因此，“特别需要通过法律商谈来检验解释结论的性质。”② “只有当支持法律解释的论辩以理性的方式进行且最后结论为法律共同体所接受时，法律解释的证立才是正确的。合理的要求依附于论辩程序……一个解释性论辩的理性为交往理性。”③ 而在法律解释的商谈过程中，不同解释主体的立场不同，其所选择的解释方法必然不同。例如，控方可能直接选择法律的规范目的等作为支撑解释结论的理由，以顺利实现指控；辩方可能以立法者意思有变化、不再对某种行为进行处罚为由，选择立法史料、体系解释等支撑解释结论。因此，选择何种解释方法，完全取决于解释者基于何种解释立场。在控辩双方的刑法解释有分歧时，法官需要作出选择。在实务中，法官也可能根据其解释“前见”直接运用某一种解释方法得出定罪或不定罪的结论，并不是严格按照文义解释→体系解释→历史解释→目的解释的顺序进行解释操作。“各种解释方法之间，除了文义解释之外，本身就没有一定的顺序，之所以形成不同的意见在很大程度上是由于各个学者从不同的角度予以观察的结果。”④

刑法解释过程，不仅仅是一个商谈的过程，同时也是一个反复试错的过程，而不是“单向度”从文义解释出发抵达目的解释的思维过程。解释刑法时通常可能按照文义解释→体系解释→历史解释→目的解释的逻辑顺序推演，但是，在发现根据目的解释所得出的结论明显不妥当、不能为国民所接受时，又要返回到文义解释中，对法条用语进行限制，进行解释的“反向制约”，在反复试错中取得共识。⑤ 因此，各种解释方法之间的关系错综复杂，难以进行简单的概括和归纳；不同解释方法各有优劣，不存在哪一种解释方法完全优于其他方法的情形，没有任何一种解释结论能够完全排除另外一种解释结论。⑥

① ［德］卡尔·拉伦茨：《法学方法论》，陈爱娥译，221页，北京，商务印书馆，2003。

② 冯军：《论刑法解释的边界和路径》，载《法学家》，2012（1）。

③ ［荷］伊芙琳·T·菲特丽斯：《法律论证原理》，张其山等译，131页，北京，商务印书馆，2005。

④ 陈金钊主编：《法律方法论》，149页，北京，中国政法大学出版社，2007。

⑤ 因此，从文义解释方法出发，经体系解释之后，最后到目的解释的顺序，最多也只能算作是法律适用中“初始的排序模式”（参见张志铭：《法律解释操作分析》，174页，北京，中国政法大学出版社，1999）。但是，一旦这种排序模式真正遇到需要刑法解释方法大显身手的疑难案件，在解释需要商谈和试错时，就没有实质性意义。

⑥ 参见温登平：《刑法解释方法位阶关系否定论》，载陈金钊主编：《法律方法》，第13卷，366页，济南，山东人民出版社，2013。

2. 解释方法之间有竞争关系

"在各项解释论据相互抵触的情况下，在它们之间并不存在某种为理性所要求的严格的优先次序。"① 解释方法之间有竞争关系，其论证、结论都必须充分展开，接受挑战。对此，有学者指出，事实上各种解释方法都应该处于"竞争状态"，文义解释、论理解释、比较法解释等都应该运用，此后才能权衡各种解释的合理性，这样便避免了忽视一些解决问题的潜在方法。②

3. 在不同案件中视情形灵活选择解释方法

在实务中，一旦案件事实只能对应于规范的"模糊地带"，选择何种解释方法可能没有一定之规，某种解释方法可能被优先尝试、适用，也可能多种解释方法并用。一方面，在对法条用语的含义有大致的、初步的判断之后，有的人可能马上去考察规范的客观目的；有的人可能立即去寻找规范的相互关系；有的人则注重探寻立法意思、立法资料，试图从中寻找蛛丝马迹。对解释方法不是按照所谓的位阶顺序进行选择，而是根据需要，"直奔主题"、灵活应对，选择某一种解释方法得出案件处理结论。另一方面，如果考虑到"一旦有人适用一部法典的一个条文，他就是在适用整个法典"③，解释方法在很多人看来就一定不是单一的，不仅法秩序统一性原理要考虑，规范意旨、规范保护目的等也必须要一并考虑。对此，萨维尼也认为，必须把不同的方法统一起来，解释才能奏效。"有时是这种解释的地位突出，有时则是另一种解释，只有综合考虑各种因素的这个方向不能变。"④ 所以，解释方法的采用即使不能有任意性，不能由解释者随心所欲地进行解释操作，但也相对具有灵活性。拉伦茨对此的说法则是，当不同解释方法所得出的结论相互冲突时，"个案中应该采用解释结果最清楚的那种解释方法"。如果相互冲突的解释方法在具体个案中都可得出一样清楚、单义的结果，法官就必须在其中作出选择。⑤ 承认解释方法的优位性是一个似是而非的说法。如果一定要确定解释的优位性，或许也就只能极其抽象地认为文义解释最为重要，因为其是解释的出发点，也是解释的边界。但前已述及，这样的说法无助于解决任何实务难题。

（二）采用何种解释方法取决于对处罚必要性的判断

普珀教授指出："在具体个案中，当数个解释方法分别导出对立的结论时，为了决定应采哪一种解释，方法论长久以来都在努力试着定出各种解释方法之间的抽象顺位，但是并没有成功……对于具体个案中判决的发现来说，这些解释方法仅具

① ［德］齐佩利乌斯：《法学方法论》，金振豹译，89页，北京，法律出版社，2009。

② 参见余煜刚：《可能与限度——比较法在司法裁判中的运用》，载谢进杰主编：《中山大学法律评论》，第11卷第1辑，115页，桂林，广西师范大学出版社，2013。

③ 法哲学家施塔姆勒（Statmmler）语。转引自［德］卡尔·恩吉斯：《法律思维导论》，郑永流译，73页，北京，法律出版社，2004。

④ ［德］伯恩·魏德士：《法理学》，丁小春、吴越译，314页，北京，法律出版社，2003。

⑤ 对此，拉伦茨称其为"具体位阶的可决定性"（但这丝毫不意味着他肯定抽象的解释方法位阶性）。参见［德］卡尔·拉伦茨：《法学方法论》，陈爱娥译，221页，北京，商务印书馆，2003。

有次要的意义。依此，法律适用者是先根据他的前理解及可信度衡量（Plausibilitätserwägungen）决定正确的结论，然后再回过头来寻找能够证成这个结论的解释方法。”① 这样说来，对很多刑法规定的解释，都是解释者或明或暗地有了倾向性意见之后，再回过头去寻找解释方法，去论证该结论的正确性。此时，使用何种解释方法，就受制于解释者的“前理解”或预判。

例如，被告人甲自己喜欢赌博，便经常纠集乙、丙、丁在一起打麻将赌钱。但是，甲所在地对赌博犯罪打击力度大，所以甲等 4 人便每天换场所赌博，但每次赌博的场所都由甲本人去寻找，并由其通知其他 3 人。案发后，查明 4 人参与赌博数十次，输赢的资金以百万元计。对甲究竟是定聚众赌博罪还是开设赌场罪？如果司法人员主张对甲定聚众赌博罪即可实现罪刑相适应，可能主要会从文义解释的角度，认定甲系“纠集多人”进行赌博，符合聚众的特征，并最终在刑法解释上停留于文义解释方法的运用，从而实现定罪。但是，如果认为对甲定聚众赌博罪可能轻纵了罪犯，就会进一步运用体系解释的方法（协调聚众赌博罪和开设赌场罪的关系），兼采客观的目的解释（从规范目的上看，禁止开设赌场就是要杜绝为他人赌博提供场所，从源头上杜绝赌博行为），甚至考虑主观的目的解释（寻找刑法规定开设赌场罪的理由），在综合运用多种解释方法后得出结论——如果考虑规范目的，就可以认为开设赌场罪中的“赌场”，不要求是固定场所，每次变化的赌博场所也是赌场。由于数十次赌博都是由甲去寻找场所，即便是“打一枪换一个地方”，甲也是为他人赌博提供了场所，因此属于开设赌场。针对这种主要按照目的解释论定罪的指控，被告人如果要进行辩解，就不必固守“文义解释→体系解释→历史解释→目的解释”的位阶顺序，而可直接从目的解释切入——从规范目的上看，开设赌场罪的保护法益比聚众赌博罪所附加的内容可能更多一些，例如，需要开设行为具有营业犯的性质，随时可以为身份不同的多数人参与赌博提供条件。而在本案中，甲寻找赌场不是为了给不特定多数人提供赌博场所，而是为了满足包括自己在内的多人赌博的需要，不具有营业犯的特征，因此，仍然只能构成聚众赌博罪。②

因此，“解释是一种结果。通常是在结果早已确定之后，才选择解释的方法。所谓的解释方法只不过是对文本的补充的事后的注脚而已”③。虽然魏德士不无担忧地将这种现象概括为“司法实践中普遍性的方法原则的丧失”，但不可否认，先根据处罚必要性得出定罪预设的结论后，再相对“随机地”、灵活地寻找解释方法的现象在司法实务中客观存在、大量存在④，判决的“调适性结果”在很大程度上

① ［德］英格博格·普珀：《法学思维小课堂》，蔡圣伟译，78 页，北京，北京大学出版社，2011。

② 对于本案，笔者原则上认为，甲的行为构成聚众赌博罪。

③ ［德］伯恩·魏德士：《法理学》，丁小春、吴越译，315 页，北京，法律出版社，2003。

④ 例如，在民事诉讼中，法官枉法进行调解是否构成枉法裁判罪，涉及能否把调解解释到“裁判”的核心含义中。对类似案件，解释者实际上是在先行对处罚必要性是否存在进行判断之后，再去考虑目的解释、体系解释问题，解释是否有顺序、解释方法是否要用尽，都不是最重要的。

左右着解释方法的选择，而这样做在刑法适用方法论上既难以避免也无可厚非。对此，有学者指出：刑法解释方法必须为解释的合理性目的服务。“我们并不能将解释的位阶性提高到居于司法合理性之上的规则权威。因为，司法并非单纯的规则之治，刑法解释的目的也并非追求单纯的规则完美。”①

这样说来，司法过程的复杂性远远超过赞成刑法解释方法位阶性的学者的想象，其根本不是列表式的简单排序就能够解决的。在处理具体案件时，法官所获得的不同信息、先例、逻辑、关于社会福利的考虑等“所有这些成分被投入法院的锅炉中”，酿造出司法判决“这种奇怪的化合物”②。极其复杂的司法过程实际上是在为可接受的答案提供解释途径，使得规范“具体化”。处罚必要性的考虑、确保裁判结论被认可的需要调控规范的具体化，采用何种解释方法就不仅仅是通过文本解释、立法目的来确定的，还要根据调控的“需要”来确定，解释方法的运用有“按需分配”的成分。“对解释后果日增的思考业已指明，规范的具体化不仅仅是解释。必须以此为出发点，即在日常实践中，其他的经验也作为‘相关规范’进入到具体化过程中。法官把他自己内化的社会规范带到了解释过程中。”③

（三）司法结论要接受社会的检验，为此必须考虑解释方法以外的因素

1. 刑法解释要考虑国民的认同程度

对同一概念可以作多种理解时，不同的解释者采用不同的结论，而这种差异的存在，在很多情况下，不是解释方法自身所决定的，与刑事政策考虑有关，更与国民是否可能接受这样的结论有关。例如，对于同样是偷电的行为，德国法院根据有体性说主张电力不是财物；但同时期的日本法院则从管理可能性说出发，判定偷电构成盗窃罪。对同一个对象，在同时规定盗窃罪的德国和日本，法条用语“可能的含义”应该是大致相同的才对，但是，其在德、日的理解却有天壤之别，这不是文义解释自身所能够解释的。法条用语的边界究竟在哪里，在很多时候都是很模糊的，其本身就是试探性寻找的结果。对此，有学者指出，判决偷电行为不构成犯罪的德国式刑法解释在日本不能“生根开花”有很多原因，其中很重要的一点是，德国式的刑法解释方法“未必能够得到一般国民的支持”④。

实务中，在一定的解释方法的运用之外，必须要考虑国民接受可能性的案件可以说比比皆是。例如，甲、乙共同开设卖淫场所，约定，由甲提供场所，乙实际经营，年终二人对半分成。到年底，乙隐瞒全年收入500万元的事实，告诉甲只挣了200万元，甲信以为真，分得100万元。对本案，可以按照“经济的财产说”，认定

① 周德金：《刑法解释方法位阶性之质疑与思考》，载赵秉志主编：《刑法评论》，第17卷，94页，北京，法律出版社，2010。

② ［美］本杰明·卡多佐：《司法过程的性质》，苏力译，2页，北京，商务印书馆，1998。

③ ［德］阿图尔·考夫曼、温弗里德·哈斯默尔主编：《当代法哲学和法律理论导论》，郑永流译，384页，北京，法律出版社，2002。

④ 郑泽善：《刑法总论争议问题比较研究》，Ⅰ，41页，北京，人民出版社，2008。

乙的行为构成诈骗罪，理由是甲原本有分得 250 万元的可能性，但因为被欺骗而丧失这种可能性。这是按照目的解释所得出的结论，而且考虑了规范具体的、隐藏在条文背后的目的。① 如果单纯从体系解释（特别是刑法与民法关系）的角度，并不能得出乙侵害法益的结论，因为民法禁止甲、乙就不法财物进行交易；肯定甲的权利不利于对非法财物的追缴；对乙定诈骗罪，意味着甲可能有返还请求权，这样，就会对违反公序良俗的交易提供民法保护。但是，如果考虑到对"盗亦有道""江湖道义"的维护，处罚乙"并非取决于受骗者是否值得保护，而是重在行骗者的行为是否值得非难（verwerflich)"②，对乙就具有处罚必要性，这样对乙定诈骗罪就是合适的，至于甲是否对财物有所有权，对乙定罪是否就一定意味着保护甲的财产权，则是另外的问题。采用这种定罪逻辑，取决于法院对于社会中现存的财产占有、支配、处分关系的广泛认可，对保护规范关系而不是财产所有权持肯定态度，这样，刑法解释就和民法上对权利关系如何界定没有关系；此外，还取决于国民对这种结论是否认同。所以，前田雅英教授认为，刑法的实质性解释基准是考虑法条用语的核心含义、处罚必要性；在此基础上，为了实现实质性、正当性的客观化，有必要探讨犯罪的体系化、法益保护的分析、社会必要性等内容，以实现刑法的实质解释。③

2. 刑法解释要接受后果考察

在所有的解释方法中，客观的目的解释被采用的概率最大。但其所确定的目的是否妥当，需要接受规范内和规范外的检验。这种检验从形式上看与如何理解构成要件目的（法益）有关；从实质上看和社会观念有关。因此，解释要接受刑法教义学之外的检验，这就不仅仅是解释方法位阶性和解释自洽的问题。

不同的解释方法都会附带产生不同的后果，无论解释者是否意识到这一点。这些后果的存在，会反向制约解释者，使其在解释方法的选择上有所顾忌、有所偏好。因此，刑法解释接受规范外的检验，主要是要接受后果考察。这当然可能导致解释方法的位阶性不存在或者丧失意义。

对于结果考察在案件处理中的意义，考夫曼曾经指出，结果取向的法律解释在现代论证理论中扮演一个显著的角色，是传统解决规则以外的一个同样重要的方法。④ 在这一点上，德国的适例是：两位对社区福利有极大贡献的妇女为了唤起人们注意和平而在一座弹药库前封锁道路，德国法院按照刑法第 240 条判处其强制罪，认为"以武力强制他人作为、容忍或不作为"的，是强制。在这里，法官明显考虑了传统解释方法（包括客观的目的解释）以外的结果取向：国家秩序在这里所受到的侵害，比开拖车阻碍道路 1 公里长的危害要大。⑤

① 参见葛洪义：《法律方法讲义》，183 页，北京，中国人民大学出版社，2009。

② ［德］英格博格·普珀：《法学思维小课堂》，蔡圣伟译，73 页，北京，北京大学出版社，2011。

③ 参见［日］前田雅英：《刑法总论讲义》，4 版，79 页，东京，东京大学出版会，2006。

④ 参见［德］阿图尔·考夫曼：《法律哲学》，2 版，刘幸义等译，63 页，北京，法律出版社，2011。

⑤ 但如此解释是否合适，大可质疑。

司法裁判要考虑传统解释方法之外的后果因素的情形，在中国的实务中也随处可见。例如，甲为强奸而对被害人使用暴力，在被害人提出可以给钱而放弃强奸行为时，放过了被害人的，是否可以解释为刑法第24条所规定的“自动”放弃犯罪？对于这种没有悔改，但“单纯放弃”的行为，如果认为可以成立中止，显然不是依照法条文义所作的解释，而是一个目的论的解释：犯罪中止减免刑罚的意义在于保护被害人，使其免受行为人更进一步的攻击。这样的目的解释粗看起来可能是合理的。

但是，如果考虑到这种解释的负面社会效果，就有可能转而否定这种缺乏规范意识觉醒的单纯放弃行为具有中止自动性的结论。因为在某些案件中，引起A构成要件结果只是实现B犯罪目的的手段，如果承认中止，会使得刑罚效果以及对被害人的保护效果都大打折扣。例如，为抢劫而杀人的，或者为骗保而杀人的，如果肯定只要单纯放弃犯罪就成立中止，行为人就会考虑：如果我成功地把被害人杀死了，就“天遂人愿”且不会有目击证人；即便没有杀死，只要我能够在一定时段停下来，不再实施杀害，就可以成立中止。那么，行为人无论是继续实施杀害还是停下来，都会从事实上或者法律上“得利”。可见，对中止自动性的上述解释在某些场合就一定会带来负面效果。同时，另外还要考虑，如果肯定“单纯的放弃”构成犯罪中止，则可能对“失败的未遂”的行为人在处罚上不平衡。例如，基于强奸的意思打被害人一耳光，被害人提出给钱的，行为人停止进一步的性侵害就可以成立中止，那么同样打被害人一耳光，但被害人逃走的，行为人就因为没法控制被害人的人身而无法成立中止，这会导致在性质上更为恶劣的行为（暴力之后还从被害人手中获取财物）在法律上反而得到奖励。因此，有学者指出：对于中止犯，“即便行为人是‘能犯而不欲’，如果该意思并不足以值得奖励、无助于取得一般预防的效果，或者其主观态度所体现的责任减少，尚不足以值得减免其刑，就没有必要谓之为具有任意性”①。

这样说来，在案件处理过程中，司法上要考虑的因素，远比刑法解释要多得多。“几种解释的论证并没有合理的位阶次序，而且因为除了传统的这四种论证之外，实际上还有更多的论证，如正义、衡平、结果取向、日常用语、专门规范、规范的起源、判例，使得事情变得更加困难。法官在方法的选择上能否任凭他们自己的喜爱？当我们考虑到解释论证间没有位阶的这个问题来分析法院判决时，我们必须肯定这点。”② 对此，我国有学者说得更为直接：“刑事裁判的形成需要判断、需要考虑判决的社会效果和社会接受性，这是解释方法本身所不能胜任的，也是为刑法解释方法位阶关系论所忽视的。所谓刑法解释方法的位阶关系，只是一种关于解释方法的大致的排序，不具有可操作性，至多具有借鉴意义。”③

① 王昭武：《论中止犯的性质及其对成立要件的制约》，载《清华法学》，2013（5）。

② ［德］阿图尔·考夫曼：《法律哲学》，2版，刘幸义等译，67页，北京，法律出版社，2011。

③ 温登平：《刑法解释方法位阶关系否定论》，载陈金钊主编：《法律方法》，第13卷，366页以下，济南，山东人民出版社，2013。

这样说来，关于刑法解释方法存在位阶顺序的主张既不准确，也没有实际意义。正如黄荣坚教授所言："对于文字意义的理解，即使学理上有所谓文义解释、系统解释、沿革解释、目的解释以及合宪解释等等基本解释方法，但是经验告诉我们，这些解释方法本来就没有一定的效力顺序，因此也没有办法保障一个所谓的正确看法出现。"① 由于"方法不能保证人获得真理，方法并未给人提供一条通向真理的康庄大道，相反，真理困扰着具有方法的人"②，所以，对于刑法学者而言，远比刑法解释位阶性更为要紧的问题可能就是：如何立足于法条用语的通常含义，将犯罪论体系、规范保护目的、国民的规范认同程度、处罚必要性等内容通盘加以考虑，突显司法的实践理性，选择对个案最为合适的解释方法，将实质解释的结论限定在特定时代能够接受的范围内，通过法律解释展示刑事政策和"司法的智慧"③，切实平衡好惩罚犯罪和保障被告人权利的关系？

① 黄荣坚：《基础刑法学》（上），108页，台北，元照出版有限公司，2012。

② 严平：《走向解释学的真理——伽达默尔哲学述评》，4页，上海，东方出版社，1998。

③ 有学者指出："在一定程度上，法律解释体现了司法的智慧……法律解释，从其根本来讲不是一种解释，而是一种策略。"［桑本谦：《法律解释的困境》，载《法学研究》，2004（5）。］

第六章

罪刑法定主义的逻辑展开

1949年中华人民共和国成立以后，以《大清新刑律》为开端的我国近代刑法史戛然而止，罪刑法定主义也随之被废弃。1979年制定的刑法规定了类推制度，罪刑法定主义不见踪影。当然，这也并非我国古代比附援引制度的复活，而是师法苏俄的结果，因为苏俄刑法典长期以来一直都有类推规定，一直到1958年12月通过《苏联和各加盟共和国刑事立法纲要》，类推才被取消。① 而在我国罪刑法定主义被列为旧法观念，从一开始就被禁止。在刑法起草过程中，虽然在类推与罪刑法定主义之间曾经存在争论，但类推的主张始终占上风。高铭暄教授对此作了生动的描述，指出："我国刑法在罪刑法定原则的基础上，应当允许类推，作为罪刑法定原则的一种补充。为什么要允许类推呢？这是因为我国地大人多，情况复杂，加之政治经济形势发展变化较快，刑法，特别是第一部刑法，不可能把一切复杂多样的犯罪形式包罗无遗，而且也不可能把将来可能出现又必须处理的新的犯罪形式完全预见，予以规定；有的犯罪虽然现在已经存在，但我们与它作斗争的经验还不成熟，也不宜匆忙规定在刑法中。因此，为了使我们的司法机关能及时有效地同刑法虽无明文规定、但实际上确属危害社会的犯罪行为作斗争，以保卫国家和人民的利益，就必须允许类推。有了类推，可以使刑法不必朝令夕改，这对于保持法律在一定时期内的相对稳定性是有好处的。而且，有了类推，可以积累同新的犯罪形式作斗争的经验材料，这就为将来修改、补充刑法提供了实际依据。"② 从以上转述的主流观点可以看出，在当时历史条件下，类推制度在打击犯罪的名义下获得了政治上的正确性。尽管如此，以类推为补充的罪刑法定主义是前所未闻的，因为罪刑法定主义与类推之间是存在逻辑上的矛盾的：一部刑法只要是规定了类推，就不可能是罪刑法定主义的；一部刑法只要是标榜罪刑法定主义，就必然是禁止类推的。在相当长的一个时期内，我国1979年刑法却被称为实行以类推为补充的罪刑法定主义。在1997年刑法修订时，在刑法中明确规定罪刑法定主义原则同时废除类推的呼声高涨，虽然也有个别主张保留类推的观点，但那只是极个别说。③ 最终在1997年刑法第3条规定了罪刑法定原则。尽管罪刑法定主义已经为我国刑法所采用，然而，在罪刑法定主义的理解上，仍然存在着模糊之处。近年来，我国刑法学界围绕着罪刑法定主义的含义以及我国刑法关于罪刑法定原则规定的理解，展开了具有深度的学术争议，这对于加深我们对罪刑法定主义的正确理解具有重要意义。

① 参见［苏］A. A. 皮昂特科夫斯基等：《苏联刑法科学史》，曹子丹等译，35页，北京，法律出版社，1984。

② 高铭暄：《中华人民共和国刑法的孕育和诞生》，126页，北京，法律出版社，1981。

③ 参见彭凤莲：《中国罪刑法定原则的百年变迁研究》，219页以下，北京，中国人民公安大学出版社，2007。

一、绝对的罪刑法定与相对的罪刑法定

罪刑法定主义存在一个从绝对的罪刑法定到相对的罪刑法定的嬗变过程，其内容主要表现为：从完全取消司法裁量到限制司法裁量；从完全反对法官对刑法进行解释到允许法官对刑法进行严格解释；从完全否定类推到容许对被告人有利的类推；从完全禁止事后法到从旧兼从轻的溯及既往；从绝对确定的法定刑到相对确定的法定刑。这些变化使罪刑法定主义更加适应保障人权的需要，同时又克服其僵硬性，使其获得了一定的灵活性。因此，从绝对的罪刑法定到相对的罪刑法定，并不是罪刑法定主义之死亡，而恰恰是罪刑法定主义之再生。

在相对的罪刑法定的语境中，法律专属主义的相对化是一个显著的特征。罪刑法定主义以“法无明文规定不为罪”为其基本内容，那么，这里的“法”并非一般意义上的“法”，而是特指法律。这也就是所谓法律专属主义。法律专属主义被认为是罪刑法定主义的应有之义，即：只有法律才能规定犯罪。这里的法律，是指刑法，包括形式刑法与实质刑法。在我国目前的法律体系中，全国人大及其常委会制定的规范性文件称为法律，国务院制定的规范性文件称为行政法规。此外，最高人民法院和最高人民检察院制定的规范性文件称为司法解释。在以上规范性文件中，只有法律才能设置罪名与规定法定刑。我国采取统一的刑法典的立法方式，即我国只有形式刑法，而不存在实质刑法。因此，在我国的法律语境中，罪刑法定主义中的“法”是指刑法典。就此而言，我国刑法是坚持法律专属主义的。

法律专属主义可以分为绝对的法律专属主义与相对的法律专属主义。绝对的法律专属主义认为法律专属性具有绝对的意义，即行政机关无权制定与犯罪和刑罚有关的法规。而相对的法律专属主义则认为在法律规定了犯罪的基本特征和法定刑的情况下，可以授权其他机关规定具体的犯罪要件。① 就此而言，我国刑法显然是采取相对的法律专属主义的，因为我国刑法分则存在大量的空白罪状，它只规定了某一犯罪的基本框架，该犯罪的具体内容有待于行政法规加以填充。例如我国刑法第225条规定的非法经营罪，是指违反国家法律，进行非法经营，扰乱市场秩序，情节严重的行为。刑法分四项列举了非法经营行为，其中前三项是具体行为，但第四项是空白规定，其内容为“其他严重扰乱市场秩序的非法经营行为”。在认定这里的“其他扰乱市场秩序的非法经营行为”的时候，“违反国家规定”是一个重要的参照依据，因为刑法第225条规定了“违反国家规定”这一要素，它同样适用于第225条第4项。也就是说，刑法第225条第4项“其他严重扰乱市场秩序的非法经营行为”，必须具备“违反国家规定”这一前提。那么，如何理解这里的“违反国家规

① 参见［意］杜里奥·帕多瓦尼：《意大利刑法学原理》（注评版），陈忠林译评，23页，北京，中国人民大学出版社，2004。

定”呢？对此，我国刑法第96条专门对“违反国家规定”的含义作了规定，指出：“本法所称违反国家规定，是指违反全国人民代表大会及其常务委员会制定的法律和决定，国务院制定的行政法规、规定的行政措施、发布的决定和命令。”由此可见，“违反国家规定中”所称“国家规定”，只限于国家立法机关制定的法律和国家行政机关制定的行政法规的规定。这里的“国家规定”属于认定具体犯罪的参照法规，在刑法对某一构成要件行为规定不明确的情况下，通过参照法规予以明确。因此，参照法规就在某种意义上承担了实质上对构成要件予以明确化的职能。尤其是在空白罪状的情况下，刑法空白完全有赖于参照法规来填补，因而参照法规的层级直接关系到法律专属性原则。在我国刑法采取相对的法律专属主义的情况下，尽管行政性法规不能直接规定犯罪，但实际上具有间接地规定犯罪的功能，是认定犯罪的规范根据。在这个意义上，行政性法规对于犯罪成立具有重要影响。

在某些情况下，行政性法规的变更会直接影响犯罪的成立。例如，我国刑法中的非法经营罪，就和行政许可制度有着密切的关联。非法经营行为在很大程度上是以违反行政许可为前提的。因为非法经营罪中的经营并非一般性的经营行为，而是指需要经过行政许可的经营行为，因此，非法经营是指未经行政许可的经营活动。2003年8月27日我国颁布了《行政许可法》，这一法律的颁布给对刑法第225条第4项的解释必将带来重大影响。因为在该法颁布之前，我国的行政许可散见于相关法律、法规之中，《行政许可法》对行政许可作了统一规定，是行政许可领域的基本法律。在1997年制定刑法第225条的时候，我国行政许可制度尚不健全，第225条第1项和第2项是根据当时的行政许可状况设置的，第3项是此后补充的。而对于第4项中的其他非法经营行为究竟如何认定其违反国家法律规定还是不明确的。在《行政许可法》通过以后，理应将违反行政许可作为确认其非法性的根据。① 在现实生活中，行政许可是会发生变动的，这种变动将对非法经营罪的认定产生直接的影响。于某龙非法经营案②，就是认定犯罪所依据的行政法规发生变更导致行为无罪的适例。

吉林省吉林市丰满区人民法院经审理认为：被告人于某龙在无黄金许可证的情况下大肆收购、贩卖黄金的行为，严重扰乱了市场秩序，情节严重，已构成非法经营罪。虽然2003年年初国务院下发了国发［2003］5号文件取消黄金收购许可证制度，但对于国内黄金市场的发展运行，还有行政法规、政策及相关部门的规章加以规范，不许任其无序经营。《中华人民共和国金银管理条例》在废止前，该条例的其他内容仍然有效。于某龙的行为在目前的情况下也属违法行为。公诉机关指控的

① 参见王作富、刘树德：《非法经营罪调控范围的再思考——以〈行政许可法〉若干条款为基准》，载《中国法学》，2005（6）。

② 本案引自陈兴良等主编：《人民法院刑事指导案例裁判要旨通纂》，270页以下，北京，北京大学出版社，2013。

事实清楚，证据充分，罪名成立。被告人的辩护人的观点，不予采纳。鉴于本案审判时国家关于黄金管理的行政法规发生变化及被告人于某龙的犯罪情节轻微，黄金在途中被扣，没有给黄金市场带来不利后果，可从轻处罚。据此，依照《中华人民共和国刑法》第 225 条第 1 项、第 12 条、第 37 条之规定，判决如下：被告人于某龙犯非法经营罪，免予刑事处罚。

宣判后，被告人于某龙不服，提起上诉，称：原判决适用法律完全错误，上诉人的行为在审判时不具有违法性，更不是犯罪。于某龙的辩护人辩称：一审法院判决上诉人的行为构成非法经营罪，无论在行政法上还是刑法上都于法无据，应改判上诉人无罪。

吉林省吉林市中级人民法院经过二审审理后，认定了一审判决所认定的事实及证据。另查明，该案被移送起诉期间，2003 年 2 月 27 日国务院以国发［2003］5 号文件发布了国务院《关于取消第二批行政审批项目管理方式的决定》，其中涉及黄金审批项目共 4 项，即停止执行关于中国人民银行对于黄金管理的黄金收购许可、黄金制品生产加工批发业务审批、黄金供应审批、黄金制品零售业务核准 4 项制度。

吉林省吉林市中级人民法院经审理认为：原审判决认定事实清楚，审批程序合法，但定性不准，适用法律错误。上诉人于某龙收售黄金的行为发生在 2002 年 8—9 月间，即国务院国发［2003］5 号文件发布前，依照当时的法律，构成非法经营罪。但在一审审理时，国务院发布了国发［2003］5 号文件，取消了中国人民银行关于黄金管理的收售许可审批，导致《刑法》第 225 条第 1 项所依据的行政法规——《中华人民共和国金银管理条例》发生了变化，其行为按照现在的法律，不存在“违反国家规定”或“未经许可经营法律、行政法规规定的专营、专卖物品或其他限制买卖的物品”的性质，不符合非法经营罪的构成要件，其行为不构成非法经营罪。据此，依照《中华人民共和国刑事诉讼法》（1996 年）第 189 条第 2 项、第 162 条第 2 项及最高人民法院《关于执行〈中华人民共和国刑事诉讼法〉若干问题的解释》（1998 年）第 176 条第 3 项和《中华人民共和国刑法》第 12 条之规定，判决如下：

上诉人（原审被告人）于某龙无罪。

笔者认为，以上二审判决是完全正确的。在作为有罪判决依据的行政法规发生变更的情况下，理应作出无罪判决。因此，行政法规不仅在入罪时可以作为依据，而且在出罪时也应该作为依据。这才是法律专属主义的应有之义。

事实上，不仅行政法规于对犯罪的认定具有规范根据的功能；而且，司法解释在很大程度上也是认定犯罪的根据。可以说，司法解释对于空白罪状的犯罪要件的明确化与具体化，也具有重要意义。在我国司法实践中，大量的空白罪状都是通过司法解释予以充实的，从而为司法机关适用空白罪状提供了法律根据。例如，最高人民法院将以下 9 种行为解释为刑法第 225 条第 4 项规定的“其他严重扰乱市场秩序的非法经营行为”：（1）非法经营出版物；（2）非法经营电信业务；（3）非法传销或者变相传销；（4）在生产、销售的饲料中添加盐酸克伦特罗等禁止在饲料和动物饮用水中使用的药品或者销售明知是添加有该类药品的饲料，情节严重的行为；（5）非法经营互联网业务；（6）非法经营彩票；（7）非法经营非上市公司股票；（8）违反国家规定，使用销售类终端机具（POS 机）等方法，以虚拟交易、虚开价格、现金退货等方式向信用卡持卡人直接支付现金；（9）擅自发行基金份额募集资金。由此可见，在我国司法实践中，司法解释对于认定犯罪具有第二法源的性质，即间接法源。①

这里应该指出，司法解释对于“其他严重扰乱市场秩序的非法经营行为”的规定，同样应当受到“违反国家法律规定”这一前置性要件的限制。但在 1997 年刑法旅行以后，最高司法机关陆续颁布的关于刑法第 225 条第 4 项的司法解释中有些并不具有与行政许可的相关性，甚至连“违反国家规定”这一前置性条件也不具备。在上述司法解释对刑法第 225 条第 4 项的规定中，存在着不具备“违反国家规定”这一前提的情形。例如，2000 年 4 月 28 日《关于审理扰乱电信市场管理秩序案件具体应用法律若干问题的解释》（法释［2000］12 号）第 1 条规定，违反国家规定，采取租用国际专线、私设转接设备或者其他方法，擅自经营国际电信业务或者涉港澳台电信业务进行营利活动，扰乱电信市场管理秩序，情节严重的，依照刑法第 225 条第 4 项的规定，以非法经营罪定罪处罚。但 2000 年 9 月 25 日国务院颁布的《电信条例》第 59 条才将上述行为规定为禁止性行为，且只对其中三种行为规定可以追究刑事责任，而并未涉及上述非法经营行为。非法经营行为是否只有法律、法规明文规定应当追究刑事责任才能纳入其他非法经营行为的范围，当然是可以讨论的。但仅就该司法解释和《电信条例》的出台时间来看，该司法解释颁布于 2000 年 4 月 28 日，生效于 2000 年 5 月 24 日，早于《电信条例》（2000 年 9 月 25 颁布）出台。对此，我国有学者指出：《解释》制定之时尚没有明确的行政法规作为参照规定，《解释》第 1 条中的“违反国家规定”也就没有相关法规作依据，《解释》第 1 条严格来说是“无效条款”②。

笔者以为，以上质疑是能够成立的。至少在 2000 年 5 月 24 日至 2000 年 9 月 25 日期间，上述司法解释属于内容超前的无效条款。“违反国家规定”是其他非法经营行为构成犯罪的前置性条件。如果这个前提条件不解决，该司法解释虽然试图解决刑法的明确性问题，但却与罪刑法定原则所派生的法律专属性原则相悖。

① 关于司法解释的法源性质，进一步的讨论参见张波：《刑法法源研究》，168 页以下，北京，法律出版社，2011。

② 刘树德、王冕：《非法经营罪罪状“口袋径”的权衡——对法释［2000］12 号第 1 条的质疑》，载《法律适用》，2002（10）。

二、形式的罪刑法定与实质的罪刑法定

形式的罪刑法定又称为罪刑法定的形式侧面，而实质的罪刑法定又称为罪刑法定的实质侧面。形式的罪刑法定与实质的罪刑法定这对范畴，涉及对罪刑法定主义精神的理解，这也是日本学者山口厚教授所说的罪刑法定主义的思考方法问题。①

可以说，形式的罪刑法定与实质的罪刑法定的提法主要来自日本。日本学者曾根威彦教授曾经提出，罪刑法定原则可以分为形式内容与实质内容。其中，罪刑法定原则的形式内容基本上是传统的“法无明文规定不为罪”。而罪刑法定原则的实质内容则是指人权保障。曾根威彦教授指出：“罪刑法定原则要成为实质的保障人权原理，除了仅仅要求在行为时存在规定有犯罪和刑罚的法律还不够，而且，该刑罚法规还必须是适当的。”② 曾根威彦将刑法用语的明确性和刑法内容的适当视为罪刑法定原则的实质内容。应该说，曾根威彦在罪刑法定原则的形式内容与实质内容之间建立了某种递进关系：罪刑法定原则的形式内容是其基本之义，而罪刑法定原则的实质内容是其补充之义，这是完全正确的，也不容易引起误解。但日本学者前田雅英教授提出了罪刑法定主义的实质化的命题，在这一命题下，除了刑法用语的明确性和刑法内容的适当性以外，还提出了实质的刑法解释的概念，认为解释容许范围与处罚必要性成正比而与可能语义的边界成反比。③ 在此，前田雅英将处罚必要性当作实质的刑法解释的核心概念，以此确定刑法解释的标准。可以看出，前田雅英教授以处罚必要性为核心的罪刑法定主义的实质化命题，本身包含着突破罪刑法定主义的危险性。究其原委，是这种所谓处罚必要性没有受到罪刑法定主义的形式内容的限制，由此而使处罚必要性具有相当程度上的入罪功能。恰恰在这一点上，日本的其他刑法学者是将处罚必要性作为限制处罚的实体根据而确立的。例如，日本学者山口厚教授在论及罪刑法定主义的思考方法时指出：“（罪刑法定主义的思考方法）意味着形式上的‘罪和刑的法定’的罪刑法定主义的背后，存在着下面这样的实质的原理或曰基本。正是这样的实质原理，规定着日本的罪刑法定主义的具体内容。也就是说，有必要从这些实质原理出发对于罪刑法定主义的内容（罪刑法定主义所派生的诸原则）加以理解。换言之，罪刑法定主义并不是单纯的形式原理，而有必要作为实质的处罚限定原理加以理解。”④ 在这个意义上理解罪刑法定主义的实质内容当然是没有问题的，因为在罪刑法定主义的形式要素的限制下，处罚必要性就成为进一步出罪的实质根据。换言之，按照罪刑法定主义的形式内容，只要有法律的明文规定，在具备其他犯罪成立要件的情况下，就可以构成犯

① 参见［日］山口厚：《刑法总论》，2版，付立庆译，10页，北京，中国人民大学出版社，2011。
② ［日］曾根威彦：《刑法学基础》，黎宏译，12页，北京，法律出版社，2005。
③ 参见［日］前田雅英：《刑法总论讲义》，4版，78页，东京，东京大学出版会，2006。
④ ［日］山口厚：《刑法总论》，2版，付立庆译，10页，北京，中国人民大学出版社，2011。

罪。而按照罪刑法定主义的实质内容，即使法律有明文规定，也并不一定具备了犯罪成立的构成要件，还要根据是否具有实质上的处罚必要性加以进一步的排除。因此，罪刑法定主义的形式内容与罪刑法定主义的实质内容之间存在逻辑上的递进关系。根据罪刑法定主义的实质内容所确定的犯罪范围明显要小于根据罪刑法定主义的形式内容所确定的犯罪范围。

张明楷教授较早地从日本引入了罪刑法定主义的形式内容和实质内容的学说，在更多的场合张明楷教授称之为罪刑法定的形式侧面和实质侧面。但在对罪刑法定的形式侧面与实质侧面的理解上，张明楷教授的观点更加接近前田雅英教授，在一定程度上，以处罚必要性为核心概念强化了罪刑法定的实质侧面的功能，并且在此基础上倡导刑法的实质解释论。张明楷教授指出：罪刑法定原则的具体内容分为形式侧面与实质侧面。法律主义、禁止事后法、禁止类推解释、禁止不定（期）刑，是罪刑法定原则的传统内容，被称为形式侧面。罪刑法定原则的形式侧面的法律主义，要求司法机关只能以法律为根据定罪量刑，而不能以习惯等为理由定罪判刑；法官不得溯及既往、不得类推解释法律、不得宣告不定期刑等，都是为了限制司法权力，保障国民自由不受司法权力的侵害。所以，罪刑法定原则的形式侧面，完全体现了形式法治的要求。而罪刑法定原则的实质侧面包括两个方面的内容：一是刑罚法规的明确性原则，二是刑罚法规内容的适正的原则。实质侧面主要在于限制立法权，充满了对立法权的不信任。换言之，实质的侧面反对“恶法亦法”，这正是实质法治的观点。① 在以上论述中，张明楷教授将罪刑法定原则的形式侧面与形式法治相连接，而又把罪刑法定原则的实质侧面与实质法治相连接，并对罪刑法定原则的形式侧面与实质侧面的功能作了分工：前者限制司法权，后者限制立法权。至此，张明楷教授的逻辑推演均没有问题，问题出在罪刑法定原则的形式侧面与实质侧面的关系上：正是对两者关系的论述暴露了对罪刑法定原则的实质侧面的推崇，以及以处罚必要性为入罪根据的强势介入，形成对罪刑法定原则的形式侧面的消解。张明楷教授提出了罪刑法定原则的形式侧面与实质侧面之间具有冲突性的命题，认为在形式侧面与实质侧面之间存在以下两个方面的冲突：一是成文法的局限性决定了刑法不可能对所有犯罪作出毫无遗漏的规定，即存在实质上值得科处刑罚但缺乏形式规定的行为；二是成文法的特点决定了刑法条文可能包含了不值得科处刑罚的行为，即存在符合刑法的文字表述、实质上却不值得处罚的行为。对于这两方面的冲突，不可能仅通过强调形式侧面，或者仅通过强调实质侧面来克服；只有最大限度地同时满足形式侧面与实质侧面的要求，才能使冲突减少到最低限度。② 罪刑法定原则的形式侧面与实质侧面，本来是分别限制司法权与立法权的，具有各自独立的机能。但关于罪刑法定原则的形式侧面与实质侧面的冲突的论述，完全破

① 参见张明楷：《罪刑法定与刑法解释》，27、46～47页，北京，北京大学出版社，2009。

② 参见上书，68页。

坏了两者之间的逻辑关系，其所反映的是一种强烈的贬罪刑法定原则的形式侧面而褒罪刑法定原则的实质侧面的思想倾向。例如，我国学者刘艳红教授指出："形式的罪刑法定原则过分钟情于形式法治国的形式与程序，远离法律的自由与价值，特别是缺乏限制立法者的立法权限的机制，容易使刑法成为统治者推行自己意志的工具，将不公正的规则制定为强有力的国家法律，以合法的形式干涉公民正常的生活。"① 以上从罪刑法定原则的实质侧面对形式侧面的指摘，是十分吊诡的。按照以上学者对罪刑法定原则的形式侧面与实质侧面的功能分工，形式侧面的功能本来就是限制司法权，限制立法权的职责是由实质侧面来承担的，缺乏对立法权的限制机能何以成为形式侧面的罪过？更甚之，罪刑法定原则的形式侧面"远离法律的自由与价值"的缺陷何以存在？其实，在对罪刑法定原则的内容理解上，"法无明文规定不为罪，法无明文规定不处罚"本身就包含了对司法权与立法权的双重限制。其中，刑法不得溯及既往的派生原则，并不仅仅是对司法权的限制，同样具有对立法权的限制功能，即立法者不得制定事后法。而刑法的明确性，也完全可以包含在罪刑法定原则的明文规定这一要素之中，即可以通过对刑法规定的明文性的解释而获得。至于刑罚处罚的合理性问题，并不是完全由罪刑法定原则解决的，罪刑法定原则主要是构成要件的原则，它主要解决的是刑法的形式合理性问题。而刑法的实质合理性，还有赖于第二阶层的违法性的判断原则——法益保护原则和第三阶层的有责性的判断原则——责任主义共同发挥作用。如果以为罪刑法定原则可以解决刑法中的所有问题，便是对罪刑法定原则功能的误解。罪刑法定原则的重要性，并不在于它能够解决刑法中的所有问题，而在于它所解决的是犯罪成立的第一阶层的问题，是为入罪所建构的第一道法律防线。

张明楷教授认为，在罪刑法定原则的形式侧面与实质侧面之间存在冲突，为克服这一冲突，张明楷教授倡导刑法的实质解释论。实质解释论所要解决的问题是：实质上值得科处刑罚但缺乏形式规定的行为如何入罪？形式上符合刑法的文字表述、实质上却不值得处罚的行为如何出罪？正如笔者前文所言，后一个问题本来并不是罪刑法定原则所要解决和所能解决的问题，它是法益保护原则所要解决的问题，本来就与罪刑法定原则无关。而前一个问题如何解决，才是刑法价值观的分歧之所在。正是在此基础上，在张明楷教授与笔者之间展开了实质解释论与形式解释论之争。② 在笔者看来，以上形式解释论与实质解释论的对立，其实质是对罪刑法

① 刘艳红：《实质刑法观》，68页，北京，中国人民大学出版社，2009。

② 这场争论的缘起是刘艳红教授《实质刑法观》（中国人民大学出版社，2009）与邓子滨研究员的《中国实质刑法观批判》（法律出版社，2009）的交锋。此后，笔者和张明楷教授同时在《中国法学》2010年第4期分别发表了《形式解释论的再宣示》与《实质解释论的再倡导》两文，由此引起学术围观，并先后有评论性论文问世，例如，周详：《刑法形式解释论与实质解释论之争》，载《法学研究》，2010（3）；刘树德：《学派如何形成——刑法学论争中的形式与实质》，载陈兴良主编：《刑事法评论》，第28卷，北京，北京大学出版社，2011；崔家鲲：《实质解释论——一种无法克服的矛盾》，载陈兴良主编：《刑事法评论》，第28卷，北京，北京大学出版社，2011；程红：《形式解释论与实质解释论对立的深度解读》，载《法律科学》，2012（5），等等。

定原则的理解之辩。

对于实质上值得科处刑罚但缺乏形式规定的行为，按照形式解释论的立场当然是不能入罪的，因为这里的“没有形式规定”，就是没有法律的明文规定。事实上，法律规定本身并不能分为形式规定与实质规定。法律有没有规定，当然在一定程度上取决于对法律的解释。但是，刑法的解释是有限制的，这一限制就是可能语义。凡是超出可能语义的解释都是违反罪刑法定原则的，因而就是不被允许的。这是形式解释论的基本立场，这一立场的原理是罪刑法定原则的形式理性与限制机能。罪刑法定原则的形式理性，是罪刑法定原则所具有的思维方式，是指：只有法律规定为犯罪行为的，才能定罪处刑；法律没有规定为犯罪行为的，无论该行为具有多么严重的社会危害性，都不能定罪处刑。也就是说，为获得形式合理性，在某些情况下，我们不能不以丧失实质合理性为必要的代价。① 按照这种形式理性的刑法思维方式，对于法律没有规定的行为，不予定罪处刑是理所当然的。从罪刑法定原则的形式理性，可以合乎逻辑地引申出罪刑法定原则的限制机能。这里的限制机能，主要是指对司法机关入罪的限制，即那些法律没有规定的行为，即使具有社会危害性，也不能入罪。应当指出，罪刑法定原则的限制机能，是对入罪的限制，但对于出罪并不限制。罪刑法定原则的限制机能体现了其所具有的人权保障价值，是罪刑法定原则的应有之义。

对于实质上值得科处刑罚但缺乏形式规定的行为，按照实质解释论的立场，应当在不违反民主主义与预测可能性的原理的前提下，对刑法作扩大解释。张明楷教授指出：“就一个行为而言，其离刑法用语核心含义的距离越远，被解释为犯罪的可能性就越小。所以，不能只考虑行为与刑法用语核心含义的距离远近，也要考虑行为对法益的侵犯程度；因此，处罚的必要性越高，对与刑法用语核心含义距离的要求就越缓和，作出扩大解释的可能性就越大。”② 对于以上论述，可以从三个方面进行分析。

首先，法律的明文规定是否可以分为实质规定与形式规定？这个问题的引申含义是：缺乏形式规定是法律有规定还是没有规定？法律规定是以文本为载体的，而法律文本是一种规范性文本，因此，法律规定的文本又是通过语言与逻辑完成的。法律是否有规定的问题，就是一个某一行为是否为法律文本的语言或者逻辑所涵摄的问题。就此而言，法律规定只有显形规定与隐形规定之分。凡是为法律文本的字面所记载的，就可以说是法律有显形规定。凡是法律文本的字面所未能载明，但为其逻辑所包含的，就可以说是法律有隐形规定。无论是显形规定还是隐形规定，都是法律的明文规定。这是没有疑问的。那么，何谓法律的形式规定？显然，形式规定是相对于实质规定而言的。就文义本身而言，形式是指现象，而实质是指现象背

① 参见陈兴良：《罪刑法定主义》，34 页，北京，中国法制出版社，2010。

② 张明楷：《罪刑法定与刑法解释》，68～69 页，北京，北京大学出版社，2009。

后的根据。在形式与实质相对应的情况下，实际上已经预设了贬褒，即：形式是表面的东西，而只有实质才是决定事物性质的东西。依此推理，所谓形式规定就是法律的明文规定。而没有形式规定，就是指没有法律的明文规定。与此相对应，所谓实质规定就是虽然没有法律的明文规定，但根据行为性质应当予以入罪的情形。这里的行为性质，就是指处罚必要性。基于处罚必要性的实质考量，而将法律没有规定的行为予以入罪或者加重罪责，就是实质解释论的必然结论。

其次，如何确定可能语义的边界？任何用语都存在核心含义与边缘含义，当某一行为处于用语的核心地带的时候，该行为为某一用语所涵摄。这是没有问题的，关键在于，当某一行为处于用语的边缘的时候，该行为是否为某一用语所涵摄。就要看是否超出可能语义的边界，而该可能语义的边界是先在的、客观的，并且是可以确定的。但是，按照张明楷教授的观点，可能语义的边界并不是先在的、客观的，而是取决于处罚必要性的大小：当处罚必要性较大的时候，可能语义的边界就越远；当处罚必要性较小的时候，可能语义的边界就越近。这种可能语义边界的可伸缩性，也是实质解释论的一个特色。

最后，如何看待扩大解释？扩大解释是相对于缩小解释而言的，扩大与缩小是以某一用语的核心语义为基准的：将某一用语的语义缩小为比核心语义更小，就是缩小解释；将某一用语的语义扩大为比核心语义更大，就是扩大解释。与缩小解释和扩大解释相对应的是平义解释：以核心语义解释某一用语，既不缩小也不扩大。因此，无论扩大解释如何扩大，其解释都不能超出可能语义的边界。目前刑法学界一再讨论扩大解释与类推解释之间的关系，并认为这是罪刑法定原则中的一个重要问题。笔者认为，类推解释可以行扩大解释之名，但超出可能语义边界的所谓扩大解释并不都是类推解释。类推解释是指基于类似关系所作的解释，将与法律规定的内容具有类似关系但已经超出可能语义边界的行为解释为法律已有明文规定。这个意义上的类推解释，就已经超出可能语义边界而言，已经不是扩大解释而是类推解释。如果将已经超出可能语义边界的行为解释为法律已有明文规定，但该行为与法律规定的内容之间并没有类似关系，则不仅不是扩大解释，也不是类推解释。就此而言，对于扩大解释与类推解释的关系不能认为是非此即彼的关系：套用“出礼入刑”的句式，就是出扩大解释入类推解释。其实不然。对被告人不利的扩大解释并不违反罪刑法定原则，因为没有超出可能语义的边界。但是，如何把握可能语义的边界确是一个较为疑难的问题。过分强调处罚必要性，可能消解可能语义的边界。

在实质解释论中，处罚必要性始终是一个极为强势的概念，它以一种实质合理性的名义在很大程度上主导着解释的方向，这也就潜藏着突破可能语义边界的危险。例如，我国刑法第263条关于抢劫罪的规定，将冒充军警人员抢劫的作为法定的加重处罚事由。如何理解这里的“冒充军警人员抢劫”？一般都认为，非军警人员假冒军警人员抢劫的，就是这里规定的“冒充军警人员抢劫”。但是，张明楷教授认为，真正军警人员抢劫的，也应适用刑法第 263 条关于冒充军警人员抢劫的规定。其理由如下："从实质上说，军警人员显示其真实身份抢劫比冒充军警人员抢劫，更具有提升法定刑的理由。因为，刑法将'冒充军警人员抢劫'规定为法定刑提升的条件，主要是基于两个理由：其一，由于军警人员受过特殊训练，其制服他人的能力高于一般人，故冒充军警人员显示军警人员身份抢劫给被害人造成的恐怖心理更为严重，因而易于得逞。其二，冒充军警人员抢劫，会严重损害国家机关的形象。然而，真正的军警人员显示军警人员身份抢劫时，同样具备这两个理由。而且，非军警人员抢劫后，由于被害人及其他人事后得知行为人的真相，可以挽回国家机关的形象；而真正的军警人员抢劫，对国家机关形象的损害更为严重。既然如此，对真正的军警人员显示军警人员身份抢劫的，应当比冒充军警人员抢劫的，受到更为严厉的制裁。由此可见，根据举轻以明重的当然解释原理，对真正的军警人员抢劫适用'冒充军警人员抢劫'的规定，具有实质上的合理性。"① 在此，张明楷教授提到了当然解释。对于当然解释，笔者在前文已经论及。无论是举轻以明重还是举重以明轻，都以实质合理性为依归。当然解释与罪刑法定原则的关系，比类推解释与罪刑法定原则的关系更为复杂。首先涉及的一个问题就是，当然解释是否以法律没有明文规定为前提。对此，张明楷教授指出："当然解释（当然推理），也是以刑法没有明文规定为前提的。亦即，在所面临的案件缺乏可以适用的法条时，通过参照各种事项，从既有的法条获得指针，对案件适用既有法条的一种解释。"② 按照以上理解，当然解释是对于法律没有明文规定的行为，依照当然解释而予以入罪。既然是法律没有明文规定，又怎么能够通过法律解释的方法而以犯罪论处呢？这难道不是与罪刑法定原则相矛盾吗？其实，当然解释可以分为两种情形：一是事理上的当然解释，二是逻辑上的当然解释。就前者而言，是以法律没有明文规定为前提的，因而是违反罪刑法定原则的。但就后者而言，是为法律规定所涵摄的，并非法律没有规定。因此，按照逻辑上的当然解释入罪，并不违反罪刑法定原则。如果对当然解释不加以区分，以事理上的当然解释为即所谓事物的本质作为入罪解释的根据，笔者认为显然是不妥的，为罪刑法定原则所禁止。

对于真正的军警人员显示军警人员身份抢劫，是否应当加重处罚？这是一个立法上应该考虑的问题。至于能否通过解释的方法予以论处，要看能否为法律规定所涵摄。具体地说，就是要看刑法第 263 条所规定的"冒充"能否分别解释为假冒与充当。因为张明楷教授认为非军警人员冒充军警人员抢劫的是所谓假冒，而真正的军警人员显示军警人员身份抢劫的则是充当。③ 但是，这种解释显然是超出了冒充一词的可能语义的边界。在此，首先需要进行的是以语义分析为内容的文理解释。

① 张明楷：《刑法分则的解释原理》，2 版，67 页，北京，中国人民大学出版社，2011。

② 张明楷：《刑法学中的当然解释》，载《现代法学》，2012（4）。

③ 参见张明楷：《刑法学》，4 版，864 页，北京，法律出版社，2011。

显然，文理解释只能将冒充解释为假冒而不能包括充当。① 在这种情况下，通过衡量非军警人员假冒军警人员抢劫与真正的军警人员显示军警人员身份抢劫的轻重，采用举轻以明重的当然解释方法予以入罪，就涉及是否超出可能语义的边界的问题。就此而言，笔者认为是一种事理上的当然解释而非逻辑上的当然解释，因此已经超出了可能语义的边界。

三、消极的罪刑法定与积极的罪刑法定

消极的罪刑法定与积极的罪刑法定是一个极具中国特色的命题，是我国学者基于对我国刑法第3条关于罪刑法定原则规定的解读而得出的结论。

罪刑法定主义的基本含义是“法无明文规定不为罪，法无明文规定不处罚”。我们往往把这一含义中的前半句称为犯罪的法定性，把后半句称为刑罚的法定性。因此，罪刑法定主义是指犯罪的法定性与刑罚的法定性之统一。“法无明文规定不为罪”是罪刑法定主义的基本含义。在狭义上，罪刑法定主义都是指“法无明文规定不为罪”。但“法无明文规定不处罚”是“法无明文规定不为罪”的必要补充。因为在某些情况下，即使刑法明文将某一行为规定为犯罪，但这一规定是在行为发生以后时，同样不能对该行为加以处罚。不仅如此，在法律加重既有犯罪的法定刑的情况下，只有根据“法无明文规定不处罚”的原则，才能禁止加重的刑法溯及既往。对于以上两者之间的关系，德国学者罗克辛曾经指出：“‘没有法律就没有犯罪’这个原理通过‘没有法律就没有刑罚’（法无明文规定不处罚）这个公式得到补充。在这里指的是：不仅一种确定的举动行为是否应受刑事惩罚的情形，必须在这个行为实施前在法律中加以规定，而且刑罚的种类和其可能的严厉程度，也必须在行为实施前在法律中加以规定。”② 因此，只有结合以上两个方面，才能完整地理解罪刑法定主义。当然，不可否定的是，“法无明文规定不为罪”是罪刑法定主义的基本含义。从世界各国刑法关于罪刑法定原则的立法规定来看，尽管具体表述有所不同，但基本上都是采用“法无明文规定不为罪”这样一种反向的句式来规定罪刑法定原则。然而，我国刑法对罪刑法定原则的规定采取了一种极为特殊的表达句式。我国刑法第3条规定：“法律明文规定为犯罪行为的，依照法律定罪处刑；法律没有明文规定为犯罪行为的，不得定罪处刑。”我国学者正是根据这一规定，得出了罪刑法定原则可以分为消极的罪刑法定与积极的罪刑法定的命题。

我国刑法关于罪刑法定原则的规定可以明显地分为前后两段，我国学者何秉松教授将前段称为积极的罪刑法定原则，将后段称为消极的罪刑法定原则。③ 应该说，积极规定与消极规定这一概括是恰当的，但对于所谓积极的罪刑法定原则如何

① 参见程红：《形式解释论与实质解释论对立的深度解读》，载《法律科学》，2012（5）。

② ［德］克劳斯·罗克辛：《德国刑法学总论》，第1卷，王世洲译，78页，北京，法律出版社，2005。

③ 参见何秉松主编：《刑法教科书》（上卷），63页，北京，中国法制出版社，2000。

理解则是值得商榷的。那么，什么是积极的罪刑法定原则呢？我国有学者认为，积极的罪刑法定原则是从扩张刑罚权的方面，积极地运用刑罚，惩罚犯罪，保护社会。① 因此，积极的罪刑法定原则是倾向于扩张刑罚权的，它与倾向于限制刑罚权的消极的罪刑法定原则是对应的。积极的罪刑法定与消极的罪刑法定这样一种说法，在我国刑法学界受到一些学者的肯定，认为这是从刑法第3条的文字表述中引申出来的结论。例如，曲新久教授指出："罪刑法定的历史以及蕴含于历史之中的防止刑罚权滥用以保障人权的意义告诉我们，罪刑法定原则显然不包括所谓的积极的罪刑法定原则。但是，我国刑法学界一些刑法学教科书借此否定我国《刑法》第3条关于罪刑法定的观点，则是不妥当的。从刑法解释学上讲，《刑法》第3条明显是将罪刑法定原则区分为两个基本方面，即积极的罪刑法定和消极的罪刑法定，这是《刑法》第3条的实然状况。我们可以说立法者误读历史，错误地表述了罪刑法定原则，可以批评、嘲讽这一规定，可以建议修改这一违反逻辑的规定。但是，无论是作为立法者的原意解释，还是作为法律的文本解释，既不可以混淆应然与实然，是什么就是什么，也不可以闭起眼睛假装没有看到第3条前半部分的规定。"② 曲新久教授的这一论述是认同积极的罪刑法定与消极的罪刑法定的命题的。诚然，在积极的罪刑法定与消极的罪刑法定之间的关系上，即使是在主张积极的罪刑法定与消极的罪刑法定命题的学者之间，其观点也并不相同。

对于所谓积极的罪刑法定与消极的罪刑法定之间的关系，我国学者何秉松教授作了以下阐述："从这个意义来说，正确运用刑罚权，惩罚犯罪，保护人民，这是第一位的；而防止刑罚权的滥用，以保障人权，则是第二位的。但是两者都是非常重要的，二者是密切联系，不可分割的。"③ 根据何秉松教授的这一论述，对于积极的罪刑法定与消极的罪刑法定这两者而言，积极的罪刑法定是更为重要的，应该放在第一位。尽管曲新久教授承认存在积极的罪刑法定原则与消极的罪刑法定原则之分，但在两者的关系上，曲新久教授认为，积极的罪刑法定原则和消极的罪刑法定原则是对立统一的关系。尤其注意以下这段话："当罪刑法定原则的积极方面与消极方面发生冲突的时候，也就是刑法的社会保护机能与人权保障机能之间出现对立的时候，应当以罪刑法定的那个消极方面为优先考虑，在此前提下寻求个人自由与社会秩序的统一。"④ 显然，在曲新久教授看来，在积极的罪刑法定原则与消极的法定原则的关系上，并非积极的罪刑法定是第一位而消极的罪刑法定是第二位的；恰恰相反，在两者发生冲突的情况下，消极的罪刑法定原则的价值优先于积极的罪刑法原则的价值。只有在不发生冲突的情况下，两者的价值才是相同的。

依上文所言，积极的罪刑法定原则是要为司法机关扩张刑罚权提供法律根据，只要刑法规定为犯罪的，就应当追究，定罪处刑，即所谓有罪必罚，否则，就是有

①② 参见曲新久：《刑法学》，35页，北京，中国政法大学出版社，2004。

③ 何秉松主编：《刑法教科书》（上卷），67页，北京，中国法制出版社，2000。

④ 曲新久：《刑法学》，36页，北京，中国政法大学出版社，2004。

法不依、执法不严。那么，如今的刑事和解，难道不正是在一定条件下的有罪不罚吗？这样说来，刑事和解是违反积极的罪刑法定原则的。积极的罪刑法定原则难道真是一条错误的法律？笔者认为，在一定意义上说，法律本身无所谓对错，关键是如何解释。其实，积极的罪刑法定与消极的罪刑法定是一种反向解释。对此，有学者指出："法无明文规定不为罪"的反向解释是，"只有法律才能规定犯罪"；"法无明文不处罚"的反向解释是，"只有法律才能规定刑罚"。其核心内容在于禁止没有法律规定的处罚，保障个人不受法外之刑。而如果把"法无明文规定不为罪，法无明文规定不处罚"的反向解释理解成"必须用法律对犯罪作出规定，必须对犯罪作出处罚"，则是对罪刑法定原则的错误理解，因为这种理解强调了对刑罚权的促进，而不是限制，实际上等于剔除了罪刑法定的内核，而只保留了"罪刑法定"的皮囊。① 应该说，这一解读是合理的。当然，所谓积极的罪刑法定是对一般意义上的罪刑法定，也就是所谓消极的罪刑法定的另一种反向解释，这也是不可否认的。关键问题在于，积极的罪刑法定是否符合法律文本的含义。那么对所谓积极的罪刑法定原则究竟应当如何评判呢？我们先来看一下立法机关对此的解释："本条规定的罪刑法定的内容有两个方面：一方面是只有法律将某一种行为明文规定为犯罪的，才能对这种行为定罪处刑，而且必须依照法律规定定罪处刑。另一方面，凡是法律对某一种行为没有规定为犯罪的，对这种行为就不能定罪判刑。这是一个问题的两个方面。"② 那么，如何理解这里的"一个问题的两个方面"呢？我们再来看一下执笔撰写这一条文的郎胜（时为全国人大法工委刑法室副主任，现为全国人大法工委副主任）的说法："其实，我前面讲话的时候，并不很赞成将《刑法》第 3 条前半句理解为积极意义上的罪刑法定原则，为什么呢？因为如果按照积极意义上的罪刑法定和消极意义上的罪刑法定，那么罪刑法定应当这样表述：法律明文规定为犯罪的，应当定罪处刑；法律没有明文规定的，不得定罪处刑。这样，才能说前半句是积极的，后半句是消极的。而我国《刑法》第 3 条前半句恰恰讲的不是这个，而讲的是法律明文规定为犯罪行为的，依照法律定罪处刑，因此，它强调的是'依法'，而不是所谓的积极意义上的'应当'。"③ 以上是郎胜对我提出的关于如何正确理解刑法第 3 条规定问题的一个解答。因此，"法律明文规定为犯罪的，依照法律定罪处刑"的含义是指："只有法律明文规定为犯罪行为的，才能依法定罪处刑。"这一含义与后半段相比，是完全相同的，都是为了限制国家的刑罚权。当然，这一条文的表述如果作以下调整，也许更为明确："法律没有规定为犯罪行为的，不得定罪处罚；法律明文规定为犯罪行为的，依照法律定罪处刑。"由此可见，我国刑法关于罪刑法定原则的表述虽然不同于其他国家，但其基本精神是完全一致

① 参见周少华：《刑法理性与规范技术——刑法功能的发生机理》，266 页，北京，中国法制出版社，2007。

② 胡康生、郎胜主编：《中华人民共和国刑法释义》，3 版，4 页，北京，法律出版社，2006。

③ 张军等：《刑法纵横谈》（总则部分修订版），19 页，北京，北京大学出版社，2008。

的，即通过限制国家刑罚权，尤其是司法机关的定罪量刑权，来保障公民个人的权利与自由。

所谓积极的罪刑法定之所以不能被认同，笔者认为，其最大的问题是会对罪刑法定原则产生误读。这种误读在我国司法实践中本来就已经存在，这就是“出罪需要法律规定”。罪刑法定原则的“法无明文规定不为罪”也可以解读为“入罪需要法律规定”。这也是所谓消极的罪刑法定的应有之义。那么，能否将与之相对应的“出罪需要法律规定”也视为罪刑法定原则的内容呢？笔者的回答是否定的。概言之，出罪根本就不需要法律根据。正如有学者指出：“入罪必须法定，出罪无须法定，这是本书一贯强调的理念，也是世界各国刑法实践所一致赞同的。例如，超法规的违法阻却事由，即是没有法律规定却能出罪的范例。而作为罪刑法定的派生原则的禁止类推，也只是禁止不利于被告人的类推（即入罪类推），而允许有利于被告人的类推（即出罪类推）。因此，法定原则，亦即只有法有明文规定才可作出有效裁判的原则，只是限制入罪判断的原则，而不是限制出罪判断的原则。”① 对于这一观点，笔者是完全赞同的。在此，有学者论及出罪事由的法定性与非法定性，例如，所谓超法规的正当化事由就是一种非法定性的出罪事由。我国刑法规定了某种出罪事由，这是法定的出罪事由，包括正当防卫、紧急避险等法定的违法阻却事由，是有法律明文规定的。但除了法定的出罪事由以外，还存在非法定的出罪事由。可以说，出罪事由是一个开放性的体系。

如前所述，罪刑法定原则中“法无明文规定不为罪”，不能反向解读为“法有规定即为罪”。这里涉及对“法”的理解、对“明文规定”的理解以及对“罪”的理解。这里的“法”是指刑法，但刑法可以分为总则与分则。那么，罪刑法定主义的法定是指整个刑法包括总则与分则的规定呢还是仅指刑法分则的规定？这里的“明文规定”，是指对犯罪成立的全部要件的规定呢还是指对犯罪成立的构成要件的规定？换言之，“法无明文规定不为罪”中的“罪”是指构成要件意义上的犯罪还是指构成要件、违法、有责意义上的犯罪？当然，以上三个问题存在直接的关联性。对于这些问题，需要从罪刑法定原则的起源说起：

罪刑法定主义的起源一般都追溯到费尔巴哈，费尔巴哈将罪刑法定主义称为刑法的最高原则。这一原则又可以分为三个从属原则，这就是：无法无刑（法无明文规定不处罚）；无法无罪（法无明文规定不为罪）；有罪必罚。② 虽然这一论述还是标语口号式的，但已经具备了罪刑法定主义的雏形。尤其是，费尔巴哈在解释无法无罪时指出：“法律规定对特定的行为给予刑罚威慑，是法律上的必要的前提条件。”而这一特定行为特征的整体，或者包含在特定种类的违法行为的法定概念中的事实，叫作犯罪的构成要件。费尔巴哈指出：“客观的可罚性取决于犯罪构成要

① 方鹏：《出罪事由的体系与理论》，306页，北京，中国人民公安大学出版社，2011。

② 参见［德］冯·费尔巴哈：《德国刑法教科书》，14版，徐久生译，31页，北京，中国方正出版社，2010。

件是否存在，而具体法律的适用则取决于拟适用法律已将其作为法律后果的条件加以规定的构成要件的特定事实。”① 在此，费尔巴哈将刑法的明文规定与构成要件相勾连，使我们体会到其所称刑法的明文规定是指刑罚法规，即刑法分则条文，也就是中国古代刑法所称之正条，是对特定行为的构成要件的规定。但是，在费尔巴哈时代构成要件的概念并没有成熟，因此，罪刑法定主义与构成要件之间的关联也处在晦暗不明的状态。及至贝林，将构成要件确定为犯罪类型的指导形象，构成要件于罪刑法定主义的保障功能才得以明确。所谓刑法的明文规定，实际上就是对构成要件的规定。而这种规定是通过刑法分则完成的，因为构成要件本身就是一个分则性的概念。贝林的构成要件并非直接等同于犯罪类型，而是犯罪类型的指导形象；它虽然不能直接等同于犯罪，但却是犯罪成立的前置性要件。因此，贝林指出：“法定构成要件就被证实为刑法的根源概念，其他刑法概念无一例外地都发源于这一概念，没有它，其他概念根本就不能得出确定的、最终有效的刑法性结论。”② 贝林在这里所说的法定构成要件就是构成要件，其法定是指刑法分则的规定。贝林将构成要件描述为客观的、叙述性的犯罪图景，这是在第一个阶层上的犯罪，也是犯罪的基础。正是构成要件成为罪刑法定主义的明文规定的载体，从而为罪刑法定主义的实现提供了保障。因此，罪刑法定主义之所谓法律的明文规定，是指刑法分则对构成要件的规定，而不是对犯罪成立的全部要件的规定。在这个意义上的犯罪，是指具备构成要件的行为。在这个意义上，罪刑法定主义的“无法，则无罪”也可以表述为“没有构成要件，则没有犯罪”。但不能反过来说，“有法，则有罪”。因为，具备构成要件的行为是否构成犯罪，还要看是否具备犯罪成立的其他两个阶层的要件，即违法性与有责性。

四、罪刑法定主义的派生原则

罪刑法定主义的价值蕴含对于正确地理解罪刑法定主义具有重要意义。但价值蕴含本身还是较为抽象的，仅此还不能全面地掌握罪刑法定主义的内容。为此，我们还应当对罪刑法定主义进行一种规范的考察，更为具体地掌握罪刑法定主义的精神实质。罪刑法定主义的派生原则，就是从罪刑法定主义中引申出来，对刑法具有指导意义的一些操作规则，它可以使我们全面地理解罪刑法定主义。在刑法理论上，一般认为罪刑法定主义具有以下四个派生原则：

（一）禁止类推及类推解释：严格的罪刑法定

罪刑法定主义的首要含义是禁止类推，可以说，在罪刑法定主义与类推之间是存在逻辑上的矛盾的。

① ［德］冯·费尔巴哈：《德国刑法教科书》，14版，徐久生译，83页，北京，中国方正出版社，2010。
② ［德］恩斯特·贝林：《构成要件理论》，王安异译，12页，北京，中国人民公安大学出版社，2006。

类推是一种法律适用方法，从一开始它就是为弥补成文法之不足而发明出来的，它的存在使成文法成为一种开放的规则体系。“有法者以法行，无法者以类举”（《荀子》）。在很大程度上，类推扩大了成文法的涵扩面，它使法律不仅适用于法律有明文规定的案件事实，而且适用于法律没有明文规定但与法律规定之间具有最相类似的关系的案件事实。依法处理是建立在法律规定与案件事实之间在内容上具有同一性的基础之上的，而类推是建立在法律规定与案件事实之间在内容上具有类似性的基础之上的。在我国古代，类推是一种在刑法中广泛适用的制度，它以“比附援引”的形式存在。中国古人早就认识到了成文法的局限性，指出：“法之设文有限，民之犯罪无穷，为法立文，不能网罗诸多，民之所犯不必正与法同，自然有危疑之理。”① “先王立法置条，皆备犯事之情也。然人之情无穷，而法之意有限，以有限之法御无穷之情，则法之不及人情也。”②

正是为了弥补成文法的不足，我国古人才创制了刑法中的类推制度。例如《唐律》中就有以下规定：“诸断罪无正条，其应出罪者则举重以明轻，其应入罪者则举轻以明重。”

上述规定针对的是在法无正条情况下，如何定罪的问题。按照现代的罪刑法定主义，法无明文不为罪，既然法无明文当然就不应该定罪。但《唐律》规定：法无明文并非皆为无罪，而是要进行轻重相比：若重行为被法律规定为无罪的，则轻行为亦无罪，即出罪者举重以明轻；若轻行为被法律规定为有罪的，则重行为亦有罪，即入罪者举轻以明重。这一规定本身在很大程度上扩张了犯罪的外延，显然是不利于国民的。

在民法或其他部门法中，类推还被认为是一种正当的法律适用制度。诚实信用是民法的基本原则，该原则就具有“成文法局限性之克服”的功能。那么，民法基本原则如何克服成文法的局限性呢？我国学者徐国栋揭示了民法基本原则的功能，其中之一是授权司法机关进行创造性的司法活动，指出：“民法基本原则的不确定规定和衡平性规定性质，具有授权司法机关进行创造性司法活动的客观作用，民法基本原则中的法律补充原则，更是直接授予司法机关在一定范围内创造补充性规则的权力。通过这些途径，民法基本原则起到克服法律规定的有限性与社会关系的无限性的矛盾、法律的相对稳定性与社会生活的变幻不居性的矛盾、法律的正义性与法律具体规定在特殊情况下适用的非正义性的矛盾的作用。”③

因此，民法基本原则为类推适用提供了法律根据，类推对民法起到补充性作用。刑法却与之不同，罪刑法定主义是绝对禁止类推的，它严格禁止将法无明文规定的行为入罪。之所以如此，主要是由刑法的性质所决定的：刑法涉及对公民的生

① 孔颖达疏：《左传·昭公六年》

② 佚名：《别本刑统赋解》，载《枕碧楼丛书》，13页。

③ 徐国栋：《民法基本原则解释——成文法局限性的克服》，增订本，17页，北京，中国政法大学出版社，2004。

杀予夺，因此必须要有法律的明文规定，否则，将使公民的个人权利和自由处于一种十分危险的境地。

罪刑法定主义不仅禁止类推，而且禁止类推解释。类推解释是一种解释方法，它和类推的逻辑是相同的，把法无明文规定但与法律规定最相类似的情形解释为法律规定，由此而扩大了法律规定的蕴含。类推解释比类推更甚，类推还是承认适用类推是以法律没有明文规定为前提的，而类推解释则通过解释方法使法无明文规定的情形转化成法有明文规定的情形。扩张解释是被允许的，但如何区分扩张解释与类推解释，本身就是一大难题①，以至于有人说，表面上禁止类推解释，实际上是在扩张解释的名义下悄悄地进行类推解释。例如，德国学者耶塞克、魏根特指出："法律的意思只能从条文的词义中找到。条文的词义是解释的要素，因此在任何情况下，必须将'可能的词义'视为最宽的界限。该界限的另一端是什么意思，已经是法适用问题，已不能从方法上再称之为解释。从法治国家理念出发，可能的词义标准是不可缺少的，因此他提供了唯一的在客观上可检验的特征，而该特征可从能达到的可靠性上来加以认识，由此使得法官对自己创造的法律开始负责任。"②

上述德国学者以"可能的语义"作为法律允许的解释与法律不允许的类推解释之间的界限。但是，德国学者考夫曼却认为"可能的语义"本身就是类推，指出："超过'扩张的'、'客观目的论'的解释及主要是'可能的字义'范围时，我们便进入了一个与类推相差无几的制定法的扩张中。'可能的字义'无非就是类推，它只是法律适用者虚拟的一个另类名称，以免触及刑法上的禁止类推。当人们将盐酸视为'武器'时，其实我们已经进入禁止的类推中了。"③

因此，考夫曼是主张类推解释的，认为类推解释并不必然与罪刑法定主义相违背。当然，考夫曼是把类推作为一种通过对比进行推理的方法，即类比推理。尤其是考夫曼对语义解释作了严格的限制，因此，对考夫曼的类推主张我们不必大惊小怪。另外，德国的通说是以"可能的语义"作为区分扩张解释与类推解释的标准，不能为"可能的语义"所涵括的，就是超出了法律的界限。相对来说，德国的法律解释的界限是较为严格的。这可能与德语有关。例如，德国学者罗克辛曾经以下面的例子来说明"法律没有规定就没有犯罪的原理"：人们在 1871 年刑法典公布时，还不认识自动售货机，当自动售货机出现时，有些人就对这种机器（例如投币电话机或投币称重器）的设立者造成了损害。他们向投币口投入的不是真正的硬币，而是与硬币形状类似的金属片，用这种不花钱的方式来使自动售货机为自己服务。但

① 关于扩大解释与类推解释的区分，参见郑泽善：《刑法总论争议问题比较研究Ⅰ》，18～34 页，北京，人民出版社，2008。

② ［德］汉斯·海因里希·耶赛克、托马斯·魏根特：《德国刑法教科书（总论）》，徐久生译，197 页，北京，中国法制出版社，2001。

③ ［德］考夫曼：《法律哲学》，刘幸义等译，74 页，北京，法律出版社，2004。

是这些人是不能受到刑事惩罚的。因为根据第 263 条的原文文字，诈骗罪的行为构成是以引起错误和维持错误为条件的，而一个机器是不可能被骗的。①

罗克辛认为，在上述自动售货机的案件中，就不能类推适用诈骗罪的条文进行刑事惩罚，而只能宣告行为人无罪。但这些行为为什么不能被认定为盗窃罪呢？这是令人疑惑的。当然，德国刑法典第 265 条 a 增加了滥用自动机器的条文来解决这个问题。又如，关于窃电的问题，1900 年德国帝国法院的判决拒绝了将未经许可使用电力能源的行为作为盗窃（第 242 条）加以惩罚，因为电是不能成为（物质性的）物品的。② 为什么电不被解释为“财物”呢？对此，鲍曼（Baumann）指出：对德国刑法第 242 条中“物”（Sache）的概念，不可以作一个宽泛到可以包含电能的解释。以大众对于德文语词“sache”的日常使用来说，如果要说“sache”包括电，会是一个相当罕见的用法。因此，如果当初帝国法院将电视为一种物质标的，那么现在物的概念将会模糊到漫无边际的地步。③ 但在法国刑法中，窃电的问题就是通过判例加以解决的。1810 年《法国刑法典》在规定对盗窃罪进行惩处时，并未对直接与电力公司的输电网进行搭接连线进行“偷电”的行为作出规定，但判例并没有因此而对采取这些方法窃电的人不适用《法典刑法典》第 379 条的规定，并且法院认为“电是一种可以占有的动产物品”。对此，法国法院还认为，使用金属投币或塑料投币的行为，被看成是实现诈骗而采用的欺诈手段。④ 对此，法国学者指出：“刑法‘严格解释原则’并不强制刑事法官仅限于对立法者有规定的各种可能的情形适用刑法。只要所发生的情形属于法定形式范围之内，法官均可将立法者有规定的情形扩张至并无规定的情形。”⑤

从上面德国与法国之间的对比，我们可以看出其间的差距何其之大。这到底是罪刑法定主义的观念上的差别所致，还是德语与法语之间的差别所致，无从得知。

（二）禁止习惯法：书面的罪刑法定

罪刑法定主义是以成文法为前提的。没有法律就没有犯罪，也就没有刑罚。这一格言中的法律，都是指成文法，这是没有疑问的。因此，罪刑法定主义应当是书面的罪刑法定。当然，罪刑法定主义以成文法为前提并不意味着只要有成文法就有罪刑法定主义。因为罪刑法定主义是以限制国家刑罚权、保障公民个人的权利和自由为精神的，因而在我国封建社会虽然存在十分发达的成文法，但不能认为存在罪刑法定主义。

① 参见［德］克劳斯·罗克辛：《德国刑法学总论》，第 1 卷，王世洲译，78 页，北京，法律出版社，2005。

② 参见上书，86 页。

③ 参见徐育安：《刑法上类推禁止的生与死》，122 页，台北，元照出版有限公司，1998。

④ 参见［法］卡斯东·斯特法尼等：《法国刑法总论精义》，罗结珍译，143 页，北京，中国政法大学出版社，1998。

⑤ 同上书，143 页。

书面的罪刑法定是排斥习惯法的。习惯法是在人类社会生活中形成的一种不成文的社会规则，由此可见，习惯法是与国家制定的正式法相对应的。它具有约定俗成的性质，并且具有不成文性，是书写在社会生活中的法律。而且，地域、民族、风俗不同，习惯法的内容也会有所不同，甚至各个行业也具有自己的习惯法。例如，我国学者认为中国传统社会的习惯法可以分为依靠宗法家族而形成的宗族习惯法，基于地缘关系形成的村落习惯法，依据神权而形成的宗教寺院习惯法，由于业缘关系而形成的行业习惯法和行会习惯法，依据秘密社会组织而形成的秘密社会习惯法，以及在少数民族中通行的少数民族习惯法。① 由此可见，习惯法具有分散性的特征。应当指出，习惯法在其他部门法，尤其是在民法中，可以作为国家制定法的补充，在民事司法中作为补充性的法源，但在刑法中则是被排斥的，即司法机关不得依据习惯法对一个人定罪处刑，因为在法治国家，习惯法不得被承认为刑法的法源。

在我国的现实生活中，虽然随着法治建设的进展，国家法律逐渐深入社会生活的各个方面，但是习惯法仍然在某些区域某种程度上存在着，这是不可否认的客观现象。其中，在少数民族地区，民族习惯法具有较强的生命力。例如，赔命价就是颇具代表性的一个例子。赔命价习惯法是生活在青藏高原地区的藏族、蒙古族、土族等我国部分少数民族习惯法的重要组成部分。赔命价又称作偿付杀人命价，是指发生杀人案件后，由原部落头人及其子弟、宗教人士出面调解，由加害人向被害人家属赔偿相当数额的金钱和财物，从而达到平息诉讼和免除刑罚处罚的方法。这种民族习惯法与汉族的“杀人者死”的观念是存在重大差别的，而我国刑法关于杀人罪的处罚是建立在“杀人者死”的思想基础之上的。在这种情况下，国家刑事制定法与民族习惯法之间就会发生冲突，因而出现了我国学者所称的双重司法的局面，即在受到刑法制裁的同时又受到民族习惯法的制裁。② 在这种情况下，如何看待罪刑法定原则与习惯法的关系，确实是一个值得深入研究的问题。

有学者对于罪刑法定主义框架下习惯法的机能释放进行了具有新意的探讨，认为习惯法在构成要件解释、违法性判断、有责性判断及刑罚量定等各个方面都存在正面的功能和价值。③ 对此，笔者是赞同的。此外，有学者还对民族习惯法与罪刑法定原则的关系作了以下具体论述，指出：“在罪刑法定原则下，民族习惯法的合理性主要表现在出罪方面。具体而言：当民族习惯法认为某一行为具有严重的社会危害性并应当受到刑罚处罚，而该行为依据国家刑事制定法并不成立犯罪时，不能依据民族习惯法将该行为确定为犯罪并判处刑罚；当民族习惯法认为某一行为不具有处罚的必要性与合理性或者虽然成立犯罪但处罚较轻，而该行为依据国家刑事制

① 参见高其才：《中国习惯法论》，12 页以下，长沙，湖南出版社，1995。

② 参见苏永生：《论罪刑法定原则与民族习惯法》，载《法制与社会发展》，2009（5）。

③ 参见杜宇：《重拾一种被放逐的知识传统——刑法视域中“习惯法”的初步考察》，175 页以下，北京，北京大学出版社，2005。

定法成立犯罪时，完全可以照顾民族习惯法的要求而进行非罪化或者轻罪化处理。”①

笔者认为，以上观点是完全正确的。我们不能将罪刑法定原则与习惯法绝对地对立起来，而是要在有利于被告人的原则之下，采信习惯法。在这个意义上说，罪刑法定主义之排斥习惯法，是指不得以习惯法作为入罪的根据。基于罪刑法定主义，对一个公民定罪，在任何情况下都必须遵循成文法。然而，以习惯法作为出罪根据，罪刑法定主义是并不排斥的。换言之，习惯法吸纳某些社会道德观念和日常生活规则，消解成文法的僵硬性，使一个案件的处理更加合乎情理这样一种出罪功能是值得肯定的，因为这种对成文法的消解作用是有利于被告人的，因而这个意义上的习惯法并不为罪刑法定主义所排斥。

（三）禁止事后法：事先的罪刑法定

罪刑法定主义要求对一个人定罪处刑必须依行为时生效的法律，即刑法不具有溯及既往的效力。在古代社会法律没有严格的形式与内容，因而具有极大的随意性。所谓言出法随、临事议制不预设法等，都是罪刑擅断的表现。在一个法治社会，法律对于公民来说具有可预见性，从而体现法的安定性。②

禁止事后法，首先是对立法权的一种限制。根据罪刑法定主义，立法机关不得制定事后法，即其立法对象是指向未然的行为，而非针对已然的行为。由此避免国家针对已经发生的行为制定暴虐的法律并暴虐地加以适用，从而侵犯公民个人的权利和自由。

禁止事后法，其次是对司法权的一种限制。根据罪刑法定主义，司法机关不得将法律适用于其生效以前的行为，即刑法不具有溯及既往的效力。现在世界各国都采用从旧兼从轻原则，我国亦不例外。所谓从旧兼从轻，是指刑法原则上不具有溯及力，即适用行为时法（旧法），但审判时法（新法）处罚更轻的，则适用审判时法，即在有利于被告人的前提下，有限度地承认刑法的溯及力。

我国的刑法溯及力问题稍微复杂一些。除了刑法的溯及力问题以外，还涉及司法解释的溯及力问题。根据 2001 年 12 月 7 日最高人民法院、最高人民检察院《关于适用刑事司法解释时间效力问题的规定》，因为司法解释是对具有法律效力的法律在具体应用时的解释，因而其本身不具有独立的效力，其效力适用于法律的施行期间；但对于新、旧司法解释，应当按照从旧兼从轻原则处理其效力问题。

（四）禁止不确定的刑法：确定的罪刑法定

禁止不确定的刑法，也称为刑法的明确性原则。罪刑法定主义要求刑法规定具有确定性，这里的确定性具有两层含义：一是构成要件明确，二是刑罚效果确定。

① 苏永生：《论罪刑法定原则与民族习惯法》，载《法制与社会发展》，2009（5）。

② 关于法不溯及既往原则的价值探讨，参见孙晓红：《法的溯及力问题研究》，60 页以下，北京，中国法制出版社，2008。

（1）构成要件明确，主要是指罪状明确。罪状是对犯罪构成要件的描述，也是定罪的直接依据。如果罪状不明确，将使犯罪成立条件模糊不清，因而容易出入人罪。例如，我国《唐律·杂律》关于“不应得为罪”的规定，可谓罪状不明确的典型：“诸不应得为而为之者，笞四十；（谓律、令五条，理不可为者）事理重者，杖八十。”［疏］议曰：“杂犯轻罪，触类弘多，金科玉条，包罗难尽。其有在律在令无有正条，若不轻重相明，无文可以比附。临时处断，量情为罪，庶补遗阙，故立此条。”

这一规定比类推更甚。类推还需有最相类似条文可以比附，而“不应得为罪”对那些不能类推的行为规定以犯罪论处。从这一规定可以看出，如果没有明确性的要求，罪刑法定主义只是一句空话。当然，罪状的明确也是相对的，禁止不确定的刑法这一派生原则并不排斥在刑法中采用空白罪状、盖然规定等立法方式。当然，对于这些立法方式应当加以必要的限制，防止滥用。

（2）刑罚效果确定，主要是指法定刑的确定。法定刑的确定，是指禁止绝对不确定刑。法定刑有绝对确定、相对确定与绝对不确定之分：绝对不确定刑是指在刑法中没有对刑罚种类和幅度作出具体规定，而完全授权司法机关根据案情进行裁量。这种绝对不确定刑违反了罪刑法定主义，是应当禁止的。当然，罪刑法定主义也并不要求绝对确定的法定刑，而只要求相对确定的法定刑。相对确定的法定刑给司法机关的自由裁量留下了一定空间，因而为各国刑法所采用。

第七章

罪刑法定与刑法明确性

中国刑法第3条规定了罪刑法定原则："法律明文规定为犯罪行为的，依照法律定罪处刑；法律没有明文规定为犯罪行为的，不得定罪处刑。"在此，立法机关采用了"明文规定"这一措词。当然，明文（德文 geschrieben）与明确（德文 bestimmt）还是存在区别的。中国刑法中的罪刑法定原则首先解决明文的问题，在此基础上才能逐渐地解决明确性的问题。因此，中国刑法中的明确性是相对的，甚至其中还存在着大量盖然性规定，这在一定程度上与罪刑法定原则的明确性要求相抵触。本章在对中国刑法的明确性问题进行一般性论述的基础上，以刑法第225条第4项规定为中心，结合相关司法解释进行法理探讨。

一、刑法的明文与明确

中国1979年刑法规定了类推制度，对法无明文规定的行为，可以比照刑法分则最相类似的条文定罪处罚。由此可见，立法机关通过赋予司法机关以类推定罪的权力，弥补立法的不足，以便更为有效地惩治犯罪。由于刑法规定了类推制度，刑法的明文问题尚未得到有效解决，更遑论明确性问题。在这种情况下，刑法的明确性问题根本就没有受到应有的重视。及至1997年刑法修订，立法机关废除了类推制度，确立了罪刑法定原则，由此解决了明文的问题。在这种情况下，刑法的明确性问题开始提上了议事日程。

中国刑法第3条关于罪刑法定原则的规定，其目的在于限制刑罚权、保障人权。其基本内容与各国刑法关于罪刑法定原则的规定是相同的。中国立法机关认为，实行罪刑法定原则就要做到以下五点：（1）法不溯及既往；（2）不得类推；（3）对各种犯罪及其处罚必须明确、具体；（4）防止法官滥用自由裁量权；（5）司法解释不能超越法律。① 在以上罪刑法定原则的五个要求中，第三点就涉及刑法的明确性问题。由此可见，明确性是中国刑法第3条规定的罪刑法定原则的应有之义。

在中国刑法学界，刑法的明确性是一个受到广泛关注的问题。应当指出，中国刑法第3条关于罪刑法定原则的表述，采用的是明文一词，明文更注重形式意义，强调的是法律有规定，从而解决有法可依的问题。明确当然是以明文为前提的，但明文又不能等同于明确。有学者对明文与明确作了区分，指出：

> "明文"只是"明确"的前提，即使具备"明文"规定也并不意味着一定能够达到"明确"。因为即使刑法对构成要件作出了明文规定，但这种规定若在含义上是模糊的，人们无法据此判断行为后果，同样应认为是不明确的。在这个意义上讲，"明确"无疑比"明文"具有更高的要求。意大利刑法2001年

① 参见全国人大常委会法制工作委员会刑法室编：《中华人民共和国刑法条文说明、立法理由及相关规定》，6页，北京，北京大学出版社，2009。

草案第1条规定，任何人不得因未被行为前生效的法律明确规定为犯罪的事实而受处罚。这一规定将意大利现行刑法典第1条中的“明文”（espressamente）改为了“明确”（tassativamente）。①

当然，在意大利刑法学界，明确性（tassativita）与确定性（determinatezza）是分开的：前者的作用在于从刑法规范的内部限制犯罪构成的结构，并借此约束立法者表述刑法规范的形式；后者则是从刑法规范的外部限定犯罪构成的范围，目的在于防止司法者将抽象的法律规范适用于其应有的范围之外，因此，明确性强调在立法过程中，立法者必须准确表述刑法规范的内容；确定性则是指在司法过程中，法官对刑法规范不得类推适用。② 上述区分是否必要是可以讨论的。基本上来说，刑法的明确性本身不仅指法条表述明白确切，而且也具有法条内容确实固定之意蕴。因此，明确性可以包含确定性。当然，刑法的明确性究竟是立法原则还是同时也是司法原则存在不同观点，有学者认为刑法明确性具有立法原则与司法原则的双重属性。③ 但笔者认为，刑法明确性主要是对立法的要求。当然，刑法明确性会对司法裁判活动产生正面的、积极的影响，但不能由此认为刑法的明确性同时也是司法原则。至于意大利学者所说的法官对刑法规范不得类推适用，并不是明确性原则所要解决的问题，而是禁止类推原则的应有之义。

应该指出，《德国刑法典》第1条关于罪刑法定原则的规定，采用了明确（bestimmt）一词，该词作为动词使用，译为中文就是确定。在这个意义上，明确与确定是同义词。中国刑法并没有使用明确或者确定一词，而是使用明文一词，因此，对《德国刑法典》第2条的 bestimmt 一词如何汉译，中国有学者曾经专门撰文加以辨析。对于 bestimmt，中国学者中既有译为明文的，也有译为确定（即明确）的。中国有学者对以上两种译法作了比较，主张将 bestimmt 译为明确或确定，指出：

> 德语中并没有将明文与明确混为一谈，而是严格区分了各自的用法，德语中的明文有自己特定的表述方法，即 geschrieben，因此，明确的涵义无需明文来替代。可见，将 bestimmt 译为明文或者认为哪种译法均无所谓的观点，不仅背离了 bestimmt 的德语语法含义，而且也没有正确理解罪刑法定原则的明确性要求（明文不可能与构成要件的定型性机能相连接）与构成要件定型性机能直接的映射关系。④

① 杨剑波：《刑法明确性原则研究》，31页，北京，中国人民公安大学出版社，2010。

② 参见［意］杜里奥·帕多瓦尼：《意大利刑法学原理》（注评版），陈忠林译，24页，北京，中国人民大学出版社，2004。

③ 参见杨剑波：《刑法明确性原则研究》，49页，北京，中国人民公安大学出版社，2010。

④ 邵栋豪：《从明文到明确：语词变迁的法治意义：Beling 构成要件理论的考察》，载《中外法学》，2010（2）。

由此可见，中德之间的语言差异是客观存在的，但这并不妨碍透过语言表象对德国刑法的明确性思想的借鉴。可以说，目前中国刑法关于罪刑法定原则的规定虽然采用的是明文一词而非明确，但我们仍然可以将刑法的明确性要求纳入罪刑法定原则之中，并对此展开法理上的探讨。

明确性成为中国学者在讨论罪刑法定原则时的一个重要问题。例如，张明楷教授将明确性作为罪刑法定原则的实质侧面加以讨论，并从法治原则的高度确认其价值。① 当然，中国学者是在当前中国刑法尚未完全实现明确性要求这样一个背景下讨论明确性问题的，因此更强调刑法明确性原则的相对意义。有学者把刑法的明确性区分为绝对明确与相对明确，对绝对明确的观念进行了批判，认为，刑事立法永远不可能达到绝对明确，要求极度明确的刑法只可能是一种不切实际的幻想，动辄对刑法不明确提出批评是值得反思的。② 同时，这种观点还对刑法的相对明确性作了辩护与论证。在笔者看来，这当然是可以理解的。但也有学者在讨论刑法的明确性问题时，引入与明确性相对应的模糊性概念，指出：

> 在刑事立法中，既要以刑法规范的明确性为目标，又要注意充分利用和发挥刑法规范模糊性的积极功能，二者的协调与平衡是刑事立法的理想目标。任何一端的偏废都将导致立法效益的降低及法律功能的萎缩。这就要求我们在立法实践中必须努力谋求明确性与模糊性这两个彼此矛盾的力量之间的和谐与平衡。③

对于上述似是而非、模棱两可的观点，笔者难以苟同。从科学或哲学上说，明确性与模糊性本身的界限是难以划分的，因为明确性的另一半是模糊性。但在法律上，明确性与模糊性还是可以界分的，即使是相对明确，也还属于明确性的范畴。如果以明确性与模糊性的对立统一与互相转化之类庸俗的辩证法作为阐述明确性原则的根据，那必然陷于虚幻、失之荒谬。值得注意的是，以上观点是以科学上的模糊论作为理论根据的。④ 笔者认为，在科学上模糊论也许是能够成立并且具有适用范围与功用的，但不能将模糊论照搬到刑法学中来，正如王世洲教授指出：

> 刑法的本身的性质，要求刑法学应当是最精确的法律科学。含糊的刑法无异于否定罪刑法定原则以及否定刑法存在的价值。显然，最精确的刑法只能来自最精确的刑法学，因为刑法学是研究和构造刑法领域的思维方式的，刑法的条文乃至刑法典不过是这种思维方式的结晶，甚至司法判决也是自觉不自觉地

① 参见张明楷：《罪刑法定与刑法解释》，50页，北京，北京大学出版社，2010。

② 参见杨剑波：《刑法明确性原则研究》，72页，北京，中国人民公安大学出版社，2010。

③ 杨书文：《刑法规范的模糊性与明确性及其整合机制》，载《中国法学》，2001（3）

④ 关于模糊论在刑法学中的运用，参见杨书文：《复合罪过形式论纲》，134页，北京，中国法制出版社，2004。

运用这种或那种思维方式所得出的结论。很难想象，一个不严谨、不精确的思维方式能够产生和支持一部严谨、精确的刑法。①

所言甚是。

由此可见，在中国刑法学界，明确性原则本身就是一个有待明确的问题。如果不从观点上对关于明确性原则的模糊认识加以澄清，对刑法明确性的追求无异于缘木求鱼，终不可得。

二、立法方式与刑法明确性

应该说，1997 年中国刑法为实现刑法的明确性作出了重大努力，对犯罪予以更加明确具体的规定。然而，中国刑法在立法体例上采取了单一制，即试图将所有的犯罪行为都包含在刑法典中，建立一部统一的刑法典。从世界各国刑法的立法体例来看，除刑法典以外，还包括单行刑法和附属刑法。尤其是大量存在的附属刑法，为犯罪行为的具体规定提供了法律载体。但在中国刑法中，自 1997 年刑法修订以后，不再采用单行刑法与附属刑法的立法方式，只是通过颁布刑法修正案的方式对刑法进行修订。截至目前共通过 9 个刑法修正案。在如此少的法律条文中，立法机关要想把所有可能发生的犯罪都毫无遗漏地加以规定，显然是力不从心的。此外，中国目前正处于社会转型与经济转轨的剧烈变动时期，犯罪情势发展变化，使刑法相对于犯罪的变化具有一定的滞后性。在这种情况下，中国刑法对犯罪的规定难以做到完全的明确，而是有相当的概然性。在中国刑法中，以下三种立法方式与明确性的关系曾经引起讨论：

（一）空白罪状

空白罪状，相当于德国刑法学中的空白刑法规范。这里的刑法规范，是指刑罚法规，即刑法分则条文。罪状是对构成要件的规定，因此，空白罪状也可以说是空白的构成要件。在中国刑法学中，空白罪状是指刑法分则条文（即刑罚法规）参照其他法律、法规对具体犯罪的构成要件的类型化表述。在空白罪状中，立法机关对构成要件未作规定或者只作部分规定，参照其他法律、法规对构成要件加以确定。在中国刑法中，空白罪状是大量存在的，尤其是对行政犯或者法定犯的规定，广泛地采用了空白罪状。中国刑法学中的空白罪状，可以分为绝对空白罪状与相对空白罪状两种情形，它们虽然都属于空白罪状，但在空白程度上有所不同。

绝对空白罪状是指刑法分则对构成要件行为未作任何规定，完全通过参照其他法律、法规加以明确。而相对空白罪状是指刑法分则对构成要件的部分行为要素作

① 王世洲：《刑法学是最精确的法学》，载［德］克劳斯·罗克辛：《德国刑法学总论》，第 1 卷，王世洲译，“译者序”，1 页，北京，法律出版社，2005。

了规定，但其他行为要素需要通过参照其他法律、法规加以明确。① 在中国刑法中，空白罪状大都属于相对空白的情形。例如中国刑法第133条规定：

违反交通运输管理法规，因而发生重大事故，致人重伤、死亡或者使公私财产遭受重大损失的，处三年以下有期徒刑或者拘役；交通运输肇事后逃逸或者有其他特别恶劣情节的，处三年以上七年以下有期徒刑；因逃逸致人死亡的，处七年以上有期徒刑。

这是关于交通肇事罪的规定，从这一规定中可以看到，刑法将交通肇事行为描述为“违反交通运输管理法规”，这是一种参照性规定。也就是说，刑法并没有对交通肇事行为进行具体描述，而是指明了其所参照的交通运输管理法规，应当按照交通运输管理法规的规定确认交通肇事行为。按照《道路交通安全法》的规定，饮酒或者醉酒驾驶机动车，未取得机动车驾驶证、机动车驾驶证被吊销或者机动车驾驶证被暂扣期间驾驶机动车的，机动车行驶超过规定时速的，驾驶拼装的机动车或者已达到报废标准的机动车上道路行驶的，都属于违反道路交通安全法的行为。由此可见，虽然在刑法中未对交通肇事罪的行为作具体描述，但可以参照交通运输管理法规认定这些行为。在这种情况下，刑法关于交通肇事罪的规定之“空白”，是通过交通运输管理法规来加以“填补”的。我们可以把中国刑法关于交通肇事罪的规定与《德国刑法典》第315条C关于危害公路交通安全罪的规定作一个对比：

一、有下列行为之一，因而危及他人身体、生命或贵重物品的，处五年以下自由刑或罚金：

1. 具有下列不适合驾驶情形之

a. 饮用酒或其他麻醉品，或

b. 精神上或身体上有缺陷。

2. 具有下列严重违反交通规则及疏忽情形的：

a. 未注意优先行驶权，

b. 错误超车或在超车时错误驾驶，

c. 在人行横道上错误驾驶，

d. 在不能看清的地方、十字路口、街道、铁路交叉道口超速行驶，

e. 在不能看清的地方，未将车停放在车道右侧，

f. 在高速公路或公路上调头或试图调头，

g. 刹车或停车时未保持交通安全所必需的距离。

二、犯第1款第1项之罪而未遂的，亦应处罚。

三、犯第1款之罪有下列情形之一的，处二年以下自由刑或罚金：

① 关于绝对空白罪状与相对空白罪状的论述，参见刘树德：《空白罪状——界定·追问·解读》，65～68页，北京，人民法院出版社，2002。

1. 过失造成危险的，或

2. 过失为上述行为，且过失造成危险的。

从以上中国刑法第 133 条关于交通肇事罪和《德国刑法典》第 115 条 C 关于危害公路交通安全罪的规定来看，中国刑法采用的是空白罪状，而《德国刑法典》采用的是叙明罪状。因此，《德国刑法典》的规定更具有明确性。当然，我们也必须注意，中国刑法第 133 条规定的交通肇事罪是过失犯罪，即虽然违反交通运输管理法规的行为是故意的，但对于重大事故后果是过失的。在这种情况下，故意违反交通运输管理法规的行为，只有造成重大事故，致人重伤、死亡或者使公私财产遭受重大损失的后果，才应当予以追究刑事责任。而至于故意违反交通运输管理法规但尚未造成重大事故的情形，在中国是作为一般违法行为由公安交通管理部门予以行政处罚的。当然，近年来中国发生的某些“醉驾”、飙车案件，造成重大事故，因而在 2011 年 2 月 25 日通过的《刑法修正案（八）》规定了危险驾驶罪，将在道路上驾驶机动车追逐竞驶和醉酒驾驶机动车的行为规定为犯罪，并不要求造成重大事故。尽管如此，中国刑法第 133 条关于交通肇事罪的空白罪状的明确性问题仍然是值得推敲的。

关于空白罪状是否违反明确性原则的问题，在中国刑法学界是存在争议的，通说还是认为空白罪状，尤其是相对空白罪状，并不违反明确性原则。以下观点具有一定的代表性：

> 从“应然”角度来讲，空白刑法规范并不违反刑法明确性原则，而是刑法相对明确的一种立法体现。但是，从“实然”角度来看，我国空白刑法规范的具体参照内容是否符合明确性原则，还值得进一步研究。①

上述观点把刑法的明确性问题转换为参照法规的明确性问题。有学者认为立法者将空白罪状的具体犯罪构成的行为要件交由相关的规范或制度来确定，实质上是一种授权行为。② 因此需要追问参照法规的明确性问题。当然，这里不仅涉及刑法的明确性问题，而且涉及法律专属性问题，对此将在后文专门予以探讨。笔者基本上赞成通说，即中国刑法在空白罪状的情况下，符合相对明确的要求，当然前提是参照法规应当明确。近些年来，中国立法机关注重刑法与相关法律、法规的协调，因而对于提高空白罪状的明确性程度具有一定意义。

（二）罪量要素

罪量要素，又称为犯罪量化要件，是指刑法分则性罪刑条文规定的、以明确的数量或其他程度词标明的、表明行为程度的犯罪成立条件。③ 中国刑法总则第 13

① 杨剑波：《刑法明确性原则研究》，99 页，北京，中国人民公安大学出版社，2010。

② 参见刘树德：《空白罪状——界定·追问·解读》，147 页，北京，人民法院出版社，2002。

③ 参见路军：《中国刑法犯罪量化要件研究》，40 页，北京，法律出版社，2010。

条关于犯罪的法定概念规定，“犯罪情节显著轻微、危害不大的，不认为是犯罪”。这一规定被中国学者称为但书规定，它表明中国刑法中的犯罪概念具有数量要素。在中国刑法分则中，大约三分之一以上的犯罪都规定以情节严重（情节恶劣）或者数额较大等罪量要素作为犯罪成立的条件。因此，情节犯和数额犯是以罪量要素作为犯罪成立条件的两种具有类型性特征的犯罪类型。

在中国刑法中，情节犯是指刑法分则中明文规定以“情节严重（情节恶劣）”作为犯罪成立条件的犯罪类型。① 例如中国刑法第252条规定，隐匿、毁弃或者非法开拆他人信件，侵犯公民通信自由权利，情节严重的，构成侵犯通信自由罪。因此，该罪属于情节犯。在中国刑法中，数额犯是指刑法分则明文规定以一定的经济价值量或者行为对象的物理量作为犯罪构成要件的犯罪类型。② 例如中国刑法第264条规定，盗窃公私财物，数额较大的，或者多次盗窃、入户盗窃、携带凶器盗窃、扒窃的，构成盗窃罪。其中，数额较大是普通盗窃罪成立的必备条件。如果盗窃数额没有达到较大程度，则只有在多次盗窃、入户盗窃、携带凶器盗窃、扒窃这4种情况下才构成盗窃罪。因此，上述4种情形是作为数额犯的盗窃罪的例外规定。对于普通盗窃来说，只有达到“数额较大”才构成犯罪，否则，只能作为违反治安管理行为（相当于德国刑法中的违警罪），受到治安处罚。在中国，治安处罚是一种行政处罚，公安机关依法行使治安处罚权，由此与司法机关行使的刑罚处罚权形成二级处罚体系。关于情节犯之情节、数额犯之数额等罪量要素在犯罪论体系中的地位，在中国刑法学界是存在争议的，有些学者认为它属于构成要件要素③，也有些学者认为它属于可罚的违法性要素④，还有学者认为它是一种客观处罚条件。⑤ 尤其值得注意的是，中国学者刘艳红教授在情节犯与可罚的违法性具有类似性的意义上论证了情节犯的情节属于开放的构成要件，⑥ 然而，将情节作为开放的构成要件，已经与开放的构成要件的本义相去甚远。即使把情节作为情节犯的构成要件要素，也没有必要认为它是开放的构成要件，因为只要达到情节严重程度，其违法性自在其中，不需另行判断。虽然在中国刑法学界对罪量要素的体系性地位问题存在较大分歧，但罪量要素的明确性问题仍然是一个不容回避的问题。对此，中国学者通常都是从相对明确的视角肯定量化要素规定的明确性。例如有学者指出：

> 情节本身内容确有其模糊的一面，但是这种模糊不等于情节犯的构成要件也具有模糊性，因为情节犯的构成要件和其他犯罪类型的构成一样，其基本要

① 参见李翔：《情节犯研究》，21页，上海，上海交通大学出版社，2006。

② 参见唐世月：《数额犯论》，22页，北京，法律出版社，2005。

③ 参见上书，29页。

④ 中国学者刘为波采用可罚的违法性论阐述犯罪概念中的但书规定。参见刘为波：《可罚的违法性论——兼论我国犯罪概念中的但书规定》，载陈兴良主编：《刑事法评论》，第10卷，67页以下，北京，中国政法大学出版社，2002。

⑤ 参见熊琦：《德国刑法问题研究》，85页，台北，元照出版有限公司，2009。

⑥ 参见刘艳红：《开放的犯罪构成要件理论研究》，241页，北京，中国政法大学出版社，2002。

件都是明确的，这并未给司法留下难以捉摸的难题。①

上述论证有些偏题，笔者认为，不能以情节犯的基本构成要件明确否认情节规定本身的模糊，数额犯也是如此。这里涉及如何看待情节和数额等罪量要素对于情节犯和数额犯构成的意义。关于罪量要素在犯罪论体系中的地位，存在构成要件要素说、可罚的违法性说和客观处罚条件说等观点。笔者过去曾经批评客观处罚条件说，并把情节和数额等犯罪成立的数量要素称为罪量，独立于罪体与罪责。② 现在笔者认为，罪量在性质上类似于客观处罚条件。因此，如果采用三阶层的犯罪论体系，将情节和数额等罪量要素作为客观处罚条件来看待是妥当的。实际上，在德国也并非任何细微的不法行为都受刑罚处罚，只不过将是否受刑罚处罚交由司法机关裁量；甚至在个别条文关于犯罪的规定中，偶尔也有关于罪量要素的规定。③ 在中国，这一本来应当完全交给司法机关裁量的内容在刑法中加以规定，但这种规定又并非绝对具体，而是以“情节严重”或者“数额较大”这样一种框架性模式出现，至于其具体标准，由最高司法机关通过颁布司法解释的方式予以明确。例如关于盗窃罪的数额较大，1997 年 11 月 4 日最高人民法院《关于审理盗窃案件具体应用法律若干问题的解释》规定：个人盗窃公私财物价值人民币 500 元至 2 000 元以上的，为“数额较大”。此外，最高人民检察院和公安部还分别在 2008 年 6 月 25 日和 2010 年 5 月 7 日颁布《关于公安机关管辖的刑事案件立案追诉标准》之一、之二，对数百种公安机关管辖的刑事案件的立案追诉标准作了具体规定。这里的立案追诉标准，就是我们在这里讨论的罪量要素。由此可见，中国刑法把本应由司法机关具体裁量的罪量要素加以框架性规定，然后再由司法机关加以解释。这一立法模式并不违反刑法的明确性。

（三）兜底条款

兜底条款是指刑法对犯罪的构成要件在列举规定以外，采用“其他……”这样一种盖然性方式所作的规定，以避免列举不全。因此，兜底条款在本质上属于盖然性规定，亦被中国学者称为堵漏条款。

刑法对犯罪行为的规定天然地具有不周延性、不完整性。对此，古代中国采用“比附援引”的类推方式加以弥补，此外，还设立兜底罪名以备不时之需。例如中国古代的《唐律疏议》曾经设立“不应得为罪”，这是一个典型的口袋罪，具有对整部法律的兜底功能。《唐律·杂律》“不应得为条”规定：

> 诸不应得为而为之者，笞四十；（谓律、令无条，理不可为者）事理重者，杖八十。

① 李翔：《情节犯研究》，61 页，上海，上海交通大学出版社，2006。

② 参见陈兴良：《规范刑法学》（上册），2 版，193 页，北京，中国人民大学出版社，2008。

③ 参见熊琦：《德国刑法问题研究》，63 页以下，台北，元照出版有限公司，2009。

中国台湾地区学者黄源盛教授在评论上述规定时指出：

> 理论上，《唐律》之所以设“不应得为罪”，简单说，实由于立法者难以掌握万千变化的人事状况。如不用这种概括性条款“以不变应万变”，实在无法符合当时统治者君临天下以治万民的需求。也可以说，如果没有运用这种“不确定法律概念”来调剂，整部律典势将沦于僵化，甚至窘于与时更转。①

黄源盛教授揭示了“不应得为罪”设立的立法指导思想，即以刑驭民，使民处于疏而不漏的法网之中。这样一种立法指导思想，显然是前罪刑法定主义时代的产物，亦即专制思想的体现。从立法技术上来说，“不应得为罪”起到一个兜底作用，使所有不合法理的行为均落入彀中，难以脱罪。美国学者D. 布迪把这一规定称为“catch-all”（“盛装杂物的箱子”）②，相当于我们现在所说的“口袋罪”，可以说十分生动形象。

在中国现行刑法中，虽然不存在上述绝对的兜底性罪名，但仍然存在着兜底性条款，甚至存在相对的兜底性罪名。中国刑法中的兜底条款主要存在以下三种情形：

1. 相对的兜底罪名

兜底罪名可以分为绝对的兜底罪名和相对的兜底罪名。所谓绝对的兜底罪名是指像“不应得为罪”那样，对整部刑法起到堵漏作用的兜底罪名。而相对的兜底罪名是指对某一条款起到堵漏作用的兜底罪名，它较之绝对的兜底罪名所兜底的范围更小一些。例如，中国刑法第 114 条规定：“放火、决水、爆炸以及投放毒害性、放射性、传染病病原体等物质或者以其他危险方法危害公共安全，尚未造成严重后果的，处三年以上十年以下有期徒刑。”

在以上条文中，设立了放火罪、决水罪、爆炸罪、投放危险物质罪和以危险方法危害公共安全罪。其中，以危险方法危害公共安全罪的构成要件行为是“放火、决水、爆炸、投放危险物质以外的其他危险方法”。在此，刑法完全没有描述其他危险方法的具体行为，而只是指明这里的其他危险方法具有与放火等方法的相当性，至于具体内容，完全授权司法机关加以认定。除上述以危险方法危害公共安全罪以外，中国刑法第 115 条第 2 款还设立了过失以危险方法危害公共安全罪。

2. 兜底的行为方式

在某些犯罪中，刑法列举了各种行为方式，为防止遗漏，又设兜底条款。例如：中国刑法第 169 条之一背信损害上市公司利益罪列举了 5 种背信损害上市公司利益的行为，其后又规定：“（六）采用其他方式损害上市公司利益的。”这里的“其他方式”，指前述 5 项规定的背信损害上市公司利益行为以外的行为，具有对该条规定的背信损害上市公司利益行为的兜底作用。

① 黄源盛：《汉唐法制与儒家传统》，222 页，台北，元照出版有限公司，2009。

② 参见高道蕴等编：《美国学者论中国法律传统》，316 页，北京，中国政法大学出版社，1994。

3. 兜底的行为方法

这里的行为方法与上述行为方式有所不同：行为方式是单独可以构成犯罪的行为类型，而行为方法只是某种行为类型所采取的具体方法，这种方法从属于一定的行为类型，因而不能单独成为一种犯罪的行为类型。例如，刑法第236条强奸罪，规定的行为方法是“以暴力、胁迫或者其他手段强奸妇女”。又如，刑法第263条抢劫罪中规定的行为方法是“以暴力、胁迫或者其他方法抢劫公私财物”。在以上规定中，“其他方法”是强奸行为与抢劫行为的具体方法，具有与法条所列举的“暴力、胁迫”在性质上的相当性，但刑法对此并没有明确规定。这种立法例，在中国刑法规定中十分常见。

刑法的规定是盖然性的，因而以上三种兜底条款的规定明确性程度较低，某些情形，例如相对的兜底罪名，甚至完全没有明确性可言。笔者认为，兜底条款的明确性问题是我们应该重点讨论的，因为这些兜底条款在司法适用中往往存在争议，也是中国刑法的罪刑法定原则的软肋。

三、非法经营罪中的刑法明确性问题

中国《刑法》第225条关于非法经营罪的规定，是讨论中国刑法的明确性问题的一个绝佳范例。因为这一规定既有空白罪状，又有罪量要素，同时还有兜底行为方式和行为方法，几乎汇集了所有与刑法明确性相悖的立法方式。因此，本章以《刑法》第225条，尤其是第225条第4项为线索，对中国刑法的明确性问题进行深入探讨。

中国《刑法》第225条是关于非法经营罪的规定，该罪的前身是1979年《刑法》第117条的投机倒把罪，该罪采用绝对空白罪状，对投机倒把行为未作任何规定，只是规定参照工商金融管理法规，因而被认为是一个“口袋罪”。“口袋罪”的意思是对入罪行为未作明确规定，致使敞开口袋，使更多违反工商金融管理法规的行为得以入罪。因此，“口袋罪”是对不具有明确性的罪名的形象比喻。在1997年刑法修订中，取消了投机倒把罪，把原投机倒把罪中所包括的犯罪作了具体分解规定，《刑法》第225条就是其中之一。① 《刑法》第225条规定如下：“违反国家规定，有下列非法经营行为之一，扰乱市场秩序，情节严重的，处五年以下有期徒刑或者拘役，并处或者单处违法所得一倍以上五倍以下罚金；情节特别严重的，处五年以上有期徒刑，并处违法所得一倍以上五倍以下罚金或者没收财产：

（一）未经许可经营法律、行政法规规定的专营、专卖物品或者其他限制买卖的物品的；

（二）买卖进出口许可证、进出口原产地证明以及其他法律、行政法规规定的

① 参见全国人大常委会法制工作委员会刑法室编：《中华人民共和国刑法条文说明、立法理由及相关规定》，459页，北京，北京大学出版社，2009。

经营许可证或者批准文件的；

（三）未经国家有关主管部门批准非法经营证券、期货、保险业务的，或者非法从事资金支付结算业务的；

（四）其他严重扰乱市场秩序的非法经营行为。”

从以上刑法第225条关于非法经营罪的规定来看，采用的是明文列举的方式，对非法经营行为加以描述。但是，在前3项中，除第三项以外，前2项都包含着“其他……”这样一种措词，表明其对非法经营行为的描述是不周延的，可以由司法机关随时续造。当然，其续造的行为性质受法律规定的限制。例如，第1项中的“其他”只限于限制买卖物品，第2项中的“其他”只限于经营许可证或者批准文件。因此，这是一种有限度的续造。从明确性的角度来说，是一种相对明确。在此，尤其引起我们注意的是第4项，该项是一种完全的盖然性规定，对非法经营罪起到一种兜底作用。由于该项规定的存在，非法经营罪仍然保留着某种“口袋罪”的特征。那么，如何理解这里的“其他严重扰乱市场秩序的非法经营行为”呢？对此，立法机关指出：

> 这是针对现实生活中非法经营犯罪活动的复杂性和多样性所作的概括性规定，这里所说的其他非法经营行为应当具备以下条件：(1) 这种行为发生在经营活动中，主要是生产、流通领域。(2) 这种行为违反法律、法规的规定。(3) 具有社会危害性，严重扰乱市场经济秩序。①

上述规定虽然为认定“其他严重扰乱市场秩序的非法经营行为”提供了一般原则，但具体如何认定，仍然存在很大的裁量空间，足以出入人罪。

应该指出，其他非法经营行为虽然是一种盖然性的刑法规定，但最高人民法院采用司法解释的方式，对此作出规定，使其内容逐渐明确。迄今为止，最高人民法院将9种行为解释为刑法第225条第4项规定的其他严重扰乱市场秩序的非法经营行为。这份清单随着时间的推移还可以不断地拉长，因为司法解释规定的只是“其他严重扰乱市场秩序的非法经营行为”中的一种，不可能穷尽非法经营行为。由此可见，刑法第225条第4项采用的是堵漏式的立法方式。从刑法层面来看，确实缺乏明确性。但在司法运作中，对这一兜底条款，通过颁布司法解释的方法加以明确。在中国的法律体系中，司法解释虽然不属于法律、法规，但立法机关授权最高司法机关（最高人民法院和最高人民检察院）行使司法解释权，司法解释具有法律拘束力，法官可以在个案判决中援引作为判案根据。可以说，通过司法解释对刑法的兜底条款加以明确，是具有中国特色的刑法明确性问题的解决之道。② 在此，我

① 全国人大常委会法制工作委员会刑法室编：《中华人民共和国刑法条文说明、立法理由及相关规定》，458页，北京，北京大学出版社，2009。

② 在此，还有一个十分重要的问题，即：在法律和司法解释没有具体规定的情况下，司法机关能否径直将某种行为认定为“其他严重扰乱市场秩序的非法经营行为”？对此，存在不同意见，司法实践中存在这种做法。对此，笔者是持反对态度的。因为篇幅所限，这里对此不拟展开。

们围绕着司法解释在刑法明确性中的功能重点讨论以下三个问题：

（一）关于违反国家规定

中国刑法罪状中大量存在“违反国家规定”之类的规定，在有些情况下具体指明了其所违反的法律，例如刑法第343条第1项规定的非法采矿罪中规定了“违反矿产资源法的规定”，但更多的只是笼统地规定“违反国家规定”，并未指明具体违反何种国家规定。对此，中国刑法第96条专门对“违反国家规定”的含义作了规定，指出：“本法所称违反国家规定，是指违反全国人民代表大会及其常务委员会制定的法律和决定，国务院制定的行政法规、规定的行政措施、发布的决定和命令。”

由此可见，违反国家规定中所称国家规定，只限于国家立法机关制定的法律和国家行政机关制定的行政法规等。这里的国家规定属于认定具体犯罪的参照法规，在刑法对某一构成要件行为规定不明确的情况下，通过参照法规予以明确。因此，参照法规就在某种意义上承担了实质上对构成要件予以明确化的职责。尤其是在空白罪状的情况下，刑法空白完全有赖于参照法规来填补，因而参照法规的层级直接关系到法律专属性原则。应该指出，中国刑法第96条的规定对参照法规的层级提出了较高要求，只有法律、法规才能作为参照的法律依据。刑法第225条规定了“违反国家规定”这一要素，它同样适用于第225条第4项。也就是说，刑法第225条第4项“其他严重扰乱市场秩序的非法经营行为”，必须具备“违反国家规定”这一前提。但在上述司法解释对刑法第225条第4项的规定中，存在着不具备“违反国家规定”这一前提的情形。例如，2000年4月28日《关于审理扰乱电信市场管理秩序案件具体应用法律若干问题的解释》（法释〔2000〕12号）第1条规定，违反国家规定，采取租用国际专线、私设转接设备或者其他方法，擅自经营国际电信业务或者涉港澳台电信业务进行营利活动，扰乱电信市场管理秩序，情节严重的，依照刑法第225条第4项的规定，以非法经营罪定罪处罚。但2000年9月25日国务院颁布的《电信条例》第59条才将上述行为规定为禁止性行为，且只对其中3种行为规定可以追究刑事责任，而并未涉及上述非法经营行为。非法经营行为是否只有法律、法规明文规定应当追究刑事责任才能纳入其他非法经营行为的范围，当然是可以讨论的。但仅就司法解释和《电信条例》的出台时间来看，司法解释颁布于2000年4月28日，生效于2000年5月24日，早于《电信条例》（2000年9月25颁布）出台。对此，有学者指出：

> 《解释》制定之时尚没有明确的行政法规作为参照规定，《解释》第1条中的“违反国家规定”也就没有相关法规作依据，《解释》第1条严格来说是“无效条款”①。

① 刘树德、王冕：《非法经营罪罪状“口袋径”的权衡——对法释〔2000〕12号第1条的质疑》，载《法律适用》，2002（10）。

笔者认为，以上质疑是能够成立的。至少在2000年5月24日至2000年9月25日这一期间，上述司法解释属于内容超前的无效条款。因此，“违反国家规定”是其他非法经营行为构成犯罪的前提性条件。如果这个问题不解决，司法解释虽然试图解决刑法的明确性问题，但却与罪刑法定原则所派生的法律专属性原则相悖。

（二）关于司法解释的溯及力

在某些情况下，通过司法解释对刑法的兜底条款加以明确，其实质是细则化立法，即将刑法没有明确规定为犯罪的行为纳入刑罚处罚的范围。在这种情况下，就涉及这种司法解释是否具有溯及既往的效力问题。2001年12月7日最高人民法院、最高人民检察院《关于适用刑事司法解释时间效力问题的规定》对适用刑事司法解释时间效力问题作了以下一般性规定：司法解释是最高人民法院对审判工作中具体应用法律问题和最高人民检察院对检察工作中具体应用法律问题所作的具有法律效力的解释，自发布或者规定之日起施行，效力适用于法律的施行期间。

根据这一规定，司法解释具有溯及力。因此，对于司法解释实施前发生的行为，行为时没有相关司法解释，司法解释施行后尚未处理或者正在处理的案件，依照司法解释的规定办理。新、旧司法解释规定不一致的，采从旧兼从轻原则，即对于新的司法解释实施前发生的行为，行为时已有相关司法解释的，依照行为时的司法解释办理，但适用新的司法解释对犯罪嫌疑人、被告人有利的，适用新的司法解释。司法解释具有溯及力的根据在于：司法解释是对法律文本的解释，因而司法解释的效力是从属于法律的，只要法律有效，对该法律的司法解释在法律施行期间亦为有效。这一规定当然是有法律根据的，对于一般司法解释确实是适用的。但在类似于刑法第225条第4项的情况下，司法解释是将法律未作明确规定的行为规定为犯罪，如果这种司法解释具有溯及力，显然违反法的可预测性，因不明确而违反罪刑法定原则。对此，有学者认为，应当在司法解释中设立有关溯及力的特别条款，明确规定关于刑法第225条第4项的司法解释不具有溯及力，而只对该项司法解释发布之后的行为有效，从而防止与罪刑法定原则相冲突。① 笔者认为，这一观点是极有见地的，但目前并未被中国最高司法机关采纳。因此，这些司法解释虽然试图解决刑法的明确性问题，但却与罪刑法定原则派生的禁止事后法原则相悖。

（三）关于司法解释的越权

司法解释在中国司法活动中发挥着重要的作用，它实际上是细则化了的刑法，因而被中国学者称为副法体系。② 司法解释对于司法机关的定罪量刑来说，是必不可少的法律依据。在刑法规定不明确的情况下，都有待于司法解释加以明确。从这个意义上说，司法解释通过续造司法规则，对于刑法明确性的实现发挥着重要作用。但是，司法解释在对刑法的盖然性规定予以明确的过程中，因为缺乏刑法文本

① 参见彭辅顺等：《非法经营罪专题整理》，39页，北京，中国人民公安大学出版社，2007。

② 参见林维：《刑法解释的权力分析》，441页，北京，中国人民公安大学出版社，2006。

的参照，往往出现越权。这里的越权，是指司法解释超越司法权而对立法权形成某种侵犯。

在对刑法第225条第4项“其他严重扰乱市场秩序的非法经营行为”的司法解释中，涉及的非法经营行为的范围十分广泛，但这些行为是否完全符合非法经营的特征，是值得推敲的。应该指出，这里的经营并非一般性的经营行为，而是指需要经过行政许可的经营行为，因此，非法经营是指未经行政许可的经营活动。2003年8月27日中国颁布了《行政许可法》，这一法律的颁布对刑法第225条第4项的解释必将带来重大影响。因为在该法颁布之前，中国的行政许可散见于相关法律、法规之中。《行政许可法》对行政许可作了统一规定，是行政许可领域的基本法律。在1997年制定刑法第225条的时候，中国行政许可制度尚不健全，第225条第1项和第2项是根据当时的行政许可状况设置的，第3项是此后补充的，而第4项中的其他非法经营行为究竟如何认定其违反国家法律规定还是不明确的。在《行政许可法》通过以后，理应将违反《行政许可法》作为确认其非法性的根据。① 但在1997年刑法施行以后，最高司法机关陆续颁布的关于刑法第225条第4项的司法解释中有些并不具有与行政许可的相关性，甚至连违反国家规定这一前提性条件也不具备。这些司法解释具有越权性，对此如何进行审查，是一个值得关注的问题。目前中国存在司法解释备案制度，即最高司法机关的司法解释颁布以后都要交送全国人大常委会法律工作委员会备案室进行备案，这种备案是否包括对司法解释进行越权性审查，尚无先例。如何构建完善的越权刑法司法解释撤销机制，还值得深入研究。

四、结　语

从以上论述中可以看出，中国刑法第3条虽然确认了罪刑法定原则，但罪刑法定原则所要求的刑法明确性问题，在中国尚未获得圆满解决。在这种情况下，通过刑法教义学的解释克服刑法明确性的不足，是一个重要途径。当然，对此问题的讨论已经超出了本章的范围。

① 参见王作富、刘树德：《非法经营罪调控范围的再思考——以〈行政许可法〉若干条款为基准》，载《中国法学》，2005 (6)。

第八章

罪刑法定与口袋罪的限制适用

口袋罪是我国刑法学界对于某些构成要件行为具有一定的开放性的罪名的俗称。在1979年刑法中，被认为存在三大口袋罪，这就是投机倒把罪、流氓罪和玩忽职守罪。在1997年刑法修订中，基于罪刑法定原则，对三大口袋罪进行了适当的分解，除了玩忽职守罪的罪名被保留以外，流氓罪与投机倒把罪这两个罪名都被取消。然而，口袋罪的问题在我国刑法中并没有彻底解决。从目前的情况来看，以危险方法危害公共安全罪成为一个正在崛起的口袋罪，在司法实践中被广泛适用。如何遏制口袋罪司法适用的强烈冲动，成为捍卫我国刑法中罪刑法定原则的一个重大问题。

一、口袋罪演进的实例分析

传统的三大口袋罪即投机倒把罪、流氓罪和玩忽职守罪已经成为历史，本书不再着过多的笔墨进行评论。在此，笔者拟就目前我国司法实践中较为突出的口袋罪——以危险方法危害公共安全罪的形成过程略加描述。

1979年刑法第105条（危险犯）与第106条（实害犯）就有关于以其他危险方法危害公共安全的表述，也许当初立法者并没有考虑将其设立为单独的罪名，否则很难理解在第105条的规定中没有出现投毒一词，但第106条的规定中出现了投毒一词，而当时投毒罪是一个独立罪名。那么，如果遇有投毒行为，足以危害公共安全，但尚未造成严重后果的，能否依照第105条论罪呢？对此，高铭暄教授认为，回答是肯定的。因为该条所说的其他方法，逻辑上可以包括投毒。① 由此可见，以其他危险方法危害公共安全是一个盖然性规定，担负着承接遗漏事项的使命。此后出现的姚某云案，是第一次适用以其他危险方法危害公共安全的规定定罪的案例：姚某云系北京汽车司机，为泄私愤，驾驶汽车在天安门广场向人群冲撞，撞死5人，撞伤19人（其中11人为重伤）。对于本案，北京市中级人民法院以“用驾驶汽车的危险方法致人重伤、死亡罪”的罪名，依照刑法第106条的规定，判处姚某云死刑，剥夺政治权利终身。此后，在司法实践中又出现了以工业酒精兑水后冒充白酒进行销售，造成重大人员伤亡的案件。对此司法机关也是依照以其他危险方法危害公共安全的规定予以定罪。例如，《最高人民法院公报》1985年第3期刊登了左某洪等以制造、贩卖有毒酒的危险方法致人死亡案和李某辉以制造、贩卖有毒酒的危险方法致人死亡案。在李某辉一案中，最高人民法院认为：被告人李某辉、邓某劲、王某等，无视国法，不顾人民生命安危，明知工业用酒精加水兑成酒食用对人体有危害，却故意大量兑制出售，造成多人中毒死亡、伤残的严重后果，其行为严重危害了公共安全，实属罪行特别严重，情节特别恶劣的犯罪分子，必须依法严惩。四川省重庆市中级人民法院和四川省高级人民法院对该案，认定为以制造、贩

① 参见高铭暄：《中华人民共和国刑法的孕育诞生和发展完善》，94页，北京，北京大学出版社，2012。

卖有毒酒的危险方法致人死亡罪，依照刑法第 106 条第 1 款判处，定罪准确。[①] 最高人民法院的以上意见认可了上述案例的定罪，尤其是将制造、销售这一明显不具有手段对公共安全的危害性而只有结果对公共安全的危害性的经济行为认定为危害公共安全的其他方法。当然，在当时以其他危险方法危害公共安全的犯罪还不是一个统一的罪名，而是根据行为人实际使用的危险方法确定罪名。对此，我国学者也持肯定的见解，认为，这样做既反映了这种犯罪的特征，以区别于其他犯罪，符合罪名的内在要求；同时，也有利于积累经验，一旦条件成熟，就可将某种常见的危险方法通过完善立法上升为一种独立罪名。[②] 由此可见，当时更多的是把以其他危险方法危害公共安全的规定当作一个补漏性的条款，而不是一个独立罪名。此后，随着立法机关颁布有关单行刑法、设立相关罪名，以往按照以其他危险方法危害公共安全的规定定罪的行为转化为其他独立罪名。例如，1993 年全国人大常委会通过的《关于惩治生产、销售伪劣商品犯罪的决定》设立了生产、销售有毒有害食品罪，该决定的内容为 1997 年刑法所吸纳。至此，对于以工业酒精兑水后冒充白酒进行销售，造成重大人员伤亡的行为不再按照以其他危险方法危害公共安全的规定定罪，而是以生产、销售有毒有害食品罪论处。例如，发生在 1996 年的李某平等生产、销售有毒有害食品案，云南省曲靖地区中级人民法院认为：被告人李某平等人，为了牟取暴利，无视国法，置广大消费者的生命健康安全于不顾，用甲醇大量兑制毒酒销售，致使 192 人因饮用毒酒而发生甲醇中毒，其中 35 人死亡，5 人重伤，152 人轻伤、轻微伤，其行为已构成生产、销售有毒有害食品罪。[③] 由此可见，随着刑事立法的发展，以其他危险方法危害公共安全的规定范围也逐渐收缩。

1997 年刑法修订后，原刑法第 105 条（危险犯）与第 106 条（实害犯）变更为第 114 条与第 115 条，但其基本内容并没有发生重大变化。2001 年 12 月 29 日《刑法修正案（三）》对条文表述方式进行了修改，删去了原条文所列举的事关公共安全的具体犯罪对象，使刑法第 114 条关于危险犯的表述与第 115 条关于实害犯的表述统一起来，并将投毒修改为投放危险物质，对危险物质进行了列举。值得注意的是，在 1997 年刑法修订以后，最高人民法院、最高人民检察院关于罪名的司法解释就将以其他危险方法危害公共安全的规定概括为以危险方法危害公共安全罪，由此产生了我国刑法中第一个不确定罪名。这里的不确定罪名是相对于确定罪名而言的：确定罪名是指法律对罪名的内容作了明白、确切的表述。不确定罪名是指法律并未对该罪名的内容直接作出明白、确切的表述，而需要人们结合有关的规定，分析、推理，才能得出该罪名的内容性质与主要特征。关于这种不确定罪名，有学者指出：不确定罪名尽管其内容不确定、不明晰，但是它同样是对某一犯罪行为特征

① 参见刘树德：《刑事指导案例汇览》，38 页以下，北京，中国法制出版社，2010。

② 参见陈兴良、曲新久、顾永忠：《案例刑法教程》（下卷），51 页，北京，中国政法大学出版社，1994。

③ 参见国家法官学院、中国人民大学法学院编：《中国审判案例要览》（1998 年刑事审判案例卷），125 页以下，北京，中国人民大学出版社，1999。

的概括，不失为刑法规定的一种方式。不确定罪名是基于社会生活的复杂性，然而，由于其不确定性，也暗含着在分析、推定其内容时作出错误推定的可能性，因而在刑事立法中尽可能地避免该方式的采用。① 然而，在此后的司法实践中以危险方法危害公共安全罪适用的频率却越来越高，罪名的外延越来越宽，由此形成口袋罪。其中，以下三种情况以以危险方法危害公共安全罪论处，引起广泛争议：

一是投寄虚假炭疽菌行为的定性。上海曾经发生过肖某灵投寄虚假炭疽菌案，对于本案，上海市第二中级人民法院经审理后认为，被告人肖某灵通过向政府新闻单位投寄装有虚假炭疽杆菌信件的方式，以达到制造恐怖气氛的目的，造成公众心理恐慌，危害公共安全，其行为构成了以危险方法危害公共安全罪，公诉机关指控的罪名成立。上海市第二中级人民法院于 2001 年 12 月 18 日以（2001）沪二中刑初字第 132 号刑事判决书对肖某灵作出有罪判决，认定其行为触犯了《中华人民共和国刑法》第 114 条的规定，构成以危险方法危害公共安全罪，判处有期徒刑 4 年。② 对于本案，有学者明确指出：法院将“投寄虚假的炭疽杆菌”的行为解释为刑法第 114 条中的“危险方法”，既不符合此种行为的性质，也不符合刑法第 114 条的立法旨趣，已经超越了合理解释的界限，而具有明显的类推适用刑法的性质。③ 可以说，肖某灵案是错误适用刑法第 114 条以危险方法危害公共安全罪的典型案例，其所暴露出来的问题足以引起我们深思。在肖某灵案判决作出的 11 天后，即 2001 年 12 月 29 日，全国人大常委会通过的《刑法修正案（三）》就增设了故意传播虚假恐怖信息罪，肖某灵的行为正是典型的投放虚假危险物质行为，而非以危险方法危害公共安全的行为。通过肖某灵案我们可以看到，在以危险方法危害公共安全罪的适用上，第 115 条的实害犯出现重大偏差的可能性较小，而第 114 条的危险犯出现重大偏差的可能性则较大。其实，就肖某灵案而言，不仅其结果不具有对公共安全的危险性，而且其行为也不具有对公共安全的危险性。当然，肖某灵案只是个案，随着《刑法修正案（三）》增设了投放虚假危险物质罪，此类问题得到解决。

二是盗窃窨井盖行为的定性。在城市管理中，丢失窨井盖是常见的，其中大部分窨井盖被他人盗窃。根据我国刑法规定，一般情况下盗窃要达到一定的数额标准才能定罪，如果未能达到这一数额标准则不能定罪。由于窨井盖本身价值不大，而且一次性盗窃窨井盖的数量也不会太多，在这种情况下，就出现了盗窃窨井盖如果数额没有达到盗窃罪的定罪标准就无法定罪的情形。对此有些地方司法机关就套用以危险方法危害公共安全罪，由此出现了轻罪不能定而定重罪的奇怪现象。例如，孙某庆 50 岁，来自河南桐柏县。2008 年 10 月曾因犯盗窃罪被劳动教养过一年。

① 参见陈兴良主编：《刑法各罪的一般理论》，2 版，91 页，北京，中国人民大学出版社，2007。

② 参见游伟、谢锡美：《“罪刑法定”原则如何坚守——全国首例投寄虚假炭疽杆菌恐吓邮件案定性研究》，载游伟主编：《华东刑事司法评论》，第 3 卷，256 页，北京，法律出版社，2003。

③ 参见周少华：《罪刑法定在刑事司法中的命运——由一则案例引出的法律思考》，载《法学研究》，2003（2）。

2010年8月，在郑州打工时，孙某庆结识了一名40岁拾荒者名叫晓丽，在聊天中，孙某庆得知晓丽平时出去弄点废铁卖钱。于是，他想起了附近的拆迁工地，也想弄点废品，卖些钱花。20日凌晨，孙某庆蹬着人力三轮车来到了拆迁工地，找寻了3个小时却一直没有收获，不想空手而回，就打起了脚下窨井盖的主意。于是，选择了枝叶较多，容易遮挡路灯，光线昏暗的路段，趁着月色，在行人、非机动车、机动车都会经过的慢车道上一连撬起了三个正在使用的窨井盖。孙某庆把窨井盖装载上三轮车，用自带的篷布蒙上正准备离开时，正好经过的公安巡逻车前来盘问，民警们发现了篷布下的窨井盖，随即，孙某庆被带到了派出所。河南省郑州市二七区人民法院经审理认为，孙某庆窃取正在使用中的公共交通通道上的市政公共设施，足以危害不特定多数人的生命、健康和财产安全，所幸尚未造成严重后果，其行为已构成了危害公共安全罪，遂依据刑法第114条之规定，判决被告人孙某庆有期徒刑3年。① 这是一个十分典型的案例，被告人盗窃窨井盖的数额没有达到定罪标准，而被以以危险方法危害公共安全罪定罪。在司法实践中，对盗窃窨井盖的行为定罪时首先考虑排除盗窃罪，已经成为一种定罪思维。即使盗窃窨井盖的犯罪数额达到了数额较大的标准，如果被告人盗窃窨井盖的行为危害了公共安全，仍以以危险方法危害公共安全罪论处。这里涉及以其他危险方法危害公共安全罪与盗窃罪等财产犯罪和人身犯罪的关系问题，将在后文探讨。

三是"醉驾"行为的定性。在《刑法修正案（八）》设立危险驾驶罪之前，如何处理"醉驾"所造成的重大人身伤亡和财产损失的案件，成为司法机关需要面对的问题。对这些案件以交通肇事罪论处，似乎过于轻纵，因此开始利用以其他危险方法危害公共安全罪处理此类案件，其中最为典型的是孙某铭醉酒驾车造成重大人员伤亡、财产损失案。在本案二审期间，围绕着孙某铭行为的定罪控辩双方展开了辩论：检方主张构成以危险方法危害公共安全罪，辩方主张构成交通肇事罪。四川省高级人民法院经审理认为：以危险方法危害公共安全罪和交通肇事罪均属于危害公共安全罪，二者的区别在于行为人对危害公共安全的后果所持的主观心态不同。前者为故意犯罪，行为人对危害后果持积极追求或放任的心态；后者为过失犯罪，行为人应当预见自己的行为可能造成危害后果，因疏忽大意没有预见，或者已经预见而轻信能够避免，以致发生危害后果。从本案事实及证据证明的情况看，上诉人孙某铭购置汽车后，未经正规驾驶培训，长期无证驾驶车辆，并多次违章。众所周知，汽车作为现代交通运输工具，其使社会受益的同时，由于其高速行驶的特性又易给社会造成危害，因此，国家历来对车辆上路行驶有严格的管理规定。孙某铭作为受过一定教育、具有完全刑事责任能力的人，明知国家的规定，仍漠视社会公众和重大财产的安全，藐视法律、法规，长期持续违章驾车行驶于车辆、人流密集的公共道路，威胁公众安全。尤其是在本次醉酒驾车发生追尾交通事故后，孙某铭不

① 参见http://law.dahe.cn/c/fy/ajkb/2011/0509/3541.html，访问日期：2012-12-04。

计后果，放任严重后果的发生，以超过限速2倍以上的速度驾车在车辆、人流密集的道路上穿行逃逸，以致又违章跨越道路黄色双实线，冲撞多辆车辆，造成4死1伤、公私财产损失数万元的严重后果。事实表明，孙某铭对于其本次行为可能造成严重危害公共安全的后果完全能够预见，其虽不是积极追求这种结果发生，但其完全放任这种结果的发生，其间无任何避免的措施，其行为完全符合刑法关于以危险方法危害公共安全罪的构成规定，应以以危险方法危害公共安全罪定罪。辩护人所提孙某铭在犯罪主观上属于过于自信过失的意见，不能成立。为此，四川省高级人民法院于2009年9月8日作出（2009）川刑终字第690号刑事判决，认定上诉人孙某铭犯以危险方法危害公共安全罪，判处无期徒刑，剥夺政治权利终身。最高人民法院于2009年9月11日印发了孙某铭案，并颁布了《关于醉酒驾车犯罪法律适用问题的意见》，指出："行为人明知酒后驾车违法、醉酒驾车会危害公共安全，却无视法律醉酒驾车，特别是在肇事后继续驾车冲撞，造成重大伤亡，说明行为人主观上对持续发生的危害结果持放任态度，且有危害公共安全的故意。对此类醉酒驾车造成重大伤亡的，应依法以以危险方法危害公共安全罪定罪。"① 该意见对于统一全国的定罪标准当然具有重要意义，但它的颁布也使以危险方法危害公共安全罪的适用范围得以拓展。即使在《刑法修正案（八）》设立危险驾驶罪以后，仍然存在着适用以危险方法危害公共安全罪的余地。此外，还出现了吸食毒品后驾驶，因产生幻觉造成重大人身伤亡的行为被认定为以危险方法危害公共安全罪，以及疲劳驾驶，因昏睡造成重大人身伤亡的行为被认定为以危险方法危害公共安全罪，等等，不一而足。

从以上叙述可以看出，以危险方法危害公共安全罪在其适用范围上呈现出越来越宽的趋势，正如有学者指出，从道路交通秩序领域到市场经济秩序领域、公民个人权利领域、社会管理秩序领域，以危险方法危害公共安全罪的触角已经越伸越长。② 与此同时，以危险方法危害公共安全罪的拾遗补缺的功能性特征也越来越明显，它在一定程度上起到了填补刑法漏洞的作用，以便等待立法的跟进。也正是如此，以危险方法危害公共安全罪与罪刑法定原则之间的紧张关系也日益凸显。在满足为对那些具有严重后果但法律没有明文规定的行为进行严厉处罚提供规范根据的同时，使罪刑法定原则的公信力大为降低。而且，广泛地适用以危险方法危害公共安全罪还使危害公共安全罪与人身犯罪、财产犯罪之间的界限发生混淆，破坏了我国刑法中的罪名体系的内在逻辑结构。

二、以危险方法危害公共安全罪中的"其他危险方法"

以危险方法危害公共安全罪之所以被称为口袋罪，并不是因为其所包含的犯罪

① 《最高人民法院公报》，2009（11）。

② 参见孙万怀：《以危险方法危害公共安全罪何以成为口袋罪》，载《现代法学》，2010（5）。

行为广泛，而是因为其缺乏必要的形式限定。从罪名上来看，该罪是以危险方法危害公共安全的犯罪，似乎其界限是明确的。但从法条表述来看，本罪的行为是以“其他危险方法”危害公共安全的犯罪。因此，该罪名中的危险方法实际是放火、决水、爆炸、投放危险物质以外的方法。也正因为如此，以危险方法危害公共安全罪这个罪名并不贴切，容易使人产生其与放火罪、决水罪、爆炸罪、投放危险物质罪之间存在法条竞合的误解，因为放火、决水、爆炸、投放危险物质本身都是危险方法。实际上以危险方法危害公共安全罪与放火罪、决水罪、爆炸罪、投放危险物质罪之间是并列关系，而不是从属关系。这种以“其他”方法或者行为作为一个独立罪名的行为方式的情形，在我国刑法中可谓绝无仅有。从“其他”方法或者行为的规定来看，在我国刑法中主要存在以下三种情形：

一是在描述性罪状中，“其他”方法作为行为方式的补充。例如我国刑法第263条规定的抢劫罪，其行为是指以暴力、胁迫或者其他方法抢劫公私财物的行为。这里的“其他方法”是指对被害人采取暴力、胁迫以外的使被害人处于不知反抗或者不能反抗的状态的方法，例如，采取用酒灌醉、用药物麻醉等方法使被害人处于暂时丧失知觉而不能反抗的状态，将财物当场窃取。这种采取其他方法的抢劫行为，在其他国家刑法中是一种准抢劫罪。例如，《日本刑法典》第243条就设立了昏醉强盗罪，是指使用安眠药、麻醉药、酒精而使他人的意识出现暂时性或持续性障碍而窃取其财物的行为。[①] 在这种情况下，行为人所采取的似乎是一种窃取的手段，但是利用其所造成的被害人不知反抗的状态而取得财物，因此在性质上与抢劫罪相同。我国刑法没有单独设立此类准抢劫罪，而是在抢劫罪的罪状中以“其他方法”涵括了准抢劫罪的行为类型。在这一规定中，“其他”一词本身虽然具有一定的不确定性，但受到不知反抗或者不能反抗这一抢劫行为的本质特征的限制，并且其行为的类型化程度较高。因此，抢劫罪的其他方法这一盖然性规定并不存在违反罪刑法定原则的困扰。

二是在列举性的罪状中，“其他”行为作为专门一项加以规定。例如我国刑法第225条非法经营罪中共分4项规定了非法经营行为，其中第4项规定：“其他严重扰乱市场经济秩序的非法经营行为。”不同于作为自然犯的抢劫罪，非法经营罪是一种法定犯，其行为的内涵并不稳定，而且行为的类型化程度也较低。在这种情况下，虽然存在“严重扰乱市场经济秩序”这一行为性质对“其他”行为的限制，但“其他”行为的范围仍然难以确定，只能不断通过法律规定或者司法解释的规定进行填补。这在一定程度上使非法经营罪成为一个口袋罪。[②] 应该指出，非法经营罪是从1979年刑法中的投机倒把罪转化而来的，相对于投机倒把罪而言，非法经

① 参见［日］西田典之：《日本刑法各论》，3版，刘明祥等译，143页，北京，中国人民大学出版社，2007。

② 关于非法经营罪的口袋罪性质的深入探讨，参见陈兴良：《中国刑法中的明确性问题——以刑法第225条第4项为例的分析》，载《中国法学》，2010（5）。

营罪的口袋有所限缩。尽管如此，在罪刑法定原则的法律语境中，非法经营罪所具有的口袋罪特征还是受到我国刑法学界的普遍诟病。

三是本章所要重点讨论的以危险方法危害公共安全罪，这个罪名是以“其他危险方法”作为其行为特征的。这里的“其他危险方法”与抢劫罪中的“其他方法”不完全相同，而与非法经营罪中的“其他严重扰乱市场经济秩序的非法经营行为”的表述较为接近。也就是说，在其他方法或者行为中，添加了用于界定其他方法或者其他行为的内容。这种表述似乎有助于限制其他方法或者其他行为，但实际上效果适得其反，因为其所添加的内容并非该罪所特有，因而更容易导致根据该添加的内容进行更为宽泛的理解。例如，以危险方法危害公共安全罪中的行为方法是“其他危险方法”，放火、决水、爆炸、投放危险物质当然是危险方法，但我国刑法分则第二章所规定的危害公共安全罪中所有的犯罪方法在一定意义上都是危险方法，这样一来，就会混淆以危险方法危害公共安全罪与其他危害公共安全罪之间的界限。这也正是在我国司法实践中屡屡出现将重大的交通肇事犯罪定性为以危险方法危害公共安全罪的深层次原因。非法经营罪中的“其他严重扰乱市场经济秩序的非法经营行为”也是如此：我国刑法分则第三章是破坏社会主义市场经济秩序罪，所有犯罪都具有扰乱市场经济秩序的性质。在这种情况下，对“其他严重扰乱市场经济秩序的非法经营行为”的认定，不是比照前 3 项规定进行同类解释，而是根据行为是否具有扰乱市场经济秩序的性质进行实质判断，其结果必然是极大地扩张非法经营罪的范围，使之沦落为口袋罪。

以危险方法危害公共安全罪与抢劫罪、非法经营罪这两种情形还存在着一个重大的区别：后两个罪名中的“其他方法”或者“其他行为”是以罪名内的行为方式为参照的，例如抢劫罪中的其他方法是相对于暴力、胁迫而言的，非法经营罪中的其他行为也是与前 3 项规定具有性质上的等同性的行为，尽管被归入的其他行为未必完全符合该犯罪的性质。而以危险方法危害公共安全罪中的“其他方法”却是以罪名外的行为方式为参照的，因此，在一定意义上说以危险方法危害公共安全罪是依附放火罪、决水罪、爆炸罪、投放危险物质罪而存在的，其罪名的独立性值得质疑。在以危险方法危害公共安全罪的规定中，立法者没有正面描述这种危险方法的具体特征，使其丧失了行为的形式特征，该罪名更多的是依赖“危害公共安全”这一本质特征而存在的。因此，在以危险方法危害公共安全罪的司法认定中，只有实质判断而无形式判断，这就十分容易扩张其犯罪的边界，使其成为一个名副其实的口袋罪。所以，以危险方法危害公共安全罪是我国刑法中最为典型的口袋罪。如果要列举一个我国刑法中口袋罪的罪名，那么，非以危险方法危害公共安全罪莫属。

基于罪刑法定原则，罪名的内容应当具有确定性，也就是构成要件的行为具有确定性，这种确定性恰恰是刑法明确性所要求的。其实，罪名的容量与口袋罪之间并无必然联系。在刑事立法中，立法者或者通过行为方式来界定犯罪，或者通过结果来界定犯罪：前者为行为犯，后者为结果犯。以行为方式界定犯罪的立法例，以盗窃罪为例进行分析：盗窃是一种行为特征，凡是符合这一行为特征的都可以认定为盗窃。在刑法教义学上，盗窃是指违反占有人的意思，将他人所占有的财物转移至自己占有的行为，通常称为窃取。① 因此，盗窃的界限是明确的，在一般情况下，不会将盗窃与其他财产犯罪相混淆。以结果界定犯罪的立法例，以故意杀人罪为例进行分析：故意杀人罪的客观构成要件表现为非法剥夺他人生命。生命被剥夺的状态也就是通常所说的“死”。因此，一种行为只要是能够引发他人死亡的结果，就被界定为杀人行为。这样，死亡这个结果就为杀人行为提供了界定根据。因此，符合盗窃罪和故意杀人罪的行为虽然在整个犯罪行为中占有很大的比例，但我们并不会将盗窃罪和故意杀人罪说成是口袋罪。口袋罪的基本特征乃在于犯罪行为具有开放性，因此其犯罪的边界是模糊的。

其实，口袋罪在古代刑法中已然存在。例如中国古代《唐律·杂律》规定“诸不应得为而为之者，笞四十；（谓律、令无条，理不可为者）事理重者，杖八十。”这里的“不应得为”，就是法律条例没有明文规定，但是，根据伦理及情理，不应该做的事情。《唐律疏议》在解释该规定的立法本意时指出：“杂犯轻罪，触类弘多，金科玉条，包罗难尽。其有在律在令，无有正条，若不轻重相明，无文可以比附。临时处断，量情为罪，庶补遗阙，故立此条。”由此可见，“不应得为”罪是整个《唐律》的兜底罪名，凡是法无明文，而且比附不能，但违反情理的行为，都可以“入不应得为”罪。可见，“不应得为”罪是典型的口袋罪。在《唐律》的特定语境中，“不应得为”罪具有其特定的意蕴。② 然而，“不应得为”罪与现代刑法中的罪刑法定原则之间的紧张关系是不言而喻的。现代法治社会，基于罪刑法定原则，类似“不应得为”罪这样的立法是绝对不允许的，甚至条文表述的含混、模糊，都被认为违反明确性原则而宣告无效。例如，《意大利刑法典》第 603 条将“用使人完全服从自己的方式将他人置于自己权力之下的行为”规定为犯罪。意大利宪法法院在 1981 年第 96 号判决中认为：该条规定的内容不符合宪法规定的明确性原则。因为无论从行为或者结果的角度来看，都既无法确定也无法区分什么样的行为可能使他人处于完全服从的状态，不可能为“完全服从”制定一个客观的标准，立法中的“完全”在司法中从未得到证实。③ 相对于“不应得为”的规定，“完全服从”这样的表述要明确得多，居然还被认为是违反明确性原则的。由此可见，在意大利罪刑法定原则所要求的明确性原则是多么地严格。

我国 1979 年刑法存在着类推制度，在这一背景之下，口袋罪或多或少具有其

① 参见［日］西田典之：《日本刑法各论》，3 版，刘明祥等译，116 页，北京，中国人民大学出版社，2007。

② 对于《唐律》中的不应得为罪的详尽分析，参见黄源盛：《唐汉法制与儒家传统》，第六章“唐律中的不应得为罪”，213～259 页，台北，元照出版有限公司，2009。

③ 参见［意］杜里奥·帕多瓦尼：《意大利刑法学原理》（注评版），陈忠林译评，34 页，北京，中国人民大学出版社，2004。

存在的合理性：既然是刑法分则没有明文规定的行为，只要存在着最相类似的条文，都可以入罪；更遑论刑法条文规定得含糊一些。在1997年刑法废除类推制度、规定罪刑法定原则以后，口袋罪存在的合理性荡然无存，因此，以危险方法危害公共安全罪在我国刑法中的存在是缺乏正当性的。一种缺乏自身独立的内涵而需要通过与其他犯罪的区分来获得其内涵的罪名，无论如何也是说不过去的。笔者所能设想的为该罪辩护的理由也许是：以危险方法危害公共安全罪虽然缺乏犯罪的形式界限，但该罪具有危害公共安全这一实质要素，可以根据这一实质要素进行判断：只要排除放火、决水、爆炸、投放危险物质等而具有危害公共安全性质的行为，都可以认定为以危险方法危害公共安全罪。就此而言，以危险方法危害公共安全罪的内涵仍然是明确的。这样一种辩解理由，当然是不能成立的。从表面来看，这一理由似乎具有一定的说服力，例如，抢劫罪中的“其他方法”就是依靠“不知反抗或者不能反抗”这一实质要素加以明确的，不存在界限不清的问题。但是，我们需要注意的是，抢劫罪的手段的“不知反抗或者不能反抗”这一特征是抢劫罪所特有的，据此可以把抢劫罪与其他财产犯罪加以区隔。而危害公共安全这一实质要素并非刑法第114、115条规定的犯罪所特有，事实上，刑法分则第二章“危害公共安全罪”都具有危害公共安全的性质。因此，如果将危害公共安全这一实质特征作为认定以危险方法危害公共安全罪的规范根据，必然会使该罪成为刑法分则第二章“危害公共安全罪”的兜底罪名。应该指出，以危险方法危害公共安全罪是刑法第114、115条的兜底罪名，但它并不是刑法分则第二章“危害公共安全罪”的兜底罪名。关于这一点，张明楷教授曾经指出：刑法将本罪（即以危险方法危害公共安全罪）规定在第114条与第115条之中，根据同类解释原则，它必须与前面所列举的行为相当；根据该罪所处的地位，“以其他危险方法”只是刑法第114条、第115条的“兜底”规定，而不是刑法分则第二章的“兜底”规定。换言之，对于那些与放火、爆炸等危险方法不相当的行为，即使危害公共安全，也不宜认定为本罪。[①] 此言甚是。因此，不能仅仅将是否危害公共安全作为认定以危险方法危害公共安全罪的根据，而是要将行为与放火、决水、爆炸、投放危险物质进行比较，判断两者之间是否具有性质上的等同性。只有行为与放火、决水、爆炸、投放危险物质等行为性质等同，才能认定为以危险方法危害公共安全罪，否则，就不能认定为以危险方法危害公共安全罪。

这里涉及我国刑法中的危害公共安全罪与其他人身犯罪、财产犯罪之间的关系。应该说，在其他国家的刑法典中，也都设有相当于我国刑法中的危害公共安全罪的犯罪，例如日本称为公共危险罪。西田典之教授指出：所谓公共危险罪是指侵害不特定或者多数人的生命、身体、财产的犯罪。其特征在于，其中多数属于抽象危险犯。[②] 这里的抽象危险犯，是相对于具体危险犯而言的，不仅不需要实害结

① 参见张明楷：《刑法学》，4版，610页，北京，法律出版社，2011。

② 参见［日］西田典之：《日本刑法各论》，3版，刘明祥等译，221页，北京，中国人民大学出版社，2007。

果，而且不需要具体危险。而我国刑法中的危害公共安全罪大多是具体危险犯，甚至是实害犯。那么，危害公共安全罪在立法体例上的抽象危险犯与具体危险犯及实害犯的差别，到底会产生何种实质性的影响呢？这种实质性的影响就是：在危害公共安全罪是抽象危险犯的情况下，危害公共安全罪一般不会与人身犯罪和财产犯罪发生重合。例如日本刑法中的放火罪可以区分为抽象危险犯与具体危险犯，具体罪名又分为对现住建筑物等放火罪、对非现住建筑物等放火罪、对建筑物以外之物放火罪。但无论如何，日本刑法中的放火罪是不包括致人重伤、死亡这一结果的。而我国刑法中的放火罪，第 114 条是具体危险犯，第 115 条是实害犯。尤其是在放火罪的实害犯中包含了致人重伤、死亡，以及重大财产损失的内容。因此，以抽象危险犯、具体危险犯为特征的日本刑法中的放火罪，只是与毁坏财物罪之间存在竞合关系，与伤害罪、杀人罪等人身犯罪不存在竞合关系。而以具体危险犯、实害犯为特征的我国刑法中的放火罪，不仅与毁坏财物罪之间存在竞合关系，而且与伤害罪、杀人罪等人身犯罪也存在竞合关系。在这种情况下，无论是人身犯罪还是财产犯罪，只要危害公共安全，就应当以危害公共安全罪论处，使危害公共安全犯罪与财产犯罪、人身犯罪都存在竞合关系。由此大大地增加了区分犯罪之间的界限的难度。只要危害公共安全就应当以危害公共安全罪论处，已经成为我国刑法中的一个定罪规则，深入司法人员的大脑之中。其实，危害公共安全的行为未必一定要被认定为危害公共安全罪，关键在于刑法在危害公共安全罪一章有无明文规定。如果危害公共安全的行为，在分则其他章节中已有规定，就应当按照有关规定认定，而不是一概认定为危害公共安全罪。例如生产、销售有毒有害食品罪，在之前是以危害公共安全罪论处的，在 1997 年刑法设立了生产、销售有毒有害食品罪以后，就按照该罪认定。生产、销售有毒有害食品罪也会对不特定的多数人造成重大人身伤亡和财产损失，在这个意义上也完全可以说其具有危害公共安全的性质，但由于刑法将其规定在刑法分则第三章第一节生产、销售伪劣商品罪之中，所以不能再以危害公共安全罪论处。

三、口袋罪入罪条件的限制

以危险方法危害公共安全罪作为口袋罪，具有立法上的先天不足，因此在司法适用的过程中，应当严格限制其入罪条件。这就需要对以危险方法危害公共安全罪的“其他危险方法”进行同类解释。同类解释是法解释学上的一种较为特殊的解释规则，在以往关于刑法解释方法的论述中一般都未涉及。同类解释是体系解释的一种具体规则，体系解释强调将解释对象置于整个法律文本体系中进行情境化的理解，对于解读“其他规定”等这样一些盖然性规定尤其具有方法论的意义。同类解释规则（拉丁语为 Eiusdem Generis）是指如果法律上列举了具体的人或物，然后将其归属于“一般性的类别”，那么，这个一般性的类别，就应当与具体列举的人或物属于同一类型。[①] 将这一同类解释适用于对刑法第114、115条的解释，必然得出以下结论：在放火、决水、爆炸、投放危险物质或者其他危险方法的规定中，这里的其他危险方法应该与放火、决水、爆炸、投放危险物质具有性质上的同一性。其实，在我国刑法教科书中，学者在解释其他危险方法的时候，从来都是这样解释的，例如较早期的刑法教科书指出："其他危险方法"是指像放火、决水、爆炸、投放危险物质等方法一样，能够造成不特定多人死伤或公私财产重大损失的危险方法。[②] 但在我国司法实践中，却是在其他危险方法的认定上与放火、决水、爆炸、投放危险物质等方法的同一性渐行渐远，而越来越倾向于根据行为是否具有对公共安全的危险性来认定是否成立以危险方法危害公共安全罪。例如，盗窃窨井盖的行为，其行为就是盗窃，这是毫无疑问的，那么，为什么可以将这种明显与放火、决水、爆炸、投放危险物质等方法完全不具有同一性的行为认定为其他危险方法呢？有学者指出：盗窃窨井盖的行为可以解释为以危险方法危害公共安全罪中的危险方法。判断某种方法是否为与放火、决水、爆炸、投投放危险物质相当的危险方法，就是看这种方法能否造成与放火、决水、爆炸、投放危险物质相当的危害结果。[③] 由此可见，在其他危险方法的判断中，结果的危害性的判断取代了方法的危险性的判断，由此而使其他危险方法的判断发生了偏离。

这里首先涉及的是对于我国刑法分则第二章危害公共安全罪的罪名体系的理解。危害公共安全罪的罪名排列并不是杂乱无章的，而是具有其内在逻辑的。张明楷教授将危害公共安全罪分为以下5类：一是以危险方法危害公共安全的犯罪，二是破坏公用工具、设施危害公共安全的犯罪，三是实施恐怖、危险活动危害公共安全的犯罪，四是违反枪支、弹药管理规定危害公共安全的犯罪，五是违反安全管理规定危害公共安全的犯罪。[④] 危害公共安全是以上5类犯罪的共同特征，其区别在于危害公共安全的内容不同。第一类以危险方法危害公共安全的犯罪，其特征是手段本身具有危害公共安全的危险性，简称为手段危险性。第二类破坏公用工具、设施危害公共安全的犯罪，其特征是公用工具、设施承载着公共安全，对这些对象的破坏具有公共安全的危险性，简称为对象危险性。第三类实施恐怖、危险活动危害公共安全的犯罪是一种恐怖主义的犯罪，其特征是恐怖活动的组织行为具有危害公共安全的危险性，简称组织危险性。第四类违反枪支、弹药管理规定危害公共安全的犯罪，其特征是枪支、弹药作为工具具有公共安全的危险性，简称工具危险性。第五类违反安全管理规定危害公共安全的犯罪，其特征是责任事故犯罪，事故的结果具有对公共安全的危险性，简称结果危险性。根据以上分析，危害公共安全罪的危险性可以区隔为：手段危险性、对象危险性、组织危险性、工具危险性和结果危

① 参见王利明：《法律解释学导论：以民法为视角》，262页，北京，法律出版社，2009。
② 参见高铭暄主编：《中国刑法学》，377页，北京，中国人民大学出版社，1989。
③ 参见张亚平：《盗窃窨井盖行为定性之若干思考》，载《黑龙江省政法管理干部学院学报》，2006（3）。
④ 参见张明楷：《刑法学》，4版，605页，北京，法律出版社，2011。

险性。显然，这5种危险性是有所不同的。不可否认，各种危害公共安全的犯罪之间存在着竞合关系。例如，当行为人使用放火的方法破坏交通设施的时候，就存在放火罪与破坏交通设施罪的想象竞合。但是，在一般情况下，我们可以将不同的危害公共安全罪加以区分。就以危险方法危害公共安全罪而言，因其属于手段危险性，而这里的手段又是与放火、决水、爆炸、投放危险物质相当的手段，因此，手段是否具有与放火、决水、爆炸、投放危险物质行为的相当性，才是认定是否成立以危险方法危害公共安全罪的关键之所在。那些与放火、决水、爆炸、投放危险物质行为不具有相当性的行为当然不能被认定构成以危险方法危害公共安全罪。

这里应该指出，手段的危险性与结果的危险性是有所不同的。那种把盗窃窨井盖的行为认定为以危险方法危害公共安全罪的做法，其错误就在于混淆了手段的危险性与结果的危险性之间的关系。窃取市区主干道上的地下保护设置物窨井盖的行为，确实对过往车辆、行人的人身安全与财产安全造成了重大的隐患，具有结果的危险性。就盗窃行为本身而言，并不具有对公共安全的手段危险性，它与放火、决水、爆炸、投放危险物质等危险方法之间的区分是极为明显的。如果过分地以结果危险性考量，就会使许多普通的人身犯罪或者财产犯罪被错误地认定为以危险方法危害公共安全罪。徐某超以危险方法危害公共安全案，就是一个典型的案例①：云南省丽江市中级人民法院经审理查明：2007年4月1日16时许，被告人徐某超受吉林市W旅行社的委派，带领“夕阳红”旅游团一行40人经昆明、大理来到丽江古城四方街游玩，途中因不理解昆明导游（地陪）彭某萍的工作方法而产生隔阂，加之在古城，被告人担忧所带游客走散，便与彭某萍发生争执。彭边哭边打手机离开后，被告人徐某超走进古城四方街东大街食品公司门市专营工艺品商店内，问是否有刀，当店主寸某莲拿出一把长约22厘米的匕首时，被告人徐某超即夺过匕首，将寸某莲刺伤，后挥动匕首向四方街广场、新华街黄山下段奔跑三百余米，并向沿途游客及路人乱刺，造成20人伤害。经法医鉴定：重伤1人，轻伤3人，轻微伤15人，未达轻微伤1人。经法院委托，同年11月15日中国法医学会鉴定中心就徐某超在作案时的精神状态及其责任能力，作出了“被鉴定人徐某超在作案时患有旅行性精神病，评定为限制（部分）刑事责任能力”的结论。

法院判决认为：关于控辩双方争执的本案罪名问题，应从三个方面进行判断。第一，被告人徐某超的行为是否具有危及不特定的多数人的安全之现实可能性，是判断其行为能否构成危害公共安全罪的关键。公共安全在本质上是指多数人的安全，其核心不仅在于对象的不特定性，而且在于对象的多数性。因此，危害公共安全罪的构成，既源于犯罪对象的不特定性，更在于其危害结果已经现实地指向了不特定多数人的安全。这就是此罪与故意伤害罪的最大区别。本案中，被告人徐某超对其持刀伤人的行为最终会危及哪一具体对象的安全事先没有确定，并在具有众多

① 参见《人民司法》，2008（16）。

游客及行人游玩的丽江古城实施了挥刀乱刺的行为，不仅随时危及不特定多数人的安全，而且已经造成20名游客及行人的伤害后果。第二，对于被告人徐某超持刀伤人的行为方式是否属于“其他危险方法”的界定，应以现已查明的行为时所存在的各种客观事实为基础，以行为时为标准，从一般人的立场出发来判断。本案中，被告人徐某超持长约22厘米的匕首，在游人密集的旅游重地对毫无防范意识的无辜游客及行人乱刺，实施了与放火、决水、爆炸危险性相当的行为，危害了公共安全。第三，对于所造成的危害结果是否超出行为人的预料和控制，即行为人对其行为造成的后果的具体认识，不能左右危害公共安全罪罪名的成立。本案中，被告人徐某超是在主观上故意与病理性因素混合的动机驱使下实施了手段残忍的伤人行为。故不论其行为出于直接故意还是间接故意，基于何种个人目的和动机，都不影响本罪的构成。为此，公诉机关指控的罪名成立，应予支持；辩护人提出定故意伤害罪的意见，没有理由，予以驳回。

以上判决书对涉及本案定性的三个问题的辩驳，进行了较为充分的说理，是值得肯定的。但是，其中的逻辑错误与判断失误也是较为明显的。从逻辑上来说，判决书首先认定被告人的行为具有危害公共安全的危险性，然后判断被告人的行为是否具有与放火、决水、爆炸、投放危险物质行为的相当性。这是存在问题的。正确的方法应该是：先判断被告人的行为是否具有与放火、决水、爆炸、投放危险物质行为的相当性，然后才考量是否具有危害公共安全的危险性。在以上两者之间存在逻辑上的位阶关系。因为，是否具有与放火、决水、爆炸、投放危险物质行为的相当性，是一种具有客观上的可比性的判断，具有一定程度的形式判断的特征。之所以说只是一定程度，是因为以危险方法危害公共安全罪的行为本身缺乏形式界定，它是依赖与放火、决水、爆炸、投放危险物质行为的类比而确定其行为特征的。尽管如此，这种类比还是具有一定的形式根据的，因而更为可靠。而行为是否具有危害公共安全的危险性的判断，完全是一个实质判断，缺乏规范标准。在这种情况下，就会使是否具有危害公共安全的危险性的判断丧失其规范限制。例如，是否具有危害公共安全的危险性判断当中所强调的危及不特定的多数人的安全，是所有危害公共安全犯罪的共同特征，除了第一类危害公共安全的犯罪以外，其他4类危害公共安全的犯罪都具有危及不特定的多数人的安全这一特征，据此并不能将以危险方法危害公共安全罪与其他危害公共安全的犯罪加以区分。不仅如此，危及不特定的多数人的安全甚至也不是危害公共安全的犯罪所垄断的性质，其他犯罪也可能具有危及不特定的多数人的安全的特征。例如，走私枪支、弹药罪难道不具有危害公共安全的特征吗？从境外将枪支、弹药走私入境的走私枪支、弹药行为与在境内运输、邮寄、储存枪支、弹药行为，在危害公共安全性质上并不存在区别，但前者被规定为破坏社会主义市场经济秩序的犯罪，后者却被规定为危害公共安全的犯罪。因此，根据行为是否危及不特定的多数人的安全这一特征，也不能将以危险方法危害公共安全罪与其他犯罪加以区分。只有在其行为具有与放火、决水、爆炸、投放危险物质相当危险性的前提下，判断行为是否具有危及不特定的多数人的安全这一特征，才是正确的。除此以外，判决书关于持刀伤人的行为方式是一种与放火、决水、爆炸、投放危险物质相当的危险方法的判断，也是偏颇的。在放火、决水、爆炸、投放危险物质中，火、水、炸药、危险物质本身所具有的危险性是不能与刀子相提并论的。如果持刀向不特定的多数人砍杀这样明显的杀人行为被认定为以危险方法危害公共安全罪，那么，持枪向不特定的多数人射击的行为更应该被认定为以危险方法危害公共安全罪。如此一来，以危险方法危害公共安全罪的口袋越来越大，将会吞噬更多的人身犯罪和财产犯罪，成为罪名中的“利维坦”。

对于以危险方法危害公共安全罪的“其他危险方法”的判断，在司法实践中也有正确解释的判例。例如在吴某等以危险方法危害公共安全案中，该案的裁判理由指出：对“其他危险方法”的界定必须严格按照文义解释和同类解释规则进行，以社会大众对危害程度的一般理解为其外延，以危害公共安全的现实可能性为其内涵。根据刑法第114条的语境，依文义解释规则，“危险方法”是指危害公共安全的危险行为，即行为客观上必须对不特定多数人的生命、健康或者重大公私财产安全产生了威胁，具有发生危险后果的现实可能性。没有这种现实可能性，就不是危险行为。这是“危险方法”的内涵。在文义解释的基础上，还要按照同类解释规则来进行限制解释，即“其他危险方法”不是指任何具有危害公共安全可能性的方法，而是在危险程度上与放火、爆炸、投放危险物质等行为相当或超过上述行为危险性的方法。这是对“危险方法”的外延限制。因此，那些虽然对公共安全有一定的危险，但还未危及不特定多数人的生命、健康或重大财产安全的行为，不宜被认定为构成本罪。① 笔者并不赞同这一裁判理由中对行为于公共安全的危险性和行为与放火、决水、爆炸、投放危险物质的相当性的判断次序，但该裁判理由还是就对“其他危险方法”的判断进行了精彩的阐述，这是值得充分肯定的。

本章的结论是：在以危险方法危害公共安全罪的“其他危险方法”的判断上，缺乏的并不是知识与经验，而是罪刑法定与刑法谦抑的法治理念。

① 参见刘德权主编：《中国典型案例裁判规则精选》（刑事卷），199页，北京，人民法院出版社，2010。

第九章

转型中的中国犯罪论体系①

① 本章系陈兴良教授在2013年9月3、4日在北京大学法学院召开的“第二届中德刑法学者联合会学术研讨会”上的评论稿。

一、中德犯罪论体系的比较视角

犯罪论体系，在德国也往往称为刑法体系，是我们这次中德刑法学者联合会学术研讨会的主题之一。这个主题之设，主要还是考虑到我国目前正处在从苏俄的四要件到德日的三阶层的犯罪论体系的转型过程之中，因此对此的讨论是具有现实意义的。而在德国，正如希尔根多夫教授在其论文中所指出的那样，刑法体系问题已经不是学界讨论的焦点问题。犯罪论体系在中德两国刑法学界的重要程度的这种差别，正好反映出中德两国在犯罪论体系研究进展方面的差距。

在这次研讨会上，梁根林教授提交的论文《中国犯罪论体系建构：叙事与评说》① 一文，可以说是全面、客观地描述了我国刑法学在犯罪论体系上的流变过程，对于理解我国当前在犯罪论体系上的理论现状具有重要参考价值。在梁根林教授的这篇论文中，我也是其中一个角色，并对我的学术演变过程进行了叙述，基本上符合我的实际情况，对此我表示认同。而希尔根多夫教授提交的论文《刑法的体系构成》② 一文，则对德国的犯罪论体系进行了深入的介绍，尤其是涉及对美国与苏俄的犯罪论体系的对比，这为我国关于犯罪论体系的思考提供了重要的借鉴。可以说，这两篇论文反映了中德之间在犯罪论体系研究上的不同状态与阶段，其中不乏引人深思的方面。在我看来，梁根林教授与希尔根多夫教授的这两篇论文，在以下三个方面形成了对比的视角：

（一）叙述性与思辨性

梁根林教授的论文更多的是描述性的，其对于我国当前正在进行的四要件与三阶层之争，进行了极为细致的学术描述，给人留下深刻的印象。例如，梁根林教授描述了我国刑法学界从师从苏俄到效法德日的犯罪论体系的演变过程，这也就是从四要件的一统天下到四要件与三阶层的体系之争的转变过程。这里应当指出，清末我国法律改革，中断了延续数千年的中华法系传统，引入了大陆法系制度，包括刑法制度。这一重大的法律变革是以日本法律制度为借鉴对象的，也在很大程度上参考了日本学者的意见。此后，我国的刑法理论始终受到日本理论的影响。在中华民国时期（20 世纪 20 年代至 40 年代）先后制定的两部刑法典（1928 年刑法典与 1935 年刑法典），都是以日本刑法典为摹本而制定的。基于刑事立法对日本的倚重，在犯罪论体系上也复制了日本理论，例如，民国时期的犯罪论体系所讨论的犯罪主体、犯罪客体、犯罪行为、责任能力、责任形式等概念就来自日本。而这个时期的日本刑法理论也在很大程度上受到德国的影响。在这个意义上说，我国民国时

① 梁根林：《中国犯罪论体系建构：叙事与评说》（未刊稿），载《第二届中德刑法学者联合会学术研讨会论文集》，24 页以下，北京大学法学院印，2013。

② ［德］希尔根多夫：《刑法的体系构成》（未刊稿），载上书，17 页以下。

期的犯罪论体系是间接地受到德国影响。1949 年中华人民共和国成立以后便废除旧法统，开始全面采用苏俄法律理论，刑法亦概莫能外。在这一背景下，我国引入了苏俄刑法学的四要件的犯罪论体系，一直到今天。这是我国犯罪论体系的历史背景，相对于梁根林教授所描述的我国犯罪论体系从师从苏俄到效法德日的演进过程，这是我国犯罪论体系发展的前史。而希尔根多夫教授的论文对犯罪论体系进行了具有思辨性的论述，例如对犯罪论体系的功能性的研究指出，犯罪论体系本身具有对刑法恣意的限制功能，其刑法教义学的整合功能同样是不可否定的。这些见解，对于我们深刻认识犯罪论体系的实践意义具有重要启迪。在构成要件理论产生初期，就是以罪刑法定原则为依归的，在此基础上形成的犯罪论体系对于实现罪刑法定原则来说，是不可或缺的。犯罪论体系是一整套精致的话语体系，以此为依托，将刑法中的各种概念组合在一起，发挥其辅助定罪的适用功能。对于法治国来说，这一体系具有十分重要的理论意义与现实意义。因此，犯罪论体系所具有的思辨性并不是玄学式的理论，而是切合法治建设的学说。

（二）本土性与普世性

梁根林教授的论文是以叙述我国的犯罪论体系的变革为主线的，更多展示的是犯罪论体系的地方性知识。例如，梁根林教授在其论文中揭示了我国犯罪论体系之争的文化与法治的背景。当然，我国的犯罪论体系之争明显受到 20 世纪 90 年代初引入的德日刑法学的深刻影响。因此，在我国发生的犯罪论体系之争，其意义远远超越了国界，也是在世界范围内刑法教义学知识传播的一个个案。梁根林教授在论文中讨论了犯罪论体系本土化的重要性。应该说，本土化的问题，在我国刑法学界也是一个始终存在着争议的问题。自从清末我国引入大陆法系的法律制度以后，我国的法律制度已经在一定程度上与世界接轨。在犯罪论体系问题上也是如此。其实，无论是苏俄的四要件的犯罪论体系还是德日的三阶层的犯罪论体系，对于我国刑法学界来说，都是舶来品，问题只是在于，如何在借鉴与吸收西方刑法知识的基础上，使其尽可能地切合我国的刑事立法与刑事司法的实际状况，以此满足我国刑事法治建设的客观需求。因此，只有在这个意义上阐述犯罪论体系的本土化，才能推进我国犯罪论体系的演变与发展。梁根林教授也是在这个意义上阐述犯罪论体系的本土化命题的，对于我国犯罪论体系的健康发展具有参考价值。目前在我国刑法学界关于犯罪论体系的本土化的讨论中，本土化是相对于苏俄化和德日化而言的。由此引出一个问题：本土化与苏俄化和德日化之间究竟是一种什么关系？笔者认为，本土化与苏俄化和德日化并不是对立的，所谓的本土化是指苏俄犯罪论体系和德日犯罪论体系的本土化。因此，去苏俄化和引入德日三阶层的犯罪论体系，并不存在与本土化的矛盾关系或者对立关系。在我国刑法学界，对于犯罪论体系的本土化问题，存在的两种思想认识是值得反思的：一是坚持四要件的犯罪论体系，认为苏俄犯罪论体系已经本土化，没有必要再引入德日犯罪论体系。因此，提出了我国犯罪构成理论不必移植德日相关理论的命题，本土化就成为排拒德日犯罪论体系的一个理论根据。例如有学者指出："不能过于强调我国现行平面的犯罪构成体系（指四要件的犯罪论体系——引者注）的缺陷与不足，对西方国家刑法的犯罪构成体系的优点大加赞赏，乃至于照搬大陆法系或者英美法系的层次性犯罪构成体系。"① 二是强调我国的主体性，认为苏俄的犯罪论体系与德日的犯罪论体系都存在着缺陷，因此应当创制具有我国特色的犯罪论体系。例如有学者指出："我国刑法学完全可以在借鉴和吸收域外犯罪构成理论体系和犯罪构成规格模型之后，博采众长，走自己的路，形成我国自己的犯罪构成理论体系和建构自己的犯罪构成规格模式，服务于我国的刑事司法实践。"② 笔者认为，犯罪论体系具有跨越国界的性质，只是一种对刑法规定的犯罪成立条件的分析工具，它与各国的文化传统、思维习惯或者生活经验虽然具有一定的关联性，但更多的是与法治建设的实际需求之间的联动性。苏俄的四要件犯罪论体系与德日三阶层犯罪论体系对于我国来说都是外来的东西，我们当然应该借鉴与吸收。但这由此引出一个对苏俄四要件犯罪论体系与德日三阶层犯罪论体系的优劣比较问题，我们应该择其优者而学习之。在笔者看来，苏俄四要件犯罪论体系在方法论上存在严重缺陷，相比较之下，德日三阶层犯罪论体系更为精致与精细，因此应该学习与参考德日三阶层的犯罪论体系。在此基础之上，建立我国的犯罪论体系。这一犯罪论体系是建立在德日犯罪论体系的话语体系基础之上的，可以吸收德日刑法学的知识成果而为我所用。至于那种认为我国应当建立一种具有特殊性的犯罪论体系的观点，虽然其意可嘉，但并不必要，也无可能。这一论述是对梁根林教授关于犯罪论体系本土化论述的一个补充，也可以佐证梁根林教授的观点。希尔根多夫教授的论文在较为广阔的视界中，展示了在不同法系特征之下犯罪论体系的局限性与普世性。美国实行判例法，遵循从案例到案例的思维路径，因此不可能形成犯罪论的体系模式，美国的犯罪成立条件体系更具有受制于其法系的局限性。而德国的建立在成文法基础之上的犯罪论体系具有明显的教义学特征，更能够超越具体法条与个案，因此具有超越国界传播的可能性。

（三）实践性与逻辑性

犯罪论体系并不是一个纯理论问题，它是在刑法所规定的犯罪成立条件的基础上进行理论归纳与抽象，形成了一个具有内在逻辑的体系。这个体系本身具有解决实际问题的功能，这就是犯罪论体系的实践性。正是这种实践性表明，犯罪论体系要建立在具体法律规定的基础之上。对这种实践性的强调也是梁根林教授的论文的特点之一。而希尔根多夫教授的论文更强调刑法体系的逻辑性，认为这种逻辑严谨性是德国刑法体系的优点，这种逻辑严谨性在四要件那里是不存在的。逻辑性使刑法体系远离政治话语，也使刑法体系能够更好地发挥对刑罚权的限制功能。例如希

① 彭文华：《犯罪构成本原论及其本土化研究——立足于文化视角所展开的比较与诠释》，292页以下，北京，中国人民公安大学出版社，2010。

② 杨兴培：《反思与批判——我国刑法的理论与实践》，117页，北京，北京大学出版社，2013。

尔根多夫教授在论及苏俄四要件的犯罪论体系时指出："（苏俄四要件的犯罪论体系）可罚性前提被划分为四要件：一、犯罪主体，二、犯罪主观方面，三、犯罪客体以及四、犯罪客观方面。在'犯罪主体'范畴要讨论的问题是在德国被视为问题的归责能力。'犯罪主观方面'包含了故意以及过失的问题。在'犯罪客体'中探讨的问题是犯罪行为所侵害的利益，而'犯罪客观方面'则涉及犯罪实施的方式、因果关系以及正当事由，如正当防卫、紧急避险以及同意。对于我们而言重要的是，这些要件几乎不能相互联系，以至于它们的顺序排列完全无关紧要。"至此，希尔根多夫教授对四要件的犯罪论体系进行了描述，最后这句话也许是最为关键的，因为它点出了四要件之间不具有逻辑上的位阶性。在笔者看来，犯罪论体系的实践性与逻辑性并不是相互对立的，而其逻辑性是实践性的基础。只有具有逻辑性的犯罪论体系才能在司法实践中充分发挥对定罪的引导功能。因此，无论如何强调犯罪论体系的逻辑性都是不过分的。

毫无疑问，以上这些视角都是在考察与判断犯罪论体系时必须具备的。当然，对这些视角的不同侧面的优先考量，取决于不同国家对犯罪论体系的不同理论需求。犯罪论体系永远都是刑法学中的一个热门话题，只是因为我国目前所处的特定历史阶段，对犯罪论体系更为关注。笔者以为，梁根林教授和希尔根多夫教授的这两篇论文，可以引发我们对犯罪论体系的更为深入的思考。

二、我国犯罪论体系的学术个案

犯罪论体系，我国在苏俄刑法学意义上称为犯罪构成体系，是刑法学理论大厦的基石，它在相当程度上决定着一个国家的刑法学的理论品格。我国目前正处在从苏俄的四要件到德日的三阶层的犯罪论体系的转型过程之中，面对这种转型，我国的刑法学者不得不进行站队选择，这导致我国刑法学者的阵营从一块铁板到二水分流，呈现出某种分化的趋势。梁根林教授的论文《中国犯罪论体系建构：叙事与评说》一文，较为全面、客观地描述了我国刑法学在犯罪论体系上的流变过程，对于理解我国当前在犯罪论体系上的理论现状具有重要参考价值。在梁根林教授的这篇论文中，我也是其中一个角色，并对我的学术演变过程进行了叙述，基本上符合我的实际情况，对此我表示认同。在某种意义上可以说，我是我国犯罪论体系转型过程中的一个学术个案。

正如梁根林教授所言，笔者是在四要件的犯罪论体系的熏陶下成长起来的刑法学者，在笔者的大学本科阶段，在北京大学就是以四要件的犯罪论体系为刑法学入门的摹本。在硕士研究生和博士研究生阶段，笔者在中国人民大学师从我国著名的刑法学家高铭暄教授和王作富教授，他们是苏俄四要件的犯罪论体系在我国的传人。因此，四要件的犯罪论体系以其对称性和辩证性深深吸引了笔者，成为笔者在20世纪80年代进行刑法学研究的主要分析工具。在20世纪90年代初期，从日本传入了三阶层的犯罪论体系，这是一种完全不同的思维方法，给笔者留下了深刻的印象。在笔者初期研究中，试图对这两者进行对比研究，在 1992 年出版的《刑法哲学》一书中，笔者将四要件的犯罪论体系称为耦合式的逻辑结构，而将三阶层称为递进式的逻辑结构。在对这两种犯罪论体系的比较研究中，笔者在评论三阶层的犯罪论体系时指出："犯罪构成的递进式结构，在对犯罪的认定上采取排除法，这是比较符合人们的思维习惯的。构成要件的该当性、违法性和有责性，环环相扣、层层递进，各要件之间的逻辑关系明确，易于区分罪与非罪，具有一定的长处。尤其是将有责性作为构成要件之一，把刑事责任问题纳入犯罪构成，较好地解决了犯罪与刑事责任的关系问题。这种递进式的犯罪构成结构的缺陷在于将违法与有责区分开来，认为违法是客观的，责任是主观的，这是一种主观与客观相分离的表现。在我们看来，违法性不是犯罪构成的一个要件，而是犯罪特征之一，整个犯罪构成实际上是刑事违法的构成。因此，将违法性作为犯罪构成的一个具体要件，是降低了违法性的意义。同时，犯罪构成作为一种定罪的法律模式，主要解决什么行为构成犯罪的问题，而违法阻却事由中研究的正当防卫、紧急避险等情况，主要是解决什么行为不构成犯罪的问题。显然，什么行为构成犯罪与什么行为不构成犯罪这是两个虽有联系又有区别的问题，不可混为一谈。"①

在以上评价中，笔者对于三阶层的这种递进式的逻辑结构是赞同的，对于将责任要素纳入犯罪构成也是肯定的，但也指出了三阶层的三个缺陷：一是对于违法性与有责性的分离提出质疑，认为违反了主客观相统一原则。二是对违法性在犯罪论体系中的地位进行了否定，认为违法性不是构成要件而是犯罪特征。三是对于将正当防卫与紧急避险纳入犯罪构成表示怀疑，认为这混淆了构成犯罪与不构成犯罪这两个问题。从这三点来看，当时笔者主要还是站在四要件的立场上对三阶层进行批判，例如，主客观相统一被认为是四要件的核心价值，并且在四要件中并无违法性的要素，违法性是犯罪特征。由此可见，笔者的思想观念还是受到四要件的束缚。同时，笔者也对四要件的犯罪论体系进行了以下评论："犯罪构成的耦合式结构，将四大要件先分而论之，然后加以整合，其长处是简单易懂，便于司法人员掌握。从内容上说，不像递进式结构那样，把违法性作为犯罪构成的一个具体要件，而是将其作为犯罪特征加以研究，在这个意义上说是正确处理了犯罪构成与犯罪概念之间的关系。但这种耦合式结构也存在缺陷，主要是将犯罪构成要件之间的关系确定为一种共存关系，即一有俱有、一无俱无。只有四要件全部具备了，才说得上是犯罪构成的要件。但在具体论述时，又分别作为犯罪构成的要件加以阐述。这样，在部分与整体的关系上存在逻辑混乱的现象。"②

四要件的犯罪构成一直被奉为唯一正确的犯罪论体系，但在三阶层的对比关照

① 陈兴良：《刑法哲学》，572 页，北京，中国政法大学出版社，1992。

② 同上书，573 页。

下，笔者还是发现了四要件的体系性缺陷，这就是基于耦合式的犯罪构成结构，各个犯罪构成的要件之间关系混乱，没有正确处理犯罪构成的部分与整体的关系。在对四要件与三阶层这两种犯罪论体系进行评价的时候，笔者还是站在较为客观的立场上发表评论意见的。严格来说，此时笔者还没有关于犯罪论体系的独立见解。而且，关于三阶层的犯罪论体系当时只有来自日本的资讯，尚未见到德国的资料。因此，我们对三阶层的认识本身也是较为肤浅的。但不管怎么样，随着三阶层犯罪论体系传入我国，对四要件的理性思考已经展开。

在对四要件与三阶层的犯罪论体系深入思考的基础上，笔者开始试图创设自己的犯罪论体系，这当然是一种狂妄的想法，但在当时的我国这是一种普遍的风气。在2001年出版的《本体刑法学》一书中，笔者尝试着创立了罪体与罪责的对应式的犯罪论体系，其中：罪体是犯罪构成的客观要件，指刑法分则条文规定的、表现为客观外在事实的构成要件。罪体的内容包括行为、客体、因果关系等。① 罪责意味着行为人主观上的罪过，是在具备罪体的情况下行为人的可归责性。因此，罪责是一种责任。罪责的内容包括责任能力，责任形式之一——故意责任，责任形式之二——过失责任等。以上罪体与罪责的对应式体系，在逻辑结构上是客观要件与主观要件的二分结构。在主客观相统一这个意义上，罪体与罪责的体系受到四要件的深刻影响，但重塑了罪责要件，在很大程度上又是偏向于三阶层的。尤其是将罪体定义为刑法分则规定的客观事实，而又将罪责奠定在罪体的基础之上，使两者之间呈现出某种位阶性，因而使罪体与罪责的体系具有一定三阶层的结构特征。

可以说，罪体与罪责的对应式体系只是一种草创，其理论的粗糙性自不待言。不过，在2003年出版的《规范刑法学》一书中，在罪体与罪责的基础上又增加了罪量要件，这是对我国刑法中罪量规定的一种理论回应。不同于西方国家刑法的"立法定性，司法定量"的立法模式，我国刑法是"立法既定性又定量"，因此在我国刑法中存在大量的罪量要素。例如，根据我国刑法的规定，诈骗罪只有达到数额较大才构成犯罪。如果数额没有达到较大程度，则不能作为犯罪处理。在此，数额较大就是诈骗罪的罪量要素。在我国刑法中，绝大多数犯罪都必须具备罪量要素才能构成犯罪，只有故意杀人罪等少数严重的犯罪才无须罪量要素就能构成犯罪。一般认为，罪量要素是司法权与行政权的分界：达到罪量要素的行为构成犯罪，进入司法程序、予以刑事处罚。没有达到罪量要素的行为不构成犯罪，通常作为治安违法、行政违法的行为而进行行政处罚。因此，犯罪与违法的区分是由我国的刑事与行政的二元处罚体制所决定的。为此，应当在犯罪论体系中安排罪量要素的特殊地位。笔者在论述罪量要件时指出：我国刑法中的犯罪成立要件是表明行为侵害法益的质的构成要件与表明行为侵害法益的量的构成要件的有机统一。表明行为侵害法

① 参见陈兴良：《本体刑法学》，226页，北京，商务印书馆，2001。

益的质的构成要件是犯罪构成的本体要件，包括罪体与罪责。罪体是犯罪构成的客观要件，罪责是犯罪构成的主观要件，两者是客观与主观的统一。由于我国刑法关于犯罪的规定存在数量因素，因而犯罪成立要件除罪体与罪责以外，还应当包括罪量，罪量是在具备犯罪构成的本体要件的前提下，表明行为对法益侵害程度的数量要件。由此，笔者建构了一个罪体—罪责—罪量三位一体的犯罪构成体系，在这一犯罪构成体系中，给予犯罪成立的数量因素以独立的构成要件的地位，从而使之更加切合我国刑法的规定。①

在以上论述中，笔者试图将罪量要素纳入犯罪论体系，赋予其独立的体系性地位。当然，关于如何确定罪量要素在犯罪论体系中的地位，还是存在较大争议的，这种争议主要表现为构成要件说与处罚条件说之争。笔者对这两种观点进行了以下描述与评论：第一种观点是构成要件说，认为犯罪的数量因素是犯罪成立的条件，如果不具备犯罪的数量因素，不能构成犯罪。由此，犯罪的数量因素属于犯罪构成要件。第二种观点是处罚条件说，认为犯罪的数量因素是处罚条件。在大陆法系刑法理论中，客观的处罚条件是指那些与犯罪成立无关，但却能决定行为是否应受刑罚处罚的外部条件。客观处罚条件的特点在于：它本身不是犯罪的构成条件，缺乏客观的处罚条件，犯罪仍可成立，只是不产生刑罚效果而已。就此而言，客观的处罚条件是刑罚发动的事由。在上述两种观点中，笔者赞同构成要件说。处罚条件说将犯罪成立与应受处罚两者相分离，认为：在不具备客观的处罚条件的情况下，犯罪是可以成立的，但不应受到刑罚处罚。只有在具备客观的处罚条件的情况下，才应当受到刑罚处罚，即发生刑罚之效果。这种观点与我国刑法关于犯罪概念的规定显然是不相符合的。因为根据我国刑法第 13 条的规定，应当受刑罚处罚是犯罪的重要特征之一。这就意味着，应受惩罚性本身是犯罪成立的条件，如果缺乏应受惩罚性，就不构成犯罪。因此，在我国刑法中，不能承认构成要件之外的客观处罚条件。② 这里所说的构成要件是指犯罪成立条件，在笔者看来，罪量是犯罪成立条件，它决定着罪与非罪的界限，而不是对犯罪成立没有影响，只是决定如何进行处罚。当然，罪量既不属于罪体要素又不属于罪责要素，作为一种独立的犯罪成立条件，需要厘清它与罪体、罪责之间的关系。而在这一点上，还有许多理论上的障碍需要克服。

从笔者的罪体、罪责和罪量的犯罪论体系的形成过程，可以明显地看出是受到了三阶层的犯罪论体系的逻辑性的深刻影响，这也是我国刑法学继受德日刑法学的犯罪论体系的一个例证。三阶层的犯罪论体系吸引笔者的主要还是其逻辑性，这种逻辑性被笔者称为逻辑上的位阶性。正是这种逻辑上的位阶性使各种犯罪成立条件得以整合，形成一个有机的整体。在这个意义上说，具体的犯罪成立条件只是外在

① 参见陈兴良：《规范刑法学》，58 页，北京，中国政法大学出版社，2003。

② 参见上书，96 页。

的东西，是所谓形而下的“器”；而犯罪成立条件之间的逻辑关系才是内在的东西，是所谓形而上的“道”。

三、犯罪论体系的方法论意义

希尔根多夫教授在其《刑法的体系构成》一文中，为我们展示了犯罪论体系的内在的逻辑关系，对于我们深刻理解三阶层的犯罪论体系具有重要的参考价值。其中，希尔根多夫教授对于所谓刑法体系论即犯罪论体系的功能的阐述，就是具有启发性的观点之一。希尔根多夫教授将犯罪论体系的功能归纳为以下9点：（1）制度功能；（2）综合功能；（3）科学构造功能；（4）启发功能；（5）讲授功能；（6）法律适用功能；（7）法治国透明功能；（8）批判功能；（9）评价功能。以上关于犯罪论体系功能的阐述当然是极为全面的，既有犯罪论体系的实质概念，例如制度功能与法治国透明功能等，亦有犯罪论体系的形式功能，例如综合功能与讲授功能等。这些概念对于全面了解犯罪论体系具有重要的参考价值。当然，笔者最为关注的还是犯罪论体系的刑法方法论功能，亦即犯罪论体系对于刑法教义学理论建构所具有的支撑功能，这一功能对于转型中的我国犯罪论体系的建构与发展也许是具有根本性意义的，因此需要加以强调。

在我国传统刑法理论中，对四要件的犯罪构成体系性质的理解，存在以下三种观点：（1）法定说，认为犯罪构成是刑法所规定的、决定某一具体行为的社会危害性及其程度而为该行为构成犯罪所必需的一切客观和主观要件的总和。根据这一观点，犯罪构成是一个法律概念，是犯罪的规格，它由法律加以明文规定。（2）理论说，认为犯罪构成是根据刑法规定并结合司法实践，对法律条文所作的学理性解释。根据这一观点，犯罪构成不是刑法条文中规定的概念，而是一个较系统、较详尽地研究刑法条文中规定的构成犯罪的各种条件的理论概念。（3）折中说，认为犯罪构成既是由法律规定的一系列事实要件的总和，又是一种理论。根据这种观点，犯罪构成是依照刑法应受刑罚制裁的危害社会的行为的主、客观条件的总和，是刑法理论的重要组成部分，是定罪量刑的基本理论依据。① 传统的主流观点把犯罪构成视为法律规定，因为基于犯罪构成的定义，犯罪构成是刑法所规定的一切犯罪成立的主、客观要件的总和，其落脚点在法律规定。因此，我国刑法学界也经常将犯罪构成称为犯罪构成要件，这里的要件就是成立条件。在罪刑法定原则的语境中，犯罪的成立条件当然是刑法明文规定的，由此犯罪构成的法定说在我国刑法学界获得了通说的地位。

犯罪构成的法定说表明，我国四要件的犯罪构成理论是从犯罪成立的实体条件的意义上界定的，因此，在很大程度上将犯罪构成与刑法规定相混淆。这里的问题

① 参见高铭暄主编：《新中国刑法科学简史》，84页，北京，中国人民公安大学出版社，1993。

是：犯罪构成与刑法规定究竟是一种什么样的关系？犯罪构成离不开刑法规定，是没有疑问的，但犯罪构成又不能等同于法律规定。如果犯罪构成等同于法律规定，就必然会得出只要有刑法对犯罪成立条件的规定，就存在犯罪构成的结论，由此导致犯罪构成概念的泛化。例如，有学者在论及犯罪构成的历史沿革时，指出："作为犯罪规格的犯罪构成，是以刑法对构成犯罪必要条件的规定为存在前提的。只要有刑法（不论其表现形式如何），只要刑法规定了犯罪的必要条件（不论是否完善），使之成为构成犯罪的规格，就有犯罪构成。"① 在此，犯罪构成已经成为刑法规定的同义词。如此理解犯罪构成，将在极大程度上消解犯罪构成的理论功能。其实，犯罪构成这一概念是从贝林的构成要件概念转化而来的，因此，只有从构成要件的概念出发，才能真正领会犯罪构成的含义。

建立在构成要件之上的犯罪论体系，并不仅仅是或者说根本就不是一种犯罪规定，而是一种理论，这对于构成要件以及犯罪论体系的理论性的充分强调，是我们所必须坚持的一个理论信念。日本学者小野清一郎在论述构成要件理论的功能时，曾经指出："犯罪构成要件理论，是指在刑法总论亦即刑法的一般理论中，重视'特殊'构成要件的概念并试图以此为契机来构筑犯罪论体系的一种理论。"② 在此，小野清一郎明确地把犯罪构成要件理论看作是一种理论，这对于我们正确地理解犯罪构成要件理论具有重要意义。笔者认为，犯罪论体系的理论意义在于其方法论的引导功能。只有从刑法方法论角度认识犯罪论体系的理论意义，才能将犯罪论体系置于刑法理论的核心地位。

对于任何一门学科来说，方法论都是最为基本的。是否具有独特的方法论，成为一门学科是否成熟的标志。在法学当中，法教义学是基本的方法论。例如，有学者提出了形式推理是法教义学的基本方法的命题，并对此进行了深入的阐述。根据该论者的观点，法教义学之所以强调形式推理，是因为"从法律实践的角度看，在经历了体系化、逻辑化的立法演进及判例积累之后，在面对具体案件时，大多可以容易地找到可据以裁判的规则，因此，法律适用者在裁判时依该规则作出决定即可，而无须援引政治、伦理、宗教或其他外部的、实质主义的标准，后者作为一种推理方式，只包含'对人类或法律秩序提出宗教或者伦理要求的因素，却不包含对现有的法律秩序进行逻辑上的系统整理的因素'"③。在此，该论者区分了法教义学的形式判断与价值判断：法教义学的形式判断是以规则为依据的一种逻辑推理，而价值判断是不受规则约束的实质推理。当然，法教义学并不是排斥价值判断，事实上，法教义学规则本身就包含着价值内容，这是一种法内的价值判断，法教义学规则使这种价值判断得以规范化与确定化，减少法官的判断难度。但在法教义学之外还存在着法外的价值判断，它对法教义学起到补充作用。有学者认为私法是法教义

① 樊凤林主编：《犯罪构成论》，335页，北京，法律出版社，1987。
② ［日］小野清一郎：《犯罪构成要件理论》，王泰译，1页，北京，中国人民公安大学出版社，2004。
③ 许德风：《法教义学的应用》，载《中外法学》，2013（5）。

学发挥作用的代表领域，而刑法具有特殊性，其受到罪刑法定原则的限制。但是，正如该论者所言："尽管刑法教义学的范围被'罪刑法定'这一原则'砍掉'了一个重要的枝干，但在'罪刑法定'原则本身上却长出了极为复杂的法教义学的内容，形成一块几乎可与枝干相比的巨型'树瘤'。"① 以上描述是极为生动的，也是十分传神的。笔者认为，这里所说的在罪刑法定原则机体上生长起来的法教义学的"树瘤"，应该就是指犯罪论体系。犯罪论体系与其说是法律规定，不如说是刑法定罪的方法论。例如，贝林的构成要件就是建立在罪刑法定原则基础之上，为罪刑法定原则的司法化提供保障的。以构成要件为基础建立的三阶层的犯罪论体系，对于定罪来说具有直接的指导意义。犯罪论体系所具有的方法论意义，主要体现在以下三个方面：

（一）作为操作规程的犯罪论体系

犯罪论体系的方法论意义首先表现为操作规程，它是定罪的司法活动的操作规程。定罪活动是一种法律适用活动，所谓法律适用并非像司法机械主义所理解的那样，是一个简单的在自动售货机中投入货币、取得货物的操作过程，而是一个法律规定与案件事实的耦合过程。这一司法过程既要遵循刑事实体法中的罪刑法定原则，又要遵从程序法中的无罪推定原则，因此是一个极为复杂的过程。犯罪论体系为这一定罪的司法活动提供了操作规程。犯罪论所具有的三个阶层之间存在着一种递进式的逻辑关系，其实是提供了一张定罪的司法路线图。只有严格地按照三阶层的逻辑进路进行演绎，才能保证结论的准确性。例如，对于不满 14 周岁的人是否构成故意杀人罪的问题，不满 14 周岁的人当然不具备刑事责任年龄，因而其行为不可能构成犯罪。那么，能不能说对于指控不满 15 周岁的人故意杀人的案件，在庭审中发现其不满 14 周岁，就可以径直宣告无罪呢？按照我国刑法第 17 条的规定，15 周岁的人对于故意杀人罪是应当负刑事责任的，但如果发现其不满 14 周岁，根据我国刑法，行为人对故意杀人行为不负刑事责任。在这种情况下，还要查清其是否实施了故意杀人行为并是否具有违法阻却事由吗？对此，笔者认为，还是要首先审查是否具备故意杀人罪的构成要件，其次考察是否具有违法阻却事由。只有前两个要件都具备的情况下，才能根据不满 14 周岁、没有达到刑事责任年龄这一理由，宣告该人无罪。因为，一个人基于没有实施构成要件行为而无罪、基于违法阻却而无罪与不满刑事责任年龄而无罪，在刑法上的含义是完全不同的。实际上，当宣告一个不满 14 周岁的人无罪的时候，我们已经确认了该人实施了构成要件行为并且不存在着违法阻却事由。由此可见，三阶层的犯罪论体系提供了一种定罪的操作规程，按照三个阶层进行逻辑推演，就能够圆满地完成定罪的职责。如果没有这样一套体系完整、逻辑严密的犯罪论体系作为定罪的操作规程，定罪活动的科学性就难以保障。

① 许德风：《法教义学的应用》，载《中外法学》，2013（5）。

（二）作为检验工具的犯罪论体系

定罪活动在较为简单的刑事案件中，不会发生差错，因此，即使没有犯罪论体系作为操作规程，也不会发生错误。但在那些较为复杂的刑事案件中，出现差错的可能性还是较大的。在这种情况下，涉及对定罪结论的检验问题。在上诉审程序中，这种检验更是必不可少的。对定罪结论的检验离不开犯罪论体系，在这个意义上，犯罪论体系是关于定罪结论是否正确的检验根据。例如，在李某放火案中：李某因为与工厂主管在工作上发生矛盾，遂起意报复。某日，李某潜入工厂仓库，点燃纸质包装箱，然后潜逃。仓库着火以后，消防队前来灭火。正当火势快被压制住的时候，风向突然发生改变，致使大火失控，将两名消防队员烧死，并将工厂烧毁，造成财产损失六千余万元。对于本案，检察机关以放火罪对李某提起公诉。在庭审中，律师对于李某烧毁工厂造成六千余万元财产损失并无异议，但对于烧死两名消防队员是否应当由被告人李某承担刑事责任进行了辩解，认为李某的放火行为与消防队员的死亡之间没有因果关系。但控方认为，李某的放火行为导致发生重大火灾，两名消防队员系在扑灭被告人李某造成的火灾时死亡，李某对于其放火行为所造成的危害后果具有放任的主观心理态度，因此，被告人李某应当对两名消防队员的死亡承担刑事责任。对于本案，法院认为，消防队员救火完全按照救火规范进行操作，只是因为风向突然发生改变，将消防队员烧死。对于消防队员的死亡，消防队员本身没有过错，因此，被告人李某应当对此承担刑事责任。最终，法院以放火罪判处被告人李某死刑，立即执行。根据我国刑法第 114、115 条的规定，放火罪属于危害公共安全罪，分为危险犯与实害犯。放火罪的实害犯的实害结果是致人重伤、死亡或者使公私财产遭受重大损失，因此，致使两名消防队员死亡属于刑法所规定的放火致人死亡的实害结果，法院据此判处李某死刑。本案中对被告人李某的量刑是否准确，关键问题是李某是否应当对两名消防队员的死亡承担刑事责任。辩护律师以消防队员的死亡与被告人的放火行为之间没有因果关系为由，否认李某应对两名消防队员的死亡承担刑事责任。但控方则以李某对于两名消防队员的死亡具有放任的主观心理态度为由，肯定了李某对此应当承担刑事责任。法院对于李某是否应当承担刑事责任，主要考虑的是消防队员在救火过程中是否存在过错。根据法院的认定，消防队员在灭火过程中完全遵守操作规程，没有过错，因此，李某对于两名消防队员的死亡应当承担刑事责任。那么，如何判断以上控、辩、审三方对于本案被告人李某是否应当承担两名消防队员在救火时死亡的刑事责任的意见？我们可以看到，三方对此的切入点是不同的：辩护人是说没有因果关系，这是一个客观构成要件的问题；控方说具有放任心理，这是一个主观责任的问题；法院说消防队员没有过错，这是一个否定被害人的自我答责问题，属于客观构成要件。这三个问题，分别属于三阶层的犯罪论体系的不同环节。正确的检验方式是根据三阶层提供的逻辑进路，以此进行验证。关于辩护律师所说的没有因果关系，根据刑法因果关系判断的条件说，只要存在“若无前者，即无后者”的关系，即认为存在因果关系，因此，应该肯定本案中李某的放火行为与两名消防队员死亡之间的因果关系。

至于放任心理，它是以存在因果关系为前提的，在没有讨论是否具有因果关系的情况下，跨越式地进入主观要素的讨论，显然是不合适的。本案的关键在于：在肯定李某的放火行为与两名消防队员死亡具有因果关系的基础上，考察能否将消防队员的死亡在客观上归责于被告人李某。在这个意义上，法院的考察视角是正确的。但是，法院以消防队员的救火行为没有过错而将消防队员的死亡在客观上归责于李某，则是存在疑问的。在客观归责论中，对这个问题进行了充分的讨论。例如在罗克辛教授的刑法教科书中，这个问题被归入对他人责任范围的分配这样一个领域。罗克辛教授论及假如一名过失造成火灾的房屋主人，在采取拯救措施时，造成一名消防队员死亡，对此应当由于过失杀人而受刑事惩罚吗？罗克辛指出，主流观点认为可以，因为在这个结果中实现了一种不能允许的危险，同时，主流观点认为，没有理由在构成要件的作用范围内不包括这种结果。但是，根据罗克辛教授的客观归责理论，构成要件的保护范围并不包括那种在他人责任范围之内加以防止的结果。罗克辛教授指出："在这类案件排除归责的道理在于，确定的职业承担者在自己的职权范围之内，以一种局外人不应干涉的方式，对消除和监督危险的渊源负责。但是，这样一种职权分配在刑事政策上富有意义的结果，应当是解除（entlasten）了第一个原因造成人对这个由职业承担者的损害性举止行为所造成的结果的责任。"①因此，按照罗克辛教授的客观归责理论，过失造成火灾的人对于消防队员在救火中的死亡不应当承担刑事政策。但像本案中这样的放火行为，是否对于消防队员的死亡结果也不承担刑事政策呢？这就是一个值得讨论的问题。只有被害人的自我答责是另外一个理论问题。总之，犯罪论体系为这些疑难、复杂案件的结论审查，提供了各种法教义学的规则，因此具有重要的方法论意义。

（三）作为思维方法的犯罪论体系

犯罪论体系在司法实践中的实际功用究竟如何，也是一个经常争论的问题。否定者的意见是：在办案过程中，法官并不考虑三阶层的犯罪论体系，因此，犯罪论体系在法官办案过程中并没有实际功效。应该说，这种意见从表面来看，似乎有一定道理。可以想见，一个司法经验丰富的法官在处理案件的时候，不会像一个初入本行的法官一样，严格地按照三阶层对定罪过程进行操作。那么，能否由此而认为三阶层的犯罪论体系就没有实际功效了呢？笔者的意见是否定的。在此，涉及对犯罪论体系的功效的正确理解。笔者认为，犯罪论体系是一种定罪的思维方法，是在定罪过程中必须遵循的逻辑。虽然经验丰富的法官在定罪过程中并不考虑三阶层的犯罪论体系，但这并不能成为否定三阶层的犯罪论体系在定罪活动中具有实际功效的根据。正如形式逻辑是一般的思维方法，一种正确的思维过程都必须符合形式逻辑的各种规则，但是，人们在思维过程中并不需要熟记各种形式逻辑的推理规则。那么，由此就可以否认形式逻辑在人类思维过程中的作用吗？显然不能。其实，关于犯罪论体系的实际功效也应当作如是观。

① ［德］克劳斯·罗克辛：《德国刑法学总论》，第1卷，王世洲译，271页，北京，法律出版社，2005。

第十章

构成要件论的历史演进

在当前我国三阶层与四要件这两种犯罪论体系的争论中，笔者以为当务之急是厘清构成要件的概念。构成要件阶层的提出是近代刑法学实现教义学化的重要标志，这应当归功于德国著名刑法学家贝林。正是贝林在1906年出版的《犯罪论》一书，阐述了构成要件理论，为三阶层犯罪论体系的最终形成奠定了基础。在刑法学史上，我们往往推崇贝卡利亚、费尔巴哈的贡献，而在相当程度上忽略了贝林的功绩。在贝林之后，苏俄学者A. H. 特拉伊宁建立了四要件的犯罪构成体系。可以说，四要件的犯罪构成，是一个没有构成要件的犯罪构成。在特拉伊宁的犯罪构成论中，构成要件被遮蔽、被扭曲。我国犯罪论体系的转型，除了应当对特拉伊宁的犯罪构成一般学说进行批判性反思，还必须重新审视贝林的构成要件论，甚至在一定意义上回到贝林，并以贝林为理论起点重新出发。唯有如此，才能实现我国犯罪论的“拨乱反正”。

一、贝林：构成要件论的基调奠定

构成要件论的发展经历了一个漫长的演变过程，其中费尔巴哈当然是不可回避的人物。但是，在贝林之前，构成要件论的历史都只不过是前史而已，构成要件论的真正历史始于贝林。可以说，正是贝林为构成要件论奠定了基调。

在德国刑法学史上，古典的犯罪论体系被称为李斯特—贝林体系。其中，李斯特对犯罪论体系的最大贡献在于确立了违法与有责之间的位阶体系，从而为犯罪论体系的建立提供了基本的逻辑框架。李斯特明确地指出：“刑法制度中的罪责只能在违法性学说之后来探讨。”这就是说，违法性在逻辑上是前置于罪责而存在的。在这句话下面，李斯特所著《德国刑法教科书》的修订者施密特有以下这样一个注：在任何一个刑法制度中，在处理一个刑事案件时，均不可能反过来先探讨罪责后探讨违法性。李斯特早在本教科书的第1版中就确立了正确的体系。①

可以说，违法与有责的分立以及有责以违法为前提，是犯罪论体系的基本原理，它在一百三十多年前（李斯特刑法教科书出版于1881年）就已经被揭示，但至今我国四要件的犯罪构成体系并没有遵守。如果说，李斯特为犯罪论体系提供了框架，那么，贝林阐发的构成要件就为犯罪论体系的构筑提供了基石。对于贝林的构成要件论之于古典的犯罪论体系形成的重大贡献，李斯特曾经作过以下评价：如果谈到刑法中的构成要件，通常是指特殊的构成要件，它表明分则章节中规定的具体不法类型特征的总和。特殊的构成要件对刑法释义学具有重大价值，该得到承认且源自于科学的价值，是贝林的无可争议的功绩。②

正是贝林将构成要件的概念引入犯罪论体系，成为三阶层犯罪论体系的第一个

① 参见［德］李斯特：《德国刑法教科书》，修订译本，徐久生译，168页，北京，法律出版社，2006。
② 参见上书，205页。

要件，而且是入罪的第一道门槛。应该指出，贝林的构成要件并不是一般意义上的犯罪成立条件，而是在犯罪成立条件中，对犯罪的成立具有观念指导形象功能的要件。那么，什么是这里的观念指导形象功能呢？贝林认为，在构成犯罪的各种要素中，构成要件具有特殊的功能，它是一种观念指导形象。这里的观念指导形象，是指犯罪的客观轮廓或者形构，也就是构成要件定型化机能。日本学者小野清一郎称之为特殊理论机能，它不仅仅是刑法各论上的东西，而且可以作为构筑刑法总论即刑法一般理论体系的基石。① 关于贝林构成要件的定型化机能，通俗地说，构成要件是犯罪的骨架，它和犯罪成立其他要件的关系犹如骨架与血肉之间的关系。对于生命来说，骨架与血肉同样重要：没有骨架，血肉无以依存；没有血肉，骨架无以获生。但从逻辑关系来说，总是先有骨架才有血肉的存在。在这个意义上说，骨架是容器，血肉是内容物；骨架是载体，血肉是承载物。可以有“没有内容物的容器”或者“没有承载物的载体”，却断然没有“没有容器的内容物”或者“没有载体的承载物”。因此，构成要件对于犯罪来说，具有先在与前置的性质，并且在很大程度上塑造了犯罪的形象。贝林认为，构成要件符合性应当是先于违法性和有责性的，这样，后续其他概念才能完全定义于刑法意义上。② 这是关于构成要件在定罪方法论上的阐述，对于指导定罪具有重要意义。贝林不仅指出了构成要件的性质，而且对构成要件的功能也作了生动的说明。例如，贝林曾经形象地把构成要件比喻为一个钩子，指出：法官相当于有了一个钩子，他可以把案件悬挂在这样一个钩子上面。因为，所有犯罪类型（独立、直接的或者附属、间接的）都离不开一个行为指导形象的法定构成要件。然后分别进行排除，即客观方面的相关行为是否充足（genügen）法定构成要件（一般称为构成要件符合性）。这是为揭示犯罪形态而与构成要件建立联系的问题，也就是处于优先考虑地位的问题，因为所有后续研究都有赖于该问题的解决，该问题本身相对于其解决的答案具有独立性。③

由此可见，构成要件相对于其他犯罪成立条件具有优位性，只有存在构成要件，其他犯罪成立条件才能依附于构成要件而存在。贝林这里所说的，构成要件犹如一个钩子，把案件挂起来，这个比喻是十分形象的，这使笔者想到一句中国成语：“提纲挈领”。构成要件就是犯罪的纲与领，只有通过构成要件，犯罪的外在形状才能得以彰显。当然，构成要件对于犯罪来说，不仅是一种外在的形状，而且是一种内在的灵魂。对此，日本学者泷川幸辰曾经指出：构成要件是犯罪的 Leitmotiv（德语，意思是“主旋律”，这里译为“主导”），构成要件既不和犯罪类型同一，也不是它的一部分，但却为犯罪类型作逻辑上的先导并指示其方向。不过构成要件

① 参见［日］小野清一郎：《犯罪构成要件理论》，王泰译，5 页，北京，中国人民公安大学出版社，2004。

② 参见［德］恩施特·贝林：《构成要件理论》，王安异译，63 页，北京，中国人民公安大学出版社，2006。

③ 参见上书，30 页。

这个东西在作为“范畴”的性质上，是没有内容的。说它有内容也无非是指它对犯罪类型提出的要求。所以，构成要件虽然在逻辑上先于犯罪类型，但在其发生上，却是由犯罪类型那里推导出来的。[①] 在此，泷川幸辰将构成要件比作“主旋律”可谓一绝。如果说，犯罪论体系是一首乐曲，那么，构成要件就是这首乐曲的主旋律，而不仅仅是乐曲的一部分。正如主旋律决定着一首乐曲的艺术风格，构成要件也主导着犯罪的观念形象。这就是对于贝林所谓构成要件是犯罪的观念指导形象这一命题的绝佳诠释。

此外，贝林还对构成要件与行为符合构成要件之间的关系作了生动的说明，指出：犯罪类型的首要构成要素不是法定构成要件，而是行为的构成要件符合性，法定构成要件只是规定了这种首要的构成要素。可以音乐作品与音乐会的关系来类比：演奏音乐作品不仅不同于音乐会，更多情况下，音乐作品不是简单地构成音乐会的一个部分，而是构成了音乐会组织者的思想结晶。[②] 在贝林看来，如果说构成要件即贝林所说的法定构成要件是一场音乐会，那么，行为符合构成要件就是音乐作品。换言之，音乐会是为音乐作品提供表演场所的，而一场音乐会的风格是由音乐作品决定的。构成要件作为一个抽象的法律概念，它是从犯罪类型中推导出来的，而每一种犯罪类型都具有各自的构成要素，正是这些构成要素决定着犯罪类型的特征。正如贝林指出：构成要件一般是犯罪类型的纯粹指导形象：适用时，犯罪类型的所有要素（包括充足构成要件）都与这一纯粹指导形象有着特殊的关系。[③]

贝林还曾经以盗窃罪为例证（Exempla docent）加以说明：盗窃罪的类型包含了各种构成要素，包括客观要素与主观要素。在这些要素中，唯有“取走他人动产”是盗窃罪的构成要件，也就是指导形象。贝林指出：盗窃罪要存在，则必须：（1）“取走他人动产”之行为实际上已得以实施；（2）该行为已为行为人主观故意所包含；（3）以该行为为落足点而引申出来的类型性要素即“占有目的”，要同样与被取走的他人财物相关。这样，“取走他人动产”概念支配着所有盗窃罪的类型性要素。这些要素以不同的方式与该概念联系着，该概念奠定了该类型的共性（Zusammengehoerigkeit）。[④]

在刑法中，财产犯罪是以非法占有他人财产的方法为分类标准的，由此区分为盗窃罪、诈骗罪、抢劫罪等犯罪，而正是这些不同的非法占有他人财产的方法是各种财产犯罪的构成要件。因此，各种财产犯罪之间的区分主要就是构成要件的不同。通过构成要件，我们可以把握一种具体犯罪类型的共性，同时也能使此罪与彼罪得以正确界分。

① 参见［日］泷川幸辰：《犯罪论序说》，王泰译，5页，北京，中国人民公安大学出版社，2004。

② 参见［德］恩施特·贝林：《构成要件理论》，王安异译，6页，北京，中国人民公安大学出版社，2006。

③ 参见上书，7页。

④ 参见上书，4页。

贝林的构成要件具有以上观念指导形象功能，从而成为犯罪类型的基调。除此以外，笔者认为贝林的构成要件还具有重要的人权保障功能，这就是为罪刑法定原则的实现提供理论支撑。罪刑法定主义从贝卡利亚首倡（《论犯罪与刑罚》，1764年），到费尔巴哈确认其为实定刑法原则（《德国刑法教科书》，1801年），经历了37年，罪刑法定主义由此完成了从思想到原则的转变。然而，在费尔巴哈那里，罪刑法定主义仍然只是刑法的原则而已，并且以“法无明文规定不为罪，法无明文规定不处罚”这样一种法律格言的方式体现出来。费尔巴哈虽然也论述了构成要件，但他只是在可罚性的客观根据意义上论及，认为犯罪的构成要件（der Tatbestand des Verbrechens，corpus delicti）是指特定行为特征的整体，或者是包含在特定种类的违法行为的法定概念中的事实。① 但费尔巴哈并没有赋予构成要件特殊的含义，只是在犯罪成立的一般条件的意义上使用构成要件一词。尤其是，费尔巴哈未能把构成要件与罪刑法定联系起来。对此，我国学者曾经作过以下精辟分析：费尔巴哈的构成要件理论也仅仅是从犯罪事实中提炼出诸如犯罪可能的主体、犯罪成立条件和主观责任等要素，其目的是限制刑法处罚范围的无限扩大。构成要件理论定型化机能的缺失，决定了该理论在这一时期无法为罪刑法定原则的明文化要求提供强有力的理论支撑。立法中罪刑法定原则的明文化要求与构成要件的定型化机能还互不相识，仅是两条平行线，费尔巴哈以构成要件理论支撑罪刑法定原则明文化的努力并未取得明显成效。②

在费尔巴哈之后，又经过了一百年（1906年），贝林创立的构成要件论，才为罪刑法定原则的实现提供了实质性根据。罪刑法定原则的本义是法无明文规定不为罪，这里的法就是指刑法分则，法的明文规定就是指刑法分则对构成要件的规定。这个意义上的构成要件是具有分则性的、特殊的构成要件，而不是指总则性的、一般的构成要件。贝林强调刑法分则的重要性，认为，除掉刑法整个分则，根本就再也没有刑法；脱离了刑法分则构成要件，所有刑法性思考都会陷于空洞。③ 贝林在这里实际上指出了一种刑法思维的方法论：在定罪的时候，首先考虑的是某种行为在刑法分则中有没有明文规定，如果没有明文规定，不用再考虑其他因素。只有在刑法分则具有明文规定的情况下，才接下来考虑行为人对这一行为是否应当承担罪责。而刑法分则对具体行为的明文规定，就是以构成要件的形式体现出来的。因此，法是否有明文规定的判断，就转化为是否存在法定的构成要件的判断，而法定的构成要件也就成为可罚性的实体性根据。贝林指出：立法者首先已对所有人们的

① 参见［德］冯·费尔巴哈：《德国刑法教科书》，14版，徐久生译，83页，北京，中国方正出版社，2010。

② 参见邵栋豪：《从明文到明确：语词变迁的法治意义——Beling构成要件理论的考察》，载《中外法学》，2010（2）。

③ 参见［德］恩施特·贝林：《构成要件理论》，王安异译，10页，北京，中国人民公安大学出版社，2006。

行为给出了特定的形象、类型及抽象的法律形式指导，这些东西指示着具体的犯罪类型（“谋杀罪”“盗窃罪”等），还指示着这些类型彼此之间的价值关系。按照立法者的意志，这些东西同时扮演着这样的角色，即未符合上述形象之一的行为（非类型性行为），也就不具有刑罚可罚性。①

贝林强调构成要件是一种类型而犯罪是一种类型性行为，认为“类型性”是犯罪的一个概念性要素。② 笔者认为，这里的类型，实际上就是一种模型，它是一种立体的、抽象的实体性概念。将刑法分则对具体犯罪的特征的文字性描述，转化为具有实体性的构成要件，从而使犯罪更加容易把握和判断，这就是构成要件所具有的特殊功能。关于构成要件在刑法功能中的价值，日本学者泷川幸辰指出：以犯罪为理由对犯罪人施加刑罚，从而维护国家秩序，这是刑法的任务。就是说，刑法要求一方面应保护国家的法益，另一方面则应保护个人的自由。构成要件就是平衡这两个相互矛盾的要求的表现，好像可以看作与力的平行四边形法则相似的情况。③泷川幸辰在这里所说的力的平行四边形法则，是指力的合成符合的规律，两个分力是平行四边形的两个邻边，合力必须是该平行四边形的对角线。如果把维护国家秩序与保护个人的自由当作两个分力，那么，构成要件就是由上述两个分力形成的四边形的对角线，它规定着合力的大小和方向，起到了平衡与调节作用。构成要件制约着违法，同时也制约着责任，构成要件的调整对于维护国家秩序和保护个人自由这两个刑法功能都会产生影响。由此可见，构成要件对于刑法功能的实现具有重大调节作用。

应当指出，贝林的构成要件是事实的而非价值的、客观的而非主观的、形式的而非实质的，而这一点恰恰是贝林的构成要件论饱受非议之处。但在这种观点背后仍然体现了贝林意图通过构成要件限制司法权，从而实现罪刑法定主义的价值诉求。对此，日本学者小野清一郎指出：若依贝林的构成要件论，构成要件是犯罪类型的基本轮廓。这一概念即使在今天也是正确的。但是，贝林认为，构成要件仅仅是客观的、记叙性的，它排除了规范要素和主观要素。这种观点，从根本上说，只能是一种概念的、形式的观点。这在理论上，是法律实证主义的必然结果，在其背后，存在着自由主义的、法治国家的思想。认为在刑事司法中必须以法律保障个人自由的罪刑法定主义，必然地要求着纯客观的、记叙性的构成要件，即使不能完全实现，至少也不能否定这种倾向。④

贝林的构成要件论具有明显的存在论、形式主义的特征，在当下规范论、实质主义流行之际，贝林的构成要件论似乎不合时宜。但是，规范论也是以存在论为前提，并且经历了存在论阶段才发展起来的。笔者认为，贝林构筑的客观的、形式的

① 参见［德］恩施特·贝林：《构成要件理论》，王安异译，59页，北京，中国人民公安大学出版社，2006。

② 参见上书，27页。

③ 参见［日］泷川幸辰：《犯罪论序说》，王泰译，36页，北京，中国人民公安大学出版社，2004。

④ 参见［日］小野清一郎：《犯罪构成要件理论》，王泰译，5页，北京，中国人民公安大学出版社，2004。

构成要件论，对于当下刚刚进入罪刑法定时代的中国刑法学来说，是时之宜者。可以说，贝林的构成要件论正是罪刑法定的理论基础。正如我国学者指出：贝林认为应当首先确定判断的模型和标准，事实判断应当优于价值判断而先行；同时，他还竭力主张行为只有具备该当犯罪类型的轮廓时才能被处罚，这里的该当犯罪类型就是构成要件的该当性。行为不具备这一特征，即使具备违法性和有责性（事实上也不可能具备——引者注），行为人仍然不能受到刑事追究，这便是贝林构成要件理论的形式化特征。显然，贝林力图通过维持构成要件的事实性与形式性来达到使构成要件客观化的目的，最终与罪刑法定原则的明确性要求建立排他性的映射关系。①

因此，我们可以说，贝林的构成要件论是古典的，古典的含义往往就是古董，今天已经不再被采用。但同时我们还必须看到，贝林的构成要件又是经典的，经典的含义往往是永恒、常用常新。尤其是，当今的我国罪刑法定原则载入刑法还只不过短短的十余年时间，罪刑法定原则尚停留在法条上，罪刑法定的司法化尚有待努力。申言之，我国还处在罪刑法定原则的启蒙阶段。在这种情况下，我们更应该借助于构成要件这一制度技术为实现罪刑法定原则创造条件。我国学者劳东燕教授曾经对罪刑法定原则与构成要件之间的内在关系作过以下深刻的阐述：如果说在法的逻辑世界里，罪刑法定决定了刑法体系的相对的内敛性，使这种内敛性在法的经验世界中成为现实的桥梁便是由犯罪构成充当的。正是犯罪构成（这里的犯罪构成，应该是指构成要件——引者注）这种设置的存在，为实现罪刑法定原则的宗旨和要求奠定了坚实的基础，使罪刑法定从此走出形而上的虚幻世界，免遭夭折和破败的厄运。可以说，没有犯罪构成配套的罪刑法定原则注定是苍白无力的，罪刑法定之花是怒放还是枯萎，有赖于犯罪构成的浇灌和悉心扶植。②

如果把上述富有激情与颇具文采的叙述中的犯罪构成一词替换为构成要件，那么，就可以把以上这段文字看作是在对贝林的构成要件论的深刻领悟基础之上，对贝林的遥远的致敬。正如刑法学者不可不知贝卡利亚，同样不可不知贝林。对于贝林之于犯罪论、之于刑法学的贡献，我们应当抱以足够的敬畏。

二、特拉伊宁：构成要件论的结构变异

A. H. 特拉伊宁是苏俄著名刑法学家，也是四要件的犯罪构成体系的创立者，其对苏俄犯罪构成论作出了不可磨灭的贡献。关于特拉伊宁犯罪构成学说的历史渊源，我国学者认为来自沙俄学者塔甘采夫。例如，有学者在论及苏俄犯罪构成论的起源时，指出：提出了犯罪的主体和客体的概念，的确是对犯罪论体系的重大贡献，这是其他任何体系所没有的。但是，这种结构并非共产主义文献的创造性产

① 参见邵栋豪：《从明文到明确：语词变迁的法治意义——Beling构成要件理论的考察》，载《中外法学》，2010（2）。

② 参见劳东燕：《罪刑法定本土化的法治叙事》，203页，北京，北京大学出版社，2010。

物，而是俄罗斯伟大的民主主义者塔甘采夫的天才创造。①

实际上，主体、行为与客体这样的一种模型，是法律关系的分析方法，即将法律关系的要素分解为：法律关系主体、法律关系内容（行为）与法律关系客体。将法律关系分析方法引入对犯罪的分析，是塔甘采夫的贡献，但在这一分析思路中，我们尚不见构成要件的踪影。我国学者还对塔甘采夫与贝林作了对比性考察，指出：20世纪初期开始，德国犯罪论体系是以贝林的学说为基础发展起来的，而俄国犯罪论体系的发展，则是以塔甘采夫的学说为基础；贝林的经典构成要件理论是在其1905年出版的《刑法纲要》第三版和1906年出版的《犯罪论》一书中最初提出来的，而阐述塔甘采夫的学说的《俄罗斯刑法教程》第一版和第二版先后于1892年和1902年出版。可以说二人的理论基本上同时形成。他们虽然都是费尔巴哈犯罪构成理论的继承者，但是却走上两条完全不同的道路：塔甘采夫保持了费尔巴哈犯罪构成理论的完整性和统一性，而贝林则对它进行切割。② 在以上论述中，何谓完整性和统一性？何谓切割？颇有些令人费解。但是，该论者是在犯罪成立条件总和的意义上使用犯罪构成一词的，实际上并未在构成要件意义上对贝林与塔甘采夫进行实质性的比较。而且，特拉伊宁在论及沙俄时期犯罪构成的研究状况时明确地说，塔甘采夫没有研究犯罪构成的一般学说。③ 因此，很难从塔甘采夫那里发现特拉伊宁犯罪构成论的理论源头。

苏俄犯罪构成论的形成，经历了一个曲折的过程，其中作出最大贡献的当属特拉伊宁，而特拉伊宁的贡献主要体现为其三本专著，这就是1946年出版的《犯罪构成学说》、1951年出版的《苏维埃刑法中的犯罪构成》和1957年出版的《犯罪构成的一般学说》，这三本著作也被认为是同一本书的三个版本。苏俄学者对于特拉伊宁对犯罪构成理论的贡献作了以下评论：最著名的苏维埃刑法学家、苏联科学院通讯院士A. H. 特拉伊宁教授于1946年问世的专著《犯罪构成学说》是专门论述犯罪构成学说的第一部基础性的著作。A. H. 特拉伊宁在苏维埃刑法学家中第一个综合地研究了犯罪构成学说中的所有问题，指出了犯罪构成在整个苏维埃刑法体系中的作用，并从破坏资产阶级法制的角度对资产阶级犯罪构成理论进行了认真的批判。A. H. 特拉伊宁的专著还研究了犯罪构成的分类，指出了犯罪构成要件与犯罪要件的相互关系。A. H. 特拉伊宁的功绩在于，他提出了一系列有争议的问题，从而有助于展开热烈的讨论。这种讨论最终对苏维埃刑法科学的发展产生了良好的影响，促进了社会主义法制的进一步加强。A. H. 特拉伊宁的书出版了3版。④

①② 参见何秉松主编：《新时代曙光下刑法理论体系的反思与重构——全球性的考察》，122页，北京，中国人民公安大学出版社，2008。

③ 参见［苏］A. H. 特拉伊宁：《犯罪构成的一般学说》，王作富等译，5页，北京，中国人民大学出版社，1958。

④ 参见［苏］A. A. 皮昂特科夫斯基等：《苏联刑法科学史》，曹子丹等译，43页，北京，法律出版社，1984。

由此可见，特拉伊宁是在批判所谓资产阶级犯罪构成理论的基础上创立四要件的犯罪构成论的，在被特拉伊宁所批判的资产阶级学者中，就有贝林。在这个意义上说，特拉伊宁的犯罪构成论只不过是贝林的构成要件论的变异而已。我们可以看一下特拉伊宁是如何批判贝林的。特拉伊宁指出：这种人为地割裂犯罪构成的统一的概念的做法，以后得到了更进一步的表现。《犯罪学说》这一专著的作者贝林提出了下面的一般原则："凡是违法地和有罪过地实现某种犯罪构成的人，在具备可罚性的条件下，就应当受到相应的惩罚。"贝林把犯罪构成同那种作为犯罪构成而不具有任何主观色彩的行为混为一谈，使主体的抽象行为达于极限。贝林说："犯罪构成是一个没有独立意义的纯粹的概念。违法的有罪过的行为在形成犯罪构成后，就成了犯罪行为。犯罪构成本身存在于时间、空间和生活范围之外。犯罪构成只是法律方面的东西，而不是现实。"犯罪构成是犯罪的无形的反映。这样一来，贝林就把犯罪构成由日常生活中的事实变成了脱离生活实际的抽象的东西，变成了"时间，空间和生活以外的"一个概念。① 在以上论述中，特拉伊宁多次提到犯罪构成这个概念，但显然混淆了作为犯罪成立要件总和的犯罪构成和作为犯罪成立要件之一的构成要件，因而把贝林的构成要件当作犯罪构成。例如，贝林将构成要件描述为客观的、抽象的类型化概念，但当特拉伊宁把这里的构成要件置换为犯罪构成以后，就会得出荒谬的结论。由此可见，从贝林到特拉伊宁，实际上是从构成要件到犯罪构成。在特拉伊宁的犯罪构成中已经没有构成要件。正是在这个意义上，我们可以说四要件是没有构成要件的犯罪构成。

值得注意的是，在特拉伊宁的犯罪构成中虽然没有构成要件，但却还有着构成要件的影子，由此形成特拉伊宁犯罪构成论中的一个深刻矛盾。对此，我国学者阮齐林教授敏锐地发现了特拉伊宁的犯罪构成（广义的犯罪构成）与犯罪构成因素（狭义的犯罪构成）之间的矛盾，因而将特拉伊宁的犯罪构成称为二元的犯罪构成，指出：在作为刑事责任根据的广义的、实质的犯罪构成概念和分则特殊的、法律的、狭义的构成要件概念之间，是特拉伊宁在西方三要件论与苏俄刑法传统和制度上左右摇摆的表现之一。② 特拉伊宁虽然把贝林的构成要件混同于犯罪构成，但又在两者之间摇摆。特拉伊宁指出：犯罪构成乃是苏维埃法律认为决定具体的、危害社会主义国家的作为（或不作为）为犯罪的一切客观要件和主观要件（因素）的总和。③

请注意这里的"一切"两字。所有的犯罪成立条件分为四个要件，这就是犯罪

① 参见［苏］A. H. 特拉伊宁：《犯罪构成的一般学说》，王作富等译，15页，北京，中国人民大学出版社，1958。

② 参见阮齐林：《评特拉伊宁的犯罪构成论——兼论建构犯罪构成论体系的思路》，载陈兴良主编：《刑事法评论》，第13卷，11页，北京，中国政法大学出版社，2003。

③ 参见［苏］A. H. 特拉伊宁：《犯罪构成的一般学说》，王作富等译，48页，北京，中国人民大学出版社，1958。

客体、犯罪客观方面、犯罪主体、犯罪主观方面。这是苏俄通行的四要件的犯罪构成，这个意义上的犯罪构成，也就是阮齐林教授所说的广义的犯罪构成。那么，什么是狭义的犯罪构成呢？特拉伊宁曾经对犯罪构成因素作了论述，指出：为了理解犯罪构成因素的性质，必须注意下面一点：只有法律赋予它刑法意义，并因而列入分则规范罪状中的那些特征，才是犯罪构成的因素。立法者在制定所有这些特征时，使它们能形成危害社会的、应受惩罚的行为。例如，法律用下面三个特征（因素）来确定偷盗罪：（1）秘密的或公开的；（2）窃取；（3）公民的个人财产。用五个特征来确定诽谤罪：（1）散布；（2）明知；（3）虚假的；（4）足以侮辱他人的；（5）言论。由此可见，犯罪构成的因素就是决定苏维埃法律所规定的犯罪对社会主义国家有社会危害性并决定其程度的全部事实特征中的每一个特征。①

显然，按照特拉伊宁的以上论述，犯罪构成因素只是刑法分则规定在罪状中的特征，因此它并不能等同于犯罪构成要件。特拉伊宁有句名言：刑法典中的罪状可以说是每个构成的“住所”，这里（在罪状中），安插了形成具体犯罪行为构成的一切因素。② 罪状中“住所”的不是“犯罪构成”，而是“犯罪构成因素”。按照这一逻辑，我们就不难理解特拉伊宁的以下论断：责任能力并不是犯罪构成的因素，也不是刑事责任的根据；责任能力是刑事责任的必要的主观条件，是刑事责任的主观前提：刑事法律惩罚犯罪人并不是因为他心理健康，而是在他心理健康的条件下来惩罚的。责任能力通常在犯罪构成的前面讲，它总是被置于犯罪构成的范围之外。③ 在四要件的犯罪构成体系中，责任能力属于犯罪主体的要素，当然是包含在犯罪构成范围之内的。但责任能力并不是刑法分则规定的，因而按照贝林的构成要件论，它并不属于构成要件的要素。因此，如果把特拉伊宁的责任能力总是被置于“犯罪构成”的范围之外这一命题，转换为责任能力总是被置于“构成要件”的范围之外，那就容易理解了。但在特拉伊宁的体系中，却由此形成了自相矛盾，这一矛盾正是犯罪构成与构成要件之间的矛盾。

此外，特拉伊宁关于一般主体不属于犯罪构成因素，而只有特殊主体才属于犯罪构成因素的论述，同样反映了特拉伊宁的犯罪构成论的内在矛盾。特拉伊宁指出：从犯罪主体不能被视为犯罪构成的一个因素这个不可争辩的事实中，绝不应该得出结论说，表明犯罪主体的构成因素根本不存在。这些因素当然是存在的，不过它们具有另一种刑法意义罢了。④

按照四要件的犯罪构成体系，犯罪主体当然是犯罪构成要件，但特拉伊宁又说

① 参见［苏］A. H. 特拉伊宁：《犯罪构成的一般学说》，王作富等译，68 页，北京，中国人民大学出版社，1958。

② 参见上书，218 页。

③ 参见上书，60 页。

④ 参见上书，158 页。

不能把犯罪主体视为犯罪构成的一个因素。这是一种自相矛盾。我们把这里的犯罪构成理解为构成要件，而将所谓的犯罪主体理解为犯罪的一般主体，主要涉及刑事责任能力，就可以消解这一矛盾。因为刑事责任能力属于责任要素，当然不可能是构成要件的要素。那么，特拉伊宁所说的“当然存在的表明犯罪主体的构成因素”又是何指呢？特拉伊宁指出：法律列入犯罪构成中的表明犯罪主体的特征，具有以下的目的：立法者利用这些特征缩小对某一个或者某一类犯罪应负刑事责任的人的范围，从而肯定下面这个原则：并不是任何一个有责任能力的自然人都可以作为某种或者某类犯罪的主体。这种限制的趋向，在法律中表现在以下两个方面：立法者规定有具体范围的主体的犯罪构成和有特殊范围的主体的犯罪构成。① 由上可知，特拉伊宁所说表明犯罪主体的构成因素是指行为人的特定身份，由此构成的犯罪在德日刑法理论上称为身份犯。身份犯的身份在四要件的犯罪构成体系中称为特殊主体，而在三阶层的犯罪论体系中称为行为主体。身份是由刑法分则规定的，根据贝林的构成要件论，当然属于构成要件的要素。特拉伊宁将犯罪的一般主体排除在犯罪构成因素的范围之外，而将特殊主体纳入犯罪构成因素的范围，表明这里的犯罪构成并不是四要件意义上的犯罪构成，而只能是三阶层意义上的构成要件。

在特拉伊宁的《犯罪构成的一般学说》一书中，还存在大量诸如此类的论述，都是只有当我们把他所说的犯罪构成替换为贝林的构成要件时才能读懂的。例如，特拉伊宁一再强调社会危害性不能是犯罪构成的一个因素②，认为把社会危害性列为说明犯罪客观方面的构成因素的做法是极端错误的。③ 这一观点往往受到苏俄学者的批判，他们指责特拉伊宁毫无根据地把社会危害性置于犯罪构成之外，这就使犯罪构成失去了刑事责任根据的意义。④ 但如果我们把特拉伊宁所说的犯罪构成理解为构成要件，而把社会危害性理解为违法性的实质判断，那么，社会危害性当然是在犯罪构成之外的。又如，特拉伊宁在论及犯罪构成与正当防卫、紧急避险的关系时认为，在犯罪构成学说的范围内，没有必要而且也不可能对正当防卫和紧急避险这两个问题作详细的研究。⑤ 初见此言，给人以唐突、武断之感。对正当防卫和紧急避险为什么不能在犯罪构成中加以研究？特拉伊宁并没有给出充分的理由及论证。但如果我们把这里的犯罪构成替换为构成要件，这就好理解了：正当防卫和紧急避险当然不可能在构成要件中加以研究，即不存在消极的构成要件，它只能在违法性中作为违法阻却事由加以研究。在四要件的犯罪构成体系中，把正当防卫和紧

① 参见［苏］A. H. 特拉伊宁：《犯罪构成的一般学说》，王作富等译，159页，北京，中国人民大学出版社，1958。

② 参见上书，64页。

③ 参见上书，271页。

④ 参见［苏］A. A. 皮昂特科夫斯基等：《苏联刑法科学史》，曹子丹等译，44页，北京，法律出版社，1984。

⑤ 参见［苏］A. H. 特拉伊宁：《犯罪构成的一般学说》，王作富等译，272页，北京，中国人民大学出版社，1958。

急避险称为排除社会危害性的行为，在性质上就是违法阻却事由。苏俄学者把正当防卫和紧急避险定义为形式上符合犯罪构成但实质上并不具有社会危害性的行为。这里的“形式上符合犯罪构成”这一表述往往被人诟病，因为如果社会危害性是犯罪构成的属性，就不存在形式上符合犯罪构成的问题，只有把犯罪构成还原为构成要件，才存在形式上符合犯罪构成的问题。苏俄学者最终选择的是否定所谓形式的犯罪构成的立场，指出：为了巩固社会主义法制的斗争，无论在理论上或审判、检察工作的实践中，都应该始终不渝地实行苏维埃实体刑法和刑事诉讼法上的基本原则——犯罪构成是刑事责任的唯一基础；没有行为的违法性（社会危害性），就没有犯罪构成；有了犯罪构成，就是实施了危害社会行为。苏维埃刑法理论没有任何必要去保全那种取消了行为的社会危害性特征的、形式的犯罪构成的观念。肃清形式犯罪构成观念对苏维埃刑法理论的各种影响，对于反对以新康德主义的唯心哲学为基础而成长起来的反动的犯罪构成观念来说，将有着重大的意义。①

这里所说的“形式的犯罪构成观念”，显然是指贝林的构成要件。犯罪构成是刑事责任的唯一根据这一命题，就成为检验是否摒弃形式的犯罪构成观念的试金石。在政治批判面前，特拉伊宁不得不退让，终于完成了从构成要件到犯罪构成的彻底转变，以这样一种悲剧的方式克服了其二元的犯罪构成论中所包含的深刻矛盾。苏俄学者在论及特拉伊宁的转变时指出：通过学术批判，A. H. 特拉伊宁改变了自己以前的观点。他在其专著的第三版中是这样论述犯罪构成的：“……人的行为中具有犯罪构成是适用刑罚的根据，如果行为中缺少犯罪构成则应免除刑事责任。”②

至此，构成要件在苏俄的犯罪构成论中消失得无影无踪，特拉伊宁彻底切断了犯罪构成与构成要件之间的学术脐带，四要件真正沦为没有构成要件的犯罪构成。

三、中国：构成要件论的模型还原

我国四要件的犯罪构成体系是全盘照搬苏俄的，在很大程度上受特拉伊宁的影响。正如我国学者所指出的那样，如果看不到特拉伊宁的著作对我国犯罪构成理论的深刻影响，我们将无法全面地把握苏联刑法学与我国刑法学之间的渊源关系。③因此，对特拉伊宁的犯罪构成论的清算，正是我国刑法学去苏俄化的应有之义。

应该指出，犯罪构成与构成要件这两个概念的混淆，在我国引入德日三阶层的犯罪论体系之前并不存在，因为那时我国接受的是刑事责任的唯一根据意义上的犯

① 参见［苏］A. A. 皮昂特科夫斯基：《社会主义法制的巩固与犯罪构成学说的基本问题》，载《苏维埃刑法论文选译》，第1辑，85页，北京，中国人民大学出版社，1955。

② ［苏］A. A. 皮昂特科夫斯基等：《苏联刑法科学史》，曹子丹等译，46页，北京，法律出版社，1984。

③ 参见夏勇：《特拉伊宁的刑法思想对我国犯罪构成理论的影响》，载《苏联法学对中国法学与法制的影响学术研讨会论文集》（2004年），97页。

罪构成，对于特拉伊宁犯罪构成论中隐约可见的构成要件观念的踪影视而不见。只是在引入德日三阶层的犯罪论体系以后，尤其是随着贝林的构成要件论被译介到我国，才发生犯罪构成与构成要件的混淆。我国学者肖中华教授将这种混淆的责任追溯到特拉伊宁，指出：那种误认德文中的Tatbestand即是“犯罪成立”之意的观点，确实有着实质的误导性，不能不予以认真的检讨。这种观点，在我国有关大陆法系犯罪构成理论的历史发展的论述中比较突出。究其根源，在于我国对于原苏联犯罪构成理论著作（以A. H. 特拉伊宁所著《犯罪构成的一般学说》为代表）将Tatbestand误译为“犯罪构成”未作原始的考证、甄别即以讹传讹地沿袭。特拉伊宁或是把费尔巴哈对Tatbestand的定义看成是对“犯罪构成”即犯罪成立所下的定义，或是以自己所创立的、作为“犯罪成立所必须具备的诸要件的总和”的“犯罪构成”这样一个概念标准，去驳斥费尔巴哈学说中仅作为犯罪外在事实的Tatbestand，指出其存在所谓的割裂犯罪构成的统一概念的错误。特拉伊宁的结论是无法让人赞同的，因为他在问题的出发点上就偷换了概念。①

肖中华教授在此提出的“问题的出发点”这个概念是十分重要的，我们必须回到问题的出发点，正本清源，拨乱反正。那么，什么是这里的“问题出发点”呢？笔者认为，贝林的构成要件论就是问题的出发点，因而对四要件的犯罪构成体系的反思与反拨，必须回到构成要件论，回到贝林。也许有人会说，贝林是一百年前的人物，早已落伍了。即使德国的犯罪论体系，也在贝林的古典犯罪论体系之后，经历了新古典犯罪论体系、目的主义犯罪论体系、目的理性犯罪论体系的演变，贝林的构成要件论早已过时。日本学者西原春夫甚至提出“构成要件论发展的历史实际上也正是构成要件论崩溃的历史”的命题，指出：纵观德国与日本构成要件论发展的历史，简直就是构成要件论向违法论靠近的历史。它只不过就是原本价值无涉的、客观的描述性构成要件逐渐开始承载价值、逐渐开始包含大量的主观性和规范性这两种要素的历史。在笔者看来，构成要件至少在德国已经快到达发展的终点了。如果构成要件论可以取得更大的发展，那么，在此笔者看到的或许是由于内容过于丰富并且承载了过多的价值，反而淹没在价值之中，变得空洞无物并且丧失了其固有机能的构成要件论。而且，如果构成要件概念本来就背负着这种发展的宿命，那么，构成要件概念只不过就成了德国和日本刑法学的“悲哀的玩具”②。

西原春夫教授也许是攻击构成要件论最为有力的学者，其采用行为、违法、责任这种三要素的犯罪论体系，采取并不承认构成要件或者构成要件符合性是独立的犯罪要素的立场。③ 至于贝林以后的犯罪要件论的命运，是另一个话题。从贝林到特拉伊宁，是一段构成要件论的歧路。而从贝林到威尔泽尔，再到罗克辛，那是构

① 参见肖中华：《犯罪构成及其关系论》，3～5页，北京，中国人民大学出版社，2000。

② ［日］西原春夫：《犯罪实行行为论》，戴波、江溯译，1页，北京，北京大学出版社，2006。

③ 参见上书，46页。

成要件论的另一段历史。恰如付立庆教授所提出的，贝林是“应该肯定的先哲，必须超越的阶梯”①。这是十分中肯的。然而，如欲超越贝林，我们首先必须回到贝林、理解贝林，否则，就没有超越而只有误解。即使在今日贝林的构成要件论已如西原春夫教授所言，已经成为“悲哀的玩具”，我们也必须经历这需要玩具的犯罪论的童年时代。这就是说，我们必须从犯罪构成的歧路返回构成要件的原点，然后从问题的原点重装上阵。在这个意义上说，我国刑法学需要贝林的构成要件论的启蒙。

在贝林的犯罪论体系中，构成要件只不过是犯罪的观念指导形象，是犯罪成立的第一个要件，然后依次还有违法性与有责性。因此，只有把贝林的构成要件纳入其三阶层的犯罪论体系，才能真正把握其构成要件论的精髓。而特拉伊宁将贝林的构成要件论改造为犯罪构成论，将犯罪成立的所有要素都纳入其中以后，存在以下三个问题值得我们关切：

（一）构成要件定型化机能的缺失

在贝林的构成要件论中，构成要件是前置于犯罪成立的其他要件的，对入罪起到限制机能，从而把罪刑法定原则中“法无明文规定不为罪”的实体内容转化为“行为不符合构成要件不为罪”的操作规则，借此发挥刑法的人权保障机能。但在四要件的犯罪构成中，犯罪成立的所有要件都装入犯罪构成这个空框，本义上的构成要件不复存在，因而构成要件的定型化机能也就丧失了，并对刑法的人权保障功能产生某种影响。当然，这并不是说四要件的犯罪构成就完全不具有人权保障机能。相对于任意出入人罪的专制司法，以四要件的犯罪构成作为入罪根据，本身就是法治的体现。我们也可以看到，无论是在苏俄还是在我国，犯罪构成论都是在与法律虚无主义艰难的抗争中成长起来的。每当法律虚无主义盛行，犯罪构成论就被弃置。即便如此，我们也不能认为犯罪构成在人权保障方面就能够充分发挥作用。正因为犯罪构成论是苏俄及我国法治不甚发达的产物，故其本身存在种种缺陷。相对来说，三阶层的犯罪论体系是在法治较为发达的德国产生的，尽管在法西斯盛行时期它同样被弃用，但这是政治因素使然。在这个问题上，笔者赞同付立庆教授的以下观点：任何一种理论体系都有其作用的边界。我们是就纯粹的犯罪论体系自身的逻辑结构及其体系的出罪、入罪功能来讨论两种（三阶层和四要件）不同的犯罪论体系各自的优缺短长的。这只能在犯罪论体系发挥作用的界域之内，不能突兀地夹杂进一个变化多端的政治因素来。② 诚哉斯言。

构成要件具有类型化的特征，它是更容易把握的，贝林将其作为犯罪成立的第一个要件，其意图就是通过构成要件的客观性、形式性，对入罪起到限制作用。尤其是构成要件是刑法分则规定的，正如日本学者小野清一郎所说，构成要件是刑法

① 付立庆：《犯罪构成理论：比较研究与路径选择》，187页，北京，法律出版社，2010。
② 参见付立庆：《犯罪构成理论：比较研究与路径选择》，87页，北京，法律出版社，2010。

各条中规定的“罪”，即特殊化了的犯罪概念。换言之，它就是特殊构成要件而不是一般构成要件。① 这样，就可以将法官的眼光引导到刑法分则中罪状的规定上去，以此作为入罪的起点，判断刑法是否具有明文规定，从而将罪刑法定原则融入法官的定罪思维过程。就此而言，构成要件所具有的定型化机能对于人权保障具有重要意义。在没有构成要件的四要件的犯罪构成中，构成要件的这种定型化机能完全丧失，是不可否认的。

（二）构成要件与违法性关系的混淆

按照贝林的构成要件论，构成要件是描述性的，而违法性是评价性的：构成要件是评价客体，而违法性是客体评价。在这里，作为评价的客体与作为客体的评价是分而论之的：前者由构成要件承担，后者由违法性承担。我国台湾地区学者在论及评价客体与客体评价时指出：刑法是以一定的客观事实，作为其判断犯罪成立与否的对象，此一作为刑法认定的客观事实，概念上被称为“评价客体”，也就是刑法规定所要判断的对象。评价客体属于客观存在面的现象，其本身是作为接受评价的客体，并无自身评价的问题存在，也就是一个客观存在的事实，本身并不会自己成为犯罪，其所以会变成犯罪，是因为被法律评价之故，而对于客观存在面的一定事实现象作评价判断的规范者，就成为“客体评价”，也就是对一定对象所为的判断，刑法则是对一定行为事实的“客体评价”，透过评价的作用，判断行为事实是否属于犯罪。是以，行为事实是接受规范认定与判断的“评价客体”；而刑法则是对该行为事实，作犯罪成立认定与刑罚科处的判断，乃是对行为事实的“客体评价”②。

贝林主张构成要件的行为类型说，将构成要件该当性的判断与违法性的判断完全分开。随着构成要件的违法行为类型说的出现，违法性的实质判断功能被越来越多地纳入构成要件，构成要件具有违法性的推定机能，它本身不作正面判断，而只作消极判断，即在存在违法阻却事由的情况下，可以否定违法性。尽管如此，在构成要件中形式判断与实质判断仍然是存在区隔的，并且形式判断在逻辑位阶上是前置于实质判断的。因此，尽管构成要件的内容发生了重大变化，贝林所预想的构成要件的形式性要素对实质内容的制约机制依然产生作用。

在特拉伊宁的犯罪构成论中，并不存在违法性要件，所谓违法性要件的功能基本上是由社会危害性这一概念承担的。但犯罪构成与社会危害性的关系，恰恰在四要件中没有得到妥当处理，因而是最为人所诟病之所在。按照特拉伊宁的设想，犯罪构成与社会危害性是分离的：犯罪构成说明行为的社会危害性，社会危害性是犯罪构成的本质。在这个意义上，犯罪构成即是社会危害性的构成。但是，这种观点具有循环论证的特征：就犯罪构成与社会危害性之间的关系而言，

① 参见［日］小野清一郎：《犯罪构成要件理论》，王泰译，12页，北京，中国人民公安大学出版社，2004。

② 柯耀程：《刑法构成要件解析》，70页，台北，三民书局，2010。

到底是行为具备犯罪构成才具有社会危害性，还是行为具有社会危害性才具备犯罪构成？由于社会危害性凌驾于犯罪构成之上，且由于社会危害性是以政治意识形态为内容的，因而以社会危害性的实质判断作为入罪根据，从而使犯罪构成虚置，根本不能发挥其限制入罪的机能。从这个意义上说，四要件的犯罪构成潜藏着沦为政治奴婢的危险。

（三）构成要件与有责性关系的错乱

贝林的构成要件是客观的，当然不包含主观要素，主观要素属于责任范畴。这是古典犯罪论体系的结构性安排，以此坚守“违法是客观的，责任是主观的”这一学术立场。贝林指出：责任（广义上的责任）（culpa），也是刑法上的犯罪要素，表明符合构成要件、违法的行为在内在（精神）方面具有可非难性，是法律上的主观欠缺瑕疵性（Fehlerhaftigkeit）。[①]

贝林把责任看作是一种评价：正如违法性是从客观方面对构成要件的否定性评价，有责性是从主观方面对构成要件的否定性评价。这样，以构成要件为实体内容的违法与有责就成为犯罪的两大支柱：有责以违法为前提，由此可以引申出没有“没有违法的有责”；违法不以有责为后果，由此可以引申出存在“没有有责的违法”。这样，违法与有责就被处理成客观与主观的关系。在贝林所处的古典时代，在责任问题上采用的是心理责任论：故意或者过失即意味着主观上的非难。随着目的主义犯罪论体系的发展，尤其是从心理责任论向规范责任论的转变，故意与过失的心理要素和期待可能性等主观评价要素相分离，并出现了将故意与过失的心理要素纳入构成要件的主张，从而使构成要件成为违法有责行为类型，由此颠覆了“违法是客观的、责任是主观的”这一学术立场。然而，即使是客观构成要素与主观构成要素统一的构成要件论，与特拉伊宁的犯罪构成论还是存在根本差异的。在违法有责行为类型中，构成要件内容较之贝林时代大为充实，其犯罪个别化程度大为提升，但它仍然只是为违法与有责的判断提供事实根据。即使犯罪论体系的三阶层变成“构成要件—违法阻却事由—责任阻却事由”这样一种进路，构成要件的特殊机能仍然是存在的。在构成要件中，客观构成要素与主观构成要素之间的位阶关系也是存在的，客观构成要素对主观构成要素起到一种制约作用。例如，只有确认了一种行为在客观上是杀人，才能考虑行为人主观上是否具有杀人故意。换言之，是杀人行为决定其主观故意内容是杀人，而不是相反。

在特拉伊宁的犯罪构成论中，同样容纳了犯罪客观要素与主观要素。就特拉伊宁的论述而言，主观要素是以客观要素为前提的。例如，特拉伊宁指出：为了有根据地要行为人对这个杀人罪负刑事责任，首先必须（在分析犯罪构成的其他因素——例如其有忌妒的动机——之前）确定是这个人（1）造成了被害人的死亡，

① 参见［德］恩施特·贝林：《构成要件理论》，王安异译，95页，北京，中国人民公安大学出版社，2006。

(2)是他有罪地(故意或过失)造成的。[①] 但在特拉伊宁的犯罪构成论中，也并没有对四要件之间的关系进行专门研究，因而四要件之间并不存在位阶关系。如果说，三阶层是层层递进关系，是一种立体结构，每个阶层都意味着对入罪的一重审查，同时也为出罪提供了客观上的可能性，那么，四要件就是平面结构，各个要件是同时并存的，相互不存在位阶关系，只存在排列的顺序问题。就排列顺序而言，在苏俄刑法学中，通常是按照犯罪客体—犯罪客观方面—犯罪主体—犯罪主观方面这样一个顺序排列的。我国传统观点也是按照以上顺序排列的，但现在也有一种颇有影响的观点，按照犯罪主体—犯罪主观方面—犯罪客观方面—犯罪客体的顺序排列。[②] 在这种情况下，就出现了主观判断先于客观判断的问题，从而违背违法先于有责的基本原理。对于这种将主观判断置于客观判断之前的做法，贝林早就作过否定性评价，指出：所有“主观要素”在肯定构成要件相关性和违法性的背景下，才可同时进行相关性的研究。如果首先考虑行为人之观念等问题，以图肯定行为人有谋杀的故意，然后才进一步考虑是否出现了相应的实行行为，那么在考察心理时就会只关注一个未来的、依照考察状况而被假设的外在事实，这种思考只有将“客观的要素”确定为已发生事项时才是清楚的司法上并不是以此为基本考察，该考察虽符合对人们行为的道德考察，而不符合法律的本意，法律在社会生活中是直接规范外在要素，只有结合外在要素才间接考虑内在心理要素。[③]

特拉伊宁的犯罪构成论没有确立客观要素与主观要素之间的位阶关系，因而才会出现在四要件的实际适用中主观判断先于客观判断的司法乱象。

① 参见[苏]A.H.特拉伊宁：《犯罪构成的一般学说》，王作富等译，197页，北京，中国人民大学出版社，1958。

② 参见肖中华：《犯罪构成及其关系论》，217页，北京，中国人民大学出版社，2000。

③ 参见[德]恩施特·贝林：《构成要件理论》，王安异译，31页，北京，中国人民公安大学出版社，2006。

第十一章

构成要件和违法性的关系

在目前处于通说地位的我国刑法学中，犯罪客体要件、客观方面要件、主体要件、主观方面要件一旦齐备，犯罪即告成立。因此，对于行为是否符合分则规定的罪状，以及行为是否具有违法性、行为人是否可以被谴责的判断同时进行，这样，对构成要件的评价就既是形式评价也是实质评价。对行为的违法性判断隐含或者从属于对构成要件的判断。

但是，一方面，构成要件判断和违法性判断是性质上存在差异的刑法评价，构成要件以类型化的方式表明刑事可罚范围，大致表明国家对某种行为的基本态度。违法性则最终表明国家的态度，体现了国家对利益保护的渴求：法益是不能遭受侵犯或者威胁的。构成要件并不当然包含实质的违法性要素，人为地将二者合而为一并非不可置疑。另一方面，对原本性质不同、应当分别考察的事物在思维上一次完成评价过程，出错的概率可能会增加。对此，德国学者指出："……问题是，在多大程度上将违法性作为独立的犯罪要素，才是合理而且有意义的。显而易见，对可罚性多种多样的前提应该依据恰当的顺序，而不是同时进行评价。但是，将犯罪要素划入不同的评价阶层，不是为了进行单纯的分类，对违法性的确定，也就不只是纯粹从外部结束了对某一部分犯罪要求的审查。它包含了一个实事求是的看法。"①

基于上述考虑，笔者认为，应当在理论上厘清构成要件该当性和违法性的关系。在这里，首先分析构成要件和违法性的关联性，然后揭示它们之间的不同点，再对我国刑法学中构成要件该当性和违法性一体化的思维进行反思，最后，在此基础上提出改造我国犯罪构成理论的思路。

一、构成要件和违法性的同质性

一般认为，构成要件具有违法性推定机能，符合构成要件的行为，只要不存在允许性规定，就是法律规范要惩罚的行为。换言之，符合构成要件和不具有违法阻却事由的必然结局就是行为具有违法性。

违法性判断和构成要件判断的紧密关联性表现在：法律是社会生活的调节器，它需要立法者区分哪些行为是国家可以容忍的、哪些是不能被允许的，由此框定了个人活动的范围。构成要件和违法性在很多时候就是一个问题的两个方面。在法律许可的范围内，个人的活动是合法的，超越这个范围的行动则是难以容忍的，会受到法律的压制，会被确定为具有违法性。违法性是从肯定犯罪的角度研究刑法学问题，一方面其意味着行为违反了法规范，超越了法律所设定的范围②；另一方面其意味着国家对罪犯的惩罚必须受到制约——国家对个人行动自由的限制，以行为具

① ［德］冈特·施特拉腾韦特、洛塔尔·库伦：《刑法总论》，Ⅰ·犯罪论，杨萌译，82页，北京，法律出版社，2006。

② 当然，某种事实在客观上是合法还是违法，不可能仅在刑法领域内进行判断，只有将该事实放在整个法律秩序中，才可能得出其客观上是否合法的结论。例如，即使是符合侵犯财产罪构成要件的行为，但如果是为了行使权利，在民法上不承担赔偿义务，刑法上的违法性也就被否定了。

有违法性为限。这就使得对违法性的判断，具有独特价值。

从思维过程上看，行为符合构成要件，就可以被推定为具有违法性，主要是因为构成要件和违法性的内在精神是一致的：法律将立法者禁止的行为（作为）或者命令行为人必须实施的行为（不作为）在构成要件部分加以描述，禁止规范、命令规范的存在已经基本表明了国家的价值取向；违法性是说哪些行为是不符合整体法规范要求的，也强调了国家反对某些行为的态度。换言之，构成要件在一定程度上揭示了违法类型，具有违法性的外形。因此，构成要件本身具有一定的违法内涵，例如，故意毁坏财物罪中毁坏故意、客观毁坏结果的存在，都在不断填充构成要件要素，也在一定程度上展示了行为违法性的外形。

在大陆法系刑法理论中，两大原因促使部分学者认为构成要件和违法性应当统合在一起。

一是规范的构成要件要素的发现。“评价对象”和“对象的评价”曾经是区分得比较清楚的问题。在贝林的古典犯罪论体系中，构成要件是价值中立的、单纯的评价对象，而对这一“对象的评价”涉及价值判断，应该在违法性阶段完成。但是，自从麦耶提出规范的构成要件理论之后，“评价对象”和“对象的评价”之间是否还能准确区分，就是一个疑问。盗窃罪的构成要件是否齐备，取决于需要保护的他人财物是否存在，财物的他人性的判断就是与违法性有关的内容。故意杀人罪的成立，必须考虑可能被杀害的人是否存在，而对出生、脑死亡与心跳死的争议的存在，都使得对该罪的认定会遇到很多困难，对人的判断就不是纯粹事实的判断，而涉及价值评价，构成要件中就有违法性评价的内容，对二者难以清楚地进行界分，违法性不具有明确地区别于构成要件并在犯罪论体系上独立存在的性质。

二是消极的构成要件理论的提出。该理论认为凡是符合正当行为条件的行为，不但不具有违法性，而且不符合构成要件，因为构成要件本身就蕴含着“刑法禁止实施危害行为，但正当行为不在此限”这样的意思。例如，故意杀人罪的构成要件就是“任何人在不是正当防卫、紧急避险、执行职务等情况下，剥夺他人的生命”。对此，有学者明确指出：“法律规范是应然的假定规范，法律规范与假定的命令意义相同。‘每一法律规范在具体的意义上是一个假定，因为它只可适用于具体的在规范中指明的行为状况’。例如撇开其绝对性特点，勿杀的前提是存在着一个正常的情势，也就是，不存在例外情势，如正当防卫或出现有法律效力的死刑判决或者战争。因而，勿杀终究是指：如果不考虑正当防卫、死刑判决的执行、战争行为的发生，违禁者应该被处死。这是一个在假定上来理解的命令。”① 既然正当行为的存在排除了构成要件，同时排除了违法性，那么将构成要件和违法性作为“一体物”看待，统称为“不法”，似乎就是可以接受的结论。

① ［德］卡尔·恩吉斯：《法律思维导论》，郑永流译，32页，北京，法律出版社，2004。

二、必须区分构成要件和违法性

基于上述两点考虑，似乎将构成要件和违法性合而为一，将犯罪的三阶层理论改造为不法与责任的两阶层理论是合理的。① 但是，不能因为构成要件和违法性之间存在紧密关联，就对二者不加区分，否则，就是没有考虑到对构成要件和违法性进行区分在刑事政策和刑法技术上具有的重要功能。如果在犯罪论体系中取消这一区分，将会危及这些功能的发挥。②

（一）刑事政策上的考虑

不区分构成要件和违法性的理论，会冲击构成要件在刑事政策意义上的保障功能。罪刑法定原则得以贯彻的基本前提就是法律对某一具体犯罪行为在规范上作出了具体描述，构成要件是罪刑法定原则最为严格的实现。构成要件囊括了各个具体犯罪成立的特征，唯其如此，我们才能将非法拘禁和绑架加以区分，使抢夺和抢劫不至于混淆。构成要件“根据抽象的、为帮助人们理解而建立的禁止性标志这种方式，描绘了一般被禁忌的举止行为方式的图画，并且具有一种一般预防的功能。在这里，对行为构成特征的描述影响了一般公众的法律意识并且发挥了可能的威慑作用”③。不符合构成要件的行为，在刑法上并不重要，一开始就不是刑法评价的对象。

（二）消极构成要件概念的抛弃

笔者认为，消极构成要件的提法存在根本性问题。违法阻却事由是否存在，涉及具体的价值判断，难以在构成要件中作一般性规定。所以，将违法阻却事由作为消极构成要件要素并置于构成要件之中进行评价的做法，可能会使构成要件的晓谕功能难以发挥，也难以划定犯罪成立范围。对此，有意大利学者正确地指出：根据消极构成要件的逻辑，会得出荒诞的结论：“打死一只苍蝇不是典型事实，所以与正当防卫中杀人具有同样意义。说打死一只苍蝇不是典型事实，是因为打死的是苍蝇而不是人，即缺乏典型事实的肯定条件。正当防卫中杀人也不是典型事实，因为正当防卫是正当化原因之一，即具备典型事实的否定性因素。既然二者都不是典型事实，在刑法中就可以将二者等价齐观。然而，这种观点显然忽略了这样一个事实：打死一只苍蝇与任何法律保护的利益无关，因而是一个完全不具有任何刑法意义的事件；而杀死一个人，即使是出于正当防卫，总是对法律保护的某种利益的侵犯。”④

① 参见张明楷：《刑法学》，4版，109页以下，北京，法律出版社，2011。.

② 参见李海东：《刑法原理（犯罪论基础）》，37页，北京，法律出版社，1998。

③ ［德］克劳斯·罗克辛：《德国刑法学总论》，第1卷，王世洲译，187页，北京，法律出版社，2005。

④ ［意］杜里奥·帕多瓦尼：《意大利刑法学原理》（注评版），陈忠林译，133页，北京，中国人民大学出版社，2004。

构成要件判断是在罪刑法定原则的指导下确定处罚的范围。而作为违法性判断主要内容的正当化事由，并不是和构成要件同一层次的东西，自然也没有资格作为构成要件的对立面存在：违法性在位阶上和构成要件相当，正当化事由属于违法性中的例外事由，在理论地位上显然不能与构成要件同日而语，将不能与构成要件放在同一层次讨论的正当化事由称为消极构成要件，本身就存在问题。由此推论：消极构成要件这一概念是否合适，是否有存在必要，是大可推敲的。

将正当事由作为消极的构成要件要素，还会造成对构成要件相当性审查的复杂化。不具备构成要件的行为不能惩罚是因为该行为在刑法上不值得或者不应当受到处罚，例如，故意伤害罪惩罚的是故意损害“他人”的生理机能的行为，普通人自伤身体，因为刑法认为没有惩罚必要而不符合构成要件，所以不能进行处罚。而对于符合构成要件但成立紧急避险，从而阻却违法的行为，不能进行处罚，是因为即使存在法益侵害，但是例外地考虑该行为保全的法益要比牺牲的法益大，符合构成要件的故意伤害行为要否定其刑事违法性必须证明其属于正当防卫或者紧急避险。因此，构成要件要素与正当化事由的条件不可能简单互换，两种符合性的判断标准、方法与原则存在重大差异。行为是否符合构成要件是一种定型的判断，不需要价值衡量；但正当化事由不是基于规范的一般性例外，而是为了解决社会冲突必须就个别事例进行价值衡量。缺乏构成要件要素的行为，原本就没有侵害刑法所保护的法益，或者法益价值轻微，故在刑法上不具有重要性；而正当化事由原本就是侵害法益的行为，它之所以合法，是因为从特定的角度看具有值得肯定的价值。①

有学者指出：构成要件与正当化事由的区别还会产生实践中的逻辑后果：对于具备正当化事由的侵害行为，由于行为的正当性是相对人应该承受的，其进行正当防卫就是不被允许的；而对于不符合构成要件的侵害行为（违法行为），当事人可以进行正当防卫。② 例如，将第三人的财物作为正当防卫的工具使用时，第三人不能对该正当防卫人实施防卫；但对于不符合故意毁坏财物罪构成要件的过失毁坏行为，财物所有人或者占有人可以实施正当防卫。

（三）事实判断与价值判断的相对区分

构成要件并不能绝对排斥价值判断，但其属于与价值基本无涉的一般性判断。正当化事由的价值判断则属于具体情况下的个别性价值判断。例如，构成要件中关于纯正单位犯罪、身份犯的规定，实际上将自然人、不具有特定身份的人都排除在犯罪之外，反映了立法上的价值取向，这是规范上的一般性限定。而正当防卫、紧急避险是否成立，都有一个考虑防卫、避险条件与限度的问题，防卫和避险都只有在合理限度内才可能是被允许的，它们都不是规范上的一般性例外，而是就个案进

① 参见张明楷：《外国刑法纲要》，2版，77页，北京，清华大学出版社，2007。

② 参见李海东：《刑法原理（犯罪论基础）》，38页，北京，法律出版社，1998。

行法益保全和法益损害的比对之后所进行的具体判断，认为有必要保全重要法益，从而肯定行为可以被容忍。正当化事由不是对构成要件这种禁止性规范的一般限定，而是对构成要件这一对象的具体评价。

（四）违法指示和违法性判断不能等同视之

刑法分则对罪状的描述中可能使用限制行为性质的“非法”“违反国家规定”“违反消防管理法规”“违反枪支管理法规”“未经批准”等词语，这些规定可以被视为构成要件客观方面的内容，或者是构成犯罪的前提条件，它们都是刑法规范中的违法性指示，但并不当然属于违法性的组成部分，自然就不能认为构成要件中包含了违法性判断。例如，刑法第284条规定，非法使用窃听、窃照专用器材，造成严重后果的，构成犯罪。“非法”意味着按照构成要件的规定，行为一般而言具有违法性。A在没有任何法律依据的前提下，对B使用窃听、窃照专用器材，其行为属于非法，符合刑法第284条的罪状规定自不待言。但是，司法机关事后查明，A在使用上述专用器材时，偶然发现了B对C的强奸行为并报警，使C免受侵害。按结果无价值论，A的行为有成立正当防卫的可能性。在这个案例中，A的行为因为其非法性而符合构成要件，但因为实质上有利于保护C的人身权利这一重要法益而不具有违法性，这样，构成要件中一般化的违法“指示”和违法性的具体判断之间的关系就是非常清楚的。“所有含有违法性判断情状与规范的事实情状相同，均为成立不法的情状，而属于构成要件。”① 当然，按行为无价值二元论，A有成立犯罪未遂的可能性。

（五）违法性程度需要特别考虑

对于构成要件，只有符合与否的问题，不涉及程度问题；对于违法性，除了是否具备之外，还有程度轻重的问题。只有考虑到违法性的实质内容，才能决定法律规定的要求中哪些属于不法，而这只能是决定行为违法严重程度的那部分事实。得到被害人承诺或者应被害人要求而实施的故意杀人行为，其不法程度会降低。“对法益的侵害越大，违反法律规范的程度也就越严重，所以，如果是为了拯救法益而实现了构成要件，这时就很容易想到阻却违法事由。个人的困境虽然可以成为免除刑罚的理由，但却不能免除其法律上的义务。”②

（六）构成要件的违法推定功能并不是随时可靠

构成要件具有违法性推定功能。但是，在有的情况下，刑法分则关于构成要件的规定并不特别清晰，刑法要惩罚的行为和行政违法行为甚至许多普通的日常生活中不妥当的行为之间仅仅从构成要件描述上难以区分，此时，仅仅根据构成要件，

① 柯耀程：《变动中的刑法思想》，24页，北京，中国政法大学出版社，2003。

② ［德］冈特·施特拉腾韦特、洛塔尔·库伦：《刑法总论》，Ⅰ·犯罪论，杨萌译，83页，北京，法律出版社，2006。

并不足以说明行为的违法性。[①] 即使刑法分则的罪状规定对行为特征描述得特别清楚，足以让司法人员分清特定犯罪行为的构成要求和一般违法行为的构成要件之间的区别，也不能说行为就一定是具有违法性的。构成要件原则上只是对成立犯罪的一般情况进行描述，在对违法性进行判断时既要考虑一般情况，也要考虑例外情况。例如，对于不得伤害他人这样的一般性规定，在司法适用上必须加以限定，在正当防卫、紧急避险、治疗行为、体育活动等场合，对伤害行为的违法性就需要进行判断。区分构成要件和违法性，实际上为正当防卫、紧急避险等违法阻却事由的存在找到了一个“安身立命”之处。我国刑法学通说在研究构成要件问题时，认为构成要件是实质的，不需要对违法性进行独立判断；但在讨论违法阻却事由时，又认为在违法阻却事由存在的情况下，行为只是形式上符合构成要件，实质上不具有违法性，构成要件只具有形式意义。这种有时认为构成要件是实质的、有时认为其是形式的观点，前后矛盾，令人费解，且没有为违法阻却事由的存在提供理论支撑。“皮之不存，毛将焉附”？更何况，在我国出版的各种教科书中，都是将构成要件和违法阻却事由分立章节并列，这本身就是将不是同一“重量级”的问题硬性捆在一起讨论，是否合理，令人生疑。

正是因为构成要件和违法性的差异性，即使迈兹格尔竭力主张将构成要件与违法性融合在一起，统称其为“不法”，现在的多数说仍然认为，麦耶主张区分构成要件与违法性的观点是有道理的，对构成要件和违法性需要作为不同的东西来加以把握。[②] 在很多时候，对构成要件的判断不能替代对违法性的判断。同时，为了追求理论上、逻辑上的完满，使理论思维显得更为清晰，确保从不同侧面推敲犯罪成立与否的关键问题，也有必要对构成要件和违法性进行分层次的判断。

对此，普珀教授指出：

> 犯罪检验的构造是三阶层更符合目的性，因为刑法只关注通过法典明确科处刑罚的那些法律侵犯。犯罪本身则只表明了两个评价阶层，即不法与罪责。构成要件符合性与违法性的两分仅源于以下思路，即对一个特定的案件事实是否与法律秩序不相一致的问题的检验，只能从确定该案件事实与个别的规范不相一致开始，比如与通过刑罚构成要件用刑罚加以保障的诫命或命令不相一致。通过所谓违法性的检验，并不是寻找出一个新的评价阶层，而只是将与个别规范的一致性检验扩展到整个法律秩序。[③]

① 刑法的很多规定，和治安管理处罚法的文字表述一模一样。如果不考虑刑法意义上的违法性，就难以区分犯罪行为和违法行为。这也说明，认为在所有的部门法中只有一个违法性的观点是错误的。治安管理处罚法意义上的违法性和刑法上的违法性并不相同；在刑法上不具有违法性而不成立侮辱罪的情形，其民事上的违法性可能会得到肯定。

② 当然，在今天仍有一些学者认为，由于构成要件的内容被填充，违法性判断就成为多余的东西。参见柯耀程：《变动中的刑法思想》，42页，北京，中国政法大学出版社，2003。

③ ［德］Ingeborg Puppe：《论犯罪的构造》，载《清华法学》，2011（6）。

三、我国刑法学中构成要件和违法性一体化的问题

我国刑法学的犯罪构成理论将构成要件和违法性合一，犯罪成立理论等于是平面的而非阶层的构成要件符合性、违法性、责任的构造。对违法性不进行独立判断，与我国学者对前述消极构成要件、规范的构成要件要素的认识存在误差有关，也与我们对阶层的犯罪成立理论的优越性认识不足有关。否定违法性的独立性，可能会导致以下问题：

（一）将违法性形式化

笔者认为，我国刑法学上否定违法性判断独立性的通说实质上承认形式的违法性理论，即违法性是由法律规定的，没有法规范就不存在违法性问题，符合构成要件的行为当然地可以直接判断其具有违法性。但是，"形式的违法性理论"在经济并不发达的社会是可以适用的。在经济高度发达的现代社会，对行为的违法性应当具体地、合目的地加以分析。实质的违法性理论就是在这一背景下展开的。根据这种说法，违法性的本质就是法益侵害，而对法益侵害的判断，需要从行为无价值和结果无价值这两个侧面切入，危害结果的轻重当然是法益侵害的直接表现，行为的相当性（行为目的的正当性、行为手段的妥当性）是判断法益侵害大小的重要资料。法益侵害概念同时包含危害结果严重和社会对该危害行为不能容忍这两层意思。

从实质的违法性角度分析问题，我们可以发现：在现实社会生活中，完全存在行为在形式上符合罪状规定，而且不符合正当防卫、紧急避险的要件，但是从法律的基本理念出发仍然有可能否定其违法性的情形。[①] 例如，A、B、C 抓住小偷 D，该小偷为逃跑，激烈反抗。A 认出该小偷是刚从医院偷偷跑出不久的间歇性精神病人，为防止其再危害社会，A、B、C 将 D 捆绑、关押在一间废弃的房屋中，然后打电话通知精神病院的医生以及 D 的家属。这些人均不情愿将 D 接走。在 A 的反复催促下，精神病院在 25 小时以后才赶来，将 D 接到医院继续治疗。A、B、C 的行为就和刑法分则第 238 条非法拘禁罪的构成要件相符合，但其是否具有违法性就是需要进一步考量的问题。[②] 这就说明，将违法性判断和构成要件判断区别开来，是有实际意义的。因此，对违法性理论，不能仅仅从是否符合构成要件的角度，也不能仅仅从是否具备违法阻却事由的角度，而应当从实质的违法性的角度积极地加以分析，而非消极地进行排除。如果说构成要件判断是侧重于将行为事实和罪状进行比对，从而倾向于肯定刑事责任的这一极，那么，违法性判断就是侧重于对行为

① 在我国司法实务中，对某些超法规的违法阻却事由（例如被害人承诺行为、自救行为等）的承认，就等于肯定了实质的违法性理论。

② 似乎可以认为 A、B、C 的行为带有防卫或者自救性质；即便是正当防卫、自救行为难以成立，也可以认定其行为具有社会相当性，从而否定其违法性。

性质进行分析，从而倾向于否定刑事责任这一极。从构成要件判断过渡到违法性判断，事实上是一个思维的转换过程。

（二）没有充分考虑允许的危险与违法性理论之间的关系

对于很多过失行为，如果单纯比对构成要件，就会得出行为符合构成要件的结论。但是，对类似行为，是否应当作为犯罪惩罚，即使实质地判断符合构成要件，得出肯定的结论也不妥当，违法性也应当被否定。这就是允许的危险的问题。

允许的危险是为了缩小过失犯罪的打击面而提出来的，因为某些结果的发生与否不是人类的心理活动可以支配的，在有的情况下，行为本身就带有特定危险性，例如体育运动、医疗行为等。同时，随着现代社会生活的发展，机械化、自动化程度的不断提高，危险在不断增加。例如，矿山开采、高速公路的建设和使用、大型工厂的开工、大规模土木工程建设的开展、水电站和核电厂的建立等，都使得危险与日俱增。① 对于这些带有危险性的行为如果都予以禁止，现代社会生活就会陷入停止，人们也会难以适应这种生活。因此，为促进社会的发展，保障社会生活的继续进行，对于极少数带有某种危险性的行为，不能简单禁止，而是要予以容忍，尽量控制其风险发生概率。允许的危险理论强调对于某些天然带有危险性但是为社会生活所不可或缺的行为，否定其违法性。

对允许的危险的考察，必须在行为符合构成要件之后进行。它应当依次考察：(1) 被侵害对象的重要性；(2) 迫在眉睫的危险的重大性；(3) 行为所追求的目的的正当性。被侵害的对象价值越高，结果发生的危险性越大，行为本身的违法性就越大；此外，行为追求的目的具有正当性，被侵害对象的价值低于行为本身所产生的社会和经济利益，那么，行为的违法性就越小。允许的危险理论的落脚点是：对于符合过失犯罪构成要件的行为，尽量排除违法性，以缩小犯罪圈。对于允许的危险是否存在的分析，与对构成要件的分析无关，是独立于构成要件的思维判断过程，将其与对构成要件的分析糅合在一起，是将复杂问题简单化的思维。

（三）可能夸大了构成要件的功能

我国刑法学通说认为构成要件是包罗万象的东西，违法性寓于构成要件之中。但是，构成要件不是万能的。构成要件是刑罚法规所规定的行为类型，是罪刑法定原则得以贯彻的有效保证，其功能是有限的。对构成要件功能的过分迷信在国外刑法理论中也存在。例如，日本刑法学界许多人都愿意赋予构成要件过多功能，认为构成要件可以实现罪刑法定原则，能够推定违法性和责任，具有区分罪与非罪、此罪与彼罪，划定故意的范围、决定一罪数罪、判定有罪事实、决定控方证据提出范

① 将在高速公路上超过限速驾驶的行为解释为符合以危险方法危害公共安全罪的危险犯的构成要件的行为，貌似极端，但绝非毫无道理。

围、限制诉因变更等功能。对此，町野溯批评道："构成要件并非无所不能的工具，如果实事求是地分析，赋予构成要件过多的作用会得出不当的结论，非但不能完善构成要件的概念，反而会削弱其所具有的构成要件作用。"① 我国学者也明确指出：我国刑法学界所普遍接受的犯罪构成理论，是建立在以原苏联学者特拉伊宁为代表的理论体系之上的。"以强调'社会主义刑法独立性'为宗旨的原苏联犯罪构成理论，力图建立一个区别于资产阶级刑法理论的、能够涵盖整个定罪处刑的理论体系，建立起以犯罪构成为载体的一元性理论结构，因而将犯罪构成的范围和作用扩大到了近乎不适当的程度。这一理论目标既是其无法克服的理论缺陷，也是导致一系列关于犯罪构成的理论争议的导火索。"②

(四) 没有考虑共犯处理的特殊性

在处理共同犯罪时，不法与罪责的区别相当重要。犯罪参与者只是因为其实施的符合构成要件且违法的行为，而不是因为他人的（个人）责任才同时承担责任。

教唆犯的成立与否，与构成要件和违法性的相对区分有关。现在的多数说认为，对共犯必须基于从属性的观点加以认定，如果被教唆者没有实行被教唆的行为，对教唆犯不能处罚。这是刑法客观主义的立场，也是一种诉讼证明上的务实考虑：一般来说，在被教唆者没有实施外部行为时，收集教唆的证据会相当困难，处罚结论有可能侵害个人自由。不过，对教唆犯在何种程度上从属于正犯，理论上存在很多争议。完全的从属性说认为，只有被教唆者的行为具备完整的犯罪性，即是符合构成要件、违法且有责的为，对教唆犯才能处罚。但是，把被教唆者和教唆者的责任联系在一起，和刑法客观主义所要求的共犯与正犯之间在行为上具有从属性的基点不一致，也违反个人责任原理。因此，限制从属性说是有道理的，即当被教唆者的行为符合构成要件，同时具有违法性时，对教唆犯就可以处罚。按照这种学说，对实行犯行为的认定，就需要分两个阶层分别考察构成要件和违法性，否则，就可能得出不妥当的结论。例如，甲教唆乙伤害丙，乙着手实行伤害行为。但在乙伤害丙之际，丙正在瞄准丁，准备扣动扳机杀害丁。甲的行为是否构成教唆犯？如果按照最小限度的从属性说，只考虑构成要件符合性，就会得出乙已经着手实施伤害行为，对甲就应该以教唆犯处理的结论。但本案中乙的行为完全有成立正当防卫的余地。教唆他人犯罪，但如果在他人实施的行为具有合法性时，仍然对教唆犯加以处罚，就只考虑了共犯独立性，只考虑了教唆行为的抽象危险，这和今天的刑法客观主义潮流并不符合。所以，对于教唆犯、帮助犯是否成立的判断，都必须先考虑实行犯的构成要件符合性和违法性是否存在。当然，考察违法性，往往意味着需要例外地考虑违法阻却事由是否存在。

① ［日］町野溯：《刑法总论讲义案》，Ⅰ，2版，114页，东京，信山社，1995。

② 陈浩然：《应用刑法学总论》，178页，上海，华东理工大学出版社，2005。

四、构成要件、违法性的关系与我国犯罪论体系的改造

前面已经提到，我国刑法学的通说认为：犯罪构成是我国刑法所规定的、决定某一行为成立犯罪所必需的一切主观要件和客观要件的有机统一体。犯罪构成包括了犯罪成立所要求的一切积极要件。我们可以说：一方面，所有犯罪行为都必须符合犯罪构成要件；另一方面，行为一旦符合构成要件，就是犯罪行为。对犯罪的形式判断和实质判断，糅合在一起。“与资产阶级刑法中的犯罪构成相比，这种犯罪构成是一种实质性的犯罪行为的类型，这种‘类型’正是我们判断某种行为是否成立犯罪的规格和标准。在我国刑法中，犯罪构成作为判断犯罪是否成立的规格或标准，既是第一的，也是最终的，因此，它是唯一的标准。”①

在原苏联及我国的刑法理论中，违法性不是作为犯罪构成要件，而是作为犯罪的特征之一而确立的，对于该特征是否具备的特别判断，又是融于犯罪构成要件评价过程中的。至于违法阻却事由，也不是放在犯罪构成的范围内，而是作为排除社会危害性的理由加以确立的。在犯罪构成学说的范围内，不可能对正当防卫和紧急避险这两个问题作详细的研究，而在犯罪构成之外讨论排除犯罪的事由，这样的理论，始终存在不妥当之处。②

在关于正当防卫、紧急避险这类排除犯罪性行为的评价上，我国刑法学认为，从实质要件来看，这类行为是不具有社会危害性的合法行为；从形式要件来看，这类行为是缺乏犯罪构成符合性的行为。还有的学者指出，犯罪构成是由相互联系、相互作用的诸要件组成的有机整体，是一个具有特定的犯罪性质和社会危害性的有机整体。③

根据这些观点，我国一元化的、闭合式的犯罪构成理论至少具有以下特征：（1）犯罪构成是主观要件和客观要件的统一；（2）犯罪构成是事实评价和规范评价的统一；（3）犯罪构成是刑事违法性和社会危害性的统一；（4）犯罪构成是形式违法性和实质违法性的统一；（5）犯罪构成是客观危害和个人责任的统一；（6）犯罪构成是评价过程与评价结论的统一。因此，我国刑法关于犯罪构成要件的说法，实际上和将构成要件、违法性结合在一起的“不法”说相同。

但是，对于犯罪是否成立的评价是一项极其复杂的工作，犯罪构成绝不等于各项要件的简单罗列，犯罪成立评价不是搭积木之类的游戏：四大构成要件相加，可能得出行为成立犯罪的结论，但也可能得出其他的令人难以接受的奇怪结论，部分之和并不是随时都等于整体。这是需要我们警惕的事情。同时，由于构成要件和违法性的精神实质明显不同，对构成要件和违法性不进行分层次判断，就是不妥当

① 马克昌主编：《犯罪通论》，71页，武汉，武汉大学出版社，1999。

② 参见陈兴良主编：《刑法学》，47页，上海，复旦大学出版社，2003。

③ 参见何秉松主编：《刑法教科书》（上册），196页，北京，中国法制出版社，2000。

的：一方面，构成要件在很多时候只具有形式特征，即便按照实质的构成要件理论其形式特征也大于实质特征，实质的违法性要素并不包含在构成要件之内。因此，对于符合构成要件的行为是否有必要加以处罚，还需要经过特殊评价程序来判断其行为是否合法。如果存在允许某种行为实施的法律上、法理上以及习惯上的理由，违法阻却事由以及超法规的违法阻却事由就被肯定，构成要件的不法性质就自然被否定，构成要件符合性判断并不必然带来刑罚处罚的结局。

另一方面，构成要件判断，意在揭示现象；违法性判断，侧重于考察行为违反命令规范或者禁止规范之后，对整体法秩序可能带来的冲击。因此，构成要件符合性判断与现象考察、事实性思考、片断性思考有关，违法性判断则涉及事物的本质，涉及价值性思考、整体性思考。对此，有学者明确指出："犯罪，是符合法律上所规定的某一犯罪类型之构成要件的行为，并且只有这样的行为才是犯罪。毋庸赘言，犯罪全部是违法行为，但是，如果行为仅仅具备违法性就直接当成是犯罪的话，那就无限扩大了成立犯罪的范围，并使社会生活丧失了依据。为什么这么说呢？因为违法是把对生命、财产、名誉等利益的侵害（或危险）作为内容的，而这些利益被各种法律重叠交叉地保护着，结果，'犯罪是根据它对所有的法律的违反而成立的'这样的错误结论就出来了。所以，就有必要明确成立犯罪的范围，至少是要求不得留有误解的余地，而是根据同一意义来确定一个与成立犯罪的基础有关的违法范围。刑法就带有这种明确性，而且根据极其富有经验性的辅助手段来确定成立犯罪的限度，这就是包含着犯罪类型的构成要件或指导形态，在这个意义上，构成要件或指导形态就是违法的类型。"①

所以，为了更好地坚持罪刑法定原则，就有必要改造我国目前通行的犯罪构成要件理论，剥离我国犯罪构成理论的内容，将构成要件塑造成与事实有关的概念。有学者指出：刑法学中的事实构成学说，部分地与著名的"没有法律不处罚"的原则相关联，"刑法规定必须相对具体地规制各种事实构成，惩罚的法律结果命令与其相连"②。然后，在构成要件之外，强调违法性评价的重要性。如此一来，犯罪评价就从目前的一元化、闭合式构造改变为阶层式体系，构成要件符合性、违法性、责任之间的逻辑顺序就得以确立。对此，我国也有学者加以提倡：根据我国目前的犯罪构成理论，许多问题无法被吸纳和解决，"而这些问题又恰恰同行为的犯罪属性、刑事责任的基本来源紧密相关。希望运用犯罪构成的思想方法来解决一切有关犯罪与刑事责任的问题，特别是违法性与责任之间的相互关系等问题，往往只能是一厢情愿的理论憧憬。因此，当前刑法理论建设中的一项重要任务是准确界定犯罪构成所固有的学术地位和理论价值，将犯罪构成的研究与定罪思维的逻辑结合在一起，将犯罪构成与违法性、责任性以及刑罚制裁的必要性相互统一，构筑起以

① ［日］泷川幸辰：《犯罪论序说》，王泰译，53页，北京，法律出版社，2005。

② ［德］卡尔·恩吉斯：《法律思维导论》，郑永流译，33页，北京，法律出版社，2004。

定罪方法的建设为主要目标的、符合思维逻辑的理论体系”①。

在肯定违法性的独立性基础上改造我国目前的犯罪构成理论的思路，仍然考虑了构成要件的违法性推定功能，但又不会因为其具有违法推定功能就否定实质的违法性判断的意义。“……行为之违法性，通常固皆就违法性之形式意义以衡量之，惟社会情事变化万殊，实定法之内容，间或未周，致与违法性之实质相出入者，亦复有之，固适用之际，又不得不准酌法律之本旨而为决定。”② 符合故意毁坏财物罪构成要件的行为，如果是出于避险目的，其违法性是被排除的。

如此改造我国的犯罪构成理论，首先考虑了构成要件和违法性在事实/价值评价方面的不同；其次，考虑了诉讼对抗的现实以及诉讼规律。根据实质的构成要件理论，构成要件是将值得科处刑罚的违法行为予以类型化，符合构成要件的行为原则上就具有值得科处刑罚处罚的违法性，不具有这种违法性的行为难以符合构成要件③，这样，在司法实务中，对控方而言，其只需要提出证据证明被告人的行为符合罪状即为已足，判断构成要件就意味着考虑了违法性，可以说犯罪阶层理论中的构成要件部分是专为控方设计的理论构架。但在控方承担举证责任和说服责任之后，举证责任可能转移，如果被告人要进行辩护，举证责任就转移到被告人一方。举证责任转移的情况，主要包括不具有违法性的事实和理由。被告人需要证明行为虽然表面上符合构成要件，但由于需要保护的法益不存在，或者行为的法益侵害性较小，刑事违法性不存在。正当防卫、紧急避险等违法阻却事由客观上不存在法益侵害性，在有的场合还有利于社会，属于合法行为，从性质上看是法律并不反对的行为，所以，被告人通常承担比证明个人责任阻却事由更小的证明责任。违法性就是专门为被告方行使辩护权、与控方对抗而设计的理论空间。我国刑法学通说将构成要件和违法性判断合而为一，明显没有为被告方进行辩护留有理论余地。

另，在构成要件之外考虑违法性的独立意义，充分重视了违法性有程度差别这一问题。基于抢劫的意思，使用暴力致人重伤然后劫取价值 1 万元的财物，和使用暴力致人轻微伤然后劫取价值 200 元的财物，在构成要件上看都是一样的，但是，其违法性程度明显不同。客观违法性的差别直接影响行为人的责任，自然也会影响量刑。大塚仁教授认为，“构成要件到底只不过是犯罪的大框架，对构成要件符合性的有无这个第一犯罪成立要件的回答，只有符合或者不符合的答案，不能回答符合到什么程度的问题。但是，关于违法性，不仅要解决是否违法的问题，在违法的

① 陈浩然：《应用刑法学总论》，180 页，上海，华东理工大学出版社，2005。

② 韩忠谟：《刑法原理》，100 页，北京，中国政法大学出版社，2002。

③ 从这个意义上讲，可罚的违法性理论是没有存在必要的。可罚的违法性理论认为，符合构成要件的行为，即使不具备违法性，或者其违法性轻微，没有达到可罚程度，也不构成犯罪。按照这种理论，犯罪成立除了要考虑构成要件符合性、违法性和责任之外，还要考虑可罚的违法性。但不具有可罚的违法性的行为，实质上因为危害过于轻微，根本就不符合作为禁止规范存在的构成要件，构成要件符合性自始就不具备。

问题解决之后，还要解决违法性的程度问题。所以，构成要件符合性的判断只是是否符合法律规定的类型的所谓类型性判断，而违法性判断具有更实质意义的非类型性判断的性质”[①]。如果不对违法性进行独立判断，违法性存在差异这一现实就可能难以凸显。

① ［日］大塚仁：《犯罪论的基本问题》，冯军译，38页，北京，中国政法大学出版社，1993。

第十二章

客观归责方法论的中国实践

与客观归责论自20世纪70年代以来即在德国刑法学中成为极具影响的学说不同，该理论在中国刑法学上和审判实践中都还处于相对边缘的地位，而且中国对客观归责论的系统研究也仅有十多年的历史，相关的理论和实务也都还处在探索阶段。

本章将客观归责论在中国刑法理论上的研究以及司法中的运作，都作为客观归责的中国实践加以讨论。这里的分析进路是：（1）在中国因果关系理论中，早期承认必然因果关系说，后来接受偶然因果关系的概念。此外，也有学者承认因果关系中断说、相当因果关系说。偶然因果关系说更多地与条件说接近。近年来，在传统的因果关系理论之外，关于客观归责理论的肯定论、否定论以及部分修正理论都有不同的学者赞同，相关的研究成为理论热点之一。学者们逐渐认识到，客观可归责性的判断和因果关系的检验，在客观的构成要件判断中应该分开进行。因果关系，是以自然科学意义上的经验观点来判断结果原因；而客观可归责性，则是以规范的观点来判断结果归责。结果原因的判断是结果归责的前提条件，在确定了某一行为是造成某一结果的原因后，再进一步以规范的观点来检验该结果是否要归责于此一行为。中国刑法学通说没有进行这种两个层面上的区分，而把客观上的归责问题统摄于因果关系论之下，明显存在不足。（2）在中国刑事司法实务中，受通说因果关系理论的影响，大量案件按照必然因果关系理论加以处理。但是，对少数案件，立足于归责原理的规范判断也开始在案件处理中适用，客观归责的方法论并没有被司法完全忽略。当然，也有少数案件由于缺乏客观归责的意识而出现定罪错误的情形。（3）在未来中国，无论在理论上还是实务中，对结果归属的规范判断都必不可少，因此，应该承认客观归责论。至于在何种程度上、以何种表述方式肯定这一理论，是见仁见智的问题。

一、客观归责论在中国的理论展开

（一）中国因果关系理论的通说

有学者认为，客观归责论在判断危险的实现上，考虑规范之保护目的等，是带有浓厚的规范性、价值论色彩的理论，而与其他因果关系理论（如相当因果关系论）有基本上的差异。① 与侧重于规范判断、价值判断的客观归责理论不同，我国处于通说地位的因果关系理论的显著特点是：深受哲学上因果关系理论的影响，且主要侧重于相对客观的事实判断。

1. *必然因果关系说*

必然因果关系说认为，如果危害行为中包含着危害结果发生的根据，并且规律

① 参见陈子平：《刑法总论》，172页，台北，元照出版有限公司，2008。

性地导致危害结果发生的，行为和结果之间就具有因果关系。① 该说的特点是：(1) 从行为出发进行推理。(2) 强调没有特定行为就不会有某种结果，特定行为中蕴含着发生特定结果的根据。(3) 其结论与条件说较为接近。例如，对于通常作为条件说来讨论的假定因果关系问题，我国学者根据必然因果关系理论所进行的分析及其结论大致相同：A濒临死亡，痛苦万分，恳请医生B注射有毒针剂，B无奈之下只得同意。即便对A不打针其也很快会死，但死亡客观上不是因为疾病而是因为B对其注射针剂。因此，医生B的行为和A死亡之间有必然因果关系。② 此外，似乎可以认为，只要能够合理解释行为中蕴含结果发生的“必然的”、规律性的机制这一问题，适用必然因果关系说会得出和合法则的条件说相同的结论。③ (4) 必然因果关系说可用于处理大量常规案件。所以，有学者认为：必然的联系是刑法因果关系的基本的、主要的表现形式，偶然的联系是非主要的表现形式，通常对量刑具有一定的意义，但有时也对定罪有影响。④

必然因果关系理论存在的问题是：(1) 行为中是否必然包含结果发生的根据，行为与结果之间是否存在规律性联系，并非不言自明。(2) 大量案件中都存在介入因素，在碰巧因为其他因素的参与而发生结果时，必然因果关系的说服力大打折扣。

2. 偶然因果关系说

该说认为，在最初的实行行为因为介入其他因素而导致结果发生的场合，该介入因素和结果之间存在必然因果关系；而最初的实行行为和结果之间，则存在偶然因果关系。但无论是必然因果关系还是偶然因果关系，在刑法上都认为存在因果关系，都要对结果负责。

对此，王作富教授认为：“偶然因果关系是指一种现象在当时的具体条件之下不存在产生某种结果的必然性，它本身没有包括产生某种结果的内在的根据，最后的结果之所以发生，是偶然地同其他因素交错在一起了。而结果之所以发生的必然原因，是后一种原因，也就是偶然介入的原因。因而第一个原因与最后的结果之间是一种偶然的因果关系。”⑤ 王作富教授还分别讨论了最初的实行行为实施之后，介入第三者的故意或者过失行为、介入自然力、介入被害人的行为之后，最终引起死伤后果的情形。其问题意识和相当性说、客观归责论都有相同之处。只不过，有学者认为，所有的偶然因果关系都是刑法意义上的因果关系的最终解决方法，从实践理性的角度看存在根本性问题⑥，无助于疑难案件的处理。

① 参见赵秉志主编：《刑法争议问题研究》(上卷)，374页，郑州，河南人民出版社，1996。
② 参见王作富：《中国刑法研究》，130页，北京，中国人民大学出版社，1988。
③ 当然，这是还需要进一步讨论的问题。
④ 参见赵秉志主编：《新刑法教程》，170页，北京，中国人民大学出版社，1997。
⑤ 王作富：《中国刑法研究》，137页，北京，中国人民大学出版社，1988。
⑥ 参见陈兴良主编：《刑法学》，2版，82页，上海，复旦大学出版社，2009。

对于我国的偶然因果关系说，有学者认为其就是条件说。[①] 这一评价是准确的。例如，在A交通肇事导致B重伤，A逃逸后，B很快被C驾驶的车辆撞死的场合，对于A的行为与被害人B死亡之间的因果关系，我国学者通常作为偶然因果关系来处理，认为死亡结果出现在前后发生的必然过程的汇合点上。A的行为与他人死亡结果之间，存在偶然因果关系。[②] 这实际上就是条件说的另一种说法。应该说，偶然因果关系说虽然强调对介入因素的重视，若同时对其影响力加以评价，有比必然因果关系说合理的一面。

但是，偶然因果关系说的问题也是显而易见的：（1）与相当因果关系说相比，偶然因果关系说显得更为粗略，缺乏下位判断规则。（2）偶然因果关系和必然因果关系的适用难以区分。必然因果关系中，规律性地导致结果发生的"规律"，既指科学法则，也指生活经验和常识。例如，甲为防止木材被盗，用铁丝将木材捆绑起来，然后通电。乙偶然蹚水过河，到岸边时想拉住铁丝用力蹬上岸，结果被电死。有学者认为，"通电本身就已经造成一种危险状态"，触电造成死亡在经验上是通常的。其实，这是介入被害人行为的案件，按理说属于偶然因果关系说要讨论的范畴，但通说作为必然因果关系来讨论。必然/偶然因果关系的说法，显然成为理论上一个便利但内容空泛的表述工具。（3）最终解决方法单一，容易扩大归责范围。在存在介入因素的场合，最初的实行行为以及介入因素都要对结果负责，这明显是和规范判断上的不法分摊相抵触的结论，等于放弃了对介入因素影响力的规范判断，没有关注到问题的复杂性，其理论穿透力有限。例如，在存在被害人参与的场合，在足以确定被害人对结果负责时，不能对行为人归责。针对偶然因果关系可能扩大归责范围的指责，有学者认为，通过故意、过失要素，可以限定处罚范围；通过行为的危害性概念限定处罚范围。[③] 我国刑事司法也明显受此影响。但这一观点在方法论上明显存在问题。

（二）中国因果关系理论的有力说

除上述通说之外，因果关系中断说、相当因果关系说在我国也有一定影响。这些理论比通说更侧重于规范判断，其方法论和客观归责的结果归属判断在很多方面有异曲同工之处。

1. 因果关系中断说

该说认为，在存在条件关系但有介入因素时，可能中断因果关系。例如，A伤害B，运送B就医的救护车翻车致B死亡的，伤害行为和死亡结果之间的因果关系中断。当然，在介入行为人的行为、被害人的特殊体质、恶劣的外部环境等因素而

① 参见张明楷：《刑法原理》，170页，北京，商务印书馆，2011。

② 参见王作富主编：《刑法》，5版，57页，北京，中国人民大学出版社，2011。

③ 参见冯亚东、李侠：《从客观归因到主观归责》，载《法学研究》，2010（4）；王作富：《中国刑法研究》，135页，北京，中国人民大学出版社，1988。

导致死伤后果的场合，通常因果关系并不中断。①

对于因果关系是否中断的判断，内含规范判断因素，是限制条件说适用范围的理论，其效果和溯及禁止论相同。但是，其缺陷也是明显的：(1) 难以在司法中证明先前存在的因果关系是由于后来介入的因果关系而中断的。例如，被A故意伤害的B，因为医生C的治疗严重失误而死亡，如果要说C的行为使得原先的因果关系中断，司法上就需要证明A的行为有导致B死亡的可能性，否则就谈不上中断与否的问题。但这样的司法证明往往是不可能完成的任务。反过来，如果能够作出类似证明，那么，最初足以致死的危险制造行为是否就能够完全切断和结果之间的规范联系，还是一个疑问。(2) 介入后的因果关系和之前已然存在的关系之间，原本就没有任何关联性时，因果关系"中断"一说就无从谈起。例如，A打击B，导致后者轻伤，但面部留下疤痕。对自己的容貌极其在意的B觉得无脸见人而跳楼自杀。由于A对B造成的轻伤"结局"早已出现，谈不上完全基于B个人意愿的自杀能够"中断"因果关系的问题。(3) 退一步讲，即便肯定存在因果关系中断的情形，介入因素如果是第三人的故意行为，其对结果是否有支配力，是否使得离结果发生很远的条件在事后被排除，而只需要由直接导致结果发生的条件负责，都是需要进行规范判断的问题，仍然回到了归责的问题上，而不再停留在因果关系的事实判断层面。②

2. 相当因果关系说

条件说或偶然因果关系说作为判断的基础，得到我国很多学者认同。为进一步限定处罚范围，部分学者提出相当因果关系说。

例如，曲新久教授认为：在许多刑事案件中，是否存在因果关系，需要通过科学鉴定的方式解决。但是，科学也不可能解决全部法律问题，所以，认定因果关系，还离不开经验法则，离不开法官的经验判断，也离不开司法经验的不断积累。用拳头打击他人，被害人体质异常，或者受伤地点离医院太远，导致被害人不能及时得到救治而死亡的，均因为存在相当性而不影响因果关系的成立。③

此外，黎宏教授、刘艳红教授也都在借鉴日本刑法理论的基础上，明确支持相当因果关系说。④

(三) 中国刑法学关于客观归责论的研究

最近十多年来，我国学者主要遵循德国刑法学的思考进路，对客观归责理论的研究对象、基本概念、判断原则、体系定位、具体适用等进行研究。有的学者明确肯定客观归责的四层次判断体系：(1) 条件关联，即查明因果关系；(2) 相当性关

① 参见阮齐林：《刑法学》，3版，85页，北京，中国政法大学出版社，2011。

② 参见周光权：《客观归责论的方法论意义》，载《中外法学》，2012 (2)。

③ 参见曲新久：《刑法学》，3版，100页，北京，中国政法大学出版社，2012。

④ 参见黎宏：《刑法学》，101页以下，北京，法律出版社，2012；刘艳红：《客观归责理论：质疑与反思》，载《中外法学》，2011 (6)。

联：确定具有刑法意义的事实联系；（3）风险性关联：评价事件的义务违反性关联；（4）保护目的性关联：评价事件的法益协调性关联。① 在客观归责的判断原则上，学者们基本采用罗克辛教授所提出的制造法益危险、实现法益危险与构成要件的效力范围这三大规则。② 类似研究，虽然在独创性上有所欠缺，但毕竟打开了观察德国相关理论的窗口，为研究客观归责理论架设了一座有益的桥梁。③ 学者们也大多主张借鉴客观归责理论的分析框架，从而为我国刑法因果关系理论乃至归责理论的发展提供一个新的切入点。④

最近一两年来，在主张对传统犯罪构成理论进行阶层化改造成为有力说的大背景下，客观归责论成为我国刑法学新的理论"增长点"⑤。其中，对客观归责方法论意义的研究⑥，对于是否需要借用被害人自我答责原理来解释被害人危险接受的法理反思⑦，对于客观归责理论为过失犯构建的全新不法理论的研究⑧，以及根据客观归责理论限定不作为犯的作为义务范围的研究⑨，都非常引人注目。因此，可以预料，在未来中国，对客观归责论的主体构架、优劣得失，以及其与司法实务关系的全面探究和争论，必定会迈向新的高度。

二、客观归责论在中国的司法实务

我国通说没有采用客观归责论，在当前的司法判决中，明确采用客观归责论的判决几乎没有，因此，对于实务中是否采用了结果归属的规范判断方法，学者们有不同的看法。

熊琦博士认为：我国刑法学通说不承认客观归责论的独立地位，因此在实务中，对客观归责论采取的都是"隐性化处理"方式，包括：（1）将归责因素分散于

① 参见吴玉梅：《德国刑法中的客观归责研究》，135页，北京，中国人民公安大学出版社，2007。

② 参见［德］克劳斯·罗克辛：《德国刑法学总论》，第1卷，王世洲译，247页以下，北京，法律出版社，2005。

③ 类似的主要文献有：冯军：《刑法中的客观归属理论》，载北京大学法学院刑事法学科群组编：《犯罪、刑罚与人格：张文教授七十华诞贺岁集》，168页，北京，北京大学出版社，2009；陈兴良：《从归因到归责：客观归责理论研究》，载《法学研究》，2006（2）；王扬、丁芝华：《客观归责理论研究》，17页以下，北京，中国人民公安大学出版社，2006；徐永安：《客观归责理论研究》，33页以下，北京，中国人民公安大学出版社，2008；张亚军：《刑法中的客观归属论》，78页以下，北京，中国人民公安大学出版社，2008；周光权：《刑法各论》，2版，102页以下，北京，中国人民大学出版社，2011。

④ 反对的观点，参见刘艳红：《客观归责理论：质疑与反思》，载《中外法学》，2011（6）。

⑤ 附带指出，即便我国的犯罪成立理论不采用阶层体系，对客观可归责性也可以放在"犯罪的客观要件"部分进行检验。因此，如同在犯罪四要件说之下可以讨论相当因果关系说，肯定客观归责论并不以采用阶层的犯罪论体系为前提。

⑥ 参见车浩：《假定因果关系、结果避免可能性与客观归责》，载《法学研究》，2009（5）。

⑦ 参见张明楷：《刑法学中危险接受的法理》，载《法学研究》，2012（5）。

⑧ 参见吕英杰：《论客观归责与过失不法》，载《中国法学》，2012（5）。

⑨ 参见王莹：《先行行为作为义务之理论谱系归整及其界定》，载《中外法学》，2013（2）。

主客观要件的“挪移路径”；(2) 将其转换为因果关系中断问题的“价值论路径”。而这两种解决方式，最终都是“此路不通”。只有承认建立在规范维度上的现代客观归责理论，对相关问题的解决才能圆满。① 笔者认为，熊琦博士所指出的现象是存在的。

但是，认为我国司法实务对涉及客观归责的问题都采取了“隐性化处理”方式也是片面的。也就是说，我国司法中在某些时候虽然没有使用客观归责的术语，但实际上采用了“显性客观归责路径”。同时，也需要看到，由于因果关系中断说和溯及禁止、相当性说甚至客观归责论之间的关系极其微妙②，熊琦博士认为因果关系中断说的解决方式没有进行规范判断的观点，或许值得进一步商榷。笔者认为，在客观归责论没有得到充分讨论的中国，司法中如果在具体的案件中肯定因果关系中断，就基本上能够认为其采用了结果归责的方法论。

因此，原本涉及客观归责论的案件，在我国大致通过三种方式加以处理：(1) 仅仅将预见可能性、过失作为切入点的“转换处理”；(2) 运用偶然因果关系说或者条件说的“简化处理”；(3) 对部分案件，运用了结果归属的方法论或检验逻辑。

(一) 将客观归责判断转换为对犯罪过失的认定

这种处理方式，是将原本应该优先判断的结果归属问题置于一边，优先判断预见可能性是否存在，从而将作为焦点的客观归责问题转换为犯罪过失要件。

> **[田某富被判过失致人死亡案]** 被告人田某富为使其妻康某青逃避某种手术，对工作人员谎称其妻要到住院部三楼厕所洗澡。骗取工作人员信任后，在厕所里，被告人田某富用事先准备好的尼龙绳系在其妻胸前，企图用绳子将其妻从厕所窗户吊下去逃跑，但其间绳子断裂，致使康某青从三楼摔下后当场死亡。
>
> 法院经审理认为，被告人田某富用绳子将妻子捆住从高楼吊下致死，其应当预见自己的行为会造成严重后果而没有预见，致其妻死亡，其行为构成过失致人死亡罪。据此，判处其有期徒刑3年，缓刑3年。宣判后，被告人未提起上诉，公诉机关也未抗诉。③

但是，本案与我国司法实务中不少被定罪的“因打赌引发被害人自杀”的案件一样，都可能首先涉及被害人自我答责问题④，而不是一开始就进行过失成立与否

① 参见熊琦：《从“戏言逼死人命”案看客观归责的“规范之维”》，载陈兴良主编：《刑事法判解》，第11卷，3页以下，北京，人民法院出版社，2012。

② 例如，部分我国学者作为因果关系中断论讨论的问题（参见马克昌主编：《犯罪通论》，225页，武汉，武汉大学出版社，1999），在日本是相当因果关系说、溯及禁止论研究的对象，在德国可能用客观归责论来解决。

③ 参见湖南省麻阳苗族自治县人民法院（2005）麻刑初字第111号判决书。

④ 参见冯军：《刑法中的被害人自我答责》，载《中国法学》，2006 (3)。

的判断。[①] 对此，有学者认为，被害人康某青的行为完全符合被害人自我答责的条件。从客观条件上看，被害人康某青当然具有处分自己身体健康或者生命法益的权利；从主观条件上看，作为一个成年且理智的人，被害人康某青对于结绳从三楼滑下的危险是有完全的认识的，而且不存在被告人田某富欺骗、强制被害人康某青的情形。在这种情况下，被害人康某青仍然决定冒险，结果发生了自己死亡的后果。虽然这一结果是被告人和被害人都不希望发生的，但并不能因此将该结果归责于被告人，而是应当由被害人自我答责。因此，本案被告人田某富应当是无罪的。[②] 当然，如果认为被害人仅仅接受冒险的行为，对死亡后果并不接受，那么也可能得出被害人自我答责的法理被排斥的结论。但无论如何，在这样的案件中，不是过失的确定成为首要的难题，而是必须优先判断客观上谁应该对结果负责。

[王某被判过失致人重伤案] 被告人王某在为其同学石某结婚当伴娘时，因害怕被闹新房的人折腾，就躲到了新郎薛某家的卫生间内，并手持一把锥子从门缝伸出，口中大喊："不要过来，谁过来我就捅谁。"闹新房的崔某等人发现卫生间有人后，欲推开卫生间的房门。在后面的多人往前推的过程中，被告人王某用锥子刺中崔某前胸，造成其外伤性心脏损坏，经法医鉴定其伤情为重伤。

对于本案，在法院审理过程中，存在争议的是其定性：被告人究竟构成故意伤害罪还是过失致人重伤罪？能否认定其成立正当防卫，或者认为是意外事件？最终法院以过失致人重伤罪判处被告人有期徒刑1年，缓刑1年。[③]

和前面的"田某富被判过失致人死亡案"一样，法院首先以过失切入并不妥当。因为在这两个案件中，被告人对结果都不可能没有预见，所以，预见义务的判断原本就不是问题。真正值得讨论的是被害人的行为：如果被害人是典型的自赴风险，因为被告人对结果不用负责，就谈不上成立过失犯罪的问题；如果被害人的行为明显有瑕疵（例如，受欺骗或者对风险无认知），则行为人可能成立过失犯罪。所以，需要优先讨论的是谁对结果负责这一结果归属要件，而非预见可能性问题。就"王某被判过失致人重伤案"而言，行为人对他人用锥子刺击，制造和实现了法益风险，而不是被害人自赴风险或其他人推被害人的行为与结果有关联，所以应该被归责。不过，在本案判决中，被害人及第三人的行为对于结果归属的判断究竟有何影响，未得到充分讨论。这并不是说法院的判决结论不可接受，而是其司法逻辑存在问题。因为按照法院的观点，如果最终想定罪就说被告人有预见可能性，不想

① 在笔者看来，张明楷教授否认被害人自我答责原理，而对危险接受的判断采用正犯意义上的支配关系的存否，更像是运用综合判断的方法，从规范的角度将结果归属于制造法益风险的正犯，其背后仍然是客观归责的方法论［参见张明楷：《刑法学中危险接受的法理》，载《法学研究》，2012（5）］。限于篇幅，对此问题只能另行讨论。

② 参见江溯：《日本刑法上的被害人危险接受理论及其借鉴》，载《甘肃政法学院学报》，2012（6）。

③ 参见山东省淄博市临淄区（2001）刑初字第168号判决书。

定罪就说其没有预见可能性。这和结果归属要进行事后判断、预见可能性要进行事前判断且不能任意修改其结论的法理不符。

(二)运用条件说(偶然因果关系说)简化处理客观归责问题

应该承认,在我国司法实务中,对许多疑难案件仅进行了事实上的条件因果关系判断,从而绕开结果归责的焦点、难点,对案件进行简化处理。虽然司法结论有可能正确,但其说理极不透彻。

> **[陈某娟被判投放危险物质案]** 被告人陈某娟因琐事对邻居陆某有仇,遂将农药打入被害人门前丝瓜棚的多条丝瓜中。次日晚,被害人吃了有毒的丝瓜后,出现上吐下泻的中毒症状。被害人送医后,因农药中毒引发糖尿病高渗性昏迷低钾血症,医院对此诊断不当,仅以糖尿病和高血压症进行救治。被害人因抢救无效于次日早晨死亡。针对被告方就死亡与投毒无关的辩解,一、二审法院均认为,被害人系因"中毒诱发糖尿病高渗性昏迷低钾血症,在两种因素共同作用下死亡,没有被告人的投毒行为在前,就不会有被害人死亡结果的发生"①。据此,以投放危险物质罪对被告人判处死刑,缓期两年执行。②

法院在这里明显采用了偶然因果关系说(条件说)。但是,本案其实涉及比较复杂的归责问题,即医生的诊断失误对于陈某娟犯罪的客观构成要件是否有影响力。不过,司法中回避或者简化处理了这一问题,基本放弃了规范维度的归责判断,对于多种因素都和结果有因果关系时,为何只需要行为人承担刑事责任,而医生并不符合医疗事故罪的构成要件语焉不详。类似判决,在法院处理的疑案中并非少数。

> **[胡某文涉嫌交通肇事案]** 2013年2月21日14时许,胡某文驾驶车辆在经过某高速路隧道时,没有遵守限速标志及进入隧道需开大灯的警示。在进入隧道后,胡某文发现有一位老人迎面走在路中间,避让不及而将老人撞飞。他停下车后,只是查看了一下车辆,没有对被撞老人实施救助,也没有报警,而是驾车逃离现场。被撞老人倒在路上,被随后过往的多辆车辆碾轧死亡。
>
> 检察机关认为,行人进入高速公路自身有一定责任,但胡某文没有救助被撞老人而是驾车逃离现场,也要承担刑事责任。据此,以交通肇事罪将胡某文批准逮捕。③

但是,本案的核心问题是:高速路隧道原本就不应该有人出现,行人进入高速路时应对相应的危险负责。即便驾驶者未遵守限速标志及进入隧道需开大灯的警示

① 参见江苏省南通市中级人民法院(2002)通刑一初字第41号判决书。二审全面认可一审判决理由。

② 笔者认为,对本案被告人定故意杀人罪似乎比定投放危险物质罪更为妥当。对此,还值得进一步研究。

③ 参见王庆峰:《高速路撞人不救 逃逸司机被批捕》,载《检察日报》,2013-03-28,2版。

规定，也不能在规范上认为驾驶者胡某文违反了“应该对高速路上可能有人行走保持谨慎”的客观注意义务，不能认为行为人制造了法所反对的危险。此时，对进入高速路的行人的保护已经超越了规范保护目的，而在构成要件的射程之外。虽然胡某光的行为事实上引起了行人的死亡，行为与结果之间存在条件关系，但其行为也不是该当构成要件的交通肇事行为，难以进行客观归责。根据规范的评价基准，这种情况仅仅是一个“不幸”的事故，而不涉及“不法”。而司法中不能仅仅因为存在“不幸”的结果，就推导出司机行为不法的结论。

> **[丁某被判故意杀人案]** 被告人丁某驾驶出租车，行驶至一座小桥下坡处时，将醉倒在此处的被害人李某碾压于车下。肇事后，被告人丁某下车查看，并将被害人从车底下拉出，丢弃在路边，后驾车逃离现场。后被害人李某被他人送至医院，经抢救无效死亡。
>
> 法医鉴定：被害人系内脏损伤，创伤性失血性休克死亡。医院病历证明：被害人被撞昏迷有45分钟，在送到医院后约一分钟左右死亡。被告人供述，李某被拖出车后还哼哼了两声。
>
> 经有关机关现场勘查，认定死者李某趴在桥下坡约5米处（桥全长14米）偏右位置。经开车实验，该位置在汽车上桥时是不能发现的。而在汽车从桥顶下坡时，如果是在夜间就难以发现；即便能够发现，也肯定是近距离的，根本来不及采取措施。
>
> 对于本案，法院认定被告人丁某有救助义务，主观上对他人死亡具有间接故意，因此，以故意杀人罪对其判处有期徒刑3年。一审判决后，被告人未上诉。①

法院关于被告人有救助义务的说法是否可以接受，还值得讨论。法院在这里明显适用条件说，未触及死亡的归责问题。但是，按照客观归责理论，可以认为丁某的行为没有实现法益危险，死亡结果归属于被害人李某自己的行为。②

法院之所以得出这样的结论，主要是我国在不作为义务上采用形式说，在因果关系上采用偶然因果关系说。对此，有学者指出：如果从客观归责的逻辑出发，先行行为只有对损害结果有可归责性，才能引发阻止该损害结果发生的义务。因此，应该以客观归责标准衡量先行行为，并对其进行合理限定。在这个意义上，先行行为必须是一种风险创设行为，且与损害结果之间存在风险关联。③ 那么，就“丁某被判故意杀人案”而言，法院简单认为丁某有作为义务，可能是不妥当的。在丁某履行义务、注意到桥下有人时也来不及采取结果避免措施的场合，应该认为行为和

① 参见江苏省常州市天宁区人民法院（2002）天刑初字279号判决书。

② 其实，原因自由行为的法理要求醉酒者能够对一定结果负责，说明将本案的死亡结果归属于被害人存在可能性。

③ 参见王莹：《先行行为作为义务之理论谱系归整及其界定》，载《中外法学》，2013（2）。

结果发生之间没有规范上的联系，不能认为先行行为与损害结果之间存在风险关联，因此，不能认为其有作为义务（构成要件结果的客观支配不可能原则）。当然，对于丁某而言，可能值得处罚的是其把被害人丢弃在路边而逃跑的作为行为，因为即便是一个没有救助义务的人，发现体弱多病但尚未死亡者时，将其从明显能够得到他人救助的场所移至人迹罕至的场所，创设他人死亡的危险的，该行为也能够被评价为作为的“杀害”行为，能够将结果归属于这种作为。因此，对丁某定故意杀人罪，其实质不是因为其“消极地”不履行不作为义务，而是因为其“积极的”杀害行为。

［黄某波被判交通肇事罪］ 被告人黄某波驾驶无牌照的大货车行驶到某路段时，将车调头，逆向停放在公路的路侧且未设置警示标志。该车与酒后无证驾乘无牌两轮摩托车行驶至该路段的被害人潘某、黄某发生碰撞，造成两被害人死亡。被告人黄某波在事故发生后驾车逃逸。法院认定被告人违章停车，且肇事后逃逸，最终以交通肇事罪判处其有期徒刑2年。①

应该说，违法逆向停车、未设置警示标志是制造法益危险的行为，但该危险是否达到了交通肇事罪的规范所反对的程度，交通肇事罪的规范效力范围究竟是什么，并不是没有疑问。另外，即便认为条件关系存在，但本案中的风险从规范评价的角度看，应该认为是由被害人的行为所实现。若被告人违法逆行导致被害人被撞死，风险由被告人实现才没有问题。因此，对本案被告人作无罪处理似乎更为妥当。

（三）运用客观归责论的法理处理案件

笔者认为，对客观归责论，至少可以在两个层次上加以理解：（1）作为刑法规范判断方法的客观归责论。这个意义上的客观归责论，和相当因果关系说之间没有对立关系，相当性存否的判断是客观归责的方法之一。② 因此，承认相当因果关系说，得不出排斥客观归责论的结论。相当性判断方法存在于客观归责论内部。（2）作为故意犯既遂、过失犯成立条件中的结果归属、危险实现的“技术性”判断的客观归属论。危险实现能够对行为人创设危险的具体经过加以妥当说明，在这个意义上，因果经过的通常性、刑法规范究竟要保护什么，都是在客观的归责判断时必不可少的。司法中对客观归责论的运用，就是要考察行为人对自己创设的危险有实际上的作用并导致结果发生的，才能得出危险由行为实现的结论。

如果承认客观归责就是在客观上过滤对结果不重要的因果联系，并对危险实现进行相当性、规范性判断，那么，就可以认为，在我国的司法实务中，并不排斥客观归责的观念和方法论。只不过在很多情况下，实务的特色是将归责的规范判断和

① 参见福建省泉州市中级人民法院（2000）泉刑终字第208号裁定书。
② 参见［日］曾根威彦：《刑法总论》，4版，77页，东京，弘文堂，2008。

条件关系的事实判断融合在一起考虑，而不是像德国法院那样相对明确地在对结果原因的经验判断之后，再进行结果归属的规范判断。但是，只要对我国法院的部分判决进行细致分析，就会依稀发现司法中在运用因果关系的条件说之后，再进行客观可归责性检验的实务轨迹。

一方面，在个别司法解释上，最高人民法院事实上认可客观归责的理念。例如，在关于交通肇事罪的司法解释中，最高人民法院明确规定根据行为人负全部责任、主要责任、同等责任的不同情形确定犯罪成立的可能性，例如，重伤 3 人以上，但负事故次要责任的，并不构成交通肇事罪。① 这种在行为人与被害人之间分摊不法或风险的做法，明显属于规范评价层面的归责问题，与客观归责论具有相同的逻辑。

另一方面，实务中针对某些疑难案件的处理，也不仅仅只有事实判断而没有价值规范判断，司法中经常审查行为是否属于导致结果发生的“有力”的原因，其司法逻辑和客观归责论中制造法益风险的判断方法相一致。与其说我国法官在按照通说处理案件，不如说我国法官在按照条件说加上生活经验、规范常识确定客观的归属问题。

换言之，就具体的案件处理而言，如果承认相当性判断是客观归属的一个基准，肯定相当性判断“能够根据相当性的观点排除非类型的因果过程的结果归属”，从而与客观归责理论有关联，具有内在一致性②，那么，在中国司法实务中，并不是没有使用客观归责方法。此外，对于涉及被害人参与的案件，司法中必然会在被害人的不法和行为人的不法之间进行斟酌、衡量，这也是对客观归责论的运用。因此，不得不指出，在事实的因果关系之外，进行结果归属判断的方法论或者潜意识在中国司法实务中是存在的，即便司法判决没有使用通常所说的制造法所反对的危险、实现法所禁止的危险、构成要件的效力范围等表述方式。对此，结合司法机关审理的相关案件进行分析。③

1. 涉及制造法益危险的案件

[宋某被控交通肇事案] 被告人宋某驾驶大货车发现误上高速路后掉头逆行，与刘某驾驶的车辆相撞。事故发生后，宋某未按规定设置警告标志及开启警示灯等措施，而是弃车逃离现场。刘某报警后，在车后的超车道内放置了反光警示标志，警告后来车辆注意避让。随后，警察赶到现场处理事故。在事故处理过程中，何某酒后驾驶奥迪汽车超速、超载从超车道向事故现场驶来，未

① 参见最高人民法院《关于审理交通肇事刑事案件具体应用法律若干问题的解释》（2000 年 11 月 15 日）第 2 条。

② 参见［韩］金日秀、徐辅鹤：《韩国刑法总论》，郑军男译，162 页，武汉，武汉大学出版社，2008。

③ 需要说明的是，由于中国刑事判决书普遍存在说理不透彻的现象，关于因果关系的判断过程在判决书中缺乏描述，可能使用存在必然因果关系或者直接因果关系等表述，但不使用类似于相当性、客观归责的术语，使本章的研究变得很困难。相关分析结论在其他学者看来，也就可能会有不同的说法。

采取任何避让、刹车措施即冲入事故现场，先后撞击了之前发生事故的刘某、宋某的车辆，奥迪汽车起火后烧毁，何某及车内5人死亡，站在大货车旁的2人重伤。交通管理部门鉴定：宋某未按规定设置警告标志及开启警示灯并弃车逃逸的行为，是导致何某等人死伤的主要原因，应负事故主要责任。

检方对宋某以交通肇事罪提起公诉，法院以宋某对事故负次要责任为由作出无罪判决。法院认为，宋某虽未按规定采取设置警告标志及开启警示灯等措施，弃车逃逸，但其行为尚不构成交通肇事罪，死伤事故是由何某违法驾驶所造成，切断了宋某的违法行为和死伤后果之间的因果关系，宋某不应承担交通肇事罪的刑事责任。①

对于本案，法院在因果关联性的判断上，明显采用了客观归责的方法论。法院认为，宋某未按规定设置警告标志、开启警示灯，弃车逃逸，其行为固然危险，但不是制造后续死伤结果的行为，即宋某第一次的违法行为与第二次发生的交通肇事行为及其产生的危害结果之间不具有因果关系。法益风险由何某制造，即何某酒后驾驶，认识、控制能力减弱，高速超载驾车，看到警示标志后未采取任何措施，撞击前方事故车辆，是造成车毁人亡的“有力”原因，法益风险也由此得到实现，何某应该对此次事故负责。② 从本案的归责回头看“黄金波被判交通肇事罪一案”，就会发现法院对该案因果关系的判断依据远不如本案充分。

［王某新被判故意伤害案］ 1999年6月16日晚8时许，被告人王某新因邻里纠纷，冲入被害人杨某家，用一把带靠背的椅子对准杨某头部砸了一下，致其昏倒在地。被害人被他人送往县医院治疗。1999年9月10日，被害人杨某因左侧硬脑膜下慢性颅内血肿出现昏迷等症状，再次到县医院住院进行血肿清除手术。同年10月经法医检验，杨某的头部损伤为重伤。

对于本案，被告人王某新辩解：行为人的行为导致被害人当时昏迷住院，与事隔近3个月被害人出现颅内血肿之间没有因果关系。本案事实不清，不能认定被告人故意伤害致人重伤。

对此，法院基于以下三点认为伤害行为和最终的重伤结果之间存在因果关系：(1) 被害人就诊时，医院的诊断症状与法医检验结果、两次CT报告相符，均为慢性硬膜下血肿。(2) 被害人两次住院的伤情均为头部伤，与被害人受伤的部位相一致。(3) 重伤结果的出现是被害人的伤情逐步加重的结果，与慢性硬膜下血肿呈现“进行性加重”的表现症状相一致。据此，法院以故意伤害罪对被告人王某新判处有期徒刑5年。③ 一审判决后，被告人未上诉。

① 参见朱平：《交通肇事罪中的违章行为与危害后果的因果关系如何认定——宋某交通肇事案》，载谢望原、赫兴旺主编：《中国刑法案例评论》，第1辑，347页，北京，中国法制出版社，2007。

② 此外，被害人自我答责、第三人专属领域等法理，也能够用来排除对宋某的客观归责。

③ 参见河南省息县人民法院（2000）息刑初字第64号判决书。

本案判决值得肯定之处在于：由于中国刑法中的故意伤害罪不是暴行罪，司法中就必须对于是否存在足以导致伤害的行为以及行为是否可能制造重伤、死亡危险进行分析，在本判决中，法院基本做到了这一点，并在此基础上详尽论述了危险实现的路径，在结果归属的判断上说理相对透彻。

2. 涉及危险的相当实现的案件

> **[刘某永被判非法行医案]** 被告人刘某永没有取得医生执业资格，非法行医，延误治疗，导致被害人心源性心脏病发作死亡。被告人辩解道：死亡是因为被害人的疾病，与行医行为无关。对此，法院判决认为，该结果“与被告人刘某永没能准确及时诊断病情，具有直接的因果关系”①。

在本案中，法院判决虽表述为具有“直接的因果关系”，但在被害人疾病和行为人制造法益风险共同导致结果发生的场合，隐含关于结果归属于哪一种行为的规范判断，即法益风险相当性、通常性得到实现的场合，应该将结果归属于行为。法院的判决虽未使用客观归责的名称，但内含规范判断：非法行医延误治疗的行为会创设危险，并最终使死亡结果发生，危险的实现是相当的、通常的，是实行行为在后续的因果过程中使得危险增加到规范上重要的程度，进而引发死亡结果。

> **[张某等被判绑架案]** 被告人王某等人绑架他人。在转移被绑架人过程中，遭遇车祸，导致被绑架人受撞击后因颅脑损伤而死亡。法院在判决中认为异常因素的介入导致被害人死亡，与绑架行为之间没有因果关系，不是绑架行为“致使被绑架人死亡”②。这是对危险实现的异常性而非相当实现作出规范判断的判决。

但是，应该承认，在实务中也存在对危险实现的判断明显不当的案件。后面的两个案件都是如此。

> **[王某明被控交通肇事后逃逸致人死亡案]** 被告人王某明驾驶出租车在上海市某路口，和同向行驶的一辆人力三轮车相撞并逃离现场，致使人力三轮车骑车人罗某受伤倒地后未及时得到抢救，随后被高某驾驶的大货车再次撞击并当场死亡。
>
> 对于本案，一审判决认为，被告人王某明系交通肇事后，因逃逸致人死亡，故对其判处有期徒刑7年。二审法院认为：交通肇事后，因逃逸致人死亡，只能限定为逃逸行为造成被害人因得不到救助而自然死亡。在本案中，“被告人王某明撞击被害人的人力三轮车致被害人倒地后，被害人已经在慢慢爬起，这说明被告人的逃逸行为并未造成被害人因得不到救助而自然死亡的结果，而是在负有过错责任的高某的介入下，才产生了被害人被撞死的结果。所

① 江苏省徐州市中级人民法院（2000）徐刑终字第296号裁定书。

② 参见陈进龙：《张兴等绑架案》，载《刑事审判参考》，第87卷，39页，北京，法律出版社，2013。

以，被告人的逃逸仅是被害人死亡的条件，其行为与被害人死亡之间只是一种间接的因果关系”。由此认定被告人属于交通肇事后逃逸的情形，但死亡后果不能归属于被告人王某明，其无须承担因逃逸致人死亡的刑事责任，从而判处其有期徒刑 4 年。①

但是，将“逃逸致人死亡”限制解释为逃逸行为造成被害人因得不到救助而“自然死亡”，明显和注意规范保护目的不符，也没有考虑结果归属的可能性，是司法中缺乏规范评价观念、逻辑上比较混乱的体现。

［**穆某祥被控过失致人死亡案**］被告人穆某祥驾驶农用三轮车载客，在经过某村境内路段时，见前方有县交通局工作人员正在检查过往车辆，因自己的农用车有关费用欠缴，穆某祥担心被查到受罚，遂驾车左拐，驶离 306 公路，并在李某华家附近停车让乘客下车。因车顶碰触村民李某明从李某华家所接电线接头的裸露处，车身带电。先下车的几名乘客，因分别跳下车，未发生意外，也未发现车身导电。后下车的乘客张某由于在下车时手挂在车尾的自行车车梁而触电身亡。

现场勘验表明，被告人穆某祥的农用三轮车出厂时高度为 147cm，但穆某祥在车顶焊接行李架，致使该车实际高度为 235cm（按有关交通管理法规的规定，该种车型最大高度应为 200cm）。李某明套接李某华家电表，套接火线距地面垂直高度为 228cm，且该线接头处裸露（按有关电力法规的规定，电线对地距离最小高度应为 250cm 以上，故李某明所接的火线对地距离不符合安全标准）。

对于本案，检察机关对穆某祥以过失致人死亡罪起诉，法院作出无罪判决。相关的判决理由是：死亡发生是由多种偶发原因综合造成的，包括李某明所接的照明线路高度不符合安全用电的要求、电线裸露、接头处无绝缘措施等。因此，被告人的行为与张某的死亡结果之间没有必然的、直接的因果关系。②

但是，这一结论可能并不合理。如果被告人穆某祥不违规使用农用三轮车载人，不随意偏离公路，不对车辆改装，同时对路边可能有电线等履行客观的注意义务，死亡结果可以避免。特别是改装车辆并驾驶超高车辆上路，明显制造了不被允许的危险，构成要件结果并不是不可能支配的。被告人对于自己曾做过改装的车辆的高度有特别认知，对于车辆超高可能触及其他物体而产生危险、农村可能私搭电线、只要是电线就可能裸露就应该避免触及，有客观的预见可能性。即便其不能认识到电线裸露，但对于超高车辆不避开悬挂在空中的物体会带来危险，或者被包裹

① 参见上海市第二中级人民法院（2001）沪二中刑终字第 165 号判决书。

② 参见最高人民法院刑事审判第一庭、第二庭编：《刑事审判参考》，第 28 卷，35 页，北京，法律出版社，2003。

的电线被碰撞也可能产生危险，有回避义务。行为人违背规范所要求的客观义务，进而发生死伤后果的，不能认为法益危险是以异常的方式实现。因此，按照客观归责论，可以认为穆某祥的行为明显增加风险，且应对车辆增高所带来的危险负责。这一结论也符合注意规范保护目的——禁止改装车辆，既为了防止触及路上的电线或其他可能给车上人员的安全带来危险的空中物体，也为了防止车辆因为改装超载。行为人制造风险，并在本案中因为与其他因素相结合使得危险具体地实现，就不是“不幸”，而是“不法”。

本案的处理说明，中国司法人员的事实归纳能力和规范判断能力都有待提高。其实，在运用经验知识，经过理性判断，发现能够回避某种结果时，行为人需要对危险的实现负责，客观归责的检验就能够实现，而不是轻易得出被告人无罪的结论。

3. 被害人体质特殊与危险实现的判断

对于被害人体质特殊的案件，即便侵害行为极其轻微，中国的司法实务也通常会认为存在偶然因果关系或者条件关系，相对容易得出被告人有罪的结论。

> **[龚某清被判故意伤害案]** 被告人龚某清与被害人张某因经济纠纷发生争吵，并用手朝被害人张某胸部推了一下，随后双方发生短时互殴。经旁人劝说，被害人张某退回货车驾驶室内，随即口吐白沫，扑在方向盘上。当晚，张某经医院抢救无效死亡。经法医鉴定，张某右前臂擦伤，左大腿根部挫伤，其损伤轻微，死亡原因系蛛网膜下腔出血。
>
> 一审法院认为，“被告人的行为是引发被害人病理病变最为客观、直接的原因”，因此被告人的行为与被害人的死亡有因果关系，同时，被告人具有伤害他人身体的故意。据此，以故意伤害罪判处其有期徒刑7年。二审法院认为，被害人张某“自身潜在疾病发作在致死过程中起着主要作用，而外伤及争吵引起的情绪激动等诱发因素也是客观存在的”，但被告人是基于疏忽大意过失造成被害人因自身潜在疾病发作而死亡，遂以过失致人死亡罪判处被告人有期徒刑3年，缓刑4年。①

由此可见，一审法院认为，被告人的行为虽是结果发生的诱因，但与死亡存在直接的因果关系；二审法院认为，病变诱发因素只是间接因果关系。但是，判决均采用了偶然因果关系说，也可以认为其采用了客观的相当因果关系说。在被害人体质特殊的场合，虽然没有认识到该事实，但被害人体质特殊，是客观事实。因此，殴打体质特殊者是否会导致死亡，就成为判断相当性的资料，从而得出因果关系存在的结论。

但是，一审判决结论是值得质疑的。因为中国刑法中的故意伤害罪不是暴行

① 参见福建省南平市中级人民法院（2002）南刑终字第222号判决书。

罪，伤害行为是对生理机能有损害的行为，轻微殴打、推搡不是类型化的伤害行为。因此，如果按照客观归责论，会否认行为制造法益风险，也会认为结果是异常而非相当的实现，不能将结果归属于行为。① 此外，客观归责关于行为人所创设的危险是否在结果中以相当的程度得到实现的判断，考虑了对具体发生的结果的客观预见可能性问题。被害人体质特殊的案件中，没有这种客观的预见可能性，因此，结果归责被否定。

> **[刘某被控故意伤害案]** 被告人刘某驾驶机动车经过某路段时，和骑车人张某（69岁）因为通行问题发生争吵，后被告人推了张某的肩部并踢了张某的腿部。2小时后，张某胸部不适送医，经抢救无效死亡。法医鉴定：张某因患冠心病，致急性心力衰竭死亡。法院认为，被告人打击的被害人部位并未要害部位，其行为只是死亡结果发生的诱因，但与结果之间不存在直接的、必然的、合乎规律的内在关系，因此没有刑法上的因果关系，从而宣告被告人无罪。本案发生的直接原因是心脏病，殴打是诱因，而从一般社会常识分析，该诱因并不必然引发死亡结果。②

本案和“龚某清被判故意伤害案”的差异在于，被害人是69岁的老人，即便是一般青壮年人能够承受的相对轻微的殴打，对被害人而言也会造成损害，因此在归责上似乎可以认为，被告人刘某的打击行为加重了被害人的心脏负担，即使其最终因为冠心病死亡，但考虑到被害人年龄、打击部位、暴力方法等，也可以得出能够进行结果归责的肯定结论。

4. 合法替代行为与危险升高理论

> **[吴某、潘某明等人被判重大责任事故案]** 被告人吴某、潘某明等人负责组织工人对柳州市某大桥伸缩缝内的橡胶进行更换。案发当晚21时50分许，因雷雨大风，桥上及施工现场照明灯熄灭，无法施工，被告人潘某明等人明知应当将所有障碍物清理完毕后才能离开现场，但只将在桥上被风刮倒的部分隔离栅栏拆除后离开工地，留下5个水泥墩在桥面上。40分钟后，公交司机周某驾驶大客车经过该桥面时，与倒在一侧的水泥墩相撞，致使该车失控，左转冲上北侧人行道，撞开护栏后坠入河中，造成司乘人员79人死亡的特大事故。有关鉴定意见是：施工方和驾驶方的行为，是事故发生的直接原因。
>
> 对于本案，检察机关以重大责任事故罪指控被告人吴某、潘某明等9名施工负责人及现场施工工人。被告人及其辩护人提出：周某不具备驾驶公交车的驾驶员资格；肇事车系非法改装车，迅速制动性能不好；驾驶员遇雷雨天气仍

① 当然，在德国、日本、韩国等国，对于被害人体质特殊的情形，法院依据相当性说所作出的判决也可以前后不一。例如，在对患有脑水肿的被害人实施暴行导致死亡的场合，法院可能否认因果关系，但在被害人的高血压、心脏病等成为问题的情况下，却承认因果关系。

② 参见北京市宣武区人民法院（2005）刑字第244号刑事附带民事判决书。

> 超速行驶，没有采取制动及有效回避措施，临时处置不当，是事故发生的必然原因，应当负事故全部责任，9名被告人无罪。
>
> 对于本案的因果关系，一、二审法院均认为，大客车坠江系与留置在桥上的水泥墩相撞所致，“驾驶员的资格及肇事车的改装与本案被告人的行为、定性无关”，9名被告人违反规章制度和施工惯例的行为发生在生产中的各个环节，“直接地、主要地导致79人死亡、公交大客车报废的特大事故，其行为均构成重大责任事故罪”①。

在本案中，法院对施工方和驾驶者双方行为的危险性进行了规范衡量，对各自行为和法益危险实现之间的关系进行了规范判断。法院的逻辑是：水泥墩被非正常留置在行车道上，在天黑停电的情况下，结果发生具有通常性，可以认为危险是通过相当的方式得以实现。同时，司机的行为对结果也具有原因力，违章超速，临时采取措施不当等，与死伤结果的发生之间并不是没有条件关系。此时，需要进行规范判断：谁对结果的支配力大？最终，法院将危险实现归属于施工人员，司机不需要对死亡结果负责的结论是妥当的，因为在雷雨交加的夜晚，将水泥墩置于桥上，即便司机不违章、不超速，在发现桥墩后采取措施，结果发生的概率也极高。因此，对本案的处理，司法实务明显借用了归责的方法论。

上述分析表明，在中国刑法学中，虽然没有成为通说的、系统的客观归责论，但这并不意味着中国的刑事司法和德国、日本的有特别大的差异。一方面，因为各国大量的刑事案件都是盗窃、故意伤害等罪，运用条件说即可解决问题，行为是否制造法益风险的判断相对容易。另一方面，对于疑难案件，中国刑事司法通常也会按照从行为到结果的顺序，设想结果的发生是否由行为所引起，考虑事实上的条件关系，这是对自然科学知识有所了解的司法人员的通常选择；接着，从结果出发，反向探究结果的出现是否可以归咎于行为，这是规范上结果归属的考虑。经过规范评价上的归责判断，进一步在司法上限制过度扩大条件因果关系的缺点。因此，在案件处理方法和结论的妥当性上，中国和日本、德国可以说基本没有差异。当然，不能根据类型化的、规范化的客观归责论明确排除结果归属范围并将相关意见表述在判决书中，更多的是出于规范感觉、归责的潜意识来处理疑难案件，是中国和日本、德国的司法在方法论上的差异。

三、客观归责论的中国前景

笔者认为，只有行为人在违反法规范，对法益制造风险，而这个风险在具体的结果中实现，且结果存在于构成要件的效力范围内时，由这个行为所引起的结果，才可以算是行为人的“作品”，归责给行为人。这样，经验上及归责上的检验才没

① 广西壮族自治区高级人民法院（2001）桂刑终字第137号裁定书。

有问题。因此，中国刑法学应该借鉴德国的客观构成要件判断方法：在结果原因的判断上采用条件说；再按照客观归责论解决具体的结果归属问题。这是未来中国刑法学思考客观归责论时的切入点。

（一）应当承认客观归责论的方法论意义

必须承认，在很多时候，客观归责论在案件处理结论上与相当因果关系说相同：都要以日常的生活经验、已知的自然科学知识为基础，且都离不开法官的内心确信、规范判断，也都要考虑结论是否偏离国民的法感情，使司法上的专业判断和国民的规范感觉尽可能保持一致。但是，客观归责论在方法论上，仍然有超越相当因果关系说的地方。

1. 相当性的判断，检验基准单一，不能从不同的侧面进行反复检验，导致限制条件说范围的目的难以实现。同时，因为缺乏下位规则，在方法论上比较粗疏、随意，“相当”或者“不相当”在疑难案件中端赖于个人直观感受，使得指控犯罪变得比较容易。要避免这样的问题，就必须采用“问题的思考”方法，以及类型化、规范化的判断方法，而这恰好是客观归责论的长处。

2. 根据相当因果关系说的逻辑，有相当性就应该归责。但在实务中，大量存在“有相当性”但难以归责的情形。这里略举几例：（1）高尔夫球手在比赛中将观众击伤的，行为和结果之间有相当性，但难以归责。相当性说可能用体育比赛行为来阻却违法，但是，该阻却违法的理由能否适用于伤害参赛者以外的情形，并不是不能质疑。而客观归责论能够用被允许的危险的法理①来解释行为没有实现法益风险问题。（2）在前述“赵某文被控交通肇事案”中，超速行驶和死伤结果之间存在相当性，但能否归责，按照客观归责论却需要审慎讨论。（3）对于降低法益风险的行为，按照相当因果关系说，行为和结果之间的相当性存在，只能得出行为符合构成要件的结论，再在违法性阶段用紧急避险理论阻却违法。此时，相当性说的解释力有限，且在判断上叠床架屋，与法理不符。（4）对于被害人体质特殊的案件，司法实践中大多采用客观的相当因果关系说肯定相当性存在，但是，对血友病人、心脏病人造成极其轻微的伤害，最终被害人因为体质特殊而死亡的，在经验上并不是“通常”的，按理应该一律否认相当性。但是，依相当因果关系说会得出肯定因果关系的结论，这与其理论出发点并不一致。②

3. 应该说，相当性说从实质上看，并不属于因果关系理论，而属于归责论。但是，相当性说的规范判断程度有尽量趋向于事实判断的方面。例如，对于A为避免小孩B被火车撞上而奋力将其推倒，致B轻伤的降低法益风险行为，相当因果关系说主要从事实的角度出发，判断客观存在的推开行为与伤害结果之间存在因果

① 对被允许的危险概念及法理进行质疑的观点，请参见张明楷：《论被允许的危险的法理》，载《中国社会科学》，2012（11）。

② 相同的观点，请参见［意］杜里奥·帕多瓦尼：《意大利刑法学原理》（注评版），陈忠林译，118页，北京，中国人民大学出版社，2004。

上、经验上的通常性，再用紧急避险理论来阻却其犯罪性。这是在归责上规范性判断程度不高的表现。而客观归责论中的降低风险观念，考虑小孩的死亡是否被避免，生命和健康比较哪一种法益对被害人更为重要，从而在构成要件判断上进行规范的、价值的衡量。而进行价值评价程度较高的规范判断，所得出的结论是合理的。对此，有学者指出：在降低法益风险的场合，客观归责论之所以要彻底否定构成要件该当性，是因为“否定一行为的构成要件该当，是认定这行为并未忽视构成要件的警示作用（Appellfunktion）。构成要件是犯罪的类型化描述，降低风险的行为，并不符合这种描述。认定一行为构成要件该当，再于违法性的检验上给予证明评价，等于承认这种行为更接近于法益的破坏，或者至少认定这行为是社会所不乐见”①。

其实，客观归责论所要讨论的是作为结果犯的既遂要件，毕竟和事实上、科学意义上的原因探讨不同，结果能否被看作行为人的作品，归属是否妥当，是结果犯的成立要件之一，在很多时候，必须进行事实之外的规范程度较高的判断，即客观归责是根据法的、规范的观点，判断法律上客观的责任的有无或范围。这样的要求，仅仅将相当性判断作为唯一规则的相当因果关系理论是难以做到的。

（二）回应晚近中国刑法学对客观归责的若干讨论

近年来，在研究客观归责问题时，有些学者对其提出了质疑，在这里有必要加以回应。

1. 制造法益风险是否只是实行行为论的问题

张明楷教授认为，客观归责论提出的归责基准，基本上是对其他领域的部分结论的归纳，由客观归责理论解决的问题，大多可以通过实行行为、条件关系（相当因果关系）、预见可能性、结果回避可能性、违法性判断、量刑规则等解决。在这个意义上，客观归责论有过度使自身体系化之嫌。② 由此出发，他认为，制造法益危险，属于实行行为论的问题：“在我国，应当强调构成要件符合性概念以及各个要素的重要性，并应保留实行行为概念，故不能直接照搬德国的客观归责理论。”③按照张明楷教授的思路，如果在实行行为的判断上借鉴制造法益危险的全部内容，在因果关系问题上采用合法则的条件说，并重视狭义的结果归属问题，客观归责理论就是不需要的。曲新久教授与张明楷教授一样，强调重视实行行为，认为无须突出客观归责的意义：“一个人只能对自己的实行行为及其造成的危害结果承担刑事责任。因此，当危害结果发生时，要使某人对该结果承担刑事责任，就必须查明他的实行行为和危害结果之间客观上存在因果关系。”④ 类似观点，在日本也被有的学者赞同，例如，井田良教授就曾指出：客观归责论实际上是将实行行为论与因果

① 林东茂：《刑法综览》，修订5版，67页，北京，中国人民大学出版社，2009。

② 参见张明楷：《刑法原理》，169页，北京，商务印书馆，2011。

③ 张明楷：《也谈客观归责理论》，载《中外法学》，2013（2）。

④ 曲新久：《刑法学》，3版，100页，北京，中国政法大学出版社，2012。

关系论的判断结合在一起。因此，如果肯定实行行为论和因果关系论，就没有采用客观归责的必要。①

但是，上述观点存在以下五方面的问题：（1）的确，在行为人制造危险并达到具体的程度、状态时，不能说和实行行为没有关联。但是，客观归责论和实行行为论并不是互斥的，因为行为的危险性的大小，在“危险的实现”判断中也发挥重要的作用。将结果不法与危险的行为联系起来，正是构成要件论要探讨的问题。②（2）如果说客观归责论主要用来处理过失犯、结果犯，那么，理论的核心显然就不是法益风险的制造，而是法益风险的实现。张明楷教授肯定结果归属、规范判断的重要意义，却否认客观归责理论，就有自相矛盾之嫌。更何况，张明楷教授主张将我国现行的因果关系拆分为事实的因果关系和结果归属两部分，分别进行事实判断和规范判断，这种观点可以说和客观归责论并无差别。（3）说实行行为是符合构成要件、具有法益侵害的紧迫危险的行为，实行行为必须是类型性的法益侵害行为，这样的思考方法，本身就是对客观归责论方法论的借用。（4）张明楷教授采用合法则的条件说，却否定制造法益风险判断的独立价值，将其作为判断实行行为的下位规则，未必是正确的结论。韩国有学者认为：“在因果关系判断上采取合法则的条件说的学者必然要采取客观的归属理论。”③（5）承认危险制造，同时也可以承认实行行为概念，这并不会影响刑罚一般预防效果。因为要归属于客观构成要件，行为仅仅是结果发生的原因是不够的。刑法规范向社会一般人发出禁止、命令，其与一般社会生活中个人应当履行的客观注意义务、谨慎义务具有内在一致性。违反这种规范要求创设危险的行为的存在，是客观构成要件判断得以进行的前提。将制造规范所反对的危险作为归责对象，等于对一般人在社会中被要求的客观注意义务的强调、宣示，是对规范效力的稳定，在这个意义上，刑罚的一般预防功能得到充分发挥。那种认为承认制造法益危险规则、不突出实行行为概念会影响刑罚一般预防效果的担心是多余的。

2. 犯罪论体系是否必须阶层化才能容纳客观归责论

陈兴良教授认为，在我国目前的犯罪构成四要件说中，没有客观归责论的容身之地；只有阶层的犯罪论体系，才能为客观归责论提供理论空间④，从而对于客观归责论能否在当下的中国“开花结果”存在担忧。

但是，客观归责论是关于行为是否有刑法意义、行为的危险是否现实化为结果的判断，其实仅涉及对客观构成要件的规范化判断问题，即在事实的因果关系之外肯定法律的因果关系问题。换言之，客观归责论是刑法“规范判断方法”的运用，只涉及客观要件判断的“技术问题”。同时，考虑到结果归属应该成为评价结果犯

① 参见［日］井田良：《刑法总论の理论构造》，63页，东京，成文堂，2005。

② 参见［日］山中敬一：《刑法总论》，2版，279页，东京，成文堂，2008。

③ ［韩］金日秀、徐辅鹤：《韩国刑法总论》，郑军男译，165页，武汉，武汉大学出版社，2008。

④ 参见陈兴良：《客观归责的体系性地位》，载《法学研究》，2009（6）。

的客观构成要件的要素，客观归责就是判断特定结果犯的既遂要件、归属基准的判断方法，与采取何种犯罪论体系的关系不大。英美法系强调法律的因果关系，其理论意蕴和客观归责论大致相同这一点也说明，无论采用何种犯罪论体系，都应该能够容纳结果归属的理论。当然，这样讲并不意味着中国的犯罪论体系没有阶层化改造的必要性。

（三）客观归责论的未来

1. 无论是我国的偶然因果关系说还是相当因果关系说，都缺乏下位规则，体系化、规范性思考欠缺。因此，在事实判断/经验判断之外，按照结果归属的逻辑进行规范判断/价值判断，保持不同判断方法的位阶性，是未来中国刑法学必须面对的课题。

2. 有学者指出，相当性判断有广义和狭义之分。行为是否制造法益危险，是广义上的相当性；特定危险的作用这一意义上的风险实现是狭义上的相当性。“事态发展的通常性”也是狭义上的相当性。在这个意义上的相当性判断，就是客观归责论。承认相当性判断，而否认客观归责，只不过是对“客观归责论这一名称的拒绝”，这种拒绝其实是没有多少道理的。① 中国许多坚持相当性说的学者，明显因为存在“路径依赖”，而仅在“名称上”排斥客观归责论。如果坚持相当因果关系说，并对其与法益风险实现的关联性、危险增加、合法则的因果关系、被害人自我答责、规范保护目的等进行特别的讨论，使得相当因果关系说被修正，变得更加精致，其方法论完全就是客观归责论的。所以，问题的关键在于：并不是一定要使用“客观归责论”这样的术语。但是，要根据案件的具体情况采用不同的归责规则，从而使得每一个归责规则都变得相对精密、可靠、不出错。

3. 应该看到，客观归责论的独特价值是对规范判断、价值判断的特别提示。这对中国的司法实务意义尤其重大。其实，在中国司法实务中，最成为问题的，不是自然科学意义上的因果关系的确定问题，而是归属范围的规范判断或评价问题。中国司法中通常不进行归责的判断，由此导致不少案件处理错误。因此，引入客观归责理论来改造司法行为，将规范判断贯彻到所有案件中是一个很紧迫的任务。一方面，须知即便像开枪杀人这样的案件，也是“因为刑法不准许一个无理由开枪打死他人的事实存在，而不是有人开枪打中他人的基础事实自动成为可被非难的事实”②。另一方面，要进一步改变在某些案件中进行规范判断时，对因果关联性是否存在的事实判断和规范性的归属判断同时进行（一元的判断方法）的做法，从而形成司法判断上结果归属的“方法二元论”：在因果关系的判断环节，考虑法益危险是否由行为人所引起，是否属于与行为人无关的“偶发事件”；在归责环节，考虑结果是否无法被规范地评价为行为人的“作品”，仅属于“不幸”的事件。

① 参见［日］葛原力三：《客观的归属论の现在》，载《现代刑事法》，2001（6）。

② 许玉秀：《当代刑法思潮》，429页，北京，中国民主法制出版社，2005。

4. 虽然在司法中必须类型性地、规范地解决归责问题，但也要注意审慎处理归责判断和事实判断之间的关系，不能追求过于脱离事实判断的结果归属判断，这是中国未来有必要防止的危险。因为归责判断使得刑法的规范评价变得相对容易，客观归责论寻找处罚的“规范根据”的进路，也可能使得对处罚的实质根据的论证成为不必要，与限制条件说范围的初衷相悖。

第十三章

主要罪过说

一、问题之所在

罪过，是行为人支配其行为方式，针对行为对象及保护法益进行活动的内在意思，即行为人对构成要件客观方面的支配意思。在司法实务中，认定绝大多数犯罪时，如果行为人的认识因素和意志因素明确，要确定其罪过类型，并不会有太多困难。但是，在少数极其特殊的犯罪中，要认定行为人究竟是出于故意还是过失，可能难以准确判断。另外，我们对故意、过失的认识，一直以来，或许都有不正确的地方。一定的行为能否导致危害结果的发生，其判断标准，主要考虑行为人的认识和意欲，这或许并不全面。我们习惯于将行为人对结果发生的态度作为认定故意、过失的标准。抽象地看，这样做并不会有太大的问题。但如果将犯罪故意中的意志因素完全立足于对结果发生的态度，刑法关于预备犯、未遂犯、中止犯故意的解释，都会多少遇到一些障碍；对丢失枪支不报罪、滥用职权罪等各罪的认定，也会陷入困境。应该承认，在很多犯罪中，危害结果的发生，并不是行为人完全能够掌控的。所以，关于犯罪故意的“知”（认识因素）和“欲”（意志因素）部分，不应当完全限定在对结果的发生这个问题上。关于罪过的讨论，可能还存在更为复杂的问题，需要开辟新的路径。

本章主要讨论的是在丢失枪支不报罪、违法发放贷款罪、交通肇事罪、污染环境罪、滥用职权罪等对于违反法律法规或者规章制度属于有意为之，但对于结果的出现难以预测的场合，以及结果加重犯、结合犯等从形式上看行为人有多个罪过的场合，如何确定行为人的罪过问题。笔者的主要观点是：需要站在客观立场解释刑法的规定。首先从“事实上”确定这些特殊犯罪中的行为人究竟有多少个罪过；然后从“规范的意义上”确定在这些罪过中，哪一个是“次要罪过”，哪一个是“主要罪过”。最终确定的这个“主要罪过”就是这些特殊犯罪的罪过形式。

这里所主张的主要罪过说，不是中国刑法学者以前所提出的复合罪过说的翻版。依复合罪过说会得出某一特定犯罪的罪过中既有故意又有过失的“不确定”结论。由于刑法以处罚故意犯为原则，以处罚过失犯为例外，复合罪过说必然与刑法学上一个罪名只有一种罪过、故意和过失必须严格区分，以便确定是否能够给予刑罚处罚的基本立场相背离。主要罪过说强调的是：对于很多特殊的犯罪，虽然从现象上、事实上看，行为人的故意和过失心态交织，但是，从规范的、解释论的意义上看，我们只能得出在行为人的这些故意或者过失的心态中，故意罪过或者过失罪过是主要的，定罪时只能根据主要罪过确定行为人的责任。所以，主要罪过说坚持了一个犯罪只有一种罪过的观点，能够对个别特殊犯罪的罪过得出唯一性结论。只不过主要罪过说意在强调思维的过程性，主张必须根据主要罪过确定某一特定犯罪的罪过形式。

本章首先从某些具体罪名出发，讨论主要罪过说的基本主张，然后分析具有代表性的结果加重犯与主要罪过说的关系，最后对与主要罪过说相关的几个问题进行进一步解释。本章的研究，主要不在于提供一种没有争议的结论，而在于提出问题，提供一种思考问题的方法。

二、主要罪过说的立论：从滥用职权罪谈起

滥用职权罪、丢失枪支不报罪、违法发放贷款罪、交通肇事罪、重大责任事故罪、玩忽职守罪等都与古代的结果责任迥然有别，因此，必须对其作出符合现代责任主义的解释。但是，如何解释这些故意违反法律法规或者规章制度，但其结果的出现可能难以预料的特殊犯罪的罪过形式，不能不说是理论上的一个难题。这里主要以滥用职权罪的罪过形式作为分析模本进行讨论。

在理论界和司法实践中，关于滥用职权罪的罪过形式众说纷纭，主要有三种观点：第一种观点认为滥用职权罪为结果犯，只能由过失构成；第二种观点认为滥用职权罪的罪过形式既存在间接故意，也存在过失；第三种观点认为滥用职权罪是故意犯罪，包括直接故意和间接故意。上述观点孰是孰非，还需要辨析。

少数学者认为滥用职权罪主观上只能由过失构成，其主要理由是：(1) 故意是对结果的发生有认识，然后希望或者放任结果的发生；过失则对结果的发生不存在这种希望或者放任。刑法总则对故意与过失的规定充分表明，立法是以对于行为可能造成的危害社会的结果的认识与意志划分罪过形式的。因此，滥用职权罪的罪过内容也应以行为人对危害社会的结果的认识与意志来认定。(2) 滥用职权罪的危害结果是指刑法第 397 条明确规定的公共财产、国家和人民利益的重大损失，行为人对于这种结果，只能是过失。(3) 滥用职权罪的法定刑与刑法规定的其他过失犯罪的法定刑一致，而且刑法将滥用职权罪和明显属于过失的玩忽职守罪规定在同一条文中，说明立法者认同滥用职权罪属于过失犯罪这种主张。刑法第 397 条规定，滥用职权罪的法定最高刑为 7 年有期徒刑。如果行为人明知自己的滥用职权行为会造成重大损失，并且希望或放任重大损失发生，而法律只规定其法定最高刑为 7 年，显然立法有问题。①

过失说值得商榷的地方在于：(1) 没有考虑滥用职权罪和玩忽职守罪的区别可能性问题。滥用职权罪和玩忽职守的真正区别，并不在于犯罪客观方面，而在于罪过形式，如果认为滥用职权罪也是过失犯罪，那么要区别这两罪就变得较为困难。(2) 没有考虑“滥用”一词通常的含义。滥用必须理解为明知是错误行使、任意使用权力，仍然有意为之，将其解释为过失实在有些牵强。(3) 没有结合刑法第 397 条第 2 款思考问题。根据该款的规定，徇私舞弊犯滥用职权罪的，法定最高刑是 10

① 国内不少学者持类似观点，对此，请参见李洁：《论滥用职权罪的罪过形式》，载《法学家》，1998 (4)；何秉松主编：《刑法教科书》(下册)，1143 页，北京，中国法制出版社，2000。

年有期徒刑，将滥用职权罪的主观罪过确定为故意，并且最高可以判处 10 年有期徒刑，完全可以做到罪刑相当。(4) 没有考虑法条竞合问题。刑法第 397 条与刑法分则第九章的其他条款之间是一般条款与特殊条款的关系，而刑法第 399 条、第 400 条等条文规定的是特殊部门的国家机关工作人员滥用职权实施的犯罪，其明显可以由直接故意构成，由此，作为一般罪名的滥用职权罪当然也可以由直接故意构成。

有的学者主张滥用职权罪主观上既可以是间接故意也可以是过失，其大致理由是：(1) 滥用职权罪的主观罪过不包括直接故意。直接故意是指行为人明知自己的行为会造成危害社会的结果，而且希望这种结果的发生。在滥用职权的场合，很难判断行为人希望公共财产、国家和人民利益的重大损失的发生。(2) 我国刑法对罪过的区分采用结果标准说。滥用职权罪的行为人对滥用职权行为是故意，对于滥用职权行为造成的重大损失结果则有可能是过失，所以可以认为滥用职权罪主观上是间接故意，也可以认为是过失。(3) 刑法第 397 条对滥用职权罪和玩忽职守罪规定的构成条件、处罚标准完全一致，两罪主观罪过应当相同。玩忽职守兼有玩弄职权、对职责事项疏忽之意，故玩忽职守罪的主观方面可以由间接故意或过失构成。同样，滥用职权罪也既可由过失构成，又可由间接故意构成。①

有些学者针对滥用职权罪及现行刑法中类似犯罪的罪过问题，提出了复合罪过理论。② 所谓复合罪过理论，是指刑法规定的某些具体犯罪，其主观心态既可以由故意构成，又可以由过失构成，由于二者之间难以区分，因而将其作为一种独立的、区别于故意、过失的罪过形式进行研究的理论。

但是，关于滥用职权罪的间接故意或者过失论以及复合罪过的观点，都存在不少问题：(1) 故意和过失在认识因素、意志因素上都有着根本的不同，将两种性质不同的罪过统合于复合罪过这样的概念之下，明显不合理。(2) 对于过失犯罪，法律有明文规定的，才负刑事责任，而对于故意犯罪并无这种限制，这说明刑法以处罚故意犯罪为原则，关于滥用职权罪的间接故意或者过失论以及复合罪过的观点会破坏这些通行的刑法理念。(3) 对于绝大多数犯罪而言，认定为故意比认定为过失处罚明显要重，复合罪过之类的说法可能违反罪刑相适应原则。

关于滥用职权罪的罪过形式，多数学者主张是故意，既可以是直接故意，也可以是间接故意。

在故意说内部，又分为两种观点：结果故意说认为，滥用职权罪是行为人明知自己的行为会造成公共财产、国家和人民利益的重大损失，而希望或放任这种结果发生。③ 结果故意说是多数说，它认为滥用职权罪的犯罪结果是指刑法条文规定的公共财产、国家和人民利益的重大损失。

① 参见黄太云、滕伟：《中华人民共和国刑法释义与适用指南》，596 页，北京，红旗出版社，1997。
② 参见储槐植、杨书文：《复合罪过形式探析》，载《法学研究》，1999 (1)。
③ 参见高铭暄主编：《刑法学》，下册，1005 页，北京，中国人民大学出版社，1998。

行为故意说主张，滥用职权罪的主观故意的内容是行为人明知自己滥用职权的行为会破坏国家机关正常活动，损害公众对国家机关工作人员职务活动的合法性、客观公正性的信赖，并且希望或放任这种结果发生。① 与此大致类似的观点是：滥用职权是明知是违反法律规定的权限和违反法律规定的程序而为之，或者明知应当履行职责而不实施职务行为，这种滥用职权行为显然是故意实施的，所以，滥用职权罪的责任形式是故意。② 行为故意说虽然从表面上看也是将行为人对结果的态度作为判断故意的标准，但是其认为滥用职权罪所造成的结果并不是刑法第 397 条所明确列举的结果，而是行为会破坏国家机关的正常活动与公众对国家机关工作人员职务活动的合法性、客观公正性的信赖，这样实际上是将立法上确定的相对明确的犯罪结果“空虚化”，用较为抽象的法益概念取代结果，在一定程度上改变了我国刑法学一直以来所坚持的根据行为人对结果的态度认定故意的标准，其实质是认为在滥用职权行为系有意为之的场合就可以成立犯罪故意，所以笔者将其概括为滥用职权罪故意说中的行为故意说。

笔者认为，要严格坚持责任主义的立场，就应当承认，对于刑法中所规定的故意结果犯，都需要行为人认识该结果。某一行为导致了行为人事先完全不可能认识的结果的，就只能视作意外事件，行为人没有故意，也没有过失，对其不能加以归责。为了在滥用职权罪问题上正确贯彻责任主义，可以考虑提出“主要罪过”理论来解决类似于滥用职权罪的犯罪主观方面问题。

根据笔者的初步考虑，对于滥用职权罪，可以认为行为人对于任意行使职权、超越职权行事是故意的，对于特定危害结果的发生是过失的。滥用职权行为是具有决定性意义的行为，危害结果是滥用职权必然产生的伴随结果，与滥用职权造成的结果相关联的罪过属于“次要罪过”，过失的心态具有从属性。也就是说，在对行为人的罪过进行具体的、最终的评价时，将有意滥用职权的意思评价为基础罪过、主要罪过，将对结果发生的心态评价为过失，同时认为滥用职权行为本身在通常情况下具有发生特定结果的危险，会决定结果的走向，滥用职权的意思实质地支配了结果的发生，故将滥用职权罪总体上定性为故意犯罪。

换言之，行为人故意犯罪，但只是过失地造成危害结果的，由于故意属于多个罪过中的“主要罪过”，该犯罪总体上就可以被认为是故意犯罪。根据主要罪过理论确定滥用职权罪的罪过，不是对复合罪过的承认，因为复合罪过认为在故意、过失之外存在着一个既包含故意又包含过失的“第三种罪过形式”，某一犯罪的罪过形式究竟是什么事实上处于不确定状态。而根据“主要罪过”确定某些特殊犯罪的主观方面，最终只能得出行为人构成故意犯罪还是过失犯罪的唯一结论。

根据笔者前面对于滥用职权罪的罪过形式的解释，可以对丢失枪支不报罪、违

① 参见张明楷：《刑法学》，4 版，1094 页，北京，法律出版社，2011。

② 参见陈兴良：《规范刑法学》（下册），2 版，1031 页，北京，中国人民大学出版社，2008。

法发放贷款罪、重大责任事故罪等的具有特殊性的罪过进行分析。丢失枪支不报罪中，行为人对于枪支已经因为各种原因被骗、被盗、被抢有所认识，对不报告有故意；同时，因从事公务而持有、配备枪支的人员对于他人捡到丢失的枪支以后可能用于非法用途，应当具有认识，所以可以结合刑事推定的理论认定行为人对结果发生存在过失。① 在这里存在的一个问题就是，如何看待预见后果和控制后果的关系。我国刑法学正是在这个问题上没有厘清，导致将丢枪人不能控制后果误作不能预见后果。犯罪结果是否是意志因素控制的对象，长期以来都是一个有争议的问题。有的理论认为，行为人的意志只能作用于自己的举动，只有对自己行为的控制才是故意的意志因素；因为客观的因果链条一经发动（例如，为了淹死自己的对手而将其扔入河内），犯罪结果就只能为行为人所预见，而不可能成为行为人控制的对象（“预见说”）。实际上，故意行为的实质在于行为人有意识地将各种现实因素都变成自己实现“目的”的“手段”，行为决定结果的整个过程都应被视为行为人意志控制的过程。② 在故意不报告和对结果的过失这两种罪过形式中，故意是主要罪过，过失是次要罪过，最终的结论就是丢失枪支不报罪的行为人主观上是故意。对于违法发放贷款罪，可以作和丢失枪支不报罪大致相同的理解。而对交通肇事罪、重大责任事故罪、玩忽职守罪，都可以在事实学的意义上认为，行为人对于违反法律法规或者规章制度的要求具有故意③，在规范解释的意义上认为，行为人对于结果的发生具有过失，由于这里的故意只是在事实的意义上存在，与这种“故意”相对应的实行行为概念缺乏：对于有意实施的违章行为，难以单独判断其实质的法益侵害性，属于日常生活中的“有意行为”，但不是实行行为。是否存在交通肇事的实行行为，必须结合结果判断，而行为人对于结果只存在过失，这样就有必要将行为人对于结果的态度作为主要罪过，这样，交通肇事罪在主观上就只能是过失。对于污染环境罪、玩忽职守罪都可以作这样的理解，从而将它们的犯罪心态最终确定为过失。

三、结果加重犯与主要罪过

结果加重犯，是指法律特别规定的，实施某种犯罪行为而发生基本犯罪之外的重结果，对此应当依照基本犯罪定罪，但须加重其法定刑的犯罪。关于结果加重犯的罪过形式，理论上认为有三种：基本行为是故意、加重结果是故意；基本行为是

① 从枪支持有者的特殊身份、枪支丢失以后被使用的概率、枪支的危险性等因素出发，推定丢失枪支不报告的行为人对于危害结果发生具有认识，应当是没有问题的。这里涉及对刑事推定的理解，以及对于过失犯罪中预见可能性的程度的看法等问题。但是，无论如何，完全否认行为人对结果的预见可能性，或许没有准确考虑这类案件的特殊性。

② 参见［意］杜里奥·帕多瓦尼：《意大利刑法学原理》（注评版），陈忠林译，189页，北京，中国人民大学出版社，2004。

③ 至于事实意义上的犯罪故意和规范意义上的故意的区别，将在本章最后一部分进一步阐述。

过失、加重结果是过失；基本行为是故意、加重结果是过失。对于前面两种情况，直接视为该结果的故意犯或者过失犯即可，没有必要作为结果加重犯特别加以讨论。因此，在本章所关注的范围内，最值得研究的是所谓的基本行为是故意、加重结果是过失的情况。关于这种结果加重犯的罪过究竟如何确定，理论上大致存在三种观点。

第一种主张是结果认识不需要说。有学者指出，能否对于结果加重犯中对加重结果的认识持“行为人对于结果不需要认识”的主张，是需要考虑的，因为：(1)对于基本犯罪是故意，且对于在该行为所具有的危险射程之内所产生的结果，追究行为人的责任，在社会生活的观念上会认为是合理的。(2)在折中的相当因果关系说之上，因为已经讨论了结果发生的预见可能性，就没有必要再讨论对于结果的过失问题。① 不过，多数学者对于这种主张，并不附和。

第二种主张是复合罪过说。关于结果加重犯的罪过形式，复合罪过说是通说。该说主张：结果加重犯的罪过内容一般应当是故意和过失相加而形成的混合罪过形态。② 法律为故意实施的犯罪所造成的并非行为人希望的结果规定了更重的刑罚，只有在这种结果至少出于行为人的过失，即只有在这种结果至少是行为人可以预见的结果时，才能要求其对该结果承担责任。故意伤害致人死亡就属于这种情况：超出基本规范的死亡结果不是行为人在实施故意伤害行为时所希望发生的结果，否则，就应当以故意杀人罪论处。

对于复合罪过说，意大利学者提出了批评，认为：承认行为人对加重结果必须有过失的心理态度，会在注意义务的来源问题上出现难以解释的地方，人们无法确认何为这种过失的根据。一方面，不能将行为人的故意行为所违反的规范作为认定行为人过失的根据。例如，在故意伤害致人死亡的情况下，就不可能将禁止伤害或者殴打的规范作为确定行为人有不能引起他人死亡的注意义务的根据，因为禁止伤害或者殴打的规范不是防止死亡的预见性规范，其目的是阻止伤害或殴打，而不是阻止伤害或殴打所引起的死亡后果。另一方面，也不能将源于一般经验的预防性规范作为认定注意义务来源的根据，因为这种罪过状态中包含一个行为人所希望发生的结果，如果将这种义务作为认定过失的依据，那么，“该义务的内容似乎就应该这样表述：‘应谨慎小心地实施犯罪，以免造成更严重的后果。’这种表述是绝对荒谬的，因为法律绝对不可能规定一种义务，其内容是如何保证正确地实施一种被法律绝对禁止的行为”③。此外，对结果加重犯的有力批评还有：结果加重犯不是故意犯和过失犯的结合，因为基本犯本身蕴涵着加重结果发生的具体危险，在基本行

① 参见［日］藤木英雄：《刑法讲义总论》，93页，东京，弘文堂，1975。

② 基本犯是故意犯罪，对于加重结果也是出于故意的结果加重犯，乃是单纯的故意犯，并无太多疑难问题，本章对此不予涉及。

③ ［意］杜里奥·帕多瓦尼：《意大利刑法学原理》（注评版），陈忠林译，206页，北京，中国人民大学出版社，2004。

为实施过程中由此直接导致重结果发生，对基本行为高度危险性的确证是刑罚处罚加重的根据，所以结果加重犯的罪过更多地应当与基本行为的故意有关。①

第三种主张是单一故意说。对于结果加重犯的罪过形式，少数说是“单一故意说”。这种观点质疑通说将加重结果视为过失所致的判断，认为通说可能割裂了基本行为和加重结果之间的内在联系，似乎认为基本行为的实行导致加重结果时，可以直接认定行为人对加重结果的主观要件，这实质上是把加重结果当作凭空产生的东西。事实上，基本行为中蕴含加重结果发生的高度危险性，对基本行为的罪过和对加重结果的主观态度应当存在紧密关联。这样，在主观上是否可以将加重结果视为过失，就是一个问题。认定为过失，将使得基本行为对加重结果的危险性顿然丧失，因为过失的加重结果如何能够反映出基本行为对加重结果具有天然的危险性，是一个难解之题。所以，应当认为：“对于结果加重犯而言，基本行为本应具有对于加重结果的危险故意……加重结果犯的主观结构，绝非如现在学理及实务所认定，系双主观要件的形式，而系单一的主观要件，亦即‘危险故意’。当然，加重结果犯的成立，对于主观要件的‘危险故意’仍需加以限定，并非所有对于加重结果之‘危险故意’，均为加重结果犯之主观要件，仅在于基本行为超出原本故意范围时，始有加重结果犯之存在可能，换言之，加重结果犯基本行为的主观要件应为单一之‘具体危险故意’。此种具体危险故意，已经超出原基本行为的故意范围之外，不能再单纯将加重结果犯的基本行为，与该单一犯的基本行为，等同视之。”②唯其如此，基本行为对于加重结果具有必然的危险性，在主观要件上才能真正展示出来。

第四种主张是意大利学者所赞成的超故意说。有学者指出，当危害的作为或者不作为引起的损害或者危险结果比行为人所希望的更为严重时，重罪为超故意。实际上，这里规定的是一种介于故意与过失之间的罪过的“中间形态”。说它有故意的成分，是因为这里包含一个行为人“希望”的结果；说它有过失的成因素，是因为它以一个比行为人所希望的“更严重的”、行为人“并不希望的”结果为存在的前提。除此之外，超故意的成立，还要求行为人所希望发生的结果与实际上所发生的结果具有同一危害渐进发展的性质。③

对上述观点，笔者都不能表示赞同。刑法对基本犯处理很轻，仅仅出现后面的过失，就给予特别重的处罚，真正的理由何在？是否是客观归罪思想的残余？这都是问题。务实的态度是承认刑法对绝大多数结果加重犯的规定都是妥当的，有问题的是我们对结果加重犯的主观要件认定不准确。所以，需要有更为合理的理论，来解释结果加重犯的罪过。

① 参见［日］井田良：《刑法总论の理论构造》，429页，东京，成文堂，2005。

② 柯耀程：《变动中的刑法思想》，120页，北京，中国政法大学出版社，2003。

③ 参见［意］杜里奥·帕多瓦尼：《意大利刑法学原理》（注评版），陈忠林译，205页，北京，中国人民大学出版社，2004。

根据笔者所主张的主要罪过说，可以认为，结果加重犯的基本行为实施者对基本行为有故意，也完全可以充分地预见到重结果的发生，就当然必须为避免该结果的发生履行必要的注意义务，对加重结果的注意义务的来源和基本行为的相同。所以，肯定主要罪过和次要罪过的存在，是有道理的。不过，结果加重犯的基本犯罪中包含着容易使一定的重结果发生的高度危险性，因此，刑法上才规定为基本行为与加重结果相结合的特别犯罪，基本行为及其罪过决定了结果的走向。所以，在结果加重犯的场合，基本犯的罪过属于主要罪过，行为人对加重结果的罪过属于次要罪过。这样可以将通说中所讨论的基本犯是故意、对加重结果是过失的犯罪确定为故意责任。

为什么可以将基本行为的故意确定为主要罪过？对此，最为简洁的解释就是：基本行为是造成加重结果的类型化、典型性行为，这种行为一旦实施，附带有导致加重结果发生的风险，所以行为人对于基本行为的罪过应当是结果加重犯的主要罪过。在这一点上，德国学者的观点可资借鉴。罗克辛指出：故意伤害致人死亡这种过失杀人以一种故意犯罪为基础，所以，这个故意犯罪从一开始就在自身中包含了一种杀人结果的、类型化的风险。结果必须是直接通过故意的基本行为造成的，才可能成立结果加重犯。剥夺自由的拘禁行为通常不会产生死亡危险，在这些行为构成中，加重结果仅仅应当包括那种特别有风险的，即由强制性关押（例如暴力性错误捆绑、不加照管等）所间接产生的典型危险。在解救人质案件中，警察的子弹没有打中罪犯而是人质，加重结果需要绑架罪犯承担，因为在为了解除强制状态而采取的措施所产生的对于人质生命的危险，属于基本行为构成特有的风险，这种风险将随着基本行为构成的完成而典型地出现。但是，基本行为不是造成加重结果的典型行为的，不能成立结果加重犯。例如，非法拘禁的被害人不堪忍受而从阳台上跳下摔死的，不成立非法拘禁罪的结果加重犯；抢劫的被害人在追赶抢劫犯时摔死的，也不成立结果加重犯。这就是所谓的结果加重犯成立的直接性准则。“因为各种犯罪（也包括像盗窃这样的犯罪）都能够导致反常的严重后果（例如，在追赶过程中摔死了），但是立法者仅仅在确定的犯罪中，根据它们造成严重结果的一般性趋势来规定一种结果加重的情节，因此，只有在从基本犯罪的典型危险中产生结果时，才适用这种行为构成，这是符合立法目的的。只有这种结果才能为结果加重犯罪的保护目的所包括。只要直接性准则符合这种保护目的关系，那么，它就不是一种与过失并列的特征，而是一种应当不依赖于结果加重犯罪而独立加以考虑的过失归责因素本身。”① 换言之，在故意伤害致人死亡的场合，行为人对于伤害的基本行为具有故意，因为伤害行为本身较重，就可以认为伤害故意中蕴含着对死亡这种法益侵害结果发生的盖然性、危险性认识。这样就可以说，基本行为的故意中存在对加重结果发生的认识。如果仅仅单纯认为危险故意中仅有对于危险性的知和欲，

① ［德］克劳斯·罗克辛：《德国刑法学总论》，第1卷，王世洲译，219页，北京，法律出版社，2005。

并无加重的故意，其推论就显得比较简单。意大利宪法法院认为，罪过仅与“最有意义的构成要件”有关。对此，有学者认为，这实际上是将罪过视为行为人对犯罪危害应有的认识。① 在主要罪过说中，承认结果加重犯存在次要罪过即对结果的认识，实际上也没有否定罪过仅与“最有意义的构成要件”有关这样的命题。

按照主要罪过说解释所谓的基本犯是故意、结果加重是过失的情况，还可以在讨论其他结果加重犯的疑难问题时得出合理的结论。对此，结合交通肇事后逃逸致人死亡的情形，进一步进行分析。对于逃逸致人死亡的主观方面究竟是故意还是过失，理论上一直有争议：(1) 排除直接故意说认为，逃逸者主观上并不希望发生被害人死亡的后果，但是，在没有救助被害人或者未采取得力的救助措施，导致发生被害人死亡结果的情形中②，如有的学者明确指出，交通肇事后逃逸，不能排除肇事人对被害人的死亡结果持放任态度，将交通肇事逃逸致人死亡的主观罪过形式解释为过失兼含间接故意是比较合适的。③ (2) 过失说认为，逃逸致人死亡仅限于过失，包括疏忽大意的过失和过于自信的过失。疏忽大意的过失表现为行为人交通肇事撞伤被害人后，应当预见到被害人的死亡后果，但疏忽大意，根本未预见到，逃逸后被害人因未得到救助而死亡。过于自信的过失表现为行为人肇事后见被害人尚能动弹或说话，以为伤势不重，或者主观上认为有人会救助该被害人而不致死亡，结果被害人因得不到救助而死亡。有的学者指出，交通肇事应具有的过失心理状态，应开始于实施违章行为和肇事结果发生过程中，逃跑等思想状态是发生于肇事之后，是为逃避法律责任，属于罪后表现，所以不能以其犯罪后的态度而改变其前行为的罪过形式。④ (3) 存疑论认为，在实践中有相当多的交通肇事逃逸案件，行为人对被害人死亡的心态究竟是故意还是过失，没有任何证据加以证明，也难以判断。此种情况下，本着就低不就高的原则，宜将行为人对被害人死亡结果发生的心态认定为过失。

在上述各种观点中，都一致认为交通肇事逃逸不能包括直接故意，如果行为人交通肇事后，已经认识到其逃逸后被害人可能或必然因伤无人救助而死亡，而希望其死亡的，应认定为故意杀人罪，而不属于“因逃逸致人死亡”的交通肇事罪。这一结论应当是正确的。

值得进一步讨论的是：行为人明显对被害人的死亡持放任态度，然后逃逸，被害人最后死亡的，是否还成立“因逃逸致人死亡”？多数说对此持否定态度。有的学者明确指出：因逃逸致人死亡，应当限于过失。交通肇事后为逃避法律追究，将

① 参见［意］杜里奥·帕多瓦尼：《意大利刑法学原理》（注评版），陈忠林译，203页，北京，中国人民大学出版社，2004。

② 参见孙军工：《关于审理交通肇事刑事案件具体运用法律若干问题的解释的理解与适用》，载最高人民法院刑一庭、刑二庭编：《刑事审判参考》，第3卷，311页，北京，法律出版社，2000。

③ 参见李洁：《析交通肇事罪的罪过形式》，载《人民检察》，1998（11）。

④ 参见陈兴良主编：《刑法全书》，573页，北京，中国人民公安大学出版社，1997。

被害人带离事故现场后隐藏或者遗弃，致使被害人无法得到救助而死亡或者严重残疾的，应当分别依照故意杀人罪或者故意伤害罪定罪处罚。问题是：肇事者故意不救助被害人而逃逸，又不将被害人带离事故现场后隐藏或者遗弃的情况在实践中肯定存在，如何处理这种故意心态支配下的单纯逃逸情况？此外，如果按照排除故意论的观点处理某些较为极端的案件，是否会带来一些不合理的地方？例如，甲于某日中午 14 时驾车与乙一起送货，在公路上交通肇事后，甲发现被害人丙流血不止，可能三五个小时之后会死亡。但甲环顾周围，并无其他人出现，就对乙说："快跑，这人要死！死了也好，警察找不到我，我也不用赔钱。"然后甲与乙驾车扬长而去。数小时后，他人将丙送到医院抢救，但为时已晚，丙死亡。甲对死亡结果至少有放任的态度，其成立交通肇事逃逸致人死亡还是故意杀人罪？

刑法第 133 条中"因逃逸致人死亡"的规定，是一种结果加重犯的规定，同时就是关于负有保护责任者遗弃致人死亡的规定。"汽车驾驶人由于过失把行人轧成重伤时，基于其过失的先行行为就产生了对被害人的保护义务"①，由此行为人对他人有救助的义务，但不履行这种义务，而逃离现场，同时导致被害人死亡的，是一种有保护责任的人实施的遗弃致死行为。我国刑法将因逃逸致人死亡作为一种"负有保护责任者的遗弃行为"看待，但未规定独立罪名，而只是为其独立规定法定刑，将其作为法定刑升格的条件。理论上认为，遗弃致死伤罪，只要行为人以负有保护责任者遗弃的故意实施行为就够了，但其不得具有对被遗弃者的生命、身体施加危害的希望、容认。如果希望、容认对被害人的生命、身体的危害而实施了行为，就可以认定为故意杀人罪或者故意伤害罪。

所以，无论是将"因逃逸致人死亡"作为结果加重犯看待，还是只作为负有保护责任者的遗弃行为看待，行为人对死亡结果的发生都只能说存在过失的心态。在作为负有保护责任者遗弃的场合，行为人对于遗弃行为本身可能存在故意，但是，这样的故意和前面的交通肇事的过失比较起来，谁是主要罪过，还需仔细判断。很多学者就是将这种遗弃的故意直接判断为对死亡结果的故意，从而将出现交通事故以后单纯的不救助行为直接认定为故意杀人。在这里，遗弃者对死亡结果的过失属于次要罪过，原先的肇事过失属于主要罪过。这样，肇事者驾车逃离现场，为逃避罪责或者为防止付出太多医疗费用而放任被害人死亡以便没有人可以指证他的肇事行为，或者认为被害人死亡、不死亡都无所谓的，表面上看，其主观上似乎存在杀人的间接故意，但是，其实际存在的只是对遗弃行为可能造成死亡后果的过失，这是交通肇事罪结果加重犯中的次要罪过。对于交通肇事罪结果加重犯的罪过，必须根据主要罪过即过失来确定。

附带指出，对于这种逃逸、不保护的不作为，不能定故意杀人罪。理由除了行为人并不存在杀害故意之外，还在于逃逸行为是否就相当于作为的杀人罪的实行行

① ［日］大塚仁：《刑法概说·各论》，3 版，63 页，东京，有斐阁，1996。

为，还值得讨论。国内学者的研究，大多忽略了不作为的逃逸行为和作为的故意杀人罪之间的等价性，从而轻易得出成立故意杀人罪的结论。① 肇事者只有弃而不管的行为时，原则上被害人得到第三者救助的可能性往往很大，肇事者的不作为对法益侵害结果的排他性支配并不存在；此外，故意杀人罪是重罪，其成立要求有强度很高的违法行为。而要使不作为的杀人与作为的杀人有同价值性，单纯地对交通肇事的被害人放置不管还不够，将被害人移往他人难于发现的场所，或者将其带离现场后抛弃，或者将被害人抱上自己的汽车后拒不送到医院，在大街上驾车兜圈子导致被害人死在车中，使被害人被救助不可能或者显著困难的，才属于对被害人的生命有绝对的支配，不作为的杀人行为与作为的杀人才具有等同的价值性。交通肇事后单纯地逃逸导致被害人死亡的，原则上以交通肇事罪处理即可。所以，对于上述案例中甲的行为，由于其和作为的故意杀人罪并不具有等价性，难以认定为故意杀人罪。对此，大塚仁明确指出：为了成立故意杀人罪，遗弃或者不进行生存所必要的保护这种行为必须相当于杀人的实行行为。在不能认为对需要扶助者的生命有现实危险的情况下，仅仅将需要扶助者遗弃的，还不能说是有杀人的实行行为。即使交通肇事后逃逸的行为人对被害人抱有未必的杀意时，但如果其不保护的不作为中并不包含着剥夺被害人生命的现实危险性，司法上就不能轻易认定其构成故意杀人罪，例如，如果被害人的伤并非致命，现场是行人频繁的场所，时间尚早，警察局和医院就在附近，在被害人由第三者救助的可能性很大的情况下，肇事者即使本着未必性故意逃走了，也只该当保护责任者遗弃罪的构成要件；如果其逃离的结果导致被害人死亡，就成立保护责任者遗弃致死罪。②

对我国刑法的理解，同样可以根据这种观点进行：肇事者虽然有主观上希望或者放任被害人死亡的行为实施，但由于其属于单纯逃离现场，不予救助的不作为行为客观上与故意杀人罪并不具有等价性，不能被评价为故意杀人罪。对于前面的甲逃逸致人死亡一案，笔者认为，以交通肇事罪论处，将死亡结果视为因逃逸致人死亡或者说是负有保护责任者遗弃致人死亡的情形，判处 7 年以上 15 年以下有期徒刑，并不是不可接受的结论。但是，不可否认的是：对于交通肇事后单纯从现场逃逸，但又明显放任被害人死亡的案件，比较重要的就是将行为人的交通肇事造成危害后果的过失确定为主要罪过，将遗弃、不保护受害人，从而对于死亡后果可能发生的罪过解释为次要罪过，从而将犯罪从整体上解释为过失。

四、余　论

根据主要罪过说来确定某些特殊犯罪的罪过形式，还有以下问题需要进一步

① 参见［日］大塚仁：《犯罪论的基本问题》，冯军译，86 页，北京，中国政法大学出版社，1993。

② 参见上书，87 页。

解释。

(一) 必须区分“事实意义上”的罪过和“规范意义上”的罪过

确定少数特殊犯罪的罪过，在思维过程上一定有两个阶段：首先要找出结果加重犯、结合犯或者行为人对结果预测比较困难的犯罪（如丢失枪支不报罪、滥用职权罪等）中可能存在的两种罪过，这就是罪过搜寻过程（以下简称“罪过确定过程Ⅰ”）；然后，在已经找出的两种罪过中，确定谁是主要罪过、谁是次要罪过；最后根据主要罪过，确定最终的罪过形式，这就是主要罪过确定过程（以下简称“罪过确定过程Ⅱ”）。

主要罪过说面临的一个重要问题是：在罪过确定过程Ⅰ搜寻到的“次要罪过”中的故意、过失概念，和刑法上所规定的即规范意义上完整的故意、过失概念可能会有些许差别。换言之，次要罪过中的故意是事实意义上的犯罪故意；主要罪过中的故意是规范意义上的故意。同时，次要罪过中的过失有时可能是危惧感说（超新过失论）意义上的犯罪过失，行为人对于危害结果的发生有一般的不安感、危惧感即可；主要罪过中的过失是旧过失论意义上的过失，要求行为人对危害结果要有具体预见。① 这里以违法发放贷款罪为例进行分析：刑法第 186 条第 2 款规定，银行或者其他金融机构的工作人员违反国家规定，向关系人发放贷款，造成重大损失的，应当追究刑事责任。这里的问题是：行为人对于发放贷款是有意为之，但是对于他人是否会任意处置贷款、难以到时归还贷款等情况，没有故意，最多只有过失，有时甚至连旧过失论意义上的对于贷款不能及时回收这种重大损失结果的具体预见都没有，而只有一般的不安感、危惧感。此时，仍然需要将行为人对于结果的不安感、危惧感作为预见的内容，肯定行为人对于结果存在预见，从而确定次要罪过的存在。

对次要罪过中的故意作盖然性意义上的解释，对次要罪过中的过失作超新过失论上的理解，并不意味着刑法学对故意、过失的最终理解必须要坚持这样的观点。因为对次要罪过作事实上的、现象学意义上的理解，只不过是在思维过程中确立了理解少数特殊犯罪的罪过问题的“参照物”，是一个思考特殊刑法学问题的工具，一旦思维过程完成，这种参照物的意义也就丧失了。而在罪过确定过程Ⅱ中，关于最终确立的主要罪过，必须作符合刑法关于故意、过失的规定的，规范论意义上的理解，不能再作事实上的、现象上的理解。

附带指出，在对特殊犯罪的罪过进行分析时，在罪过确定过程Ⅰ中所梳理出来的罪过可能有故意，也有过失，但是，这并不意味着故意一定是主要罪过。从事实、现象的角度看，行为人对法律规范、规则的存在有认识，同时故意违反这种规范，存在故意的罪过，但是，结果的发生主要是由行为人的过失实质地加以支配的，将过失作为主要罪过，并无不妥。对于交通肇事罪、污染环境罪、玩忽职守罪

① 在相对的意义上理解“罪过”一词，和人们经常在相对的意义上理解“犯罪”概念一样，并无不妥。

的罪过的认定，就属于这样的情况。当然，对于很多犯罪而言，如果在罪过确定过程Ⅰ的阶段可以判断行为人存在故意、过失两种罪过，一般而言，行为人的罪过在罪过确定过程Ⅱ中最终被认定为故意的可能性最大。在确定主要罪过和次要罪过时，较为关键的一点是：考察与哪一个罪过对应的行为包含着结果发生的具体的、现实的、高度的危险，结果发生是由哪一个行为所实质地决定的。

（二）结合犯与“主要罪过说”

对于行为，如果最终只将其评价为一罪，行为人就只能具有一个罪过。同时具有数个罪过而实施相应行为的，原则上成立数罪。结合犯在刑法评价上被视为一罪，对行为人的主观方面只能解释为其只有一个罪过。对于结合犯的罪过，国外的刑法上不会明确加以规定。理论上对于结合犯的罪过，往往解释为“罪过的结合”。例如，对于日本刑法中强盗强奸罪的罪过，通说解释为强盗故意加上强奸故意。但是，这样解释是否过于简单，并不是不能质疑的。有学者指出：“结合罪之主观要件犯意应为一得以于刑法评价上涵盖所有结合之要件要素的意思活动，且该意思之本质完全异乎相结合之罪的主观要件，而非将相结合之罪的犯意相结合。”①

所以，能否找到结合犯的主要罪过，根据主要罪过说来解释结合犯的罪过形式，是一个需要考虑的问题。例如，对于外国刑法中规定的强盗杀人罪，主观上视为行为人为了实施强盗行为而杀人，强盗行为是犯罪的起因行为、关键行为，杀人是强盗行为不能得逞或者遇到障碍时自然实施的行为，杀人行为和杀人故意都是强盗行为、强盗故意的必然衍生，前者从属于后者。这样，将强盗故意作为主要罪过，将杀人故意作为次要罪过，从而在整体上认为强盗杀人罪的罪过是强盗故意，将这种实施数个行为的结合犯的罪过作为一个罪过看待。对于强盗强奸罪的罪过，也可以这样认识：行为人事实上具有强盗故意和强奸故意，但是，在规范评价上认为，强盗行为是主行为，强盗故意是主要罪过；强奸行为是强盗过程中的伴随行为，强奸故意是次要罪过。最终根据主要罪过确定行为人的责任，认为其具有强盗故意。

如此一来，强盗杀人罪中的罪过即强盗故意，和单纯强盗罪中的罪过在内涵上可能有所差别。单纯强盗罪的故意是，以不法所有为目的，实施暴力、胁迫行为，强行取得他人财物的意思。至于强盗杀人罪的强盗意思，行为人除了具有以不法所有为目的，实施暴力、胁迫行为，强行取得他人财物的意思之外，强盗行为实施当时，行为人对于遭受被害人反抗就必须实施杀人行为有所计划，杀人意思包含在强盗故意里；或者说，强盗故意中蕴含着“杀人的高度可能性”的意思，强盗杀人罪的强盗故意就可以认为是“单纯强盗罪的罪过”加上“杀人的危险故意”。对于强盗强奸罪的罪过，也可以认为是“单纯强盗罪的罪过”加上“强奸的危险故意”。到这里，细心的读者就可以发现，前面所讲的强盗杀人罪的主要罪过是强盗故意、

① 柯耀程：《变动中的刑法思想》，63页，北京，中国政法大学出版社，2003。

次要罪过是杀人故意，但这里的杀人故意和单纯故意杀人罪中的杀人故意并不相同，仅仅是“杀人的危险故意”。同理，前面所讲的强盗强奸罪的主要罪过是强盗故意、次要罪过是强奸故意，但这里的强奸故意和单纯强奸罪中的强奸故意并不相同，仅仅是“强奸的危险故意”。

上述分析表明两点：(1) 结合犯的罪过，不是两个结合之罪的罪过的结合，而是在分辨出主要罪过和次要罪过之后，确定主要罪过，并最终将主要罪过作为结合犯的唯一罪过。(2) 对结合犯中主要罪过的界定，在一定程度上扩大了犯罪主观要件所涵盖的内容。但是，这种理论上的扩张能够带来解释的自洽性和圆满，所以值得加以肯定。

(三) 客观的超过要素理论与主要罪过说的优劣

对于丢失枪支不报罪、滥用职权罪等罪的罪过形式，有的学者用客观的超过要素理论加以解释。客观的超过要素是指刑法中所规定的某些客观要件，并不要求行为人认识，更不要求其具有希望或者放任的意志。例如，对于滥用职权罪的罪过形式，有学者认为：滥用职权行为是有意实施的，行为会直接指向该罪的保护法益，就可以认定行为人存在故意。至于刑法条文中明确列举的滥用职权行为“致使公共财产、国家和人民利益遭受重大损失”这一结果，虽然是本罪的构成要件要素，但将其作为客观的超过要素看待，不要求行为人希望或放任这种结果发生。客观的超过要素仍然属于犯罪构成的内容，而不是犯罪构成以外的内容，不是所谓的客观处罚条件。这样一来，犯罪构成作为认定犯罪的唯一法律标准的观念仍然得以维持，从而避免体系上的混乱。客观的超过要素不是故意的认识与意志内容，当客观的超过要素的内容是危害结果以及影响行为的社会危害性的其他客观因素时，行为人对其具有预见可能性即可。① 在笔者看来，客观的超过要素是我国学者根据刑法的规定，为解释特殊问题所提出的特殊范畴，具有创新意义。

但是，对于丢失枪支不报罪、滥用职权罪等罪的罪过形式，用“客观的超过要素”理论来解释，是否一定比主要罪过说合理，是需要考虑的问题。(1) 危害结果是犯罪构成客观方面的要素，在很多情况下，该结果需要行为人认识，也能够为行为人所认识。即使是在结果加重犯这样的场合，行为人对于结果也必须有预见可能性，而且在很多结果加重犯中，行为人的这种预见可能性事实上是存在的。在丢失枪支不报罪以及大量结果加重犯中，行为人对结果有所认识或者预见已经成为事实的情况下，却根据客观的超过要素理论，分解出一些结果，不要求行为人认识，这与客观事实不符，同时也的确存在违反责任主义的可能。(2) 客观的超过要素说似乎解决了行为人对危害结果不需要认识这一问题，但结合客观的超过要素来解释很多犯罪的罪过形式，可能带来判断标准不明确的问题。因为刑法中规定了很多结果犯，哪些结果需要行为人认识、哪些不需要认识，客观的超过要素理论难以给出比

① 参见张明楷：《“客观的超过要素”概念之提倡》，载《法学研究》，1999 (3)。

较确定的答案，甚至会出现“循环论证”的局面。例如，对于滥用职权罪，赞成客观的超过要素理论的人可能会提出，由于滥用职权者不能认识到严重后果的发生，所以，造成严重后果是客观超过要素，不需要行为人认识，所以行为人是故意；反过来，由于行为人滥用职权是故意，对于危害结果的发生即使没有认识也不影响犯罪的成立，因为危害结果属于客观的超过要素。这样，客观的超过要素理论的实际功能除了在某些情况下使得控诉能够顺利实现以外，似乎没有更多的实体上的意义。(3) 在解释结果犯的罪过时，客观的超过要素理论可能是随时可用、随时可弃的工具，例如，对滥用职权罪的解释，借用客观的超过要素概念，行为人滥用职权是故意的，造成危害结果属于客观的超过要素，不需要行为人认识；玩忽职守罪主观上是过失的，造成危害结果需要行为人认识。这样，规定在同一条文中的“致使公共财产、国家和人民利益遭受重大损失”这一结果，就成了有时需要行为人认识、有时不需要行为人认识的东西，刑法学的思考可能会陷入不确定的状态。此外，对于丢失枪支不报罪，认为“丢失枪支”是客观的超过要素，“造成严重后果”也是客观的超过要素①，由此导致在一个犯罪中，有这么多不需要行为人认识的要素。这是否会和责任主义冲突，也不是没有疑问。(4) 仔细分析不难发现，客观的超过要素论者所列举的不需要行为人认识的客观要件，实际上都属于行为人有所认识或者具有预见可能性的情况，即行为人的过失应当说是具备的，例如丢失枪支不报罪中：行为人遗失枪支时，明显存在过失；对于枪支被盗、被骗、被抢的情况，可以肯定其疏于管理，也应当有过失，所以丢枪的事实不能作为客观的超过要素看待。丢失枪支以后不报告造成严重后果的，行为人作为特定的枪支配置者不能说对于结果的发生完全无法预见，所以，这个要件也不是客观的超过要素。在行为人对于所有要素都有认识或者认识可能性的场合，按照主要罪过说的理论，从事实的角度肯定多个罪过的存在，然后从规范的角度确定哪一个是主要罪过，根据主要罪过对被告人定罪，比人为地将行为人已然预见的事实多少有些牵强地解释为客观的超过要素更为合理。其实，客观的超过要素论者也认识到，对于需要借助于客观超过要素进行分析的很多犯罪，行为人对于所谓的客观的超过要素都有预见可能性，都可以直接认定行为人存在过失，但是将其作为过失犯罪处理，又觉得不妥，所以才提出客观的超过要素概念。② 与其如此，还不如直接承认行为人的过失，再比较对于这种要件的过失和对于其他客观要件的罪过之间孰轻孰重，根据重的罪过确定主要罪过。这样，刑法理论自圆其说的可能性或许还要大一些。

① 参见张明楷：《刑法学》，4版，627页，北京，法律出版社，2011。

② 参见张明楷：《“客观的超过要素”概念之提倡》，载《法学研究》，1999 (3)。

第十四章

过失犯的危险犯

过失犯的危险犯这一概念，是两种犯罪分类相交的产物。一种犯罪分类是以行为人的主观罪过形式为标准的分类：故意犯与过失犯；另一种犯罪分类是以是否发生法益侵害的实际结果为标准的分类：实害犯与危险犯。以上两种分类形成的组合，就产生了以下四个概念：故意犯的实害犯与过失犯的实害犯、故意犯的危险犯与过失犯的危险犯。在刑法理论上，故意犯的实害犯与故意犯的危险犯这两个概念并不存在争议。而过失犯的实害犯这个概念则需要进一步厘清：过失犯的实害犯也就是过失犯的结果犯。对于过失犯来说，并不处罚未遂，都是在发生了实害结果以后才受刑事处罚。因此，过失犯的实害犯这个概念是可以成立的。过失犯在没有发生实害结果的情况下，当然不能按照未遂处罚。那么，是否可以按照危险犯进行处罚呢？这是一个值得研究的问题，在中外刑法理论上都存在争议。在我国，随着危险驾驶罪的设立，对于醉酒驾驶型的危险驾驶罪是故意犯还是过失犯展开了讨论，这一讨论直接涉及过失犯的危险犯问题。在我国风险刑法理论的语境中，更是为过失犯的危险犯提供了知识背景。为此，有必要对过失犯的危险犯进行深入研究，以此提升刑法教义学的水平。

一、德国刑法中过失危险犯规定的探析

过失犯的危险犯，又称为过失危险犯，是一个与故意犯的危险犯或者故意危险犯相对应的概念。例如我国有学者认为，故意危险犯是指以行为人故意实施的危害行为造成的危险状态作为犯罪既遂标志的犯罪，而过失危险犯是指以行为人过失实施的危害行为造成的危险状态作为犯罪构成必要条件的犯罪。① 在此，论者所定义的过失危险犯是一种危险状态犯，即所谓过失犯的具体危险犯，似乎并未包括过失犯的抽象危险犯。那么，是否存在过失犯的抽象危险犯？这也是一个值得研究的问题。在德国刑法理论上，是肯定过失犯的抽象危险犯的，而且在《德国刑法典》中也有关于过失犯的抽象危险犯的立法规定。罗克辛教授指出："当人们使抽象危险性犯罪的刑事可罚性取决于上面提到的'没有结果的过失'时，这个方案在很大程度上就已经根据现行法律实现了。"② 后面笔者还将论及《德国刑法典》中关于过失犯的危险犯的具体规定印证了罗克辛教授的论述。因此，合乎逻辑地说，过失犯的危险犯既包括过失犯的具体危险犯，又包括故意犯的抽象危险犯。过失犯的具体危险犯是指以造成一定的危险状态作为犯罪成立条件的过失犯，而过失犯的抽象危险犯是指以实施一定的危险行为作为犯罪成立条件的过失犯。如果说，过失犯的具体危险犯是一种结果危险或者客体危险，那么，过失犯的抽象危险犯就是一种行为危险。对此，德国有学者在论及过失犯的危险犯中的双重的危险概念时指出："对

① 参见舒洪水：《危险犯研究》，72、74页，北京，法律出版社，2009。

② ［德］克劳斯·罗克辛：《德国刑法学总论》，第1卷，王世洲译，279页，北京，法律出版社，2005。

过失危险犯的理解必须制定双重的危险概念而变得更加困难。一方面，违反注意义务要求，根据有观察力的观察者的判断，行为对受保护的法益带来了危险；另一方面，犯罪结果恰恰在于特定的行为客体因违反注意义务而受到危害。这两个危险概念的区别在于，行为的危险性是根据是否会影响受保护的法益而抽象地加以评判的，而行为客体的危险是以是否属于危险行为的有效范围而具体地加以认定的。”① 因此，在过失危险犯的情况下，具体危险与抽象危险之间是存在明显区分的，一如故意犯的危险犯。

过失犯的危险犯是与过失犯的结果犯相对应的，因此，上述犯罪分类是从结果犯与危险犯的分类中引申出来的一对范畴。德国学者罗克辛将犯罪分为两类：侵害性犯罪和危险性犯罪。这里的侵害性犯罪就是结果犯或者实害犯，而这里的危险性犯罪就是危险犯或者行为犯。罗克辛教授指出：“根据行为构成的行为客体是否受到损害或者说在整体上有危险，人们可以在侵害性犯罪和危险性犯罪之间作出区分。大多数行为构成都是侵害性犯罪。在这种犯罪中，行为的客体在构成行为既遂地存在时就必须真实地受到损害，例如，杀人犯罪（第 211 条以下），身体伤害犯罪（第 223 条以下），毁坏财产犯罪（第 303 条），等等。相反，危险性犯罪仅仅表现为一种或轻或重的对行为客体的强烈威胁。在这里，最重要的区别是具体的和抽象的危险性犯罪的区别。”② 在刑法典所规定的犯罪中，绝大多数犯罪都是所谓侵害性的犯罪，包括结果犯或者实害犯。此类犯罪，其构成要件要素是齐全的，包括了行为、客体、结果以及行为与结果之间的因果关系。在侵害性犯罪的情况下，存在着实际的法益侵害结果，在构成要件上采取的是结果性的归责，因此，侵害性犯罪是一种典型的犯罪形态。与之不同，危险性犯罪并不存在行为对客体的实际损害结果，而只是存在着这种结果发生的可能性，也就是法益侵害的危险性。当然，这种危险性可以分为具体的危险性和抽象的危险性。因此，危险性犯罪也可以相应地分为具体危险犯和抽象危险犯。在危险性犯罪的情况下，因为不存在实际的法益侵害结果，在构成要件上就不是采取结果性的归责，而是采取基于行为自身危险性的归责。在危险性犯罪的立法例中，罗克辛教授列举了《德国刑法典》关于放火罪的规定。

放火罪是各国刑法中通常规定的犯罪，属于公共危险罪，我国刑法称为危害公共安全罪。我国刑法对放火罪的规定比较简单，只是规定了故意犯的实害犯、故意犯的具体危险犯和过失犯即过失犯的结果犯。尤其是，我国刑法中的放火罪侵害的客体包括人身和财产，因此，在放火罪的构成要件中包含了侵害人身的犯罪与毁坏财产的犯罪。但《德国刑法典》对放火罪的规定则较为复杂，设置了各种类型的罪名。《德国刑法典》第 306 条规定的是放火罪的基本犯；第 306 条 a 规定的是严重

① ［德］汉斯·海因里希·耶赛克·托马斯·魏根特：《德国刑法教科书（总论）》，徐久生译，700 页，北京，中国法制出版社，2001。

② ［德］克劳斯·罗克辛：《德国刑法学总论》，第 1 卷，王世洲译，221 页，北京，法律出版社，2005。

的放火，即放火罪的加重犯；第306条b规定的是特别严重的放火，即放火罪的特别加重犯；第306条c规定的是带有死亡结果的放火，即放火罪的结果加重犯；第306条d规定的是过失的放火，即放火罪的过失结果犯；第306条e规定的是积极悔过的放火；第306条f规定的是火灾危险的引起，即放火罪的危险犯，包括故意犯的危险犯和过失犯的危险犯。在以上规定中，涉及过失犯的规定包括三个条款：

1. 放火罪的结果加重犯，即带有死亡结果的放火。《德国刑法典》第306条c规定：

> 如果行为人通过第306条至第306条b规定的放火至少轻率地造成他人死亡的，那么，处终身自由刑或者不低于十年的自由刑。

在这一规定中，放火这一基本行为过失地造成了他人死亡的后果：行为人对于放火是故意的，但是，对于死亡结果则是过失的。因此，属于放火罪的结果加重犯。

2. 放火罪的过失结果犯，即过失的放火。《德国刑法典》第306条d规定：

> (1) 行为人在第306条第1款或者第306条a第1款的情形中过失地行动或者在第306条a第2款的情形中过失地造成危险，处三年以下的自由刑或者金钱刑。
>
> (2) 行为人在第306条a第2款的情形中过失地行动和过失地造成危险的，处三年以下的自由刑或者金钱刑。

在这一规定中，在法条中存在着造成危险之类的表述，使人误以为是对于过失犯的危险犯的规定。但该法条是以《德国刑法典》第306条第1款、第306条a第1款和第2款为前提的，而第306条第1款是放火烧毁财产的犯罪即放火罪的故意犯的结果犯；第306条a第1款是有人居住的场所，也是故意犯的结果犯；第306条a第2款是对第306条第1款规定的放火烧毁财产犯罪的加重犯，其加重条件是因此造成他人健康损害的危险，就这一规定的内容而言，是对于财产的故意犯的结果犯与对于他人健康的故意犯的危险犯的竞合。因此，除了第306条a第2款中存在竞合性的危险犯的内容以外，其他犯罪都是结果犯，即以发生财产烧毁的实际损害作为犯罪成立条件的犯罪。因此，《德国刑法典》第306条d规定的放火罪，是过失犯的结果犯。

3. 放火罪的危险犯，即火灾危险的引起。《德国刑法典》第306条f规定：

> (1) 行为人使他人的
>
> ①易燃的工厂或者设备，
>
> ②农业或者喂养经济的其中存放着其产品的设备或者工厂，
>
> ③森林、草原或者沼泽地或者
>
> ④已经耕种的田地或者农业经济的存放在田地上的易燃的产品，
>
> 通过抽烟、通过明火或者火源、通过丢扔燃烧着的或者闪烁着的物体或者

以其他方式处于火灾危险之中的，处三年以下的自由刑或者金钱刑。

(2) 同样处罚，如果行为人使第1款第1项至第4项所标明的某一物品处于火灾之中和因此给他人的身体或者生命或者具有重要价值的物品造成危险。

(3) 行为人在第1款的情形中过失地行动的或者在第2款的情形中过失地造成危险的，处一年以下的自由刑或者金钱刑。

在这一规定中，放火行为并不需要发生实害结果，而只要求造成引起火灾的危险，因此属于危险犯。对此确定无疑。从以上3款法条规定来看，第1款是对财产烧毁的放火罪之故意犯的危险犯的规定，这是一种具体危险犯。第2款是对他人身体或者生命造成危险的放火罪之故意犯的危险犯的规定，这是一种抽象危险犯。第3款是关于对过失犯的危险犯的规定。那么，这里的过失犯的危险犯究竟是具体危险犯还是抽象危险犯，抑或既包括具体危险犯又包括抽象危险犯？对此，值得进一步辨析。

危险犯可以分为具体危险犯和抽象危险犯，两者之间存在较大的差别。具体危险犯的所谓危险是一种具体危险，有德国学者指出，法律对具体危险犯的规定是建立在这样一个考虑之上，即某个违反规范的举止对受保护的客体有可能造成危险和当罚，一旦该危险性在案件中具体出现。危险性的出现，在这里是构成要件标志。如要处罚，“需由法官特别认定”[①]。因此，具体危险犯的危险是一种危险的结果或者状态，需要法官加以认定。在犯罪的构造上，具体危险犯与侵害性犯罪是相同的，甚至也被认为是结果犯。只不过在实害犯中，这种结果是一种实际的损害结果。而在具体危险犯中，这种结果是一种可以预期的损害结果，即危险结果，也可以说是结果发生的危险。例如，罗克辛教授指出：“这种具体的危险性犯罪是结果犯罪，这就是说，它与前面讨论的侵害性犯罪，基本上不是通过不同的归责标准来加以区别的，而是通过在一种侵害性结果的位置上出现了各种行为构成的危险结果来加以区别的。因此，与在侵害性犯罪中一样，一种在恰当的、不许可的侵害性风险意义上的具体‘结果性危险’，就必须首先被创设出来。”[②] 根据罗克辛教授的观点，具体危险犯的具体危险本身就是一种结果，需要法官根据案件事实进行认定。在这个意义上，具体危险犯的构造与结果犯是相同的，都是“行为＋结果”。只不过，在结果犯的情况下，这种结果表现为实际损害；在具体危险犯的情况下，这种结果表现为危险状态。笔者曾经将具体危险犯归为行为犯，因为我国刑法对具体危险犯的表述是“尚未造成严重后果”。因此，从逻辑上理解，“尚未造成严重后果”，就是法律规定的一定犯罪结果没有发生，又怎么能说这本身就是一种结果呢？[③] 这里主要还是涉及对结果的理解。如果把这里的结果理解为构成要件的结果，那么在具体危险犯的情况下，这种构成要件的结果并没有发生，当然可以将其归于行为犯。但是，

① ［德］约翰内斯·韦塞尔斯：《德国刑法总论》，李昌珂译，13页，北京，法律出版社，2008。

② ［德］克劳斯·罗克辛：《德国刑法学总论》，第1卷，王世洲译，275页，北京，法律出版社，2005。

③ 参见陈兴良：《刑法哲学》，216页，北京，中国政法大学出版社，1992。

如果把这里的结果理解为法益受到的威胁，则这种结果就是行为所造成的危险状态。如此理解，则可以把危险状态本身作为一种结果，因而将具体危险犯归入结果犯。

而抽象危险犯的所谓危险是一种抽象危险，有德国学者指出，抽象危险犯则是建立在法律的这个认识之上，即一定的举止方式普遍在对受保护的客体形成危险。“行为的危险性在这里不是构成要件标志，而只是法律规定的存在理由，法官对此通常不必去审查危险性在个案中是否已经出现或者并未出现。”① 因此，抽象危险犯的危险是一种立法推定的危险，并不需要法官具体查明。在这个意义上，抽象危险犯不是结果犯而是行为犯，即只要实施一定的构成要件行为即可构成犯罪。由此可见，在具体危险犯与抽象危险犯之间，还是存在着较大区分的。根据以上具体危险犯与抽象危险犯的定义，《德国刑法典》第 306 条 f 所规定的过失犯的危险犯，既包括过失犯的具体危险犯，又包括过失犯的抽象危险犯，由此对应于故意犯的具体危险犯和故意犯的抽象危险犯。对于财产烧毁的放火罪来说，要求对于财产烧毁的结果具有危险，这是一种具体危险。但对他人身体或者生命损害的放火罪来说，并不要求存在具体危险，因此是一种抽象的危险犯。对于《德国刑法典》第 306 条 f 所规定的过失犯的抽象危险犯，罗克辛教授指出：“抽象的危险性犯罪，是指依照典型的危险的举止行为被作为犯罪而处于刑罚之下，不需要在具体案件中出现一种危险的结果。这就是说，防止具体的危险和侵害，仅仅是立法的动机，而不是使这种具体的危险和侵害的存在成为行为构成的条件。因此，放火烧毁房屋所产生的损害财产结果为第 306 条所包含，另外，因为立法者预想到放火能够产生的对自然人生命造成的危险，又在第 306 条中作为重罪对其规定了特别严厉刑罚的威胁。但是，在具体案件中不存在对生命的威胁时，这个条文的原文文字也已经得到了满足。”② 因此，对于放火威胁自然人的生命的犯罪而言，这是一种抽象的危险犯，并不需要对他人生命产生具体危险才构成犯罪。

二、我国刑法是否存在过失危险犯的辨析

在我国刑法学界对于过失犯的危险犯问题，同样存在着较大的争议。这一争议当然也与我国刑法是否规定过失犯的危险犯这个问题是密切相关的。事实上，在我国 1979 年刑法中并未规定过失犯的危险犯，因此，也就不可能从解释论的角度出发，对过失犯的危险犯进行研究。而是基于过失犯的增加这一现实，从立法论角度提出了是否应当将过失行为犯罪化即设立过失犯的危险犯问题。对此，我国学者存在着不同观点。笔者曾经将这种不同的规定概括为肯定说与否定说。肯定说认为：“在一般情况下，过失行为仅有造成某种损害的可能性，不宜规定为犯罪。但是，

① ［德］约翰内斯·韦塞尔斯：《德国刑法总论》，李昌珂译，14 页，北京，法律出版社，2008。

② ［德］克劳斯·罗克辛：《德国刑法学总论》，第 1 卷，王世洲译，278 页，北京，法律出版社，2005。

对于那些主观恶性比较重，损害结果虽未发生，但发生的可能性极大，且可能造成的损害结果巨大的严重过失行为，可考虑在分则中特别规定为危险状态构成的过失犯罪。从实际情况来看，这类犯罪应该主要出现在具有危害公共安全性质的犯罪中。”① 论者在此提出的设立过失危险犯，是指具体的过失危险犯，并且认为应该对严重的危害公共安全犯罪设立过失危险犯。否定说则认为：“否定犯罪过失的结果责任是不合适的。危害结果是限制过失责任范围的客观尺度。脱离这一标准，便会无限制地扩大犯罪过失的范围。在业务活动过程中，行为人违反任何一项注意义务（主要是规章制度）都可能发生危害社会的结果。如果对这种行为处以刑罚，无异于刑罚惩罚违反行政法规的行为。而且，这种立法的效果不好，加重了业务人员的心理负担，不利于社会的进步与发展。”② 由此可见，否定说主要是从刑法谦抑的角度否定过失的危险犯，同时，也考虑了设立过失危险犯的社会效果。这是发生在 20 世纪 90 年代初期的讨论，表明我国学者对于过失犯的危险犯问题的关注。在当时，笔者是赞同否定说的，并且主要是从恪守过失犯的结果无价值的角度进行了论证，指出：“在刑法理论上，危险犯就是指法律规定不以发生某种实际危害结果为要件，而是以具有发生这种结果的危险为要件的犯罪。危险犯通常存在于直接故意犯罪之中，由于它不要求犯罪结果，因此必须是该行为本身就具有足够危害的，是所谓行为无价值。而过失犯历来都是结果犯，以发生的危害结果作为构成犯罪的必要条件，是所谓结果无价值。在没有发生一定危害结果的情况下，就没有过失犯罪可言，因此，我们认为，过失不存在设立危险构成的可能性。”③ 应该说，当时关于过失危险犯的讨论都还是较为粗浅的，并未涉及一些基本理论问题。因此，在过失危险犯问题上，笔者的观点也是具有明显的局限性的。尤其是在尚不了解德国以及其他国家关于过失危险犯的立法例的情况下，这种对于在刑法中是否应当设立过失危险犯的探讨，缺乏较为宽阔的视野，难免失之局囿。

在 1997 年我国刑法修改以后，对于过失危险犯的关注视角开始从立法论向解释论转变，即围绕着我国刑法的具体罪名，对于我国刑法是否存在过失危险犯展开讨论。尤其是在《刑法修正案（八）》颁布以后，在关于醉酒驾驶构成的危险驾驶罪的讨论中，也涉及过失危险犯的问题。从现有的情况来看，我国学者主要围绕以下三个罪名对过失危险犯进行研讨：

（一）妨害传染病防治罪

我国刑法第 330 条规定：

违反传染病防治法的规定，有下列行为之一，引起甲类传染病传播或者有

① 王伊端、王晨：《晚近过失犯罪发展趋势研究》，载中国高级法官培训中心、全国法院干部业余法律大学编：《首届学术讨论会论文选》，55 页，北京，人民法院出版社，1990。

② 姜伟：《罪过心理的立法构想》，载《廉政建设与刑法功能》，292 页，北京，法律出版社，1991。

③ 陈兴良：《刑法哲学》，191 页，北京，中国政法大学出版社，1992。

> 传播严重危险的，处三年以下有期徒刑或者拘役；后果特别严重的，处三年以上七年以下有期徒刑：(1) 供水单位供应的饮用水不符合国家规定的卫生标准的；(2) 拒绝按照卫生防疫机构提出的卫生要求，对传染病病原体污染的污水、污物、粪便进行消毒处理的；(3) 准许或者纵容传染病人、病原携带者和疑似传染病病人从事国务院卫生行政部门规定禁止从事的易使该传染病扩散的工作的；(4) 拒绝执行卫生防疫机构依照传染病防治法提出的预防、控制措施的。

我国刑法对妨害传染病防治罪的规定，除法条所列举的 4 种具体行为以外，还规定了以引起甲类传染病传播或者有传播严重危险为该罪成立的条件。这里的传播是指实害结果，而传播严重危险是指具体危险。因此，以引起甲类传染病传播为犯罪成立条件的情形，属于实害犯；以传播严重危险为犯罪成立条件的情形，则属于危险犯，确切地说，是具体危险犯。对此，并无争议。问题在于：本罪的主观罪过形式是故意还是过失？如果本罪属于故意犯罪，则本罪是故意犯的危险犯；如果本罪属于过失犯罪，则本罪是过失犯的危险犯。因此，本罪是否属于过失犯的危险犯取决于本罪的主观罪过形式是故意还是过失。

关于妨害传染病防治罪的主观罪过形式，我国刑法学界的通说是过失，在此基础上，我国有学者肯定其为过失犯的危险犯。① 将本罪的主观罪过形式认定为过失的主要理由在于：行为人对于违反传染病防治法规定的行为虽然可能是故意，但对于引起甲类传染病传播或者有传播严重危险这一结果是疏忽大意或过于自信，因此属于过失犯。② 由此可见，我国学者是根据行为故意、结果过失这一逻辑将妨害传染病防治罪的主观罪过形式归于过失的。那么，在这种情况下，为什么不是根据违反传染病防治法规定的行为的主观心理态度认定为故意，而是根据对于传播严重危险的主观心理态度认定为过失呢？这里涉及“传播严重危险”这一要素在构成要件中的体系性地位问题。对此，我国学者张明楷教授引入客观超过要素的理论，在此基础上论证本罪属于故意犯。张明楷教授指出：“将本罪确定为过失犯罪，缺乏‘法律有规定’的前提，只能确定为故意犯罪，但宜将‘造成甲类传染病传播’视为本罪的客观超过要素，既不需要行为人明知该结构的发生（但要求有认识的可能性），也不需要行为人希望或者放任其发生。”③ 在此，张明楷教授否认妨害传染病防治罪的主观罪过形式是过失的一个主要理由是法律没有规定，因为我国刑法第 15 条第 2 款明确规定：“过失犯罪，法律有规定的才负刑事责任。”但是，我国刑法第 330 条所列举的违反传染病防治法规定的行为显系故意，而并没有规定本罪是过失。在这种情况下，本罪应当认定为故意犯罪。笔者认为，这一论证并没有充分的

① 参见刘仁文：《过失危险犯研究》，22 页，北京，中国政法大学出版社，1998。

② 参见王作富主编：《刑法分则实务研究》，5 版，下册，1343 页，北京，中国方正出版社，2013。

③ 张明楷：《刑法学》，4 版，985 页，北京，法律出版社，2011。

法理根据。过失犯可以分为纯正的过失犯与不纯正的过失犯：前者是指只能由过失构成而不可能由故意构成的犯罪，后者是指既可以由过失构成又可以由故意构成的犯罪。刑法关于“过失犯罪，法律有规定的才负刑事责任”的规定主要适用于不纯正的过失犯而并不适用于纯正的过失犯，因为在不纯正的过失犯罪中，同一种行为，故意与过失都可以构成犯罪。因此，在法律没有规定过失犯罪的情况下，只能处罚故意而不能处罚过失。而纯正的过失犯只能由过失构成不能由故意构成，因此即使法无规定，也应当负刑事责任。就妨害传染病防治罪而言，如果构成犯罪，也可能构成纯正的过失犯。对于纯正的过失犯，并不需要法律规定也能构成犯罪，例如我国刑法中的重大责任事故罪。因此，以缺乏法律规定为根据否定妨害传染病防治罪是过失犯，理由并不充分。至于客观超过要素的见解，笔者认为还是具有独特性的，但这只是排除行为人对于引起甲类传染病传播或者有传播严重危险的认识，而肯定对其认识的可能性，以此认定本罪属于故意犯。

妨害传染病防治罪能否认定为故意犯？其根本问题还是在于行为人是否可能对引起甲类传染病传播或者有传播严重危险持希望或者放任的主观心理。过失说认为，行为人虽然对于违反传染病防治法规定的行为是故意的，但对于引起甲类传染病传播或者有传播严重危险则不可能是故意，而只能是过失。但这一说法的根据并不明确。对本罪持故意说的学者则认为，本罪属于明知故犯，主观方面应该是故意。例如，黎宏教授指出：“行为人明知自己的违反国家传染病防治法规定的行为具有引起甲类传染病传播或者有传播严重危险而希望或者放任该种结果的发生。因为，从本罪的实行行为来看，多半是明知故犯，说行为人在行为时对自己（行为）可能引起的后果没有认识，是难以想象的。”① 对于本罪的主观罪过形式属于故意，笔者是赞同的。在笔者看来，在本罪中，违反传染病防治法规定的行为与引起甲类传染病传播或者有传播严重危险之间应当具有因果关系，即在客观上，行为人不仅必须实施了违反传染病防治法规定的行为，例如，供水单位供应的饮用水不符合国家规定的卫生标准等，而且，这一违反传染病防治法规定的行为还必须引起甲类传染病传播或者有传播严重危险。不可否认，违反传染病防治法规定的行为在一般情况下是不可能直接引起甲类传染病传播或者有传播严重危险。因此，在客观上我国刑法对于本罪的入罪设置了极为严格的条件。不仅如此，而且在主观上行为人要对于引起甲类传染病传播或者有传播严重危险具有认识，如果没有这种认识，本罪也不能成立。

笔者认为，我国刑法第 330 条所列举的 4 种违反传染病防治法规定的行为，是本罪的实行行为，而引起甲类传染病传播或者有传播严重危险，则是本罪的构成要件结果，行为人对其应当认识。引起甲类传染病传播或者有传播严重危险相对于情节严重，是区分犯罪行为与行政处罚行为的界限。事实上，刑法第 330 条所规定的

① 黎宏：《刑法学》，854 页，注释 98，北京，法律出版社，2012。

4种行为，在《传染病防治法》第73条都有明文规定：对于违反《传染病防治法》规定，导致或者可能导致传染病传播、流行的，可以处以行政处罚；构成犯罪的，依法追究刑事责任。而刑法第330条将引起甲类传染病传播或者有传播严重危险作为追究刑事责任的标准，从而在应当受到行政处罚与应当追究刑事责任的违反传染病防治法的行为之间划出了明确的法律界限。因此，引起甲类传染病传播或者有传播严重危险体现的是刑事政策的精神。从法条内容本身理解，将本罪认定为故意犯，更能够限缩刑罚范围。基于这一分析，笔者认为本罪属于故意犯，由此可以否定过失犯的危险犯。

（二）妨害国境卫生检疫罪

我国刑法第332条规定：

> 违反国境卫生检疫规定，引起检疫传染病传播或者有传播严重危险的，处三年以下有期徒刑或者拘役，并处或者单处罚金。

妨害国境卫生检疫罪具有相似于前述妨害传染病防治罪的规范构造，也是以引起检疫传染病传播或者有传播严重危险作为犯罪成立条件的。我国有学者指出："行为人违反国境卫生检疫规定，妨害国境卫生检疫的行为具有高度的危险性，一旦这一危险转化为具体的危害结果，后果将会极其严重。因此，从刑事政策的角度考虑，《刑法》第332条将本罪的构成要件规定为'引起检疫传染病传播或者有传播严重危险'。'引起检疫传染病传播'，是指妨害国境卫生检疫的行为造成了传播的后果。换言之，行为人的行为使他人感染上了检疫传染病。这在刑法理论上被称为实害犯。'有传播严重危险'，则是指虽然尚未实际造成检疫传染病的传播，但具有造成检疫传染病传播的较大的现实可能性。这在刑法理论上称为危险犯。"① 以上对妨害国境卫生检疫罪立法规定的描述是正确的，因此，本罪是否属于过失犯的危险犯就在于主观罪过形式是否过失。我国有学者正是在肯定本罪是过失犯的基础上，认为妨害国境卫生检疫罪是典型的过失犯的危险犯立法例。②

关于妨害国境卫生检疫罪的罪过形式，在我国刑法学界也是存在争议的，即故意说与过失说的争论，当然也还存在既可能是故意也可能是过失的观点。本罪到底是故意还是过失，主要取决于故意与过失的界定。我国有学者在论证本罪的主观罪过形式属于过失时指出："根据刑法理论，故意和过失都是针对行为人对危害结果的态度而言的，本罪中行为人对'引起检疫传染病传播或者有传播严重危险'的结果是不希望发生的，因此本罪的主观罪过形式是过失。"③ 这一论述是以行为人不希望引起检疫传染病传播或者有传播严重危险发生作为其逻辑演绎起点的。笔者认为，如果行为人确实存在这种不希望的主观心理态度，当然不能构成本罪。但不能

① 王作富主编：《刑法分则实务研究》，5版，下册，1351页，北京，中国方正出版社，2013。
② 参见刘仁文：《过失危险犯研究》，26页，北京，中国政法大学出版社，1998。
③ 王作富主编：《刑法分则实务研究》，5版，下册，1352页，北京，中国方正出版社，2013。

由此得出结论：行为人可以构成过失犯。根据刑法第332条之规定，只有在行为人对于引起检疫传染病传播或者有传播严重危险具有希望或者放任的主观心理态度的情况下，才能构成本罪。因此，本罪属于故意犯，而不能构成过失犯的危险犯。

（三）危险驾驶罪

危险驾驶罪是我国《刑法修正案（八）》新设立的一个罪名，其中，我们重点讨论醉酒驾车构成的危险驾驶罪。我国刑法第133条之一规定：

> 在道路上驾驶机动车追逐竞驶，情节恶劣的，或者在道路上醉酒驾驶机动车的，处拘役，并处罚金。
>
> 有前款行为，同时构成其他犯罪的，依照处罚较重的规定定罪处罚。

我国刑法中的危险驾驶罪，包括了两种行为：一是追逐竞驶，二是醉酒驾驶。其中，更为引人注意的是醉酒驾驶构成的危险驾驶罪。在《刑法修正案（八）》设立危险驾驶罪之前，我国刑法只规定了交通肇事罪，这是一个过失犯罪，以发生重大事故，致人重伤、死亡或者使公私财产遭受重大损失作为犯罪成立条件，属于过失犯的结果犯。对于交通肇事罪来说，违反交通运输管理法规的行为既可能是故意的也可能是过失的，但对于肇事结果，都是过失的。在违反交通运输管理法规的行为中，事实上包含了酒后驾驶机动车的行为。但酒后驾驶机动车，即使达到醉酒程度驾驶机动车，只要没有发生肇事结果，都不构成犯罪。只是在某些特殊情况下，可以构成交通肇事罪的条件之一。例如，2000年11月15日最高人民法院《关于审理交通肇事刑事案件应用法律若干问题的解释》第2条第2款规定，交通肇事致一人以上重伤，负事故全部或者主要责任，并具有6种情节之一的，以交通肇事罪定罪处罚。在这6种情节中，就包括酒后驾驶机动车的行为。由此可见，醉酒驾驶行为的入罪具有明显的对肇事后果的依赖性。但《刑法修正案（八）》设立危险驾驶罪之后，这种情况发生了根本改观：醉酒驾驶机动车的行为可以独立入罪，而不再依赖于肇事后果。因此，醉酒驾驶机动车行为的入罪是典型的刑法处罚的前置，体现了刑法对公共安全的特殊保护。

从我国刑法对危险驾驶罪的立法规定来看，醉酒驾车构成的危险驾驶罪是危险犯，而且是抽象危险犯，因为只要实施醉酒驾驶机动车的行为，即使没有发生肇事后果，也构成犯罪。这种危险不是具体危险，而是抽象危险，我国有学者指出："抽象危险犯的危险在于该种危险尚无具体危及的对象、尚未达到具体危险，距离实害结果更是相对较远，在这个意义上，将抽象危险犯的危险归为行为的危险而将具体危险犯的危险归为结果的危险还是有一定道理的。以如此逻辑来看我国的危险驾驶罪，在行为性质上应当属于抽象的危险犯。"① 在我国刑法中，关于危害公共安全罪的规定，最初是设立了具体危险犯，例如，刑法第114条和第115条规定的

① 刘军：《危险驾驶罪的法理辨析——兼论刑法法益保护的前期化》，载《法律科学》，2012（5）。

放火罪、决水罪、爆炸罪、投放危险物质罪和以危险方法危害公共安全罪，都分别设立了实害犯和危险犯，其中，危险犯以尚未造成严重后果作为标志。这里的危险犯不仅是故意犯的危险犯，而且是具体危险犯。而《刑法修正案（八）》规定的危险驾驶罪则属于抽象危险犯。

那么，危险驾驶罪是故意犯的抽象危险犯呢还是过失犯的抽象危险犯？对此，我国刑法学界存在着争议。这里主要涉及如何界定危险驾驶罪的主观罪过形式问题，即：危险驾驶罪是故意犯还是过失犯？我国刑法学界的通说认为，危险驾驶罪的罪过形式是故意。① 这里的故意表现为：明知自己的危险驾驶行为会危及公共安全而实施该行为。对于危险驾驶罪是故意犯的观点，冯军教授持反对意见，他从刑法第133条之一的规范目的出发，论证了危险驾驶罪属于过失犯。根据冯军教授的观点，刑法第133条之一的规范目的不是通过防止行为人醉酒驾驶行为来故意地维护公共安全。也就是说，它针对的情形是：行为人故意在道路上醉酒驾驶，并且故意通过醉酒驾驶行为来引起公共安全的抽象危险。刑法第133条之一的规范目的在于弥补在交通违法行为与交通肇事罪之间所承载的处罚漏洞。因此，应当将醉酒型危险驾驶罪解释为过失的抽象危险犯。② 冯军教授采用规范目的的分析方法是值得赞许的，尽管笔者并不赞同其结论。冯军教授的意思是：醉酒驾驶型的危险驾驶行为虽然不能被认定为以危险方法危害公共安全罪的具体危险犯，但完全可以被认定为以危险方法危害公共安全罪（实害犯）的未遂犯。因此，根据既有的刑法规定完全能够处罚作为故意犯的抽象危险犯的醉酒驾驶型的危险驾驶罪，在此并不存在着处罚漏洞。只有在交通违法行为和交通肇事罪之间才存在处罚漏洞，因而有必要设立作为过失犯的抽象危险犯的醉酒驾驶型的危险驾驶罪。笔者认为，刑法已有规定并不能成为否定新设罪名的理由；更何况，将醉酒驾驶型的危险驾驶罪理解为故意犯，并不能认定为刑法第114条规定的以危险方法危害公共安全罪（具体危险犯）的未遂犯。正如张明楷教授指出："如果行为人仅具有造成抽象危险的故意，而不具有刑法第114条要求的造成具体危险的故意，就不可能成立刑法第114条的未遂犯。"尤其是张明楷教授论及："冯文主张危险驾驶罪属于过失的抽象危险犯的观点，不仅没有实现刑法的规范目的、没有填补所谓相关的漏洞，反而导致过失的抽象危险犯受处罚，而故意的抽象危险犯没有相应的可以适用的法条的矛盾局面。"③ 事实上，过失的抽象危险犯的设立是以故意的抽象危险犯为前提的。例如，《德国刑法典》第316条对交通中的酩酊作了以下规定：

（1）行为人在交通中（第315条至第315d条）驾驶交通工具，尽管他由于饮用酒精饮料或者其他醉人的药物而不能安全地驾驶交通工具的，处一年以下的自由

① 参见全国人大常委会法制工作委员会刑法室编：《〈中华人民共和国刑法修正案（八）〉条文说明、立法理由及相关规定》，71页，北京，北京大学出版社，2011。

② 参见冯军：《论〈刑法〉第133条之1的规范目的及其适用》，载《中国法学》，2011（5）。

③ 张明楷：《危险驾驶罪的基本问题——与冯军教授商榷》，载《政法论坛》，2012（6）。

刑或者金钱刑，如果该行为没有在第 315 条 a 或者第 315 条 c 中被用刑罚加以威吓的话。

(2) 也根据第 1 款予以处罚，如果行为人过失地实施该行为。

以上《德国刑法典》关于醉酒驾驶罪的规定，可以分为两款：第 1 款是故意犯的抽象危险犯，第 2 款是过失的抽象危险犯。因此，将我国刑法中的危险驾驶罪解释为过失的抽象危险犯，可能会使故意的抽象危险犯丧失处罚根据。而且，将我国刑法中的危险驾驶罪解释为过失的抽象危险犯，还可能会扩张刑罚惩罚的范围。因为，如果将我国刑法中的危险驾驶罪理解为故意的抽象危险犯，则在刑法没有明文规定的情况下，对过失的抽象危险犯不得处罚。但将我国刑法中的危险驾驶罪解释为过失的抽象危险犯，则不仅使应当受到刑罚处罚的故意的抽象危险犯无法处罚，而且使不应当受到处罚的过失的抽象危险犯受到处罚。

三、过失危险犯的法理考察

基于以上论述，对于过失犯的危险犯，在《德国刑法典》中有处罚性的明文规定，因此，德国刑法学界围绕着其立法的正当性对过失犯的危险犯展开了刑法教义学的讨论。但在我国刑法中，对过失犯的危险犯并无规定，因此，我国刑法学界应当讨论的主要还是在刑法中是否应当设立过失犯的危险犯的问题。

过失犯在一般情况下，都是过失结果犯。德国学者在论及过失结果犯的不法构成要件时指出："过失行为的不法性的确定，是根据它的结果无价值和行为无价值(Erfolgs-und Handlungsunwert)。在过失结果犯的范围内，组成不法构成要件之基础的，是三个相互之间有着紧密连接的特征：结果造成（Erfolgsverursachung)、违反客观上所要求的谨慎义务（Verletzung der objektiven sorgfaltspflicht）和由于举止的缺陷所造成之结果（Erfolg）的根据谨慎规范所指向的保护目的而客观上的可归责性（objektive Zurechenbarkeit)。"① 因此，在过失结果犯的情况下，实行的是结果归责的原则。尤其是，过失的实行行为本身具有较为强烈的规范性特征，不像故意犯那样具有存在论意义上的定型性。在这种情况下，过失犯的结果就成为过失犯构成的根本标志，对于过失犯的归责具有重要意义。

《德国刑法典》关于过失犯的危险犯的规定，完全不同于过失结果犯，德国学者称为"没有造成结果的过失"。这种所谓没有造成结果的过失，其实就是一种过失的未遂。但在刑法理论上，从来都是认为过失犯不存在未遂或者过失犯的未遂不处罚的。从这个意义上说，刑法关于过失犯的危险犯的处罚性规定，实际上是过失犯的未遂不处罚原则的一种例外或者突破，反映了刑法对于过失犯处罚范围的扩张。例如，有德国学者在论及没有造成结果的过失时指出："如果过失行为人虽然

① ［德］约翰内斯·韦塞尔斯：《德国刑法总论》，李昌珂译，392 页，北京，法律出版社，2008。

违反了注意义务实现了行为不法，但还没有产生消极的结果，即结果不法不存在，就存在着与故意犯罪未遂相当的情况。这种情况下，行为大多不受处罚。”① 故意犯的未遂之所以受处罚，过失犯的未遂之所以不受处罚，主要原因就在于行为人的意志决定：故意犯存在着对于构成要件结果的意志决定，结果没有发生是由于意志以外的原因。但在过失犯的情况下，并不存在行为人对于构成要件结果的意志决定，因此不能适用故意犯未遂处罚根据的法理。

在我国刑法学界否定过失危险犯的一个重要理由，就是过失犯是结果犯，而危险犯，无论是具体危险犯还是抽象危险犯，不存在这种结果，因此，没有结果的过失是不能成立的。我国刑法第 15 条规定：“应当预见自己的行为可能发生危害社会的结果，因为疏忽大意而没有预见，或者已经预见而轻信能够避免，以致发生这种结果的，是过失犯罪。”这一过失概念显然是以结果为本位的，我国有学者由此得出过失犯只能是结果犯的结论，指出：“客观上发生了严重危害结果，是构成过失犯罪的客观条件。只有实际上发生了严重的危害结果，才能赋予行为人的行为以犯罪的性质，也才能体现出行为人主观过失的严重性。如果实际上没有发生危害结果，或者发生的危害结果不严重，那么，即使行为人主观上存在过失，也不构成过失犯罪。”② 这一论述把我国刑法第 15 条规定的犯罪过失概念中的“危害社会结果”理解为构成要件结果，因此没有这种结果过失犯罪不能成立，从而排斥了过失犯的危险犯。我国有学者在论及过失行为与过失结果在过失犯的构成要件中的功能时指出：“在过失犯罪的场合，行为人对构成犯罪的事实缺乏认识，即使有可能性之认识，但也不希望其发生或轻信能避免其发生，也就是说，行为的结果不是他特定的目的，因此，过失行为本身不具有违法性和危害性，不受法律上否定之评价。故通称过失犯罪为‘非行为犯’。但是，过失犯罪的结果对社会却是有害的，是法律所不容许的。也就是说，当过失行为还没有造成危害后果（实指严重的危害后果）时，其行为本身不具有犯罪的性质，但当过失行为造成了严重的危害结果时，其行为就构成了犯罪。可见，过失犯罪具有浓厚的实质犯色彩，故又称过失犯罪为‘结果犯’（实质犯），意即无实害即无过失犯罪。”③ 由此可见，需要对我国刑法第 15 条关于过失犯罪的概念性规定进行合理的解读，否则，难以在我国刑法中肯定过失犯的危险犯。

其实，这个问题在故意犯中同样存在着。我国刑法第 14 条规定：“明知自己的行为会发生危害社会的结果，并且希望或者放任这种结果发生，因而构成犯罪的，是故意犯罪。”这一关于故意犯罪中的故意的规定，也是结果本位的。那么，在故意犯中如何能够容纳危险犯呢？因为，危险犯也是结果缺失的，在故意犯的危险犯

① ［德］冈特·斯特拉腾韦特、洛塔尔·库伦：《刑法总论》，Ⅰ·犯罪论，杨萌译，417 页，北京，法律出版社，2006。

② 侯国云：《过失犯罪论》，83 页，北京，人民出版社，1993。

③ 同上书，85 页。

的情况下，如何满足犯罪故意的构成要素？这也是一个值得研究的问题。我国有学者提出了结果本位主义的故意概念与行为本位主义的故意概念，指出："在结果本位主义的刑法体系中，危害结果既然是意欲的对象，自然也是认识的对象，并且认识内容实际上需要以危害结果为核心。相应地，凡是指向结果或者影响结果出现的因素都会被认为属于故意的认识内容或明知的范围。而在行为本位主义的刑法体系中，故意的认识对象则以行为为核心。据此，只有与行为相关且直接影响行为违法性的因素才属于认识的内容。"① 在此，论者是从理论上分析故意认识内容的。但从刑法教义学角度来说，我国刑法第 14 条以及第 15 条之规定的"结果"到底是指什么，这个问题恰恰是最为关键的。如果把这里的结果理解为构成要件结果，即对行为客体的作用或者影响，则我国刑法中的犯罪故意只能是结果犯的故意，只有对结果具有认识时才有可能成立故意。同样，我国刑法中的过失也只能是结果犯。反之，如果把这里的结果理解为法益侵害性，也就是上述学者所称的（实质）违法性，那么，当这种法益侵害体现为实害时，当然要求对结果有认识；当这种法益侵害体现为危险时，要求对行为的危险性有认识。由此，可以将我国刑法中的犯罪故意分为结果犯的故意与行为犯或者危险犯的故意。基于这一逻辑，对我国刑法中过失犯罪概念中的结果，也应当作以上理解，即在过失犯的结果犯的情况下，行为人所要求预见或者已经预见的是实害结果发生的可能性；在过失犯的危险犯的情况下，行为人所要求预见的是行为本身的危险性。如此，则可以在我国刑法关于犯罪过失的语境中，容纳过失犯的危险犯。

在过失犯是否可以成立危险犯的争议中，还存在一个问题，就是过失行为本身是否具有危害性、是否应当作为犯罪处理。否定说的理由是过失行为的危害性取决于结果：如果发生了法益侵害结果，则过失行为具有危害性；如果没有发生法益侵害结果，则过失行为不具有危害性。因此，在没有发生法益侵害结果的情况下，不能成立过失犯的危险犯。这一观点涉及危险犯的处罚根据问题。在实害犯即侵害性犯罪中，法益侵害结果已经发生，因此，可以根据法益理论为其刑事处罚的正当性提供根据。但在危险犯的情况下，法益侵害结果没有发生，其刑事处罚根据如何进行论证呢？关于这个问题，具体危险犯与抽象危险犯还是存在差别的。就具体危险犯而言，虽然法益侵害结果没有发生，但具有发生的可能性，这种可能性就表现为结果性危险。在这个意义上说，具体危险犯仍然属于结果犯，只不过其结果不是实害，而是危险状态。对此，德国学者许乃曼提出规范的危险性结果理论加以说明。该理论认为：具体的危险存在于侵害性结果偶然地没有发生的场合。这种偶然性不是确定为在自然科学上无法说明的理由，而是确定为一种人们不能相信会出现的情形。② 但抽象危险犯与此有所不同，不仅没有发生法益侵害结果，而且结果发生的可能性也不

① 劳东燕：《犯罪故意理论的反思与重构》，载《政法论坛》，2009（1）。

② 参见［德］克劳斯·罗克辛：《德国刑法学总论》，第1卷，王世洲译，277页，北京，法律出版社，2005。

存在，只是一种行为性危险。对此，德国学者霍恩和布雷姆提供了客观上的违反谨慎性的解释进路，而许乃曼则修改为主观上的违反谨慎性。① 无论是客观上的违反谨慎性还是主观上的违反谨慎性，都以防止危险发生作为最终目标，同时也为过失犯的危险犯创造了空间，即：过失性的没有采取预防措施避免危险发生与故意性的没有采取预防措施避免结果发生一样，都是具有刑事可罚性的行为。因此，不仅存在故意犯的危险犯，而且存在过失犯的危险犯。

过失犯的危险犯对于危险的发生具有过失，其在客观上与故意犯的危险犯相同，只是主观罪过形式不同而已。就故意犯的危险犯与过失犯的危险犯而言，故意犯的危险犯在处罚上要重于过失犯的危险犯，因此，只有在处罚故意犯的危险犯的前提下，才能处罚过失犯的危险犯。例如，《德国刑法典》就是这样规定的。我国刑法规定的醉酒型的危险驾驶罪，对于醉酒驾驶行为会造成公共安全的危险是明知的，因此属于故意犯的危险犯。就此而言，我国刑法并没有关于醉酒型危险驾驶罪的过失危险犯的处罚性规定。换言之，在我国刑法中，只有明知醉酒驾驶行为会造成公共安全的危险仍然驾驶的，才构成犯罪。如果在不知情的情况下饮用了含有酒精的饮料，没有认识到自己处于醉酒状态而驾驶的，尽管对于客观上造成的公共安全的抽象危险具有过失，也不能认定为危险驾驶罪。

我国刑法，即使是在 1997 年修订以后，结果本位的立法特征还是较为明显的。根据我国刑法的规定，无论是故意犯罪还是过失犯罪，一般都要求发生一定的危害结果或者情节严重，才构成犯罪。因此，我国刑法中的行为犯或者危险犯的立法规定是较为例外的。这种立法状况，笔者认为，与我国所特有的二元处罚体制具有密切关联。在我国的法律体系中，存在着行政处罚与刑事处罚的二元处罚体制。在行政处罚中，又可以分为公安机关的治安处罚和其他行政机关的行政处罚。除此以外，在过去相当长的一个时期，还存在着劳动教养，它介乎治安处罚与刑事处罚之间。直到 2013 年 12 月 28 日全国人大常委会才通过决议，废除劳动教养制度。在我国刑法中，为了给行政处罚留下空间，除了性质严重的行为以外，对其他行为都根据情节分别予以行政处罚与刑事处罚，即：情节严重或者造成严重后果的，予以刑事处罚；情节轻微或者没有造成严重后果的，予以行政处罚。从这个意义上说，我国刑法所规定的犯罪只是相对于其他国家刑法典中的重罪和部分轻罪。因此，我国刑法中只有极少数故意犯的危险犯，没有过失犯的危险犯。对于这些危险行为，一般都按照行政违法行为予以处罚。而在其他国家，行政机关甚至警察机关都没有处罚权，一切涉及对公民财产和人身的处罚都必须经过司法程序，因此，即使是没有发生法益侵害结果的危险犯，需要处罚也必须以刑法规定为根据。在这种情况下，其他国家刑法典中存在较多的危险犯包括过失犯的危险犯的规定，就是比较容易理解的了。

即使在其他国家，过失犯也存在一个从过失结果犯到过失危险犯的演进过程，其

① 参见［德］克劳斯·罗克辛：《德国刑法学总论》，第 1 卷，王世洲译，279 页，北京，法律出版社，2005。

社会背景是现代科技的迅速发展、风险源的增加，即所谓风险社会的到来。德国学者许乃曼教授曾经提出“从过失犯罪向危险犯的演进”的命题，指出：“从公平和威慑效果的角度来看，传统的过失犯罪的概念都有欠缺，因为某一不谨慎的、极端危险的行为是否会造成损害后果，纯粹是偶然事件。只要行为人相信如果因为其行为的后果没有危害性而不会受到处罚，那么对行为人可能实施的处罚的威慑和预防效果就会大大削弱。对造成了严重损害后果的轻微过失犯罪行为处以重罚，而对造成轻微损害后果的重大过失犯罪不予处罚，都是错误的和不公平的。因此，所有欧洲国家对立法都已经摈弃了传统的过失犯罪的概念，现在都转而采纳了危险犯罪的概念。”① 这里所谓传统的过失犯罪的概念，就是指只有发生危害后果才处罚的结果犯的过失犯罪概念。在这种情况下，危险犯就成为过失犯的立法发展趋势。例如《德国刑法典》就极为细致地规定了过失犯的危险犯，其他国家也有类似规定。过失犯从结果犯向危险犯的立法发展趋势，反映了在科技发展的社会背景下，随着危险源的增加，刑法功能从事后的惩治向事前的预防转变。在这种情况下，刑法的预防观念得到了进一步的加强。

我国目前主要是在从风险社会理论中引申出来的风险刑法的框架内论证过失犯的危险犯的正当性与必要性。但德国社会学家贝克关于风险社会的理论著作是 1986 年出版的，而正如罗克辛教授所指出的那样，德国学者普里特维茨在 1993 年出版的著作《刑法与风险》，第一次以专著的形式对风险刑法问题进行研究。②《德国刑法典》关于过失危险犯的立法则出现在 1975 年，可见立法远远走在理论的前面。只能说，风险刑法理论在一定程度上契合了过失危险犯的立法，为过失危险犯的立法提供了理论论证。在我国刑法学界，对于我国刑法中是否存在过失危险犯的规定，只是讨论的一个层面。如前所述，笔者并不认为我国刑法存在过失危险犯的立法例。既然过失犯的危险犯是与故意犯的危险犯相对应的不纯正的过失犯，那么就应当以法律有明文规定作为追究刑事责任的根据，并且，必然以刑法规定了相对应的故意犯的危险犯为前提。

从我国刑法来看，结果本位的倾向还是极为强烈的，在晚近的立法中，出现了向行为本位演变的某些迹象。类似危险驾驶罪的设立，就是一个具有说服力的立法例。此外，我国刑法第 338 条将作为过失犯的结果犯的环境污染重大责任事故罪修改为作为故意犯的危险犯的环境污染罪，也是最佳例证。笔者认为，这些规定只是表明我国刑法中出现了某些故意犯的危险犯，但还没有出现过失犯的危险犯。在我国目前行政处罚与刑事处罚的双重制裁体制下，没有发生实害结果的过失行为，仍然属于行政处罚的范畴，还没有达到刑事处罚的程度。

① ［德］许乃曼：《传统过失刑事责任观念在当代社会中的弊病——新的趋势与展望》，王秀梅译，载《法学家》，2001（3）。

② 参见［德］克劳斯·罗克辛：《德国刑法学总论》，第1卷，王世洲译，19页，北京，法律出版社，2005。

第十五章

客观处罚条件

一、问题的提出

客观处罚条件（又称为客观的可罚性条件）概念有不同的含义：(1) 客观处罚条件是指某种行为举止，与不法和责任无关，但由于其与行为紧密相关，而被作为犯罪成立要件之外的、决定行为可罚与否的实体要素。在这个意义上，客观处罚条件具有“限制处罚范围”的功能。应该说，从限制处罚的角度看待客观处罚条件是通说的观点。(2) 客观处罚条件是犯罪成立要件中“不法构成要件”的内容，只是其不需要行为人认识而已。某种事实如果根本不需要行为人认识和预见，就可以作为处罚的理由的话，那么，客观处罚条件的规定实际上是比共犯、未遂的规定都走得更远的“处罚扩张事由”。对此，许玉秀就认为，（不真正的）客观处罚条件，是一种伪装的处罚加重事由，“只是形式上的处罚条件，实质上则是不法构成要件，立法者有意把它们排除在行为人的认识对象之外，使得罪责原则受到限缩”，而刑罚处罚的范围则得到扩大，即行为人对此没有认识也可能受到处罚。①

在日本，对客观处罚条件的讨论，一般限于事前受贿罪中公务员的事后就任、诈欺破产罪中破产宣告的确认等范围。在德国，被认为属于客观处罚条件的情形有：醉酒后，在昏醉状态中实施违法行为；诽谤罪中对于有损于他人名誉的事实不能证明其真实性②；参与斗殴罪中的严重后果；破产犯罪中的停止支付、宣告破产，等等。总体而言，关于客观处罚条件的规定在国外刑法立法中处于上升势头。

在不具备客观处罚条件时，实务中会得出被告人无罪的结论，这就使得该条件成为“刑罚障碍”“处罚门槛”。客观处罚条件这一概念本身，在成文刑法上并未作出规定，而是理论上归纳提炼出来的。“客观处罚条件，可以说是刑法体系化、精致化之后的产物。”③ 虽然在大陆法系的德、日等国刑法学界对这个概念的讨论有数十年，但是，人们对客观处罚条件的性质、体系性地位等问题的争论都远未结束。在我国处于通说地位的犯罪构成四要件说中，客观处罚条件没有存在余地。但是，在我国刑法立法中，已经逐步出现为数不少的类似于客观处罚条件的规定。如何理解和适用这些规定，是理论上不可回避的问题。

（一）概念的厘清：客观处罚条件和“事实的处罚排除事由”

在我国刑法的某些条文中，有的是关于客观处罚条件的规定，有的是关于“事

① 因此，在理论上，也完全可以把客观处罚条件视作“处罚扩张事由”。参见许玉秀：《当代刑法思潮》，86页，北京，中国民主法制出版社，2005。

② 参见［德］汉斯·海因里希·耶赛克、托马斯·魏根特：《德国刑法教科书（总论）》，徐久生译，671页，北京，中国法制出版社，2001。对此，也存在争议，有的学者认为：醉酒后在昏醉状态中实施违法行为不是客观处罚条件的问题；诽谤罪中事实真实性的证明是违法阻却事由。但本章采德国刑法学中承认其为客观处罚条件的学说。

③ 林钰雄：《新刑法总则》，325页，台北，元照出版有限公司，2014。

实的处罚排除事由”的规定。但能否认为关于“事实的处罚排除事由”的规定实质上是以存在客观处罚条件的规定为前提的，甚至认为“事实的处罚排除事由”就是客观处罚条件？为此，有必要对客观处罚条件和“事实的处罚阻却事由”的关系加以界定。

“阻却处罚的根据”，是指某种特殊情节的“不存在”才是刑事可罚性的前提。一般认为，客观处罚条件和“阻却处罚的根据”是相对的概念。“阻却处罚的根据”包括三种情形：(1) 个人的处罚阻却事由。这主要是指某种身份的存在，使得刑罚处罚难以实现。这种排除刑罚的规定只对具有这种身份的人适用，例如，享有外交特权的人、议员的身份，有时是排除刑罚的根据。德国刑法规定，在议会中侮辱其他议员的，即便其行为具有违法性，但为防止妨碍议会的民主氛围，对议员的行为不罚。日本刑法规定，亲属之间实施赃物犯罪的，免除处罚。(2) 事实的处罚阻却事由。因为某种事实的不存在，才能进行处罚。我国刑法逃税罪中不予追究刑事责任的规定，就是设置了事实的处罚阻却事由。(3) 个人的撤销刑罚事由。这主要是指中止已经开始进行的犯罪，从而应当减轻或者免除处罚的情形。在这种情况下，应受处罚的行为其实早就存在了，但是刑法对于行为人事后的诸种努力给予鼓励。中止或者类似情形，虽然不能改变违反法律秩序的事实，但是，会显著减轻违法的严重程度，所以可以免除刑罚处罚。例如，按照我国刑法第 351 条的规定，非法种植毒品原植物，在收获前自动铲除的，可以免除处罚。该规定的效力只及于自动铲除者，对于事先参与共同种植毒品原植物的人，并不能适用。

必须指出，在上述“阻却处罚的根据”中，第一、第三种情况（个人的处罚阻却事由、个人的撤销刑罚事由）都只对行为人个人发生效力，没有类似于客观处罚条件能够平等地适用于所有人的特征，因此，与客观处罚条件在性质上并不相同。但是，第二种情况（事实的处罚阻却事由）和客观处罚条件之间的差异很小，甚至可以说它们是“一体之两面”：凡是具有事实的处罚阻却事由的情形，就不能进行处罚，客观的处罚条件就不具备；凡是符合客观处罚条件的，事实的处罚阻却事由就不存在。罗克辛教授对此指出：“在客观的刑事可罚性条件和事实的排除刑罚的根据之间所存在的区别，纯粹是形式上的。例如，无论人们把恶意诽谤时没有提出真实的证据称为客观的刑事可罚性的条件，还是把成功地举出真实的证据称为事实的排除刑罚的根据，都是一样的。”① 那么，可以说，客观处罚条件的反面就是处罚排除条件，即事实的排除处罚事由。在刑法分则中，只要不是属于典型的违法要素，无论立法上是从正面规定客观处罚条件还是从反面规定事实的处罚排除事由，实质上都是对客观处罚条件的规定。例如，对于收买被拐卖的妇女儿童罪，刑法规定事后出现某种特殊情况的，可以不予追究刑事责任。在立法上规定，因为某种事由的出现在处罚上就可以网开一面时，就是关于事实的处罚排除事由的规定，但同

① ［德］克劳斯·罗克辛：《德国刑法学总论》，第 1 卷，王世洲译，691 页，北京，法律出版社，2005。

时也是关于客观处罚条件的规定。①

（二）我国刑法学者关于客观处罚条件的相关争论

在我国刑法学中，关于客观处罚条件的讨论并没有完全展开。更何况，我国处于通说地位的犯罪论体系并未为客观处罚条件的存在预留空间。四要件说主张：犯罪构成要件是相对封闭的结构，犯罪构成是成立犯罪所必须具备的一切主、客观要件的总和，行为符合犯罪构成就成立犯罪，犯罪构成是认定犯罪的唯一依据；行为具备了四个方面的要件就成立犯罪，也就具备了实质上发动刑罚权的理由。② “刑事责任是连接犯罪与刑罚的纽带，三者各自独立又互相联系”。刑事责任通过刑罚和非刑罚处理方法来实现，行为符合犯罪构成，就必须被追究刑事责任、受到相应处罚。犯罪行为较重的，刑事责任就重，所应受到的刑罚处罚也就相应较重。③ 所有的要素，不管是揭示违法性还是揭示责任的要素，都是构成要件要素，因此，不可能在犯罪构成之外承认所谓客观处罚条件，否则，就会出现行为符合犯罪构成还不被追究刑事责任的局面。“如果刑法将某种客观因素规定为成立犯罪或追究刑事责任所必须具备的条件，那么，就应当承认这种因素是犯罪构成的要件，而不能将其作为犯罪构成以外的客观处罚条件来对待。易言之，不应将说明行为的社会危害性而为成立犯罪所必须具备的要素，区分为犯罪构成要件要素与客观处罚条件。因此，将客观处罚条件作为犯罪成立要件以外的因素的体系或观点，不能为传统的四要件体系所接受。”④ 坚持四要件说，就会得出客观处罚条件“不要说”的结论，因为确实不能认为在有些犯罪当中，存在一个游离于犯罪构成客观要素之外、影响刑罚处罚的条件。⑤

但是，对于我国刑法中类似于国外客观处罚条件的规定，如何在维持犯罪构成四要件体系的前提下进行解释，在理论上就是一个难题。例如，我国刑法第129条规定，依法配备公务用枪的人员，丢失枪支不及时报告，造成严重后果的，处3年以下有期徒刑或者拘役。本罪在客观方面的要件有三个要素：一是丢失公务用枪；二是不及时报告；三是造成严重后果。显然，行为人主观上必须认识到公务用枪已经丢失，认识到应当及时报告而不及时报告。但对于造成严重后果是否需要行为人认识，学者们歧见纷纭。张明楷教授的解决思路是：本罪中的“造成严重后果”虽然是构成要件，但不需要行为人对严重后果具有认识与希望或放任态度。“造成严重后果”成为超出故意内容的客观要素，属于“客观的超过要素”。在张明楷教授那里，客观的超过要素仍然是犯罪构成要件的要素，即仍然属于犯罪构成的内容，而不是犯罪构成要件以外的内容，不是所谓的客观处罚条件，只是不需要行为人认

① 只要立法上保留着“可以”不予追究的可能性，笔者的前述理解就应该是可以成立的。

② 参见高铭暄、马克昌主编：《刑法学》，52页，北京，北京大学出版社，2000。

③ 参见上书，212页。

④ 张明楷：《犯罪构成体系与构成要件要素》，226页，北京，北京大学出版社，2010。

⑤ 参见黎宏：《刑法总论问题思考》，193页，北京，中国人民大学出版社，2007。

识、预见而已。于是，犯罪构成作为认定犯罪的唯一法律标志的观念仍然得以维持，从而避免体系上的混乱。张明楷教授认为，类似的规定还有刑法第397条滥用职权罪中“致使公共财产、国家和人民利益遭受重大损失”、刑法第339条第2款擅自进口固体废物罪中“致使公私财产遭受重大损失或者严重危害人体健康”等。①

客观的超过要素概念提供了解决我国刑法某些难题的一种进路，但其并非不可置疑。在大陆法系国家，犯罪概念具有相对性，犯罪成立条件之间具有阶层的、递进排除关系，一个行为往往要经过多次过滤后才能确定其是否构成犯罪。这就决定了犯罪成立条件是开放的，行为具备构成要件符合性、违法性、有责性三个要件并不必然导致刑罚，这就给客观处罚条件的存在留下了空间。而我国犯罪构成理论体系是对犯罪行为的实质性判断，不仅要求行为在形式上符合犯罪构成，而且在实质上要达到应受刑罚惩罚的要求，因此，我国刑法规定的构成要件是成立犯罪的最低要求，符合这个要求的，就是犯罪，就具备应受刑罚惩罚性。因此，客观的超过要素概念是否合理，还可以进一步推敲。

与此相关的问题是：在犯罪论体系中，是否一定要坚守“四要件说”？多种犯罪成立理论并存的局面，在当前我国刑法学界已经事实上存在。如果坚持四要件说，如同张明楷教授那样，将某些客观处罚条件作为“客观的超过要素”看待，承认其在犯罪构成客观方面的地位，但是，又不要求行为人认识，就难以令人信服，且与责任主义相抵触。② 如何理解和适用我国刑法中存在的客观处罚条件规定，是不可回避的问题。所以，比较务实的态度是肯定阶层的犯罪论体系的价值，按照构成要件该当性、违法性、有责性的逻辑顺序认定犯罪。③ 在此前提下，承认客观处罚条件的存在，并对此进行充分研究。

（三）问题意识

客观处罚条件是一个包容性很强的概念，能够将复杂多样的限制处罚事由囊括于中。但由此带来的问题是：因为客观处罚条件概念具有高度含混性和迷惑性，不同的学者在使用时，其所指称的对象并不相同，对客观处罚条件体系性地位的归结也不相同，对刑法分则中哪些规定属于客观处罚条件的理解也差异很大。虽然所有的客观处罚条件都具有限制处罚范围的功能，但该功能是如何实现的，并非不言自明。有的客观处罚条件并不属于单纯意义上的处罚限制条件，而是决定违法性的因素，其通过对违法性的影响来缩小犯罪成立范围，从而限制处罚范围；有的可能是纯粹的决定刑罚权启动与否的条件，其通过对构成犯罪的行为进行刑罚运用必要性

① 参见张明楷：《“客观的超过要素”概念之提倡》，载《法学研究》，1999（3）。

② 类似的观点，参见黎宏：《刑法总论问题思考》，194页，北京，中国人民大学出版社，2007。

③ 笔者认为，闭合式的四要件体系无论从理论的角度还是从实务来看都有很多不足，只有借鉴阶层的犯罪论体系，刑法学的很多难题（例如共犯、客观处罚条件等）才能很好地解决。参见周光权：《犯罪论体系的改造》，255页以下，北京，中国法制出版社，2009。

评估来限制处罚范围。

本章的研究进路是：首先站在阶层的犯罪成立理论的立场，对客观处罚条件的性质进行界定。在此基础上，对客观处罚条件进行区分并认为：有的客观处罚条件属于影响违法性的内容；有的客观处罚条件则与违法性无关，属于典型的处罚限制事由。通过这种区分，笔者想揭示的问题是：(1) 在我国刑法中，客观处罚条件的存在是无法回避的事实。“内在的客观处罚条件”① (又称为“不真正的客观处罚条件”) 和“外在的客观处罚条件”(又称为“真正的客观处罚条件”) 的存在其区分具有实际意义。(2) 为了维护罪刑法定主义、法益保护主义，必须承认某些客观处罚条件足以影响违法性。内在的客观处罚条件能够产生违法的效果，是违法要素，但不是典型的违法要素，这一概念具有独特存在价值。(3) 对于内在的客观处罚条件，需要行为人至少有未必的预见。外在的客观处罚条件属于刑罚论讨论的范畴，不需要行为人认识。(4) 如果承认内在的客观处罚条件，就可以对我国刑法中的某些独特规定进行合理解释；如果将某些客观处罚条件作为影响违法性的因素看待，那么，张明楷教授所提倡的“客观的超过要素”可能就是不需要的。

因为内在的客观处罚条件处在实行行为的“延长线”上，能够影响和揭示违法性，所以是本章的研究重点。而外在的客观处罚条件的相关问题，只是附带研究的对象。

二、客观处罚条件的性质

从发生学上看，客观处罚条件源于古代法官的刑事裁量权：古代的刑法制度允许法官根据犯罪人的主观条件（如是否为贵族、僧侣）或特定的情节或政治需要等情况，来决定是否对其适用刑罚。在启蒙运动之后，由于罪刑法定原则、法律面前人人平等原则以及刑事诉讼强制性原则的确立，已经不允许上述情况存在。但是，某些犯罪是否应该受到处罚，的确必须考虑它们客观方面的某些特定条件。于是法律就规定某种特定结果的存在是这些犯罪具有可罚性的必要条件，客观处罚条件的存在就势在难免。②

关于客观处罚条件的性质和地位，不同的学者有不同的理解。

① 特别需要说明的是，之所以使用内在的客观处罚条件概念，是因为这些条件与违法性有关且“内在于”决定犯罪成立与否的违法性要件。与此相对应，笔者将“外在于”犯罪成立条件的处罚限制事由简称为外在的客观处罚条件。其实，外在的客观处罚条件才是真正的客观处罚条件，而内在的客观处罚条件是不真正的客观处罚条件。

② 参见［意］杜里奥·帕多瓦尼：《意大利刑法学原理》(注评版)，陈忠林译，340页以下，北京，中国人民大学出版社，2004。

（一）国外的争论

在客观处罚条件的性质和地位问题上，国外主要有 4 种观点①：

1. 违法性要素说（客观处罚条件概念不要说）

该说认为：在构成要件符合性、违法性和责任三阶层中，所有的客观处罚条件都属于不法的内容，可以还原为违法性要素，因而应当是构成要件要素。不使用客观处罚条件概念，不会对犯罪论体系的建构造成困扰。鲍曼完全拒绝客观的应受处罚性条件，因为在他看来，对应受处罚的条件而言，在犯罪结构的范围内既没有它的位置也没有它的功能。② 曾根威彦则主张：如果站在结果无价值论的立场，自然会将犯罪结果作为违法要素，客观处罚条件也是违法性要素之一。客观处罚条件并非与行为无关，相反，是行为的一种结果。客观处罚条件是因果进程中的中间结果，犯罪结果则是因果进程中的最终结果，因为“危险”是一种结果，而客观处罚条件都是使行为的危险性增大的要素，所以其本身也是一种广义的结果，应当还原为构成要件要素。从犯罪论体系的角度来看，客观处罚条件是构成要件的组成部分；客观处罚条件的存在使实行行为的违法性升高到可罚的程度；行为人对客观处罚条件有认识、预见，在此基础上出现可罚的危险的，应当承担故意责任。③

赞成违法性要素说的学者从全面贯彻责任原则的观点出发，认为：客观处罚条件概念的存在没有意义；所谓的客观处罚条件是过去的偶然责任的产物，完全可以还原为违法要素，从而成为故意的认识对象。④ 许玉秀教授认为：客观处罚条件的功能在于确定行为人的主观不法，是一种推定罪责的立法方式。如果从阶层论的角度出发，可以对客观处罚条件的存在必要性进行质疑。⑤

此外，坚持客观处罚条件概念不要说的另外一些学者认为，在犯罪论上应当坚持实质的违法性论，可以对构成要件作多元化理解。客观处罚条件所涉及的事实是

① 其实，在这 4 种立场之外，还有一种将客观处罚条件还原为责任要素的观点。在日本，有个别学者从积极的一般预防论出发，认为：责任论中非难可能性的内容可以依据刑事政策的目的进行补充，客观处罚条件就是为了确保处罚的妥当性，将立法者的刑事政策目的加以明示所形成的要件。客观处罚条件的处罚限制机能，实际上是对责任的刑罚限定机能的补充（参见［日］松原芳博：《犯罪概念と可罰性——客观的处罚条件と一身的处罚阻却事由について》，155 页，东京，成文堂，1996）。这种观点的不足在于：行为规范是指导所有人行动的规范，积极的一般预防是对所有人发出的规范呼吁，个人如何行动与行为规范的存在属于不同层面的问题。客观处罚条件是立法上针对所有人确定的、整齐划一的国家刑罚权发动的条件，如果将其作为具体判断个别行为人责任的条件，就可能带来责任论上的混乱，在判断标准上也存在问题。对于责任要素说这种极少数说，笔者认为没有单独列出的必要。

② 参见［德］汉斯·海因里希·耶赛克、托马斯·魏根特：《德国刑法教科书（总论）》，徐久生译，699 页，北京，中国法制出版社，2001。

③ 参见［日］曾根威彦：《处罚条件》，载［日］阿部纯二、板仓宏等编：《刑法基本讲座》，第 2 卷，330 页，东京，法学书院，1994。

④ 参见［日］松原芳博：《犯罪概念と可罰性——客观的处罚条件と一身的处罚阻却事由について》，30 页，东京，成文堂，1996。

⑤ 参见许玉秀：《当代刑法思潮》，106 页，北京，中国民主法制出版社，2005。

违法要素之一种，但不是责任的对象，其虽和行为人的态度有密切关联，但并不要求行为人认识，即这种关联性不是意思责任中必然要求的内容，而是责任要素无法包含的违法要素。强调客观处罚条件是客观的违法要素，但又不要求行为人认识，这是对构成要件作多元理解时逻辑地可能得出的结论。但是，按照彻底的责任主义，凡是属于违法事实的部分，都要求行为人认识，认为客观处罚条件是构成要件要素、违法要素，又说它可以不受故意、过失的规制，会带来理论体系上的困扰。为克服这种矛盾，协调客观处罚条件和责任论之间的关系，部分坚持客观处罚条件概念不要说的学者认为，似乎可以考虑在故意、过失之外，增加第三种具有非难可能性的态度形态——“危险冒进”的态度。这种态度与责任有关联，从而成为故意责任、过失责任之外的“危险责任”[①]。但是，危险责任早已是传统责任论的内容。如果危险冒进和危险状况之间存在相当性，行为人对这种相当性有所认识，此时甘冒危险的行为就是过失行为，危险责任的实质就是过失责任，因此，认为在故意、过失之外存在危险责任的观点站不住脚。

2. 两分说

折中的违法性要素说认为：客观处罚条件可以分为两种，对违法性大小有相当影响的那种客观处罚条件应当属于违法性要素，是构成要件要素；而对违法性没有影响的要素，才是客观处罚条件。例如，平野龙一教授就明确指出：某些客观处罚条件与违法性是否完全没有关联，还有疑问。例如，在事前受贿的场合，已经收受贿赂的人成为公务员时，人们对公务的公正性的怀疑就进一步增强。因此，将所谓的处罚条件，区分为作为单纯条件的真正处罚条件（外部的处罚条件）和与违法性有关的不真正处罚条件（客观的处罚条件），要求对后者至少有过失，应当是妥当的。[②] 对外部的客观处罚条件如何处理，福田平教授的刑罚论组成部分说提出了解决方案。

3. 独立的犯罪成立条件说

该说认为：客观处罚条件是犯罪成立要件之一，这样，犯罪论体系就包括构成要件符合性、违法性、有责性、客观处罚条件四个层次。因为在刑法对某些罪名规定客观处罚条件的场合，行为除具备构成要件符合性、违法性和责任之外，还需要符合客观处罚条件的规定，才能成立犯罪，从而被科处刑罚。在这个意义上，客观处罚条件是不法与责任之外的一种犯罪要素，“在应当受处罚条件里，表明了侵害法律所保护的秩序的特别程度”[③]。该当构成要件的行为，如果欠缺客观处罚条件，不应该成立犯罪。在刑事程序上，对于欠缺客观的可罚性条件但该当构成要件的行

① ［日］北野通世：《客观的处罚条件》，载［日］西田典之、山口厚编：《刑法の争点》，3 版，33 页，东京，有斐阁，2000。

② 参见［日］平野龙一：《刑法总论》，Ⅰ，163 页，东京，有斐阁，1972。

③ ［德］汉斯·海因里希·耶赛克、托马斯·魏根特：《德国刑法教科书（总论）》，徐久生译，670 页，北京，中国法制出版社，2001。

为，应当作无罪判决。

但是，国外通说认为，（外在的）处罚条件是基于刑事政策的考虑所设置的，与犯罪成立条件无关，不具备客观处罚条件的行为，只是不受到处罚而已，行为的违法性是存在的，犯罪也成立。可见，将客观处罚条件作为犯罪成立的条件之一的观点，被通说摒弃。

此外，国外还有学者认为，可以把“值得刑事惩罚性”或者“需要刑事惩罚性”作为第四个犯罪范畴，从而将客观处罚条件作为犯罪成立条件之一。对此，罗克辛的批评是：“值得刑事惩罚性应当通过什么，才能把那些‘额外的’犯罪行为的特征与不法和罪责的特征加以区别呢？人们在这里只能这样规定：它们应当处于不法和罪责之外。但是，这样一来，就缺乏一个肯定的（positiv）对特征的描述，就缺乏一种独立的值得刑事惩罚性的概念。”① 罗克辛还指出：在 1991 年举行的一次国际大会上，把“值得刑事惩罚性和需要刑事惩罚性在刑法制度中的作用”作为讨论的主题之一。在那次会议上，发言者都没有主张应当给这个范畴一个特有的犯罪范畴。科斯塔·安德拉德还明确指出：值得刑事惩罚性和需要刑事惩罚性的建立，“作为独立的犯罪特征，并没有带来值得重视的好处”②。

4. 刑罚论组成部分说

该说从一元的行为无价值论出发，认为：阶层的犯罪成立要件，只包括构成要件符合性、违法性和责任三部分，客观处罚条件不属于犯罪成立要件，而只是从外部限制刑罚权发动的条件，是单纯的处罚限制事由，因而与构成要件、违法性、责任等犯罪成立条件完全异质。换言之，客观处罚条件不是构成要件要素，也不影响行为的违法性，与行为人的故意无关，只是立法者基于刑事政策的考虑而预设的刑罚权发动条件。客观处罚条件不具备时，犯罪仍然成立，但刑罚的适用被阻却。因此，客观处罚条件就是刑罚论所研究的对象，而不是犯罪论的问题。③

（二）我国学者的主张

1. 违法性要素说

对于类似于国外客观处罚条件的规定，张明楷教授基本上都用“客观的超过要素”来解释。张明楷教授实际上是将客观处罚条件所涉及的事实作为违法性的内容看待，将处罚条件还原为违法要素和构成要件要素。虽然张明楷教授不使用客观处罚条件概念，但是，其实质是在犯罪论体系范围内讨论与客观处罚条件类似的问题，且认为其对违法性有影响，因此，其主张与国外的违法性要素说大致相同。

黎宏教授所坚持的实际上也是违法性要素说。他认为：客观处罚条件、客观超过要素概念都应该被否定。在我国的犯罪构成理论当中，根本就没有属于客观处罚

① ［德］克劳斯·罗克辛：《德国刑法学总论》，第 1 卷，王世洲译，699 页，北京，法律出版社，2005。
② 同上书，700 页。
③ 参见［日］福田平：《刑法总论》，3 版增补，331 页，东京，有斐阁，2001。

条件的“超过的客观要素”的存在余地；从犯罪是应受刑罚处罚的社会危害行为的角度来看，所谓“超过的客观要素”，作为和行为人的实行行为具有某种关系的结果，是表明该行为达到了应受处罚程度的具体体现，作为说明该行为具有达到了应当受到刑罚处罚程度的社会危害性的标志，应当在行为人的认识范围之内，而不可能超出其外。①

2. 独立的犯罪成立条件说

陈兴良教授认为，我国刑法以应受刑罚处罚性作为犯罪的特征之一，客观的处罚条件完全可以看作是犯罪成立的可罚性条件，从量上区分罪与非罪，从而实现控制犯罪范围的刑事政策。② 盗窃罪中的数额较大、滥用职权罪和玩忽职守罪中的“致使公共财产、国家和人民利益遭受重大损失”之类的要件，属于用来表明行为对法益的侵害性程度的数量要件，是独立于犯罪构成的客观要件，不属于行为人主观上需要认识的内容，和故意、过失无关。③ 这种观点认为，客观处罚条件对于确定罪与非罪有决定作用。

赵秉志教授等则认为，构成要件符合性、违法性和有责性总是以具体的构成要件行为为对象，而客观处罚条件不以具体的构成要件行为为对象，所以，可罚性具有独立的实体，应把可罚性视为犯罪成立的第四要件。④

（三）笔者的观点

笔者认为，无论如何，内在的客观处罚条件不是独立于构成要件符合性、违法性和责任之外的犯罪成立要件⑤，否则，就和我国刑法将构成要件结果作为违法要素和构成要件要素的规定不符，也可能无视某些客观处罚条件和违法性之间的关联性。

如果考虑（二元的）行为无价值论，对于客观处罚条件的体系性地位不能一概而论：有的客观处罚条件，与违法性有关，可以作为违法要素和构成要件要素看待，放在犯罪成立理论中加以讨论；有的客观处罚条件，独立于客观违法要素，纯粹是决定刑罚权启动与否的条件，可以放在刑罚论中讨论。在这个意义上，对客观处罚条件可以进行违法要素和刑罚发动事由的区分。

就现象而言，客观处罚条件“可以是性质不同的事实，但这些行为或事实与行为人的行为之间或多或少都具有某种因果联系。例如，在意大利，宣布破产的判决是破产犯罪的可罚性条件”⑥。在德国，破产行为，只有在停止支付和开始破产程

① 参见黎宏：《客观处罚条件的若干问题》，载《河南政法干部管理学院学报》，2010（1）。

② 参见陈兴良：《定罪之研究》，载《河南政法管理干部学院学报》，2000（1）。

③ 参见陈兴良：《规范刑法学》，97页，北京，中国政法大学出版社，2003。

④ 参见赵秉志主编：《外国刑法原理（大陆法系）》，181页，北京，中国人民大学出版社，2000。

⑤ 至于外在的客观处罚条件，明显属于犯罪成立条件之外的要素。

⑥ ［意］杜里奥·帕多瓦尼：《意大利刑法学原理》（注评版），陈忠林译，340页，北京，中国人民大学出版社，2004。

序的场合，才处罚。“这里所禁止的是减少债务财产或者掩盖财产状况，而且只能根据这些行为来确定行为人的罪责。只有当停止支付或启动破产程序会给债权人造成巨大损失时，才能够对该行为进行刑事处罚。”① 通常的观点认为，实行行为所直接导致的结果，是构成要件结果，其属于违法要素，要求行为人认识；所有的客观处罚条件，都不要求行为人具有认识和意志。但是，笼统地看待客观处罚条件，有将复杂问题简单化的嫌疑。对客观处罚条件，可以根据其与违法性、危害结果关联性的强弱分为内在客观处罚条件（不真正的客观处罚条件）和外在客观处罚条件（真正客观处罚条件）两种。凡是与法益侵害（危险）有较为密切的关联性的，都属于内在的客观处罚条件；与法益侵害（危险）的关系相对较弱的处罚规定，则属于外在的客观处罚条件。对此，有学者指出：“有些客观可罚条件可以形成一种独立的类型，而有些客观可罚条件却具有类似构成要件的特点。”②

对客观处罚条件进行类似分类，具有以下意义：(1) 某些客观处罚条件是与犯罪危害本身的关联性极其微弱的结果，是与犯罪的危害本质没有内在联系的或者事后发生的某种“外部条件”。这就提示我们，不能将行为当时造成的后果本身视作客观处罚条件。例如，交通肇事行为对他人的生命、身体或者财产有损害的，才是犯罪，但该结果是构成要件结果，不是客观处罚条件。如果将该结果视作客观处罚条件，就会认为，开车时超速，汽车冲撞路边巨石，导致司机独自一人人身损害的，也是不法且有责的行为，只是在客观处罚条件不具备时不能进行处罚。这就明显不太合适。同时，还需要关注内在客观处罚条件和违法要素之间的细微差别。(2) 完全可能存在客观处罚条件和构成要件要素无法截然分开的情况。“如果说，立法者制定的不法构成要件是对那些体现各罪、具体描述各罪无价值的特征的概括，那么通过增加行为的客观方面可罚性条件（objektive Strafbarkeitsbedingung）立法者所表明的态度，是他们认为除了构成要件符合性、违法性和责任之外还实现了这个可罚性前提条件的才成立一个刑罚需求（Strafbedürfins）。要断定法律上提到的一个情节是属于构成要件特征，还是仅仅属于一个可罚性的客观条件，通常并非易事，只能通过法律解释（Gesetzesauslegung）的途径解决。”③ 对不同的客观处罚条件类型，行为人的认识、预见可能不同。对于外在的客观处罚条件，刑法并不要求行为人有认识；对于内在的客观处罚条件，因为其处在实行行为的“延长线”上，刑法要求行为人有认识、预见。(3) 对不同的客观处罚条件类型，司法证明上的要求不同。对于内在的客观处罚条件，在证明上需要证实其与实行行为之间相对紧密的关联性，证明要求相对较高，证明责任由控方承担。对于外在的客观处罚条件，只需要证明事后出现某种可能阻却处罚的事实即可，证明要求相对较低，

① ［德］冈特·施特拉腾韦特、洛塔尔·库伦：《刑法总论》，Ⅰ·犯罪论，杨萌译，86页，北京，法律出版社，2006。

② 李海东：《刑法原理（犯罪论基础）》，130页，北京，法律出版社，1998。

③ ［德］约翰内斯·韦塞尔斯：《德国刑法总论》，李昌珂译，89页，北京，法律出版社，2008。

证明“事实的处罚排除事由”的责任通常转由被告人承担。（4）这种分类提示我们，需要审慎辨析内在的客观处罚条件和客观的构成要件要素。刑法分则条文中所规定的某一要素，如果原本属于构成要件要素，但将其理解为外在的客观处罚条件，就会得出不同的处理结论。例如，对（普通）侵占罪中的“拒不退还”，如果认为其属于内在的客观处罚条件，那么，将委托占有物、遗忘物、埋藏物非法占为己有的，违法性存在，但不能进行处罚，司法上还需要进一步证明行为人有拒不退还的行为。但是，如果认为其属于客观的构成要件要素，就需要作另外的解释。（5）承认内在的客观处罚条件，那么，张明楷所主张的客观超过要素似乎都可以划入内在的客观处罚条件范畴，客观超过要素概念是否还有存在余地，就值得进一步研究。

三、内在的客观处罚条件的问题点

（一）含义

在通常的场合，对具体犯罪的判断，并不需要考虑是否存在内在的客观处罚条件这一要素。在行为具备通常意义上的不法和责任时，犯罪成立要件就全部齐备。只是在例外的情形下，立法者规定了通常意义上的不法要件之外的条件时，需要判断这种条件是否与危害行为及其结果有较为密切的关联性、是否属于影响违法性的要件、是否应该将其作为违法要素看待。这种常规的违法要素之外的附加要件，如果取决于某些客观的条件是否成就，就是内在的客观处罚条件。

对内在的客观处罚条件的确定，要受分则规定的限制，即只有在刑法分则规定有不法要件之外，还规定了影响不法的客观处罚条件时，行为才是法律意义上应受处罚的。所以，对哪些犯罪需要考虑内在的客观处罚条件，必须结合刑法分则的规定加以判断。

肯定内在的客观处罚条件，主要是基于罪刑法定主义、法益保护主义的考虑。构成要件具有确保罪刑法定原则得以实现的“保障性机能”，符合客观处罚条件的事实是刑罚法规所规定的处罚要件，对于保障罪刑法定原则的实现意义重大。例如，在事前受贿罪、诈欺破产罪中，如果“担任公务员”“破产宣告”等事实没有出现，要说行为人的行为类型化地符合构成要件，可能存在问题。担任公务员、破产宣告的作出等符合客观处罚条件的事实的出现，使先前的实行行为所导致的潜在危险现实化，达到可罚的违法性程度。对这种以客观处罚条件作为中介事实所引发的侵害法益的行为必须进行处罚，才能保护法益。

（二）内在的客观处罚条件的性质：违法要素说

由实行行为所直接导致的危害后果是构成要件要素，也是说明法益侵害性大小的违法要素。对这种意义上的违法要素，要求行为人有所认识。

内在的客观处罚条件大多也表现为一种结果，但其不是实行行为自然地、直接地导致的后果，而往往是处在实行行为的“延长线上”，由介入的第三人的行为、行为人的后续行为等原因造成的后果，例如，事前受贿罪中公务员的事后就任，取决于有任命权的第三人的行为；诈欺破产罪中破产宣告的确认，由行为人以外的法官作出，等等。换言之，虽然行为人的行为本身有危害性，但在没有新的行为介入就不会出现对应的结果、犯罪不能成立的场合，由实行行为之外的行为所引发的结果，就属于内在的客观处罚条件。

内在的客观处罚条件是将行为所产生的法益侵害（危险）提升到刑法所预设的可罚性程度的中介事实。但是，这不意味着内在的客观处罚条件可以简单还原为传统意义上的相当因果关系中的“介入因素”，否则，内在的客观处罚条件概念就没有独立存在的意义。因此，内在的客观处罚条件虽然能够产生违法性的效果，但与典型的、传统意义上的违法要素存在差别，属于非典型的违法要素。

1. 客观处罚条件的出现可能具有与通常的介入因素不同的偶然性

内在的客观处罚条件概念的独特功能是对违法性施加影响，在一定程度上反映出行为的危害性是否已经达到可罚的程度。但是，这种影响是有限的，由介入因素所成就的客观处罚条件对行为整体上的法益侵害的影响弱于传统上的介入关系造成结果的场合。

对于内在的客观处罚条件，曾根威彦教授将其直接还原为侵害或者威胁法益的违法要素，并利用相当因果关系理论来解释。例如，在诈欺破产罪中，即便债务人出于损害债权人利益的意思隐匿破产申请企业的财产，但在确定破产宣告之前，还不能说对债权人实现其债权的侵害危险达到了应当受到刑罚处罚的程度，而只有在第三人作出“确定破产宣告”之后，才能说债权人的权利受到了现实的侵害，产生了现实的犯罪结果。与此类似，在事前受贿罪中，行为人在成为公务员之前，就其即将担任的公职收受贿赂的，该行为谈不上造成了现实危害，只不过在其得到第三人的任命、真正成为公务员之时，事前受贿所造成的潜在的侵害职务行为公正性的危险，才转化为现实侵害，达到了应当受到刑罚处罚的程度。在上述情形中，虽然有法官的破产宣告、公务员的任命这种事情的介入，但是，相当因果关系是存在的，行为人对客观处罚条件从经验法则上看具有预见可能性。因此，将客观处罚条件还原为违法要素是可能的。① 但是，这种观点还值得商榷。

在通常情况下，对因果关系进行相当性判断时，需要考虑先前的实行行为自身的危险性、介入因素是否偶然出现、介入因素对结果发生的影响力。一般案件中的介入因素必须与原来的实行行为之间存在紧密关联，对于并非偶然出现的因素，才需要讨论该因素的介入是否中断因果关系的问题。例如，甲基于杀害乙的意思对乙使用程度很高的暴力，乙受重伤后送医，医生治疗时有比较小的失误，乙伤口感染

① 参见［日］曾根威彦：《处罚条件》，载［日］阿部纯二、板仓宏等编：《刑法基本讲座》，第2卷，330页，东京，法学书院，1994。

很快死亡。虽然介入了医生失误这一具有行为，但是，通说仍然认为该介入因素是由甲暴力程度较高的杀害行为所当然地引起的，受伤者迅速得到医生救治在逻辑上和先前的杀害行为直接关联。因为介入因素的出现不是偶然的，而且对法益侵害结果的影响力有限，所以医生不需要因失误对死亡结果负责，甲应当承担故意伤害致死的责任。因此，对通常的因果关系相当性判断而言，即使介入第三人的违法行为，但该行为不是偶然出现的，对法益侵害结果的影响力有限时，不会将其作为违法要素看待。

在规定客观处罚条件的犯罪中，第三人的介入具有一定的偶然性，与实行行为的关系可能非常间接，甚至相隔很长时间。对这样的因素如果还与通常情况下的介入因素同视，会带来一些问题。以我国刑法第129条的丢失枪支不报罪为例：的确，最终的严重结果不是由丢失枪支不及时报告的行为人本人所引起的，但能将其视作行为人的不报告行为所引起的危害结果。“在丢失枪支不报罪中，‘造成严重后果’尽管是丢失枪支不及时报告行为的附加条件，和不报告行为之间没有直接的因果关系，但是，它并不是和不及时报告行为之间没有任何关系的偶然结果，而是该行为当中所包含的可能发生的结果之一。作为配备公务用枪的人员，对于枪支作为武器的特殊性、枪支保管规定以及丢失枪支之后可能引起的后果，应当是了解的，因此，丢失枪支不及时报告，因而造成严重后果的场合，尽管该结果不是行为人本人所引起的，但仍然可以在客观上归咎于他的不及时报告行为。”① 但是，在这种案件中，将严重后果算作丢失枪支者的“作品”，总是会让人觉得其比较“倒霉”，罪犯犹如中“六合彩”的人。例如，行为人甲丢失枪支不报告，乙捡到行为人丢失的枪支，连续10个月都没有使用。丢枪不报行为败露后甲只被关禁闭10天。但是，到第11个月时，乙因为生意上的纠纷使用枪支杀害了丙。此时，对丢失枪支的甲就需要定罪处罚。需要承认，此时甲多多少少是因为偶然的原因才构成本罪，第三人使用枪支和传统上的介入因素引起危害结果相比，与原先的实行行为的时间间隔可能特别长，介入因素的出现较为异常。所以，第三人的行为介入引起客观处罚条件出现的，该行为只是高度类似于一般案件中的介入因素，虽然导致原行为人行为的违法性升高，能够产生违法效果，但该要素也只能被看作是与典型的违法要素有所区别的东西。直接将介入因素所导致的客观处罚条件看成是与造成法益侵害的实行行为及其后果完全相同的违法要素，并不是没有问题。

笔者之所以认为内在的客观处罚条件是非典型的违法要素，主要的考虑还有：（1）内在的客观处罚条件使得先前已经存在的某种危险增大到了可罚的程度，的确对违法性有所影响。例如，在事前受贿罪中，是第三人对公务员的任命行为，使得先前的受贿行为当中所潜在的可能成为公务员的人被收买、民众对公务行为公正性的信赖可能受到侵害的危险，转化为了现实的可罚的危险。（2）但是，必须看到，

① 黎宏：《刑法总论问题思考》，197页，北京，中国人民大学出版社，2007。

在规定了客观处罚条件的犯罪当中，行为的客观违法性主要还是由行为人的实行行为所决定的，而主要不是由客观处罚条件所决定的。例如，事前受贿罪的法益侵害性表现在对贿赂物的收取，破产诈欺罪的法益侵害性表现在隐匿财产等危害行为中。内在的客观处罚条件，对违法性有一定影响，但影响极其有限，而且其兼具说明违法性、在不法——罪责——刑罚之间架设桥梁的双重功能。一个要素，即便放在违法性中加以讨论，当其除了展示违法性之外，还起着沟通定罪和刑罚的作用时，将其视作非典型的违法要素，应该是说得过去的。(3) 内在的客观处罚条件一旦具备，行为的法益侵害性得到充分暴露（例如，在破产诈欺罪中，法院的破产宣告一旦作出，行为的法益侵害性就完全展示出来），但是，对违法性的展示、暴露和行为能够直接产生法益侵害（危险）相比，还是存在很大差别的。

2. 从刑罚目的的角度来看，内在的客观处罚条件的设计主要是出于预防的考虑

典型的违法要素意味着法益侵害结果由行为所引起，因此要对其进行客观归责，即实现一人做事一人当。行为人必须对由这样的行为所造成的结果负责。在报应论的意义上，行为人因为其违法行为而承担责任，因此，通常的违法要素更多地与报应论有关。但是，内在的客观处罚条件所揭示出来的非典型违法要素，能够让人明显感觉到是因为行为人运气不好，碰到了让他“倒霉”的第三人，由第三人促成了客观处罚条件的成就，从而使得原先实施实行行为的人受到惩罚。在这个意义上，刑罚更多地带有一般预防的意味：即便有实行行为，但在不出现客观处罚条件时，刑法上也能容忍该行为；但一旦出现客观处罚条件，就需要进行惩罚，从而实现一般预防。因此，客观处罚条件更多地与预防论有关。

3. 从认识上看，内在的客观处罚只需要行为人具有“未必”的预见

对于通常的构成要件结果，一般人也能够考虑到危害行为一旦实施，就会产生相应的法益侵害结果，立法只是对一般人的常识性判断的尊重而已。因此，对于构成要件结果等典型的违法要素，要求行为人有相对明确的认识。但是，内在的客观处罚条件是否能够出现，取决于很多偶然因素，要行为人对其有明确的认识，相对比较困难。

当然，行为人对客观处罚条件的出现并不是一无所知，即便所知甚少，也是有所“知”，只要其稍微保持谨慎，就能够产生通常高于一般人的对客观处罚条件的认识。这样一来，对于内在的客观处罚条件，就要求行为人认识。但行为人只需要对于结果有“极有可能发生”的高度模糊性认识、预见即可。显而易见，这种认识和预见可能远远低于对直接故意犯罪中典型的违法性要素的认识、预见，而只是对法益侵害（危险）的“未必”的预见——客观处罚条件的发生多多少少是有可能的。但即便发生这样的结果，行为人也无所谓，可以接受，可以容忍。

耶赛克等人指出了内在的客观处罚条件对责任主义不构成冲击的主要理由：“行为人敢冒任何人均能够很容易地认识的危险，而且客观的应受处罚条件能够产生。例如，使自己处于丧失责任能力酩酊状态者，应受非难地构成了在这样的状态

下实施犯罪行为的危险，因为任何人，在完全酩酊状态下均不能够确实预见及控制自己的反应。主张相关第三者名誉的实施者，必须负责证明其主张的真实性。参与斗殴者，构成了严重后果的危险。”①

由此看来，内在的客观处罚条件和外在的客观处罚条件的区别就是明显的：前者是出于维护罪刑法定主义、法益保护主义的需要而设置的；对构成要件、违法性有影响；要求行为人对其有未必的预见。后者完全是基于刑事政策所作出的规定；对不法和责任均无影响；不要求行为人对其有认识、预见。

（三）内在的客观处罚条件的范围

前面所提到的事前受贿罪中公务员的事后就任、破产诈欺罪中的破产宣告等，都是内在的客观处罚条件。但是，需要注意的是：有的学者对客观处罚条件的理解范围较广，有必要加以限定，其中由实行行为直接造成的财产损失或者死伤后果，应该属于构成要件要素，不是这里所说的内在的客观处罚条件。所以，需要尽可能严格地区分违法要素和属于非典型违法要素的内在客观处罚条件。

在国外，对财产犯罪、经济犯罪的成立，往往没有数额限制，实施一定的取得财物或者不法利益的行为，不法和罪责就具备，但为限制处罚范围，对于造成相当损害或者取得财物数额较大的，才进行刑罚处罚。例如，在意大利，是否造成损害后果是泄露秘密文件内容犯罪的客观处罚条件，该结果是否出现，不要求行为人认识。在德国，参与斗殴的，“造成严重后果”是客观处罚条件。② 在我国的财产犯罪和经济犯罪中，数额是客观的构成要件要素；聚众斗殴罪中的严重后果是客观的构成要件要素，行为人对这些结果的发生需要认识。这种数额、数量、后果等，就不再属于内在的客观处罚条件。

（四）“客观的超过要素”的实质是“内在的客观处罚条件”

基于上述分析，笔者认为，在张明楷教授那里作为客观的超过要素看待的问题，实际上都可以按照内在的客观处罚条件的进路加以分析。

张明楷教授认为，客观超过要素不是故意的认识与意志的对象，不需要行为人对之具有认识、放任或希望的态度，但当“客观的超过要素”的内容是危害结果以及影响行为的社会危害性的其他客观因素时，行为人至少对之具有预见可能性。以丢失枪支不报罪为例，张明楷教授认为，依法配备公务用枪的人员，在认识到枪支丢失的情况下不及时报告，就具有危害公共安全的危险，因为枪支的杀伤性大，丢失后会造成严重后果。但立法者根据惩办与宽大相结合的政策，认为单纯的不及时报告行为的社会危害性，还没有达到应当追究刑事责任的程度，为了限制处罚范

① ［德］汉斯·海因里希·耶赛克、托马斯·魏根特：《德国刑法教科书（总论）》，徐久生译，670页，北京，中国法制出版社，2001。

② 在德国和意大利刑法学中，对内在的客观处罚条件，通说认为不需要行为人认识、预见。应该说，这与日本刑法学的通说存在很大不同。

围，便在客观上要求“造成严重后果”。从司法实践来看，这种严重后果，通常表现为枪支落入不法分子之手后，成为不法分子的作案工具而造成严重后果（间接危害结果）。事实上，只要行为人丢失枪支后不及时报告，因而造成严重后果的，不管行为人是否希望或者放任严重后果的发生，都应当追究行为人的刑事责任。但是，客观超过要素概念和责任主义之间存在冲突之外，还有以下问题：

1. 客观的超过要素即便是“超过”要素，但其毕竟还是“客观”的要素。对这种影响违法性的“客观”的要素，完全可以作为内在的客观处罚条件看待，既充分关注其与构成要件结果等违法要素的不同，又肯定其对违法性的影响、揭示其功能。在现有概念够用、足以说明问题的情况下，理论上需要审慎思考是否有必要“再造”概念这一问题。

2. 如前所述，所谓的客观超过要素，实际上是第三人的介入最终引起法益侵害结果的问题。丢失枪支不报罪中的“严重后果”是该罪的结果，在丢失枪支且不报告的行为和“严重后果”之间介入了第三人的行为。只不过第三人的介入相对偶然，可能和最初的实行行为之间时间间隔较长，从而有别于通常案件中的介入因素，所以，需要有能够区别传统违法要素和客观处罚条件的解释方法。

3. 所谓的客观超过要素，本身就是客观的、影响违法性的要素，只是与典型的违法要素存在一定差别，但仍然属于违法性要素，那么，其就不属于客观的“超过”要素。对这种要素，行为人并不是毫无认识。

4. 我国刑法第 264 条将多次盗窃规定为盗窃罪的一种类型，有关司法解释将多次盗窃解释为“一年内入户盗窃或者在公共场所扒窃三次以上的”情形。张明楷教授认为，这里的“多次盗窃”是客观的超过要素，行为人只需要具有盗窃的故意即可，不要求其认识到“多次盗窃”，否则，就可能出现记忆力强的人受到刑罚追究，而记忆力弱的人不成立犯罪的局面。① 但是，笔者认为，多次盗窃，只是典型的构成要件要素和违法要素，其既不是客观的超过要素，也不是笔者所说的内在的客观处罚条件。因为对多次盗窃之所以定罪，是因为其“多次”实施的行为达到了刑事可罚的程度。仅仅有一次盗窃且未达到数额较大标准的，违法性不具备；有 3 次以上的盗窃，单独的每次行为虽未达到数额较大标准的，也达到了刑事可罚的程度。因此，多次盗窃构成盗窃罪的法益侵害性主要依靠盗窃次数来说明，而不是以盗窃行为本身来说明。那么，对于多次盗窃这一违法要素就一定要求行为人认识。此外，在这里，还需要考虑，司法解释将多次盗窃解释为“一年内”入户盗窃或者在公共场所扒窃 3 次以上，实际上已经考虑到作出相对较短的时间限定，以防止行为人因为时间久远对盗窃次数难以认识的局面出现。

① 参见张明楷：《犯罪构成体系与构成要件要素》，221 页，北京，北京大学出版社，2010。

四、外在的客观处罚条件

“在一些故意犯罪中，将某些客观要素作为客观处罚条件来对待，从而不要求行为人对这种客观处罚条件具有认识与放任（包括希望）态度，就解决了将其作为构成要件而要求行为人具有故意所带来的问题。”[①] 的确，在刑法中，不能无视违法性之外进一步缩限处罚范围的条件的存在，因此，存在仅仅出于限制处罚范围的考虑而设定的客观处罚条件，就是外在的客观处罚条件。立足于处罚限制事由的外在的客观处罚条件理论，思考问题的出发点主要是刑事政策上或者法律适用上的处罚必要性：要排斥刑法的适用，就需要附加很多条件。在客观处罚条件齐备时，可以实现处罚；在这些条件不具备时，不能科处刑罚。因此，客观处罚条件只是对刑罚适用的排除。例如，德国刑法典第 103 条规定，对外国机关代表和国家象征的犯罪，在被害人所在国家与德国有外交关系或互惠决定时，才对行为人进行处罚。

由于这种处罚条件不属于构成要件的内容，对这类客观处罚条件，就不需要行为人有认识、预见。即便承认这种意义上的客观处罚条件，也不会和责任主义相冲突。罗克辛指出，客观处罚条件是超然于责任之外的刑事可罚性条件。“人们的共识仅仅在于：这种特征无论如何都不允许属于不法或者罪责”[②]。外在的客观处罚条件不是对违法性的说明，但是，其存在以违法性为基础。这种客观处罚条件的存在，仅仅在缩小处罚范围这一点上是有意义的，因此，是刑罚论的讨论范畴。

要肯定客观处罚条件的处罚限制机能，又要确保其和责任主义没有抵触，就需要承认外在的客观处罚条件和行为违法性没有太大关系，只与国家刑罚权发动的紧密相关。

外在的客观处罚条件的存在根据主要包括两方面的内容。

（一）从行为无价值二元论角度的论证

一元的行为无价值论认为，违法性的本质是违反规范。行为人有意违反规范的态度一旦得到体现，违法性就具备，因此，重要的是行为人的意思以及该意思支配下的实行行为。至于犯罪结果，乃是行为后的事实，容易受到外部偶然因素的影响，对于确定违法性没有意义，因此，都属于客观处罚条件。但是，这和我国刑法分则普遍将危害结果作为构成要件要素的取向相悖，因而是不能得到认同的观点。

二元论认为，犯罪结果是违法要素，不是客观处罚条件。根据二元的行为无价值论，行为违法性的本质在于违反规范，进而造成法益侵害。一方面，法规范的本质是命令规范或者意思决定规范；另一方面，与行为违法并列的结果违法在违法性的评价上非常重要。基于上述立场，构成要件要素是立法者的命令或者禁止的体

① 张明楷：《外国刑法纲要》，2 版，368 页，北京，清华大学出版社，2007。
② ［德］克劳斯·罗克辛：《德国刑法学总论》，第 1 卷，王世洲译，690 页，北京，法律出版社，2005。

现，构成要件结果是法益侵害的内容。而外在的客观处罚条件不涉及立法者对行为举止的命令或者禁止，不是构成要件的组成部分①，只是裁判规范的组成部分。因为在命令规范之外，刑罚法规还有作为裁判规范的机能，在这种场合，立法者在对作为刑罚适用前提的犯罪事实进行判断的基础上，有时也有必要充分考虑刑罚权发动的外部条件。换言之，“立法者有时出于不同的原因将行为的可罚性和具备与符合构成要件行为本身无关的外在情形联系在一起”②。与刑罚法规的行为规范机能相对应，刑法只能对行为人具有故意、过失的行为进行处罚，刑法的行为引导功能才能发挥，那么，行为时的事实、行为的因果过程都是认识的内容。某些事实，虽然是在行为后发生的（例如故意伤害他人，死亡结果在第二天才发生），显然需要行为人认识。但是，外在的客观处罚条件不属于这样的内容。

外在的客观处罚条件与刑罚的行为规范机能并不对应，而是在裁判机能之下，在构成要件符合性、违法性、责任的基础上，对国家刑罚权发动时的处罚范围加以限制。因此，需要从行为规范和裁判规范的区别入手，立足于“当罚性”（行为规范）和“需罚性”（裁判规范）概念，将通常的构成要件要素视作行为规范的范畴，主要解决当罚性问题即处罚正当性问题。既然要确保惩罚是正当的、是有合理理由的，那么，就只有在行为人具有非难可能性的情况下才能实现，对违法要素或者类似于违法要素的内在的客观处罚条件要求行为人认识。但外在的客观处罚条件主要解决要不要进行刑罚处罚的问题，属于裁判规范的范畴，涉及司法人员划定刑罚圈时的判断问题，该条件不需要行为人认识。那么，外在的客观处罚条件就不是犯罪的客观要素，由此得出外在的客观处罚条件有独立存在必要，但有别于不法和罪责要素的结论。

在笔者看来，问题的关键是将刑法分则中规定客观处罚条件的条款的内容区别看待：与违法性类似的部分，主要是对行为妥当与否的指引（行为规范）；而规定客观处罚条件的部分，则属于对司法裁判的指引——某种行为虽然是违法的，但不能动用刑罚进行处罚，必须加以容忍。

（二）刑事政策的必然要求

虽然有别于违法要素，但外在的客观处罚条件的存在合理性是不可否认的。这种合理性主要体现在其对刑事政策的贯彻和运用：行为具备不法和罪责，就应该可以发动刑罚加以惩罚。但是，立法者基于刑罚必要性的考虑，特别为某些明显可罚的行为设置处罚“障碍”，以缩小刑事制裁范围。应该说，即便是在不具有外在的客观处罚条件的场合，行为的法益侵害性仍然是存在的。外在的客观处罚条件具有“风险特征”：行为人对于已经实现的不法构成要件，要自行承担对于任何人而言都

① 参见［日］曾根威彦：《处罚条件》，载［日］阿部纯二、板仓宏等编：《刑法基本讲座》，第 2 卷，322 页，东京，法学书院，1994。

② ［德］李斯特：《德国刑法教科书》，修订译本，徐久生译，322 页，北京，法律出版社，2006。

能够认识到的可罚性的存在风险或者将要产生可罚性条件的风险。对此，结合德国刑法的诽谤罪就能看得更清楚一些：诽谤罪的不法构成要件就在于故意宣称或者散布对他人名誉有损害的事实。损害了他人名誉的行为人就必须为证明所涉及事实的真实性负责，立法者对行为人设置了“真实性证明失败风险”的规定。但这样的规定主要是为了缩小处罚范围，有效地保护个人名誉可能还是第二位的考虑，因为完全可能存在行为人基于损害他人名誉的意思捏造事实并加以传播，但在事态严重时，行为人为免除处罚，四处搜集证据并加以综合，得出“确有其事”的结论的情形。此时，法益损害事实存在，但对行为人的刑罚惩罚不能实现。

作为刑事政策上的处罚限制事由，外在的客观处罚条件具有双重功效：一方面，即便不进行处罚，刑法规范也同时表明了立法者对行为的态度，从而在一定程度上发挥着行为规范的功能。外在的客观处罚条件涉及行为举止的可罚性。一定的行为（例如诽谤、伤害助势），如果不具备外在的客观处罚条件，刑法上不会处罚。但是，立法上对类型化的实行行为并不提倡，行为的违法性仍然存在。换言之，对这样的行为，仅仅从结局来看，刑法并不反对。但并不意味着实务中对外在的客观处罚条件并未出现的行为可以谅解。例如，台湾地区“刑法”中的聚众斗殴罪，对现场助势的人作不同于直接实行犯的规定，在其没有造成死伤后果时不罚，死伤后果是现场助势行为的客观处罚条件。没有死伤后果，对助势者不罚，但并不意味着助势行为没有刑事违法性。对此，有学者指出：“行为可罚性的实现需要客观条件，意味着行为本身就‘应该受到刑罚处罚’，只是出于适当性的考虑，法律才将某种特定结果作为行为‘必须受到惩罚’的条件。这当然是一种有利于犯罪人的立法规定，因为他只要能避免那种‘必须受到惩罚’的条件出现，他就可以实施犯罪而不受惩罚。”① 但是，在这里，不得实施现场助势的违法行为的刑法呼吁仍然是存在的，且不是针对个别人的，而是在刑法意义上对所有人的行为指引。另一方面，在存疑时适度偏向被告人。存疑时有利于被告，是无罪推定原则的题中之意。外在的客观处罚条件的实质是对符合犯罪成立条件的行为网开一面，不予处罚。按理说，被告人在刑事诉讼中不承担举证责任。在司法机关不能判断事实的真假时，就应该作出有利于被告人的结论，宣告诽谤罪不成立。但是，在将“不能证明性”作为外在的客观处罚条件时，被告人不能证明事实的真实性，不能让法官相信自己所揭示的事实为真时，其就必须承担不利的后果。

应该说，对行为进行评价的整个过程，都是考虑运用刑罚保护社会秩序的需要是否存在的过程。在此过程中，有两次对刑事政策的考虑：第一次是法律在选择性地规定以刑罚相威胁的行为方式时，通常要受刑事政策的影响。在规定构成要件时，显著轻微的、危害很小的行为从一开始就被排除在外。第二次是根据行为人在

① ［意］杜里奥·帕多瓦尼：《意大利刑法学原理》（注评版），陈忠林译，340页，北京，中国人民大学出版社，2004。

犯罪后的举止，再一次考虑是否有运用刑罚保护社会秩序的需要问题。后一次考虑即是对外在的客观处罚条件的运用，其政策倾向更为明显。

当然，需要注意：在规定了外在的客观处罚条件的刑法条文中，作为行为规范所规制的范围和满足外在的客观处罚条件的范围之间明显存在偏差。但这种偏差如果过于扩大，可能并不妥当，使得行为人对自己行为的法律后果难以预测，由此与罪刑法定原则的基本精神相抵牾。因此，在立法论上，对违法性的规定要考虑法益保护的需要，在对外在的客观处罚条件进行规定、限制处罚范围时，也不能将其范围过于缩小，以免造成法益保护最终不周延的局面。在司法实践中，在行为具备违法和责任的基础上，只有立法上所规定的犯罪成立条件以外的要素客观地存在时，才能对刑罚权的发动进行限制。

五、中国刑法中的客观处罚条件规定及适用

（一）我国刑法中规定的客观处罚条件

1. 刑法第 129 条规定，依法配备公务用枪的人员，丢失枪支不及时报告，造成严重后果的，处 3 年以下有期徒刑或者拘役。“造成严重后果”是客观处罚条件。

2. 刑法第 186 条规定，银行或者其他金融机构的工作人员违反法律、行政法规规定发放贷款，数额巨大或者造成重大损失的，处 5 年以下有期徒刑或者拘役，并处 1 万元以上 10 万元以下罚金；数额特别巨大或者造成特别重大损失的，处 5 年以上有期徒刑，并处 2 万元以上 20 万元以下罚金。“造成重大损失”是客观处罚条件。

3. 刑法第 196 条规定，恶意透支的，构成信用卡诈骗罪。所谓恶意透支，是指持卡人以非法占有为目的，超过规定限额或者规定期限透支，并且经发卡银行催收后仍不归还的行为。“经发卡银行催收后仍不归还”是客观处罚条件。

4.《刑法修正案（七）》第 3 条第 1 款规定，纳税人采取欺骗、隐瞒手段进行虚假纳税申报或者不申报，逃避缴纳税款数额较大并且占应纳税额 10%以上的，处 3 年以下有期徒刑或者拘役，并处罚金；数额巨大并且占应纳税额 30%以上的，处 3 年以上 7 年以下有期徒刑，并处罚金。该条第 4 款规定，有第 1 款行为，经税务机关依法下达追缴通知后，补缴应纳税款，缴纳滞纳金，已受行政处罚的，不予追究刑事责任。如果将处罚阻却事由看作是客观处罚条件的反面，那么，在本罪中，不能补缴应纳税款、缴纳滞纳金，未接受行政处罚这一处罚阻却事由，也可以看作客观处罚条件。①

① 笔者认为，处罚阻却事由和客观处罚条件只是一个问题的正反两面而已。德国也有学者持类似观点。但是，应该承认，客观处罚条件和处罚阻却事由之间究竟是何关系，还值得仔细研究。因此，笔者的这一结论，也可能受到质疑。

5. 刑法第241条第6款规定，收买被拐卖的妇女、儿童，按照被买妇女的意愿，不阻碍其返回原居住地的，对被买儿童没有虐待行为，不阻碍对其进行解救的，可以不追究刑事责任。违背被买妇女的意愿，阻碍其返回原居住地，或者对被买儿童实施虐待行为，阻碍对其进行解救，是本罪的客观处罚条件。

6. 刑法第243条规定，捏造事实诬告陷害他人，意图使他人受刑事追究，情节严重的，构成诬告陷害罪。国家机关工作人员犯前款罪的，从重处罚。不是有意诬陷，而是错告，或者检举失实的，不适用前述规定。"有意诬告"是本罪的客观处罚条件。

7. 刑法第397条规定，国家机关工作人员滥用职权或者玩忽职守，致使公共财产、国家和人民利益遭受重大损失的，处3年以下有期徒刑或者拘役；情节特别严重的，处3年以上7年以下有期徒刑。"公共财产、国家和人民利益遭受重大损失"是本罪的客观处罚条件。

（二）我国刑法中内在的客观处罚条件

在上述规定中，某些客观处罚条件是犯罪的危害结果提升或者进一步扩大的表现。这种客观处罚条件是与犯罪的危害本质具有内在联系的条件，是实行行为危害性的当然延伸，因此，是决定处罚的"内在"处罚条件。在我国刑法立法上，对某些明显属于犯罪行为的危害行为给予容忍，只要其没有进一步造成更大的危害结果，或者其法益侵害没有达到立法上预设的可罚性程度，就不认为其符合内在的客观处罚条件。

在我国刑法中，揭示危害结果进一步扩大或法益侵害达到可罚性程度，应该作为非典型的违法要素看待的内在客观处罚条件包括以下情形：

1. 丢失枪支不报罪、违法发放贷款罪、玩忽职守罪中，张明楷教授作为"客观的超过要素"讨论的内容，其实都是内在的客观处罚条件的适例。对此，前文已有分析，此不赘述。

2. 恶意透支，经发卡银行催收后仍不归还的。基于非法占有目的的恶意透支，潜在的法益侵害性已经存在①，经发卡银行催收，仍不归还透支款的，法益侵害性升高。根据有关司法解释，经发卡银行两次催收后，超过3个月仍不归还的，就是客观处罚条件。超过3个月仍没有归还，意味着行为的法益侵害性已经达到了可罚的程度，就应该对恶意透支行为处罚。对于经发卡银行催收后不归还，张明楷教授将其视为恶意透支构成信用卡诈骗罪的构成要件要素，没有作为客观处罚条件看待，但是，在解释上，却将其与客观处罚条件同视："只要持卡人透支后发卡银行实施过催收行为，持卡人按照信用卡的通常使用情形认识到发卡银行实施过催收行为并仍不归还的，即使持卡人没有直接或间接收到发卡银行的催收，也应认定为

① 这里需要限定的是：必须是具有非法占有目的的恶意透支，才能认为其有社会危害。基于正常消费意思的透支，不具有这种社会危害性。

‘经发卡银行催收后仍不归还’。”[①] 笔者认为，将“经发卡银行催收后仍不归还”作为非典型的违法性要素看待，从认识的角度来看，也是可以解释的：行为人在透支时能够大致地、未必地预见发卡银行会催收，而不要求其收到银行的催收通知；在经过催收后仍不还，违法性被进一步提升到可罚的程度，行为的违法性才完全具备。

3. 收买被拐卖的妇女、儿童后，违背被买妇女的意愿，阻碍其返回原居住地，或者对被买儿童实施虐待行为，阻碍对其进行解救的。收买行为本身虽然具有一定的违法性，但是，还没有达到可罚的程度。行为人事后不违背被买妇女的意愿，不阻碍其返回原居住地，或者对被买儿童没有虐待行为，不阻碍对其进行解救的，危害不会进一步扩大化，对其就不应该进行处罚。[②] 只有在客观处罚条件具备时，才能说潜在的违法性升高到了可罚的程度。那么，与此相关，收买被拐卖的妇女，虽强行与其发生性行为，但不阻碍其返回原居住地的，收买被拐卖的妇女罪因为内在的客观处罚条件不具备而不能成立，对收买者只能以强奸罪一罪追究刑事责任。

4. 在逃税罪中，不补缴应纳税款、缴纳滞纳金，未接受行政处罚的，也是内在的客观处罚条件。最高人民检察院、公安部《关于公安机关管辖的刑事案件立案追诉标准的规定（二）》（2010 年 5 月 7 日）第 57 条第 2 款规定，纳税人在公安机关立案后再补缴应纳税款、缴纳滞纳金或者接受行政处罚的，不影响刑事责任的追究。换言之，纳税人在公安机关立案前不补缴应纳税款、缴纳滞纳金或者接受行政处罚是客观处罚条件。因为逃税行为已然具有违法性，但是其违法程度还有限，只有在立案前行为人仍然没有补缴应纳税款、缴纳滞纳金或者接受行政处罚的，违法性才逐步升高到客观可罚的程度。[③]

对于内在的客观处罚条件，在适用上有一些问题需要注意。在这里，主要结合逃税罪不予追究刑事责任的规定加以分析。（1）按照责任原理，内在的客观处罚条件要求行为人至少有未必的认识。与此相对应，外在的客观处罚条件不是违法事实的部分，不要求行为人认识。如果误将其作为属于违法要素的客观处罚条件，就要求行为人对其具有故意。而外在的客观处罚条件中的很多事实，不是行为人所能够认识的。在这种情况下，如果一定说行为人对于客观处罚条件具有故意，可能会使得责任概念过于抽象，在犯罪认定过程中，也没有实际必要。（2）只要客观处罚条件不具备，就不能对行为进行处罚，也不存在应受处罚的未遂行为。如果具备可罚条件，而行为本身没有实施终了或不可能实施终了的，可认定为犯罪未遂。（3）在客观的处罚免除事由并不完全具备时，应当认为具有客观处罚条件，可以进行处

① 张明楷：《诈骗罪和金融诈骗罪研究》，673 页，北京，清华大学出版社，2006。

② 但是，似乎也可以认为，这一规定不是客观处罚条件，因为在解救前，行为就已经犯罪既遂。该规定完全是基于刑事政策的考虑所作出的。对此，还值得进一步研究。

③ 笔者是从违法性升降的角度，将补缴应纳税款、缴纳滞纳金或者接受行政处罚视作客观处罚条件。但似乎也可以从财政政策、刑事政策的角度，将该规定视作处罚阻却事由。对此，还值得进一步研究。

罚。例如，逃税罪的立案标准是 5 万元，行为人逃税后补缴税款不足的，如，逃税 10 万元，仅补缴 4 万元的；或者逃税 10 万元，能够补缴税款，但不能缴纳滞纳金的，都可以成立犯罪。问题是：只是对不足部分的 6 万元认定为逃税罪的犯罪数额，还是整体上就 10 万元成立逃税罪？换言之，是否应该在犯罪数额中将已经补缴的数额扣除？笔者认为，此时，不应该扣除已补缴税款，而应当将逃税总额认定为犯罪数额。客观处罚条件的立法目的，是在处罚条件具备时就可以进行处罚，该条件与责任无关，在未完全具备处罚阻却事由所规定的补缴应纳税款、缴纳滞纳金、接受行政处罚三个条件之一时，处罚阻却事由并不具备。逃税 10 万元，仅仅补缴 4 万元，或者无法缴纳滞纳金的，事实的处罚排除事由不存在，只能认定为犯罪人部分退赃。而立法上对逃税罪设定的是全部退赃，同时接受处罚，才能将其排除在处罚范围之外。所以，司法实践中在处罚阻却事由不完全齐备时，应当认定为客观处罚条件存在，应当将逃税总额认定为犯罪数额，不应将补缴税款的部分从犯罪总额中扣减。当然，其补缴部分在量刑时可以作为酌定从轻处罚情节考虑。(4) 有的学者认为，对于在客观处罚条件出现之前实施的包庇、帮助、教唆行为，只要正犯事后存在事实的排除处罚事由，对包庇、帮助和教唆的人不能进行处罚。① 有的学者强调，“在某些缺乏处罚条件的情况下也有成立共犯的可能”②。还有的学者主张，在可罚性条件出现之前、行为之后提供帮助的，都不成立共犯，但可能成立包庇罪。笔者认为，行为的完成决定于构成要件是否实现，而内在的客观处罚条件影响构成要件要素和违法性，因此，在客观的处罚条件出现之前的时间段实施帮助行为的，正犯的构成要件和违法性都难言齐备，帮助犯不成立。对逃税罪而言，因为客观处罚条件类似于违法的要素，正犯不具备该要素时，不法不存在，帮助逃税者就很难成立犯罪。(5) 一般认为，假如构成要件实现的时间与客观的处罚性条件出现的时间前后不一致，则追诉时效应自发生在后的客观处罚条件出现的时间点起算。但是，笔者认为，追诉时效从犯罪之日起算，内在的客观处罚条件只是对违法性有一定影响，与犯罪的实行行为基本无关，从客观处罚条件的出现时间开始计算追诉时效并无法律根据。客观处罚条件的规定立足于限制刑法适用，是有利于被告人的规定，不能将其解释为不利于被告人的规定。因此，逃税行为发生在《刑法修正案（七）》之前，但是，在之后才受到司法追究的，原则上应当适用新法，尽量作有利于被告人的考虑。(6) 他人对行为人进行控告，行为人虽不具备内在的客观处罚条件，但其行为潜在的不法侵害性仍然是存在的，检举、揭发者的行为就不可能成立诬告陷害罪。例如，明知他人恶意透支，然后进行举报，但透支者在发卡银行催收时归还欠款的，控告人不是诬告陷害。再比如，甲举报乙逃税，乙在公安机关立案前补缴税款、缴纳滞纳金、接受行政处罚，因此不被追究刑事责任

① 参见［德］李斯特：《德国刑法教科书》，修订译本，徐久生译，324 页，北京，法律出版社，2006。
② ［韩］李在祥：《韩国刑法总论》，韩相敦译，62 页，北京，中国人民大学出版社，2005。

的，不能认为甲的行为构成诬告陷害罪。(7) 行为人发生客观处罚条件的错误时如何处理？例如，行为人实施逃税行为，其误以为即便罪行败露，自己的现有财产也足以缴纳罚款和滞纳金，但由于其计算错误，其根本无力缴纳罚款和滞纳金，此时，其对于客观处罚条件的认识错误是否在刑法意义上有影响？对于构成要件而言，其客观要素需要行为人具有“知”和“欲”；对于违法性而言，要求行为人对违法性有认识（否则，可能成立禁止错误）、对违法阻却事由有认识（有防卫意思等）。但客观处罚条件不是典型的违法要素，最多具有类似于违法要素的效果，行为人对其只需要有未必的认识即可，其错误是否存在基本上无关紧要。当然，对此还需要进一步研究。

（三）我国刑法中外在的客观处罚条件

按照笔者的理解，刑法第 243 条关于诬告陷害罪的规定，不涉及行为违法性的问题，是客观处罚条件中决定处罚的外在条件，因为在诬告陷害罪中，行为人需要证明其不是诬告，其对检举、揭发的事实如果能够在一定程度上加以证明，不受刑罚处罚。从刑事政策的角度来看，不是有意诬陷，而是错告或者检举失实的，不成立本罪的规定，其实有类似于德、日刑法中诽谤罪的“事实真实性的证明”的效果。不能证明是“错告”或者“检举失实”，是决定刑罚能否适用的客观处罚条件。

此外，在我国，有的刑事司法解释具有高度抽象性，也具有普遍适用的效力，因此，其中也可能有类似于客观处罚条件的规定。[①] 例如，2007 年 7 月 8 日最高人民法院、最高人民检察院《关于办理受贿刑事案件适用法律若干问题的意见》第 9 条规定，国家工作人员收受请托人财物后及时退还或者上交的，不是受贿。笔者认为，收受财物后不及时退还或者上交，就是外在的客观处罚条件。当然，也有人认为：国家工作人员收受请托人财物后及时退还或者上交的，证明其不具有受贿故意，因此，不是受贿。对类似行为不认定为受贿，与客观处罚条件无关，而仅仅是因为犯罪构成的主观要件不具备。但是，基于政策上的考虑，司法机关也完全可能对受贿行为既遂后“及时退还或者上交”的不作为犯罪处理。如果结合司法解释的进一步规定，就可以得出不能“及时退还或者上交”是外在的客观处罚条件的结论。司法解释还规定：“国家工作人员受贿后，因自身或者与其受贿有关联的人、事被查处，为掩饰犯罪而退还或者上交的，不影响认定受贿罪”。那么，进一步的推论就是，国家工作人员“受贿后”，不是因自身或者与其受贿有关联的人、事被查处，为掩饰犯罪而退还或者上交的，就难以认定为受贿罪。而受贿后“及时退还或者上交”，显然不是受贿后“因自身或者与其受贿有关联的人、事被查处，为掩饰犯罪而退还或者上交”，当然不能认定为受贿。在这个意义上，不能及时退还或者上交，仍然可以视为客观处罚条件。当然，如果将不能及时退还或者上交仍然可

① 至于在司法解释中作类似于客观处罚条件的规定是否违反罪刑法定原则、是否超越司法权，是另外的问题。

以视为受贿罪的客观处罚条件，可能引发在立法上未对客观处罚条件作出明确规定时，司法解释上设定客观处罚条件是否违反罪刑法定原则的疑问。

关于外在的客观处罚条件，还有以下问题需要进一步说明。一方面，构成要件符合性、违法性、责任这些犯罪成立要件所当然包含的内容都是外在的客观处罚条件的“前提事实”，这种前提事实必须受行为原则、责任主义、罪刑法定主义的限制。而对于外在的客观处罚条件中的事实，行为人在行为时欠缺预见可能性，也不可能进行控制。对此，林钰雄教授指出：立法者选择将某种要件列为不法与罪责之外的客观处罚条件，其适用结果便是纯粹取决于客观上的条件是否成就。至于行为人主观上是否对该条件有所认知，并非所问，因此不会发生主、客观不一致的刑法错误问题。① 如果将这样的事实视作违法要素，并进行归责，要么会陷入客观归罪的窠臼，要么使得犯罪之间的界限丧失。

另一方面，从效果上看，上述外在的客观处罚条件只是对刑罚是否启动具有意义。犯罪成立要件必须是与犯罪行为有关的要件，客观处罚条件与行为本身及其组成部分无关，是与行为相分离的内容，实行行为是否实施终了，与客观处罚条件的出现无关。相反，客观处罚条件所规定的事由，一般都出现在危害行为实施完毕之后，一定要晚于构成要件事实②，其所针对的都是犯罪实施以后的情况，是犯罪人所采取的有助于抵消危害结果的行为。危害结果是构成要件的内容，但是，抵消或者竭力减轻危害结果的行为与构成要件无关，不属于犯罪成立要件的内容。司法解释中关于受贿后及时退还或者上交，就不再认定为受贿的规定，只不过是为了追求类似于犯罪中止制度或者比中止制度更为彻底的效果。我国刑法第 24 条第 2 款规定，对于中止犯，没有造成损害的，应当免除处罚。外在的客观处罚条件的规定，是与中止制度立意相同但更为彻底的对行为人的“奖励”。“刑法之所以要采取这种规定，根本原因在于刑法是保护法益的工具，允许在事后消除犯罪造成的危害后果或防止造成进一步的危害，实际上是在降低法益风险。因此，在具备排除可罚性条件的情况下，法律认为，尽管稍微迟了点，刑罚的威慑已经达到了它最初的目的，因而也就没必要再适用了。”③

最后，需要附带讨论的问题是：在我国刑法中，出现了为数不少的关于客观处罚条件的规定。但是，也有一些规定貌似客观处罚条件，但既不是内在的也不是外在的客观处罚条件，只能算作是典型的违法要素。对此，需要仔细辨析。例如，侵

① 参见林钰雄：《新刑法总则》，326 页，台北，元照出版有限公司，2014。

② 根据司法解释，家庭成员之间的盗窃行为，不作为犯罪处理。这主要是考虑到家庭成员关系使得犯罪实施变得更容易，刑罚处罚可能范围较广且破坏家庭关系，因此，有人认为，家庭成员资格属于与犯罪实施具有内在联系的“事前的阻却可罚性原因”。但是，对这种行为不罚，不是基于客观处罚条件的理论，而是因为在责任非难上存在困难（期待可能性理论），可以借助于前述“个人的处罚阻却事由”进行解释。因此，客观处罚条件所涉及的都是实行行为之后排除可罚性的情形。

③ ［意］杜里奥·帕多瓦尼：《意大利刑法学原理》（注评版），陈忠林译，343 页，北京，中国人民大学出版社，2004。

占罪中的“拒不退还、拒不交出”是否属于客观的处罚条件？如果认为其属于内在的客观处罚条件，由于内在的客观处罚条件不是典型的违法要素，只有类似于违法要素的效果，是典型的违法要素之外独立的客观要素，那么，将委托占有物、遗忘物、埋藏物非法占为已有的，虽然违法性存在，但行为的法益侵害性尚未达到可罚性的程度，司法上还需要进一步证明行为人有拒不退还的行为。“非法占为已有”与“拒不退还”“拒不交出”之间就是并列的、各自具有独立意义、需要相继判断的关系：行为人主观上具有将持有的他人财物非法占为已有的目的，并以所有人的身份对该财物进行非法使用、收益、处分，其行为就已经具有非法性，即使后来在他人的要求下返还或者交出了占有物，其非法占有的性质也不能改变。但此时，该行为尚未构成侵占罪，只有在具备拒不交出、拒不退还的特征时，侵占罪的构成要件才完全齐备。所以，对侵占罪的成立，需要先判断非法占为已有的事实是否存在，还要进一步判断持有人是否有拒不退还或者交出的意思。①

但是，如果认为“拒不退还”“拒不交出”属于客观的、表面的违法要素，其与非法占有目的都是典型的违法要素，那么它们之间就有相互说明的关系，“拒不退还”“拒不交出”的含义就可以通过非法占为已有来进行阐释，却缺乏独立的内容。换言之，侵占罪中关于拒不退还的规定，貌似客观处罚条件，但既不是内在的也不是外在的客观处罚条件，只能算作是典型的解释违法性的要素。因为“非法占为已有”与“拒不退还”“拒不交出”之间是存在包容和被包容关系的要素，前者是主要的，能够包容“拒不退还”“拒不交出”，即占有人以所有人自居，对财物加以处分，既表明了其非法占有持有物的意图，也说明了拒不退还、拒不交出事实的存在。换言之，如果能够判明是非法占为已有的，就足以说明是拒不退还、拒不交出，有前者就一定有后者，后者处于从属地位。拒不退还、拒不交出虽然是侵占罪中构成要件客观方面的内容，但主要是对非法占为已有的强调和进一步说明，是为确认、固定占有人非法占为已有的意图提供充足的依据。非法占为已有和拒不退还、拒不交出之间，存在相互证明的关系。对此，张明楷教授指出，非法占为已有和拒不退还表达的是同一个意思：将自己占有的他人财物变为自己所有。“拒不退还”只是对“非法占为已有”的强调，或者说是对于认定行为人是否非法占为已有的一种补充说明。② 这是将“拒不退还”“拒不交出”看成是违法要素可能得出的结论。所以，在占有人将自己暂时占有的他人财物不法转变为自己所有之时，拒不退还、拒不交出的意思已经昭然若揭，没有必要再在司法上证明“拒不退还”“拒不交出”情形的存在与否。

① 参见刘志伟：《侵占罪的理论与司法适用》，111 页，北京，中国检察出版社，2000。

② 参见张明楷：《刑法学》，3 版，744 页，北京，法律出版社，2007。

第 十 六 章

未遂犯的处罚根据

现代处于通说地位的行为无价值论认为，不法必须同时考虑以实现结果的目的性为核心的行为自身的无价值和以侵害结果或法益危险为核心的结果无价值。未遂犯的不法，既具有行为无价值，也具有结果无价值。在未遂犯的不法判断中，包含了在一定程度上与行为人相关联的不法。这样的未遂犯论，在未遂犯的处罚根据这一问题上，就不再是结果无价值论的客观未遂论，而是“修正的客观未遂论”。

一、主观未遂论和客观未遂论的对立

（一）主观未遂论

传统的主观不法论认为，行为是行为人的危险性格的征表。按照这种逻辑，未遂犯就应该被理解为基于不法的意思实施危害行为，虽然结果没有发生，但行为人侵害法益的意思已表露无遗，因而应当给予处罚。如果将主观不法论贯彻到底，不能犯、迷信犯的行为人都具有侵害法益的意思，都实现了不法，有可能成立犯罪未遂，危险意思成为未遂犯的处罚根据。

现代的主观未遂论则就未遂犯的处罚根据求之于行为的危险性。赞成这种主张的行为无价值一元论认为，不法理论的核心思想是不法和行为有关，即行为人依照其目的设定实施特定构成要件行为，在损害发生的危险不存在的场合也成立未遂。制造不被允许的风险所涉及的，是构成要件该当行为。行为不法的认定，关键在于对行为自由的限制，而与结果归责无关。行为不法的认定与结果归责的判断分别依据不同的指导原则进行，审查的事实基础（事前还是事后）也有不同。这样，对行为的审查和对结果的判断就必须分开。依照不法的目的而实施行为，就是不法，这个不法行为本身就是行为人的“杰作”，结果是否有发生危险对不法没有影响，所以，即便脱离法益侵害或危险，行为人的个人不法也会得到彰显。那么，法益受害的结果和不法就没有关系，也和责任无关，只不过是客观处罚条件而已。换言之，主观未遂论的基本观点是，结果无价值不能构成不法，只不过是与不法无关的偶然因素而已，只能作为客观处罚条件看待。[①] 井田良教授指出：侧重于行为无价值的观点认为，行为无价值是违法性的基础、处罚的根据；但是，作为附加的要素，为了限定处罚范围，有时也需要结果无价值。于是，结果无价值仅具有限定处罚范围的意义。[②] 德国刑法学以考夫曼、雅科布斯等为代表的“波恩学派”更是非常明确地指出，不法是违反规范的目的性行为，结果或者结果无价值对不法没有任何影响。

这种将结果逐出不法领域的行为无价值一元论主观未遂论的基本考虑是：一方面，能够成为禁止对象的，只能是行为而不包括结果。如果法秩序要求禁止杀人，

① 参见［韩］李在祥：《韩国刑法总论》，韩相敦译，99页，北京，中国人民大学出版社，2005。
② 参见［日］井田良：《刑法总论の理论构造》，15页，东京，成文堂，2005。

其规范目的只有在杀人的意思（故意犯的情况）或威胁人生命的行为样态（过失犯的情况）出现时，才有可能实现。杀人的结果存在于这种禁止之外，所以，结果无法进入构成要件和不法的领域。另一方面，由于结果的发生或者不发生大多依赖于偶然因素，不能为人类行为所掌控，所以，难以成为不法的组成部分。①

> 当法律被制定用以持续地影响社会秩序时，就必须对人的意志提出要求，而偶然发生的违法结果不可能被禁止。因此，犯罪是违反了受保护的规范的行为，从行为人的角度来看，是行为人对不能为或者应为之法律规定的蔑视。相反，这并不取决于是否出现违法结果或者违法结果发生的危险性。②

根据主观不法论，必然会得出主观未遂论的结论。有学者指出，处罚未遂犯的理由是维护法规范的效力以达到保护法益的目的。未遂犯与既遂犯违反相同的行为规范，只不过未遂犯的预防必要性较低而应受较轻的处罚。虽然成立未遂要有着手行为，不是处罚主观意思，但理论上完全可以处罚无危险的未遂。③ 这明显是行为无价值一元论的立场。

黄荣坚教授赞成主观不法论，同时认为：结果是影响责任的要素。他指出，不法是为了确定针对一般人的理性行为标准，基于故意的着手这一行为不法才是不法的全部内容。犯罪既遂只是技术上的不法概念，在刑事政策上有其意义，因而对刑罚必要性（责任大小）有影响。④

井田良教授虽然并不承认自己是主观未遂论者，但其承认违法性的本质仅仅是违反行为规范，不法与结果无价值无关。他认为：违法论的意义在于明示行为时违法与合法的界限；违法论的机能就是提示和告知行为规范；刑法的任务就是通过处罚违反规范的行为来维持规范的持久效力，从而引导人们去遵守规范。违法性是对行为规范的违反，法益保护要通过规范的一般预防作用来实现，即应该通过规范来控制行为人的行为，从而达到保护法益的目的。将提示行为规范作为违法论的任务，就处罚的根据求之于违反行为规范这一行为无价值。⑤ 这一立场，和以往的行为无价值论就处罚根据求之于结果无价值、以行为无价值来限定处罚范围的看法是完全不同的见解。

但是，如果将其立场彻底化，就会得出如下结论：规范固然可以告诉行为人什么是该做的、什么是不能做的，但规范对事实的认识是无能为力的。对事实的认识只能依赖于行为人。因此，对于那些在事实认识上存在错误，即客观上并不构成犯罪，但以行为人所认识的事实作为前提来判断时构成犯罪的场合，规范为了告知行

① 参见［韩］金日秀、徐辅鹤：《韩国刑法总论》，郑军男译，233页，武汉，武汉大学出版社，2008。
② ［德］冈特·施特拉腾韦特、洛塔尔·库伦：《刑法总论》，Ⅰ·犯罪论，杨萌译，40页，北京，法律出版社，2006。
③ 参见蔡圣伟：《刑法问题研究》（一），84页以下，台北，元照出版有限公司，2008。
④ 参见黄荣坚：《基础刑法学》（上），173页，台北，元照出版有限公司，2012。
⑤ 参见［日］井田良：《讲义刑法学总论》，395页，东京，有斐阁，2008。

为人行为规范，必须予以处罚。比如，行为人误把过期的果汁当作毒药企图杀人时，即使在一般人看来明显不构成犯罪，也不能否认此时行为人有违反禁止杀人这一规范的意思，所以，为了告知这一规范，对其就应以故意杀人罪的未遂犯加以处罚。当然，井田良教授并没有采纳这一结论。但井田良教授认为，否认这一结论的根据在于对处罚范围应加以限定，社会的报应感情并不要求对这种场合进行处罚。这就意味着，井田良教授只得将限定处罚的原理求之于规范效力维护之外的其他要素。①

总体而言，主观未遂论存在明显不足：（1）与刑法的规定不符。我国刑法之所以区分未遂和预备，就是因为未遂是以着手实行与某种结果具有相对紧密的关联性为必要条件的，未遂行为内含刑法意义上的结果；而和结果关联性较弱的，只能成立预备。此外，按照行为无价值一元论的逻辑，结果发生与否对不法没有影响，因此，对未遂犯和既遂犯要同罚。但是，这与世界上多数国家对未遂犯要比照既遂犯从轻、减轻处罚的通例并不一致。（2）不符合刑事政策的要求。只根据行为就可以确定不法，会加重被告人的负担，不利于鼓励行为人放弃犯罪或者在行为实施完毕后采取其他措施防止结果发生，从而在一般预防上带来难题。（3）如果认为行为就可以决定不法，在过失犯的处理上会带来特殊障碍。因为多数国家刑法并不承认过失危险犯，过失犯的成立与结果发生有关，仅有义务违反并不构成完整的过失犯的不法。例如，超速违章驾驶数十公里，但并未导致死伤后果的，刑法上有意义的交通肇事罪的不法并不存在。②（4）客观处罚条件只能决定刑罚权的启动与否，不能对处罚的轻重产生影响。一个伤害行为，致人重伤或者死亡的，判刑一定比致人轻伤要重，如果认为结果是客观处罚条件，其只能解释对被告人应当进行处罚这一问题，但对于故意伤害致人重伤为何要比致人轻伤判得重、刑罚的量如何分配才合理等，将结果视作客观处罚条件的理论并不能提供令人满意的解释方案。（5）这种意义上的行为无价值论归根到底将未遂等同于主观不法要素，其会演变为纯粹的“意图无价值”，所有的客观要素都属于与不法无关的结果无价值。③ 否认结果对不法的重要性，最终可能会以行为人违反规范的内心意思作为处罚对象，必然会扩大刑罚处罚的范围，滑向刑法主观主义，从而与现代法治国的要求相抵触。

（二）客观未遂论

客观不法论认为：必须通过外在行为了解主观要素，因为只有这样才能探究行为人的内在意思，防止司法上出错。而主观不法论恰恰不能防止司法上的恣意。基于这一考虑，未遂犯的处罚根据就在于发生构成要件结果的客观危险性。即使认定

① 参见［日］山口厚：《日本刑法学中的行为无价值论与结果无价值论》，金光旭译，载《中外法学》，2008（4）。

② 行为是否具有以危险方法危害公共安全的不法，则是另外的问题。

③ 参见［德］冈特·施特拉腾韦特、洛塔尔·库伦：《刑法总论》，Ⅰ·犯罪论，杨萌译，109页，北京，法律出版社，2006。

行为人存在犯罪意思，但如果不存在发生结果的客观危险性的，也不能作为未遂犯予以处罚。

客观未遂论最早由费尔巴哈所提出。按照这种理论，处罚犯罪原则上需要发生结果。但是，结果偶然没有发生的，如果不处罚这种行为，从犯罪预防的角度来看是不合适的。因此，实施一定行为，有发生结果的危险性，是未遂犯处罚的根据。结果无价值论从总体上继承了费尔巴哈的进路，认为法益的客观危险性这一状态是未遂犯的处罚根据，从而尽可能地从危险概念中排除主观要素。这是“物的违法性论”的立场。①

但是，对于将行为人的主观因素排除到何种程度，在客观未遂论内部，也一直有争议。一种观点认为，所有行为人主观上的认识和预见，都不能作为危险判断的基准，危险判断绝对是纯粹客观的判断。② 另一种极端的观点认为，行为人的意图、计划、危险性格都是危险判断的考虑因素。相对折中的主张则强调，在判断危险时，不能离开故意、过失，应在一定程度上考虑行为人的主观要素。

对此，平野龙一教授指出：

> 在将枪口对准对方时（着手未遂），是杀人的实行行为，还是伤害的实行行为，或者是胁迫的实行行为，不考虑行为人的主观就不能加以判别。再者，在开枪而未击中时（实行未遂），是杀人未遂还是伤害未遂，不考虑行为人的主观就不能判别。不仅如此，如果有杀人的目的，那么行为人的身体也会为了达成目的而作适当的调整。在未遂的场合，故意（对结果的认识）之所以是主观的违法要素，是因为必须将故意考虑进去来判断行为的客观危险性。③

不过，值得质疑的是：如果像平野龙一教授那样，一方面声称自己坚持客观未遂论，但另一方面又考虑行为人的主观面，可能就已经偏离了客观未遂论的基本立场。因此，似乎应该认为，在未遂犯的判断上，绝对的客观危险说事实上是不存在的。如果不考虑行为人的主观面，根本就不可能判断行为的危险性。

关于未遂犯处罚的根据，张明楷教授也赞成客观危险说，并且主张其中的“结果危险说”，认为危险是作为结果的危险，即行为所造成的“危险状态”，而不是行为自身的危险。按照这种立场，对于危险是否存在，不能以行为时存在的所有客观事实为基础站在行为时进行判断。④ 由此看来，张明楷教授在未遂犯处罚根据上讨论危险判断时，仅主张对危险的事后判断。但是，张明楷教授的这一主张，与其在相关问题上的观点似乎有矛盾。例如，在判断行为的危险借以区分不能犯与未遂犯时，张明楷教授强调：“客观行为是否具有侵害法益的紧迫危险，应以行为时存在

① 参见张明楷：《行为无价值论与结果无价值论》，17页，北京，北京大学出版社，2012。

② 参见［日］中山研一：《刑法总论》，411页，东京，成文堂，1982。

③ ［日］平野龙一：《刑法总论》，Ⅱ，314页，东京，有斐阁，1975。

④ 参见张明楷：《刑法学》，4版，314页，北京，法律出版社，2011。

的所有客观事实为基础，站在行为时，根据客观的因果法则进行判断。”① 思考未遂犯处罚根据时确定行为的客观危险，和区分不能犯、未遂犯时进行危险判断，其实是同一个问题在刑法学上被人为切割在不同场合进行讨论，不应该在此处强调对危险的事前判断但在彼处主张事后判断。

二、行为无价值论与修正的客观未遂论

行为无价值二元论认为，规范违反和法益侵害同时决定违法性，不仅法益侵害结果，而且行为方式以及行为人的意图、目的等内容也是决定违法性的根据。行为无价值二元论所理解的客观违法性，对传统的客观违法性论（坚持“判断对象”上的客观性）进行了修正，即肯定违法性“判断基准”上的客观性，但在“判断对象”上接纳主观要素，因此，是“修正的客观违法性论”。

（一）基本内容

1. 修正的客观未遂论要考虑结果无价值

行为无价值一元论认为，行为规范只能约束行为，结果发生与否纯属偶然，行为人只能“尽人事，听天命”，结果不能由行为人所控制。这一主张明显存在问题。

一方面，其没有对行为的危险性进行实质评价。行为制造法益风险，结果实现的危险其实也就蕴含在该行为中。因此，如果类型化的行为存在，又没有其他异常因素的介入的话，不能认为结果与行为无关。在现实中，确实存在异常因果关联的介入影响结果归属的情形，但不能否认的是：行为人要对与其行为有关联的结果负责；偶然发生的结果如果与第三人的行为有关，仅仅是其不需要最初的实行者负责，但需要第三人负责，行为与结果的联系仍然不可否认。例如，甲实施暴力导致乙轻伤，乙送医后因为医生丙治理上的重大失误而死亡。该死亡结果对甲而言是偶然事件，但是，对丙而言就不是偶然事件。在规范评价上，甲最初的实行行为导致对应的轻伤结果发生的事实不能否认，该轻伤通常有导致被害人伤口感染重伤的危险这一点也不能否认。因此，结果或危险并不是行为人所完全不能控制的。某种行为完全没有发生结果的任何危险的，不是刑法处罚的对象。

另一方面，认为既遂结果的发生纯属偶然的思考方法，从形式上看有合理性，但是，其实质上可能迈向刑法主观主义。按照行为无价值一元论的逻辑，开枪射击行为实施完毕，行为规范就被违反，基于故意的杀害既是行为也是结果，被害人被医生救活的话，行为人控制不了结果，结果不发生纯属偶然。如果将这种方法论贯彻到底，不仅结果的发生是偶然的，行为能否实施下去其实也是行为人控制不了的，也可能成了偶然的东西。例如，甲举枪瞄准乙准备射杀时，甲脚下的热力井盖突然爆炸，甲摔成重伤，甲想实施的杀害行为根本无法完成。此时，因为行为人难

① 张明楷：《刑法学》，4版，334页，北京，法律出版社，2011。

以控制的原因，行为不可能完整地实施，处罚甲的根据就不在于特定行为意义上的行为规范被违反，而仅在于其杀害他人的意思外露这一点。行为规范的内容就不再是“不得实施足以导致结果的行为”，而最终变成了“不得有发生结果的意思”。但这明显是不妥当的。

行为无价值二元论认为，不法必须同时和行为、结果有关，因此，其并不赞成行为无价值一元论的结论，而是强调要考虑客观的结果无价值的部分内容。其主要理由是：(1) 在修正的客观未遂论看来，行为无价值一元论显然走得太远了：即使行为人对结果不能绝对操控，但该结果无论如何还是具有操控可能性的，无论是按照相当因果关系理论还是进行客观归责的检验，结果都还是由行为人的行为所造成的，结果的发生和纯粹的意外不可同日而语，结果和行为都是行为人的“杰作”，都要算到行为人头上。这样，不法与行为以及行为人有关，也与结果有关，结果就不是构成要件之外的客观处罚条件。对此，有学者指出：“被禁止的是以侵害法益为目的的行为，因而不能以行为被禁止为由认定结果的发生对不法没有任何意义……认为结果无价值只不过是偶然，也是不合理的看法。当结果无价值作为实现行为危险而与行为无价值相连时，其结果不可能是偶然的。”① (2) 犯罪的实质应该是行为与特定规范的期待相悖，并引起外在世界的变动，破坏既有的共同生活秩序。根据行为无价值二元论，在确定违法性时，是否具有法益侵害、具备结果无价值，需要在行为规范违反性之外单独加以判断。这一点，在结果犯（既遂犯）中自不待言，因为结果的出现，表明法益侵害的严重性。结果无价值影响定罪，不是量刑上或刑事政策上的附属考察因素。在危险犯（未遂犯）中，也要作相同理解：行为人的义务违反决定违法性，其行为一定具有结果指向性。在危险犯中，法益危险也是结果，这个意义上的结果无价值也是违法的组成部分，结果发生是当然的，结果不发生也不是偶然的，其显然受制于行为。所以，立足于行为无价值二元论的立场，不法必须同时顾及行为和结果。行为无价值与结果无价值具有同质性，二者同时影响违法性。(3) 即便是德国作为未遂犯处罚根据通说的“印象说”，也可以认为其未遂犯判断中考虑了结果无价值，即“在因为主观的犯人的犯罪意思（行为无价值）至少使客观的法的稳定发生了混乱（结果无价值），所以整体上导致从‘犯罪印象’（der verbrecherische Eindruck）或‘动摇法的印象’（der rechtsersch Ütternde Eindruck）中去寻求未遂犯的可罚性”②。所以，未遂犯的认定要同时考虑行为无价值和结果无价值。

这样说来，在刑法学中，至少存在两重意义上的结果无价值③：现实结果意义上的结果无价值（以下简称结果无价值Ⅰ）；行为指向未来危险，侧重于积极的一

① ［韩］李在祥：《韩国刑法总论》，韩相敦译，100页，北京，中国人民大学出版社，2005。

② ［韩］金日秀、徐辅鹤：《韩国刑法总论》，郑军男译，495页，武汉，武汉大学出版社，2008。

③ 少数学者认为，“使客观的法的稳定发生了混乱”是第三种结果无价值。对此，本章后面还会进一步涉及。

般预防导向的法益保护意义上的结果无价值（以下简称结果无价值Ⅱ）。在既遂犯的场合，行为无价值、结果无价值Ⅰ同时存在；在未遂犯的场合，具有行为无价值，也具有结果无价值Ⅱ——行为具有危险性，其没有侵害当下具体法益，但具有指向未来的危险。在这个意义上，张明楷教授认为，未遂犯只有行为无价值，没有结果无价值；行为无价值二元论的未遂论与其基本出发点即行为不法和结果不法同时存在的主张相矛盾的批评意见①，并没有存在根据。

这就是说，行为无价值二元论不会脱离结果无价值来理解行为无价值：成立结果犯（无论是故意犯还是过失犯），要求引起特定结果，该结果可以归属于行为人。成立危险犯（未遂犯），要求行为人通过其行动，将试图实施特定构成要件行为去追求某种“结果”的信息表现在外部。以故意杀人罪为例：在既遂的场合，不应当被杀害的被害人死亡这一结果可以归属于行为人，成为处罚依据；在未遂犯的场合，行为人具有“意图杀害不应被杀害的他人”的目的性，且指向他人的生命法益，虽然该结果无价值尚未现实化，但行为指向法益，具有发生结果的危险，因而有进行处罚的必要。“不仅在结果犯中，在所有的犯罪中，都要求将作为犯罪基础的行为规范被打破——或至少将被打破——状态上的‘结果’。”②

因此，对未遂犯的成立而言，不能仅仅说其行为不妥当，还要说因为其有导致结果发生的危险，才应该受到刑罚处罚，即应当强调行为有导致结果的可能性——“不应被杀害的人有被杀害的危险”可以归属于行为人。由于行为无价值二元论强调行为具有指向法益的性质，客观未遂论总体上仍然得到坚持。其实，这里的修正的客观危险说很接近于客观危险说中的“综合危险说”——行为具有侵害法益的客观危险时是未遂，但作为结果的危险是以行为的危险为前提的，如果没有行为的危险，就没有未遂犯的构成要件行为。如果仅有作为结果的危险，但行为不符合构成要件，不具有行为的危险性时，不是未遂犯。③

2. 修正的客观未遂论要考虑“人的不法性论”

在行为无价值二元论看来，不法不是纯客观的，因为结果和行为都是行为人的“杰作”，结果一定是要算到行为人头上的特定法益损害，是由与行为人的意思有关的行为所导致的。

> 现在的主流观点认为，以实现客观构成要件为基础的意向（Intention）应归入不法，因而采纳了个人的不法论概念（Personalen Unrechtslehre）……具有刑法上重要意义的事件过程不能被视为纯粹的原因过程，它只能适当地被描

① 参见张明楷：《刑法原理》，115页，北京，商务印书馆，2011。

② ［日］松宫孝明：《“结果无价值论”与“行为无价值论”的意义对比》，张晓宁译，载《法律科学》，2012（3）。

③ 参见张明楷：《刑法学》，4版，315页，北京，法律出版社，2011。

述为某个人的特定类型的行为。[①]

由于行为不法、结果不法都与行为人有关，其根源都是行为人的个人不法。在这个意义上，不法就是与特定个人有关的判断。肯定不法与行为人有关，就是要强调：必须普遍地把特定行为人的行动作为一种不值一提、其他人不可再次经历的行动选择来看待。为此，修正的客观未遂论承认“人的不法性论”，即行为人为客观的构成行为有目的地提供了目标设定，其出于什么态度来实施这个目的设定，他在这里承担了什么义务，所有这些都与可能的法益损害一起，决定性地确定了特定构成行为的不法。“不法是与行为人有关的‘人格的’行为的不法。”[②]

笔者赞成修正的客观未遂论，认为其对于论证未遂的不法具有特殊意义。犯罪既遂和未遂都要求有故意，“未遂仅仅由于缺乏结果而与既遂加以区别”[③]。当然，由于这种折中说肯定人的不法论，其必然会受到客观不法论的批评——一旦承认行为人的主观要素影响不法，会对刑法客观主义立场有冲击。不过，客观不法论对“人的不法性论”的批评并未切中要害。“人的不法性论”并不是说一切不法都是按照行为人的内在意思来确定，其仍然要强调根据外在行为来判断不法。如果行为人的意思只存在于其内心，完全不表现于外，不可能成为刑法规范的评价对象。刑法学上所谓的故意，不是行为人心里怎么想的，而是行为人通过行为举止、所做的事情所揭示出来的东西，必须有行为才能有故意。对过失的判断也是如此。按照刑法客观主义的逻辑，刑法不惩罚思想，只要不付诸行动，行为人怎么想都无所谓。在犯罪认定上，必须要通过行为人所做的事去决定、判断行为人怎么想，从而确定其主观要素。因为只有行为人所做的恰恰是他所想做的，才能把结果归责于行为人，否则，就可能是意外事件。[④]

（二）修正的客观未遂论仍然属于刑法客观主义阵营

修正的客观未遂论认为，未遂犯的危险性表现在行为的危险性上。行为无价值一元论认为，只要行为具有规范违反性，存在行为无价值（主观的、规范的无价值性），就可以处罚未遂犯。但是，行为无价值二元论主张，具有行为无价值同时客观上有结果发生的危险性的（危险无价值），才能处罚未遂犯，从而使“修正的客观未遂论”和客观未遂犯在结论上的差异很小，“其对立仅仅存在于观念上或形式上”[⑤]。“围绕未遂犯的处罚理由而进行的争论的结果是，不同立场之间如今在很大程度上相互接近。这里，最后有决定意义的论据与对立观念的一致性无关，而是涉

① ［德］冈特·施特拉腾韦特、洛塔尔·库伦：《刑法总论》，Ⅰ·犯罪论，杨萌译，109页，北京，法律出版社，2006。

② ［德］克劳斯·罗克辛：《德国刑法学总论》，第1卷，王世洲译，211页，北京，法律出版社，2005。

③ 同上书，203页。

④ 参见许玉秀：《当代刑法思潮》，34页，北京，中国民主法制出版社，2005。

⑤ ［日］山中敬一：《刑法总论》，2版，706页，东京，成文堂，2008。

及这些方案本来必须得出的结论的合理性。”①

与刑法主观主义主张将行为人的意思或危险性格通过行为征表出来就可以定罪处罚不同，行为无价值二元论认为客观行为是不法理论的核心，未遂犯的处罚根据不是行为人的危险性格。因此，其基本取向仍然维持在刑法客观主义内部。

(三) 修正的客观未遂论与危险判断

笔者认为，对法益有具体危险，且能够展示行为人侵害法益意思的行为才有成立未遂的余地。按照这一界定，未遂一定是一种指向具体的构成要件结果、法益侵害的行为；该行为揭示了行为人损害法益的意思——对天开枪的行为，不是杀害的行为，有目的性地对人开枪才是行为；行为具有危险性，这种法益危险意义上的结果无价值蕴含在行为中。这个意义上的未遂犯论重视行为，但认为其包含结果发生的具体危险。所以，认定未遂的核心是确定危险判断的标准。

在根据修正的客观未遂论判断未遂犯中的危险时，以下两点非常重要。

1. 立足于事前的一般人基准

危险的判断，分为事前（ex ante）和事后（ex post）判断两种，两者的最大差别在于对判断基础资料或判断基础事实的采集、运用不同。事前（行为时）的判断以行为人实施某种行为时，一般人认识到的事实（特殊情况下包括行为人的特别认知）为判断的事实基准，危害行为实施完毕后的事态、状态等不能作为判断资料。事后的判断，则将所有相关联的事实都纳入判断范围，根据所谓的科学法则进行判断。对未遂犯的判断，应当立足于事前的一般人标准，而非事后的科学判断。例如，为杀害他人而将硫黄置于被害人的饭菜中，按照事后的科学法则说，因为摄入硫黄不可能造成死亡，所以故意杀人罪的未遂不能成立。但是，按照事前的一般人经验法则，应当肯定一般人感觉到的紧迫危险，所以可以成立杀人未遂。对此，罗克辛教授明确指出：从事前的角度进行观察，仅当一个未遂真实地创设了一个不被允许的风险，也就是该未遂是危险的，才可能被处罚。② 约翰内斯·韦塞尔斯教授也主张，对危险的判断，要考虑行为时所存在的各种情况，并要对事态的可能发展趋势作出预估。在这里，其实必须假定存在一个“客观的观察者”，由其从行为时（ex ante）的视角，依据相关的普遍性经验上的知识（以及特殊情况下行为人所可能拥有的特殊认知），对行为当时所实际存在的具体情况进行分析，对由此构成的危险进行评估。③

立足于事前的一般人基准，是行为无价值论的当然结论。对此标准，不少结果无价值论者也加以肯定，认为评价行为的法益侵害或危险的性质必须同时“本着社会一般人的评价基准”考察产生这种结果的行为者当时的认识、意图（行为的主观

① ［德］冈特·施特拉腾韦特、洛塔尔·库伦：《刑法总论》，Ⅰ·犯罪论，杨萌译，255页，北京，法律出版社，2006。

② 参见［德］罗克辛：《刑事政策与刑法体系》，蔡桂生译，76页，北京，中国人民大学出版社，2011。

③ 参见［德］约翰内斯·韦塞尔斯：《德国刑法总论》，李昌珂译，170页，北京，法律出版社，2008。

样态），以及行为通过何种方法、手段得以实施（行为的客观样态）。例如，平野龙一教授就曾指出，考虑结果无价值时，“不仅是现实发生的结果，也必须考虑行为的方法、样态。但这种情形下考虑的是方法、样态所具有的法益侵害的一般危险性，而不是把其反伦理性、行为无价值性也原样考虑进去”①。这是欲在结果的无价值之中接纳行为本身所具有的一般危险性，可以说在此限度内融入了行为无价值的思考。

2. 评估行为再次重演的危险性（积极的一般预防的需要）

按照行为无价值二元论的逻辑，在根据立足于事前的一般人基准得出危险是否存在的判断之后，还应当用“类似行为如果再次实施，结果是否能够发生，规范是否能够容忍”这种意义上的假定判断进行检验，以确定行为和规范的抵触程度，回应积极的一般预防的要求。也就是说，某次具有一定危险性的行为，虽然并未导致结果发生，仅仅从事后反过去看，结果发生的危险性也极小，但是，这次结果没有发生纯属偶然，该行为如果再次重演，结果发生的概率极高的，就有必要认定该行为违反规范，具有危险性，从而禁止该行为，将其树立为“反面的”样板，不允许其他人在未来效仿，从而维护规范的有效性，防止法益在未来受到侵害。例如，甲试图开枪杀害处于 100 米之外的被害人乙，但子弹的射程只能达到 80 米，乙听到枪响后逃离现场，不能根据事后的物证技术鉴定否定行为的危险性。一方面，开枪杀人的行为，立足于一般人的事前标准，会认为其特别危险；另一方面，此次被害人偶然逃过一劫，但不能排除类似行为再次实施所可能带来的危险性——如果不将此次未击中被害人的行为作为犯罪未遂来评价，被告人或其他人下次可能拿一把射程更远的枪支，或者边靠近被害人边射击，或者在被害人向被告人所在方向移动时射击。所以，假定类似行为再次重演时，结果实际发生的可能性、危险性存在的，就应该作为未遂犯处理。再比如，甲与邻居丙有仇，基于杀害的意思，唆使丙的儿子乙（3 岁小孩）用手去抓从墙上电源插座中伸出的裸露电线。及时赶来的丙将电线从乙的手中夺下，将乙抱走。即使事后查明该房间的 5 个插座都有电，但就是该电线外露的插座无电，对于甲也应该肯定其成立故意杀人罪的未遂犯（间接正犯），因为无论是考虑事前的一般人标准，还是按照积极一般预防的需要，都应该肯定该行为的高度危险性——如果类型行为再次重演，就不会有运气这么好的被害人！

在判断危险是否存在时，要评估行为再次重演的危险性，对此，个别结果无价值论者实质上也同意。山口厚教授认为，未遂犯都是结果没有发生的情形，要判断某种行为是否有危险，需要假设某种使结果发生的事实存在的可能性（假定的事实）。例如，用空枪对人射击的，需要考虑假定“枪支被装上子弹”这种引起危害结果发生的事实的存在可能性程度，于可能性高的场合，应当肯定未遂犯的存在，

① ［日］平野龙一：《刑法总论》，Ⅱ，216 页，东京，有斐阁，1975。

反之，应该承认不能犯。[①] 笔者认为，就针对危险的判断需要假定这一点而言，山口厚教授的观点和本书这里的主张没有差别：根据假定的事实，于结果发生的可能性高的场合肯定未遂犯的存在，实际上是在假定：如果类似行为再次发生的概率高，其他人极有可能效仿类似行为的，国家就不能容忍这种行为，从而应该对其论以未遂犯。例如，甲的左口袋被扒窃，但其中空无一物，扒窃者乙的行为仍然具有危险性。因为假设类似行为再次发生，甲的左口袋没有钱，但其右口袋有钱的几率很高，乙如果不偷错钱包的话，就会发生结果，行为的危险性就是难以否定的。

判断危险的上述两种标准，都重视行为在客观上指向法益的危险性，但事实上也都重视行为人的侧面：行为人基于其犯罪意思支配行为过程，该行为具有导致法益侵害后果发生的具体危险，即便此次结果没有发生，该行为从规范的一般预防的角度来看也难以容忍，必须确认其不法性，以防止他人效仿。按照行为无价值二元论的逻辑，未遂犯的成立范围在一定程度上会比结果无价值论下要广。

综上所述，未遂判断实际上是对行为时的事态如何进一步演化、发展的“事前”预言——如果根据行为时的具体情形站在理性的立场，认为完成犯罪是有可能的，未遂就应该成立；反之，如果缺乏这种可能性，危险就应该被排除。

三、修正的客观未遂论与偶然防卫

客观上有正当防卫或其他阻却违法事由的存在，但是，行为人主观上并未认识到该事实的，是否能够阻却违法性？换言之，行为人基于侵害他人权利的意思，而不是出于防卫意思实施攻击行为，但客观上是针对不法侵害进行反击的，是否能够成立正当防卫？这就是偶然防卫要讨论的问题。对此，行为无价值论者通常会否定偶然防卫行为的正当性；赞成结果无价值论的绝大多数学者也认为其不成立正当防卫。但是，有极少数结果无价值论者肯定行为阻却违法。例如，在甲准备开枪杀害乙之前的1秒钟，丙在完全不知情的情形下开枪将仇人甲射中致其死亡。丙客观上制止了甲杀害乙的犯罪行为，是否由此成立正当防卫？行为无价值论者以及多数结果无价值论者都会认为，丙虽然客观上制止了甲的不法侵害，但是其杀害行为系出于犯罪故意而实施，不能成立正当防卫。

偶然防卫的案件在实践中极其罕见，但其背后的法理——正当防卫的成立，是不是仅仅存在客观上属于防卫的行为即可，还是必须存在防卫的意图或动机——却颇值得探究。这里主要涉及两方面的问题：一方面，虽然行为无价值论和绝大多数结果无价值论的结论相同，但其背后的方法论大相径庭，需要加以揭示。另一方面，认为偶然防卫成立正当防卫的观点，在理论上存在许多破绽，也和我国刑法第20条的主旨不符，是值得商榷的理论。

① 参见［日］山口厚：《刑法总论》，2版，276页，东京，有斐阁，2007。

（一）行为无价值论和结果无价值论的分歧

1. 结果无价值论与偶然防卫

结果无价值论认为：违法性的实质在于法益侵害，没有法益侵害或危险的行为不具有违法性，即使行为人内心为恶，刑法也不处罚不可能造成法益侵害的行为。因此，正当防卫的成立，防卫者无须具有防卫意思，只要从客观上观察其系对不法侵害行为进行防卫即可（防卫意思不要说）。

换言之，防卫的意图和动机存在与否，只不过反映了行为人的主观恶性的程度，因此，充其量只能构成责任要素，对此，不应在评价违法性时加以考虑。另外，即使不把“防卫的意志”理解为防卫的意图与动机，而是将其理解为对构成正当防卫的事实的认识，那么，这种认识应属于“正当防卫的故意”，如果坚持结果无价值论，不能把故意一般性地作为违法要素，这种正当防卫的故意也不应构成违法要素。① 日本法院虽然现在仍坚持“防卫的意志”这一要件，但已经不像以前那样积极地要求防卫的动机，而只是消极地将那些完全没有防卫动机的行为排除在正当防卫的范围之外，所以，判例对“防卫的意志”要件也开始放松了。②

根据结果无价值论，多数学者会认为偶然防卫成立犯罪未遂，少数学者则主张偶然防卫不成立犯罪。例如，张明楷教授就认为：违法的本质是法益侵害，偶然防卫保护了优越法益，因而阻却违法性。行为是否侵害法益，是一种客观事实。故意、过失是责任要素而不是违法要素。与之相应，所谓的防卫意识也不是影响违法性的要素。所以，成立正当防卫不以防卫人主观上具有防卫意识为前提。由于防卫意识并不影响违法性，又由于正当防卫是违法阻却事由，所以，当偶然防卫符合了正当防卫的各种客观要件时，就意味着阻却了违法。③ 还有学者指出，关于偶然防卫，理论上的认识误区是，即便是否定正当防卫，也应当像肯定成立犯罪一样需要“主客观相统一”——既然正当防卫需要行为人有防卫的意思，在偶然防卫的情况下，行为人主观上没有防卫的意思，即便客观上发生的是正当防卫的结果，也因为主、客观没有统一起来，所以不成立正当防卫。但是，成立犯罪是一种积极的判断，当然需要要件齐备，主、客观相统一，但否定犯罪的成立是一种消极的判断，只需否定一个要件，就可以直接得出无罪的结论，根本无须主、客观相统一。退而言之，即便否定偶然防卫人的行为构成正当防卫，也并不能得出成立犯罪的结论。

① 黎宏教授在违法性上坚持纯粹客观的判断，但在正当防卫问题上要求防卫人有防卫意识（参见黎宏：《刑法学》，134页，北京，法律出版社，2012），这是和结果无价值论相矛盾的观点，等于是在违法性论中承认行为人的主观意思决定不法性。因为只有行为无价值二元论才能主张：行为不法，要求行为无价值和结果无价值同时具备；对应地，行为合法，也要求行为有价值（有防卫意识）和结果有价值。

② 参见［日］山口厚：《日本刑法学中的行为无价值论与结果无价值论》，金光旭译，载《中外法学》，2008（4）。

③ 参见张明楷：《论偶然防卫》，载《清华法学》，2012（1）。

既然其没有侵害法益，也没有侵害法益的危险，就只能得出无罪的结论。①

上述主张偶然防卫成立无罪的观点，在刑法理论界产生了一定影响。但其结论无论从司法逻辑和刑法基本立场上看都有很多值得商榷之处：（1）偶然防卫无罪说会带来无休止的检验。在行为人有明确犯罪故意的场合，不去考虑其行为本身的危险性，而是去检验被行为人杀害的被害人是否有侵害行为、检验正当防卫的客观条件是否具备，和认定犯罪的一般逻辑相抵触，导致无止境的、环节过多的反复检验。偶然防卫与未遂犯不同：前者是“一对二”的关系（基于故意实施犯罪行为的偶然防卫人、被偶然防卫的侵害者、可能遭受被偶然防卫者攻击的人）；后者是不法侵害者和可能的被害客体“一对一”的关系。按照偶然防卫无罪说的逻辑，针对那些铁证如山的故意杀害行为，根据存疑时有利于被告的原则，还需要去查证被攻击者当时是否为潜在的不法侵害者；在义愤杀人的场合，要检验被杀者当时是否可能作恶。这就会改变目前的司法逻辑，导致没有必要的烦琐检验。即便承认可以进行上述检验，其实也还存在判断上的诸多难题，可能导致明显不合理的结论。例如，甲盗窃乙的钱包，而乙的身体被甲触动后落荒而逃。事后查明，乙当日正准备伸手去摸旁边妇女丙的大腿。甲的盗窃行为恰好制止了乙的猥亵行为，而且丙的人身法益重于乙的财产法益，那么，甲的一个明明属于盗窃罪未遂的行为，按照张明楷教授的观点，岂不是要被认定是正当防卫？（2）偶然防卫无罪说存在立法和司法上的障碍。从立法规定来看，正如黎宏教授所指出的那样，我国刑法第20条关于正当防卫的规定使用了“为了……免受正在进行的不法侵害”这种主观色彩浓厚的用语。在这种现实背景之下，只要坚持罪刑法定原则，就应当说，成立刑法中的正当防卫可以不考虑行为人主观上是不是具有防卫意识的观点，是勉为其难的。② 因此，认为没有防卫意思的偶然防卫可以成立正当防卫缺乏立法支撑。同时，在中国刑法中，连无限防卫都要附加那么多条件，才有可能将其成立正当防卫，怎么可能轻易承认偶然防卫场合的无罪？无限防卫场合必须审查防卫人是否明知对方实施的是杀人、绑架、抢劫、强奸等罪，确定其存在防卫意思后，才有可能将其评价为正当防卫。在偶然防卫的场合，没有防卫意思，仅有犯罪意思，却可以得出正当防卫的结论？从司法上看，强调正当防卫必须存在“防卫的意志”，这一立场一直为世界各国审判机构所接受。（3）无罪说的结论，其实只有站在事后判断的立场才能得出。“只要采取事后判断，在客体不能的场合，客观上就不存在值得保护的客体，也不能肯定法益侵害的危险性。同样，在偶然防卫的场合，如果采取事后判断的标准，在任何意义上都不能肯定违法性。”③ 但是，张明楷教授一方面坚持偶然防卫不可罚说；另一方面，在区分不能犯和未遂犯时，却又采取事前判断的立场，其方

① 参见杜文俊、陈洪兵：《（二元的）行为无价值论不应是中国刑法的基本立场》，载《东方法学》，2009（4）。

② 参见黎宏：《刑法总论问题思考》，324页，北京，中国人民大学出版社，2007。

③ ［日］井田良：《犯罪论の现在と目的的行为论》，135页，东京，成文堂，1995。

法论存在不一致的地方。而按照事前判断的逻辑，难以得出偶然防卫不成立未遂的结论。

2. 行为无价值论与偶然防卫

行为无价值论认为：不法不是纯粹客观的。在违法性判断上，仅仅以结果或者危险是否发生作为违法性判断的对象基准并不是全面的观点。只有同时以行为（包括伴随的主观违法要素）、结果（法益侵害或者危险）作为判断对象，才能有效地防止刑法评价对重要的要素的遗漏。因此，必须将故意、过失作为主观的违法要素，不法同时具有行为无价值和结果无价值。无论是新古典学派、目的行为论还是罗克辛所主张的目的理性犯罪论体系，都已经承认构成要件与违法性同时包括客观要素和主观要素。

与之相对应，阻却违法事由也不是纯客观判断，需要主观的阻却违法要素。① 行为人主观上是否认识到阻却违法的情形，对于相关结论的形成至关重要。"这种产生某种合法事情的意识，就清除了行为无价值及与之有关的不法。"② 正当化事由的成立自然需要主观的正当化事由，故成立正当防卫需要防卫人具有防卫意识。不是基于防卫意识所实施的反击行为，具备行为无价值，应当成立犯罪。换言之，行为无价值论要求行为人必须有防卫意思，防卫意思是主观的正当化要素，对侵害人实施的急迫、不正行为有所认识并进行防卫的，才能成立正当行为（防卫意思必要说）。在偶然防卫的场合，行为人没有防卫意思，其毕竟是基于犯意而实施一定的行为，所以应成立故意犯罪。如果将这种情况认定为正当防卫，会伤害国民正常的法感情。

笔者认为，基于行为无价值论的防卫意思必要说是有道理的。"世界上所有的法律体系，在事实上都对自我防卫和紧急避险的辩护要求一种主观要素，这种做法看来是正确的。"③ 刑法规范是容许规范，行为人对于防卫正当性有所认识，有防卫的意思，其对行为的规范容许性才能有所认识。从规范违反说的角度来看，要求防卫人有防卫意思，对于突显规范的存在，有其独特价值。按照这种观点，偶然防卫行为就应当构成犯罪。

但是，对于偶然防卫究竟是成立犯罪既遂还是未遂，在行为无价值论内部也存在分歧。有部分学者认为，偶然防卫行为在一般民众的心目中侵害法益的意义较强，行为所引起的制裁需求性相对升高，因此，将其作为既遂犯处罚完全没有问

① 不过，"相较于主观构成要件要素，主观阻却违法要素的对应要求程度较低"（林钰雄：《新刑法总则》，231页，台北，元照出版有限公司，2011）。原则上，行为人对不法侵害这一紧急事态有认知时，就可以肯定其防卫意思，而不要求仅具保护合法权益的目的（意欲）时才能成立正当防卫。因此，在防卫目的与复仇、愤怒等动机交织在一起时，也不能否认防卫意思。

② ［德］克劳斯·罗克辛：《德国刑法学总论》，第1卷，王世洲译，415页，北京，法律出版社，2005。

③ ［美］乔治·P·弗莱彻：《刑法的基本概念》，蔡爱惠等译，133页，北京，中国政法大学出版社，2004。

题[①]；即使肯定客观阻却违法事由“抵消”了客观现实的构成要件结果所造成的结果无价值，也不等于先前已经该当的构成要件会再转变成不该当。[②] 还有的学者认为，因为偶然防卫行为人主观上没有防卫意思，所以，不是正当防卫，从而成立故意或者过失的既遂犯罪。[③] 但是，认为偶然防卫成立故意犯罪既遂的观点，“忽略了客观不法在不法结构中的地位，违背了刑法犯罪结构之基本概念”[④]。从实质上看，其仅仅采用了事实判断的方法，没有顾及刑法价值判断、规范判断的理念，其结论明显是不合理的。作为既遂标准的结果，必须是规范所反对的、能够揭示法益侵害性的结果。偶然防卫者造成不法侵害者伤亡，只要在防卫限度内，就难以被评价为法所禁止的结果。同时，偶然防卫者的行为确实保护了无辜第三人，通过利益衡量，也难以认定偶然防卫者造成了规范要禁止的法益侵害后果，所以，其至多只能成立犯罪未遂。有学者指出，行为人客观上所造成的结果无价值（致人死伤），因为客观存在的阻却违法的正当情形而被抵消了，这种具有行为无价值但缺乏结果无价值的情况，正是未遂犯典型的不法内涵。[⑤]

笔者肯定偶然防卫是犯罪未遂，但认为所谓偶然防卫只有行为无价值、没有结果无价值的主张并没有道理。

（二）偶然防卫应当成立犯罪未遂

确实，偶然防卫行为仅停留于主观上与法规范敌对意思的行为不法，没有造成现实结果意义上的结果无价值（结果无价值Ⅰ）。但是，该行为不能说毫无危险，从刑罚积极的一般预防导向的角度来看，可以认为其存在值得评价为违法的危险（结果无价值Ⅱ）。因此，偶然防卫既具有行为无价值，也具有结果无价值。

张明楷教授认为：“二元说除了要求缺乏结果无价值之外，还要求缺乏行为无价值才承认违法阻却事由，如在正当防卫的场合要求防卫意思，于是偶然防卫不成立违法阻却事由。结局，二元论采取了一元的行为无价值论态度。”[⑥] 但是，这一批评并不正确。确实，行为无价值二元论会同时考虑结果无价值和行为无价值，法益概念也是行为无价值论的核心范畴。偶然防卫不成立阻却违法事由，是因为在行为无价值之外，还存在结果的无价值，所以，二元论没有采取一元的行为无价值论的态度。此外，如果定罪是根据某种能够自洽的理论所得出的结论，那么犯罪范围的大小就不能成为反过来检验行为无价值论或者结果无价值论是否具有合理性的

① 参见林东茂：《刑法综览》（修订5版），83页，北京，中国人民大学出版社，2009。

② 参见［日］大谷实：《刑法讲义总论》，288页，东京，成文堂，2009；［日］大塚仁：《刑法概说（总论）》，390页，东京，有斐阁，2008；［德］冈特·施特拉腾韦特、洛塔尔·库伦：《刑法总论》，Ⅰ·犯罪论，杨萌译，196页，北京，法律出版社，2006。

③ 陈子平：《刑法总论》，251页，台北，元照出版有限公司，2008。

④ 黄荣坚：《基础刑法学》（上），249页，台北，元照出版有限公司，2012。

⑤ 参见［德］约翰内斯·韦塞尔斯：《德国刑法总论》，李昌珂译，159页，北京，法律出版社，2008；林钰雄：《新刑法总则》，232页，台北，元照出版有限公司，2011。

⑥ 张明楷：《刑法的基本立场》，174页，北京，中国法制出版社，2002。

依据。

偶然防卫是否能够成立未遂，取决于我们对于犯罪未遂中危险的判断标准。如果认为不法是刑法所要禁止、预防的行为模式，那么，在现实中没有造成利益侵害但是存在危险性的行为，也需要赋予其不法性。对此，可以结合前面提到的判断具体危险是否存在的标准进行检验。

1. 立足于事前的一般人基准

在偶然防卫的场合，无论从一般人还是从行为人的角度，只要是从行为时出发，就可以认为行为存在导致法益侵害的危险，符合犯罪未遂的特征。以偶然防卫开枪导致不法侵害者死亡为例，按照一般人的危险感觉，开枪行为极其危险；且开枪所杀害的是一个人。换言之，在犯罪未遂的场合，行为人的犯罪计划如果不受干扰地继续进行，就会直接导致整个犯罪行为构成要件的实现。从理性旁观者的角度来看，开枪行为必将震撼人心，一般都会认为被害人会有生命危险。“由于无法否定枪击行为的危险性，所以是普通未遂。”①

> 根据行为人的计划和相关的犯罪行为要件的种类，特别是有可能从这样的情况中产生出对于“开始”的构成要件的接近性和对于所要求的“直接性关系”的间接证据（Indiz），即由行为人启动的原因序列，依照他对行为进程的预想，应该是无停顿地……汇入本来的构成要件行为之中，形成的后果是：从他的角度看所侵犯客体已经在具体地受到危险。②

这就是说，偶然防卫行为所杀害的人，从事后看，是法律不保护的人，该死亡结果法律不反对，行为没有造成法益实害。但是，如果坚持危险判断的具体危险说，站在行为时考虑一般人的感受，就可以认为杀害行为具有导致他人死亡的危险，应当成立犯罪未遂。在这里，至关重要的是，相关法益侵害从事后、从形式上看，确实没有危险，但是，需要考虑的是：从一般人和行为人的角度来看，法益是否直接受到紧迫威胁，对类似行为是否需要从规范上禁止？如果这一点可以肯定，承认偶然防卫成立犯罪未遂就具有合理性。

2. 评估行为再次重演的危险性

虽然偶然防卫的场合行为人“碰巧”没有造成规范所反对的侵害后果（例如，开枪打死的是一个正准备杀人的罪犯），结果没有发生，客观构成要件没有完全具备，不成立犯罪既遂，但是，基于犯罪意思实施危害行为这样的行为模式仍然必须被禁止。“如果这样的行为模式不被禁止与处罚，谁也不敢保证，相同的行为模式在下一次也不会造成伤亡。基于如此的道理，刑法并不是只处罚既遂犯罪，而是也处罚未遂犯罪。”③

① 林东茂：《刑法综览》（修订5版），159页，北京，中国人民大学出版社，2009。

② ［德］约翰内斯·韦塞尔斯：《德国刑法总论》，李昌珂译，342页，北京，法律出版社，2008。

③ 黄荣坚：《基础刑法学》（上），170页，台北，元照出版有限公司，2012。

(1) 没有造成规范所反对的实害后果，不等于没有危险

偶然防卫没有造成实害，不具有犯罪既遂的结果无价值，但是有未遂的结果无价值，因此，不能阻却违法。例如，甲试图杀害乙，有杀人故意的丙在甲开枪前的一秒钟将甲打死。丙在主观上有完整的杀害意思，虽然打死乙的结果是规范所不反对的，行为客观上没有造成规范所反对的死亡后果，但有一般人所认同和感受到的危险，也应该成立犯罪未遂。因此，偶然防卫行为并不是毫无危险。

与此相关的例子：在抢劫、绑架、聚众斗殴、驾车“碰瓷”的场合，罪犯实施暴力行为指向被侵害法益，但导致同伙死亡的，其实都类似于偶然防卫的情形——故意实施侵害行为，但偶然阻止了同伙的犯罪行为。按照被害人自我答责的法理，可以认为罪犯不需要对同伙的死亡负责，但是，不能认为罪犯的行为对在场的其他无辜者没有危险。此时，该侵害者应该成立犯罪未遂。例如，甲、乙、丙、丁约定，驾车去某国道上针对违章大货车“碰瓷”。在发现某大货车违章拐弯后，甲、乙、丙先后驾车去挤、别大货车，但大货车猛打方向盘逃过一劫。甲、乙、丙将在前方掩护的同伙丁撞死。对此，可以认定甲、乙、丙的行为属于偶然防卫，但不能认定其无罪，因为其行为就一般人的事前判断而言，明显存在危险性；对丁之外的其他客体而言，也存在客观危险。

这说明，成立犯罪需要同时要求结果无价值和行为无价值①；行为要正当化，也必须同时抵消行为无价值和（法益实害意义上的）结果无价值。但是，行为无价值和结果无价值只有在特定构成要件中才能被讨论，不能离开具体的构成要件抽象地讨论行为或结果的无价值。偶然防卫的行为人具有行为无价值，但没有造成规范所反对的实害结果，缺乏犯罪既遂的结果无价值。但其有犯罪未遂的结果无价值——从行为时一般人的角度来看，认定行为可能造成法益的危险，因此，应当成立犯罪未遂。②

附带指出，结果无价值论认为偶然防卫的场合没有结果无价值，其实是人为提高了未遂犯的结果无价值判断标准，把既遂犯的结果无价值要求不当运用到未遂犯中。此外，在结果无价值论中，也有学者认为，结果无价值的内容除了法益侵害（结果无价值Ⅰ）、法益危险（结果无价值Ⅱ）这两种传统形式之外，还应当包括“法益平稳状态的扰乱”这种“第三结果无价值”。

> 虽然没有达到法益侵害或法益危殆化的程度，但一旦指向法益侵害的行为人的主观犯罪意思逾越实行的着手阶段被客观化，即使根本不可能发生结果也会在社会意义上扰乱法益平衡状态。这种法益平衡状态的扰乱与法益侵害或法益危殆化相比构成最为弱的形态的结果无价值。在这种意义上也叫作第三结果

① 但未遂与既遂的结果无价值之间存在质和量上的差异。

② 参见陈璇：《刑法中社会相当性理论研究》，100页，北京，法律出版社，2010。

无价值。这相当于是在可罚性未遂形态中不法程度最低的不能未遂的结果无价值。①

如果按照这种立场，偶然防卫的行为人基于犯罪意思着手实行犯罪，其行为显然造成了法益平稳状态的扰乱这种结果无价值，虽然不法程度低，但将其认定为可罚的未遂也是合理的。虽然对于结果无价值的内容是否还应包括“法益平稳状态的扰乱”（结果无价值Ⅲ）可能还存在争议，该观点也未必是合理的理论，但是，这种主张的存在也说明，即便是在结果无价值论内部，对于偶然防卫是否真的没有产生结果的无价值，也存在激烈争论。

（2）将偶然防卫认定为未遂，回应了积极的一般预防要求

行为无价值二元论将“事前向国民告知行为的允许性的机能”作为违法论的指导原理，同时，尽可能地使规范的一般预防要求浸透到违法论中。因此，一个在一般条件下可能造成法益侵害的行为，即使在特殊条件下没有造成具体的法益侵害后果，也应当作为未遂犯处罚，否则，其他人就会效仿该行为，从而造成未来的法益侵害结果。②

（3）偶然防卫的场合，针对的是规范不保护的客体，和故意犯罪但客体偶然不存在的不能犯情形，客观上相同

对于形式上是不能犯，但客体只是偶然不存在的情形，只要能够确定客体并非必然或者始终不存在的，就应该以未遂犯处理。例如，甲使用枪击方法杀害被害人，朝客厅开枪，但被害人已经在1分钟前外出看电影的情形中，被害客体只是偶然不存在，但其随时有回来的可能性，不能认为行为人系不能犯，而应以未遂犯处理。偶然防卫的情形，其实也是如此——甲对乙实施杀害行为，被杀害的乙偶尔碰巧正准备杀丙，被杀害的对象不受法律保护，等于是被杀害的客体“偶然不存在”。这说明，偶然防卫的情形存在与可罚的（客体）不能未遂相类似的地方。此时，如果不处罚杀人犯甲，就和区分不能犯与未遂犯的一般理论不协调。对此，西田典之教授也持相同的观点，他指出：偶然防卫确实缺乏结果无价值，但是，也可能认为其存在发生结果的危险。这一点可以与不能犯平行考虑。例如，不知道对方是尸体，以为对方还活着而开枪，事后鉴定表明，当时对方已经死亡的，该行为也具有未遂的可罚性。③ 在甲对乙实施偶然防卫时，乙有杀害丙的可能性，但不能否认，其也有不杀丙的可能性。如果在行为当时，乙不实施杀害丙的行为的盖然性高，那么，甲的偶然防卫发生法益侵害结果的危险性就很高，认定其为未遂犯也就完全合理。

（4）司法与刑法的公众认同

对偶然防卫是否定罪，司法判断上容易陷于两难境地，但需要法官去决断。此

① ［韩］金日秀、徐辅鹤：《韩国刑法总论》，郑军男译，237页，武汉，武汉大学出版社，2008。

② 参见［日］井田良：《变革时代の理论刑法学》，113页，东京，庆应义塾大学出版会，2007。

③ 参见［日］西田典之：《日本刑法总论》，2版，王昭武等译，144页，北京，法律出版社，2013。

时，理论上可能有很多处理方案，但是，实务中也有一个选择的问题，而这个选择就是要考虑处理结论是不是最终接近国民的规范感觉。一种举止，只有在行为无价值和结果无价值同样被取消时，才是合法的。在偶然防卫的场合，“至少还保留着全部范围内的行为无价值”①。而按照结果无价值论的逻辑，对人射杀，还不一定是法所禁止的行为，不一定是偏离行为规范的行为，因为还要判断是不是偶然防卫，这和公众的法感情严重偏离，因而明显不妥当。

① ［德］克劳斯·罗克辛：《德国刑法学总论》，第1卷，王世洲译，415页，北京，法律出版社，2005。

第十七章

不能犯和未遂犯

不能犯[①]的实质是行为不具有侵害法益的危险。要确定不能犯是否成立，并进一步界定其与未遂犯的差异，需要分步骤解决以下三方面的问题：(1) 危险是不是存在？与此相关的问题是：我们是否真的有能力建立一个“客观的”标准，去准确无误地检验某种行为产生了“客观”危险，旧客观危险说（纯粹客观危险说）[②] 的雄心是否真的能够实现？还是仅仅因为公众的危险感觉确认某种行为可能成立未遂犯？(2) 危险由谁去判断？是行为人还是一般人，或者是裁判者？(3) 对危险的认知，是否必须具有知识含量——认知是技术分析还是价值评价？行为人仅仅在事实认识上有偏差，但在经验法则上没有错误的，是否成立不能犯？

笔者的基本看法是，如果认为刑法具有行为规范的特点，其运作必须有助于实现积极的一般预防，那么，一般人在行为时对危险的判断就是至关重要的。如果认为刑法只是裁判规范，法益保护是刑法的唯一目的，那么，由裁判者结合科学法则对危险进行客观判断才是关键。因此，未遂犯和不能犯的区分问题，在一定程度上展示了行为无价值论和结果无价值论之间的对立。[③]

关于区分未遂犯和不能犯的学说，目前大致有主观说和客观说的争论。主观说中的纯粹主观说明显不合理，因此，很难令人认同[④]；德国刑法学中的印象说仅仅考虑行为人主观上的法敌对意思，将评价重心转向行为人的主观恶性，并不妥当，更何况印象说本身并未提供明确的判断规则；重大无知说虽然是从第三人的角度判断行为人的主观意思，但也会带来评价上的困难。现在，理论上的争议主要在客观

① 不能犯，又称不能犯未遂、不能未遂犯。但不能犯这一概念，在不同的地方含义并不相同。在我国通说中，不能犯未遂和能犯未遂相对应，是未遂犯的一种，是需要处罚的（参见马克昌主编：《犯罪通论》，457 页，武汉，武汉大学出版社，1999）。在日本、我国台湾地区刑法学中，不能犯（不能未遂犯）是不可罚的。本书采取的是不可罚的不能犯概念，即成立不能犯时，就不是犯罪，而不属于未遂犯的范畴。

② 鉴于纯粹客观危险说和旧客观危险说的指向绝对相同，为行文方便，后面交替使用这对概念。

③ 当然，具体危险说和行为无价值论、客观危险说和结果无价值论在少数学者那里，并没有绝对的对应关系。例如，平野龙一主张结果无价值论，但是，在不能犯问题上采取具体危险说。参见［日］平野龙一：《刑法总论》，Ⅱ，326 页，东京，有斐阁，1975。

④ 我国刑法学通说从行为人的主观恶性出发，考察行为人的心理状态，强调行为人在该主观目的支配下实施了行为，并希望发生结果，因此推断主客观是统一的，从而首先肯定其构成了犯罪，只是由于对工具或对象的认识错误才没有实现所希望发生的结果，所以成立未遂；除迷信犯之外的不能犯均为未遂犯。有学者明确指出：不能犯的行为，“体现了行为人的犯罪意思，只是由于他认识错误，才未能造成犯罪结果……行为人是有意识地把自己的行为指向一定的犯罪客体的”，因此，将所有的不能犯都作为未遂犯看待，从而肯定不能犯未遂的概念，就是妥当的（参见王作富：《中国刑法研究》，232 页，北京，中国人民大学出版社，1988）。在刑事司法实务中，对少数案件的处理，似乎采用具体危险说；对多数案件的处理，则采用抽象危险说乃至纯粹主观说（参见周光权：《刑法总论》，271 页，北京，中国人民大学出版社，2007）。但是，仅仅以行为人主观上的危险性为判断依据来认定犯罪未遂，采取了从主观到客观的思考方法，有主观归罪之嫌，并不足取。

说之下的新客观危险说（具体危险说）和旧客观危险说之间展开。① 当然，旧客观危险说由于存在明显不足，已经很少有人坚持，我国部分学者赞成修正的客观危险说。例如，黎宏教授就认为：在未遂犯的危险判断上，必须以行为时所存在的全部事实为基础，站在行为时的立场上，按照科学的因果法则进行判断。②

笔者赞成不能犯判断上的具体危险说，主张需要以行为时为基准，按照一般人的感觉或者行为人的特别认识，结合经验知识或者与此紧密相关的因果法则，判断危险是否存在。如果能够得出肯定结论的，是未遂犯；如果结合上述要求，仍然难以确定危险存在的，只能成立不能犯。本章即围绕这一核心主题，并从不能犯和未遂犯区分的三个角度加以展开。③

本章的逻辑结构是：依次讨论区分未遂犯和不能犯的客观角度、经验知识的缺乏和不能犯的成立、判断主体与不能犯、未遂犯的区分这三大问题，其核心是站在客观未遂论的立场上，从不同的视角检视危险的有无问题。在对不能犯和未遂犯区分的三个角度进行研讨的基础上，笔者还需要对于采纳具体危险说究竟对当前中国社会中规范秩序的建构有何意义加以说明。

一、区分不能犯与未遂犯的客观角度

行为人实施客观上对法益有危险的行为时，可以成立未遂犯。此乃常识，也是客观未遂论的当然结论。但问题是：如何判断这里的危险？或者说行为符合何种标准，我们才可以说它是危险的？

（一）绝对客观的危险抑或感知的危险

未遂犯中的危险是纯粹客观的危险，还是与公众的感知有关、多多少少带有主

① 旧客观说是从19世纪初费尔巴哈的“构成要件欠缺理论”发展起来的。他认为，如果欠缺或者无法证明的构成要件属于犯罪的关键要素的，成立不能犯。接近19世纪末，德国法院转而采纳主观说，先后在判决中得以出现的是纯粹主观说、印象说、重大无知说。但是，在德国刑法理论上，坚持客观说仍然是主流。只不过客观说开始分裂，以李斯特为代表的学者将危险判断提前到实行行为时，这就是新客观危险说（具体危险说）；另外一些学者则主张“返回费尔巴哈”，这就是旧客观危险说（纯粹客观说）。

② 参见黎宏：《刑法总论问题思考》，460页，北京，中国人民大学出版社，2007。

③ 笔者的观点是以行为时为基准进行事前判断，并以一般人是否具有危险感觉为标准，认定是否存在未遂犯的危险。这种以一般人的规范感觉、危险感受或者印象作为处罚根据的理论，可能与德国目前处于通说地位的印象说、重大无知说多多少少存在联系。日本学者认为，在德国称为通说的印象说是危险概念转向于社会心理学方面，但在实际适用上，会得出与具体危险说同样的结论。［参见［日］大塚仁：《刑法概说（总论）》，3版，冯军译，229页，北京，中国人民大学出版社，2003。］但是，具体危险说与印象说、重大无知说存在重大差别：行为人的主观意思，仅仅是判断危险是否存在的基础资料之一，从第三人的角度审视行为的客观危险程度，才是其理论要旨。同时，在德国之所以采取重大无知说，与立法上对不能犯仅规定免除或者减轻其刑有关联。［参见陈子平：《犯罪论重要问题的思想脉络：未遂犯篇》，载《月旦法学教室》，2011（2）。］在我国，由于不存在类似立法上的障碍，采用重大无知说的理由也就不太充分。

观色彩的危险？这在刑法理论上并非不言自明的问题。

具体危险说的事实基准是：一般人在行为时通常所认识的事实，以及行为人特别认识的事实（例如，一般人都认为，面前的数个瓶子中所装的白色粉末是咖啡伴侣，但行为人特别知道其中哪一个装有毒药，并以其毒杀被害人的，行为具有危险性，应当成立犯罪）。因此，所谓的危险，是指一般人（特殊情况下包括行为人①）基于这种事实性认识，认为某种行为有导致既遂结果发生的可能性。

反之，如果立足于结果无价值论，对危险的判断，似乎有一个客观的标准。旧客观危险说及其诸种修正理论都试图解决这个问题。旧客观危险说认为，对危险的判断，不能考虑行为人的主观内容，否则，就会造成行为人认为有危险就有危险、行为人认为没有危险就没有危险的局面。旧客观危险说只重视裁判时已经查明的所有特殊事实，试图从最后时点进行所谓的科学的、客观的事后判断。这种观点很容易否定行为的危险性，从而得出不能犯的范围极其广泛的结论。例如，甲试图杀害乙，而对已躺在床上、面色红润的乙开枪，但乙在1分钟前已经死亡。按照旧客观危险说，就会认为，既然被害人已经死亡，能够被杀害的有生命的人已经不存在，行为客观上绝对不可能造成法益侵害，因此，甲只能成立不能犯。

如果将旧客观危险说的逻辑贯彻到底，当然就是“既然结果没有发生，事后看行为绝对没有危险”，从而只能成立不能犯。为了使旧客观危险说的结论更容易被接受，对这种理论进行修正，就是结果无价值论者通常所做的工作。

在所有对旧客观危险说进行修正的理论中，所谓的客观危险都是在一定程度上受到限定的危险，其“客观性”已经降低甚至动摇。前田雅英教授认为，在判断有无危险时，以实行行为时所存在的一切客观事实作为基础，以行为时为基准，由法官根据一般人的视点，通过科学地、合理地判断结果发生的概率来加以判断。② 黎宏教授的主张也和前田雅英教授的主张相同。

西田典之教授则主张：在判断结果发生的可能性时，既要探究结果未发生的原因，也要讨论存在何种情况变化就可能发生结果，以及这种情况变化具有多大程度的盖然性。如果结果发生的盖然性较低或者根本不存在的，成立不能犯。这就是对客观危险说进行修正的“假定性盖然性说”立场。根据这种学说，在对象不能的场合，误以为是人，而实际上是佛像而开枪的，成立不能犯；对空床开枪，被害人有睡在床上的盖然性，只是偶尔上卫生间的，构成未遂犯。在方法不能的场合，对他人空无一物的口袋进行盗窃的，如果被害人在其他口袋里放有财物，构成未遂犯；使用没有子弹的枪支对被害人射击的，如果枪支是警察携带但这次碰巧没有装子弹，成立未遂犯；但夺取一直陈列在展示柜中并不装子弹的枪支对被害人射击的，

① 具体危险说强调一般人能够认识和行为人特别认识。笔者认为，其理论基础在于：行为人特别认识，就说明其具有高于一般人的认识。一般人如果有这样的认识，然后实施行为的，要处罚；高于一般人认识而实施类似行为的，当然应该成立未遂犯。

② 参见［日］前田雅英：《刑法总论讲义》，4版，152页，东京，东京大学出版会，2006。

成立不能犯。①

山口厚教授则认为，假设要使没有发生的结果发生，就需要综合考虑不存在的事实（假定的事实）的存在可能性程度、一般人的基准、危险的事后判断这三项内容。② 例如，用空枪对人射击的，需要考虑“枪支被装上子弹”这种引起危害结果发生的事实的存在可能性程度，于可能性高的场合，应当肯定未遂犯的存在；反之，应该承认不能犯。此外，在客体不存在的场合，即便假定的客体存在危险性，由于客体事实上确实不存在，法益被侵害的危险性当然是不存在的，就应当否定未遂犯的成立。

但是，旧客观危险说及其修正理论明显存在问题：认为危险绝对客观的观点，是经不起仔细推敲的；认为可以从行为时出发判断危险的立场，也和旧客观危险说的主张不相符合；在进行多种假定的情况下对危险是否存在进行判断，也不符合旧客观危险说的主旨。旧客观危险说及其修正理论在很多方面应该受到质疑。

1. 旧客观危险说从事后判断危险性，并考虑法益侵害可能性的有无，只有现实上存在危险的场合，才能处罚未遂犯。如果按照这种逻辑，只要最终结果没有出现，事态已经结束，当然就不会有任何危险。但是，旧客观危险说又认为，即便结果没有发生，也有成立未遂犯的罕见情形，转而根据某种客观上并不存在的事实，来假定危险的存在可能性。因此，旧客观危险说在方法论上存在疑问。

2. 将旧客观危险说贯彻到底，可能会导致预备犯受处罚，而对更进一步的着手实行行为不予处罚，从而得出不合理的结论。例如，甲前往乙家对准乙开枪，但乙在 30 分钟前已经死亡（甲对此毫不知情）。按照旧客观危险说的立场，会得出甲无罪的结论。但是，如果甲在携带枪支前往乙家的路上就被抓了，其主动交代杀人的意图，即便此时乙在 30 分钟前已经死亡（甲对此也毫不知情），甲仍然成立故意杀人罪预备。问题是：仅对具有抽象危险的预备犯处罚，比预备走得更远、做得更多的行为反而被认定为没有危险，并完全不处罚，其理由在哪里？这只能说明旧客观危险说的结论不合理。如果按照具体危险说，这样的局面就完全可以避免。

3. 对旧客观危险说进行修正的某些理论，大多声称是进行事后判断，但这也不是没有问题：一方面，在很多情况下，进行事后判断会对某些明显危险的行为否定其危险性。例如，甲试图射杀处于 60 米之外的乙，但甲的枪支的射程只能到达 50 米，显然不能以枪支射程不够，即便甲开枪也不可能打死乙来否认甲的行为危险；同时，如果只像部分旧客观危险说的修正理论那样，进行事后判断，也只能得出结论说，虽然枪支射程不够，但是甲如果能够拿着枪支前进 10 米，那么射杀乙的可能性还是存在的，因此，甲的行为危险。但是，按照笔者的观点，这样的假定还是不是事后假定，存在问题。实际上，思考问题的方式是这样的：需要有中立的

① 参见［日］西田典之：《日本刑法总论》，刘明祥、王昭武译，253 页，北京，中国人民大学出版社，2007。

② 参见［日］山口厚：《刑法总论》，2 版，276 页以下，东京，有斐阁，2007。

第三人（社会一般人）站在行为时判断，甲对准乙开枪时，甲的面前即便存在障碍物，但甲蠢蠢欲动，试图跨越障碍，行为高度危险，甲可以成立未遂犯。这是结合行为当时的情况，假定这个障碍物对甲的阻碍是有限的，才会得出其未遂的结论。如果是事后判断，可能出现的问题就是：结合案发后的所有事实进行分析，发现甲面前的障碍物（例如高墙、河流等），客观上对其再前行的阻碍很大，甲不可能跨越，即便其竭尽全力，也只能再靠近乙 9 米，子弹射出后还差 1 米才能打到乙，所以，甲的行为没有危险。但是，这样的结论有多少人能够接受？另一方面，在有的情况下，将以裁判时为基准的危险判断方法推演到底，和具体危险说的事前判断基本没有差别，或者说名为事后判断、实为事前判断。山口厚认为，要对假定事实的存在可能性进行判断。但是，如果是事后判断，在结果明显没有发生的场合，由于不会危害法益的结局已经形成，无法在其不发生之时还进行假定。因此，对事实的假定，一定是在行为时对事态发展进行的某种预测，而在法益没有受到侵害的结局已经形成的情况下，再进行“预测”，既不符合逻辑，也没有必要。同时，即便可以进行这样的事后假定，对该假定事实的存在可能性程度的判断，实际上也等同于一般人的危险判断。因此，对旧客观危险说进行修正的“这种见解中危险判断的方法与具体危险说的差异，仅仅停留在表述形式上”①。西田典之教授的“假定性盖然性说”也存在相同的问题。

4. 需要区分不能犯和未遂犯的案件，恰恰是因为结果没有发生，有的人认为行为危险，有的人认为其不危险的情形。在对危险是否存在有疑问的场合，客观危险说一定要说某种行为“客观上”危险，其他行为在客观上不危险，似乎并不令人信服。纯粹危险说认为，在某些情况下法益自始不会有危险，在某些情况下只是结果偶然未发生，其界限都非常模糊。因此，危险，不是绝对客观的概念，一般人能否感知这种事实上可能存在的危险才是问题的关键。

5. 旧客观危险说只能提出行为是否危险的大致标准，而且该标准是建立在抽象程度很高的前提下的，缺乏结论上的一致性，也就缺乏说服力。例如，甲对准躺在床上的乙开枪，但乙于 2 分钟前起床换衣服。对此，修正的客观危险说会认为假定乙不起床，就会被打死；或者会认为乙因为还在卧室，客观上死亡结果发生的概率较高，所以，行为有客观危险，甲是未遂犯。如果被害人家里有 5 间房，枪响时其不在卧室的，行为的“客观危险”就没有，甲只能成立不能犯。但问题是：如果乙刚好跨过卧室门槛走到客厅，行为是否还有危险？如果一只脚在卧室内，一只脚在卧室外，按照客观危险说，行为的危险性又如何判断？对此，修正的客观危险说也很难提出界定的标准。

6. 修正的客观危险说中需要对危险进行假定的观点，实际上认可危险判断缺乏绝对客观标准，否则就不需要假定。西田典之的假定，其结论甚至可能与抽象危

① ［日］井田良：《讲义刑法学总论》，415 页，东京，有斐阁，2008。

险说接近，比具体危险说走得更远。抽象危险说的判断依据是：如果实际存在行为人所认识的事实，一般人是否能够感受到危险？虽然房间空无一人，但行为人认为被害人在房间里，如果这种认识具有现实性，一般人当然也会感受到危险，因此成立未遂犯。

7. 危险判断上存在所谓的客观标准的说法，只是理论上的一种臆断，并不符合实际。没有纯粹客观的危险，存在的只是基于某种事实，一般人是否认为、推测某种行为在将来是否可能危险。具体危险说的实质在于：是否成立未遂犯，最终取决于行为本身的危险，而不是其他因素，使得不能犯和未遂犯在是否符合构成要件这一点上就可以进行区分，不能犯也是“定型的不能”①。构成要件是以社会中流行的通常观念为基础的、可罚的行为类型，而危险判断是构成要件符合性的问题，因此，从一般人的立场出发进行类型性判断是危险判断的题中之意。

如此一来，对危险的判断，除了考虑行为的性质、行为导致结果发生的可能性之外，公众的危险感受、处罚呼吁，都是需要考虑的内容。过去认为危险的行为，在社会防卫机制逐步得到建立、公众的安全感提升之后，就不再被认为是危险。反之亦然。

因此，未遂犯中的危险一定是相对的危险，更是行为人特别感知或者一般人能够感受到的危险。在这个意义上的危险概念，一方面，承认在那些未遂犯的认定相对容易的场合，的确存在某种客观的、公认的危险，未遂行为如果任由其继续向前发展，一定能够达到既遂；另一方面，在未遂犯和不能犯区分很困难的场合，行为是否在客观上危险缺乏明确标准，此时，判定某种行为是否危险，取决于公众和行为人的认识。所以，危险应该是相对而非绝对的客观存在。旧客观危险说及其修正理论所说的危险，说到底也就是绝大多数人都能够感受到并愿意承认的危险。具体危险说不否认危险判断在未遂犯认定中的重要性，只是认为该危险一定是一般人能够感受到的危险。一般人的危险感觉，不是凭空产生的，不是抽象的危险感觉，而是在对一定的身体动静进行综合评判以后的感觉。也就是说，具体危险说中的危险判断始终与“如果将行为实施完毕，一般人是否会感觉到危险”这样的思维有关。

（二）危险判断的时间基准

旧客观危险说及其修正理论不考虑行为人或者一般人认识的有无，而是根据科学法则，从事后去判明行为时的客观事项，进而考虑行为危险性的有无。危险的事后判断立场，是旧客观危险说的特色。② 旧客观危险说的诸种修正理论大多认为，对于客观的危险是否存在，需要在事后进行判断。

① 这也是根据定型的不能是否存在，来确定不能犯和未遂犯的区分的具体危险说。参见［日］团藤重光：《刑法纲要总论》，3版，168页，东京，创文社，1990。

② 参见［日］井田良：《讲义刑法学》（总论），414页，东京，有斐阁，2008。此外，类似于前田雅英那样，从事前进行判断的方法，是否还属于（纯粹）客观说的阵营，是否应该归入具体危险说的范畴，还是一个问题。

对此，可以提出以下质疑：

1. 事后去看，行为当时的客观因素可能是没有限定的，结果不发生的原因多种多样，由此导致判断的要素无法确定，判断最终难以进行。例如，甲对准乙开枪，但没有打中乙，事后查明主要是因为：乙当时躲闪；甲射击后，子弹形成散弹；甲当时手抽筋。如果事后去看，在这些因素中，哪一个才是结果不发生的客观事项或者原因，很难判明；而且，这些事项，对结果的不发生，似乎都有决定性影响，其结局必然是：只要结果不发生，行为就没有危险性。这样一来，未遂犯很难有立足之地，不能犯大量存在。此外，某些结果，从事后去看，的确有充分的科学根据证明其的确不能发生，如此，未遂犯岂不都成了不能犯？

2. 事后判断危险的方法，可能使得国民的行动无所适从。例如，甲的枪里没有子弹，但是，甲误以为有子弹，而对准乙瞄准，并随时可能扣动扳机。乙的好友丙捡起一块石头对准甲扔过去，将甲砸成轻伤。对此，如果按照具体危险说，即便甲的枪里没有子弹，但其开枪行为仍然危险，丙成立正当防卫；如果按照旧客观危险说，从事后进行判断，甲的行为没有危险性，丙构成故意伤害罪。

3. 立足于事后判断对案件的处理，可能取决于一些非本质的要素。旧客观危险说将一些非本质的东西作为判断依据。例如，对于罪犯将手伸进被害人的右口袋偷东西，具体危险说会认为，在这样的场合下，一般人是否会认为被害人右口袋中的财物有丧失的危险，如果这一状况可以确定，未遂犯就成立。旧客观危险说则认为，即便右口袋没有财物、左口袋有财物，事后去看，行为人有窃取左口袋的财物的危险性，法益侵害的可能性也存在，行为成立未遂犯；但是，被害人将钱包忘在家里的，法益侵害的客观可能性欠缺，只能成立不能犯。① 如果坚持事后的判断，那么，所谓的假定事实，其实是客观上根本不存在的事实，窃取行为并未直接指向的左口袋是否有财物，实际上是与犯罪认定关联性很小的非本质要素。

4. 旧客观危险说不是将行为时一般人感觉到具有法益侵害危险的行为作为违法行为，而是对事后判断为具有危险性的行为论以违法性，对违法行为的认定为时太晚，不能给予法益充分的保护，也无视刑法在社会生活中作为行为规范存在的机能，因而并不妥当。②

5. 从认定未遂犯的具体危险说中的“具体危险”和具体危险犯中的“具体危险”的区分中，可以发现，具体危险说中的危险，应当是指行为时的危险；具体危险犯中的“具体危险”，是与抽象危险犯中的抽象危险相对应的概念。危险指的是对法益的危险，是一种结局上的危险；该危险一定以存在客观的行为对象为前提，例如，放火罪中的具体危险针对不特定或者多数财物、个人发生，遗弃罪的具体危险针对年老、年幼、患病或者其他无自救能力的人产生。而区分不能犯和未遂犯的

① 参见［日］山口厚：《危险犯の研究》，170页，东京，东京大学出版会，1982。

② 参见［日］野村稔：《不能犯と事实の欠缺》，载［日］阿部纯二等编：《刑法基本讲座》，第4卷，14页，东京，法学书院，1992。

具体危险，是对行为自身的评价，在很多情况下，是在行为对象不存在时作出判断(例如，针对尸体的杀害)。既然是对行为自身危险性的评价，立足点就应该是行为时，而非裁判时。

具体危险说认为，某种危险，是否被公众或者行为人感知，是未遂犯成立的前提，其需要以行为时的判断为准。这主要是因为刑法必须为国民提供行动指南，为防止违反规范的不当行为举止出现，需要将危险的判断提前。立法者在立法时就作了政策上的决定，即只处罚在行为时具有一定危险的行为。只要这种政策决定没有不当，那么，在结果发生前需要以未遂进行处罚的场合，就必须以行为时的危险判断为必要。在刑法解释上，“实行时的危险性判断”就是必须要坚持的。① 同时，危险判断的具体化、个别化，也需要考察现实的行为在其实施当时是否存在危险。所以，从一般人的视角，以行为时为准，对客观的事态的确认，包括与结果不发生之间有关系的所有事实的判明，都是具体的危险说需要考虑的事情。以现实的事态为前提，结果为什么不发生的各种原因也能得到揭示，在一般人对各种各样的事情都能够认识的场合，很难说行为人没有认识。事前判断的具体方法是考察在行为当时，一般人是否从行为人的意思和行为中感受到危险，其是否由此感到震惊、感到不寒而栗。

需要指出，部分主张修正的旧客观危险说的学者也同意以行为时为基准判断危险。例如，前田雅英教授就认为，认定未遂犯，需要考虑行为时所存在的一切客观事实。他的观点可能存在的问题是：(1) 如果是事前判断，其实质就成了具体危险说。因为事前判断是结合其行为举止的判断，裁判者没有出现；即便认为是裁判者事后结合行为时的各种客观情况判断，也是考虑事态发生当时的情况，其实质是考虑一般人的危险感觉和规范意识被冲击的程度。(2) 前田雅英教授考虑行为时所存在的一切客观事实的观点，实际上是事后判断的。因为只要主张事前判断，判断基础就应当限于一般人在行为时可能认识到的情况，而不可能是行为时存在的一切客观事实。(3) 前田雅英教授认可行为时的判断，就脱离了客观的标准，与旧客观危险说有很大的距离；要进行科学的、合理的预测，就必须在进行某种抽象，但抽象到何种程度，并没有明确的标准。因此，其主张使得事前判断与事后判断相混淆。②

二、行为人明显缺乏经验知识与不能犯的成立

认定不能犯，需要从第三人客观的角度，判断行为人是否出于显而易见的经验知识缺乏才使得既遂结果未发生。如果能够得出肯定结论，成立不能犯；行为人不

① 参见［日］前田雅英：《刑法总论讲义》，4版，152页，东京，东京大学出版会，2006。

② 参见［日］山中敬一：《刑法总论》，2版，737页，东京，成文堂，2008。

是出于这种错误，而是由于意志以外的原因未得逞的，则成立未遂犯。

特别需要说明的是，在行为人明显缺乏经验知识的情况下，不应当成立未遂犯，这容易被人误解为是把主观要素掺入到不能犯和未遂犯的判断之中。实际上，笔者基本上不是从主观的角度考虑行为人对危险有无认识，而是强调站在第三人的立场上，客观地看行为人对危险的感觉是否是完全错的，是完全背离常识，从而无法造成法益损害的。

（一）科学法则重要还是经验知识重要

1. 科学法则标准的不足

旧客观危险说主张科学的判断，并以鉴定结论是刑事诉讼的法定证据种类为由，提出要根据科学判断，在完全不考虑行为人主观要素的前提下确定危险。按照旧客观危险说的逻辑，科学地看，结果发生有确定性，但只是偶然没有发生的，是未遂犯；科学地看，结果发生没有确定性，因而没有发生结果的，是不能犯。旧客观危险说的考虑是，如果以具体危险说的一般人的知识水准作为危险判断的基准，会带来处罚上的困惑。因为假定一般人认为让人饮用肥皂水危及生命，便构成故意杀人罪；相反，让人饮用客观上具有危险的物质，如果按照一般人的科学知识并不能认识到该行为的危险性，则只能构成不能犯。① 赞成具体危险说的井田良教授也认为：有关的法则性知识，应以科学性知识法则为准。②

但是，什么是“科学地”确定或者不确定，有时很难判断：在多数情况下，从严密的科学法则出发，几乎所有的未遂犯都是不能犯，因为结果客观上绝无发生的可能。更何况，构成要件行为是以社会一般观念为基础对行为给予定型化，所以，在判断符合构成要件的行为时，也应该以社会中一般人的经验知识和判断为准。③ 对刚刚死亡 1 分钟的人开枪，按照旧客观危险说是不能犯；但是，按照具体危险说，当然有成立未遂犯的可能。

2. 刑法判断是规范的、价值的判断，需要借助于经验知识

根据通常的社会观念和经验知识来把握刑法概念，是刑法学的方法论之一部分，相当因果关系理论就是显例。危险的判断，也不能脱离经验知识来进行，例如，对躺在太平间的人实施杀害的，结合生活常识就可以认定其成立不能犯；用自制步枪向高空飞行的战斗机射击的，从经验知识角度就可以认定其不是未遂。对此，陈子平教授指出：“未遂犯危险之判断，系以侵害法益之事实可能性作为基础，而带有价值性之评价，易言之，既然危险概念原本即含有某程度之价值要素，则危险性之判断亦不得不带有价值的、评价的性质，将危险性判断视为纯粹运用科学法则之物理性判断，并非妥适，因而应以‘社会经验’为基准，一般不会有结果发生

① 参见［日］西田典之：《日本刑法总论》，刘明祥、王昭武译，252 页，北京，中国人民大学出版社，2007。

② 参见［日］井田良：《刑法总论の理论构造》，274 页，东京，成文堂，2005。

③ 参见［日］大塚仁：《刑法概说（总论）》，3 版，冯军译，230 页，北京，中国人民大学出版社，2003。

之危险之感觉时，属于绝对不能，成立不能犯；若会有结果发生之危险之感觉时，则为相对不能成立障碍未遂。”① 曾根威彦教授对旧客观危险说进行修正后，也得出应以一般人的经验判断作为判断依据，而不是以科学的因果法则作为判断基准的结论。②

具体危险说不否认在有的场合，需要借助于一定的知识法则来判断危险。在这里，需要讨论知识和认识者的关系。一般认为，抽象危险说是借助于行为人的个别化知识判断危险；具体危险说是根据社会通常人的知识判断危险；旧客观危险说则是利用科学的知识法则确定危险。但是，对于具体危险说中的经验知识和客观危险说中的科学法则之间的关系，可能需要重新认识：(1) 实践中对案件的处理，同时考虑经验知识和科学法则；经验知识没有拒绝科学法则。(2) 科学法则从公众的经验感觉中抽取、提升，很多科学法则是对经验知识的直接承认③，经验知识和科学法则之间没有截然的界限。例如，用针往被害人的静脉血管注射空气，虽然在空气致死量之下，但考虑到被害人体质、气候等各种因素，不能说完全没有导致被害人死亡的可能性。这是医学上或者经验知识上都可以判断的，所以成立未遂。再如，破坏矿井通风设备，被害人窒息死亡或者矿井爆炸导致死亡的危险性都存在。这是科学法则和经验知识上都认同的。(3) 随着科学文化的普及，科学法则不是高高在上的东西，不是公众完全陌生的东西，其和经验知识之间是一体两面的关系。

因此，危险判断的逻辑基准是经验知识，或者是从经验知识出发、与经验知识有关、与经验知识相一致的科学法则。有学者指出，有时也需要承认，“从科学的角度来看，如果具备一定的条件，行为人所意图出现的结果产生的可能性是存在的，基于一般人的科学水准，能够感受到某种行为具有引起结果的威胁，能够产生达到处罚要求这种程度的危惧感时，作为未遂犯来处罚就是相当的。因此，重要的是，以具备健全常识的一般人为标准，判断并不是绝无发生结果的具体危险的，就应该成立未遂犯。一般人对危险完全意识不到，只会对之付之一笑的，只能是不能犯。”④

（二）经验知识严重欠缺的人应当成立不能犯

行为人的举止如果违背经验知识，产生“显而易见的无知”的，可能导致其采取一般人不可能采取的举止，只能成立不能犯。此时，需要站在一般人的立场，以一般人为“标尺”去衡量、评价行为人是否属于重大无知、是否智商低得可怜。对众所周知的因果关联有荒诞不经的想法，就是显而易见的无知。“行为人在这里发

① 陈子平：《刑法总论》，389页，台北，元照出版有限公司，2008。

② 参见［日］曾根威彦：《刑法总论》，4版，225页，东京，弘文堂，2008。

③ 具备科学的知识法则的人，如果处于行为人的地位，其认识能力高于一般人，属于行为人有特别认识的情形。这是危险判断的基础，和具体危险说并不矛盾。这种人更容易成立未遂犯。

④ ［日］藤木英雄：《刑法讲义总论》，268页，东京，弘文堂，1975。

生的认识错误，必须是对每个具有一般经验知识的人而言都是一看就知的。”[①] 在经验知识上无知的人值得同情，对其不必进行刑罚处罚。德国刑法典第 23 条规定，行为人由于严重无知，对犯罪对象和手段产生认识错误，而不可能完成犯罪的，减轻或者免除处罚。

不能犯缺乏起码的经验知识，对于有关事项、自然法则同时会有错误认识。[②] 例如，甲认为白糖可以杀人，并在乙的饭菜中偷偷投放白糖，试图杀乙。但是，由于当时白糖和砒霜放置在两个外观高度相似的瓶子里，甲下手时误将砒霜当作白糖，周围很多人都感觉甲拿错东西了，甲对此毫无所知。路过的丙偶然碰掉了乙的食物，乙免于一死。对于甲的行为，应该评价为故意杀人的不能犯。因为甲对事实有认识错误；同时，其在白糖可以杀人的意思支配之下的举止严重违背经验法则，存在重大无知。即便其错拿砒霜的行为危险[③]，也只是可能成立过失的问题，由于我国刑法只处罚过失的结果犯，甲的过失杀害行为不构成犯罪。

但是，主观上对于经验知识、自然法则没有认识错误，仅仅对于某些事项有错误的，应当成立未遂犯。[④] 例如，试图用砒霜杀人，下手时偶尔抓成白糖的，在经验法则上没有错误；再如，行为人对准被害人开枪，该枪子弹只能打 50 米（行为人对此不知情），被害人在 51 米开外的，虽然从科学法则的角度来看，结果客观上不可能发生，但行为人对于开枪可能打死被害人的经验知识是具备的，也理解相关的因果法则，只是对子弹能够发射多远这一事实有误认的，故属于犯罪未遂；实施扒窃，但被害人的钱包空无一物的，也不能认为行为人缺乏对盗窃和他人财物可能丧失的经验知识的了解；误将刚死去 1 分钟的人当作活人杀害的，只是偶然对事实情状有认识错误，而不是对经验知识有错误认识，不可能成立不能犯。

对此，林钰雄教授明确指出，根据行为是否具有实现不法构成要件结果的盖然性高低区分不能犯和未遂犯的客观危险说是不妥当的。成立不能犯的关键是：行为人必须出于重大无知而误认可能既遂。从结局上看，客观上并无危险的行为，行为人基于经验知识，认为结果可以发生，而不是出于重大无知实施该行为的，也应该成立普通未遂犯，而非不罚的不能（未遂）犯。例如，对准被害人开枪，打偏 20

① ［德］约翰内斯·韦塞尔斯：《德国刑法总论》，李昌珂译，357 页，北京，法律出版社，2008。

② 似乎可以认为，某一行为即便在外观上看危险，但行为人严重缺乏经验知识的，也应该成立不能犯。

③ 根据客观危险说，可能会得出甲成立未遂犯的结论。

④ 当然，坚持旧客观危险说中的构成要件欠缺理论也可以得出相同的结论。如果认为犯罪受因果流程支配，按照行为人的主观想象，行为方式具有法益侵害性，结果可能发生，只是由于偶然的原因没有发生的，行为人具有事实错误；因果流程和行为人的事前设定相一致，但结果仍然不会发生的，属于行为人以完全无效的方法试图实现犯罪，其具有“法则错误”，由于构成要件欠缺而不可罚。在笔者看来，这样的理论是将判断的侧重点从客观的层面转向了行为人的主观层面，从而去推测行为人的主观设想是否符合因果法则，考察按照行为人的意思因果流程究竟如何发展。这个意义上的旧客观危险说就不再是纯粹的，而是在方法论与结论上都和具体危险说相一致的。这也说明，即便将构成要件作为工具考察危险的有无，也难以确保思考方法和结论上的客观，适度结合主观要素修正纯粹客观说，或许是一种务实的态度。

米的，打击上的偏差不是出于重大无知；对被害人的卧室进行扫射，但被害人在5分钟前已经离开卧室的，行为人不是出于重大无知而误认此时扫射卧室根本不可能导致犯罪既遂。① 笔者虽然并不完全赞成重大无知说，但是认为，在进行危险判断时，需要考虑行为人是否缺乏生活常识和生活经验，要从第三人的日常经验的角度判断行为是否有危险。②

因此，我们可以说，在经验知识上基本是一片空白的无知者的行为，只不过是荒唐的举止，只不过说明行为人"笨得可以"！即便其基于犯罪的意思实施该行为，也不会造成法益危险，更不会动摇公众的规范认同感，不会引起他人效仿。此时，没有利用刑法惩罚类似行为来实现一般预防的必要，将其作为不能犯处理是恰当的。"理论上清楚而实践中可行的区别标准只能是行为人'在实施行为时，是否对一般公知的因果关系产生了彻底错误的认识，并由此出发'，因而'任何具有普通经验常识的人都能清楚明显地看出'（不能犯）未遂没有危险"③。

需要指出：行为人是否在经验知识上无知这一逻辑基准，只能对手段错误适用，因为在对象错误的场合，行为人在经验知识上并不会有错误。④

三、判断主体与不能犯、未遂犯的区分

认定未遂犯，需要从判断主体的角度，考虑公众的危险感觉，即一般人是否因为该事件而感到震惊。

具体危险说和抽象危险说都是以一般人为判断主体的危险判断理论。抽象危险说的判断依据是：如果实际存在行为人所认识的事实，从"行为人的认识中"，一般人是否能够感受到危险？虽然房间空无一人，但行为人认为被害人在房间里，如果这种认识具有危险发生的现实可能性，由于一般人当然也会感受到危险，因此成立未遂犯。⑤ 但是，从行为人的意思中获得未遂犯成立的判断资料的做法，实际上过于重视未遂判断的主观层面，可能导致处罚泛化。例如，将男子误认为女性加以拐卖的，从行为人的危险意思、危险性格中，能够感受到结果发生的危险，有成立未遂犯的余地。

① 参见林钰雄：《新刑法总则》，288页，北京，中国人民大学出版社，2009。

② 在这个意义上，似乎可以说具体危险说是客观化的重大无知说。

③ ［德］冈特·施特拉腾韦特、洛塔尔·库伦：《刑法总论》，Ⅰ·犯罪论，杨萌译，268页，北京，法律出版社，2006。

④ 刑法分则对身份犯的规定，表明了主体的特定义务。只有具有一定身份的人才可能违背义务。没有某种身份误以为存在义务的，是行为人的一种错误猜测，成立幻觉犯，不值得刑罚处罚。在这个意义上，主体的错误这一说法是否还有存在必要，就值得研究。

⑤ 与纯粹主观说的区别在于，抽象危险说中行为人仅仅有认识，但该认识不具有现实时，不能成立未遂犯。例如，行为人认为白糖可以杀人并投放的，该认识不具有导致危险发生的现实性，并不能让一般人从中感受到危险，因而成立不能犯。

具体危险说的特色在于：以行为时为基点，以一般人所认识到的情况以及行为人特别知道的情况①为基础进行判断，如果一般人能够感受到结果发生的危险，则成立未遂犯。行为人基于杀人的意思对空无一人的房间开枪，但一般人认为被害人可能在房间里，会感受到危险，应当成立未遂犯。

从行为时一般人的立场判断危险，是抽象危险说和具体危险说共同的地方。但是，其判断的资料范围不同：抽象危险说将行为人的计划、意思内容作为一般人危险感觉的判断资料，确定一般人是否能够从行为人的认识中感受到危险；具体危险说是从一般人的立场出发去看其计划的现实化程度，并将其作为判断资料，直接考虑一般人根据其认识是否会产生危险的感觉。例如，于行为人把白糖当成砒霜杀人的场合，抽象危险说认为是杀人未遂，而具体危险说会认为，如果行为人有拿成砒霜的可能性的，才是杀人未遂。于有杀人的意思，对被害人开枪，但后者已经死亡的场合，抽象危险说认为成立犯罪未遂，具体危险说认为后者有活着的可能性的，成立未遂犯。“基于事前的立场，以行为时的事实为基础，从一般人的立场来判断危险，在这一点上具体危险说与抽象的危险说有共同之处。但不仅以行为人所认识的事实为基础，还以一般人能够认识的事实为基础，则与抽象的危险说不同。”②

在危险判断上，直接考虑一般人根据其认识是否会产生危险感觉的主张是正确的，因为刑法是行为规范，是对一般国民行动的指引，而非对某些个人的行动指引。在刑法规范上，能否实施某种行为，是对一般人说的；一般人也从这种规范中获得行为指南。于行为符合刑法分则规定的样态，且一般人认为危险的场合，行为可能值得处罚。如抢夺被害人怀中的财物，即便只夺得一个空包，分文未得，一般人也会认为，被害人怀中的财物，通常是有价值之物。如果对类似行为不处罚，刑法的规范指引功能就会丧失，社会就会陷入“失范”状态。当然，对某种行为，如果一般人并不觉得危险，就不值得刑罚处罚。例如，冯某被控先后两次在网上发布《恐怖分子手册》电子文档，向他人传授各种炸药、燃烧剂、汽油弹、炸弹、燃烧弹等配方及制作方法。这两个文档在网络上共被浏览 2 065 次，下载 116 次。检察机关指控其构成传授犯罪方法罪。但是，权威部门证明：电子文档中所涉及的各种炸药知识、制法等均具有一定的科学性、可行性，但其内容不涉密，通过正常渠道如专业图书、网络等均可进行查询。一般人并不真的会认为恐怖分子在实施爆炸袭击之前，会先查阅、研究冯某发布的《恐怖分子手册》；一般人难以从冯某的行为中感受到社会管理秩序被侵害的危险，而大多会对冯某的恶作剧付之一笑。因此，对冯某的行为，认定为不能犯比较恰当。③

因此，某种行为是否危险，从而违反刑法上的禁止、命令规范，是否可能造成

① 行为人特别知道被害人有糖尿病而让其食用的，即便一般人不知道被害人的疾病情况，也可以成立未遂犯，否则，会导致不合理的结论。

② ［日］山中敬一：《刑法总论》，2 版，732 页，东京，成文堂，2008。

③ 对于本案，司法机关最终以传播犯罪方法罪判处被告人拘役 6 个月。

法益危险，需要考虑一般人的感觉。例如，甲为毒死乙，在乙熟睡时打开天然气，导致室内天然气弥漫。甲自行离开。乙中途醒来上厕所时将天然气阀门关闭。事后的科学鉴定证明，目前市政部门提供的民用天然气的主要成分是甲烷，其完全没有致死能力，不会导致人中毒死亡。但是，一般人能够从甲的行为中感受到危险性，法院也不可能据此认为甲无罪。对于危险判断必须考虑一般人感觉的观点，国外的司法实务也予以承认。例如，对于故意刺杀他人身体，但事后鉴定发现被害人已在之前死亡的案件，日本法院的判决是：一般人无从知道被害人当时已经死亡，因此，能够感受到被害人会被刺死这一危险；从被告人的行为性质来看，也不能说没有结果发生的危险，因而成立杀人未遂。①

四、余论 具体危险说与中国社会现实之间的一致性

应该承认，旧客观危险说及其修正理论和具体危险说在某些问题上的结论是一致的。② 但是，如果考虑社会现实的需要，承认具体危险说是理所当然的。

区分不能犯与未遂犯，需要考虑特定社会在特定阶段的总体发展水平（特别是治安状况），而不是仅仅考察行为是否有所谓的客观、纯粹的危险。③ 日本学者指出，在德、法及英、美等多数国家的不能犯理论中，主观说占据主流地位。像日本那样，在理论上及实务中都采用客观说，并且对此基本不存在异议的情况，在世界上可能是独一无二的。④ 日本在20世纪70年代之后，治安秩序越来越好，犯罪率急剧降低，因此，学者和司法官员都认可减少未遂犯的范围，客观危险说才有成为通说的可能。但是，在英国，近年来，由于犯罪率上升，理论上根据主观说扩大未遂犯的处罚范围、减少不能犯的成立可能性，就是不能犯认定需要考虑社会现实的例证。⑤ 不能犯与未遂犯的关系，在不同国家的不同历史时期随时呈现此消彼长的关系，这说明所谓的客观危险、纯粹危险是基本不存在的。如果真有旧客观危险说所指称的客观危险，不能犯的范围在不同国家、不同时期的扩张和缩限就是难以理解的。说到底，旧客观危险说及其修正理论，或许并不是真的那么客观！

笔者认为，行为违反规范是违法性判断的重点，规范是否被违反需要考虑公众的规范认同问题。因为刑法首先是行为规范，裁判规范从行为规范中产生，法官的

① 参见广岛高判昭和36·7·10，高刑14卷5号，310页。

② 例如，对于通说中认为依具体危险说进行判决的判例，西田典之教授都认为是对旧客观危险说的修正理论中“假定性盖然性说”的运用（参见［日］西田典之：《日本刑法总论》，刘明祥、王昭武译，255页，北京，中国人民大学出版社，2007）。这也说明，对旧客观危险说进行修正的理论可能和具体危险说实际上就是一回事。

③ 在这个意义上，可以说不能犯和未遂犯的区分，与一个国家的法治发展水平、治安状况、价值取向、刑罚目的等紧密相关，而不单纯是一个刑法问题。

④ 参见［日］林干人：《刑法总论》，2版，357页，东京，东京大学出版会，2008。

⑤ 参见［日］前田雅英：《刑法总论讲义》，4版，153页，东京，东京大学出版会，2006。

思维、逻辑对行为规范虽有所提炼，但受制于公众，必须考虑公众的规范感觉。

在中国转型社会中，国民的规范意识欠缺，犯罪率居高不下，刑法的指引功能应该充分发挥，以促进公众对规范的认同。对不能犯的认定，也需要考虑这一点。如果将不能犯的范围像旧客观危险说那样过于扩大，不利于规范秩序的建构。

旧客观危险说从对客观危险的考察出发的“由果推因”的思维方法，似乎坚持了刑法客观主义立场，貌似合理，实际上存在重大缺陷。对此，黄荣坚教授指出：未遂犯事实上永远客观不能。“客观理论者根本不理解刑罚未来取向的意义与刑罚功能的机制。从刑法在现实上可能的机制而言，所谓危险的行为，核心意义指的是其行为模式对于未来的危险，指的是相同的行为模式的将来重复，可能实现利益侵害。在此一意义认知下必须注意的是：行为人在过去客观上的危险行为，是未来危险的依据，但是未来危险的依据，却不一定是过去客观上的危险行为。甲对（不知其）穿了顶级防弹衣的乙开了一枪，子弹客观上不可能伤及乙毫发。对此，如果法律认为不构成犯罪，表示法律容许行为人将来对（可能穿了防弹衣，但是也可能没有穿防弹衣的）别人开枪。那么，应否容许？如果我们对于刑法上此一预防机制无法理解，那么不妨再想想一个和犯罪行为无关的生活实例：有一天我们发现家里5岁的小孩子拿着螺丝起子在玩电源插座，所幸插座是已经损坏而根本没有电源的插座，所以没有出事。那么就此，做父母亲的果真因为插座客观上没有电源，小孩不可能触电，所以就不必去管小孩子？”① 因此，判断危险，重点是强调行为本身的不妥当，不值得效仿，而非评估结果发生的概率。

按照具体危险说来判断危险，有助于实现积极的一般预防。刑罚的目的是一般预防，刑罚规范需要用来指引一般人的举止，防止一般人来效仿类似行为，确保公众的规范意识、法信赖感不被动摇，诱导其尊重规范。对于否认规范效力的行为，刑法必须进行惩罚，才能维护规范的有效性，进而保护法益。那么，行为人基于动摇规范效力的意思着手实施某种行为时，其危险性就是存在的，动用刑罚的正当根据也就具备了。反之，某种行为举止，如果一般人不会认为危险，也是不可能效仿的，用刑罚来禁止就没有必要。例如，甲试图杀害乙，而对躺在床上、面色红润的乙开枪，但乙在1分钟前已经死亡。该行为的危险性是不言而喻的。如果仅仅因为甲这次碰巧对一个刚刚死去1分钟的人开枪，就说这种行为对社会无害，那么，其他人就可以效仿类似行为。刑法对这种行为样态上明显不当的行为，绝对不应该容忍，因为“这样的行为模式如果重演，在不同的时空背景下，谁也无法保证下一次的法益不会被侵害”②。

对此，还有必要在与抽象危险说相比较的意义上进一步加以剖析。抽象危险说的实质是一元的行为无价值论——行为人对危险有认识，有反规范的举止。但是，

① 黄荣坚：《基础刑法学》（下），550页，台北，元照出版有限公司，2006。

② 蔡圣伟：《刑法问题研究》（一），83页，台北，元照出版有限公司，2008。

规范对一般人发出，一般人没有感受到危险，并未觉得规范被违反的，危险的确定、一般预防都不需要。二元的行为无价值论强调规范对于一般预防的意义，强调行为的规范违反性、法益侵害性。按照二元的行为无价值论的逻辑，必然要求一般人对于危险有所认识，在此基础上，才能对于类似行为可能动摇规范、在规范上不能被允许有认识，刑罚的预防功能才能得到实现。对此，我国有学者也赞同：将工具不能犯、对象不能犯作为未遂处罚的主要考虑是，“尽管行为人的危害行为在当时的具体条件下不会发生危害结果，但是一般人依据自然因果法则抽象地判断，行为人不发生事实错误认识，行为具有发生法定危害结果的危险性，而一般人对于行为人的危险也会感到恐惧，因而有必要动用刑法加以处罚”①。如果按照二元的行为无价值论的立场，未遂犯和不能犯的区分，主要是考虑行为是否足以使一般人感受到危险，其法意识是否感到震惊，规范认同感、信赖感是否被动摇，进而威胁法益。如果一个行为，高度动摇一般国民的规范认同感，能够唤起一般人的处罚呼吁，即便行为人存在主观认知和客观事实之间的不一致，结果没有发生，也有成立未遂犯的可能。

从积极的一般预防的立场出发，一方面，可以认为，在结果客观上没有发生的场合，某种行为之所以作为未遂犯而非不能犯处理，主要是考虑公众主观上对于法益危险的认识和判断，考虑通过对未遂犯的认定来塑造公众的法治信仰；另一方面，也可以认为，某种行为被认定为不能犯，意味着一般人不会效仿行为人的类似行为，刑法不必去理会他；行为人再次实施类似行为，刑法当然也不必去理会他。

具体危险说面临的批评是未遂犯的范围广。但是：（1）行为无价值本身就是要确定底限的处罚可能性。如果行为在客观上被一般人认为是有最低限度的危险的，将其作为未遂犯处罚就是有必要的。这是具体危险说的立足点。② 将的确有可能让公众感到危险的行为视作刑法难以容忍的行为，并为个人的行动划定范围，并无不当。（2）某些法益（例如生命）特别重大，将相应的侵害行为认定为未遂，似乎也并无不当。例如，于针对尸体开枪的场合，按照具体危险说，通常可以认为行为危险；对穿防弹衣的人开枪，即使防弹衣能够保护的部位可以不受任何侵害，但子弹打偏，伤及头部等防弹衣无法顾及的地方的可能性仍然是存在的，因为各种特殊原因，子弹不可能打向被害人，但伤及其他人的可能性也高度存在。可以说，基于杀人的意思开枪，给一般人所造成的震惊和危险感觉均超过其他任何侵害行为。将这种行为通常作为未遂犯看待，既是保护生命这种特别重大的法益的需要，也符合一般人的规范感觉，因而是合适的。所以，按照具体危险说，在出于杀人目的对尸体开枪的场合，只有在极其罕见的场合，在附加特别多的条件的情况下，才有成立不能犯的余地。

① 曲新久：《刑法学》，139页，北京，中国政法大学出版社，2009。

② 参见［日］井田良：《讲义刑法学》（总论），413页，东京，有斐阁，2008。

当然，具体危险说如何在判断方法上具体化，以此形成相对较为客观化[①]的危险概念，也是需要考虑的。判断方法具体化要求：仔细确定一般人感觉危险与否的相关事项。

例如，A 向一直贩卖毒品的 B 购买毒品，但买成了头痛粉；C 向卖药品的 D 苦苦哀求，要买毒品然后贩卖，D 没有办法，给了 C 总共 20 包头痛粉。A 构成贩卖毒品罪的未遂犯；C 构成不能犯。这主要是因为 A 向贩毒者购买毒品的行为在一般公众看来危险，C 向并不以贩卖毒品为业的 D 购买毒品的行为并不危险。

又如，误将变性人俱乐部的男性“美女”拐卖，只能成立拐卖妇女罪的不能犯，一般人不会认为在行为当时，行为人的行为危险；但在民风淳朴的乡村将打扮得花枝招展的女子拐卖，事后发现是男性的，则有可能成立未遂犯，因为在这里出现变性人的几率极低，一般人会认为行为有导致真正的妇女被拐卖的危险，成立犯罪是理所当然的。

再如，甲基于强奸的意思于凌晨 2 点在某偏僻路段守候，如果该路段在晚上 12 点以后只有甲的妻子下夜班通行，则甲对此也知道的，则甲成立不能犯。[②] 但如果这一路段经常有人通行，即便甲事后发现被害人是自己的妻子，也应成立未遂犯，因为行为人对其他妇女实施性侵害的可能性大，公众能够感受到危险。对此，修正的旧客观危险说可能提出批评：如果考虑到本案中其他妇女不可能受到性侵害，因为作为甲的妻子的“特定的”妇女乙的存在，其他妇女受侵害的危险客观上不能发生，甲只能成立不能犯。因此，具体危险说没有考虑“特定的”行为对象，因而并不合适。对此，笔者的回答是：（1）在个案中，按照修正的旧客观危险说的逻辑，考虑特定的人是否被侵害似乎言之成理。但是，在每个需要区分不能犯和未遂犯的案件中，结果都没有实际发生，特定的被害人客观上不可能受到侵害，是否所有的案件都应该成立不能犯？（2）某种行为是否应该被禁止，是否要防止他人学习，不是因为这个特定的妇女或者某个特定的被害人是否受到侵害，而是因为这个行为是否危险。如果有甲之外的行为人再次实施类似行为或者其他人效仿甲深夜在偏僻场所强奸自己妻子（但是，也可能是其他妇女）的行为，刑法能否容忍？在这里，并不是一定要惩罚某个可能对社会造成危险的人，更是要考虑将处罚指向长远的未来。（3）根据特定的人受侵害而其他人没有受侵害的事实否定行为的危险性，可能得出不合理的结论：罪犯 A 试图撬开 ATM 机盗窃，但里面空无一物。虽然“特定的”这个机器没有财物，A 也不能成立不能犯。受害人偶然将已经下毒的牛奶碰翻，使用偶尔没有装上子弹的军用枪支射杀他人的，特定的结果也都不会发生，特定的那个人也死不了，但未遂犯的成立是不可否认的。（4）刑法学者要在自己的研究中展示自己的规范意识，什么行为该做、什么行为不该做，要确定一个界限。刑

① 这里的客观化，并不意味着就是要采用客观危险说。

② 此时认定甲为不能犯，将其作为有某种特殊癖好的“病人”而不是犯罪人看待，可能更为合适。

法学研究要考虑塑造国民的规范意识问题，要确立刑法规范明确的晓喻功能：某种行为被评价为是不能犯，意味着这种行为无害，再次发生可以容忍；某种行为，一旦成立未遂犯，意味着这种行为即便没有造成任何损害，也会使公众感到震惊，触及国民规范意识的底线，因而需要处罚，以此坚决杜绝他人效仿，防止其再次发生。

行文至此，本章的结论也呼之欲出：(1) 在危险判断上，没有绝对的、纯粹的"客观"危险，危险概念中含有主观要素。(2) 区分不能犯与未遂犯，是为了提示行为本身不值一提，而不是为了检验结果发生的概率高低。(3) 不能犯的行为人同时有事实认识偏差和经验知识上的错误，但其对事实是否有错误认识并不是关键，经验知识的欠缺才是重要的。某种行为，即便从外观上看有一些危险性，但是行为人在经验知识上严重欠缺的，也只能成立不能犯。(4) 对某些刑法难以容忍并必须禁止其他人效仿的行为，认定其具有危险并加以处罚，以确定国民行为举止的底线规范，乃是刑法的天职。将不能犯的范围过于扩大，和中国转型社会、风险社会的现实并不相契合。

第十八章

教唆未遂

我国刑法第 29 条第 2 款规定，被教唆的人没有犯被教唆的罪，对于教唆犯，可以从轻或者减轻处罚。刑法学界一致认为这是关于教唆未遂的规定。对于“被教唆的人没有犯被教唆的罪”的解释，总体上可以分别按照正犯、共犯区分制（又称为“二元的犯罪参与体系”，以下简称区分制）和单一正犯概念（又称为单一正犯体系）两种进路进行。

在区分制之下，又有三种学说：（1）共犯独立性说，即刑法第 29 条第 1 款、第 2 款都体现了教唆犯刑事责任的独立性，共犯不从属于实行犯。① “我国刑法第 29 条第 2 款明文规定处罚教唆犯的未遂犯，即没有正犯的共犯，因而不存在实行从属性。换言之，从我国刑法第 29 条第 2 款规定不得不得出我国刑法采共犯独立性说的结论。”②（2）从属性说。其中，又包括两种具体解释思路：其一，将刑法第 29 条第 2 款解释为关于共同犯罪的教唆而未达到既遂状态的处罚规定。③ 其二，认为刑法第 29 条规定的是广义的教唆犯，即第 1 款规定的是狭义或真正意义上的教唆犯，且采取的是教唆犯从属性说；第 2 款是对以教唆行为方式实施的间接正犯未遂所作的规定。④（3）二重性说，即刑法第 29 条第 1 款的规定体现了教唆犯的从属性，而据第 2 款的规定，被教唆的人即便没有犯被教唆的罪，教唆犯与被教唆人根本不成立共同犯罪关系，对教唆犯仍然要定罪处罚，这表明教唆犯具有独立性。⑤

但是，刘明祥教授于 2011 年在《法学研究》上撰文指出，前述讨论共犯独立性和从属性的各种观点，都是以区分制作为法律根据的。而我国刑法采用的并不是区分制，而是单一的正犯概念。⑥ 以此为前提，教唆犯从属性说没有存在的法律基础，对刑法第 29 条第 2 款就必须要有新的解释，即将其解释为被教唆的人没有按教唆犯的意思实施犯罪，具体包括 4 种情形：（1）教唆犯已实施教唆行为但教唆信息（或内容）还未传达到被教唆的人；（2）被教唆的人拒绝教唆犯的教唆；（3）被教唆的人接受教唆，但还未为犯罪做准备；（4）被教唆的人接受教唆，但后来改变犯意或者因误解教唆犯的意思实施了其他犯罪，并且所犯之罪不能包容被教唆的罪。论者还将我国刑法第 29 条第 2 款的规定与我国台湾地区“刑法”的相关规定

① 参见高铭暄主编：《刑法学原理》，第 2 卷，411 页，北京，中国人民大学出版社，1993。

② 陈兴良：《教义刑法学》，652 页，北京，中国人民大学出版社，2010。

③ 参见张明楷：《论教唆犯的性质》，载陈兴良主编：《刑事法评论》，第 21 卷，85 页以下，北京，北京大学出版社，2007；张明楷：《刑法学》，4 版，378 页，北京，法律出版社，2011；周光权：《刑法总论》，2 版，233 页，北京，中国人民大学出版社，2011。

④ 这是何庆仁博士的观点，参见何庆仁：《我国刑法中教唆犯的两种涵义》，载《法学研究》，2004（5）。对何庆仁博士的观点，张明楷教授、刘明祥教授在各自的研究中都提出了批评意见，笔者赞同他们关于共同犯罪的规定中不应该出现间接正犯规定的质疑观点。

⑤ 参见伍柳村：《试论教唆犯的二重性》，载《法学研究》，1982（1）；马克昌主编：《犯罪通论》，3 版，556 页，武汉，武汉大学出版社，1999；陈世伟：《论共犯的二重性》，59 页，北京，中国检察出版社，2008。

⑥ 与此类似的观点，请参见江溯：《区分制共犯体系的整体性批判》，载《法学论坛》，2011（6）。

类比，最终得出单一正犯概念意义上的共犯独立性的结论。①

对此，笔者的基本观点是：（1）我国刑法关于共同犯罪的规定采用单一正犯概念的理由并不充分；（2）如果考虑刑法客观主义，共犯从属性必须要坚持。（3）按照共犯从属性的进路，对刑法第 29 条第 2 款可以作出不同于刘明祥教授的解读。因此，本章一方面与以刘明祥教授为代表的单一正犯概念及其共犯独立性理论相辩论，另一方面也详尽论证解释刑法第 29 条第 2 款规定的合理思路，以确保刑法客观主义立场在共犯论中得到贯彻。

一、我国刑法规定未采用单一正犯概念

我国有学者认为，我国刑法规定与单一制相吻合。一方面，我国刑法没有区分正犯和共犯，在构成要件层面将所有参与者都视为等价的行为人；另一方面，我国刑法重视主犯、从犯的区分，在量刑层面根据各参加者自己的不法与责任确定其在共同犯罪中的当罚性，这些都与单一制的立法精神相符合。② 刘明祥教授也以此为基础认为：由于我国刑法采取的是单一正犯体系，实行犯、教唆犯和帮助犯并无严格加以区分的必要。根据我国的刑法理论，实行犯、教唆犯和帮助犯的行为都是互相联系、互相利用的，不能单独抽取出来进行独立的评价。只要行为人基于共同故意，参与了共同犯罪行为，即构成共同犯罪，根据其在共同犯罪中所起作用大小的不同，给予轻重不同的处罚。③ 由此，刘明祥教授得出结论：我国刑法与德、日刑法在共犯参与体系上存在差异，因此不能套用德、日的教唆犯从属性说或教唆犯独立性说来解释我国刑法第 29 条第 2 款的规定。刘明祥教授的观点，与其他刑法学通说赞成者的观点相暗合。

例如，陈世伟博士就认为："共同犯罪中各个共同犯罪人由于相互利用对方的行为作为自己的行为的一部分而成为独立存在的行为。共同实施犯罪行为的人皆为正犯。这才是共同犯罪的本质所在……单一正犯体系相较于'正犯·共犯'分离体系更具有前瞻性和合理性。"④ 按照上述思路，对刑法第 29 条第 2 款的规定恐怕就只能朝着共犯独立性的方向加以解释。

确实，只有采用区分制才能讨论从属性。"统一性正犯体系（单一正犯概念——引者注）与从属性被认为是互相排斥的。"⑤ 单一正犯概念将所有对犯罪有贡献的人都一视同仁地当作正犯，至于这些主体各自对整个犯罪过程和结果的重要

① 参见刘明祥：《"被教唆的人没有犯被教唆的罪"之解释》，载《法学研究》，2011（1）；王作富主编：《刑法》，5 版，136 页，北京，中国人民大学出版社，2011。

② 参见江溯：《犯罪参与体系研究——以单一正犯体系为视角》，251 页，北京，中国人民公安大学，2010。

③ 参见刘明祥：《"被教唆的人没有犯被教唆的罪"之解释》，载《法学研究》，2011（1）。

④ 陈世伟：《论共犯二重性》，135 页，北京，中国检察出版社，2008。

⑤ ［日］高桥则夫：《共犯体系和共犯理论》，冯军等译，58 页，北京，中国人民大学出版社，2010。

性、影响力，在定罪上都在所不问。不法的判断永远是就个人的情形独立判断，不法的判断是根本无法从属的，因此，在单一正犯概念之下，就不会有共犯从属性问题。① 但是，问题在于：如果不能断言我国刑法采取了单一正犯概念，同时，如果将我国刑法规定朝着单一正犯概念的方向解释会带来很多负面效果的话，刘明祥教授的观点及其论证就是不充分的，其结论就可能是错误的。

（一）我国刑法总则的共同犯罪规定不符合单一制特征

1. 可以认为我国刑法规定是根据分工区分犯罪人

单一正犯概念的特点是：所有人，无论贡献大小，都是正犯；立法上对狭义共犯不作规定；所有的共犯人都共用一个法定刑，只是法官在最后裁量时根据其责任调节刑罚。② 一般认为，采用单一正犯概念的典型立法例是奥地利刑法，该法第12条规定，自己实施应受刑罚处罚的行为，或者通过他人实施应受刑罚处罚的行为，或者为应受刑罚处罚的行为的实施给予帮助的，均是正犯。

但是，我国刑法与奥地利刑法规定明显不同。我国刑法的相关规定中虽然没有明确使用正犯的概念，但是在第27条、第29条第1款中明确规定了帮助犯、教唆犯这两种狭义共犯，正犯的概念就可以从其与狭义共犯的区分、比较中清晰地界定出来。对此，陈兴良教授认为：我国刑法第29条关于教唆犯的规定，为区分正犯、共犯提供了依据。也即刑法分则所规定的是正犯，其在逻辑上就不能包括教唆、帮助犯。对狭义共犯行为只有按照总则规定再结合相关分则规定才能定罪，这是共犯对于正犯在定罪上的从属性。因此，不能认为在我国刑法中有采取单一制的可能性。③ 王昭武博士指出：刑法第23条规定的“已经着手实行犯罪”和刑法第29条第1款规定的“教唆他人犯罪”中，作为其前提，均隐含了对正犯的确认。④ 何庆仁博士指出：构成要件是犯罪的核心部分。从规范的角度来看，只有对构成要件的实现有实质贡献，是行为事件的核心角色的，才是正犯。加功于他人的构成要件行为的人只能是从犯。“通过对我国刑法规定的主犯和从犯予以规范化以及通过对学理上的共犯与正犯予以实质化，正犯、帮助犯就与主犯、从犯合二为一，从而在我国刑法中找到了容身之所，也为解决我国传统共同犯罪论和新共同犯罪论（共犯、正犯的区分制——引者注）各自的合法性危机提供了理想的途径。”⑤ 由此可以认为，我国刑法所规定的主犯就是正犯，而关于从犯的规定就是对帮助犯的规定，其中刑法第27条关于起“次要作用”和“辅助作用”的规定都是用来说明帮助犯这

① 参见黄荣坚：《基础刑法学》（上），3版，520页，北京，中国人民大学出版社，2009。

② 参见许玉秀：《当代刑法思潮》，544页，北京，中国民主法制出版社，2005。

③ 参见陈兴良：《共犯论：二元制与单一制的比较》，载中国人民大学刑事法律科学研究中心编：《刑事法热点问题的国际视野》，155页，北京，北京大学出版社，2010。

④ 参见王昭武：《教唆犯从属性说之坚持与展开》，载赵秉志主编：《刑法论丛》，第15卷，63页，北京，法律出版社，2008。

⑤ 何庆仁：《我国共犯理论的合法性危机及其克服》，载陈泽宪主编：《刑事法前沿》，第6卷，182页，北京，中国人民公安大学出版社，2012。

一个对象的，是无意义的重复，是“多余”的表述；而刑法第28条所规定的胁从犯，则是对情节较轻的帮助犯（被胁迫的帮助犯）的规定，不是新的行为人类型。这种通过对作用标准的规范化和分工标准的实质化将主犯限定为正犯、将从犯解释为帮助犯的做法，也得到其他学者赞同。如金光旭教授认为，正犯与共犯的区别归根到底只能根据其在犯罪中所发挥出来的重要性来认识，中国刑法将作用大小作为区分主犯和从犯的标准，在这个意义上，也可以说中国刑法中的主犯、从犯分别与日本刑法中的正犯、帮助犯相对应。①

所以，认为我国刑法没有采取二元的参与体系，而仅采用单一正犯概念的观点还存在问题。其实，我国刑法关于帮助犯的规定，和日本刑法的相关规定极为类似：我国刑法第27条规定，“在共同犯罪中起次要作用或者辅助作用的，是从犯。对于从犯，应当从轻、减轻处罚或者免除处罚”。日本刑法第62条规定，“帮助正犯者，为从犯”；第63条规定，“从犯之刑，依正犯之刑减轻之”。而对日本刑法的相关规定，通说明显朝着区分制的角度进行解释。②

2. 难以认为我国刑法第29条第2款与我国台湾地区旧“刑法”第29条第3项的规定相类似

刘明祥教授还认为，我国刑法第29条第2款与我国台湾地区旧“刑法”第29条第3项的规定类似，所以，是对单一正犯概念的规定。但是，笔者认为，刘明祥教授对此存在误解。

我国台湾地区旧“刑法”第29条第3项规定：“被教唆人虽未至犯罪，教唆犯仍以未遂犯论”。这一规定似乎和我国刑法第29条第2款的规定相类似，但是，仔细分析起来，二者有很大差异。我国台湾地区旧“刑法”第29条第3项关于“虽未……仍以未遂犯论”的表述，明显带有法律拟制的性质，即立法上将不是未遂的行为设定为教唆犯的未遂。而我国刑法第29条第2款中的“被教唆的人没有犯被教唆的罪，对于教唆犯，可以从轻或者减轻处罚”的规定，立法上没有法律拟制的设定，不能和我国台湾地区旧“刑法”的相关规定作相同的解释。更何况，我国台湾地区旧“刑法”第29条第3项的规定，是否只能解释为共犯独立性说的产物，本身就还有争议。

对于我国台湾地区旧“刑法”第29条第3项的规定，有学者一般认为其主要适用于三种情况：教唆犯着手实行教唆，但相关意思并未传递给被教唆人；教唆的意思传递给被教唆者，但后者不接受教唆；被教唆者接受教唆，但并未着手实行。有学者认为，对这三种情况以未遂教唆处罚，实际上是在处理教唆犯和正犯不构成共同犯罪（共同犯罪成立前的行为）的情形，因而和共犯从属性问题无关。③ 但

① 参见金光旭：《日本刑法中的实行行为》，载《中外法学》，2008（2）。

② 参见［日］井田良：《讲义刑法学总论》，494页，东京，有斐阁，2008。

③ 参见林山田：《刑法通论》（增订10版），下册，74页，北京，北京大学出版社，2012。

是，也有学者认为这是共犯独立性说的体现。①

综上所述，可以认为，我国刑法的规定，不符合单一正犯概念的特征。具体来说：在刑法条文中，没有明确规定为犯罪成立赋予条件者，都是正犯；立法上单独对帮助犯、教唆犯进行规定，不是不重视共犯行为形态的区别；对于各正犯，不能适用同一法定刑。我国刑法中的帮助犯就不能适用正犯之刑，而是“应当从轻、减轻或者免除处罚”。

（二）不能将我国刑法朝着单一正犯概念的方向解释

承认单一正犯概念，从根本上来讲，会产生和罪刑法定原则的紧张关系，从而与法治国刑法立场之间相抵牾。具体表现在：

1. 单一正犯概念将实施因果关系的起点行为的情形视为构成要件的实现，可能无限扩张刑事可罚性的范围。例如，单一的正犯概念认为，刑法分则对教唆行为和帮助行为进行了规定，对共犯可以直接按照刑法分则的规定定罪处罚。这明显是不合理的②，因为其抹杀了构成要件的定型化功能。同时，单一正犯概念并不能提出任何决定正犯范围的标准，其所声称的“对实现构成要件结果有贡献”，实际上就是因果关系条件说的另一种表述，而条件说饱受攻击之处就在于其处罚范围的扩大化，这一缺点在单一正犯概念中仍然存在。③

就法治国原则的观点来看，单一正犯概念舍弃从构成要件的角度来定位正犯概念，与根植在构成要件行为基础上的刑事处罚原则相抵触，而且背离社会上一般人对行为的理解方式，例如，很难把出借工具的举止理解成窃取他人之物的行为。尤其根植于因果关系（条件说）的单一正犯概念，将会造成无法接受的刑法扩张现象，例如，单纯的教唆行为或者协助行为，就会被解读成可罚的构成要件实施行为，而构成相关犯罪的未遂犯。④

2. 在身份犯的场合，单一的正犯概念可能缩小共犯的处罚范围。对此，张明楷教授指出，如果承认教唆犯、帮助犯都是正犯，那么，在身份犯的场合，其就必须具有特定身份才可能成立狭义共犯。换言之，教唆他人贪污者也需要具有国家工作人员身份，否则，难以成立共犯。但这一结论明显不合理⑤，也有违反罪刑法定原则之嫌。

3. 单一正犯概念竭力绕开共犯论的很多难题⑥，不再明确区分正犯和共犯，以

① 参见林钰雄：《新刑法总则》，343页，北京，中国人民大学出版社，2009。

②⑤ 参见张明楷：《刑法学》，4版，354页，北京，法律出版社，2011。

③ 参见许玉秀：《当代刑法思潮》，565页，北京，中国民主法制出版社，2005。

④ 参见林山田：《刑法通论》（增订10版），下册，6页，北京，北京大学出版社，2012。

⑥ 例如，对于行为人利用未成年人的行为而遂行犯罪者，理论上可以成立间接正犯，也可以成立教唆犯。此时，便需要借助于共犯从属性理论，本于犯罪支配的立场来判断应成立（间接）正犯还是共犯（教唆犯）。

使刑法判断简单化，在实务中有相当便利和经济之处。① 但是，其目的可能难以达到。采用单一正犯概念，在对共同犯罪人刑罚裁量原则的制定上必须确定极其烦琐的处理不同参与者的规则，并通过这些规则实现量刑平衡，但是，这是一项可能比区分共犯和正犯更为繁重的任务。如果这一点无法做到，单一正犯概念和罪刑法定原则之间的紧张关系仍然不会解消。单一正犯概念“将导致量刑标准变得粗糙”②；随着法官在个案中裁量权限的扩大，单一正犯体系必然有“量刑不确定性”的致命缺陷。③

4. 不能无视刑法分则对实行行为的定型性规定。（1）刑法分则是对构成要件行为、结果的定型性规定，其中主要是对类型化的、直接侵害法益的实行行为的规定，该行为是犯罪的核心行为。例如，刑法分则关于盗窃、诈骗、伤害等的规定，都是对直接指向保护客体的行为的描述，而不会对边缘行为作出限定。那么，只有单独实施符合分则构成要件规定的人，其行为才可能和构成要件相当。帮助行为、教唆行为不可能是刑法分则类型化地要禁止的行为，例如，我们显然不能认为教唆他人盗窃的行为就是“窃取”。因此，单独犯、共同正犯因为自身的行为符合分则的定型性规定，其行为自身就值得处罚，其违法性从对构成要件的违反中就可以充分展示出来，不从属于他人。而狭义共犯自身的行为，不符合分则的定型性规定，因而必须以正犯符合构成要件的行为为存在前提。（2）刑法分则的定型化规定往往详尽、具体，有其独特存在价值，不能认为帮助犯、教唆犯符合刑法分则的定型性规定，因为即便是共同正犯也可能不完全符合分则的全部构成要件。例如，甲、乙二人经共谋后均进入现场翻箱倒柜，盗窃他人财物，但最终只有甲拿到价值 1 万元的财物，乙一无所获。其实，如果将共犯独立性的逻辑贯彻到底，就会认为甲、乙之间的行为也是独立的，乙并未实现盗窃罪的构成要件结果。但是，几乎所有的学者都会认为，盗窃罪既遂的定型性是指实施窃取行为，并“取得”他人财物。如果按照这一点，乙明显属于盗窃未遂。而按照共犯从属性说的逻辑，就会认为共同正犯有“正犯性”（与单独犯相同）的一面，但是，在共同盗窃时仅一人取得财物的场合，另外的实行犯并未满足盗窃既遂的单独构成要件，也应该作为盗窃既遂的共同正犯处罚。共同正犯在其自身并未完全满足基本的犯罪构成要件却被作为处罚对象这一点上，有其“共同性”，共同正犯的正犯性较之单独正犯的正犯性也是扩张的，其原理“和教唆犯、帮助犯是相通的”④。（3）单一正犯概念将所有对犯罪有影响的行为都解释为侵害法益的原因，符合相关构成要件的特殊的行为便不复存在了。⑤

① 参见柯耀程：《变动中的刑法思想》，200 页，北京，中国政法大学出版社，2003。

②⑤ 参见［德］汉斯·海因里希·耶赛克、托马斯·魏根特：《德国刑法教科书（总论）》，徐久生译，778 页，北京，中国法制出版社，2001。

③ 参见林钰雄：《新刑法总则》，311 页，北京，中国人民大学出版社，2009。

④ ［日］山口厚：《刑法总论》，2 版，付立庆译，295 页，北京，中国人民大学出版社，2011。

（三）我国刑法分则的某些规定明确承认区分制、共犯从属性

我国刑法分则的某些规定具有特殊性，表明我国采取共犯区分制立场，决定了将刑法总则的共犯规定解释为单一正犯概念和刑法分则相关规定不协调。刘明祥教授的结论，是只考虑刑法总则的文字表述、不进行体系解释的产物，而体系性解释要求将个别的刑法规定和观念放到整个法律秩序的框架之中加以思考，发现条文间、法律规范和法律制度间的内在关联。①

1. 刑法第382条第3款的规定

如前所述，在我国刑法分则所大量规定的只有特殊主体才能构成的身份犯中，不具有特殊资格的人，无论其行为样态如何，无论在犯罪中分工、对结果的危害如何，都不可能成为正犯。此时，正犯和共犯的界限十分清晰，不可能按照单一正犯概念的立场将狭义共犯视作正犯。② 刑法第382条第3款规定，伙同国家工作人员贪污的“以共犯论”，是特别指明，没有特定身份者只能构成狭义共犯，不能以正犯论。在这个意义上，正犯、共犯的概念对立就是存在的。

2. 拟制的正犯

采用共犯从属性说可能将处罚面限制在一个较小的范围内，为此，立法上在刑法分则中从刑事政策的角度把个别共犯行为作为独立的正犯加以处罚，从而出现“拟制的正犯”的规定。这种规定，实际上是共犯行为正犯化。在这里，明确存在正犯、共犯概念的相对区分问题，否则，这样的规定就是多余的。类似的规定有：（1）帮助犯从属于正犯行为所造成的构成要件结果，如在甲帮助本犯乙湮灭犯罪证据的场合，因为本犯毁灭自己的犯罪证据的行为不构成犯罪，按照共犯从属性，甲的行为也不构成犯罪，为堵截处罚漏洞，我国刑法第307条第2款规定了帮助毁灭、伪造证据罪。（2）教唆他人吸毒罪的规定，是在正犯行为只是行政违法行为的情况下，刑法单独将教唆行为规定为正犯。（3）刑法第358条第3款所规定的协助组织卖淫罪，是在组织卖淫的正犯行为之外，将帮助行为正犯化，单独规定新的罪名，从而将组织卖淫罪的边缘行为上升为正犯行为。在类似规定中，如果不承认存在一个正犯概念，将教唆、帮助行为拟制为正犯行为就是难以理解的。其实，类似“拟制正犯”的规定在国外刑法以及我国台湾地区的“刑法”中也存在。例如，因为自杀不具有违法性，教唆、帮助自杀的，无杀人正犯，当然也就没有杀人共犯，立法上为了减少处罚的漏洞，在共犯从属性说的理念下，只得另行规定自杀关联犯罪（如加工自杀罪等）。

最后，附带指出：其实，即便承认单一制，也可能承认限制从属性，只不过从属性的内容有所不同，不再是共犯的从属性，而是教唆型、帮助型行为人对实行型行为人的从属性（减缩的单一行为人体系）。单一制、区分制与独立性、从属性之

① 参见［德］齐佩利乌斯：《法学方法论》，金振豹译，61页，北京，法律出版社，2009。

② 参见周光权：《论身份犯的竞合》，载《政法论坛》，2012（5）。

间没有必然的对应关系。① 刘明祥教授认为，采用单一制就必然采用共犯独立性，或许其立论并不正确。

二、解释刑法第 29 条第 2 款的方法论

“方法”意指通往某一目标的路径。在科学上，方法是指这样一种路径，它以理性的，因而是可检验和可控制的方式导向某一理论上或实践中的认识，或导向对已有认识之界限的认识。② 对刑法第 29 条第 2 款的解释，不应该成为学者的自说自话的结果，而应该受某些基本的方法论的指引。

（一）对刑法第 29 条第 2 款的解释必须考虑刑法客观主义潮流

刑法客观主义认为，犯罪是对社会有害的行为。如果没有客观的行为，没有客观的法益侵害后果，就没有犯罪；行为没有对社会造成可以从外观上观察的实害或者危险时，不能作为犯罪处理。刑法客观主义坚信：不以行为而以行为人的主观恶意为处罚根据，会混淆法与伦理的关系，还可能造成法官的恣意判断，回到封建刑法司法擅断的老路上。所以，刑事责任的基础应该是表现在外部的犯罪人的行为。客观主义重视的是行为（行为主义），而作为科刑基础的行为是现实的行为，只要没有现实地表现于外的行为，个人就不应该受到处罚（现实主义）。作为刑法客观主义的对立派，刑法主观主义主张，犯罪人的反社会性，也就是反复实施犯罪行为的危险性，才是责任的基础。主观主义重视行为人概念（行为人主义）。如果把主观主义贯彻到底，会得出犯罪人的危险性格、内心的危险性是科刑对象的结论。刑法主观主义降低了行为的重要性，即行为并不具有决定性意义，它只有在征表犯罪人危险性的意义上有存在必要性（征表主义）。刑法主观主义的特色在于：从人的危险性出发来思考定罪和处罚问题；用行为来佐证、征表其意思，行为的重要性大幅度下降。

在 20 世纪 20 年代之后，在世界范围内，客观主义在刑法学中取得绝对优势地位。各国刑法学发展的主流是承认犯罪行为作为现实存在所具有的决定性意义，否认将犯罪行为作为罪犯个人危险性的征表。

在共同犯罪领域，刑法主观主义典型地表现在共犯独立性说上。③ 该说是将行为人的危险性格作为处罚根据的主观主义犯罪理论的产物。根据这种立场，在罪犯的危险性格表现于外时，就必须进行处罚，除此之外，无法为处罚行为人寻找到理

① 对此，请参见何庆仁：《我国共犯理论的合法性危机及其克服》，载陈泽宪主编：《刑事法前沿》，第 6 卷，187 页，注释 3，北京，中国人民公安大学出版社，2012；江溯：《关于单一正犯体系的若干辩驳》，载《当代法学》，2011（5）。

② 参见［德］齐佩利乌斯：《法学方法论》，金振豹译，1 页，北京，法律出版社，2009。

③ 参见［日］大谷实：《刑法总论》，新版 2 版，黎宏译，367 页，北京，中国人民大学出版社，2008。

由。[①] 刘明祥教授的前述观点完全秉持了刑法主观主义立场；陈世伟博士所坚持的独立性说，也是以主观主义刑法观为前提的，即认为主观罪过是犯罪构成的核心，也是行为人承担刑事责任的唯一根据，因而对所有共同犯罪人的定性也从主观要素出发。[②] 在上述刑法主观主义的观点看来，教唆行为即便没有引发他人的行为，甚至教唆信息没有传递给他人，教唆犯自身的行为也能够揭示教唆犯个人的危险人格，故要处罚教唆犯。

但是，如果从客观立场来看，教唆犯本身应当是引发他人犯意的行为，他人根本没有由此产生犯意的，或者虽接受教唆，但没有实施任何行为的，教唆行为并不直接面对行为客体，共犯行为本身不会对法益造成损害，对教唆犯当然不能处罚。对此，有学者认为：对法律所保护的法益处于相对较远的早期阶段的情形，至少从法治国以及刑事政策的角度来看，进行可罚性的扩张存在很大疑问。[③]

因此，在刑法客观主义的重要性得以彰显的今天，把原本对共犯从属性已然作出规定的刑法条文朝着刑法主观主义的方向解释的做法，存在明显缺陷。无论是按照单一正犯概念还是区分制下的共犯独立说，对我国刑法第 29 条第 2 款的规定进行刑法主观主义意义上的解释，明显都是不可取的思路。也就是说，对我国刑法相关规定的解释，必须考虑刑法客观主义的世界潮流，而不能逆法治潮流而动。[④]

（二）对刑法第 29 条第 2 款必须进行实质的、功能性的解释

刘明祥教授认为，其对刑法第 29 条的解释，是严格按照刑法条文进行字面含义的解释。虽然“所有的解释都是对于一个制定法的文本所为，所以解释必须从字面上的解释（所谓的文理解释）开始”[⑤]，但是，依据文义所为的解释具有某种局限性。某种解释是否为罪刑法定原则所禁止，不能仅仅靠字面含义进行判断，而要通过权衡刑法条文的目的、行为的处罚必要性、国民的预测可能性、刑法条文的协调性、解释结论与用语核心含义的距离等诸方面才能得出结论。[⑥] 在刑法条文的字面含义并不清晰时，经常需要从用语的文义出发进行扩张解释，进而得出符合法条规范目的的结论。在这个意义上，使解释得以反复推演的是目的解释，而不是所谓

① 参见［日］井田良：《讲义刑法学总论》，440 页，东京，有斐阁，2008。

② 参见陈世伟：《论共犯的二重性》，84 页，北京，中国检察出版社，2008。

③ 参见［德］冈特·施特拉腾韦特、洛塔尔·库伦：《刑法总论》，Ⅰ·犯罪论，杨萌译，327 页，北京，法律出版社，2006。

④ 对任何刑法条文都必须朝着符合法治潮流的方向去解释，乃各国刑法学者的共识。例如，日本刑法第 207 条规定了“同时伤害的特例”，即二人以上实施暴力伤害他人，在不能辨别各人暴行所造成的伤害的轻重或者不能辨认何人造成了伤害时，即使不是共同实行的，也依照共犯的规定处断。有学者认为该规定违宪，是让其中的个别人承担“莫须有”的罪名（参见［日］平野龙一：《刑法概说》，170 页，东京，东京大学出版会，1977）。但是，多数学者为使刑法适用符合法治的要求，还是对其“朝着限制其适用范围的方向进行解释”，而不是相反参见［日］山口厚：《刑法总论》，2 版，付立庆译，55 页，北京，中国人民大学出版社，2011。

⑤ ［德］普珀：《法学思维小课堂》，蔡圣伟译，111 页，台北，元照出版有限公司，2010。

⑥ 参见张明楷：《罪刑法定与刑法解释》，129 页，北京，北京大学出版社，2009。

对字面含义的“严格解释”。不考虑解释方法的多种运用，尤其是不结合体系解释、历史解释、目的解释对解释理由进行说明，而一味强调对法条“字典意思”（字面含义）的解释方法，是一种似是而非的说法。

刘明祥教授认为：刑法第 29 条第 1 款中“教唆他人犯罪的，应当按照他在共同犯罪中所起的作用处罚”是关于共同犯罪的教唆犯的规定，也就是对被教唆的人犯了被教唆的罪的规定，因为只有被教唆的人犯了被教唆的罪（包括实施了为犯罪做准备的行为），双方才可能构成共同犯罪，才有可能判断教唆犯在共同犯罪中起何种作用。刘明祥教授进一步认为：刑法第 29 条第 2 款中“被教唆的人没有犯被教唆的罪”，无疑是指教唆犯与被教唆人不构成共同犯罪的情形。因为从法条或语言表达的顺序来论，既然前面说的是被教唆人犯了被教唆的罪构成共同犯罪的情形，后面接着说“被教唆的人没有犯被教唆的罪”不构成共同犯罪的情形，就成为合乎逻辑的结论。如果说“被教唆的人没有犯被教唆的罪”是指被教唆人已着手实行而没有犯罪既遂，也是关于共同犯罪的教唆犯的规定，那么，这一款规定就成为多余的了。① 但是，刘明祥教授的观点明显存在问题：

1. 对刑法规定的字面含义进行解释，只能探寻规范的一种含义，而且很多时候其所得出的结论仍不甚明了。例如，刑法第 382 条第 3 款关于伙同贪污时“以共犯论”的规定，如果按照字面解释就是“以共同犯罪论”。但如此解释等于什么都没有说，因为我们还需要回答没有身份者在共同犯罪中能否成为核心角色的问题。由于“词不达意”的现象非常普遍，条文的字面含义在很多时候可能并不是规范的真实意思。的确，如果仅仅从字面上看，在被教唆者着手实行但未既遂的场合，被教唆者成立犯罪未遂，是“已经犯了被教唆的罪”，而不再属于“被教唆人没有犯被教唆的罪”，似乎对教唆犯就不能再引用第 29 条第 2 款的规定进行处罚。但是，如果考虑法条目的——对仅仅造成法益危险的行为的处罚，要轻于造成法益实害的情形——那么，对刑法第 29 条第 2 款“被教唆人没有犯被教唆的罪”的解释，就完全可以限定为“被教唆人没有犯被教唆的（既遂）罪”。换言之，即便是被教唆者着手实行的场合，只要其尚未达到既遂状态，就可以认为被教唆者“没有犯被教唆的罪”。这样的解释结论，完全在法条的文义范围之内。刘明祥教授关于刑法第 29 条第 2 款的前述解释明显“是以该款的其中一种字面含义为根据选择的立场，而没有考虑到单一的正犯概念的固有缺陷”②。确实，对刑法问题的解释，在很多时候要进行实质解释和规范判断，仅仅停留在字面含义的层面解释刑法第 29 条第 2 款的规定，难免顾此失彼。

2. 对刑法第 29 条第 1、2 款，都应该理解为是关于共同犯罪的规定，而不能说第 1 款是关于共同犯罪的教唆犯的规定、第 2 款是教唆犯与被教唆人不构成共同犯

① 参见刘明祥：《“被教唆的人没有犯被教唆的罪”之解释》，载《法学研究》，2011（1）。

② 张明楷：《刑法学》，4 版，354 页，北京，法律出版社，2011。

罪的规定。因为刑法总则第二章第三节的标题是“共同犯罪”，在关于共同犯罪的这一节中规定了不是共同犯罪的情形，这是没有说服力的，也不符合该节的立法旨趣，所以，刘明祥教授的观点并不正确。其实，对于刑法第 29 条第 1、2 款的关系，应该体系化地进行理解：首先，可以认为第 29 条第 1 款是关于共同犯罪的教唆犯成立与处罚的一般规定，第 2 款规定的是共同犯罪教唆犯的未完成形态和从宽处罚形态，但其也应在第 1 款原则的指导下适用，第 2 款只是第 1 款的提示性规定：教唆他人犯罪，应当按照其在共同犯罪中的作用处罚，例如，教唆成年人犯罪的，可以认为教唆犯起次要作用；教唆未成年人犯罪的，对教唆犯要认定为主犯。但是，被教唆人没有犯被教唆罪的，对于教唆犯，应该以第 1 款规定为基准从轻或者减轻处罚。其次，对于刑法第 29 条第 1 款所规定的教唆他人犯罪的应当按照他“在共同犯罪中所起的作用处罚”进行当然解释，可以得出结论：教唆他人犯罪，如果在共同犯罪中“不起作用的”，不处罚。例如，行为人甲试图教唆乙犯罪，但教唆信息没有传递给乙的，谈不上甲、乙之间形成了共犯关系，甲在共同犯罪中是“不起作用的”，不处罚。再次，对刑法第 29 条第 1、2 款的规定，完全都可以在共同犯罪的前提下进行对照理解：教唆不满 18 周岁的人犯（既遂）罪的，应当按照（既遂罪）从重处罚；教唆不满 18 周岁的人犯（未遂）罪的，首先要按照教唆未遂进行从轻或者减轻处罚，再按照其教唆未成年人犯罪应当从重处罚的规定，按照（未遂罪）进行从重处罚。最后，第 29 条第 1 款规定，对教唆犯要按照其在共同犯罪中的作用处罚，如果将第 29 条第 2 款解释为不成立共犯的情形，与第 29 条第 1 款明显相悖；处罚教唆信息没有传递到被教唆者、被教唆人拒绝教唆等情形，也与第 29 条第 1 款的精神不符合，在实务中也会得出非常荒唐的结论。例如，甲教唆乙强奸妇女，乙一笑了之，毫不理会甲。对此，按照刘明祥教授的观点，乙无罪，甲却成立强奸罪的（教唆）未遂。再如，无业人员甲教唆其丈夫乙（国有公司财物主管）贪污公款，但乙严词拒绝的，乙无罪。对此按照刘明祥教授的观点，甲要成立贪污罪未遂。所以，将刘明祥教授的观点贯彻到实务中，其结论在法理上以及实践中的不妥当性是不言而喻的。

（三）对刑法第 29 条第 2 款必须结合其他相关理论无矛盾地加以理解

刘明祥教授认为：教唆犯已实施教唆行为但教唆信息（或内容）还未传达到被教唆的人的；被教唆的人拒绝教唆犯的教唆的；被教唆的人接受教唆，但还未为犯罪做准备的，都属于教唆未遂，其实质是将共犯行为当成实行行为看待，即便教唆行为自身以失败告终的场合，也作为犯罪未遂进行处罚。这一结论，如果仅仅从教唆行为自身具有违法性这一角度来看，似乎是合理的。但是，如果结合未遂犯理论、共犯处罚根据体系性地加以思考，就会发现，该结论是不可靠的：未遂犯都是危险犯，而且是具体危险犯。在教唆失败的场合，教唆行为对法益仅有抽象危险而没有具体危险，将其作为教唆未遂看待和客观未遂论的一般法理不符。此外，在共犯处罚根据问题上，将刘明祥教授的观点贯彻到底，必然得出责任共犯论的结论，即共犯使正犯堕落。但是，现在的通说认为，共犯通过正犯的行为，对构成要件结果的实现施加影响时，才是处罚的对象（因果共犯论）。换言之，在共犯以正犯的意思或者规范意识为媒介，使得法益受到侵害时，对共犯才能进行处罚。重视共犯的因果性，就会认为，对教唆犯因为其和最终的法益侵害结果有关联性，才能对其进行处罚。① 因此，如果同时考虑共犯处罚根据，就会认为，教唆行为自身并没有引起构成要件结果的足够危险，而只有在被教唆的正犯的实行行为介入时，才会产生实现构成要件结果的现实且具体的危险。因此，在共犯处罚根据上，如果坚持具有充分合理性同时得到多数学者认同的因果共犯论，厘清共犯处罚根据和共犯从属性说之间的天然联系，就会得出拒斥共犯独立性说的结论。刘明祥教授人为割裂共犯从属性说和共犯处罚根据之间的联系，没有坚持体系性地解决刑法问题的方法论，因此在最终结论上难免失当。

三、共犯从属性理论与对刑法第 29 条第 2 款的理解

事实上，刘明祥教授如此解释刑法第 29 条第 2 款，其真正目的是防止刑法打击面过窄。应该说，这一出发点是可以理解的，也确实看到了我国刑法第 29 条规定和其他国家关于教唆未遂的规定在文字表述上的些许差异。不过，笔者认为，这不应该成为朝着刑法主观主义方向解释刑法第 29 条的理由。

当然，刘明祥教授在其论文中所展示出来的问题意识，明显逼迫刑法客观主义者思考：对我国刑法第 29 条第 2 款的规定，仅仅将其解释为共犯从属性说意义上的教唆未遂规定是否妥当？刘明祥教授所提出的应以教唆未遂处理的四种情形中，哪些不应该成为刑罚处罚的对象？哪些情形如果不被认定为教唆未遂，也可以利用其他刑法解释原理加以处理？

对此，合理的解释思路是：剥离刘明祥教授所例示的诸种情形，将其区别为三种情况处理：我国刑法第 29 条第 2 款所规定的被教唆的人“没有犯被教唆的罪”，仅指教唆犯教唆他人犯罪，被教唆人已经着手实行犯罪，但“没有达到既遂状态”的情形②；对于教唆犯教唆他人犯罪，被教唆人仅有预备行为但“没有着手犯被教唆的罪”的情形，即便要处罚教唆犯，也应该适用（他人）预备罪的法理，引用刑法第 22 条第 2 款的规定，与教唆未遂和共犯从属性原理无关，更不需要对教唆预备犯适用刑法第 29 条第 2 款；对于刘明祥教授所说的教唆信息完全没有传递给被教唆人、被教唆人明确拒绝教唆、被教唆人虽接受教唆但尚未开始实施预备行为的三种情形，教唆行为对法益没有具体的抽象危险，教唆者不但不能成立教唆未遂，而且连教唆预备犯都不成立，其不属于刑罚处罚对象。

① 参见［日］前田雅英：《刑法总论讲义》，4 版，459 页，东京，东京大学出版会，2006。

② 参见周光权：《刑法总论》，2 版，233 页，北京，中国人民大学出版社，2011；张明楷：《刑法学》，4 版，378 页，北京，法律出版社，2011。

（一）笔者观点之展开

1. 在被教唆者存在预备行为时，处罚教唆犯与共犯从属性原理无关

刘明祥教授认为，我国刑法第 29 条第 2 款中的“被教唆的人没有犯被教唆的罪”的规定，应当按其字面含义解释为“被教唆的人没有按教唆犯的意思实施犯罪的情形”。由于教唆犯与被教唆人之间没有共同犯罪关系，对教唆犯只能按单独犯定罪处罚，因而，该款是关于单独教唆犯的处罚规定。① 对此，笔者认为，如果否定我国刑法采用单一正犯概念，刘明祥教授的观点就缺乏存在依据。在区分制之下，对共犯的性质，只能朝着从属性的方向进行解释，即只有“在肯定了正犯行为具备正犯构成要件该当性和违法性的场合，也充足了其他的（共犯）构成要件要素的前提下，就能够肯定共犯的构成要件该当性”②。相应地，对于刑法第 29 条第 2 款，应该认为其以教唆犯与被教唆者之间存在共犯关系为存在前提。

由于中国刑法从形式上看以处罚预备犯为原则，因此，在被教唆者按照教唆犯的唆使实施预备行为但未着手实行时，共犯关系成立且对教唆犯能够予以处罚。例如，甲为盗窃而要乙提供万能钥匙，在乙按照甲的要求提供该钥匙后，甲在盗窃前遗弃该钥匙而难以实施盗窃的，对乙可以按照教唆犯处罚。此时，被教唆的人从形式上看属于“‘没有犯’被教唆的罪”。即便被教唆的人的行为处于预备阶段，其尚未着手实行犯罪，教唆人也因为其自身的行为而具备未遂犯的可罚性。但这正是共犯独立性说的立场。③ 因为教唆、帮助行为“只有在具有正犯的实行行为时，才产生了发生构成要件结果的现实危险，所以，只有在达到这一阶段时，才能认可共犯行为的可罚性”④。因此，从实质上看，对共犯（未遂意义上的）从属性的讨论，必须在有正犯概念之后、才能进行，其只能讨论正犯着手实行之后、既遂之前，共犯是独立还是从属于正犯的问题。在教唆预备阶段，不存在共犯从属性问题，也没有教唆未遂问题，而这正是共犯的实行从属性说的要义。

教唆预备的处罚理由，仅仅是预备犯的法理——教唆行为具有造成构成要件结果的抽象危险。张明楷认为，在教唆预备的场合，对教唆犯的处罚建立在被教唆者具有可罚性的基础上，这符合共犯从属性的法理。⑤ 但是，笔者认为这一说法是值得商榷的。一方面，处罚教唆预备的法理在于对（他人）预备犯的承认，是对预备犯原理的运用，而非对共犯从属性法理的运用；另一方面，过分扩大共犯从属性法理的“射程”，在刑法客观主义并未得到较好贯彻的语境下，会使得正犯概念、构成要件的观念受到动摇，从而带来负面的影响。

有必要提及，在被教唆者预备的场合，也不是对所有的教唆预备犯都要处罚。

① 参见刘明祥：《“被教唆的人没有犯被教唆的罪”之解释》，载《法学研究》，2011（1）。
② ［日］山口厚：《刑法总论》，2 版，付立庆译，302 页，北京，中国人民大学出版社，2011。
③ 参见［日］平野龙一：《刑法总论》，Ⅱ，345 页，东京，有斐阁，1975。
④ ［日］大谷实：《刑法总论》，新版 2 版，黎宏译，368 页，北京，中国人民大学出版社，2008。
⑤ 参见张明楷：《刑法学》，4 版，373 页，注释 34，北京，法律出版社，2011。

对此，有学者指出：只有当共犯参与的主要犯罪既遂，共犯的成立才毫无疑问。相反，如果主要犯罪只达到预备阶段，共犯的可罚性显然取决于例外情况下的预备是否受到处罚。[①] 因此，对教唆预备犯在实务中尽量不处罚。一方面，因为在共同犯罪中，被教唆的人处于预备阶段，其行为对法益没有现实危险，最多只有抽象危险性。而教唆犯对法益的危险本身又非常间接，此时处罚教唆犯，等于是处罚抽象危险犯背后的危险犯，与刑法客观主义的精神实质明显存在抵牾之处。另一方面，被教唆的人的预备行为缺乏定型性，对教唆预备犯进行处罚，更有处罚范围无限扩大的危险。[②] 因此，在被教唆的人预备的场合，尽量不处罚共犯更可能和共犯从属性说的"处罚消极主义"具有一致性。当然，对于教唆他人实施重罪（如抢劫、杀人、强奸等），他人也为此作出充分准备，预备行为距离着手实行很近的，对于教唆预备犯，也应当予以处罚。

2. 在被教唆者没有预备行为时，不能处罚教唆犯

刘明祥教授认为：教唆犯已实施教唆行为但教唆信息、内容还未传达到被教唆的人；被教唆的人拒绝教唆犯的教唆；被教唆的人接受教唆，但还未为犯罪做准备的三种情形，都应当成立教唆未遂。但是，在笔者看来，教唆行为此时的法益侵害性没有达到值得刑罚处罚的程度，其不仅不能成立教唆未遂，而且连教唆预备犯都不成立，不是刑罚处罚的对象。将类似教唆行为作为刑罚处罚的对象，不仅是对教唆未遂概念、刑法第 29 条第 2 款规定的曲解，而且没有考虑体系地解释刑法规定的要求，最终有导向刑法主观主义的危险。

此外，对于被教唆的人接受教唆，但后来改变犯意或者因误解教唆犯的意思而实施了其他犯罪，并且所犯之罪不能包容被教唆的罪的情形，刘明祥教授认为，教唆犯与被教唆者之间没有共犯关系，教唆犯单独成立教唆未遂。但是，笔者认为，被教唆的人按照他人的教唆进行了预备，只是在实行时才有所改变的，教唆者与被教唆者之间可以在预备的层面成立共犯关系，而不能否定共犯关系的存在，只是不涉及教唆犯的未遂问题而已。例如，甲教唆乙盗窃他人财物，乙为盗窃准备工具，但到现场后发现没有可以随便搬动的财物，而砸毁被害人汽车的，甲只能成立（盗窃罪）教唆犯的预备，不能成立教唆未遂。

3. 被教唆者已经着手实行犯罪的，教唆犯有成立未遂的余地

将上述两种情况剔除出刑法第 29 条第 2 款的适用范围之后，对教唆未遂，就只能解释为：教唆犯教唆他人犯罪，被教唆的人接受之后，已经着手实行犯罪，但

① 参见［德］冈特·施特拉腾韦特、洛塔尔·库伦：《刑法总论》，Ⅰ·犯罪论，杨萌译，325 页，北京，法律出版社，2006。

② 刘明祥教授将教唆行为看作独立的行为类型、犯罪类型。但有学者指出，如果按照这种逻辑，就应该肯定"教唆行为一经实施完毕，即为既遂。被教唆人是否实施被教唆之罪，只是量刑情节，不影响教唆罪的成立"（韩晓峰：《论教唆未遂》，载中国人民大学刑事法律科学研究中心编：《现代刑事法治问题探索》，第 2 卷，65 页，北京，法律出版社，2004）。但是，这一结论即使在刑法分则规定独立的教唆罪时也难以成立。

尚未达到既遂状态的情形。换言之，被教唆的人"'没有犯'被教唆的罪"，仅指被教唆的人已经实行，但"没有犯（被教唆的、达到既遂状态）的罪"，才有成立教唆未遂的余地。在这个意义上，教唆犯从属于正犯的实行。

（二）限制解释刑法第29条第2款的合理性：进一步论证

肯定刑法第29条第2款所规定的被教唆的人"没有犯被教唆的罪"仅指被教唆的人"没有犯被教唆的、既遂的罪"这一种情形，而不是像刘明祥教授的主张那样过分扩大教唆未遂的犯罪的合理性在于：

1. 坚持共犯从属性的法理

按照笔者对刑法第29条第2款的解释，在正犯处于实行阶段时，其具有可罚性，共犯也才具有未遂的可罚性。此时，教唆行为产生一个对应的直接侵害法益的共同参与人，刑法才处罚狭义共犯，使得共犯从属性原则得到坚持。因此，教唆未遂必须从属于正犯的未遂（实行从属性）、必须以正犯着手实行为前提的有力观点没有被改变，从而承认被教唆的人"没有犯"被教唆的罪，是指被教唆的人已经实行，但"没有既遂"这一结论的正确性。

2. 在解释论上使得法条相互关系没有矛盾

按照刘明祥教授以及我国刑法学通说的观点，被教唆的人连犯罪预备行为也没有实施时，也要适用刑法第29条第2款处罚教唆犯。这意味着对教唆犯最多只能减轻处罚，而不能免除处罚。但被教唆的人如果单独实施犯罪预备行为的，按照刑法第22条的规定，可以免除处罚。由此出现的奇怪现象是：对直接面对法益的单独预备犯的处罚，比必须通过被教唆的人才能（间接）针对法益的教唆预备犯的处罚要轻，这必然导致处罚不协调现象。

对于刘明祥教授的观点将教唆未遂的范围无限扩张，可能带来处罚上明显不合理结局这一问题，如果结合实例，可以看得更为清楚：（1）甲自己为盗窃准备工具、制造条件的，成立犯罪预备，适用刑法第22条，可以免除处罚。（2）甲教唆乙盗窃，乙接受教唆后，为盗窃准备工具、制造条件的，乙是预备犯，按照刘明祥教授的观点，对甲适用刑法第29条第1款，认定为教唆犯未遂，同时适用刑法第23条，不能免除处罚。（3）甲教唆乙盗窃，但信息并未传递给乙或者乙拒绝教唆的，对甲适用刑法第29条第2款，甲成立单独犯的未遂犯，但不能免除处罚。但实际上，如果考虑法益保护主义，考虑共犯处罚根据，不难看出，在上述三种情形中，第（一）种情形中甲对法益的危险性最大，第（三）种情形中甲对法益还没有值得刑罚处罚的危险，原本就不应该受到刑法追究，更遑论犯罪未遂，对第（一）种情形免除处罚但对第（三）种情形不能免除处罚的合理性难以得到认同。第（二）种情形中甲的行为存在一定危险，但是，如果认为第（二）种情形甲成立共犯意义上的教唆未遂犯，那么对其处罚就和第（一）种情形明显不协调，换言之，其不合理的结局是一个离法益侵害的危险性越远的人在刑罚处罚上越重，这明显是难以令人接受的。其实，正如耶赛克所指出的那样，狭义共犯的"不法内容不在其本身，而是在他人的犯罪行为之中”①，不结合法益保护原则来扩大教唆未遂处罚范围的观点明显是不合时宜。

通说面对这种处理结论上的不合理毫无解决办法，只能将其解释为：这是立法对第 29 条第 2 款的规定不合理所造成的，要想解决上述处罚不协调的问题，只能是修改刑法的规定，即对单独教唆犯按预备犯的规定处罚。② 但是，笔者认为，在刑法解释论上不对现有条文进行目的性限缩和体系解释，而是动辄批评立法不当，在方法论上存在根本性缺陷。因此，通说及刘明祥教授在法条规定原本没有矛盾时，不当理解刑法第 29 条第 2 款，人为制造法条之间的矛盾，过分扩大教唆未遂范围的主张所带来的负面效果，在这里充分显示出来。

其实，只要对教唆预备犯适用他人预备罪的法理，而不与教唆未遂挂钩，对于教唆预备犯，就应当按照刑法第 22 条（因为承认共犯关系，再辅之以第 29 条第 1 款）进行处罚，而不能适用刑法第 29 条第 2 款。对此，张明楷教授正确地指出：“教唆者唆使他人犯罪，他人实施了犯罪预备行为的，如果需要处罚预备犯，则对于教唆犯同时适用刑法第 29 条第 1 款与第 22 条，对于教唆犯，可以从轻、减轻或者免除处罚。”③

3. 考虑刑法的法益保护目的，杜绝错误理解刑法第 29 条第 2 款，防止解释论滑向刑法主观主义

刘明祥教授认为刑法第 29 条第 2 款所能够包容的前三种情形，都明显不属于刑罚处罚的对象。刘明祥教授的结论，明显和法益保护原则相冲突。对类似教唆行为以未遂犯处罚，等于在法益危险性的判断问题上坚持了纯粹主观说，“仅仅以行为人主观上的危险性为判断依据来认定犯罪未遂，采取了从主观到客观的思考方法，有主观归罪之嫌，并不足取”④。

刘明祥教授主张刑法第 29 条第 2 款只规范共犯自身具有违法性的情形。⑤ 但是，如果承认刑法第 29 条第 2 款所要惩罚的教唆犯，至少是被教唆者接受教唆后开始实行的情形，实际上是在重申犯罪是违反行为规范，进而侵害法益的行为。刑法必须有助于保护法益。狭义共犯参与他人的犯罪，在被教唆者、被帮助者的行为处于实行阶段，对法益有具体危险时，刑法必须作出反应。但是，对于教唆信息未传递到被教唆者、被教唆者拒绝教唆、被教唆者实施其他与教唆无关的罪的情形，教唆犯的行为对法益不会造成足以需要动用刑法来保护的抽象危险，不能将表现教

① ［德］汉斯·海因里希·耶赛克、托马斯·魏根特：《德国刑法教科书（总论）》，徐久生译，794 页，北京，中国法制出版社，2001。

② 参见刘明祥：《“被教唆的人没有犯被教唆的罪”之解释》，载《法学研究》，2011（1）；马克昌主编：《犯罪通论》，3 版，564 页，武汉，武汉大学出版社，1999。

③ 张明楷：《论教唆犯的性质》，载陈兴良主编：《刑事法评论》，第 21 卷，89 页，北京，北京大学出版社，2007。

④ 周光权：《刑法总论》，2 版，191 页，北京，中国人民大学出版社，2011。

⑤ 参见刘明祥：《“被教唆的人没有犯被教唆的罪”之解释》，载《法学研究》，2011（1）。

唆者犯罪人格的行为与正犯的实行行为同视，对这种教唆者不应该进行处罚。唯其如此，才能在教唆未遂问题上，不走日本在今天已经被抛弃的共犯独立性说的老路（正犯的实行行为对教唆者、帮助者来说只不过是牧野英一所说的“因果关系的经过”或者木村龟二所主张的“客观处罚条件”①），进而从根本上防止对我国刑法具体规定的解释滑向刑法主观主义。

最后需要指出，有学者认为共犯独立性说与刑法主观主义、共犯从属性说与刑法客观主义之间并没有对应关系：即便赞成刑事古典学派的客观主义立场，如将行为无价值论彻底化，也可以认为即使正犯未实行，共犯也应受罚；反过来，如果刑事近代学派不将理论绝对化、夸张化，在考虑处罚必要性的前提下也可能认同共犯从属性说。② 但是，笔者对此持不同看法：（1）这一观点在日本刑法学语境下也未必有道理，因为共犯独立性说、从属性说是刑法学派对立在共犯论中的“火力集中点”，今天共犯从属性说的知识背景仍然只能是刑法客观主义。（2）将行为无价值论彻底化的观点，处于刑法客观主义和主观主义的交叉地带，甚至更接近于刑法主观主义，其承认共犯独立性说不足为奇；在刑罚论上属于刑事近代学派，但在犯罪论上肯定实行行为概念的重要性，且强调限制处罚范围的学者，其实是刑法客观主义者③，这样的学者肯定共犯从属性说是理所当然的。这与刑法主观主义者赞成共犯独立性说、刑法客观主义者强调共犯从属性说并不矛盾。（3）就当下中国赞成共犯独立性说的学者而言，由于其理论出发点是教唆行为本身展示了行为人的反社会性格，对社会具有危险性，因而成为独立于正犯的刑罚处罚对象，这样，其与刑法主观主义之间的联系就始终是割舍不断的。

① ［日］大塚仁：《刑法概说（总论）》，3版，冯军译，243页，北京，中国人民大学出版社，2003。

② 参见［日］山中敬一：《刑法总论》，410页，东京，成文堂，2007。

③ 参见林东茂：《一个知识论上的刑法学思考》，增订3版，21页，注释7，北京，中国人民大学出版社，2009。

第十九章

身份犯的竞合

一、问题的提出

身份是法律明文规定的对定罪量刑具有一定影响的主体资格、地位等要素。在真正身份犯中，身份（例如，是否属于受贿罪的国家工作人员、玩忽职守罪的国家机关工作人员、徇私枉法罪的司法工作人员、逃税罪的扣缴义务人等）的有无决定了行为是否可能造成法益侵害，从而影响定罪（构成身份）。在这里，决定处罚前提的是身份特殊者的义务和地位，而不是行为人如何通过其行为举止具体地支配事件的因果过程。① “由于身份犯是以一定义务的存在为前提的犯罪（义务犯）……因而应该对身份概念作狭义的理解。”②

由罗克辛教授所提倡的犯罪支配说以限制的正犯概念为基础，坚持构成要件的观念，主张确定谁是正犯、谁是共犯时需要考虑谁对犯罪进程具有实质性的、事实上的支配。在判断犯罪支配时，需要考虑各个行为人对客观行为的贡献方式和大小，主观上对犯罪的期待和操纵、主导、驾驭程度。凡是以故意的心理操纵、控制着整个犯罪流程，决定性地支配犯罪的角色，就是正犯。正犯具有行为支配性，包括客观上的行为与主观上的犯意均处于支配地位。③ 换言之，正犯能够以自己的意思对其他犯罪人进行命令或者阻止，把犯罪进程、法益侵害范围掌握在自己手上，是犯罪实施过程中的“灵魂人物”。共犯虽然对于犯罪的实现有加功行为、对法益侵害结果的发生有原因力，但是其不能以自己的意志控制犯罪进程。无论从主观动机还是客观的行为要素来看，共犯都与正犯的地位不相当。

但是，犯罪支配说并没有很好地解决身份犯问题，罗克辛教授在此之外提出了义务犯理论，认为真正身份犯属于义务犯的范畴。义务犯的不法内涵是具有特定义务的人在其他人的共同作用下通过特定的不履行积极行为义务表现出来的，因此，其基于对特定义务的违反成为整个犯罪的正犯。④

对于身份犯，许乃曼教授认为：身份犯是因为特定身份而构成的正犯。身份本身是一种保证人地位，因为身份犯所必须具备的特别的行为人资格，总是和保证人地位有关系，或者是对危险来源的监督地位，或者是对特定法益的保护地位。例如，背信罪，行为主体所违背的是对被害人财产的保护义务，这种义务即源于保护

① 站在行为无价值一元论的立场，可以认为法律对有身份者有特殊的义务要求，违反这种义务的行为就具有违法性；按照新的行为无价值二元论，犯罪是违反行为规范，进而造成法益损害的行为。因而可以认为没有一定的身份，事实上不可能通过违反行为规范的行为最终造成法益侵害，因而，犯罪不可能成立。

② ［日］山口厚：《日本刑法中的“共犯与身份”》，王昭武译，载马克昌等主编：《中日共同犯罪比较研究》，136页，武汉，武汉大学出版社，2003。

③ 参见［日］井田良：《刑法总论の理论构造》，297页，东京，成文堂，2005。

④ 对此更为详尽的分析，请参见何庆仁：《义务犯研究》，11页以下，北京，中国人民大学出版社，2010。

特定法益的保证人地位，这种保证人地位的依据，或者是民法上的监护关系，或者是事实上的信赖关系。许乃曼因此将罗克辛的义务犯归类成“保证人身份犯”，其支配力来自于行为人事实上接近于相关法益而拥有了保护性支配地位。① 当然，许乃曼并不认为义务犯是支配犯的一种类型，也不认为犯罪支配和义务违反可以同时成为决定正犯性的因素，而是试图寻找、建构一个能够统摄义务违反和犯罪支配的上位概念。

这说明，无论是罗克辛的义务犯说还是许乃曼的保证人身份说，都明确肯定义务犯和支配犯的差异，承认其是互斥的概念，都不认为支配犯原理可以用来解决义务犯的问题。对此，有学者指出：犯罪事实支配是现实的支配，是存在论上的支配，不能涵盖所有正犯类型。同时，立法者并非在所有情况下都用犯罪事实支配表征行为事件核心角色的特征，有时也用其他客观实用的标准。在义务犯中，犯罪支配说没有适用的空间②，因为在义务犯中，身份总是和一项积极义务联系在一起，对这种义务的违反始终决定着行为的不法性。

在身份犯中，决定正犯性的是义务之有无，这使得身份犯和不作为犯、亲手犯一起同属义务犯的范畴。在只有一方有身份的情况下，无身份者不能成为真正身份犯的共同正犯，这已经成为通说。对于无身份者帮助、教唆有身份者的，以及真正身份者教唆无身份者犯罪的，应该如何定罪，也都有多数学者所能够接受的理论。但是，在实践中，大量存在共同犯罪的参与者都有身份即“身份犯的竞合”的情形。对于不同身份者各自利用其身份，共同实施犯罪行为的③，应当如何定罪？例如，非国有公司、企业的工作人员甲与国有公司委派到该非国有公司从事公务的国家工作人员乙相勾结，由甲利用其职务便利做假账，乙利用其职务便利签字审批，共同取得本单位财物50万元予以私分。此时如何定罪，理论上的研讨还很不充分，有进一步深入展开的必要。

对于共同犯罪人都有身份的“身份犯的竞合”问题，笔者认为，目前理论上的一些主张和实务中的做法，可能都存在值得商榷之处，尤其是得到多数学者赞同的想象竞合犯说，从形式上看似乎滴水不漏，但存在诸多不足。笔者在对此进行反思的基础上，结合义务犯原理，提出如下基本观点：(1) 在身份犯竞合时，存在身份犯的同时犯；(2) 同时，依照一定的规则确定基于某种身份所产生的义务重要与

① 参见许玉秀：《当代刑法思潮》，590页，北京，中国民主法制出版社，2005。

② 参见廖北海：《犯罪事实支配理论之适用范围》，载《北方法学》，2011 (5)。

③ 不是各自利用自己的身份实施犯罪，而是数人仅利用其中一人的身份实施犯罪的，基本不涉及本章所讨论的身份犯竞合问题。例如，公司、企业人员甲与国家工作人员乙共同犯罪，二人仅利用甲的身份犯罪就得逞的，乙的国家工作人员身份对犯罪认定没有意义，二人仅成立职务侵占罪的共犯；甲与乙仅利用乙的身份犯罪的，二人成立贪污罪共犯。再比如，国家工作人员甲要公司、企业人员乙向丙索取财物，如果乙仅利用自己的职务便利，没有利用甲的职务便利（即便是间接的利用也不存在）的，同样不属于这里所讨论的问题，甲仅成立非国家工作人员受贿罪（教唆犯）；必须是甲同时也有职务利用行为时，才存在身份犯竞合问题。

否，从而将义务重要者作为正犯，义务不重要者只能成立狭义共犯；（3）应当通过实务中的刑罚适用调整来确保身份犯竞合情形下的罪刑均衡，从而排斥想象竞合犯的适用空间。

特别需要说明的是：本章对身份犯的讨论是以承认在德国基本达成共识的义务犯原理、肯定义务犯和支配犯之间的差别为前提的。[①] 也就是说，对于承担了积极义务的人，即便只实施了没有犯罪支配的教唆、帮助行为，也必须按照义务犯的正犯来处理，例如，国家工作人员下班后故意将钥匙挂在办公室门上，让他人窃取国家秘密的，该国家工作人员是泄露国家秘密罪的正犯；而无身份者即使对于犯罪的实现有行为支配，也不能成立身份犯的正犯，例如，国家机关聘用的保安以向有职权者转达他人的请托意思为名，单独收受他人财物的，不可能构成受贿罪，只能视其诈骗意思和非法占有目的考虑能否成立诈骗罪。因此，在义务犯中，义务违反是唯一的不法要素，对义务的违反决定正犯性。将具有某种身份的人认定为正犯，并不是基于其抽象的资格，也不是因其身份，而是因为其处理与身份相匹配的事项时产生的特别义务。只有有意识地违反这种“积极义务”而非消极的保护义务的人，才能构成正犯。当然，限于篇幅，对义务犯的违法性、正犯性的研究，以及对于支配犯的一般原理在义务犯领域为何受限等问题的研究，就不是这里的重点。本章要着力讨论的是如何运用义务犯原理确定正犯，在将义务重要者的正犯性确定之后，再思考能否将义务次要者视作无义务者，从而适用支配犯原理的可能性问题。

二、身份犯竞合的通常解决思路及其不足

（一）理论上的少数说

1. 主犯性质决定说

该说认为，在两种身份者共同犯罪时，具体犯罪类型的性质应该由主犯的性质所决定。[②] 例如，扣缴义务人和税务机关工作人员相勾结犯罪的，要看谁成立主犯，再决定共犯人成立逃税罪还是徇私舞弊不征、少征税款罪。

主犯性质决定说是为了在理论上回应和支撑相关司法解释。司法实务中对于共犯人同时都具有身份的，通常主张按照主犯的性质定罪。最高人民法院、最高人民检察院 1985 年的司法解释规定：“内外勾结进行贪污或者盗窃活动的……应按共同犯罪的基本特征定罪。共同犯罪的基本特征一般是由主犯犯罪的基本特征所决定

① 关于义务犯、身份犯方面更为详尽的研究，请参见何庆仁：《义务犯研究》，7 页以下，北京，中国人民大学出版社，2010；陈志辉：《身份犯的实质不法内涵》，载《台湾本土法学》，2006（4）；甘添贵等：《共犯与身份》，59 页，台北，学林文化事业有限公司，2000；杨辉忠：《身份犯犯罪》，56 页，北京，中国检察出版社，2007；杜国强：《身份犯研究》，35 页以下，武汉，武汉大学出版社，2005。

② 参见樊凤林等主编：《职务犯罪的法律对策及治理》，245 页，北京，中国人民公安大学出版社，1994。

的。”[①] 由于身份犯竞合的问题在很多时候就是一个内外勾结的问题，所以，对于有身份者的和无身份者的内外勾结以及身份犯竞合的内外勾结，在实务中，也都大致按照前述司法解释，以主犯的性质定罪。对此，最高人民法院 2000 年的司法解释规定得更为明确：公司、企业或者其他单位中，不具有国家工作人员身份的人与国家工作人员勾结，分别利用各自的职务便利，共同将本单位财物非法占为己有的，按照主犯的犯罪性质定罪。[②] 针对实践中可能出现身份犯竞合且难以区分主、从犯的情形，最高人民法院 2003 年的司法解释规定：对于在公司、企业或者其他单位中，非国家工作人员与国家工作人员勾结，分别利用各自的职务便利，共同将本单位财物非法占有的，应当尽量区分主、从犯，按照主犯的犯罪性质定罪，难以区分主、从犯的，可以贪污罪定罪处罚。[③] 上述司法解释，基本上可以看作是对身份犯竞合情形下主犯性质决定说的重申。

但是，主犯性质决定说存在以下问题：(1) 参与者即便有公司、企业人员身份，但仍然属于无国家工作人员身份者，其教唆有国家工作人员身份者犯罪的，如果认定教唆犯在共同犯罪中起主要作用，教唆犯就成为主犯；如果按照主犯（教唆犯）的性质定罪，在司法判决结论上，就可能使国家工作人员最终成为非此种身份的共犯，使得判决的社会功能降低，使得刑法第 382 条第 3 款关于与国家工作人员勾结、伙同贪污以共犯论处的规定落空，也与义务犯的理论相悖。(2) 作用大小的判断，带有主观性，在都有身份的参与者所起的作用大小难以判断或者相同时，难以确定罪名。(3) 即便 2003 年最高人民法院的司法解释提出难以区分主、从犯的，可以贪污罪定罪处罚，但是，司法实务中的做法仍然有根本性缺陷：按照主犯的性质定罪，是在判断共犯人的作用，确定主犯是为了确定量刑情节，以最终解决量刑问题，与定罪无关。而在处理共犯与身份问题时，以定罪为前提，根据身份确定犯罪性质之后，才能进一步考虑共犯人的种类问题，而不能先量刑后定罪。

2. 分别定罪说

有学者主张，无身份者与有身份者共同实施某一犯罪行为，在法律上同时触犯身份犯和非身份犯两个罪名，两罪区别仅仅在于主体是否具有这种身份，并不要求利用这种身份的，对于有身份者与无身份者应当分别定罪。例如，普通公民甲与军人相勾结，共同盗窃军用物资的，甲构成盗窃罪，乙因为具有特殊身份，构成盗窃军用物资罪。同理，与国家工作人员相勾结窃取公共财物的，国家工作人员定贪污罪，与其勾结者按照身份之有无分别成立职务侵占罪或者盗窃罪。[④] 由

① 最高人民法院、最高人民检察院《关于当前办理经济犯罪案件中具体运用法律的若干问题的解答（试行）》（1985 年 7 月 8 日）。

② 参见最高人民法院《关于审理贪污、职务侵占案件如何认定共同犯罪几个问题的解释》（2000 年 6 月 30 日）。

③ 参见最高人民法院《全国法院审理经济犯罪案件工作座谈会纪要》（2003 年 11 月 13 日）。

④ 参见杜国强：《身份犯研究》，235 页，武汉，武汉大学出版社，2005。

此推论，不同行为人都有身份，如果刑法对不同身份均规定不同罪名的，分别定罪处罚。对两种具有不同身份者分别利用自己职权共同实施犯罪的，日本学者山口厚教授也认为："教唆犯与帮助犯均从属于正犯之罪名，以实行行为者的身份为准；对于共同正犯，如单纯侵占罪与业务侵占罪，则适用刑法第 65 条第 2 款分别定罪。"①

分别定罪说存在三个明显缺陷：(1) 分别定罪说以行为人参与"实行"犯罪的行为样态作为判断依据，导致没有身份者也可以成立正犯。这是犯罪支配说的结论。但在身份犯的场合，犯罪支配说的适用是明显受到排斥的；山口厚教授关于分别定罪的解释，似乎也没有充分考虑义务犯的原理，也与他关于违背积极义务的身份犯是义务犯的立场有些不一致。(2) 论者所称的无身份者与有身份者共同实施某一犯罪行为，"两罪区别仅仅在于主体是否具有这种身份，并不要求利用这种身份的"说法，是难以成立的。在身份犯是义务犯的场合，有义务者不阻止其他参与者的犯罪，就足以成立正犯，该身份当然已经被利用。所以，论者所举的盗窃军用物资罪的例子，理当属于军人利用身份、无身份者参与到与这一特殊身份有关的共同犯罪的情形。(3) 按照分别定罪说的逻辑，在特殊身份犯和普通身份犯竞合、共同取得本单位财物时，国家工作人员定贪污罪，公司、企业人员定职务侵占罪，但如果前者是从犯的，分别定罪的结局是贪污罪比职务侵占罪处罚重，导致从犯比主犯可能判得还重。这明显会导致量刑失衡。而如果对主犯判得轻，对作为从犯的国家工作人员也必然会放纵。同时，由于特殊身份者所构成的贪污等罪的定罪标准与普通身份者的职务侵占等罪并不相同，所以分别定罪说可能导致有些主体在犯罪后不受刑法追究。

3. 实行犯决定说

有学者主张：在身份犯竞合时，需要看谁是实行犯，再按照实行犯定罪。普通身份者和特殊身份者共同勾结，侵占、挪用本单位财物或者收受贿赂的，如果普通身份者是实行犯，则都成立职务侵占罪、挪用资金罪或非国家工作人员受贿罪；如果特殊身份者是实行犯，则都成立贪污罪、挪用公款罪和受贿罪。② 这种观点的不足在于：(1) 二人以上均是实行犯时，如何处理并非不言自明；(2) 对非身份犯而言，正犯（实行犯）可以按照犯罪支配说来确定，但是，对身份犯而言，正犯的概念不能按照实行与否来理解，因此不能将犯罪支配说运用到身份犯（义务犯）中。"在身份犯中，只有具有特定义务的人才可能成为正犯。如果不具备资格的人（Extraneus）在负有特定义务之人（Intraneus）的策动下，实施了符合构成要件的行为，他虽然可能支配了犯罪，但因为缺乏必要的资格，因而不是犯罪（正犯——引

① 这是山口厚教授在中日刑事法研讨会上回答提问时的观点。参见马克昌等主编：《中日共同犯罪比较研究》，272 页，武汉，武汉大学出版社，2003。

② 参见王昌学主编：《职务犯罪特论》，97 页，北京，中国政法大学出版社，1995；马克昌主编：《犯罪通论》，583 页，武汉，武汉大学出版社，1999。

者注)。”① 所以，在身份犯中，根据实行与否确定共犯性质，存在根本性缺陷。

4. 为主的职权行为决定说

按照赵秉志教授的观点，确定共同犯罪性质，需要考虑都有身份的共犯当中，究竟谁的职权对犯罪有决定性影响：普通身份者（如公司、企业人员）加功于特殊身份者（如国家工作人员）的犯罪行为时，由于犯罪需要借助于特殊身份者的职权行使才能实施，故应以后者的行为决定案件性质；特殊身份者加功于普通身份者的犯罪行为时，由于前者的身份所含的职权在整个犯罪中居于次要地位，故以后者的身份定性，而不用考虑国家工作人员这种特殊身份的存在。在普通身份者和特殊身份者在共同犯罪中所起的主次作用难以判断时，按照“就低不就高”的原则处理，即以普通身份者的行为定罪。例如，在国家工作人员和公司、企业人员其职权行使孰为主次、贪污罪和职务侵占罪的成立难以明确判断时，应认定行为人都成立职务侵占罪。②

笔者认为，为主的职权行为决定说要比分别定罪说、主犯性质决定说相对合理一些，是完善身份犯竞合理论的有益尝试。但是，借助于支配犯的“加功”概念讨论身份犯问题，似乎存在重大不足。其实，只要身份重要，是特殊身份者，按照义务犯中义务违反决定正犯性的理论，其就应当被规范评价为起主要作用，至于是特殊身份犯加功于普通身份犯还是反过来，都并不重要。因此，只要坚持义务犯的法理，就不存在特殊身份犯和普通身份犯共同犯罪时由普通身份者起主要作用的问题。赵秉志教授之所以认为特殊身份者还可能“加功”于普通身份犯，还是认可后者有可能直接“实行”犯罪、在共同犯罪中所起的作用更大，因此，这种观点实际上是实行犯决定说换了一种说法。

（二）理论上的多数说：想象竞合犯说

在身份犯竞合时应当以想象竞合犯处理的观点，得到王作富教授、陈兴良教授、张明楷教授等人的大力提倡，基本上成为理论上的多数说。

这里需要说明的是，笔者认为，在身份犯竞合的场合，如果要承认想象竞合犯的法理，也需要特别注意以下三点：（1）对于得出想象竞合犯结论的思维过程需要详细论证，如果仅仅认为身份不同者就自己的身份成立正犯、就他人的身份成立共犯，再依想象竞合犯处理，这样的思考方法太“粗放”。（2）想象竞合犯说认为义务重要者在构成重罪的正犯的同时还构成义务次要者所犯罪行的共犯（互为共犯）的观点，笔者认为在方法论上存在错误，值得质疑。（3）想象竞合犯理论在身份犯竞合中的适用空间非常有限，在刑法对不同身份者的法定刑设置较为合理的场合，即便不适用该理论，也不会导致罪刑失衡，不会使得身份犯竞合问题无法得到处

① ［德］冈特·施特拉腾韦特、洛塔尔·库伦：《刑法总论》，Ⅰ·犯罪论，杨萌译，297页，北京，法律出版社，2006。

② 参见赵秉志：《共犯与身份问题研究——以职务犯罪为视角》，载马克昌等主编：《中日共同犯罪比较研究》，129页，武汉，武汉大学出版社，2003。

理。因此，想象竞合犯的法理只能适用于刑法对不同身份者的法定刑设置失衡的场合，不能夸大想象竞合犯理论在解决身份犯竞合问题上的功能。

1. 王作富教授的主张

各共犯人之间的身份是平行关系，但不同身份构成之罪的行为特征相同或相似，这属于一个行为触犯两个互不包容的罪名，是想象竞合犯，应当从一重罪处断。如在混合所有制公司中，国有公司委派的职员与私企职员勾结，各自利用职务便利，共同侵占公司财物的，基于身份的修正构成，他们共同触犯了贪污罪和职务侵占罪，由于前者是重罪，所以，应以贪污罪对共同犯罪人定性。① 在这种情况下，之所以认为成立想象竞合犯，主要是"因为各共犯可能有不同的分工，但他们的行为已经结合成为不可分割的统一体，即行为同时触犯贪污罪和职务侵占罪，换句话说，就是互为共犯，因而应当从一重罪处断"②。

王作富教授主张按照"不同的分工"确定竞合关系，明显是将支配犯理论运用到义务犯领域。必须承认，义务犯和支配犯不同：支配犯的成立，需要考虑行为人是否能够实际支配行为、事件的因果流程；义务犯的成立，只需要考虑义务是否被违反，至于义务通过何种行为样态、因果流程被违反，无关紧要。在义务犯中，某一特殊身份者以作为形式表现出来的支配、帮助等，都是说明特定身份犯的义务不履行的素材。换言之，义务犯的正犯原理是义务违反，无论采取何种行动，只要违反了义务即是正犯，违反义务的行为本身在支配意义上应如何评价不再具有意义，或者说被排除。此外，身份犯互为共犯的说法，还值得进一步推敲。

2. 陈兴良教授的见解

陈兴良教授明确指出：国家工作人员与公司、企业或者其他单位人员相勾结，分别利用各自的职务便利，共同将本单位财物非法占为已有的，属于刑法理论上的想象竞合犯。非国家工作人员是职务侵占罪正犯，但也利用了国家工作人员的职务便利，成为贪污罪共犯。在贪污罪共犯与职务侵占罪正犯想象竞合的情况下，是从一重罪处断还是以正犯论处，是一个值得研究的问题。"我认为，在一般情况下，对于想象竞合犯应当实行从一重处断的原则，但在共犯与正犯相竞合的情况下，应以正犯论处。因为正犯是刑法分则规定的犯罪类型，而共犯是刑法总则规定的犯罪形态，刑法总则的规定是对刑法分则规定的补充，在已有分则规定的情况下，应以分则规定论处。在这个意义上说，刑法分则规定具有优于刑法总则规定的效力。因此，在共犯与正犯竞合的情况下，应以正犯论处。在双重身份犯中，职务侵占罪的主体既是贪污罪的帮助犯又是职务侵占罪的正犯，贪污罪的主体也是如此。根据正犯优于共犯的原则，（对不同身份犯——引者注）分别应以职务侵占罪的正犯与贪

① 参见王作富、庄劲：《共同犯罪与构成身份新论》，载《人民检察》，2003（11）。

② 王作富主编：《刑法分则实务研究》，3版，下册，1768页，北京，中国方正出版社，2007。

污罪的正犯论处。"[①] 由此，陈兴良教授得出与前述分别定罪说存在一定差别的、以承认共同犯罪为前提的"分别定罪说"，即"对于不同身份犯的共同正犯，在采用部分犯罪共同说的情况下，应当在承认共犯关系的条件下分别定罪"[②]。

对于身份犯竞合，分别定罪不能说绝对没有合理性。但是，陈兴良教授对于身份犯竞合时想象竞合关系如何形成的论证还不太细致；其认为义务重要者在构成重罪的正犯的同时还构成义务次要者所犯罪行的共犯的观点值得商榷；同时，其关于"刑法分则规定具有优于刑法总则规定的效力"的说理在逻辑上似乎存在问题，难以令人信服，因为"刑法分则规定具有优于刑法总则规定的效力"乃是分则、总则就同一事项作出不同规定，在一定程度上存在竞合关系时的适用原则，而正犯和共犯的规定显然并不是如此。

3. 张明楷教授的观点

张明楷教授原来的观点是核心角色说，即以核心行为为标准，确定谁是核心角色，从而确定共同犯罪的性质，将核心角色的行为视作正犯，将其他无此身份者视作共犯。核心角色的确立，必须综合主体身份、主观内容、客观行为以及主要的被害法益等方面来考察。[③] 按照这一逻辑，投保人为了骗取保险金而与保险公司工作人员相勾结时，投保人是核心角色，首先在保险诈骗罪的范围内二人成立共犯；在此限度内，投保人是实行犯，保险公司工作人员是帮助犯；但由于保险公司的工作人员另外触犯了职务侵占罪或者贪污罪，对其处罚需要比较法定刑轻重。如果是保险公司的工作人员为了骗取本单位财物而和投保人相勾结的，保险公司工作人员是核心角色，二人首先在职务侵占罪的范围内成立共犯；在此限度内，保险公司工作人员是实行犯，投保人是帮助犯；但由于投保人另行触犯了保险诈骗罪，故需要比较法定刑的轻重。

笔者认为，核心角色说存在重大不足：(1) 该说实际上是区分正犯和共犯的犯罪支配说换了一种说法，特别是根据客观行为确定核心角色的主张，实际上等于是确定谁是支配因果流程的人，即投保人为了骗取保险金而与保险公司工作人员相勾结时，投保人是核心角色；保险公司的工作人员为了骗取本单位财物而和投保人相勾结的，保险公司工作人员是核心角色，是否主动触及"勾结"他人成为决定案件性质的关键，实际上使得"起意者"成为核心角色，造意行为成为支配因果流程的关键行为。但是，这和义务犯的原理不相一致，通说认为，在身份犯中，犯罪支配说的适用是被排斥的。[④] (2) 在一个共同犯罪中，具有不同身份者都是核心角色的

① 陈兴良：《共犯与身份》，载陈兴良、周光权：《刑法学的现代展开》，340页，北京，中国人民大学出版社，2006。

② 陈兴良：《教义刑法学》，666页，北京，中国人民大学出版社，2010。

③ 参见张明楷：《刑法的基本立场》，281、291页，北京，中国法制出版社，2002。

④ 只有在支配犯中，主动勾结者才能成为核心角色。而在义务犯中，保险公司职员永远处于核心地位，即便投保人是主动勾结者，也只能是他人犯罪的参与者，被勾结的保险公司职员也是正犯。这是义务犯原理的基本要求。

情况并不鲜见，例如，保险公司的工作人员为了骗取本单位财物、投保人为了骗取保险金，两人进行谋议后实施犯罪，在实行过程中作用相当的，按张明楷教授的观点，如何确定正犯并非不言自明。所以，核心角色说并不能提供解决问题的最终方案。

在上述见解中，张明楷教授没有直接说明身份犯触犯的不同罪名之间是想象竞合关系，但从其比较法定刑轻重来决定处罚的结论来看，实际上承认想象竞合犯的存在。在其新近修订的教科书中，张明楷教授在很大程度上调整了核心角色说的主张，转而主张想象竞合犯说：由于正犯行为具有相对性，因此，在对身份犯定罪时，应当注意运用想象竞合犯的原理。对此，他以贪污罪、保险诈骗罪为例加以说明：在公司、企业或者其他单位中，不具有国家工作人员身份的甲与国家工作人员乙相勾结，分别利用各自的职务便利，共同将本单位的财产非法占为己有的，甲与乙都同时构成贪污罪与职务侵占罪。“不过，如果将甲认定为贪污罪的从犯，导致对其处罚轻于职务侵占罪的正犯（主犯）时，则将甲认定为职务侵占罪的正犯（此时，甲与乙虽然是共犯，但罪名不同）。”在被保险人与国有保险公司工作人员相互勾结，共同骗取保险金的场合，他则认为：实行行为和非实行行为都具有相对性。就保险诈骗罪而言，被保险人实施的是实行行为；就贪污罪而言，国有保险公司工作人员的行为是实行行为。就贪污罪而言，被保险人的行为是狭义共犯行为；就保险诈骗罪而言，国有保险公司工作人员的行为是狭义共犯行为。“在被保险人与国有保险公司工作人员相互勾结骗取保险金的情况下，被保险人便既是保险诈骗罪的正犯，又是贪污罪的教唆犯、帮助犯；国有保险公司工作人员则既是贪污罪的正犯，又是保险诈骗罪的教唆犯、帮助犯。既然如此，就表明被保险人与国有保险公司工作人员的行为都同时触犯了贪污罪与保险诈骗罪。由于贪污罪的法定刑重于保险诈骗罪的法定刑，在此情形下，认定（为）贪污罪的共同犯罪较为合适。但是，假如将被保险人认定为贪污罪的从犯，导致对其处罚轻于保险诈骗罪的正犯的处罚时，则应认定被保险人为保险诈骗罪的正犯。即二人虽构成共同犯罪，但国有保险公司工作人员是贪污罪的正犯，被保险人是保险诈骗罪的正犯。”① 这一观点具有以下特色：（1）共犯人都同时触犯对方身份所构成的罪名，认定国有保险公司工作人员的犯罪性质时，根据其义务重要性认定其构成贪污罪正犯，根据参与教唆、帮助而未参与实行的行为举止确定其成立共犯，义务犯的原理和支配犯的原理并用；（2）处罚上按照重罪处理，量刑结论可能符合一般人的直觉。张明楷教授提出这一主张，符合他的一贯立场，即认定犯罪时，应当准确解释各罪的构成要件，对案件事实由重罪到轻罪作出判断，并善于运用想象竞合犯的原理，准确适用刑法条文。②

① 张明楷：《刑法学》，4版，398页，北京，法律出版社，2011。

② 参见张明楷：《犯罪之间的界限与竞合》，载《中国法学》，2008（4）。

张明楷教授的想象竞合犯说可能存在以下值得商榷之处：

（1）与义务犯基本原理相抵触，特别是义务不重要者（如公司、企业人员，被保险人）可以成为正犯的犯罪（如职务侵占罪、保险诈骗罪），义务重要者（如国家工作人员）应当成立共犯的观点，存在根本性缺陷。一方面，义务重要者所触犯的罪名，通常是重罪。一个重罪的正犯在总体上就应该被评价为犯罪的决定性人物，如果又将其理解为轻罪的共犯，成为犯罪的边缘人物，这是很难说得通的。对此，许玉秀教授认为，只要是义务犯，就只能成为正犯。其道理在于：义务犯既然以一定义务身份为成立条件，其构成要件也只有具备身份的行为人才可能实现，而有身份的人对于法益居于保证人地位，单纯不作为即能构成正犯，自然没有共犯存在的余地。① 在身份犯竞合时，义务重要者负有更重的义务，因此，犯罪的构成要件从总体上看只有义务重要者的行为才能实现，其当然处于保证人地位，因此，其单纯不作为也可以成立正犯。义务重要者永远只能成立正犯，不能成立教唆犯和帮助犯，即便是对轻罪的教唆和帮助也不可以，这是义务犯的当然逻辑。但是，反过来可以讲：一个轻罪的正犯成为重罪的共犯，此时，是将义务次要者作为无身份者看待（但对义务重要者显然不能作出这种评价）。因此，说公司、企业人员同时构成职务侵占罪正犯和贪污罪共犯，笔者认为在逻辑上没有问题，因为义务次要者完全可能既是轻罪的中心人物，也是重罪的边缘角色。在这个意义上，前述三位坚持想象竞合犯说的学者中关于身份犯互为狭义共犯的观点，都是值得质疑的。实际上不是互为共犯，而仅仅是义务次要者可以成为义务重要者正犯的共犯。另一方面，想象竞合犯说在这里有一个判断上的失误。义务重要者，无论从事实还是评价的角度来看，都至少具备了义务次要者的身份及职务便利——一个由国有公司委派到非国有公司工作的人员，难道不是公司、企业人员？其如果和非公有公司工作人员相勾结，各自利用职务便利侵占本单位财物的，公司、企业人员成立职务侵占罪正犯，该国家工作人员为什么不能同时是职务侵占罪的共同正犯？换言之，义务重要者是在义务次要者的身份之上，叠加了义务内容和职责内容所成立的身份，因此，其至少具有义务次要者的身份。国有公司、企业人员必须同时是公司、企业人员。所以，按照想象竞合犯说的逻辑，对身份犯竞合侵占本单位财物的情形，其结论似乎应该是国家工作人员成立贪污罪正犯和职务侵占罪正犯的竞合，应以重罪贪污罪论处；非国家工作人员是职务侵占罪正犯和贪污罪共犯的竞合才对。如果肯定受委派到非国有公司工作的国家工作人员是公司、企业人员，自然也就无法得出国家工作人员成立贪污罪正犯和职务侵占罪共犯竞合的结论。

（2）直接根据行为人的身份确定其所构成的罪名，通过简单推理，确定想象竞合关系的存在，在方法论上显得比较粗疏，对义务专属一身等问题的关注明显不够。

① 参见许玉秀：《当代刑法思潮》，597页，北京，中国民主法制出版社，2005。

(3) 张明楷教授是否夸大了想象竞合犯理论在身份犯中的适用余地，还是一个问题。对于义务相同者共同犯罪的，想象竞合犯理论是否还有适用余地、行为人能否成立身份犯的共同正犯，还值得讨论。

(4) 因为担心量刑失衡而在身份犯竞合中适用想象竞合犯理论，在方法论上存在问题。一方面，想象竞合犯的理论虽然是在犯罪论体系中竞合论部分讨论，但其兼顾定罪和量刑的考虑，而且明显含有为实现处罚根据处罚必要性反过来决定犯罪性质的意蕴。而共犯论要讨论的问题，首先是定罪问题，而且要把定罪与量刑分开来考虑，将想象竞合犯作为身份犯竞合的"普适"原则看待，可能导致量刑优先于定罪。另一方面，通过司法上对刑罚的合理适用，完全可以做到罪刑均衡，这样一来，在身份犯竞合中，想象竞合犯的法理几无适用空间。

综合上述分析，可以得出如下结论：解决身份犯竞合的主犯性质决定说、分别定罪说、实行犯决定说、为主的职权行为决定说、想象竞合犯说等主张，总起来看，可能存在以下缺陷：(1) 将支配犯原理不当地运用到身份犯中，与义务犯中义务违反决定正犯性的基本原理相抵触；(2) 在方法论上存在不足；(3) 混淆定罪和量刑的先后关系；(4) 对量刑失衡的担心显得多余，夸大了想象竞合犯的适用空间。在这种前提下，结合义务犯的原理，提出新的解决方案就是必要的。

三、义务重要者正犯说的合理性及其论证

"身份是指社会关系中的人的地位的高低，所以，从一般的语义来看，必须以继续性为要件"①。这说明有身份者在身份持续存在过程中，违反义务的行为会对法益造成直接损害。例如，具有公务员身份的人在法律上负有"特别的义务"，其造成法益侵害的可能性更大、机会更多。② 身份在有的情况下可能和义务存在紧密关联。③

由于每一个身份对应一项义务，而积极义务具有一身专属性，因此，在身份犯竞合时，行为人都应成立相应身份犯的(同时)正犯。在身份犯竞合中，可能存在两个义务犯的正犯。如果认为义务次要者与义务重要者成立共同正犯，并且认为其从属于任何另外一个义务违反，在理论上是有缺陷的。于义务重要性有程度差异的身份犯(义务次要者的参与)，明显不能成立共同正犯，因为在义务犯竞合时，要

① [日] 大谷实：《刑法总论》，新版2版，黎宏译，408页，北京，中国人民大学出版社，2008。

② 参见 [日] 平野龙一：《刑法总论》，Ⅱ，368页，东京，有斐阁，1975。

③ 只有在某一项义务决定正犯性时，才可能成立义务犯。有一些身份并不产生"积极义务"，因而和义务之间没有多少联系。在身份不能产生义务时，没有身份者可以成为正犯。但是，在身份和义务有关联时，没有身份(义务)者不能成立正犯。例如，强奸罪中的男子身份，和义务无关，因此，理论上很多人认为，即便肯定强奸罪是身份犯，没有男子身份的妇女，也可以通过实施暴力行为构成强奸罪的正犯。这说明身份犯和义务犯是采用不同区分标准才能确定的概念，二者之间有交叉关系，但没有义务犯范畴涵括身份犯的问题。

成立共同正犯，必须肯定“共同义务被共同违反”。但是，正如何庆仁博士所指出的那样：“如果根本没有共同义务，就谈不上所谓的共同违反。角色总是独立的，积极义务只能指向具体的每个角色，它要求的是每个被要求者都必须和他人团结在一起，而不是若干个人作为一个整体和他人团结在一起。每个角色都是自己履行自己的义务，和他人无关……各义务犯以支配犯中机能的支配形式违反自己的义务的，也总是义务犯与义务犯的同时犯，而不是共同正犯。”① 于义务相同者的犯罪（义务重要者的参与），也不能成立义务犯的共同正犯，例如，对于会计、出纳私分本单位财物案的甲、乙二人，就应该从义务犯的角度论以贪污罪的同时正犯。因为两个人的行为即使从外在的、支配的角度看已然成为一个环环相扣的整体，但两个人所承担的公共财物保护义务的内容并不相同，因此，难以成立义务犯的共同正犯。② 出纳甲教唆出纳乙贪污的，也应该采用同样的处理规则。由于对义务相同者的参与的处理相对简单，下文要讨论的是义务重要性不同时身份犯竞合的定罪问题。

义务犯都是同时正犯，不具有从属性。但是，认为义务次要者不是以义务犯而是以“没有承担重要义务的人”的面目从属于义务重要者，从而成为狭义共犯，就是可以成立的。如果与某种身份相关的义务越重要，该主体对危险源的监督义务和对法益的保护义务越繁重，违反义务的行为对法益的损害也就越大，就越容易成为“真正的保证人身份犯”。

所以，笔者主张在身份犯竞合时，当某种身份所对应的义务相对而言显得特殊和重要时，违反该义务的行为就是正犯行为；根据其身份不可能直接违反该重要义务者，只能成立共犯。这样说来，决定正犯的标准，不是国家工作人员、公司/企业人员、中介组织人员等身份，也不是某种抽象的资格，而是法律（而且通常是刑法以外的其他法律）所设定的特别义务，基于这种重要义务，行为人的特殊身份成为“真正的保证人身份”。只有违反某种特别重要义务的人，才能成为正犯；其他违反不重要义务的有身份者，其身份和义务相对于义务重要者，在规范评价的意义上并不重要，是“不真正的保证人身份犯”。这就是义务重要者正犯说的基本立场。

（一）义务重要者正犯说的基本观点

在共同犯罪中，各参与者的行为成立何种犯罪取决于各自的特殊身份，以及在定罪时对这种身份的影响力、义务重要性的规范判断。

按照笔者所主张的义务重要者正犯说，对身份犯的竞合，应当按照如下的进路处理：

① 何庆仁：《义务犯研究》，222页，北京，中国人民大学出版社，2010。

② 在本案中，甲、乙在支配犯的意义上可以成立共同正犯，但这涉及两个身份犯的同时正犯和支配犯正犯之间的竞合问题，并非此处讨论重点。

步骤Ⅰ：就各行为人的身份所对应的犯罪而言，由于每一个身份对应一项义务，义务具有一身专属性，在义务犯原理下，义务违反是唯一的违法要素，因而不存在违法上的“连带”。如此一来，在身份犯竞合时，行为人都应成立身份犯的同时正犯，而非共同正犯。

步骤Ⅱ：仅就义务重要者的身份所对应的犯罪而言，义务重要者成立正犯，义务相对次要者成立共犯。理由是：从规范评价和实质解释论的立场出发，与某种身份相关的义务越重要，违反义务的行为对法益的损害也就越大。所以，当某种身份所对应的义务相对而言显得重要时，违反该义务的行为对最终的法益侵害而言是正犯行为，义务重要者成为犯罪的核心角色。行为人虽然都有身份，但在承担的义务重要与否可以进行比较时，义务不重要者的身份相对于更重要的身份，等于没有身份。义务不重要者的身份属于“不真正的保证人身份”，在规范评价上相对于义务重要者的身份显得不重要，甚至在规范评价上完全可以将其视作没有义务者。由于义务次要者和义务重要者之间存在共同犯罪意思联络，故其可以成立义务重要者正犯的狭义共犯。此时，按照义务犯的原理，认定义务不重要者“伙同”义务重要者犯罪，成立义务重要者的帮助犯和教唆犯。① 换言之，按照义务重要者的行为性质确定正犯，认定义务重要者的行为决定、左右着共同犯罪的性质，义务犯的原理仍然没有动摇。

身份犯竞合时的判断重点，在于步骤Ⅱ中根据义务重要性来确定谁负有防止法益侵害后果发生的相对较重的义务，从而按照义务犯的原理，肯定其正犯性。在正犯问题解决后，义务不重要者即便是身份犯，通过进一步的规范评价后，对其共犯性、从属性自然也可以确定。

步骤Ⅲ：肯定义务次要者成立（与其身份相对应的身份犯的直接正犯和身份重要者的共犯的）想象竞合犯。

笔者的基本主张简单讲就是：身份犯的义务重要性不相同时，行为人分别成立各自义务犯的同时犯；义务重要者根据其义务成立重罪的正犯，义务次要者同时成立轻罪的正犯和义务重要者身份犯的共犯，对其按想象竞合犯处理。根据这一思路，对本章一开始就提到的公司、企业人员甲做假账，与之勾结的国家工作人员乙签字审批，共同取得本单位财物50万元予以私分一案的处理过程就是：第一步，要承认甲的行为构成职务侵占罪、乙的行为构成贪污罪，二人是同时正犯；第二步，要肯定对于公共财物这一法益客体的“无助状态”而言，国家工作人员乙的法益保护义务更重要，从而将其确定为正犯，甲只能成立贪污罪共犯；第三步，要从“理念上”判断甲构成职务侵占罪正犯和贪污罪共犯的想象竞合犯。

在上述判断步骤中，只要是身份犯的竞合，第一步就是当然的判断，但同时也是相对简单的判断；身份犯判断的核心是第二个步骤，即义务重要者的确定，以及

① 参见周光权：《刑法总论》，2版，214页，北京，中国人民大学出版社，2011。

义务重要者正犯说的适用。

义务重要者正犯说有立法上的依据。我国刑法第 382 条第 3 款规定:“与前两款所列人员勾结，伙同贪污的，以共犯论处。”这里的“与前两款所列人员勾结”，包括完全没有身份的一般人与前两款所列人员勾结，也包括具有公司、企业人员身份的人与前两款所列人员勾结。只要行为人的义务在刑法上以及一般社会观念上比国家工作人员的较低、显得次要，就认为是不具有国家工作人员身份的人去和足以左右案件性质的国家工作人员相勾结实施贪污犯罪，从而应当对其按照国家工作人员所构成的犯罪定罪。刑法第 382 条第 3 款的规定属于注意规定，不是法律拟制，并没有创制规范。对于义务不重要者和义务重要者竞合的情形，完全可以参照该规定处理，从而认为义务不重要者伙同义务重要者实施只有义务重要者才能实施的犯罪时，成立义务重要者所犯罪行的教唆犯或帮助犯。换言之，义务重要者成立正犯，义务不重要者则是狭义共犯。对此，意大利学者正确地指出:“在实践中，对所有共同行为人都成立的犯罪(如刑法典第 646 条第 1 款规定的非法侵占罪)，如果其中某个行为人因具有特殊的身份而构成了不同的犯罪(如刑法典第 314 条第 1 款规定的贪污罪)，这种罪名的改变就应‘客观地’及于所有的共同行为人。不过如果因特殊身份而构成的犯罪更重，法官可以根据案件的具体情况，对那些不具备该身份的共同行为人减轻处罚。”①

需要指出，刑法上所讲的义务，由身份衍生出来，但和刑法一般地规定的主体特殊资格、个别行为人的实际职位并不完全相同。义务重要，并不是一般地指行为人的实际职位高。个人的实际职位高，并不意味着其在刑法上和一般社会观念上的义务重要。例如，某中外合资公司主管财务的副总经理甲(不具有国家工作人员身份)与国有公司委派到该合资公司的财务总监乙共同勾结，各自利用职务便利，共同占有该合资公司财物案中，甲职位高，但是在刑法上以及一般社会观念上，乙的义务重要，利用该特殊身份实施的犯罪是刑法要特别禁止的，根据刑法第 382 条第 3 款的规定，甲仍然是伙同乙贪污的共犯。

当然，义务重要性完全相同的，没有从属性，自然应成立义务犯的(同时)正犯。例如，同为国家工作人员且有相同职务便利的甲、乙在共谋后，由乙出面向丙索要财物的，均为受贿罪的同时正犯;又如在发生森林大火之际，县公安局局长利用职权动用公安消防队的主要力量保护自家住房，主管消防的副局长对此不予制止的，也都是滥用职权罪的同时正犯。司法工作人员甲私放罪犯，和甲一起值班的乙不予制止的，成立私放在押人员罪的同时正犯。

义务重要性决定说与张明楷教授所主张的核心角色说存在差异:(1)核心角色说按照支配犯的逻辑来确立核心角色，笔者是按照义务重要与否来确立正犯，坚持

① [意]帕多瓦尼:《意大利刑法学原理》(注评版)，陈忠林译，295 页，北京，中国人民大学出版社，2004。

了义务犯的理论。(2) 义务重要者一旦确立，犯罪从总体上、规范评价上看都应该按照其义务来确定，视作义务重要者这一义务犯的“作品”，想象竞合犯的处理就不需要。(3) 笔者承认身份犯的同时正犯、义务重要者的正犯与其他普通身份者的帮助犯、普通身份者中正犯和帮助犯等关系的存在，并对其认定在逻辑上加以说明。

义务重要者正犯说也与赵秉志教授所主张的为主的职权行为说有重大区别。赵秉志教授强调：普通身份者和特殊身份者共同犯罪时，看犯罪的“实行”需要借助于谁的身份、职权才能实施，再据此身份定罪。因此，义务重要者、有特殊身份者也可能是共犯，义务不重要者反而可能成立正犯。这是在身份犯领域考虑了犯罪实行和犯罪支配，和罗克辛所说的在身份犯领域排斥犯罪支配说的基本原理相悖。按照笔者的看法，义务重要者无论其是否有实行行为，无论其是否能够在存在论意义上支配犯罪，其都是犯罪的核心角色，都应当被规范地评价为正犯；普通身份者即便从形式上看似乎起主要作用，也只能被评价为共犯。所以，不存在还要区别考虑情况定罪的问题；也不存在普通身份者和特殊身份者在共同犯罪中所起的主次作用难以判断时，按照“就低不就高”的原则处理，即以普通身份者的行为定罪的问题。①

(二) 主要理由

1. 义务重要性决定正犯性

在非身份犯的场合，根据支配犯原理，确定谁是支配者，相对简单，甚至根据犯罪过程中的实力使用，也可以确定正犯。换言之，谁“出力”多，谁就是正犯。但是，不能将这种判断方法借用到身份犯中，更不能用到身份犯竞合的场合。

在我国司法实务中，在处理身份犯的共犯时，犯罪支配说的确很有市场。“当无身份者与有身份者勾结，共同实施犯罪行为，如果无身份者在共同犯罪中起支配作用，则按非身份犯定罪量刑；相反，如果有身份者在共同犯罪中其行为起支配作用，则应以有身份者确定共同犯罪性质。”② 但是，这是将犯罪支配理论错误应用到身份犯中所得出的不当结论。

(1) 在身份犯领域排斥犯罪支配说的适用

在与身份无关的共同犯罪场合中，完全可以根据犯罪支配说区别正犯和共犯，起支配作用的人是正犯。但是，义务重要者和义务次要者相互配合实施犯罪时，即便义务次要者的行为外观上看似乎是支配，其也不能被评价为正犯。国家工作人员甲要公司、企业人员收受贿赂，即便后者真的把财物拿回来，也不能因为其有索取、收受财物的实际行动而将其认定为有正犯行为。也正是在此意义上，陈兴良教授才指出：“那种认为非国家工作人员把贿赂收受下来，就是实施了受贿罪的实行

① 如果结合义务犯原理，在身份犯竞合的场合，处理上就一定是“就高不就低”，而不是相反。

② 韩琼：《利用职权共同犯罪疑难问题探析》，载《中国检察官》，2011 (8)。

行为，因而与国家工作人员构成受贿罪的共同实行犯的观点，只是看到了非国家工作人员的行为与国家工作人员的行为之间的形式上的一致性，而没有看到两者之间的本质上的差别，因而错误地将其混为一谈。”①

有的学者可能认为，在身份犯竞合的场合，因为行为人都有身份，此时，可以不管身份，直接以行为人是否支配犯罪作为正犯判断的标准。笔者认为这是不合适的。其实，即便犯罪人都有特殊身份，通过对特定构成要件的特殊义务的违反的考察也能够揭示正犯的存在，不需要再考虑义务次要者对于犯罪的实质推进是否有现实贡献。在身份犯竞合的场合，一旦能够证明义务重要者存在义务违反，正犯就可以确定，至于义务不重要者的现实举止是什么，在规范评价上并不重要。如果在身份犯竞合时考虑犯罪事实支配之有无，就是将义务违反和犯罪事实支配结合起来作为判断义务犯中正犯的标准。如果认为一定要坚持此标准，才能判断义务犯中的正犯，就可能带来一些问题。例如，有义务的人，没有现实的支配犯罪因果进程的举止的，如何处理？参与共同犯罪且现实支配犯罪的人，却没有特定义务的，又如何处理？所以，对身份犯中正犯性的判断，要绝对排斥犯罪事实支配说的适用；在身份犯竞合的场合，也是如此。

（2）在规范评价上，必须认定义务次要者无法离开义务重要者去单独犯罪

共犯不是单独犯。在身份犯竞合时，需要考虑共同去犯一罪时，谁总体上根据其身份赋予的权力能够决定犯罪。如果按照前述的想象竞合犯说，特殊身份者这样一个总体上左右整个犯罪的人，能够成为处罚更轻的职务侵占等罪的教唆犯、帮助犯。但如果考虑义务犯理论，这显然是讲不通的。

其实，在身份犯竞合的犯罪中，从规范的角度来看，不是义务重要者主动要去和义务次要者共同犯罪，因为依靠他自己的职权、地位、义务等，犯罪完全可以遂行；义务重要者不和义务次要者共同犯罪，而和一个完全无身份者共同实施，犯罪也可以既遂。反过来讲，从观念的角度来看，义务次要者一定要“追着”义务重要者，“央求”义务重要者和他一起去犯罪，因为离开义务重要者的积极参与或消极不履行义务行为，犯罪要完成完全不可能。所以，说义务次要者参与义务重要者作为正犯的犯罪，在理论上是讲得通的；但是，要说义务重要者参与义务次要者作为正犯的犯罪，在理论上讲不通。

2. 对于重要的保护法益而言，义务次要者实质上等于没有身份

就与义务重要者共同成立的犯罪而言，刑法对于真正身份犯的构成要件本身，已经在条文上事先严格限定了犯罪主体的范围，只有具备特殊身份者才能造成法益侵害，才能构成单独正犯，刑法根据身份角色对正犯归责。例如，刑法将贪污罪的主体限定为具有特定身份的人，不具有国家工作人员身份的公司、企业人员即使实施窃取行为，也不是贪污罪的正犯行为。这就是说，共同正犯的成立，建立在犯罪

① 陈兴良：《共同犯罪论》，2版，319页，北京，中国人民大学出版社，2006。

成立要件的共同性之上，而真正身份犯的身份之有无，是决定构成要件共同性是否存在的唯一因素。没有特殊身份，不能成立构成要件所规定的任何正犯（包括单独直接正犯、间接正犯），自然也不能成立共同正犯。如果认为欠缺身份者也可以成立真正身份犯的共同正犯，将使得刑法理论上关于真正身份犯和不真正身份犯的区分没有意义，否定构成要件的规范约束力。

在身份犯中，形式上的“实行”概念没有意义。在身份犯竞合时，义务次要者的行为，即便外观上看起来像“实行行为”，也不能在规范上被评价为正犯行为。关键是犯罪需要依赖于谁的身份、义务，规范对谁的身份、义务提出更高的义务要求。犯罪是否成立，原本就应该考虑：谁的义务违反才从总体上看可能直接导致法益受损？或者谁的身份的运用对于法益保护更为重要？例如，如果针对某种犯罪，从整体上其保护法益是国有财产的所有权或者占有权，只有国家工作人员的行为重要时，义务、地位次要者的行为，即便外观上像实行，也不能被评价为实行。这是身份犯（义务犯）中正犯行为认定的特殊性之所在。

有学者指出：犯罪支配说只能在原则上回答谁实施了符合构成要件的实行行为。但在很多情况下，仅仅故意地实施实行行为还不足以成立正犯，因为构成要件还包含了其他要求。在身份犯中，“之所以成立符合构成要件的不法，并非因为实施了某一特定行为，而是因为实施该行为违反了特定义务。因此，仅仅支配了犯罪也不足以构成正犯。只能说，负有特定义务的人才能称为正犯”①。于对重要法益的保护而言，义务重要者的行为才有刑法意义。

在身份犯竞合时，虽然行为人通过其义务违反行为都侵害了法益，但对与重大义务相关联的法益而言，谁对法益保护的义务更大，法律对其赋予的义务更多，谁的义务履行对法益保护更为重要，其利用其身份、职权直接损害法益的行为，就是“整个犯罪”的正犯，其他义务次要者只能是处于犯罪边缘的共犯角色。义务重要与否，实际上揭示了法益的重要性。例如，委派到某股份有限公司工作的国家工作人员甲和公司、企业人员乙相勾结，在国家工作人员甲的指使下，乙利用自身的职务便利，并就甲也有权处理的事项向丙索要财物案中，甲的身份对犯罪有“支配”作用，甲的行为具有不可替代性和转让性。从形式上看，是乙直接索要财物，但是，一方面，离开甲的行为，乙在收受财物后要为他人谋取利益是难以想象的，乙向第三人索取财物实际上依附于身份高者的行为，其行为性质应该依义务重要者甲的行为性质来认定；另一方面，乙的行为不仅仅侵害公司权益，而且最终使国家工作人员职务行为的廉洁性以及公众对公务妥当性的信赖都受到损害。所以，法益重要性决定了在犯罪评价上，甲的身份、义务对于案件性质确定具有决定性意义。所以，最终侵害的法益是什么、法益由谁保护，说明谁的身份以及由此身份所产生的

① ［德］冈特·施特拉腾韦特、洛塔尔·库伦：《刑法总论》，Ⅰ·犯罪论，杨萌译，292页，北京，法律出版社，2006。

义务对于法益是重要的，谁的行为才能称为正犯行为。

在有身份者各自利用自己的职务便利，但成立共犯关系的场合，义务次要者必须依赖于义务重要者的行为，才能实施犯罪，那么，此时，义务次要者等于是无身份者，其只能成为真正身份犯的教唆犯或者帮助犯。这实际上是义务重要者这一义务犯的正犯和非支配犯之间成立共同犯罪关系。

肯定义务重要者行为的独立，将其评价为正犯，等于说其引起的结果是最终结果，“作为最终结果的正犯结果是共犯的本来的结果”①，义务次要者依附于正犯对这个结果负责，其显然不可能支配“整个犯罪”以及最终的结果。

在这个意义上讲，2002年7月8日最高人民法院、最高人民检察院、海关总署《关于办理走私刑事案件适用法律若干问题的意见》第16条关于负有特定监管义务的海关工作人员与走私分子通谋，在放纵走私过程中以积极的行为配合走私分子逃避海关监管或者在放纵走私之后分得赃款的，应以共同走私犯罪追究刑事责任的规定，是值得推敲的。而2003年4月16日最高人民检察院《关于非司法工作人员是否可以构成徇私枉法罪共犯问题的答复》中关于非司法工作人员与司法工作人员勾结，共同实施徇私枉法行为，构成犯罪的，应当以徇私枉法罪的共犯追究刑事责任的规定，则是合理的解释。

3. 立法上将义务重要者预设为打击重点

立法上对义务重要者所设定的罪名，通常是重罪；义务犯理论决定了义务重要者的法律责任，因此，只能将其作为刑法重点打击的正犯看待。

（1）身份犯是义务犯的一种。身份与义务紧密关联，义务越重，越容易成为正犯。义务重要者承担更为繁重的法益保护义务，其通过一个特别的关系使自己的地位得以凸显，所以，完全可以基于期待其履行特别义务的理由将其视为整个犯罪的核心角色。身份犯竞合时的共犯理论，明显是站在规范论的立场追问：“行为规范”究竟向都有身份者中的哪一个人发出的？规范不希望看到什么？所以，义务重要者正犯说实际上是在说谁从总体上违背了规范命令，并以此确定正犯。②

（2）虽然有身份者的行为都侵害了法益，但特殊身份者和普通身份者谁对法益保护的义务更大，法律对其赋予的义务更多，谁的义务履行对法益保护更为重要，立法上就寄希望于谁去保护法益。对一定身份者赋予特殊义务，是为了确保重要法益得到保护。前已述及，根据义务犯理论，在义务犯中犯罪支配对于正犯成立是不必要的。有特别义务者如果听任无此义务者的外部行为，前者就足以成立正犯，即便其对于犯罪没有支配，也丝毫不妨碍其因为违反其他法律、法规以及职务、业务上要求的义务而成为整个事件的核心角色，并由此成为正犯。对此，何庆仁博士指出：“特别的社会地位不是保护性支配的前提，而是塑造特别义务的基础。特别社

① ［日］高桥则夫：《共犯体系和共犯理论》，冯军等译，156页，北京，中国人民大学出版社，2010。
② 类似的观点，请参见许玉秀：《当代刑法思潮》，596页，北京，中国民主法制出版社，2005。

会领域不同于一般社会领域之处，在于它对某些人提出了特别的积极要求，行为人只要进入该领域，就必须依要求行事。换言之，该领域中的特别社会地位产生的不是支配而是特别义务，行为人居于该特别地位就承担起相应的特别义务，当其违反了义务之时，该领域的机能力就排他性地被行为人损害，故而在正犯性的判断上，是通过有犯罪支配的行为、无犯罪支配的作为还是不作为违反义务，对于特别社会地位的要求来说都是一样的，都应该是正犯。”① 以财产犯罪为例：立法上禁绝他人骗取财物，否则论以诈骗罪，但是，更是绝对要求处于“特别社会领域”的国家工作人员履行利用其职务便利保护公共财物的义务，行为人利用重要职权勾结其他有身份者损害法益的行为，就是对重大义务的违反，构成整体评价意义上的贪污罪的正犯，其他义务次要者只能是处于犯罪边缘的共犯角色。

（3）国家重点打击义务重要者，只要和这种人相勾结实施犯罪，就一定要假借职务重要者的职权，共同犯罪行为才能实施，因此，处于关键部门、义务重要者的身份对定罪的影响力显然大于其他身份者。

（4）共同犯罪从总体上考察，通常存在对义务重要者职务便利的运用。论者通常对身份犯竞合的分析都认为，既然是各自利用职务便利，就可能不存在对国家工作人员职务便利的运用，因此，各自成立犯罪也是合适的。但是，这在很多场合都是只看现象不看本质所得出的不当结论。其实，只要承认身份犯竞合的共犯关系，就必须肯定：即便是名义上各自利用职权，实际上通常也是相互利用职务便利的情形。② 另外，需要注意，既然可以成立共同犯罪，行为人之间就应该有共同故意，即便各自利用职务便利，也是对国家工作人员职务的利用，至少利用了国家工作人员不阻止的行为或者放弃职责的行为。所以，那种认为非国有公司、企业的工作人员与其中的国家工作人员相勾结，分别利用各自的职务便利，共同非法占有本单位的财物时，前者可以构成主犯的说法③，可能是难以成立的说法。

（三）义务重要与否的判断

既然在身份犯竞合时，应当将义务重要者的行为确定为正犯行为，对义务次要者直接以共犯论处即可，不再考虑想象竞合犯的存在，那么，如何在身份竞合时确定谁的义务重要、谁的义务相对次要，就是理论上需要解决的重要问题。本章试图提出以下几个基本判断规则。当然，对笔者而言，提出义务重要与否的判断规则，显然并非本章主旨。结合义务犯的原理，在身份犯竞合时确立认定正犯的基本标准，才是本章的核心命题。

（1）刑法中大量存在“不严格的不法身份或特定关系”，有特殊身份者（如国家工作人员）和这些“不严格的”身份犯共同犯罪时，特殊身份者的义务重要。有

① 何庆仁：《义务犯研究》，67页，北京，中国人民大学出版社，2010。

② 在这里，需要首先排除：各自利用自己的职务便利，如果不存在共犯关系，是义务犯的同时正犯，不是身份犯竞合时需要考虑的问题。但是否可以在支配犯的领域考虑其共犯关系，则是另外的问题。

③ 参见王作富主编：《刑法分则实务研究》，3版，下册，1768页，北京，中国方正出版社，2007。

学者指出：刑法分则所规定的条文中，经常会出现一些所谓特别身份的规定，然而对于这一身份，却看不出它们具有什么不法构成上的意义，而且也看不出它们有什么罪责构成上的意义。这就是“不严格的不法身份或特定关系”。例如，我国台湾地区“刑法”第193条所规定的违背建筑术成规致生公共危险罪，只有工程的承揽人或监理人才能成为犯罪主体。但这两种人并不像不法构成要件，因为任何人修房子违背建筑上的一般规则都可能导致公共危险，而不是必须由这两种人盖房子才能产生这种危险（例如，工程设计者也可能实施本罪）。“其实，这一些身份或特别关系的产生，大致上是来自于立法时对犯罪现象的观察后，没有经过立法目的的分析过滤所留下来的描述用语。”① 在我国刑法中，也大量存在这种“不严格的不法身份或特定关系”，例如，保险诈骗罪的主体是投保人、被保险人、受益人，这似乎是说保险公司的财物只有这几种人才能骗取。但是，实践中大量出现汽车修理厂骗取保险公司财物的情形，而保险公司的财物就是由保险金组成的。对于这些“不严格的不法身份或特定关系”，我们姑且承认其仍然属于违法要素，在将其作为单独犯（直接正犯）判断时，需要考察这种身份的有无。但是，在其和国家工作人员共同犯罪时（例如，国家工作人员和保险公司职员相勾结取得保险公司财物的），这些“不严格的不法身份或特定关系”所产生的义务，和法律要求国家工作人员所承担的绝对保护公共财物的义务相比，显得不重要。换言之，在“不严格的不法身份或特定关系”和其他特殊身份竞合时，前者的义务并不重要。

（2）根据法益重要性确定义务重要性程度。一种身份、义务对应一种保护法益，但是，两种以上的法益之间能够就其重要性进行比较，此时，对重要的法益承担重大的保护义务者，更容易成立正犯。例如，保险诈骗罪的保护法益是保险公司财物，贪污罪的保护法益是公共财物，在保险公司职员和国家工作人员相勾结时，对国有财产的保护显得重要，此时国家工作人员的义务重要，离开该义务，侵害公共财物的犯罪无法遂行；离开公司、企业工作人员的身份，换成无身份的第三人（如汽车修理厂老板），侵害公共财物的犯罪仍然可能实施。那么，国家工作人员的义务比公司、企业工作人员的重要，前者成立正犯。私放在押人员罪也是如此：如司法工作人员甲的行为侵害司法秩序、国家公职人员公务行为的妥当性，这一保护法益极其重大，其和在押人员勾结，私放在押人员时，脱逃者侵害的法益为司法秩序，具有单一性。因此，司法工作人员这一身份比在押人员这一身份重要，脱逃者只能构成私放在押人员罪的共犯。再如逃税罪的主体是纳税人和扣缴义务人，其都是特殊主体，但在其与税务机关工作人员相勾结时，应当以保护法益被侵害的程度确定身份重要与否。如果认为税务人员的行为既侵害国家税收征管制度，又侵害职务行为的妥当性，那么，这一特殊主体的义务所对应的法益、义务性都重要，纳税

① 黄荣坚：《共犯与身份》，载韩忠谟法学教授基金会编：《刑事思潮之奔腾：韩忠谟教授纪念论文集》，212页，台北，韩忠谟法学教授基金会印，2006。

人、扣缴义务人只能构成徇私舞弊不征、少征税款罪的共犯。在这一点上，笔者和张明楷教授的结论相同，张明楷教授认为，税务工作人员和“逃税等犯罪人相勾结不征少征应征税款的，其行为的法益侵害程度更为严重，如果按照逃税等罪的共犯处理，反而处罚更轻”①，只是笔者和他在方法论上存在差别。

还有与此类似的观点，有学者认为：“各共犯人所具备的身份是特殊身份与一般身份的关系，不同身份构成之罪的行为特征相同或相似，因而其触犯的法条属于特殊法条与一般法条的关系。这种情况属于法条竞合犯，应按照特殊法优于一般法的原理选择罪名。如国家工作人员与军人勾结，违反国家保密法规，共同故意泄露军事秘密，基于身份的修正构成，他们同时具备了对方的身份犯罪的主体资格，双方同时符合故意泄露国家秘密罪和泄露军事秘密罪的构成，但后者属于特殊法条，应当统一以泄露军事秘密罪对共同犯罪人定性。”② 笔者基本赞成这种结论，但是，笔者认为，如果考虑前面提到的义务没有从属性的义务犯原理，这种观点仍然是有疑问的。所以，合理的处理方式是：在法益重大性、义务重要性可以比较时，某种身份不会危及重要法益的，该身份、义务实际上无关紧要，从而肯定义务重要者的正犯性。换言之，要考虑在法益侵害的范围内义务对于重大法益确保的重要性程度。如果值得作为犯罪加以处罚的重要法益侵害是由义务、地位所决定的，那么，就不应该考虑行为过程，也不应该再考虑不同身份、义务者的付出，而应径直将义务重要这一内容视为整个犯罪的核心部分。

（3）行为人都有身份，但某一特殊身份者的行为直接指向法益者的，其义务重要。换言之，行为人虽都有身份，但其中一人并无职务上的便利，其行为不能直接指向法益的，有职务便利者保护法益的义务重要，成立正犯。例如，某县级市市长黄某最好的朋友、商人李某找到陈某（时任黄某秘书、该市人民政府督查室副主任），提出其要为黄某“活动”（跑官），需要经费，要陈某帮忙。后陈某向该市下属某镇的一位村委会主任周某（同时兼任归属于镇但由村直接管理的工业园负责人）提出，由该工业园通过镇政府向市财政局申请财政资金补助，投入周某管理的工业园建设；但工业园如得到财政补助资金，李某要从中分钱，用来为黄某“活动”。周某同意。后工业园通过镇政府向市财政局打报告，并最终得到财政补助经费80万元，该笔资金有9万元用于工业园建设，另外71万元被私分，其中，李某通过陈某得到23万元。事后查明陈某在财政补助资金审批过程中，没有对黄某或者财政局领导徐某提出任何请求。在本案中，陈某在案发时是市长秘书、市政府督查室副主任，虽然具有国家工作人员身份，但是，贪污罪的成立，在主体上仅仅有国家工作人员身份是不够的，还要求行为人必须承担特殊义务，能够利用职务便利实施侵吞、窃取、骗取行为。80万元财政资金的取得、下达，和陈某的职权无关，

① 张明楷：《刑法学》，4版，1111页，北京，法律出版社，2011。

② 王作富、庄劲：《共同犯罪与构成身份新论》，载《人民检察》，2003（11）。

现有证据也不能证明陈某利用了其市长秘书、市政府督查室副主任的职务便利，因此不能得出陈某是贪污罪正犯的结论，只能认为其为贪污罪的狭义共犯。[①] 周某的身份直接指向法益，其存在通过镇政府申请财政资金的职务便利，因此，他的义务重要，应该是正犯。这也说明，义务是否存在、重要与否的判断，是一个规范判断；义务重要与否有时和职务高低并无直接对应关系，不是职务高者的义务必然重要。

（4）不同身份者都利用了职权，但直接利用职权者对法益的积极保护义务比间接利用职权者重要。利用职务上的便利，包括直接利用职务之便和间接利用职务之便。直接利用职务之便，是指利用本人现有职务范围内的权力，即利用本人因现有职务而主管、决定、负责或者承办某种公共事务所形成的便利条件。本人职务范围内的权力（职权），涉及人事安排的、财物的以及其他的职权。我国刑法第 388 条第 1 款规定，国家工作人员利用本人职权或者地位形成的便利条件，通过其他国家工作人员职务上的行为，为请托人谋取不正当利益，索取请托人财物或者收受请托人财物的，以受贿论处。对于间接利用职务便利，刑法规定为“利用职权或地位形成的便利条件”，即行为人与被其利用的国家工作人员之间在职务上虽然没有隶属、制约关系，但是行为人利用了本人职权或者地位产生的影响和一定的工作联系，如单位内不同部门的国家工作人员之间，上下级单位没有职务上隶属、制约关系的国家工作人员之间，有工作联系的不同单位的国家工作人员之间等。刑法第 388 条的规定说明：间接利用职务便利者只有在和直接利用职权者不成立共犯关系时，间接利用职务便利者才能支配犯罪，成为正犯。[②] 在直接利用职权者和间接利用职权者成立共犯的场合，直接利用职权者的身份直接决定了法益侵害与否，因此该主体的义务重要，其成立正犯，间接利用职务便利者只能是共犯（通常是教唆犯）。

（5）基于一个身份可能侵害多个法益的，与基于一个身份实施危害行为仅侵害一个法益的情形相比，前者的法益保护义务通常比后者的重要。对此，在前述根据“考虑法益重要性、义务重大性程度”比较义务重要性中已有所涉及，此不赘述。

（6）两个有身份者的行为之间具有牵连关系时，从规范判断上看，通常是能够实施结果行为（通常也是重行为的人）所具有的积极地保护法益的义务，比实施手段行为（通常也是轻行为）所具有的义务重要。例如，作为保险事故财产评估人的中介组织人员因为被保险人诈骗保险金而故意提供虚假证明文件案中，两者都有身份，但保险诈骗罪的构成身份足以导致法益侵害结果发生，其义务比提供虚假证明文件者重要，所以被保险人是该罪正犯，提供虚假证明文件者只是保险诈骗罪这一身份犯的共犯。

以上就是身份竞合时义务重要者正犯说的主要内容。在笔者看来，这一理论的

① 参见周光权：《造意不为首》，载《人民检察》，2010（23）。

② 此时，其究竟是间接正犯还是拟制的正犯（共犯行为正犯化），还是一个有争议的问题。关于拟制的正犯的详尽论述，请参见周光权：《刑法总论》，2 版，213 页，北京，中国人民大学出版社，2011。

提出具有以下意义：（1）充分考虑义务犯的原理，即义务越重，越处于危险源监督和法益保护的保证人地位，法律对其期待越高，越容易成为正犯。（2）承认身份、义务不同者成立各自身份犯的同时正犯；但因义务次要者不具有义务重要者的保证人地位，根据支配犯的原理将其确定为义务重要者的共犯，与义务专属一身的原则并不违背。（3）否认义务重要者所犯罪行的想象竞合关系，但承认义务次要者所犯罪刑中存在想象竞合关系；同时认为即便排斥想象竞合犯理论的适用，也不会使罪刑失衡。（4）使刑法第383条第3款关于与国家工作人员勾结、伙同贪污的以共犯论的规定，不仅在无身份者和身份犯共同犯罪的情况下能够适用，在身份犯竞合的场合也不至于落空。

第二十章

身份犯的共犯

在刑法学中，身份犯的共犯是一个共犯与身份的关系问题，它可以说是刑法共犯理论中的沼泽地，一不小心陷进去就会遭受灭顶之灾。不过，也正是该问题的复杂性，诱惑着更多的刑法学者奋不顾身地投向这篇沼泽地。本章以比较法为视角，结合德国、日本以及我国台湾地区对共犯与身份的规定，以及我国关于身份犯之共犯问题的司法解释，从刑法教义学的角度进行论述，以期对共犯与身份这一重要刑法理论问题进行深入探讨。

一、身份犯共犯的立法与学理

共犯与身份这一问题，在我国刑法总则中并无规定，但其基本原理来自对此问题有规定的德、日。以下，首先列出相关刑法条文，然后在此基础上引申出关于共犯与身份的学说。

《德国刑法典》第 28 条

> 共犯（教唆犯或帮助犯）欠缺正犯可罚性基础之特定个人要素时，依第 49 条减轻其刑。
>
> 法律对于特别的个人要素致刑有加重或者免除规定时，该规定仅适用于具有该要素之参与者（正犯或共犯）。
>
> 第 29 条：
>
> 数人参与一犯罪行为时，个人仅就自己之责任受处罚而不受他人责任的影响。

《日本刑法典》第 65 条：

> 对于因犯罪人身份而构成的犯罪行为进行加工的人，虽不具有这种身份的，也是共犯。
>
> 因身份而特别加重或者减轻刑罚时，对于没有这种身份的人，判处通常之刑。

我国台湾地区“刑法典”第 31 条：

> 因身份或其他特定关系成立之罪，其共同实行、教唆或帮助者，虽无特定关系，仍以正犯或共犯论，但得减轻其刑。
>
> 因身份或其他特定关系致刑有重轻或免除者，其无特定关系之人，科以通常之刑。

在以上德、日两国刑法典以及我国台湾地区“刑法典”中，《德国刑法典》所称特定的个人要素，也就是《日本刑法典》所规定的身份，只是文字表述上有所不同而已。当然，特定的个人要素这个概念是十分容易引起争议的。例如，目的、信念、动机等不法的主观要素是否属于《德国刑法典》所规定的特定的个人要素，就曾经产生争论。不过，通说是不法的主观要素不能被视为第28条意义上的特定的个人要素。① 至于我国台湾地区“刑法典”，除了身份以外又规定了特定关系，这里的特定关系与其说是扩张了身份犯之身份的范围，不如说是限制了身份犯之身份的范围。换言之，对于那些本来可以通过扩张身份犯之身份范围将其解释为身份的个人要素，将其概括为特定关系并使之与身份并列，从而在一定程度上限缩了身份犯之身份的范围。因此，尽管表述不同，实则并无根本区别。例如，侵占罪的主体对所侵占之财物具有持有关系，我国台湾地区学者认为这不是身份而是特定关系，例如我国台湾地区学者甘添贵教授指出：侵占罪之行为主体，为“持有他人之物之人”，故为身份犯，且为真正身份犯。其所以持有他人之物，乃基于一定之持有关系。此项持有关系，为“刑法”第31条所定特定关系之一种。因此，持有人与非持有人共同施行侵占持有的他人之物，仍应论以共同正犯。② 而在《日本刑法典》第65条只规定了身份而没有规定身份之外的特定关系的情况下，则将侵占罪的持有关系解释为身份。例如日本学者山口厚指出：侵占委托物罪是违法身份犯，其主体必须是处于具有侵犯所有权以及委托关系之可能的地位者。③ 因此，立法用语的不同也许并不意味着实质内容上的区分，而可能只影响解释策略的选择。

在一般情况下，对于《德国刑法典》第28条、《日本刑法典》第65条和我国台湾地区“刑法典”第31条在理解上并无问题，即：第1款规定的是纯正身份犯，第2款规定的是不纯正身份犯，前者解决定罪问题，后者解决量刑问题。但是，德、日及我国台湾地区学者都提出了一个问题，这就是第1款与第2款之间的矛盾。对此，我国台湾地区学者黄荣坚作了以下十分准确的概括：

> “刑法”第三十一条第一项的规定是，行为人可以利用正犯或其他正犯所具备的构成要件该当性而适用正犯或其他正犯所该当的犯罪条文。此一规定所采取的立场是从属原则。而“刑法”第三十一条第二项的规定是，行为人不可以利用正犯或其他正犯所具备的构成要件该当性而适用正犯或其他正犯所该当的犯罪条文。此一规定所采取的立场却又否定了从属原则。其实，从两项条文文字的形式关系来看，如果对于犯罪的构成与否也可以采取从属原则，那么举重以明轻，对于刑度的轻重问题也没有理由排斥从属原则；反之，如果对于刑度的轻重必须采取独立原则的话，那么举轻以明重，对于犯罪的构成与否，更应该采取独立原则。然而，条文文字本身却有如此的立场上的相互矛盾。④

以上论述把第1款与第2款之间的矛盾称为从属性与独立性之间的矛盾，并以

① 参见［德］冈特·施特拉腾韦特、洛塔尔·库伦：《刑法总论》，Ⅰ·犯罪论，杨萌译，348页以下，北京，法律出版社，2006。

② 参见甘添贵：《体系刑法各论》，第2卷，229页，台北，作者自版，2004。

③ 参见［日］山口厚：《刑法各论》，2版，王昭武译，340页，北京，中国人民大学出版社，2011。

④ 黄荣坚：《基础刑法学》（下），509页，北京，中国人民大学出版社，2009。

举轻以明重和举重以明轻的逻辑论证上述矛盾的存在。这一论述看似有理，然而实则不能成立。对此，我国台湾地区学者陈志辉教授认为，在共犯与身份问题上，共犯独立性与从属性根本就是特意制造出来的问题，是个假漩涡。[①] 笔者在一定程度上赞同以上评论。之所以只是一定程度上的赞同，是因为以上第1款与第2款的所谓矛盾确实是一个伪问题，但其和共犯独立性与从属性还是具有一定的关联。上述第1款与第2款的矛盾其实是建立在极端从属形态基础之上的，即：如果是共犯对正犯极端从属，则作为正犯责任的身份共犯亦应从属，因此存在上述矛盾。但如果采用的是限制从属形态，即：正犯具有违法性，共犯即可成立。在这种情况下，上述第1款与第2款之间的矛盾并不存在。然而，以上论述只是形式性地解决了第1款与第2款之间的关系，而没有实质性地解决第1款与第2款之间的关系。笔者认为，对上述问题的实质性解决，还是应当建立在对违法与责任这两个犯罪成立要素的正确认识基础之上，并由此引申出以下法律格言：

违法身份的连带性，责任身份的个别性。[②]

在此，首先需要区分的是违法身份与责任身份。违法身份又称为构成的身份，属于构成要件要素，由此身份构成的身份犯称为纯正的身份犯，或者构成的身份犯。而责任身份又称为加减的身份，属于责任要素，由此构成的身份犯称为不纯正的身份犯，或者加减性身份犯。按照这一原理，一般认为，《德国刑法典》第28条第1款、《日本刑法典》第65条第1款我国台湾地区"刑法典"第31条第1款规定的是纯正身份犯的共犯，即没有特定身份的人可以成为纯正身份犯的共犯，其法理根据就在于违法身份具有连带性。当然，对于这里的共犯，《德国刑法典》第28条第1款已经明确系狭义的共犯，即教唆犯与帮助犯。但《日本刑法典》第65条第1款并未明确，因此对于其是指狭义的共犯还是指广义的共犯，存在争议，争议点就在于共同正犯是否包含其中。而我国台湾地区"刑法典"第31条第1款已经明确规定没有身份的人可以成为身份犯的共同正犯，因而消解了争议。《德国刑法典》第28条第2款、《日本刑法典》第65条第2款和我国台湾地区"刑法典"第31条第2款规定的是不纯正身份犯的共犯，即加减身份的效力不及于不具有这种身份的人，其法理根据就在于责任身份具有个别性。

违法身份的连带性、责任身份的个别性这一原理，是建立在违法的连带性、责任的个别性这一前置性原理的基础之上的。在共犯与正犯的关系上，历来存在着共犯从属性说与共犯独立性说之争。通说均主张共犯从属性说，唯在从属性程度上存在区分。德国学者迈耶曾经提出四个从属形态：第一是最小从属形态，即认为只要正犯符合构成要件就够了；第二是限制从属形态，即认为需要正犯符合构成要件并

① 参见陈志辉：《共犯与身份》，载林维主编：《共犯论研究》，133页以下，北京，北京大学出版社，2014。

② ［日］西田典之：《日本刑法总论》，刘明祥、王昭武译，334页，北京，中国人民大学出版社，2009。

且是违法的；第三是极端从属形态，即认为需要正犯具有构成要件符合性、违法性和责任；第四是夸张从属形态，即认为正犯除了具有构成要件符合性、违法性和责任之外，还必须具备一定的可罚条件。① 上述夸张从属形态使正犯的个人处罚条件之效力及于共犯，同时也与德、日刑法典的规定相抵牾，明显不妥。而德、日的通说是限制从属形态，而违法的连带性、责任的个别性正是从限制从属形态中引申出来的必然结论。例如，日本学者西田典之在论及限制从属形态时指出：其主要观点为“个别责任原则”，即在各犯罪参与者之间，“违法连带作用、责任个别作用”。这也是共犯论目的处罚根据由责任共犯论转化为违法共犯论或因果共犯论之结果。② 这里的违法的连带性，是指违法评价的对象在一般情况下是客观事实，因此，违法评价具有一般性，其效力及于参与的所有人。参与者之间所共同存在的终究只是由他们的行为所惹起的法益侵害这一实体。例如，在A杀害了X之后，X死亡这一事实（相对于违法性，这称为不法事实）对所有实施了杀人行为者均通用。③ 这种构成要件事实对于所有参与者的通用性，也就是违法的连带性。在违法的连带性的原理之下，无身份者可以成为身份犯的共犯。例如，教唆他人贪污的，应当对教唆者以贪污罪的共犯论处。在共同正犯的情况下，部分行为之全体责任原则也是违法的连带性的体现。当然，违法的连带性也是有限度的，在此还存在一个违法评价相对性的问题。④ 而责任的个别性，是指责任具有个别评价的性质。例如，在论及共犯从属性说时，日本学者山口厚指出：共犯也是就自己的行为被追究自己固有的责任，在此意义上，责任要件无论如何都应该按照每个人逐一个别地加以判断。这样，就不需要正犯行为具备责任要件。作为共犯的成立要件来说，极端从属性说想来是不妥当的。⑤ 责任所具有的这种个别判断的性质，决定了其功能有别于违法性。

违法身份是一种构成要件要素，其对于违法性具有决定意义，即：只有具有这种身份的人实施某一行为才具有违法性，没有这种身份的人单独实施相同行为则不具有可罚性或者根本不可能单独实施该行为。在违法身份犯的情况下，没有这种身份的人单独实施相同行为不具有可罚性，例如我国刑法第165条规定的非法经营同类营业罪，其主体是国有公司、企业的董事、经理。如果是非国有公司、企业的董事、经理，即使其实施了非法经营同类营业行为，也不具有刑事上的可罚性。在这种情况下，非法经营同类营业罪所要求的国有公司、企业的董事、经理这一身份对于决定行为的违法性具有意义，因而属于违法身份。在违法身份犯的情况下，没有

① 参见［日］大塚仁：《刑法概说（总论）》，3版，冯军译，281页，北京，中国人民大学出版社，2003。

②③ 参见［日］西田典之：《日本刑法总论》，刘明祥、王昭武译，326页，北京，中国人民大学出版社，2009。

④ 关于违法评价的相对性，参见上书，326页以下。

⑤ 参见［日］山口厚：《刑法总论》，2版，付立庆译，314页，北京，中国人民大学出版社，2011。

这种身份的人不可能单独实施该行为，例如我国刑法第360条规定的传播性病罪，其主体是患有梅毒、淋病等严重性病的人。如果不是患有梅毒、淋病等严重性病的人，有可能卖淫、嫖娼，但绝不可能传播性病。因此，该罪处罚的是传播性病的行为，而不是处罚卖淫、嫖娼行为。在这种情况下，患有梅毒、淋病等严重性病的人这一身份对于决定行为的违法性具有意义，因而属于违法身份。

值得注意的是，日本刑法学者主要是从法益侵害说出发论证违法的连带性这一原理的。例如山口厚教授指出："由于违法身份意味着是处在能够引起作为犯罪成立之基础的法益侵害的地位，因此，如果不处于这种地位的无身份者通过有身份者而介入，则可以间接地惹起法益侵害，也便能够认定可以构成违法身份犯的共犯。由此而论，应该认为违法身份具有连带的作用。"① 这种连带作用是以与法益侵害之间的因果性为连接点的。这也为在违法身份犯的情况下，没有这种身份的人可以通过教唆或者帮助而成为身份犯的共犯提供了实体根据。与之不同，德国学者则是从义务犯的角度提供理论根据的。例如有德国学者指出："争议最大的是第28条包含了哪些属于犯罪不法的特征。一般认为，只有身份犯中的特殊义务才能构成特别的个人特征。这就是说，如果某一不具备资格之人参与了纯正的身份犯罪，比如教唆他人枉法（第339条），则可以依照第28条第1款的规定对其减轻处罚。如果他参与的是不纯正的身份犯罪，比如参与职务上的伤害（第340条），则只对其处以伤害罪（第223条）的基本构成要件里规定的刑罚。由于只有负有特定义务之人才能违反特定义务，理论上而言，这一规定有充分根据。"② 当然，这一论述还没有解析出第1款的义务与第2款的义务之间的差别。而德国学者罗克辛教授则直接指出：对于那些教唆者自己不可能成为正犯的犯罪，也可以成立教唆犯。这主要针对义务犯而言，同时也适用于亲手犯。③ 在义务犯的情况下，特定义务之违反是可罚性的根据，因此，以义务犯说明第1款的身份犯是能够成立的。只是义务犯理论本身的复杂性，为身份犯的解释带来一定的难度。

责任身份是一种责任要素，其并不决定行为的违法性而是对于加重或者减轻处罚具有意义。这里的"不决定行为的违法性"，是指即使没有这一身份，行为仍然构成犯罪。只不过具有这一身份，使责任加重或者减轻而已。这种责任身份，通常是在没有身份的人构成基本犯的前提下，具有身份的人构成加重犯或者减轻犯。责任身份构成的加重犯，在刑法理论上称为身份加重犯。身份加重犯是指行为人实施了基本罪的犯罪行为，当他具有法律规定的特定身份时，依法加重其刑的犯罪形

① ［日］山口厚：《日本刑法中的"共犯与身份"》，载马克昌、莫洪宪主编：《中日共同犯罪比较研究》，142页，武汉，武汉大学出版社，2003。

② ［德］冈特·施特拉腾韦特、洛塔尔·库伦：《刑法总论》，Ⅰ·犯罪论，杨萌译，345页，北京，法律出版社，2006。

③ 参见［德］克劳斯·罗克辛：《德国刑法中的共犯理论》，劳东燕、王钢译，载陈兴良主编：《刑事法评论》，第27卷，119页，北京，北京大学出版社，2010。

态。①当然，责任身份除了加重或者减轻刑罚以外，也还包括从重或者从轻处罚。例如，我国刑法第243条规定的诬告陷害罪，第1款是基本犯的规定，对该罪的构成并无身份上的限制；第2款则规定："国家机关工作人员犯前款罪的，从重处罚。"这里的国家机关工作人员的身份就是一种责任身份：其只影响量刑，并不影响定罪。

二、违法身份犯与责任身份犯的区分

关于违法身份犯与责任身份犯的区分，亦即纯正身份犯与不纯正身份犯的区分，在一般情况下并不存在问题。例如，纯正身份犯是以不具有身份的人不可能单独实施相同行为而不具有可罚性，或者根本不可能单独实施该行为为前提的。在这种情况下，纯正身份犯不存在与其对应的基本犯。而不纯正身份犯则以没有身份的人构成基本犯为前提，具有身份的人构成的是加重犯或者减轻犯。在这种情况下，《德国刑法典》第28条与《日本刑法典》第65条第1款与第2款分别解决共犯与身份中不同的问题。问题出在某些违法身份与责任身份竞合，亦即纯正身份犯与不纯正身份犯竞合的场合。通常所举例子就是：杀害尊亲属罪与杀人罪的关系。在甲与乙共同杀害乙的父亲丙的情况下，甲、乙是构成杀人罪的共同正犯，还是构成杀害尊亲属罪的共同正犯，抑或分别构成杀人罪与杀害尊亲属罪？这取决于如何看待亲属关系在犯罪论体系中的地位。杀害尊亲属罪是身份犯，这在认识上并无分歧。但这是纯正身份犯呢还是不纯正身份犯？即：这里的亲属关系这一身份是不法身份还是责任身份？换言之，是构成身份还是加减身份？从亲属关系属于杀害尊亲属罪的构成要件来说，其属于构成身份，因此，杀害尊亲属罪是纯正身份犯。但从没有这种身份的人杀人，可以构成杀人罪，而杀害尊亲属只不过处以较之普通杀人罪更重的刑罚而言，亲属关系又是杀害尊亲属罪的加减身份，因此，杀害尊亲属罪是不纯正身份犯。在这种情况下，笔者认为存在着纯正身份犯与不纯正身份犯的竞合。对于这种情形，日本学者称为双重身份犯，例如日本学者西田典之教授在论及业务侵占罪时指出："本罪以基于业务而占有他人之物者为主体，属于单纯侵占罪的加重类型。在必须具有他人之物的占有者这一身份（第65条第1项）的同时，还必须具有业务人员这一身份，属于双重意义上的身份犯。"②此外，我国台湾地区学者也论及双重身份犯这一概念，指出："刑法有极少数罪名兼具纯正身份犯及不纯正身份犯之双重性格，典型的例子是侵占罪与业务侵占罪。基于法律或事实上之原因对他人之物取得持有支配联系，是普通侵占罪成立之要件，属于纯正身份犯；但就从事业务或公务身份之人加重处罚而论，又具有不纯正身份犯之特性，故业务侵占罪包

① 参见卢宇蓉：《加重构成犯罪研究》，212页，北京，中国人民公安大学出版社，2004。
② ［日］西田典之：《日本刑法各论》，刘明祥、王昭武译，188页，北京，中国人民大学出版社，2009。

含纯正身份犯与不纯正身份犯之特性。”① 这种双重身份犯，同时兼具纯正身份犯与不纯正身份犯的性质。对其如何处理，是一个在共犯与身份中值得研究的问题。笔者认为，这种双重身份犯是以法条竞合为前提的，根据法条竞合原理，这是一种特别法与普通法的竞合，应当采用特别法优于普通法的原则，适用特别法。在杀人罪与杀害尊亲属罪竞合的情况下，对于正犯应当以杀害尊亲属罪论处。在这种情况下，纯正身份犯与不纯正身份犯竞合，也应该以纯正身份犯对待。因此，对于具有亲属关系与不具有亲属关系的行为人共同杀害他人的，应当分别适用《德国刑法典》第28条第2款和《日本刑法典》第65条第2款，即：将亲属关系视为一种责任身份，其加重效力只及于具有这种身份的人。

进一步讨论：甲教唆乙杀害乙的父亲，乙的行为构成杀害尊亲属罪是没有问题的，那么，甲是构成杀害尊亲属罪的教唆犯呢还是构成杀人罪的教唆犯？对于《日本刑法典》来说，主要是适用第65条第1款还是第2款的问题。从形式上来看，适用第1款是没有问题的，因此应该以杀害尊亲属罪的教唆犯论处。但是，如果把亲属关系理解为加减的身份，适用第2款也是没有问题的，如此又应以杀人罪的教唆犯论处。由此形成所谓第1款与第2款之间的矛盾。在这种情况下，如果强调连带性作用，则会得出结论：在甲教唆乙杀害乙的父亲的场合，只要正犯乙属于杀害尊亲属，那么，根据第1款的规定，甲的罪名是杀害尊亲属罪的教唆，再根据第2款的规定，在单纯杀人罪的限度之内科刑。② 这样的话，虽然保持了正犯与教唆犯在罪名上的一致性，即罪名从属性，但定此罪而量彼刑，颇为不当。但如果强调个别性作用，则会得出结论：在甲教唆乙杀害乙的父亲的场合，教唆犯与正犯应该分别定罪：甲构成杀人罪的教唆犯，乙构成杀害尊亲属罪的正犯。在乙教唆甲杀害甲的父亲的场合，同样存在上述问题。对此，笔者认为这不是第1款与第2款之间的矛盾，而是第1款与第2款之间的竞合，也就是前面所说的违法身份与责任身份的竞合。按照竞合的原理，还是应当适用第2款的规定，分别定罪，使亲属关系这一身份的加重效力只及于具有这一身份的人。

这种分别定罪的观点，实际上是使具有身份的人与不具有身份的人适用不同的构成要件，因此在刑法理论上又称为构成要件移用方案。与之相反，关于对具有身份的人与不具有身份的人定相同之罪的观点，虽然使具有身份的人与不具有身份的人适用相同的构成要件，但却适用不同刑罚，因此，在刑法理论上又称为刑罚移用方案。上述两种方案会面对不同的批评，其中对构成要件移用方案的批评主要是如何处理不同罪名之间是否存在共犯的问题，而对刑罚移用方案的批评主要是罪刑相分离的问题。笔者认为，罪刑相分离的法理障碍更大一些，而不同罪名之间的共犯

① 高金桂：《不纯正身份犯之“身份”在刑法体系上之定位问题》，载《共犯与身份》，153页，台北，学林文化事业有限公司，2001。

② 参见［日］西田典之：《日本刑法总论》，刘明祥、王昭武译，333页，北京，中国人民大学出版社，2009。

问题根据部分犯罪共同说可以获得解决。

这里涉及在共犯问题上的行为共同说与犯罪共同说之争。行为共同说与犯罪共同说主要是围绕着共同正犯的成立而展开的，但其原理对于教唆犯、帮助犯的成立同样具有参考价值。行为共同说认为，共同犯罪是各人因共同的行为而实现了各自的犯罪，因此是数人犯数罪的关系。例如，甲、乙分别以伤害的故意与杀害的故意共同打击丙并致其死亡。根据行为共同说，甲、乙之间成立共同犯罪，甲定故意杀人罪，乙定故意伤害罪。而犯罪共同说则认为共同犯罪是数人共同实行某一特定的犯罪，因此是数人犯一罪的关系。上述甲、乙的例子中，甲、乙分别犯故意杀人罪与故意伤害罪，因此并不承认甲、乙之间成立共同犯罪。由此可见，行为共同说与犯罪共同说之间的表面分歧就在于不同犯罪之间能否成立共同犯罪：行为共同说肯定不同犯罪之间可以成立共同犯罪，而犯罪共同说则否认不同犯罪之间可以成立共同犯罪。对于以上分歧，目前存在折中并趋近的观点，例如，犯罪共同说从传统的完全犯罪共同说转向部分犯罪共同说，而行为共同说也出现了从自然的行为共同说到构成要件的行为共同说的转变。就部分犯罪共同说而言，是可以承认不同罪名之间成立共同犯罪的。例如，上述甲、乙的例子，就会在杀人罪与伤害罪所重合的伤害（致死）罪的限度内肯定共同正犯的成立。至于行为共同说承认甲、乙存在共同正犯的关系，当然更没有问题。

基于以上理解，笔者认为对于具有身份的人与没有身份的人之间，无论是行为共同说还是部分犯罪共同说，只要肯定在不同罪名之间可以成立共同犯罪，则按照构成要件移用说，对其分别定罪，但承认在竞合范围内发生共犯关系，并不存在法理上的障碍。

三、我国刑法中的共犯与身份

我国刑法对共犯与身份并无总则性的一般规定，但在身份犯的共犯问题上接受以下两条原则：(1) 没有身份的人可以成为身份犯的共犯（相当于德、日刑法典第1款的规定），以及 (2) 身份的加减效力不及于没有这种身份的人（相当于德、日刑法典第2款的规定）。其中，上述第一条原则可见我国刑法分则第382条第3款的规定："与前两款所列人员勾结，伙同贪污的，以共犯论处。"这一规定被认为是注意规定，具有提示功能。通过刑法教义学的解释，可使这一分则性规定的效力及于没有这一规定的其他情形，从而成为事实上的总则性规定。

上述第二条原则可见我国刑法分则第177条第5款的规定："银行或者其他金融机构的工作人员利用职务上的便利，犯第二款罪（窃取、收买、非法提供信用卡信息罪——引者注）的，从重处罚。"根据这一规定，只有具有银行或者其他金融机构的工作人员这一特定身份的人犯本罪的，才能从重处罚。应当指出，尽管我国刑法对共犯与身份的规定是分则性的，也是较为简单的，但在司法适用中同样存在一些争议问题。

(一) 关于没有身份的人与具有身份的人共同实行纯正身份犯之罪的问题

没有身份的人是否可以与具有身份的人构成纯正身份犯的共同正犯？对于这一问题，涉及共犯规定的《德国刑法典》第1款是明确不可以的，只有教唆或者帮助才能成为共犯。而我国台湾地区“刑法典”第1款则明确是可以的，没有身份的人可以成为纯正身份犯的正犯、教唆犯和帮助犯。但《日本刑法典》第1款则较为暧昧——既未明确肯定也未明确否定，由此导致对第1款理解上的差异。例如日本学者山口厚教授持肯定的观点，指出：“若是共同正犯属于和单独正犯同样意义上的正犯的话，那么非身份者大概就不可能成立身份犯的共同正犯。但是，共同正犯即便是属于‘一次责任’类型，在共同惹起了构成要件该当事实的意义上，其也是单独正犯的扩张形态，属于共犯的一种。在此意义上，就像欠缺身份者也可以通过参与身份者的行为而作为成立共同正犯的不可欠缺的要件。也就是说，尽管单独不能成为正犯，但若和身份者一起的话，就可能共同地惹起构成要件该当事实，故而非身份者亦可能成立身份犯的共同正犯。但是，这一点仅在违法身份犯来说是妥当的，对于责任身份犯则并不妥当。在此意义上，可以认为，刑法第65条第1款也可能适用于共同正犯。”① 在日本刑法学界，上述观点是通说。但也存在否定的观点，例如日本学者大塚仁教授指出：“重视实行行为的规范意义时，在真正身份犯中，不能承认基于非身份者的实行行为。例如，非公务员与公务员一起接受了与公务员的职务相关的不正当财物时，该行为对公务员来说是‘贿赂的收受’，但是，对非公务员来说，该财物不是‘贿赂’，接受它的行为也不能说是‘收受’。即，只应该对身份者承认身份犯的共同正犯，在非身份者与身份者之间不能考虑身份犯的共同正犯。”② 大塚仁教授在以上论述中提及的实行行为的规范意义，是一种义务犯的视角。例如日本学者西田典之教授本人是赞同肯定说，但在论及否定说的观点时指出了其理论根基在于，认为纯正身份犯是一种义务犯，具体而言，纯正身份犯（例如，受贿罪）的处罚根据在于违反了身份者所具有的特别义务，因而非身份者根本不可能成为（共同）正犯。③ 对于以上问题，笔者是倾向于义务犯理论的。例如，对于受贿罪来说，只有具有国家工作人员身份的人才能实施受贿行为，没有国家工作人员身份的人，则不可能实施受贿行为。因此，国家工作人员的家属在国家工作人员不在家的情况下，收受行贿者交付的财物的行为具有代为收受的性质，属于受贿罪的帮助犯，而不是与国家工作人员一起构成受贿罪的共同正犯。在这一点上，笔者完全赞同林维教授的以下观点：“无身份者所实施的形式上符合构成要件要素的行为（例如受贿罪中的收受财物行为），由于并不具备身份犯的构成要件行

① ［日］山口厚：《刑法总论》，2版，付立庆译，335页，北京，中国人民大学出版社，2011。

② ［日］大塚仁：《刑法概论（总论）》，3版，冯军译，327页，北京，中国人民大学出版社，2007。

③ 参见［日］西田典之：《日本刑法总论》，刘明祥、王昭武译，342页，北京，中国人民大学出版社，2009。

为所必须具备的、基于身份所实现的义务违反性，无身份者的类似行为在单独犯中无论如何都不可能被评价为实行行为，身份不能通过行为的分担而获得分享，义务违反性也因此不能通过行为在形式上的分担而获得共有。”① 就此笔者认为，应当坚持义务犯的立场。

在纯正身份犯中，除了义务犯以外还存在所谓能力犯。能力犯的能力是与生俱来的，因而是一种自然身份。例如强奸罪的主体是男子，只有男子才具有强行与妇女发生性行为的能力。在这个意义上，强奸罪是能力犯。在强奸罪中，女性在现场摁住被害妇女的手脚以便于男子强奸的行为，尽管在存在论意义上属于强奸罪的构成要件的暴力行为，但从规范论的角度来说，这种作为手段行为的暴力，只有在男子本人实施的情况下才具有实行性，而在妇女实施的情况下则具有非实行性。对此，应该以事中帮助论处。这里还应当指出，即使现场实施暴力的是男子，在其不具有发生性行为的目的的情况下，为另一男子强行与被害妇女发生性关系提供便利的，也属于事中帮助。只有两名男子基于共同的与妇女发生性行为的故意而使用暴力、胁迫手段并与该被害妇女发生性关系的，才能构成强奸罪的共同正犯，即我国刑法所规定的轮奸。

（二）关于没有身份的人与具有身份的人共同实行不纯正身份犯之罪的问题

除了必要的共犯以外，刑法分则是以单独犯罪为标本设置某一具体犯罪的构成要件的，对于不纯正身份犯的规定也是如此。例如，我国刑法第 243 条第 1 款规定了诬告陷害罪的基本犯，第 2 款规定的是不纯正的身份犯，即：国家机关工作人员犯诬告陷害罪的，从重处罚。就这一规定而言，一般是指个人单独犯罪。但是，在国家机关工作人员与非国家机关工作人员共同诬告陷害他人的情况下，对国家机关工作人员从重处罚当然没有问题。有问题的是：对非国家机关工作人员是以基本犯论处呢还是以不纯正身份犯的共同正犯论处？对于这个问题，在我国刑法理论上一般都认为对非国家机关工作人员应以基本犯论处。换言之，基本犯的正犯不能成为不纯正身份犯的共同正犯；但如果是非国家机关工作人员教唆或者帮助国家机关工作人员进行诬告陷害的，则构成不纯正身份犯的共犯。当然，对于这种不纯正身份犯的共犯是处以基本犯之刑还是应当从重处罚，可能存在争议。但笔者的观点是：既然在不纯正身份犯的情况下，其身份属于责任身份，则其加重或者减轻的效力不及于不具有这种身份的人。因此，非国家机关工作人员教唆或者帮助国家机关工作人员进行诬告陷害的，尽管构成不纯正身份犯的共犯，但对其仍然应当按照基本犯量刑。在这种情况下，可能存在不合理的问题。例如，对于纯正身份犯的共犯，因为不存在基本犯，即其行为本来是不构成犯罪的，反而应当按照纯正身份犯的刑罚处刑；但对于不纯正身份犯的共犯，因为存在基本犯，其行为本来是构成犯罪的。

① 林维：《真正身份犯之规范问题展开——实行行为决定论的贯彻》，载林维主编：《共犯论研究》，152页，北京，北京大学出版社，2014。

只是按照基本犯的刑罚处刑。正是为了弥补这一不合理之处，德、日刑法典才规定对于纯正身份犯的共犯应当减轻处罚。由于我国刑法没有这一总则性的规定，因此对纯正身份犯的共犯就不具有刑法总则规定的法定减轻处罚事由，对于帮助犯当然可以视为从犯处以较轻的刑罚，但是，对于教唆犯，如果认定为主犯，就有可能处以与纯正身份犯相同、实质更重的刑罚，这显然不合理。对此，应当在对纯正身份犯的共犯量刑时予以特别关切。

较为复杂的情形在于，刑法对同一行为根据其身份规定了不同罪名以及轻重不同的法定刑。例如我国刑法第252条规定的侵犯通信自由罪，其行为是隐匿、毁弃或者非法开拆他人信件，而第253条规定的私自开拆、隐匿、毁弃邮件、电报罪，其行为主体是邮政工作人员，行为是私自开拆或者隐匿、毁弃邮件、电报。这里的邮件显然包含了信件，因此在实施相同的开拆、隐匿或者毁弃他人信件行为的情况下，对没有身份的人以侵犯通信自由罪论处，对具有邮政工作人员身份的人则以私自开拆、隐匿、毁弃邮件、电报罪论处。在没有邮政工作人员身份的人与具有邮政工作人员身份的人分别单独犯罪的情况下，应当各定其罪，是没有问题的。但在没有邮政工作人员身份的人与具有邮政工作人员身份的人共同实施上述行为的情况下，问题变得复杂了，可能应该区分以下两种情形分别考察：

一是没有邮政工作人员身份的人与具有邮政工作人员身份的人共同开拆或者隐匿、毁弃与其身份无关的他人信件。在这种情况下，具有邮政工作人员身份的人是否构成身份犯？这取决于私自开拆、隐匿、毁弃邮件、电报罪中的邮件、电报是否必须与其身份相关。从刑法条文规定来看，虽然没有使用“利用职务便利”一语，但邮件本身是邮政工作的特定用语。笔者认为，具有邮政工作人员身份的人开拆或者隐匿、毁弃与其身份无关的他人信件不构成身份犯，而是与没有邮政工作人员身份的人构成侵犯通信自由罪的共同正犯。当然，在我国刑法学界对此也有不同的观点，认为私自开拆、隐匿、毁弃邮件、电报罪虽属独立罪名，但实际上是侵犯通信自由罪的身份加重犯。因此，利用职务上的便利并不是本罪的构成要件，邮政工作人员没有利用职务上的便利实施本罪行为，也成立本罪，而不是侵犯通信自由罪。① 按照这种观点，私自开拆、隐匿、毁弃邮件、电报罪是不纯正身份犯。

二是没有邮政工作人员身份的人与具有邮政工作人员身份的人共同开拆或者隐匿、毁弃与其身份有关的他人信件。在这种情况下，没有邮政工作人员身份的人是与具有邮政工作人员身份的人共同构成身份犯的共同正犯呢还是分别定罪？在这种情况下，首先需要明确的是，私自开拆、隐匿、毁弃邮件、电报罪是纯正身份犯还是不纯正身份犯。从形式上看，私自开拆、隐匿、毁弃邮件、电报罪是一个独立罪名，并没有本身的基本犯，因此是纯正身份犯；但从实质上看，没有邮政工作人员身份的人隐匿、毁弃或者非法开拆他人信件，也是构成犯罪的，即存在不同罪名的

① 参见阎二鹏：《共犯与身份》，55页，北京，中国检察出版社，2007。

基本犯。因此，私自开拆、隐匿、毁弃邮件、电报罪又似乎是不纯正身份犯。这里取决于我们采取何种立场。笔者个人倾向于认为，私自开拆、隐匿、毁弃邮件、电报罪是不纯正身份犯，因此，没有邮政工作人员身份的人不能与具有邮政工作人员身份的人构成私自开拆、隐匿、毁弃邮件、电报罪的共同正犯。与此同时，没有邮政工作人员身份的人因为其行为本身构成犯罪，所以邮政工作人员这一身份是责任身份，其效力不能及于没有这种身份的人员。在这种情况下，没有邮政工作人员身份的人与具有邮政工作人员身份的人应当分别定罪，即：对没有邮政工作人员身份的人应当以侵犯通信自由罪论处，而对具有邮政工作人员身份的人应以私自开拆、隐匿、毁弃邮件、电报罪论处。那么，如果看待两者之间的共犯关系呢？笔者认为，在这种情况下，没有邮政工作人员身份的人的行为具有竞合的性质，即侵犯通信自由罪的正犯与私自开拆、隐匿、毁弃邮件、电报罪的帮助犯的竞合。在其所竞合的限度内成立共犯。但基于正犯与共犯竞合一般应以正犯论处的原则，对于没有邮政工作人员身份的人，应当以侵犯通信自由罪论处。

值得注意的是，对于以上这种行为相同，但根据其身份构成不同犯罪而共同实施的情形，我国有关司法解释曾经规定按照主犯的身份处罚的原则。这一原则的完整表述出自 1985 年 7 月 18 日最高人民法院、最高人民检察院《关于当前办理经济犯罪案件中具体应用法律的若干问题的解答（试行）》（以下简称《解答》）。《解答》规定：“内外勾结进行贪污或者盗窃活动的共同犯罪（包括一般共同犯罪和集团犯罪），应按其共同犯罪的基本特征定罪。共同犯罪的基本特征一般是由主犯犯罪的基本特征决定的。如果共同犯罪中主犯犯罪的基本特征是贪污，同案犯中不具有贪污罪主体身份的人，应以贪污罪的共犯论处……如果共同犯罪中主犯犯罪的基本特征是盗窃，同案犯中的国家工作人员不论是否利用职务上的便利，应以盗窃罪的共犯论处。”这一司法解释的基本出发点是认为同一个共同犯罪案件只能以一个罪名论处。但以上这种类似于贪污罪与盗窃罪的情况，又不是纯正身份犯，不能按照对没有身份的人以身份犯的共犯论处的原则办理。在这种情况下，设计出了按照主犯犯罪的基本特征处罚的原则。这个原则受到的普遍质疑是：主犯犯罪的基本特征根本不能决定犯罪的性质，因为主犯与从犯是量刑的概念，而只有正犯与共犯才是定罪的概念。相对于这种所谓主犯决定论，我国学者提出了身份决定论，即按照身份犯的犯罪特征决定犯罪性质，没有身份的人与具有身份的人共同实行的，对没有身份的人按照身份犯的共犯论处。这种身份决定论其实是把上述情况下的身份看做是违法身份，其身份犯就是纯正身份犯。但如果把上述情况下的身份视为责任身份，其身份犯就是不纯正身份犯，则对没有身份的人按照身份犯的共犯论处就是合适的。对于这个问题，笔者还是主张采用竞合的视角，把没有身份的人看做是正犯，同时又是身份犯的共犯。例如，在内外勾结的情况下，对国家工作人员应当认定为贪污罪，这是没有问题的，除非行为人没有利用职务上的便利，因而不符合贪污罪的构成要件。至于非国家工作人员，一方面其行为构成盗窃罪的正犯，同时又构成贪污罪的帮助犯，两者之间存在竞合关系。按照正犯与共犯的竞合，应以正犯论处的原则，在这种情况下，对非国家工作人员应认定为盗窃罪。最终的结果是国家工作人员与非国家工作人员分别定贪污罪与盗窃罪，但根据部分犯罪共同说，又不否认在竞合的限度内共犯关系的存在。

（三）关于具有不同身份的人共同实行犯罪的问题

在我国刑法中，身份关系较为复杂，存在大量不同种类的身份犯。在某些情况下，可能出现具有不同身份的人共同实行犯罪的情形。例如，对于利用职务上的便利侵吞本单位财物的行为，我国刑法根据主体身份的不同分别设置了贪污罪与职务侵占罪，即：根据我国刑法第382条的规定，国家工作人员利用职务上的便利，侵吞、窃取、骗取或者以其他手段非法占有公共财物的是贪污罪。而根据我国刑法第271条第1款的规定，公司、企业或者其他单位的人员，利用职务上的便利，将本单位财物非法据为己有，数额较大的是职务侵占罪。这一规定中的公司、企业或者其他单位的人员就是指非国家工作人员。因此，尽管两个条文在罪状的表述上有所不同，但除了行为主体以外，其他犯罪构成要件都是相同的。我们完全可以这样说：贪污罪是国家工作人员的职务侵占罪；职务侵占罪则是非国家工作人员的贪污罪。

在这种具有不同身份的人共同实行犯罪的情况下，如何对不同身份的人员定罪呢？关于这个问题，2000年6月30日最高人民法院《关于审理贪污、职务侵占案件如何认定共同犯罪几个问题的解释》（以下简称《解释》）作出了以下规定："第一条　行为人与国家工作人员勾结，利用国家工作人员的职务便利，共同侵吞、窃取、骗取或者以其他手段非法占有公共财物的，以贪污罪共犯论处。第二条　行为人与公司、企业或者其他单位的人员勾结，利用公司、企业或者其他单位人员的职务便利，共同将该单位财物非法占为己有，数额较大的，以职务侵占罪共犯论处。第三条 公司、企业或者其他单位中，不具有国家工作人员身份的人与国家工作人员勾结，分别利用各自的职务便利，共同将本单位财物非法占为己有的，按照主犯的犯罪性质定罪。"在以上规定中，第1条和第2条规定的是身份犯的共犯问题。但这一身份犯是纯正身份犯还是不纯正身份犯，仍然值得研究。《解释》是按照纯正身份犯看待的，对于不具有这种身份但具有另外一种身份的人，按照纯正身份犯的共犯论处。但是，正如笔者在前面所分析的那样，贪污罪与职务侵占罪都不能简单地认为是纯正身份犯。事实上，没有身份的人完全可以构成普通的财产犯罪，例如盗窃罪、诈骗罪或者侵占罪。这里笔者需要着重分析的是第3条的规定，这一规定涉及具有不同身份的人共同实行犯罪的问题。

依《解释》第3条的规定，其行为是两种具有不同身份的人员，共同利用各自的职务便利，侵吞本单位财物。对此，《解释》规定按照主犯的犯罪性质定罪。关于按照主犯的犯罪性质定罪这一原则，笔者认为存在明显的缺陷，对此已在前文指出。关于这个问题，周光权教授在上一章中认为这是一个身份犯竞合的问题，即共同犯罪的参与者都具有身份。笔者认为，“身份犯的竞合”这一提法是具有新意的，可以科学地概括这种身份犯的共同犯罪现象。对于这种身份犯的竞合，周光权教授采用义务犯理论，提出了义务重要者正犯说。其基本原理是：在共同犯罪中，各参与者的行为成立何种犯罪取决于各自的特殊身份，以及在定罪时这种身份的影响力、义务重要性的规范判断。对于身份犯的竞合应当按照如下的进路处理：步骤Ⅰ：就各行为人的身份所对应的犯罪而言，由于每一个身份对应于一项义务，义务具有一身专属性。因此，各行为人成立身份犯的同时正犯，而非共同正犯。步骤Ⅱ：仅就义务重要者的身份所对应的犯罪而言，义务重要者成立正犯，义务相对次要者成立共犯。步骤Ⅲ：肯定义务次要者成立（与其身份相对应的身份犯的直接正犯和义务重要者的共犯的）想象竞合犯。应该说，周光权教授的以上观点是颇有想象力的，其中建立在义务犯基础之上的义务重要者的概念，在我国刑法学界还是首次提出。

关于具有不同身份的人共同实行犯罪的问题，笔者曾经提出的观点是，对于身份犯的竞合应当按照想象竞合犯的原理处理。但在共犯与正犯竞合的情况下，是从一重罪处断还是以正犯处断，是一个值得研究的问题。笔者认为，在一般情况下，对于想象竞合犯应当实行从一重罪处断的原则，但在共犯与正犯相竞合的情况下，应以正犯论处。因为正犯是刑法分则规定的犯罪类型，而共犯是刑法总则规定的犯罪形态，刑法总则的规定是对刑法分则规定的补充，在已有分则规定的情况下，应以分则规定论处。在这个意义上说，刑法分则规定具有优于刑法总则规定的效力。因此，在共犯与正犯竞合的情况下，应以正犯论处。在双重身份犯中，职务侵占罪的主体既是贪污罪的帮助犯又是职务侵占罪的共犯，贪污罪的主体也是如此。根据正犯优于共犯的原则，分别应以职务侵占罪的正犯与贪污罪的正犯论处。① 笔者的以上观点与周光权的观点的不同之处仅仅在于：在双重身份犯的情况下，是否双方行为人相互均为双重身份犯。笔者的回答是肯定的。在贪污罪与职务侵占罪的情况下，国家工作人员与非国家工作人员双方均为双重身份犯，即：国家工作人员在构成贪污罪正犯的同时，又构成职务侵占罪正犯的帮助犯；非国家工作人员也是在构成职务侵占罪正犯的同时，又构成贪污罪的帮助犯。但周光权教授根据义务重要者正犯说，认为只有义务次要者才存在身份犯的竞合，即同时构成职务侵占罪的正犯与贪污罪的帮助犯。但义务重要者不存在身份犯的竞合，即如果国家工作人员的义务重要，则其只构成贪污罪的正犯，并不构成职务侵占罪的帮助犯。反之，如果是非国家工作人员的义务重要，则其只构成职务侵占罪的正犯，并不构成贪污罪的帮助犯。这里涉及需要讨论的问题是：从义务犯的原理出发，共同义务共同违反才能成立义务犯的共同正犯。在这个意义上，具有不同身份的人共同实行犯罪的，不可

① 参见陈兴良、周光权：《刑法学的现代展开》，339页，北京，中国人民大学出版社，2006。该书第十四章共犯与身份部分系由笔者执笔，特此说明。

能构成义务犯的共同正犯。但是，具有不同身份的人在构成其自身的正犯的同时，能否构成对方的共犯呢？笔者的回答是肯定的。而周光权教授则认为，只有义务次要者才能同时构成对方的共犯，义务重要者则不能构成对方的共犯。笔者认为，义务之有无是一个决定性质的问题，而义务之大小（重要者与次要者）则是一个程度或者数量的问题，因此，将义务是重要还是次要这个标准作为界定是否构成对方的共犯的根据，是存在疑问的。因此，笔者还是坚持在承认身份犯的互相竞合的基础上，对具有不同身份的人分别定罪。

第二十一章

法条竞合

法条竞合是指一个行为同时符合刑法分则的数个规定，在裁判上只能适用其中的某一罪名，从而排斥其他法条适用的情形。换言之，法条竞合意味着：从形式上看，某一个行为既与刑法分则所规定的A罪的构成要件相一致，也部分或者全部地与B罪的构成要件相一致。但是，如果成立A罪，就优先适用A罪的构成要件，排斥B罪的适用；反之亦然。所以，从实质上看，法条竞合的行为人只能成立一罪，而不能成立数罪，即法条竞合仅仅具有符合数个构成要件的外观，但因为不同构成要件具有逻辑上的排斥关系，只能根据一个构成要件对行为进行评价。对此，有学者指出：在法条竞合的情况下，数个刑法法规只是表面上相竞合，但实际上是一个刑法法规排除了其他刑法法规，所以，是非真正的竞合。该非真正竞合的基本思想在于：犯罪行为的不法内容和罪责内容能够根据可考虑的刑法法规之一被详尽地确定。①

在刑法典中大量出现法条竞合的情形，其主要原因是：(1) 立法通常比较抽象，而司法上的判断非常具体。在对行为的构成要件该当性进行判断时，可能出现不同犯罪构成要件之间的重叠、交叉或排斥。(2) 犯罪的基本构成、加重构成规定大量存在，使得法条之间的关系错综复杂。(3) 犯罪行为在预备和实行阶段呈现预备、未遂、既遂等形态，相互关系复杂。(4) 在立法上，对某些犯罪的构成要件设计与其他犯罪之间的关系梳理并不顺当，对法条关系的考虑并不是特别周密，从而导致大量出现法条竞合。所以，在刑法分则中，法条竞合的存在数量大，法条关系复杂，与此相关的问题就是刑法理论研究上需要加以重视的。

在我国刑法学中，犯罪竞合论②的很多问题并未得到充分展开，现有的研究也充斥着混乱。在竞合论中，想象竞合犯的重要性在近年得到了重视。法条竞合的研究虽然也有一些，但是，许多关键问题，尤其是与中国刑法立法紧密相关的问题，并未得到充分讨论。

在笔者看来，就法条竞合而言，特别值得研究的问题有：(1) 基于行政刑法上的特别考虑，在经济犯罪中大量增加的特别法条和普通法条之间的“特别关系”是否还和传统的法条竞合论中的特别关系完全相同？(2) 在行为性质符合特别法条的构成特征，但数额、数量未达到特别法条要求时，能否转而以普通法条定罪？法条竞合论中的这两个问题，基本上是我国刑法学中需要研讨的独特问题。

一、我国刑法中法条竞合类型

在我国刑法学通说中，把法条竞合论通常放在刑法各论中加以讨论。③ 但是，

① 参见［德］汉斯·海因里希·耶赛克、托马斯·魏根特：《德国刑法教科书（总论）》，徐久生译，892页，北京，中国法制出版社，2001。

② 犯罪竞合论不仅揭示犯罪个数，而且揭示犯罪个数之间的竞合关系。如果仅仅以罪数形态论，以一罪与数罪概括，难以达到这种效果，也难以形成刑法学的独特范畴。

③ 参见高铭暄主编：《新编中国刑法学》，483页，北京，中国人民大学出版社，1998。

法条竞合是法律意义上的行为单数，也是构成要件意义上的行为单数①，对法条竞合的问题必须在犯罪论中讨论。因为竞合论所处理的问题是构成要件的实现问题，在多个规范被侵害的场合，究竟是一个行为导致这种结局，还是多个行为值得刑罚处罚，当然是属于犯罪论的范畴。确定行为的个数是竞合论的起点。在多个法条都被触犯的场合，行为是单数还是复数，不能仅仅从自然的意义上观察，而应该从规范的意义上加以判断。

对于法条竞合的类型，日本刑法理论一般分为以下 4 种：特别关系（例如，业务侵占罪和委托物侵占罪之间的关系）、补充关系（例如，建造物等以外的放火罪和现住建造物放火罪之间的关系）、吸收关系（例如，故意杀人场合，损坏被害人衣物时，故意毁坏财物罪和故意杀人罪之间的关系）、择一关系（例如，侵占罪和背任罪之间的关系）。② 在德国刑法学通说中，一般排斥择一关系，认为其不属于法条竞合论讨论的范畴。③

在笔者看来，上述分类是否和我国刑法的规定相对应是一个问题。确定法条竞合的类型，必须考虑分类标准具有概括力，能够涵盖刑法立法中现实存在的各种法条竞合类型；同时，必须考虑中国刑法中的独特规定。根据这个标准，笔者认为，我国刑法中的法条竞合类型具有以下值得关注的地方：（1）在特别关系、补充关系、吸收关系、择一关系之外，还包括包容关系。（2）中国刑法中的择一关系具有不同于大陆法系刑法的自身特质。

（一）特别关系

一个行为同时符合一般法条和相关的特别法条，属于普通法条与特别法条的竞合。由于立法者认为在一般法条之外有必要再行设立特别法条，特别罪名的构成要件完全包容于普通罪名之中，适用特别法条就能够有效惩治犯罪，所以，特别法条具有排斥普通法条的功能，特别法条优先适用。例如，通说认为，诈骗罪与各种金融诈骗犯罪和合同诈骗罪之间、滥用职权罪与滥用管理公司和证券职权罪之间、重婚罪与破坏军婚罪之间都存在普通法条和特别法条的关系。此外，使用假币罪和诈骗罪之间也存在特别法条和普通法条的关系。使用假币行为带有诈骗性质，这是立法上当然可以预想的事情，但是，由于立法特别规定，对使用假币行为只能定使用假币罪，从而排斥诈骗罪的适用；如果对使用假币行为定诈骗罪，使用假币罪就没有存在的余地。

（二）补充关系

补充关系主要是辅助法条与基本法条的关系。在刑法规范中，某些规范设立的

① 即便将补充关系看作法条竞合的一种形式，法条竞合时也只是“构成要件意义上”而非自然意义上的一行为。

② 参见［日］前田雅英：《刑法总论讲义》，4 版，497 页，东京，东京大学出版会，2006。

③ 参见［德］韦塞尔斯：《德国刑法总论》，李昌珂译，477 页，北京，法律出版社，2008。

目的就在于当其他刑法规范不能适用时，补充性地加以适用。换言之，在多个构成要件中，某一个要件只是辅助性地加以适用的，也就是对主要构成要件的补充。在行为符合辅助构成要件和主要构成要件时，主要构成要件优先适用。例如，妨害信用卡管理秩序罪与信用卡诈骗罪之间，走私武器、弹药罪，走私淫秽物品罪等特殊的走私犯罪和走私普通货物、物品罪之间，就具有这样的关系。

（三）吸收关系

从广义上说，吸收关系包括成立数罪时的吸收和法条竞合意义上的吸收。正因为如此，对吸收犯的概念有必要仔细辨析。在中国刑法学通说中，由于没有充分认识这两种“吸收”的差异，导致吸收犯概念处于非常混乱的境地。

刑法学通说上所认可的吸收犯，是指实施数个存在吸收关系的犯罪行为，仅以吸收之罪定罪的犯罪形态。也即吸收犯原本存在数个犯罪行为，属于数罪，但因为存在吸收关系，所以不实行数罪并罚。至于何谓“吸收关系”，通说认为这些犯罪行为一般属于实施某种犯罪的同一过程，前行为可能是后行为发展的必经阶段，后行为可能是前行为发展的当然结果。① 至于如何认定吸收关系，在理论上一直是难题。有人认为，应当根据一般经验法则判断；也有人认为，数个犯罪行为只要基本性质相同，共同服务于同一犯罪目的，受大致相同的犯罪故意支配，具有依附与被依附的关系，就能够成立吸收关系。吸收犯必须是重罪吸收轻罪，其吸收形式主要有完成罪吸收未完成罪，主行为吸收从行为，实行行为吸收教唆、帮助行为等。还有人认为，吸收犯的吸收形式包括 3 种：(1) 重罪吸收轻罪；(2) 前行为吸收后行为，即“当然结果”的行为被吸收；(3) 后行为吸收前行为，即“必经阶段”被吸收。② 但是，上述关于吸收关系的各种判断标准并不明确。关于吸收形式的区分，实际上在多数情况下都是关于不可罚的事前、事后行为的解说。③ 所以，在笔者看来，我国刑法学中所采用的吸收犯是似是而非的概念，应当取消。对于原来放在吸收犯中讨论的问题，基本可以放在不可罚的事前、事后行为中讨论。④ 例如，对于罪犯在监所内毁坏门窗、破坏监狱设施后脱逃的，盗窃财物后销赃的，一般都作为吸收犯的典型例证加以讨论，但这两个例子分别属于不可罚的事前、事后行为。对于个别以吸收犯处理但明显不当的情况，应当认定为实质上的数罪。所以，取消缺乏明确判断标准或范围不明确的吸收犯，不会造成处罚上的疏漏，反而有利于罪刑均衡原则的实现。

取消吸收犯的概念还意味着在存在吸收关系的场合，有的可以作为法条竞合之下的吸收类型加以考虑。承认吸收犯概念的学者一般认为：“一个刑法条文的犯罪

① 参见高铭暄主编：《中国刑法学》，224 页，北京，中国人民大学出版社，1989。

② 参见马克昌主编：《犯罪通论》，667 页，武汉，武汉大学出版社，1999。

③ 参见王作富主编：《刑法》，2 版，160 页，北京，中国人民大学出版社，2004。

④ 通说对于吸收关系是否存在的判断，事实上借用了对不可罚的事后行为的判断，即强调根据社会生活的通常经验判断行为之间的关系。

构成内容超过其他刑法条文的时候，即存在吸收关系，后者为前者所吸收，因此前者的适用就排除后者的适用。最常见的吸收关系是：实害行为吸收危险行为……当定罪需要在这两个条文之间作出选择时，后者为前者所吸收，前者的适用排除后者的适用。高度行为吸收低度行为。例如，犯罪的既遂行为吸收犯罪的预备行为。”① 但是，这种作为处断上的一罪处理的所谓吸收犯，实际上是法条竞合犯，其包括两种类型：（1）行为形态的吸收：既遂吸收未遂、预备。在立法上为了充分保护法益，在构成要件的设计上，就会针对不同行为阶段和不同犯罪方式分别作出规定，由此形成法条上的重叠现象。但是，只要出现犯罪既遂结局，犯罪未遂、预备的处罚规定就不再予以考虑。与此相关的问题是：行为实施之后，出现实害结果的，危险犯被实害犯吸收。（2）参与上的吸收：正犯行为吸收（狭义的）共犯行为。教唆后实行的，教唆后帮助的，或者帮助一段时间后参与实行的，当行为人作为正犯受到处罚时，其狭义的共犯行为就不是一个独立的犯罪。只有当对其行为无法按照正犯进行处罚时，教唆、帮助的构成要件才有适用的余地。

将上述两大类传统上作为吸收犯看待的行为认定为具有吸收关系，作为法条竞合的一种类型看待②，最主要的考虑是：一方面，于传统中国刑法学意义上的吸收犯，行为人有多个犯罪行为，只是在处断上作为一罪看待。但前述两种吸收类型，无论是阶段上的吸收还是参与上的吸收，都是行为人受一个概括的故意支配，行为发展进程又紧密关联的情况。此时，要在构成要件上认定行为人具有多个行为，有时比较困难，有时没有实际意义。另一方面，如果将法条竞合下的吸收关系作为处断的一罪意义上的吸收犯看待，在诉讼上会增加不必要的负担。这是需要特别加以重视的问题。如果作为吸收犯看待，既然是处断的一罪，司法判决上就需要交代行为人分别构成了哪些犯罪，而仅仅是因为这些犯罪之间具有轻重关系，最终只依处罚较重的规定处理。但是，如果作为法条竞合处理，被适用的法条原本就排斥了被吸收的法条的运用，因此，在行为人因达到既遂而成为正犯时，判决上根本就没有必要交代对其未遂或者狭义的共犯行为如何处理的问题。

因此，笔者的结论是：如果把传统的吸收犯概念按照前述思路进行梳理，将其中的一部分作为不可罚的事前、事后行为看待，将其中的一部分作为实质数罪看待，将其中的一部分作为法条竞合意义上的吸收关系看待，那么取消吸收犯概念，应该是没有问题的。③

① 何秉松主编：《刑法教科书》，上册，496页，北京，中国法制出版社，2000。

② 当然，也有学者认为，部分吸收关系属于法条竞合的范畴，但不是吸收关系，而是补充关系。类似的观点，参见吴振兴：《罪数形态论》，173页，北京，中国检察出版社，2006。笔者认为，如果广义地看待补充关系，将部分吸收关系看作是补充关系，可能也没有问题，但可能与学术精巧化的旨趣不符，而且吸收关系和典型的补充关系毕竟存在很多差别。因此，将吸收关系从补充关系中剥离出来或许是更为合理的考虑。

③ 参见周光权：《刑法总论》，354页，北京，中国人民大学出版社，2007。

(四)择一关系

择一关系是指不同法条对构成要件的描述彼此矛盾、“势不两立”,适用其中一个法条时,另外的法条就被排斥。这一关系是特别关系对立面。在特别关系中,不同法条对相同行为有完全或者绝大部分重合的规定。而具有择一关系的两个刑法条文之间实质上存在对立关系。① 择一关系在我国刑法中大致有 3 种:

1. 盗窃罪、侵占罪之间。从条文上看,针对一个不法取得他人财物的行为,可能同时适用盗窃罪、侵占罪的规定。但是,在论理上或者解释论上,成立盗窃罪时,侵占罪的规定被排斥;反之亦然。贪污罪与挪用公款罪之间及职务侵占罪与挪用资金罪之间也存在这种择一关系。

2. 非法拘禁罪和绑架罪之间。在为索取债务而拘禁、扣押第三人的场合,行为从自然的意义上看,和绑架罪的构成要件相当。但是,刑法第238 条第 3 款明确规定以非法拘禁罪论处,从而排斥绑架罪的适用。

3. 结果加重犯和过失致人死亡罪之间。结果加重犯是指法律规定的一个犯罪行为,由于发生了超出基本犯范围的加重结果,法律规定加重其法定刑的犯罪形态。我国刑法规定的故意伤害致人死亡,非法拘禁致人重伤、死亡,暴力干涉婚姻自由致人死亡,虐待家庭成员致人重伤、死亡等,都是典型的结果加重犯。这些犯罪的结果加重犯和过失致人死亡罪之间存在排斥关系。这种法条竞合属于择一竞合。基本行为为故意、加重结果为过失的结果加重犯,只根据基本行为成立一罪,虽然加重结果可能和普通过失犯的构成要件相重合,但不再就加重结果成立另外的罪名。理由在于:(1)立法上对于实施基本行为导致死亡后果的情形,已经针对该基本行为及其所导致的死亡后果设置相对合理的法定刑,排斥过失致人死亡罪的适用,并不会导致处罚失衡。例如,强奸致人死亡的,该致人死亡行为也符合过失致人死亡罪的构成要件,和过失致人死亡罪之间存在竞合关系,但行为人只需就强奸罪承担刑事责任,对致人死亡的后果负责,不成立强奸罪和过失致人死亡罪的数罪,也排斥过失致人死亡罪的适用。②(2)故意实施基本行为致人死亡的,在导致被害人死亡这一问题上,和过失致人死亡之间有择一竞合关系,而非过失致人死亡包容故意实施基本行为致人死亡。过失致人死亡不要求有一个作为基本犯的故意犯罪行为,一般的过失行为(例如,随意抛弃重物)或者故意程度很低的行为(例如,有意推推搡搡导致他人死亡)导致他人死亡的,都可以成立过失致人死亡。(3)过失致人死亡当中,有一部分是业务上过失致人死亡。其和一般主体所故意实

① 当然,也有学者认为,择一关系和特别关系、补充关系之间的界限极其微妙。参见[日]前田雅英:《刑法总论讲义》,4 版,东京,东京大学出版会,2006。

② 另外的解释思路是:结果加重犯中的加重结果要求行为人具有预见可能性,该部分符合过失犯的构成要件,因此,加重结果构成要件相对于一般过失的构成要件,具有“特别关系”(而非择一关系)。例如,行为人故意伤害他人导致被害人死亡的,不再以过失致人死亡罪论处。这也说明,区分特别关系和择一关系的确比较困难。

施的强奸、非法拘禁等行为致人死亡之间没有重合关系，因此，不能认为它们之间存在特别关系。

（五）包容关系

我国刑法中法条竞合的一大特色是存在关于包容关系的规定。某一刑法分则规定的甲罪（重罪）和乙罪（轻罪），并不存在规范意义上的普通法条和特别法条的关系，但是，甲罪的构成要件比乙罪的构成要件具有完全性时，完全法排斥、拒绝不完全法的适用。①

在我国刑法中，包容关系的法条竞合是指一个罪名的外延是另一罪名外延的一部分，但犯罪构成的内容已超出外延窄的罪名的情形，其适用原则是全部法、完全法优于部分法、不完全法。换言之，虽然甲、乙两罪之间从逻辑上看没有竞合关系，但由于立法者的设定，甲、乙罪之间存在包容（完全法）和被包容（不完全法）的关系，行为符合甲罪的构成要件，必然同时符合乙罪的构成要件，但仅成立甲罪，而排斥乙罪的适用，即重罪包容轻罪。

广义地说，特别关系也是一种包容关系，即普通法条包容特别法条。但这里的包容关系是狭义的，其和前述的“特别关系”存在差别：（1）特别关系，是一个行为既符合特别法条所设定的构成要件，又符合普通法条所设定的构成要件，普通法条“当然地”“逻辑地”、完全地包容特别法条，例如，抢劫罪和抢劫枪支罪之间。包容关系中的两个罪名之间并没有逻辑上、天然的包容关系（例如，不能认为拐卖妇女罪“逻辑地”包容了强奸罪），纯粹是立法技术上的设定使之具有法条竞合关系。（2）在存在特别关系时，特别法条优于普通法条被适用。在包容关系中，基本上遵循反向的思维：包容（完全）法条绝对优先于被包容（不完全）法条适用。此时，包容（完全）法条具有重要性，被包容（不完全）法条完全失去了刑法的适用意义。例如，故意杀害被绑架人，或者致使被绑架人死亡的，其导致被害人死亡的行为，分别与故意杀人罪、过失致人死亡罪的构成要件相当，但是，因为绑架罪是包容（完全）法条，对于故意杀害被绑架人的行为，只能按照刑法第 239 条第 2 款的规定适用死刑，刑法第 232 条的规定就不再有适用的余地。

我国刑法分则所规定的包容竞合包括以下情形：放火等以危险方法危害公共安全的犯罪，在导致被害人死亡时，包容故意杀人、故意伤害罪（当然这只是通说的观点，对此，还值得进一步研究），绑架罪包容故意杀人罪、过失致人死亡罪，拐卖妇女罪与组织强迫卖淫罪包容强奸罪，拐卖妇女罪包容引诱、强迫卖淫罪，组织卖淫罪包容强迫卖淫罪与引诱、容留卖淫罪，抢劫罪包容故意杀人罪、故意伤害罪，组织、运送他人偷越国边境罪以及走私、贩卖、运输、制造毒品罪包容妨害公务罪。在刑法分则中，如果包容竞合的立法过多，可能并不合适：（1）许多原本应当作为数罪处理的情形，因为包容竞合的出现，成为形式竞合，限制了数罪并罚的

① 参见［日］大塚仁：《刑法概说（总论）》，3 版，冯军译，419 页，北京，中国人民大学出版社，2003。

适用范围。在包容竞合中，行为人一般犯有两个以上的罪，本来可以通过数罪并罚使行为人受到较重处罚，但由于过多地采用包容竞合的立法方式，通过加重法定刑的方式进行处理，数罪并罚的功能难以有效发挥。（2）许多包容竞合将故意杀人、强奸等重罪包含进去并不妥当。故意杀人罪是公认的刑法分则中危害最大的犯罪，但是，绑架罪、抢劫罪包容了故意杀人罪，拐卖妇女、儿童罪包容了强奸罪，使这些罪名均不得不挂死刑，扩大了死刑罪名在刑法分则中的比例，使得刑法分则各罪的法定刑总体上趋重，这并不是最优的立法方法。比较可取的立法方法是适度减少包容竞合的立法，还行为实质竞合的真面目，准确适用数罪并罚制度，同时将故意杀人罪、故意伤害罪、强奸罪、强迫卖淫罪等重罪从被包容之罪中摆脱出来，降低目前包容罪的法定刑，尤其是大量削减死刑，基本上只在故意杀人罪中规定死刑，以达到通过立法技术的合理运用减少死刑罪名的目的。

当然，也有学者认为，所谓的包容竞合，实际上是想象竞合犯。① 但是，将包容竞合视为想象竞合犯，不仅与法条竞合的法理不符，也会增加诉讼上的司法负担。对此，笔者在本章最后一部分会作详尽分析。因此，包容竞合应该是中国刑法中法条竞合的单独形式。

二、行政刑法意义上法条竞合"特别关系"的复杂性

按照传统刑法理论，在法条之间具有特别关系时，特别法条的内容能够为普通法条所涵盖；同时，在适用上，应该贯彻特别法条优于普通法条的原则。但是，在刑法典中，随着经济犯罪规范的增多，行政刑法意义上法条竞合的特别关系也呈现出一些与传统理论不同的面貌。如果不认识这些特殊性，对法条竞合特别关系的一些复杂情况可能就难以准确理解。

一方面，在生产、销售伪劣产品犯罪中，重法条优于轻法条的处理规则被确立。例如，刑法第 149 条第 2 款规定："生产、销售本节第一百四十一条至第一百四十八条所列产品，构成各该条规定的犯罪，同时又构成本节第一百四十条规定之罪的，依照处罚较重的规定定罪处罚。"这就是关于法条竞合"特别关系"② 之下

① 参见张明楷：《刑法学》，3 版，371 页，北京，法律出版社，2007。

② 也有学者认为这是择一关系，而非特别关系。"法条竞合时，在适用上可以进行选择，这两个条文之间就是择一关系。此时，通常是选择重法。例如，刑法第 149 条第 2 款规定，构成刑法第 141 条至第 148 条所规定的生产、销售特定伪劣产品的犯罪，同时又构成刑法第 140 条所规定的生产、销售伪劣产品罪的，依照处罚较重的规定定罪处罚。如果认为其属于特别关系，就应该适用特别法条。但是，既然刑法规定'依照处罚较重的规定定罪处罚'，就说明刑法适用上的选择可能性，因此，可以认为这两个法条之间具有择一关系。"何秉松主编：《刑法教科书》，上册，496 页，北京，中国法制出版社，2000。（参见）笔者认为，生产、销售伪劣产品罪和各种生产、销售特定伪劣产品的犯罪之间，只是因为生产、销售对象不同，刑法作出了不同规定，因此，它们之间具有特别关系，只不过在处理上重法条优先于轻法条适用。

法律适用原则的特殊规定，即于法条竞合的特殊情形采用重法优于轻法原则的明文规定，对此，应依照规定适用重法，从而使特别关系下特别法条优先于普通法条的通常处理原则有了例外规定，特别法条并不一定优先于普通法条，某一法条最终是否能够被适用，主要取决于其是否属于重法。

必须看到，在特别关系之下，重法条优于轻法条的处理规则只是一个例外，而且基于罪刑法定的考虑，该规则的适用应当以法律有明确规定为限。而特别法条优于普通法条才是真正的处理法条竞合的原则。但是，张明楷教授认为，当一个行为同时触犯同一法律的普通条款与特别条款时，在通常情况下，应依照特别法优于普通法的原则论处；而当一个行为同时触犯同一法律的普通条款与特别条款时，在特殊情况下，应适用重法优于轻法的原则，即按照行为所触犯的法条中法定刑最重的法条定罪量刑。这里的“特殊情况”，除了刑法第 149 条第 2 款规定的情形之外，还包括法律虽然没有明文规定按普通条款定罪量刑，但对此也没作禁止性规定，而且按特别条款定罪不能做到罪刑相适应的情形。从我国刑法的规定来看，许多特别条款规定的犯罪并不轻，但其法定刑轻于普通条款规定的法定刑，如果绝对地依照特别法优于普通法的原则定罪量刑，就会造成罪刑不均衡的现象。在这种情况下，只要刑法没有禁止适用重法，或者说只要刑法没有指明适用轻法，为了贯彻罪刑相适应的基本原则，就应按照重法优于轻法的原则定罪量刑。张明楷教授以合同诈骗罪和保险诈骗罪的关系举例说明自己的观点，认为：所有的保险诈骗行为都符合合同诈骗罪的构成要件，因此两罪之间有特别关系，保险诈骗罪是特别法条。但是，因为保险诈骗罪的法定最高刑为 15 年，合同诈骗罪的最高刑为无期徒刑。在保险诈骗罪数额特别巨大时，应该适用合同诈骗罪，以确保罪刑相适应。① 张明楷教授虽然对于适用重法优于轻法的原则给予了很多限定，而且认为对法条竞合通常应适用特别法优于普通法的原则，但是，在两罪之间具有特别关系时，在条文选择上先进行刑罚轻重的比较，再决定适用重法，而在特别条款规定的法定刑低于普通条款规定的法定刑时，适用普通条款，实际上是使得重法优于轻法成为原则，特别法优于普通法成为例外。其实，法条竞合概念意味着只要存在特别关系，特别法条的适用优先性是不可动摇的，无须过问特别法条的刑罚轻重。

另一方面，传统观点认为，在特别关系之下，特别法条在逻辑上、规范关系上对普通法条具有从属性，一个行为符合特别法条的规定的，就一定符合普通法条的规定。运用这种理论来解释传统犯罪，基本没有问题。的确，在立法上，为了回应复杂的社会生活，防止法律条文形成过多漏洞，针对同一类型的不同犯罪，通常会作不同规定。例如，通常会就基本构成要件，加重、减轻构成要件分别作出规定，加重、减轻构成自然包含了基本构成的全部要件，因此，加重、减轻构成和基本构

① 参见张明楷：《诈骗罪与金融诈骗罪研究》，324 页，北京，清华大学出版社，2006。

成之间，具有法条竞合的特别关系。①

但是，在法条竞合的特别关系中，普通法条和特别法条之间是否存在绝对的从属关系还需要仔细辨析。一般认为，合同诈骗罪、信用卡诈骗罪、集资诈骗罪等特殊类型的诈骗犯罪和（普通）诈骗罪之间具有法条竞合的特别关系，所有的合同诈骗行为都符合（普通）诈骗罪的构成要件。但是，在行政刑法中，特别关系的复杂性可能还没有被我们充分认识。

特别关系的形成，最基本的条件是对于同一事实，不同的规范之间具有同一性。这种同一意味着整体犯罪事实（实行行为及其所侵害的法益）的完全相同或部分重叠。如果犯罪事实并无重叠部分，在适用上就没有事项同一性问题，更谈不上规范同一性关系，自然就没有特别法和普通法的适用选择问题。

但是，随着刑法分则中行政刑法规定的大量增加，法条竞合的特别关系也呈现出一些特殊面貌：（1）普通法条和特别法条的法益并不完全相同。原则上，法条之间具有特别关系时，不同条文之间必须具有法益保护的同一性。但是，许多行政刑法中特别规定所要保护的法益已经并不完全等同于普通法条所保护的。特别法条和普通法条之间的重合，根据刑法学通说或者从形式上看，在很多时候，应该是全面重合；但如果考虑法益的差异性，只能是“部分”重合，而有很大一部分不重合。诈骗罪、信用卡诈骗罪的保护法益就不完全相同，信用卡诈骗罪在通说上被认为是侵害复杂客体的犯罪。（2）普通法条和特别法条的行为定型不同。例如，生产、销售特殊的伪劣产品犯罪和生产、销售伪劣产品罪的行为定型上就有一定不同（例如，生产、销售不符合卫生标准的化妆品罪要求造成严重后果，而生产、销售伪劣产品罪只要求销售金额达到5万元以上，此外并无其他约束）。对于行为不符合生产、销售特殊的伪劣产品犯罪，但符合生产、销售伪劣产品罪的情形，不适用特别法条而适用普通法条。按照笔者的理解，对于行为定型不同的特别关系，行为不符合特别法条的，要适用普通法条，必须以刑法明确规定为限。（3）被害人参与程度不同。例如，在普通诈骗罪中，被害人多数情况下是陷入错误的纯粹被害人。但是，金融诈骗罪中的被害人对于犯罪的发生并非完全不知情，如集资诈骗罪的被害人对于犯罪的发生往往有所怀疑，对于可能被骗并非毫无思想准备，但是，仍然基于贪利动机，向行为人提供资金，可见被害人对于犯罪的发生有或大或小的“贡献”。所以，金融诈骗罪实际上是将并不完全符合特别诈骗罪的行为，在立法上特别地规定为（广义的）诈骗类犯罪之一种。

由此看来，特别法条和普通法条之间，有时是全部重合，但多数情况下是部分重合。这种部分重合的实质是法条关系有交叉。张明楷教授认为：“特别法条与普通法条的重叠，是指特别法条所规定的犯罪行为，原本完全包含在普通法条规定的犯罪之中，特别法条只是将普通法条的某一方面或者某几个方面的因素进行特别限

① 相反的观点请参见陈兴良：《本体刑法学》，400页，北京，商务印书馆，2000。

定，导致适用特别法条的条件比（适用）普通法条的条件更为严格，因而特别法条的适用范围比普通法条的适用范围更为窄小。”① 他认为：金融诈骗罪与普通诈骗罪之间、合同诈骗罪和金融诈骗罪之间就具有这种重叠关系。在这种情况下，只有在符合特别法条的情况下，才可能进一步符合普通法条。② 在笔者看来，说“只有在符合特别法条的情况下，才可能进一步符合普通法条”肯定没有错，但是，也要看到：在很多行政刑法条文中，普通法条和特别法条只是部分重叠或者交叉，不符合特别法条的行为，不是必然符合普通法条。③ 因此，对于不符合特别法条的行为，依普通法条定罪，没有考虑特别法条和普通法条的法益保护差异性与行为定型上的不同。

三、对于按特别法条不构成犯罪的情形，能否依普通法条定罪

（一）特别法条的定型性

目前，司法实践中出现的有争议问题是：（1）行为人试图通过金融诈骗犯罪获取数额特别巨大的财物，客观上也有获取数额特别巨大的财物的现实危险性，只是由于意志以外的原因，所取得的财物价值较小，没有达到金融诈骗罪的立案标准。对此，可以考虑按照骗取数额特别巨大的金融诈骗罪的未遂处理，但不能以其实际获取的财产数额按照普通诈骗罪论处。此问题，因为理论上和实务中均没有太多争论，不在本文重点讨论的范围内。（2）被告人利用合同实施诈骗行为，或者实施信用卡诈骗，非法得款只有 4 000 元时，按照有关司法解释，合同诈骗罪、信用卡诈骗罪的立案标准是 5 000 元④，诈骗 4 000 元的行为不能构成合同诈骗罪、信用卡诈骗罪。而（普通）诈骗罪的立案标准是 3 000 元，对于利用合同或者信用卡实施诈骗，犯罪人就想获取 4 000 元，事实上也只得到 4 000 元的行为，能否以诈骗罪论处？换言之，对于按照特别法条不能成立犯罪的情形，能否以一般法条定罪？类似问题，在诈骗罪和刑法分则第三章规定的各种特殊诈骗犯罪出现竞合时大量存

① 柯耀程：《刑法竞合论》，163 页，北京，中国人民大学出版社，2008。

② 参见张明楷：《诈骗罪与金融诈骗罪研究》，332 页，北京，清华大学出版社，2006。

③ 与诈骗罪、金融诈骗罪之间保护法益具有差异性不同，各种特殊主体实施的滥用职权犯罪和刑法第 397 条所规定的滥用职权罪之间在法益上完全相同，它们之间有法条竞合的特别关系。不成立特殊的滥用职权罪的，可以再成立滥用职权罪。

④ 有的人可能认为，这一数额标准是通过司法解释作出的。既然司法解释可能存在不合理的地方，因为司法解释上数额确定的不合理所带来的问题并不具有理论意义，只要司法解释修改数额标准，将特别法条的构成犯罪数额规定得低于普通法条，问题似乎就迎刃而解了。但是，应该说，只要是数额、数量犯，始终有一个确定定罪的数额、数量标准并进行处罚的问题；同时，司法解释上对特别法条的数额标准的规定高于普通法条，符合立法者的意思。司法解释上不可能修改数额标准，对特别法条的构成数额作低于普通法条的规定。因此，根据现行的有关司法解释所确立的合同诈骗罪、信用卡诈骗罪的定罪标准讨论问题，足以凸显问题的复杂性。

在。对此，张明楷教授认为应当按照普通法条定罪，他的主要理由是：特别法条一定是在普通法条的基础上附加了更为严格的要求，所以，凡是要以特别条款定罪的，一定要以符合普通条款为前提，这是一个最基本的关系，如果连普通法条都不符合，就不可能符合特别法条的要求。符合金融诈骗罪、合同诈骗罪的构成要件就一定是符合普通诈骗罪的构成要件的。行为人实施保险诈骗行为，只骗 4 000 元，不够保险诈骗罪的定罪数额，就应当定诈骗罪。①

笔者认为，张明楷教授的观点只是从形式上看待问题，因而是值得商榷的。主要理由是：

第一，立法者制定特别法条时有特别考虑。对这种立法上的特别考虑，在司法上必须尊重。在普通法条之外的某种特殊行为极易发生，有类型性，因而有必要从外延较大的普通法条中“剥离”出一部分行为加以规定，以对法益给予特殊保护时，立法上可能作不同于普通法条的规定。而一旦规定了，该特别法条通常是处罚比普通法条更重的条文，即属于重法。如果特别法条的定罪起点高于普通法条，特别法条的处罚范围相对较小②，也是因为立法上认为特别法条所规范的行为容易发生，或者该行为一旦实施，通常行为人取得财物的数额较大，为缩小刑罚打击面，而特别地考虑对某些行为不处罚。

因此，行为人以特别法条所规范的行为类型所实施的犯罪需要受特别法条的规制。特别法条的存在，意味着某种行为类型，从外观、形式上看，只要属于立法上所预设的特别法条所规范的，就应该排斥普通法条的适用可能性。此时，选择普通法条并不符合犯罪竞合论的法理。法条竞合的基本法理显然不是为了尽可能地实现处罚，而是在行为具有处罚必要性时选择法条适用。在对行为连按照特别法条都没有处罚必要性时，退而求其次，以普通法条定罪，是将没有处罚必要性的行为进行刑法处理，并不合适。③ 笔者的这种观点，似乎可以称为“立法者意思说”。

按照这种立场，对于立法上已经作出特别考虑的事项，需要尽量尊重立法上的判断。与此类似的问题是对向犯。在对向犯中，有一种情况是：刑法分则规定只处罚对向犯的某一方，对另外一方不处罚。例如，贩卖淫秽物品牟利罪只处罚贩卖者，而不处罚购买者；嫖宿幼女罪只处罚嫖宿者，不处罚幼女；枉法裁判罪只处罚作出错误裁判的司法工作人员，并不处罚从该枉法裁判中受益的人；破坏军婚罪只处罚明知是现役军人的配偶而与之结婚的人，不处罚现役军人的配偶。对于这种刑法分则不予处罚的对向性参与行为，能否结合刑法总则关于教唆和帮助犯的规定进

① 这是张明楷教授的发言观点。参见北京市人民检察院政治部编：《刑事司法疑难问题专家答问录》（一），12 页，北京，中国检察出版社，2008。更为详尽的论述请参见张明楷：《诈骗罪与金融诈骗罪研究》，343 页，北京，清华大学出版社，2006。

② 在是否定罪的起点问题上，某些特别法条低于普通法条，但并不意味着特别法条的法定最高刑也低于普通法条，否则，特别法条的存在必要性、合理性就完全值得质疑。

③ 对不符合特别法条的行为适用普通法条，也可以说这种情形不是法条竞合。但是，此时，对于按特别法条不构成犯罪的情形，是否能够以普通法条定罪问题的研究，也必须受法条竞合的法理的限制。

行处罚？例如，对于购买伪造的证件的行为，是否可以按照伪造、变造国家机关公文、证件罪、伪造身份证罪的共犯处理？一般地说，如果形式化地看待共同犯罪的成立条件，可能会得出对参与者需要定罪处罚的结论。但如果考虑构成要件的观念，坚持考虑罪刑法定原则，对参与者能否以犯罪论处就是一个值得考虑的问题。对参与行为的处理，理所当然地要考虑立法上的预设（立法者意思），同时，定型化的构成要件观念、罪刑法定原则、实质判断行为危害性的刑法基本立场都需要坚持；对购买虚假证件等行为定罪，对刑事法领域法治观念的形成可能是弊大于利。在这个意义上，对于司法实务中出现的对向性参与行为，原则上不应当定罪。① 在法条竞合的特别关系中，同样要考虑立法上的预设、特别法条的立法必要性、特别法条定型化的构成要件观念、实质的刑法方法论。

具体到诈骗罪和合同诈骗罪而言，实施合同诈骗，一次犯罪行为骗取的金额通常较大，被害人的承受能力高于普通诈骗罪情形下的被害人，被害人的参与程度不同。如前所述，由于行政刑法上的特别考虑，刑法中所规定的诈骗罪和各种特殊的诈骗罪之间，并不存在传统意义上的特别关系，而可以视为存在一定差别的不同种犯罪。对这些犯罪所设置的不同数额标准，对司法实践有约束力。行为符合特别法条时，一定符合普通法条；行为不符合特别法条时，不是必然符合普通法条。因此，对于能够以合同诈骗罪定罪的行为，以诈骗罪定罪，从形式上看似乎没有问题，但是，如果考虑立法设计的“特别性”，考虑构成要件的观念，对于按照特别法条所“定型化设计的行为”实施的危害行为，其数额达到诈骗罪要求，但低于合同诈骗罪定罪标准的，不能以普通诈骗罪定罪。

第二，法条竞合的排斥关系并不仅仅意味着行为在按照特别法条和普通法条都构成犯罪时才存在这种排斥关系。这种排斥关系还意味着：在行为属于特别法条所意欲规范的行为类型时，具有排斥普通法条适用的可能性，换言之，特别法条的制定目的在于替代普通法条的适用。

需要特别加以考虑的是：立法上设定特别法条的真正理由是什么？特别法条是“犯罪”的类型，同时也是“非罪”的类型。既然立法者制定特别法条时已经预见到对某些行为类型要“特别地”加以处罚，同时，对于仅因数额、情节等原因，实质地不符合这种行为类型的行为，要特别地“不”加以处罚，那么，在按照特别法条都不能对行为定罪时，说明其处罚必要性欠缺。对于立法上已经“特别地”考虑“不”处罚的行为，以普通法条定罪，就不符合特别法条的立法考虑。在行为的类型与特别法条所意欲规范的行为类型相同时，普通法条应该没有适用的余地。因此，行为类型符合保险诈骗罪的构成要件要求，仅仅数额不符合条件就以诈骗罪定罪，可能是不合适的。

因此，特别法条“优于”普通法条，不仅仅意味着适用效力上特别法条的优先

① 参见周光权：《犯罪论体系的改造》，127页，北京，中国法制出版社，2009。

性，也意味着特别法条的构成要件有优先于普通法条的独立性、重要性。在某种法益按照特别法条都没有受到侵害时，不能认为行为按照普通法条就具有法益侵害性。对于行为人而言，根据特别法条不构成犯罪，是法律对他的特殊“优惠”。对此，耶赛克指出：“如果行为人因第一次的构成要件而应当享有特权，被排除的构成要件仍然不得适用……在此等情况下，被排除的犯罪的刑罚不得被重新恢复，因为否则的话行为人将会受到比适用第一次的刑法规定更为严厉的刑罚。”① 行为按照特别法条不能构成犯罪时，排斥普通法条的适用，从根本上讲就是行为没有达到需要动用刑法意义上的法益侵害程度。特别法条对于其所规范的行为已经有所选择，这就意味着在立法之初，对于普通法条可能对哪些行为进行追究、对哪些行为不能再进行追究，已经有所考虑。特别法条构成要件的类型化规定对于评价客体所作的选择，当然排斥普通法条的适用。既然普通法条的适用效力因为特别法条而不再存在，那么对于按照特别法条不能成立犯罪的情形，当然不能以普通法条定罪。对此，李斯特认为，在特别关系中，适用某一法规而不适用其他法规，是由于立法上的逻辑原因造成的。他明确指出：如果立法者对普通诈骗罪作出规定，又在其他条文中对各种特殊的诈骗行为进行了规定，“则逻辑地要求对那些列入特别规定调整的情况，只能适用此等特别规定，而不适用一般之诈骗规定”②。

第三，既然立法者已经在制定特别法条时对某些行为不处罚是有特别的考虑的，而非完全没有考虑，就说明立法者认为，行为外观上类型化地符合特别法条时，需要有意缩小处罚范围。合同诈骗 4 000 元的行为在行为样态上是合同诈骗罪所规范的实行行为，但因为按照合同诈骗罪的立案标准，诈骗 4 000 元没有达到数额较大的起点，没有必要按照合同诈骗罪处罚，立法者就认为不需要利用刑罚制裁类似行为，包括不能适用普通法条制裁类似行为。因为在立法者特别地加以考虑的场合都不处罚的，在立法者对此并未加以特别考虑的普通法条中反而予以处罚就是于理不通的。也就是说，对于按照特别法条不能处理的情形，适用普通法条，实际上就是：在特别法条试图缩小处罚范围的场合，利用普通法条“扩大”了处罚范围，在一定程度上与罪刑法定原则相悖，也与构成要件的观念在实质上冲突。

有的人认为，既然按照普通法条可以处罚，就应该适用普通法条，这就是坚持了构成要件的观念。但是，这只是看到了问题的一面——普通法条的有效性，而没有看到问题的另外一面——特别法条的“特别性”、缩限性。坚持特别法条的“特别性”，也是坚持构成要件的观念。而且，在特别法条的“特别性”和普通法条的有效性相冲突时，普通法条的有效性最终应该丧失，就不再具有有效性，否则，立法上制定特别法条时缩限处罚范围的旨趣就会落空。

第四，此时不按普通法条处理是否会造成处罚上的漏洞也是一个值得讨论的问

① ［德］汉斯·海因里希·耶赛克、托马斯·魏根特：《德国刑法教科书（总论）》，徐久生译，900 页，北京，中国法制出版社，2001。

② ［德］李斯特：《德国刑法教科书》，修订译本，徐久生译，392 页，北京，法律出版社，2006。

题。对此，笔者持否定态度。因为特别法条根本就不想处罚类似于利用合同诈骗4 000元的行为。既然立法者已经在制定特别法条时对某些行为不处罚是有特别预想的，而非完全没有考虑，那么就不存在立法漏洞的问题，也就不存在按照特别法条不能定罪，就会使得法益保护不周延的问题，和法益侵害原理并不冲突。如果一定要说处罚上有漏洞，也是在立法上有意形成的某种“漏洞”。此时，就不能说司法上的不处罚有漏洞。对于立法上不想处罚而故意形成的所谓漏洞，在适用上不能任意解释刑法以实现处罚，这才是罪刑法定的真谛之所在。相应地，既然在作特别立法时，已经充分考虑了周延地保护法益的问题，对某一行为如果按照特别法条衡量不构成犯罪、不进行追究，就不存在形成法益保护的空隙问题。

此外，对某种行为不进行处罚就会造成处罚漏洞的观点，实际上是一种似是而非的主张。例如，故意伤害行为，对死亡没有预见的，不构成故意伤害致死，不需要对死亡结果负责。人们也完全可以说，被害人已经死亡，但没有人对此承担刑事责任，就会造成处罚上的漏洞。那么，是否就一定要把行为人的行为解释为：故意明知被害人受重伤后不救助的，对被害人死亡的结局成立不作为的故意杀人罪？其实答案肯定是否定的。此时，需要考虑法条竞合的补充性（行为形态的补充性）：行为人的行为在整体上包含积极的作为和消极的不作为的，不作为是作为的补充形式，退居其次，被排斥不用。因此，在不能适用作为犯的加重结果的规定时，不能适用不作为犯，否则，会造成处罚上的不平衡。例如，故意伤害他人，对死亡结果有预见的，按照法条竞合，成立故意伤害（致人死亡）罪。在对结果没有预见的情况下，反而要对重罪——不作为的故意杀人罪负责。这当然会导致不合理的结论。

第五，认为重法条优于轻法条，与法条竞合的法理相悖。在前面的讨论中曾经提到：张明楷教授认为，当一个行为同时触犯同一法律的普通条款与特别条款时，即便刑法没有明确规定，也应适用重法优于轻法的原则，即按照行为所触犯的法条中法定刑最重的法条定罪量刑，所以，保险诈骗数额特别巨大时，不能再适用保险诈骗罪，而应当以合同诈骗罪论处。张明楷教授关于按照特别法条不构成犯罪的情形，以普通法条论处的观点，与他实质上视重法优于轻法为原则的观点一脉相承：实施信用卡诈骗4 000元的行为，按照特别法条不是犯罪，意味着特别法条对其网开一面，此时特别法条是轻法。但对于这种行为，按照普通法条要进行处罚，所以，普通法条是重法。因此，对于不符合特别法条规定的行为以普通法条处理，其实质仍然是重法优于轻法。但是，张明楷教授的这一观点，说得严重一点，是对重刑主义观念的迷恋，有悖于法条竞合的法理，因而值得商榷。

法条竞合关系的法理，并不要求特别法条的处罚一定要重于普通法条的。普通法条和特别法条之间不是轻法和重法的关系，而是原则法与例外法的关系，即普通法条和特别法条的效力孰优孰劣的问题。出于各种复杂的立法考虑，特别法条轻于普通法条的情况实属正常。但即便特别法条的处罚轻，其法律效力仍然优于普通法条。换言之，特别法条的存在，意味着普通法条的效力被“冻结”、被排斥，即便普通法法定最高刑要重，除法律有明确规定之外，也没有适用的余地。对此，有学者指出："特别法大都为因应时代环境之变动及国民观念之改变而制定，在法理上，亦可制定处罚较轻之特别法，以为因应。倘认为重法优于轻法，系法规竞合适用上不易之原则，势必舍弃处罚较轻之特别法而不用，则此特别法之制定，即显失其意义。"① 其实，在很多国家或者地区的刑法中都有关于杀婴罪的规定，其属于轻罪②，且和故意杀人罪之间存在法条竞合关系，杀婴罪是特别法条。如果按照重法优于轻法的规则处理，杀婴罪的规定就名存实亡。如果将张明楷教授的上述观点贯彻到底，最终的结果是特别法条被架空，从而导致法律适用支离破碎，重刑主义观念盛行。对此，车浩博士也在最近的研究中指出：法条竞合时"重法优于轻法"的做法，最多只能适用于两个构成要件之间存在补充关系的情形，对于具有特别关系的两个犯罪而言，除非存在例外的刑法明文规定（例如刑法第 149 条第 2 款），不能适用"重法优于轻法"的例外规则。"如果仅仅根据司法者或者解释者个人对于'罪刑是否相适应'的感受，就将这一例外性的法律规定不受约束地扩展适用至其他条文，则明显是在重刑思维下把公民个人的自由权和立法者的决定权一股脑地留给了司法者。以解释之名行立法之实，这一步走得如此之远，是比类推更隐蔽也更严重的对罪刑法定原则的破坏，对此应该拒绝。"③

第六，张明楷教授的观点，实际上是先考虑能否对被告人进行刑罚上的追究问题，再考虑行为的类型化问题。这是将量刑判断优先于定罪进行考虑，可能导致判断顺序上的错误，带来刑法适用方法论上的困惑。

对行为的判断，必须首先考虑其符合何种定型，这也是构成要件符合性判断的题中之意。特别法条作为区别于普通法条的、具有特殊性的类型行为，某种行为是否与这种行为相符合，必须首先加以判断。在不符合这种行为定型时，刑法适用的必要性就被排除。如果将张明楷教授的观点贯彻到底，可能得出不合理的结论。例如，以窃取方式贪污公共财物 1 500 元，没有其他严重情节，不能构成贪污罪的，可以定盗窃罪。交通肇事致一人死亡的，即便负次要责任，不构成交通肇事罪的，也可以定过失致人死亡罪，因为刑法分则所规定的过失致人死亡罪，不需要理会被害人的过错。但这可能是不合理的。

当然，张明楷教授对此也有所认识。他也承认，金融诈骗行为没有达到相应金融诈骗罪规定的数额标准的，以普通诈骗罪论处，导致金融诈骗的未遂行为成为普通诈骗罪既遂。这种结论的不合理性，与故意杀人导致被害人死亡时成立故意杀人罪，被害人没有死亡时成立故意伤害罪是相同的。④ 但是，他关于行为尚未达到特

① 甘添贵：《罪数理论之研究》，51 页，北京，中国人民大学出版社，2008。

② 例如，《意大利刑法典》第 578 条第 1 款规定，杀婴的，判处 4 年以上 12 年以下有期徒刑；第 575 条规定，故意杀人的，处 21 年以上有期徒刑。

③ 车浩：《强奸罪与嫖宿幼女罪的关系》，载《法学研究》，2010（2）。

④ 参见张明楷：《诈骗罪与金融诈骗罪研究》，342 页，北京，清华大学出版社，2006。

别法条的定罪标准时可以按照普通法条定罪的观点，无助于消除金融诈骗罪、故意杀人罪认定中的许多不合理结论。

（二）刑法第 266 条“本法另有规定”的含义

按照上述观点，顺理成章的是：刑法第 266 条“本法另有规定”是指：本法对“是否”处罚的“定型性”另有规定，而非仅仅包括本法对“需要”处罚的特殊行为有规定之“另有规定”。那么，刑法分则对于某些作为特别类型来看待的行为，只要是在“定型性”上“另有规定”，那么，在决定是否按照该特殊类型来加以处罚时，需要考虑本法是否“另有规定”，在行为在类型化上属于该特别规定，但尚未达到追究标准（定罪门槛）时，不对该行为进行追究，也需要考虑该“另有规定”。所以，刑法第 266 条中的另有规定，当然一方面是指需要定罪的“另有规定”，即当特别法条规定了定罪处罚条文时，必须适用特别法条，禁止适用普通法条；另一方面，也包括不需要定罪时要类型化地加以考虑的“另有规定”①。

在这个意义上，应该说，刑法第 266 条的规定，在依照特别法条也可以定罪的场合，是关于法条竞合的规定；在依照特别法条不能定罪的场合，是关于构成要件观念的强调。在行为尚未达到特别法条的定罪标准时，仍然需要考虑特别法条属于“非罪”类型，不能按照普通法条定罪。这既是对构成要件观念的坚持，也是全面考虑、尊重刑法第 266 条之“本法另有规定”的内涵。

（三）行为并未达到特别法条的定罪标准时，不依普通法条定罪是否与刑法第 149 条第 1、2 款的规定矛盾

依照刑法第 149 条第 1 款的规定，生产、销售各种特殊的伪劣产品，不构成刑法第 141 条至第 148 条所规定的犯罪，但是销售金额在 5 万元以上的，以生产、销售伪劣产品罪定罪处罚。这是行为不符合特别法条的，可以按照普通法条论处。但是，这和笔者前面的观点并不冲突，也就不能适用“本法另有规定”依照特别法条处理的规定。刑法第 149 条第 1 款关于行为在不构成刑法第 141 条至第 148 条规定之罪时，依照刑法第 140 条定罪的规定，主要是关于特别法条的构成要件（类型化）观念的重要性的强调——对于行为是否符合特别法条的构成要件，必须优先加以判断。这和笔者前面对“本法另有规定”的理解是相一致的。这里的不构成各该条，是因为行为类型不符合，而不仅仅是数额的问题。在生产、销售特殊的伪劣产品犯罪和生产、销售伪劣产品罪在行为定型上不同时，对于行为不符合特别法条但符合普通法条的情形，不适用特别法条而适用普通法条；即便刑法第 149 条第 1 款不作规定，亦应如此处理。所以，特别法条对普通法条的适用没有制约。这与前述的合同诈骗罪、诈骗罪这种数额犯在行为定型上基本相同，在特别法条不处罚时不能适用普通法条的关系有重大区别。

① 张明楷教授只是强调在需要按照特别法条定罪时的“本法另有规定”的意义。参见张明楷：《诈骗罪与金融诈骗罪研究》，321 页，北京，清华大学出版社，2006。

这进一步说明，某种行为被普通法条规定，但其手段、行为方式本身就和刑法分则特别法条的行为类型设定不相同，在行为不符合特别法条时，当然就不能以行为符合特别法条为由排斥普通法条的适用。例如，甲并非投保人、被保险人、受益人，其通过制造车祸的方式欺骗保险公司，骗取财物 4 000 元的，其犯罪手段并不符合保险诈骗罪的行为定型，不构成保险诈骗罪，当然可以按照诈骗罪定罪。这和投保人或被保险人或受益人实施保险诈骗行为，骗取财物 4 000 元，不构成保险诈骗罪，也不能按照诈骗罪定罪的情形有本质差别。

四、法条竞合与想象竞合的关系

区分法条竞合与想象竞合的意义不仅仅停留在理论上。厘清法条竞合与想象竞合的界限，对于案件处理有实质影响。

在笔者看来，前述张明楷教授关于按照特别法条不构成犯罪的情形，可以按照普通法条定罪处罚的结论，在很大程度上与他混淆了想象竞合犯和法条竞合犯的界限有关。因为在想象竞合犯的情形下，从一重罪处断，其结局是重法优先。如果对法条竞合犯与想象竞合犯不作细致区分，或者不当地把想象竞合犯的处理原则借用到法条竞合中，就会得出重法优于轻法，或者在特别法条不能适用时依普通法条论处的结论。所以，对笔者的前述结论的论证，必然绕不开法条竞合犯与想象竞合犯的界限问题。

张明楷认为：法条竞合犯与想象竞合犯之间也有交叉的场合，当一个行为具有多重属性而触犯同一法律的数个法律条文，数个法律条文之间存在重合和交叉关系时，就可以说既是法条竞合也是想象竞合。“既然如此，二者当然可能出现交叉现象。”① 根据这一主张，对于按照特别法条不构成犯罪的情形，按照普通法条定罪处罚，在很多时候，就是因为法条竞合也具有想象竞合的性质。

但是，想象竞合和法条竞合之间存在根本差别。法条竞合是不真正竞合，是法律上的一行为。不真正竞合，是指两个以上的刑罚规范在外表上是竞合的，但实质上是相互排斥的。从形式上看，行为该当 A 罪构成要件也该当 B 罪构成要件，但在实质上，A 罪法条排斥 B 罪法条的适用，仅成立一个 A 罪。此时，并不真正成立 B 罪，因此，排斥 B 罪法条的适用。想象竞合是真正的竞合，但属于事实上的一行为。行为在成立 A 罪的同时，法官完全可以宣告其同时成立 B 罪，只不过最终按照处罚最重的犯罪定罪处罚。这与法条竞合在成立 A 罪时一定会排斥 B 罪的适用并不相同。在法条竞合的场合，“如果数个被违反的法规，对其中的一个应处罚的行为适用一个法规即足以判定排除其他法规的适用，当然适用该法规，其他

① 张明楷：《犯罪论原理》，416 页，武汉，武汉大学出版社，1991。

法规在与此等法规的竞争中被排除出局，不予考虑”①。因此，有学者明确指出：“一旦判断为法条竞合者，就不会是想象竞合，两者互斥。”②

在笔者看来，作为“一行为”的竞合形态，法条竞合与想象竞合的区别主要在于两方面：（1）法条竞合，纯粹是因为针对同一犯罪行为的刑法分则规定整体或者部分重合，导致法律适用复杂化。法条竞合与立法者的价值判断有关，是一种静态的竞合，当一行为触犯的两个法条的罪名之间具有从属或者交叉的逻辑关系且保护法益大致相同时为法条竞合。想象竞合是行为人的一个行为偶然地符合多个罪名，它与法律条文如何规定本身无关，而与犯罪人实施犯罪时的选择有关，行为触犯的两个罪名在保护法益上完全可以不同，所以是一种动态竞合。一般认为，法条竞合时，不管现实案情如何，两个条文都具有竞合关系，或者说是否具有法条竞合关系，并不取决于案件事实，而是因为法条之间存在交叉或者重叠关系。而想象竞合是因为现实行为触犯了两个不同的法条，不同法条之间并没有重叠与交叉关系。③（2）在适用法律时，因为法条竞合仅仅是在形式上存在竞合关系，司法判决上只需要列举适用的罪名即可，对于没有适用的犯罪，完全可以不予理会。换言之，对于法条竞合犯，法官无须列举被排斥的罪名。同时，被排斥的法条的存在，原则上对量刑不会产生影响。也正是因为被排除的法规不出现在判决书中，真正得到适用的只是一个法条，所以耶赛克才主张应该用“法条单一”取代传统的、容易误导的法条竞合概念。④ 对于想象竞合，行为人的行为究竟符合哪些犯罪的构成要件，需要在判决书中明确列举出来，以便让人判断行为人所触犯的多个罪名中孰轻孰重，以及法官对于从一重罪处断的把握是否准确，以防止司法人员不当行使司法权。换言之，对于想象竞合，在一个说理充分的判决书中，应当分别列出罪名，然后从一重罪处断。上述诸种区别，决定了法条竞合和想象竞合之间存在排斥关系，不存在一个行为既是想象竞合又是法条竞合的情况。

张明楷教授认为：“触犯一个法条便必然触犯另一个法条时，属于法条竞合；触犯一个法条并不必然触犯另一法条时，属于想象竞合犯。例如，军人故意泄露军事秘密触犯《刑法》第432条时，必然触犯第398条，因而这两个法条之间具有竞合关系。再如，行为人交通肇事触犯《刑法》第133条时，并不必然触犯《刑法》第233条，因为并非任何交通肇事罪必然导致他人死亡。果真如此，法条竞合的范围将大量减少。行为人因交通肇事致人死亡时，便属于想象竞合犯，适用从一重罪论处的原则。”⑤ 这种观点的不足在于：法条竞合的特别关系，除了重叠关系外，

① ［德］李斯特：《德国刑法教科书》，修订译本，徐久生译，393页，北京，法律出版社，2006。

② 林钰雄：《新刑法总则》，569页，台北，元照出版有限公司，2006。

③ 对于使用假币骗取他人财物的行为，因为行为侵害货币的公共信用和财产权这两个不同法益，将使用假币罪和诈骗罪的关系认定为想象竞合而非法条竞合，可能更为合适。

④ 参见［德］汉斯·海因里希·耶赛克、托马斯·魏根特：《德国刑法教科书（总论）》，徐久生译，892页，北京，中国法制出版社，2001。

⑤ 张明楷：《刑法分则的解释原理》，285页，北京，中国人民大学出版社，2004。

还包括交叉关系。交通肇事罪和过失致人死亡罪之间，就存在这种交叉竞合的特别关系，即在交通肇事行为导致被害人死亡，行为人具有违反交通运输管理法规的过失时，两个犯罪之间存在法条竞合关系。因此，不能把法条竞合的特别关系仅仅理解为重叠关系。也正是考虑到这一点，张明楷教授后来修正了自己的观点：当交通肇事行为致人死亡时，完全可以认为该行为必然同时触犯刑法第133条和第233条。在此意义上说，刑法第133条是特别法条，第233条是普通法条。交通肇事罪和过失致人死亡罪之间就不应该是想象竞合犯。“如果认为交通肇事致人死亡属于想象竞合犯，适用从一重罪论处的原则，可能导致在一些情况下违反刑法的明文规定。例如，甲违反交通运输管理法规，导致一人死亡，不具有法定刑升格的情节，根据刑法第133条，其适用的法定刑为‘三年以下有期徒刑或者拘役’；如果对该行为适用过失致人死亡罪的规定，又不属于‘情节较轻’的情形，因而应当适用‘三年以上七年以下有期徒刑’的法定刑。如果认为甲的行为属于想象竞合犯，那么，就应以过失致人死亡罪论处。但这一结论，明显违反了刑法第233条的‘本法另有规定的，依照规定’的规定。所以，不应认为交通肇事致人死亡属于想象竞合犯，而应承认刑法第133条与第233条、第235条之间具有法条竞合关系。”① 这样说来，很多看起来似乎属于想象竞合犯的情形，实际上应该被评价为法条竞合。

法条竞合论的主要任务是对行为进行准确、充分的评价，防止进行过度的、重复的评价。而对想象竞合和法条竞合不作区分，甚至将法条竞合视作想象竞合的观点，实质上就是对行为进行过度评价。在这种前提下，得出行为按照特别法条不构成犯罪时可以按照普通法条定罪处罚的结论就是不足为奇了。

① 张明楷：《刑法分则的解释原理》，2版，687页，北京，中国人民大学出版社，2011。

第二十二章

死刑政策的法理解读

在目前中国尚不具备废除死刑的条件的情况下，应当严格限制死刑的适用，因此必须采取“坚持少杀，防止错杀”的死刑政策。坚持少杀，主要表现为从刑事实体法上严格把握死刑适用条件，尽量减少死刑的适用，使死刑成为不得已而用之的一种极端性的刑罚手段。而防止错杀，则主要表现为从刑事证据法上从严掌握死刑适用的证据标准，排除一切合理怀疑，避免死刑冤错案件的发生。

一、死刑政策的演变

死刑是一种法律制度，具体而言是一种刑罚制度。然而，死刑又是一个刑事政策问题。死刑可以说是受政策性因素影响最大的一种法律制度。因此，死刑政策是刑事政策的应有之义。正如我国有学者指出：“死刑政策作为一种具体的刑事政策，是整个刑事政策的重要组成部分，死刑政策的制定离不开一般刑事政策的约束与指导。虽然在刑事政策的一般理解上我们赞同狭义说，即将刑事政策的范围限定在以预防、镇压犯罪为直接目的的国家强制对策的范围内，但刑事政策的广义说乃至于最狭义说也在一定程度上对死刑政策起着影响与约束作用。借助不同层次刑事政策概念的把握，将有助于深入理解我国的死刑政策。”① 因此，死刑的刑事政策涉及刑事政策的各个层面。当然，最为重要的还是从法律的观点出发，正确地制定与运用死刑的政策。这个意义上的死刑政策，其实可以分为死刑的立法政策与死刑的司法政策。就死刑的立法政策与司法政策的关系而言，两者都十分重要。当然，因为司法受到立法的限制，对死刑来说也是如此：刑法对死刑的规定，直接决定着死刑的司法适用的范围。死刑的限制首先是死刑的立法限制，因此，死刑的立法政策是极为重要的。但是，对死刑来说立法限制不仅仅是一个法律问题，甚至也不仅仅是一个政策问题，而在很大程度上是一个政治问题，需要考虑各种政治因素与影响。因此，从立法上解决死刑问题是终极性的，因此也是具有相当难度的。在这种情况下，关于死刑的司法政策就显得十分重要。从司法上限制死刑适用具有个案性，波及面较小，调整与回旋的余地较大，更容易掌控与操作。对中国的死刑政策也可以从立法政策与司法政策这两个面向来进行考察。

中国的死刑政策来自于对敌斗争的政策与策略，因为从一开始就是把死刑当作一种对敌斗争的手段加以运用的。在这种情况下，对死刑来说更多的是追求其功利效果。因此，死刑在较大范围被较为广泛地适用。在当时的情况下，这种死刑运用的政策与策略具有政治上的正当性。这个阶段，可以称为死刑的政治化阶段，死刑被从政治的角度考量，对于死刑的法律性缺乏应有的关注。从 1949 年中华人民共和国成立，一直到 1979 年的 30 年间，中国没有刑法，当然也就没有对死刑的法律规制。但是，这个时期逐渐形成了“不可不杀，不可多杀，防止错杀”的死刑政

① 马建松：《死刑司法控制研究》，18 页，北京，法律出版社，2006。

策。然而，受到当时政治运动的影响，多杀与少杀的界限是相对的，因为政治原因的错杀也是客观存在的。尽管如此，坚持少杀与防止错杀作为死刑政策的核心内容还是得到了强调。

及至1979年中国制定了第一部刑法典，它标志着我国刑事法治的建设进入了一个有法可依的阶段。1979年刑法对死刑体现了严格限制的立法思想，规定了28个死刑罪名。1979年刑法将罪大恶极作为死刑适用的条件，为在司法活动中严格适用死刑提供了法律标准。可以说，1979年刑法从立法上体现了少杀政策，这是值得“文化大革命”充分肯定的。至今为止，1979年刑法也是我国死刑罪名最少的刑法典。之所以在1979年刑法中能够贯彻少杀政策，主要与立法当时的政治气候相关。1979年刑法制定之际，恰好是“文化大革命”结束之时。“文化大革命”刚刚过去，人心思治，因此，1979年刑法体现了轻刑与慎刑的立法指导思想。死刑政策，就是这种立法指导思想的产物。从20世纪80年代开始中国进入了改革开放的时代，随着对个人的各种政治管束的放松，中国社会逐渐从压制型社会向开放型社会转变。伴随着这种社会转型，社会治安有所恶化，各种大案、要案大量发生，对社会秩序与公共利益造成了严重的破坏。在这种情况下，中国出台了“严打”的刑事政策。正是在中国从较为轻缓的刑事政策到“严打”的刑事政策转变的历史背景下，中国的死刑政策也发生了重大的变化。

从1983年开始的“严打”运动，是中国刑事政策的一个重大转折，也是死刑政策变化的一个节点。从立法上来说，随着一系列单行刑法的颁布，死刑罪名在大量增加，尤其是常见多发的普通刑事犯罪增加了死刑，这对于死刑的司法适用也产生了重大影响。例如，在司法实践中最为常见的盗窃罪，1979年刑法并没有规定死刑。但1983年“严打”决定对盗窃罪规定了死刑，而盗窃罪在整个犯罪中占有相当大的比例，因此导致死刑适用的较大幅度的增加。不仅如此，司法解释还对盗窃罪设置了较低的死刑适用标准。例如在20世纪90年代初期，司法解释规定，盗窃公私财产3万元以上就属于盗窃罪的情节特别严重，可以判处死刑。在这个时期，盗窃罪的死刑适用在整个死刑中占据了相当大的比例。及至1997年刑法修改，中国刑法中的死刑罪名已经达到了70个左右，增长速度是十分惊人的。在1997年刑法修改过程中，如何对待死刑的修改，是一个引人注目的焦点问题。但在当时第二次“严打”的背景之下，并没有对死刑罪名进行大幅度的删减。而是采取了既不增加也不减少的保守态度，最终在1997年刑法中确定了68个死刑罪名。

从“严打”开始，中国的死刑政策是否发生了重大调整或者变化，是一个在中国刑法学界存在争议的问题。具有代表性的观点认为，这个时期中国的死刑政策已经从限制死刑转变为强化死刑。例如有学者指出：“我们所称‘坚持少杀’的死刑政策，在立法上均已无有效保障，《刑法》《刑事诉讼法》为贯彻‘少杀’政策而确立的限制性制度几乎全部修改。因此，若仍然坚持说我国现阶段的死刑政策仍是‘坚持少杀’‘可杀可不杀的不杀’，似有脱离实际之嫌。现行的死刑政策似表述为强化死刑较为实际。"[①] 应该说，这种观点具有合理性。从"严打"开始以后，中国死刑的立法政策与司法政策都发生了逆转，从限制到扩张，这一趋势是极为明显的。

从 1983 年"严打"开始，死刑政策之所以发生上述重大变化，笔者认为对其原因可以从以下 3 个方面进行分析：第一，基本刑事政策的变化。如前所述，1979 年刑法还是以刑法的轻缓化为政策目标的，反映在死刑问题上，当时刑法中的死刑罪名较少，而且对死刑的适用作了较为严格的限制。但在"严打"开始以后，"从重从快严厉打击犯罪"成为刑事政策的主导思想，而死刑成为最为有效的"严打"手段，由此扩大死刑的适用成为贯彻"严打"刑事政策的必然结果。由此也可以看到，死刑政策在很大程度上受到基本刑事政策的制约，一个国家的基本刑事政策发生变化以后，其死刑政策也会随之而发生变化。第二，死刑制度的功利性效果的强化。死刑作为惩治严重犯罪的手段，具有一定的合理性。从报应刑的角度来说，重罪重判是公正的，对那些严重的犯罪适用死刑符合刑法的报应要求。与此同时，从目的刑的视角来看，死刑作为极刑，具有其他较轻刑罚所不具有的功利效果，这也符合一般常识。以上关于死刑的见解，一般来说是正确的。但是，在"严打"刑事政策的指导下，将死刑作为追求"严打"效果的主要手段，我们还是过于强调了死刑类的功利效果，在某种程度上甚至出现了对死刑威慑性效果的迷信。在社会公众那里，期望通过适用死刑来打击严重犯罪，尤其是通过对"贪腐"的犯罪分子适用死刑以惩治腐败的呼声较高。而主政者则期望通过适用死刑来遏制犯罪、恢复社会秩序，从而在社会治理中形成了对死刑的一定程度的依赖，并为死刑的扩大适用提供了社会心理基础。第三，传统文化也为死刑的扩大适用提供了合理性基础。中国是一个具有数千年专制传统的国家，为了维护专制统治，采取了重刑主义的刑事政策。因此，重刑思想具有历史传统。具体到死刑来说，尤其是杀人罪的死刑，基于植根于民族心理的"杀人者死"的传统观念，强烈支持对杀人罪适用死刑，这也为死刑的适用提供了正当性根据。基于以上 3 个方面的原因，强化死刑的政策思想容易在中国推行。当然，在以上 3 点当中，笔者认为刑事政策的变化还是主要的因素，主政者对死刑的态度直接决定着死刑政策的变化，这也是不可否定的。总之，对于死刑政策的变化，尤其是从限制死刑到强化死刑的变化，我们应当持一种客观的态度，更应该实事求是地分析死刑政策变化的社会政治和社会心理原因。

死刑政策是刑事政策的一个面向，它也随着刑事政策的转变而改变。从 2004 年开始，中国的刑事政策又出现了一次重大调整，这就是从"严打"的刑事政策向"宽严相济"刑事政策的改变。如果说，"严打"刑事政策更强调的是对犯罪从重、从快打击的一面，在更大程度上是一种对犯罪的惩罚政策，那么，"宽严相济"的刑事政策则是从宽政策与从重政策的统一，同时也是轻罪政策与重罪政策的统一。

① 赵秉志主编：《刑法争议问题研究》（上卷），627 页，郑州，河南人民出版社，1996。

在这种情况下，对死刑政策也必然发生影响，这种影响体现在对死刑的适用加以较为严格的限制，这也是对重罪实行区别对待的必然结果。在这种情况下，中国的死刑政策从扩张回归限制，坚持少杀、防止错杀的死刑政策得以重新确立。

从以上死刑政策的历史演变过程，我们可以清晰地发现，死刑政策是随着整个刑事政策而改变的，刑事政策具有对死刑政策的明显制约性。同时，死刑政策的演变也是和我们国家的法治发展密切相关的。可以说，随着刑事法治建设的进步，我国坚持少杀、防止错杀的死刑政策也会得到贯彻与落实。

二、坚持少杀政策的阐述

在中国当前尚不具备立即废除死刑的条件的情况下，坚持少杀是极为现实可行的死刑政策，也是限制死刑的应有之义。坚持少杀是慎刑思想的体现，要求在适用死刑的时候，应当严格把握死刑的适用标准，对于那些可杀可不杀的犯罪人，一定坚持不杀，从而控制死刑适用数量。对坚持少杀可以从立法与司法两个层面加以考察：

（一）坚持少杀政策的立法体现

在立法上坚持少杀，就是要通过立法，严格规定死刑适用的法定条件，严格控制死刑罪名。前者表现在刑法总则关于死刑适用条件的规定上，后者表现在刑法分则关于死刑罪名的规定上。

就刑法总则对死刑适用条件的规定而言，应该说，中国刑法还是作了较为严格的规定。中国刑法第 48 条第 1 款规定：“死刑只适用于罪行极其严重的犯罪分子。”根据这一规定，死刑的适用对象是罪行极其严重的犯罪分子。这里的“罪行极其严重”，是指犯罪的客观危害极其严重和犯罪的主观恶性极其严重，也就是所谓罪大恶极。应当指出，“罪行极其严重”是刑法总则的一般规定。在刑法分则中对于适用死刑的条件往往加以具体规定，例如情节特别严重、情节特别恶劣、造成严重后果、危害特别严重等。在适用死刑的时候，应当同样遵守上述刑法总则与刑法分则关于死刑适用的条件。这里应当指出，我国 1979 年刑法将死刑的适用条件规定为“罪大恶极”，但 1997 年刑法修改为“罪行极其严重”。对于这种修改，我国学者存在各种不同的解读。因为“罪大恶极”包括了客观上的“罪大”与主观上的“恶极”这两个方面，而“罪行极其严重”只包括客观方面的评价，从文字上来看，确实是强调了犯罪的客观方面。但我国学者基本上还是从客观与主观这两个方面对死刑适用条件进行解读，当然，客观上的危害是应当放在第一位的。这里还应当指出，联合国《公民权利与政治权利国际公约》第 6 条第 2 款明确规定：“在未废除死刑的国家，只能对最严重的犯罪判处死刑。”这里的“最严重的犯罪”（the serious crimes），根据联合国经济及社会理事会《关于保护面对死刑的人的权利的保障措施》第 1 条，应当理解为“对蓄意而结果为害命或其他极端严重的罪行（intentional crimes with lethal or other extremely grave consequences)”。由此可见，中国刑法关于死刑适用条件的“罪行极其严重”的表述虽然在文字上与联合国国际公约关于死刑适用条件的“最严重的犯罪”的表述是更为接近了，但其在内容上还是与之存在相当大的距离的。国际公约对死刑的适用主要限于人命的犯罪，排除了对非人命与其他非暴力犯罪的死刑适用，但中国刑法中的死刑适用范围还包括了非暴力犯罪。

就刑法分则对于死刑适用罪名来说，如前所述，中国刑法规定的死刑罪名还是较多的，包括了非暴力犯罪。在 1997 年刑法中规定了 68 个死刑罪名，主要分布在危害国家安全的犯罪、危害公共安全的犯罪、破坏市场经济秩序的犯罪、侵犯人身的犯罪、侵犯财产的犯罪、妨害社会管理秩序的犯罪、危害国防利益的犯罪、贪污贿赂犯罪、军人违反职责的犯罪。可见，在中国刑法分则规定的 10 类犯罪中，除了渎职罪以外，其他 9 类犯罪都规定了死刑，由此可见中国刑法中的死刑罪名分布之广。值得注意的是，《刑法修正案（八）》对死刑罪名进行了削减，共计减少了 13 个死刑罪名，包括：（1）走私文物罪；（2）走私贵重金属罪；（3）走私珍贵动物、珍贵动物制品罪；（4）走私普通货物、物品罪；（5）票据诈骗罪；（6）金融凭证诈骗罪；（7）信用证诈骗罪；（8）虚开增值税专用发票、用于骗取出口退税、抵扣税款发票罪；（9）伪造、出售伪造的增值税专用发票罪；（10）盗窃罪；（11）传授犯罪方法罪；（12）盗掘古文化遗址、古墓葬罪；（13）盗掘古人类化石、古脊椎动物化石罪。对这些罪名适用死刑的取消，虽然是对刑法分则的修订，但其意义并不局限于分则，而可以说是中国死刑立法改革所取得的实质性进展。当然，这次取消适用死刑的 13 个罪名，其死刑本身基本不用或者极少适用，对于限制死刑适用的实际效果还是十分有限的，但其对于限制死刑的立法宣示意义更为重要。笔者认为，在条件具备以后，还应进一步从立法上限制死刑，对于那些经济性非暴力以及暴力程度较轻的犯罪都应当逐渐取消适用死刑，使死刑的立法限制对司法发生实际效果。只有这样，才能推进中国死刑制度的改革。

（二）坚持少杀政策的司法体现

对死刑的限制不仅应当体现在立法上，更应当体现在司法上。在某种意义上说，死刑的司法限制比死刑的立法限制更为重要。因为死刑的立法限制具有较大的政治风险，而且程序也较为复杂而死刑的司法限制主要是针对个案的，相对来说风险较小。当然，目前社会上对死刑较为敏感，刑罚民粹主义对死刑适用也具有较大的影响。例如，云南省高级人民法院审理的李某奎故意杀人案中，被告人李某奎与被害人王某飞存在感情纠纷，2009 年 5 月 16 日，李某奎将王某飞强奸后杀死，并将其弟王某红（3 岁）杀死。对于本案，云南省昭通市中级人民法院以故意杀人罪判处李某奎死刑立即执行，剥夺政治权利终身；以强奸罪判处被告人李某奎有期徒刑 5 年，决定执行死刑立即执行，剥夺政治权利终身。判决由被告人李某奎赔偿附带民事诉讼原告人经济损失共计人民币 30 000 元。一审宣判以后，被告人不服，提起上诉。云南省高级人民法院经审理以后认为：上诉人李某奎目无国法，将王某飞掐致昏迷后对其实施奸淫，而后又将王某飞、王某红姐弟杀害的行为，分别构成强奸罪、故意杀人罪，应依法严惩。被告人李某奎在犯罪后到公安机关投案，并如实供述其犯罪事实，属自首；在归案后认罪、悔罪态度好；并赔偿了被害人家属部分经济损失，故上诉人李某奎及其辩护人所提被告人具有自首情节，认罪、悔罪态度好，积极赔偿被害人家属的上诉理由和辩护意见属实，予以采纳。鉴于此，对李某奎应当判处死刑，但可以不立即执行。作出如下判决：第一，维持云南省昭通市中级人民法院（2010）昭中刑一初字第 52 号刑事附带民事判决第二及第一项中对被告人李某奎强奸罪的定罪量刑及故意杀人罪的定罪部分；撤销第一项中对故意杀人罪的量刑部分。第二，上诉人（原审被告人）李某奎犯故意杀人罪，判处死刑，缓期 2 年执行，剥夺政治权利终身。李某奎故意杀人案被改判“死缓”的判决在媒体上披露以后，引发社会公众和舆论的广泛质疑。后云南省高级人民法院提起再审，云南省高级人民法院经再审认为：被告人李某奎因求婚不成及家人的其他琐事纠纷产生报复他人之念，强奸、杀害王某飞后，又残忍杀害王某飞年仅 3 岁的弟弟王某红，其行为已分别构成强奸罪、故意杀人罪，且犯罪手段特别残忍，情节特别恶劣，后果特别严重，社会危害极大，虽有自首情节，但不足以对其从轻处罚。原二审“死缓”判决量刑不当，故改判死刑立即执行。本案在报请最高人民法院核准以后，对李某奎执行了死刑。从李某奎杀人案的犯罪情节来看，应该说是极其严重的，尤其是杀死两人，属于罪行极其严重，适用死刑当然没有问题。关键是应否适用“死缓”？本案中被告人存在自首情节，并且属于因婚姻家庭纠纷引起的故意杀人案，云南省高级人民法院原二审判决正是根据这些情节对李某奎适用“死缓”。这一判决结果当然是体现了对死刑严格限制的政策思想，但还是难以为被害人亲属和社会公众所接受，在强大的舆论压力下不得不通过再审改判死刑立即执行。从李某奎案件死刑适用的反复过程可以看到，死刑适用的界限如何把握确实是一个值得深入探讨的问题。

应该说，这些年来中国最高人民法院出台了一系列关于死刑适用的司法政策，并且通过行使死刑核准权，对死刑适用的实体与证据条件严格加以把关，对于限制死刑的适用起到了重要的作用。例如，2010 年最高人民法院颁布了《关于贯彻宽严相济刑事政策的若干意见》（以下简称《意见》），根据宽严相济的刑事政策具体提出了死刑适用的司法政策。《意见》第 29 条规定：“要准确理解和严格执行‘保留死刑，严格控制和慎重适用死刑’的政策。对于罪行极其严重的犯罪分子，论罪应当判处死刑的，要坚决依法判处死刑。要依法严格控制死刑的适用，统一死刑案件的裁判标准，确保死刑只适用于极少数罪行极其严重的犯罪分子。拟判处死刑的具体案件定罪或者量刑的证据必须确实、充分，得出唯一结论。对于罪行极其严重，但只要是依法可不立即执行的，就不应当判处死刑立即执行。”这一政策虽然是原则性的，但对于死刑的司法适用具有一般性的制度意义。除此以外，最高人民法院还对于那些适用死刑较多的罪名的死刑适用问题进行了较为具体的规定。例如，对于故意杀人罪的死刑适用条件，最高人民法院刑三庭颁布的《在审理故意杀人、伤害及黑社会性质组织犯罪案件中切实贯彻宽严相济刑事政策》的司法文件中，明确提出了对故意杀人案件区分两类不同性质的案件的政策，指出：在司法实践中，故意杀人案件从性质上通常可以分为两类："一类是严重危害社会治安、严重影响人民群众安全感的案件，如极端仇视国家和社会，以不特定人为行凶对象的；一类是因婚姻家庭、邻里纠纷等民间矛盾激化引发的案件。对于前者应当作为严惩的重点，依法判处被告人重刑直至判处死刑。对于后者处理时应注意体现从严的精神，在判处重刑尤其是适用死刑时应特别慎重，除犯罪情节特别恶劣、犯罪后果特别严重、人身危险性极大的被告人以外，一般不应当判处死刑。对于被害人在起因上存在过错，或者是被告人案发后积极赔偿，真诚悔罪，取得被害人或其家属谅解的，应依法从宽处罚，对同时有法定从轻、减轻处罚情节的，应考虑在无期徒刑以下裁量刑罚。"这些政策精神对于限制故意杀人罪的死刑适用具有重大意义。

此外，最高人民法院还通过颁布指导性案例，对死刑适用进行案例指导。在最高人民法院颁布的指导性案例中，王志才故意杀人案与李飞故意杀人案就是具有典型意义的案例。关于死刑立即执行与死刑缓期2年执行的界限，尽管以往的政策原则是明确的、司法解释的规定也是可行的，但是在具体操作上仍然不易掌握。例如，关于民间纠纷引发的故意杀人案件司法解释提出，原则上不应适用死刑立即执行。那么，这里的原则内与原则外如何界分，就是一个较为疑难的问题。而王志才故意杀人案的裁判要旨指出："因恋爱、婚姻矛盾激化引发的故意杀人案件，被告人犯罪手段残忍，论罪应当判处死刑，但被告人具有坦白悔罪、积极赔偿等从轻处罚情节，同时被害人亲属要求严惩的，人民法院根据案件性质、犯罪情节、危害后果和被告人的主观恶性及人身危险性，可以依法判处被告人死刑，缓期二年执行，同时决定限制减刑，以有效化解社会矛盾，促进社会和谐。"李飞故意杀人案的裁判要旨指出："对于因民间矛盾引发的故意杀人案件，被告人犯罪手段残忍，且系累犯，论罪应当判处死刑，但被告人亲属主动协助公安机关将其抓捕归案，并积极赔偿的，人民法院根据案件具体情节，从尽量化解社会矛盾角度考虑，可以依法判处被告人死刑，缓期二年执行，同时决定限制减刑。"这两个裁判要旨是从具体案件中引申出来的，结合案情能够更为准确地把握死刑立即执行与死刑缓期2年执行的界限，而这也正是案例指导制度中的裁判要旨所具有的优越性。

三、防止错杀政策的阐述

防止错杀对于死刑制度的正当性具有重要意义，如果不能有效地防止错杀，死刑制度的正当性必将大打折扣。防止错杀主要是一个证据与程序的问题，对此中国刑事诉讼法的规定也存在一个演变过程。中国刑事诉讼法对于死刑并没有规定特殊的证明标准，而是统一地要求达到"事实清楚，证据确实、充分"的程度。但在

1983年“严打”当中，提出了“两个基本”的证据标准，即基本事实清楚，基本证据确实、充分。“两个基本”的证据标准在一定程度上降低了死刑的证据标准，对于扩大死刑适用起到了推动作用。从最近暴露出来的一些冤案来看，它们与在死刑适用上没有采取严格的证明标准存在着重要关联。值得注意的是，2010年6月13日最高人民法院、最高人民检察院、公安部、国家安全部、司法部颁布了《关于办理死刑案件审查判断证据若干问题的规定》（以下简称《规定》），其第1条对死刑案件的证据标准作了一般性规定，指出：“办理死刑案件，必须严格执行刑法和刑事诉讼法，切实做到事实清楚，证据确实、充分，程序合法，适用法律正确，确保案件质量。”这一规定明确了办理死刑案件的证据必须达到“事实清楚，证据确实、充分”，这对于保证死刑案件的质量具有重要意义。此外，《规定》第5条还对这里的“证据确实、充分”作了具体规定，是指：（1）定罪量刑的事实都有证据证明；（2）每一个定案的证据均已经法定程序查证属实；（3）证据与证据之间、证据与案件事实之间不存在矛盾或者矛盾得以合理排除；（4）共同犯罪案件中，被告人的地位、作用均已查清；（5）根据证据认定案件事实的过程符合逻辑和经验规则，由证据得出的结论为唯一结论。这一关于“证据确实、充分”的具体认定标准，对于死刑案件的质量把关具有准则性的意义。同时，《规定》第5条还对需要证明的死刑案件的事实进行了界定，指出：“办理死刑案件，对于以下事实的证明必须达到证据确实、充分：（一）被指控的犯罪事实的发生；（二）被告人实施了犯罪行为与被告人实施犯罪行为的时间、地点、手段、后果以及其他情节；（三）影响被告人定罪的身份情况；（四）被告人有刑事责任能力；（五）被告人的罪过；（六）是否共同犯罪及被告人在共同犯罪中的地位、作用；（七）对被告人从重处罚的事实。”这一对于需要证明的死刑案件的事实的细化规定，使得死刑案件中的“事实清楚”的内涵更加明确，摈弃了“两个基本”的规定，对于防止死刑适用冤案的发生具有重要意义。

从死刑适用的证据标准的演变，可以清楚地看出中国司法机关在贯彻防止错杀政策方面所作出的不懈努力。与此同时，近些年在司法实践中也暴露出若干起发生在十多年前的死刑适用冤错案件，并对此进行了平反。这些死刑适用冤错案件的发生，正是过去没有严格把握死刑适用证据标准的结果。以下，对具有典型性的3个冤错案件进行分析：

（一）浙江萧山五青年抢劫杀人案

1995年3月20日，浙江萧山女出租车司机徐某华遇害，仅仅半年不到之后的8月12日，一名叫陈某江的出租车司机被杀害，当时年龄不过在20岁左右的5名青年田某平、陈某阳、田某冬、王某平、朱某平被萧山公安机关认定为真凶，并在1995年11月陆续到案。1997年7月，杭州市中级人民法院判处陈某阳等5人3人死刑、1人“死缓”、1人无期徒刑。同年12月，浙江省高级人民法院将陈某阳等3人改判为“死缓”，其他2人维持“死缓”和无期徒刑。2012年春，浙江公安机关通过指纹比对发现了涉嫌其中一起案件的项某。2013 年 5 月 30 日，嘉兴市中级人民法院判处项某“死缓”，对 5 名被告人进行了平反。在本案中，存在着以下明显的问题：(1) 口供定罪。没有任何足以证明 5 名被告人抢劫杀人的口供证据，本案中只有两名出租车司机被害的证据，但没有证据证明该 2 名出租车司机系 5 名被告人所杀，而是完全依靠被告人的口供作为定罪根据。(2) 有利于被告人的证据不予认定。在本案现场勘查的时候，从死者的出租车上提取了一枚指纹，与 5 名被告人都比对不上。对于如此重要的有利于被告人的证据，公安机关竟然没有认定，也没有任何合理解释。(3) 隐匿证据。公安机关将现场提取的指纹予以隐匿，没有入卷，检察机关也不知道，因此无法据此对本案事实进行严格审查。当然，公安机关虽然隐匿该指纹但尚未销毁，而是将该枚指纹输入了指纹库，后来被其他地方的公安机关比对上，由此而使真凶被发现。(4) 刑讯逼供。在本案中存在明显的刑讯逼供，其中 1 个被告人因此还将舌头咬碎。

(二) 浙江杭州张氏叔侄强奸杀人案

2003 年 5 月，安徽货车司机张某、张某平叔侄搭载老乡王某从安徽到杭州，二人离开后，王某被奸杀。杭州市西湖区检察机关指控张氏叔侄涉嫌强奸罪和故意杀人罪。2004 年 4 月，杭州市中级人民法院分别判处张某死刑、张某平无期徒刑；10 月，浙江省高级人民法院对张某改判“死缓”，对张某平改判 15 年有期徒刑。2011 年 11 月，从死者指缝中提取的人体组织经过 DNA 鉴定，比对上此前因强奸杀人已被执行死刑的犯罪人勾某。2013 年 3 月 26 日，浙江省高级人民法院宣告张氏叔侄无罪。在本案中，存在着以下明显的问题：(1) 死者指纹中的人体组织的 DNA 比对不上的情况下，以不能排除是在生活中接触到的其他人留下为由，仍然认定张氏叔侄犯有强奸罪和故意杀人罪。这里涉及对“排除合理怀疑”的理解，排除合理怀疑是指排除有利于被告人的合理怀疑。基于此，本案明显没有排除合理怀疑。如果把排除合理怀疑错误地理解为排除不利于被告人的合理怀疑，则本案就被定罪。排除有利于被告人的合理怀疑是无罪推定原则的派生原则；而排除不利于被告人的合理怀疑是有罪推定思想的必然结论。(2) 控方在将有利于被告人的证据不予认定以后，该证据没有进入庭审。对于有利于被告人证据的排除应该是法庭的当场排除，而不是控方的单方排除，这是侦查中心主义与审判中心主义的诉讼制度的根本区别。而在本案中有利于被告人的证据没有进入庭审，致使庭审难以起到查清案件事实的作用。(3) 刑讯逼供。在本案中，同样存在着严重的刑讯逼供。

(三) 河南平顶山李某亮强奸杀人案

2001 年 8 月，河南省平顶山市李某亮被控奸杀同村少女。2003 年，河南省叶县人民法院判处李某亮 15 年有期徒刑，后被平顶山市中级人民法院发回重审。2004 年 8 月，此案移送平顶山市中级人民法院，一审判处李某亮死刑；2005 年 1 月，河南省高级人民法院发回重审。2006 年 4 月，平顶山市中级人民法院判处李某亮“死缓”；9 月，河南省高级人民法院再次发回重审。2013 年 4 月 25 日，平顶山市中级人民法院宣告李某亮无罪。在本案中，存在着以下明显的问题：(1) 没有直接证据。只有证明被害人被强奸杀害的证据，而没有李某亮强奸杀人的证据。(2) 本案存在证据采集、证据固定以及鉴定方面的瑕疵。(3) 刑讯逼供。该案平反的意义是：在没有发现真凶的情况下予以平反，体现了疑罪从无的原则。

上述死刑适用冤错案件只是冰山一角，并且值得庆幸的是，最终被告人都被改判"死缓"，得以保全生命。但还是存在着一些已经被执行死刑的冤案，例如湖南的藤某善案，以及目前正在审理中的王某金案所涉及的聂某斌。面对死刑适用冤案的爆发，我们应该反思死刑适用的证据制度，不仅如此，还要反思整个刑事司法理念与司法制度。第一，司法理念上是坚持无罪推定还是有罪推定，始终是一个尚未完全解决的问题。无罪推定的含义是只要不能证明有罪就是无罪，需要证明的是有罪，无罪是不需要证明的。这一原则要求控方承担有罪的举证责任，如果控方的举证不能成立，法院就应该判决无罪。而有罪推定的含义正好相反：只要不能证明无罪就是有罪，需要证明的是无罪，有罪是不需要证明的。中国刑事诉讼法的规定体现了无罪推定的司法理念，但在司法实践中有罪推定的思想还根深蒂固。在对命案等涉及死刑适用的案件的审理中，除非有证据证明被告人无罪，否则法院不敢判决无罪，而往往采取罪疑从轻的做法，虽然保全了被告人的生命，但还是铸成了冤案。因此，只有司法理念的彻底转变，才能杜绝死刑适用冤错案件的发生。第二，刑讯逼供也是造成死刑适用冤错案件的原因之一，很难想象，在被告人没有杀人的情况下，如果没有外界巨大的压力，被告人会在明知会被判处死刑的情况下违心地承认自己杀人。这种造成巨大外界压力的手段就是刑讯逼供。几乎每一个死刑适用冤错案件的背后都存在刑讯逼供的黑影。应该指出，虽然每一起死刑适用冤错案件中都存在刑讯逼供现象，但并非每一个刑讯逼供都一定会造成冤假错案，绝大多数刑讯逼供并没有造成冤假错案。但绝不能把刑讯逼供分为造成冤假错案的刑讯逼供与没有造成冤假错案的刑讯逼供，并认为只有造成冤假错案的刑讯逼供才是错误的、应当杜绝的，而没有造成冤假错案的刑讯逼供，使犯罪分子受到了惩罚，对于打击犯罪具有积极作用。这样的认识是完全错误的：刑讯逼供是违反人性的，是野蛮司法的表现，在现代法治社会是应当绝对禁止的。由此可见，死刑适用冤错案件与司法文明程度是密切相关的。只有在一个司法文明程度较高的法治社会，死刑适用冤错案件才能得以避免。第三，死刑适用冤错案件的发生还与刑事诉讼制度相关。中国刑事诉讼法规定了公、检、法三机关互相配合、互相制约的关系，但在操作过程中，配合有余，制约不足。尤其是现行刑事诉讼法对于辩护方在刑事诉讼中的地位与作用强调得还不够，辩护律师未能发挥应有的作用。在上述这些死刑适用冤错案件中，辩护律师都作了无罪辩护，但法院对于律师的辩护意见置之不理，不予采纳。为了防止错杀，在死刑案件的审理中，应当更加突出律师的辩护功能，同时也应使法官居于更加中立的裁判者的地位。

第二十三章

刑法分则规定的明知

明知是我国刑法中广泛采用的一个表明犯罪的主观构成要件要素的法律术语，除了刑法总则第 14 条故意犯罪概念中所规定的明知（以下简称刑法总则规定的明知）以外，我国刑法分则还大量规定了明知（以下简称刑法分则规定的明知）。本章以德日刑法学中的表现犯概念为分析工具，对我国刑法分则规定的明知进行刑法教义学的研究。

一、刑法分则规定的明知：界定与描述

如何区分刑法总则规定的明知与刑法分则规定的明知，是本文的逻辑起点。在 2003 年围绕着奸淫幼女的司法解释，我国刑法学界曾经对刑法中的明知问题展开过讨论。这场讨论涉及对我国刑法中的明知的正确理解，遗憾的是，在有关明知的讨论中没有严格区分刑法总则规定的明知与刑法分则规定的明知。为了体悟刑法中明知问题的理论意义，在此笔者谨从奸淫幼女的司法解释切入展开讨论。

奸淫幼女的司法解释缘于一个奸淫幼女的案例，该案发生在辽宁鞍山。被害人徐某，女，1989 年 5 月 2 日生，案发时 13 岁，身高 1.65 米，体重 60.2 公斤。该女在 2002 年 2 月，以“疯女人”的网名上网与人聊天，随后与人见面，先后与张某等 6 人发生性关系。本案经检察院向法院提起公诉。法院经审理后，对该案奸淫事实确认无误，但对于被告人的行为是否构成犯罪存在意见分歧，遂将本案请示到鞍山市中级人民法院。鞍山市中级人民法院经审委会讨论，同样存在意见分歧，遂请示到辽宁省高级人民法院。辽宁省高级人民法院对本案定性没有把握，尤其是考虑到这个案件涉及对刑法第 236 条第 2 款规定的正确解释，具有一定的普遍性，就将该案请示到最高人民法院，最终最高人民法院以批复的形式对该案作出了司法解释。

在法院对该案的审理中，主要存在以下两种意见：第一种意见认为，被告人张某等 6 人构成奸淫幼女罪。[①] 理由是：被害人徐某案发时未满 14 周岁，而奸淫幼女是指与不满 14 周岁的幼女发生性交的行为。本案主观方面是故意，并且具有奸淫的目的；客观方面表现为与不满 14 周岁的幼女发生性交行为。不管幼女是否同意，也不管行为人用什么方法达到奸淫目的，只要实施与幼女的性交行为，即构成此罪。上述 6 被告人的行为符合奸淫幼女罪的犯罪构成。第二种意见则认为，被告人张某等 6 人的行为不构成奸淫幼女罪。理由是：首先，设立奸淫幼女罪主要是考虑到不满 14 周岁的幼女对性的认识能力欠缺，为保护幼女的身心健康，在强奸罪中单独规定，“奸淫不满十四周岁的幼女的，以强奸论，从重处罚”。在本案中，被害人徐某虽未满 14 周岁，但其从网上和其他渠道更多地理解了有关性知识，在其给

① 根据 1997 年 12 月 11 日最高人民法院《关于执行〈中华人民共和国刑法〉确定罪名的规定》，强奸罪与奸淫幼女罪是两个独立罪名。2002 年 3 月 15 日最高人民法院、最高人民检察院《关于执行〈中华人民共和国刑法〉确定罪名的补充规定》取消了奸淫幼女罪，统称强奸罪。

被告人杜某的信中也说："爱好：上网、找男人做爱"，等等，说明其心理发育早熟，有别于传统意义上的幼女。其次，被害人与上述6被告人均是在网上聊天时相识，被奸淫之前大多是被害人提出要与对方见面，不想回家，想找个地方睡觉。网上聊天时，也是以性爱作为主要内容，想知道性爱是什么。是早熟及好奇心驱使，使其主动接触异性并勾引异性，导致其与多人发生性行为，且被害人在网上及当着6被告人的面时均说自己19岁，从其体貌特征看貌似成人，被告人不可能知道其是幼女。也就是说在本案中，上述6被告人无罪过，不能认为是犯罪。

该案于2002年1月8日经最高人民法院审判委员会讨论，通过了对本案的下述批复："辽宁省高级人民法院：你院《关于行为人不明知是不满十四周岁的幼女而与其自愿发生性关系，是否构成强奸罪问题的请示》收悉。经研究，答复如下：行为人明知是不满十四周岁的幼女而与其发生性关系，不论幼女是否自愿，均应依照刑法第三百三十六条第二款的规定，以强奸罪定罪处罚；行为人确实不知对方是不满十四周岁的幼女，双方自愿发生性关系，未造成严重后果，情节显著轻微的，不认为是犯罪。"以上批复确立了奸淫幼女构成强奸罪应以明知对方是不满14周岁的幼女为前提的司法规则。

在奸淫幼女的司法解释颁布以后，引发了一场广泛的争议。社会公众对该司法解释的误解、法理学家对该司法解释越权的质疑①，以及刑法学家几乎众口一词的为该司法解释的辩护②，将该司法解释推到了风口浪尖。在此，去除对奸淫幼女的司法解释的社会层面的思考以及对司法解释的价值论的反思，笔者仅从刑法教义学的视角对这场讨论进行考察。

在关于奸淫幼女的司法解释的讨论中，一般都涉及严格责任概念。这本身也是一个刑法教义学的分析思路。然而，严格责任是英美刑法的概念，在实行责任主义的德日刑法学中并不采用。因此，本文的分析是以德日刑法学为进路的。那么，我国刑法学家是如何为奸淫幼女的司法解释辩护的呢？主客观相统一是我国刑法学家为奸淫幼女的司法解释辩护的理论根据，一致认为，奸淫幼女的司法解释体现了主客观相统一原则。主客观相统一是我国刑法学所特有的一套刑法话语，其所针对的是刑法客观主义和刑法主观主义。我国学者指出："主客观相统一原则，基于犯罪的主观因素与客观因素可能相互分离而单独存在的客观事实，强调在解决人的刑事责任问题时必须同时考虑犯罪的客观因素与主观因素，并注意二者是否统一于犯罪行为之中，是否具有内在的一致性。这样就防止了在犯罪的主观因素与客观因素相分离的状态下只根据其中一个方面追究刑事责任的错误，使刑事责任的实际追究更

① 参见苏力：《司法解释、公共政策和最高法院——从最高法院有关"奸淫幼女"的司法解释切入》，载《法学》，2003（8）。

② 参见赵秉志主编：《主客观相统一：刑法现代化的坐标——以奸淫幼女型强奸罪为视角》，5页以下，北京，中国人民公安大学出版社，2004。

趋合理。”① 因此，从主客观相统一的内容来看，较为接近于德日刑法学中的责任主义。然而，何以否认奸淫幼女构成强奸罪需要对幼女年龄的明知，就是违反了主客观相统一的原则？问题关键在于，对幼女年龄的明知究竟是否属于主观故意的内容。由此可见，如何正确认识奸淫幼女的司法解释所确认的明知的性质及在犯罪论体系中的地位，都是值得深入探讨的问题。

在为奸淫幼女的司法解释辩护的理由中，最为有力的辩解是故意要素说。这种观点认为，奸淫幼女的司法解释中对幼女年龄的明知是刑法总则规定的犯罪故意的内容。我国刑法第 14 条规定：“明知自己的行为会发生危害社会的结果，并且希望或者放任这种结果发生，因而构成犯罪的，是故意犯罪。”对幼女年龄的明知，就是故意概念中明知的具体反映。例如张明楷教授指出：“分则条文没有对奸淫幼女要求‘明知是幼女’，是否意味着奸淫幼女的成立不要求行为人明知行为人是幼女呢？答案是否定的。因为总则指导分则、补充分则，如果分则没有例外的、特别的明文规定，就必须适用总则的规定。既然根据刑法总则的规定，任何故意犯罪的成立，都要求认识到犯罪的客观构成要件要素（包括犯罪对象），那么，只要分则没有特别规定，奸淫幼女的成立就必须以明知对方是幼女（犯罪对象）为条件。也正因为如此，有的国家和地区（如意大利、格陵兰、加拿大）刑法规定，奸淫幼女的，不得以不知被害人年龄作为无罪的辩解，甚至规定过失的奸淫幼女罪。但是，在我国刑法将奸淫幼女规定为故意犯罪，又没有类似特别规定与过失犯罪规定的情况下，对被害人年龄的不知，便成为无罪的辩解。”②

应该说，这种观点是能够成立的。但这里涉及如何看待刑法总则规定的明知与刑法分则规定的明知的关系问题。正是在这一问题上，张明楷教授的以上解释存在含糊之处，值得一议。一方面，张明楷教授强调刑法分则关于明知的规定只不过是刑法总则规定的明知的提示性规定，例如张明楷教授指出：“我国的刑法分则较多地采用了‘明知’的规定，由于即使没有‘明知’的规定，故意犯罪的成立也要求行为人明知犯罪构成的客观要素，因此，刑法分则关于‘明知’的规定都属于注意规定。基于这一理由，即使刑法分则没有明文规定‘明知’要素，对于犯罪构成的客观要素，故意犯罪的行为人主观上也必须明知。”③ 注意规定是张明楷教授用来解释刑法犯罪规定的一个术语，是指“在刑法已作基本规定的前提下，提示司法工作人员注意，以免司法工作人员忽略的规定”④。因此，注意规定的基本功能在于其提示性。至于刑法分则关于明知的规定，张明楷教授认为都属于注意规定。根据张明楷教授的上述观点，刑法分则的明知是刑法总则故意概念中明知的一种提示性

① 张智辉：《刑事责任通论》，363 页，北京，警官教育出版社，1995。

② 张明楷：《主客观统一原则在奸淫幼女犯罪中的贯彻》，载赵秉志主编：《主客观相统一：刑法现代化的坐标——以奸淫幼女型强奸罪为视角》，151 页，北京，中国人民公安大学出版社，2004。

③ 同上书，153 页。

④ 张明楷：《刑法分则的解释原理》，2 版，622 页，北京，中国人民大学出版社，2011。

规定，因此，这两种明知在性质上是同一的：刑法分则规定的明知只不过是刑法总则规定的明知的重复规定而已。在另一方面，张明楷教授又说刑法总则规定的明知与刑法分则规定的明知之间有所不同，指出："刑法总则规定，故意的认识因素是'明知'自己的行为会发生危害社会的结果；刑法分则某些条文对犯罪规定了'明知'的特定内容。这两种'明知'是既有联系又有区别。总则中的'明知'是故意的一般构成要件，分则中的'明知'是故意的特定构成因素；只有具备分则中的'明知'，才能产生总则中的'明知'；但分则中的'明知'不等于总则中的'明知'，只是总则中的'明知'的前提。"① 在这种情况下，刑法分则规定的明知又不同于总则规定的明知，是一种特定的明知。如果刑法分则规定的明知是一种特定的明知，那么它就不可能仅仅是刑法总则规定的明知的提示性规定，而是具有其特殊的功能。尽管如此，在刑法分则规定的明知属于故意的内容，只不过是故意的特定构成因素这一点上，张明楷教授的观点是明确的，而这也是最值得商榷的，因为这一观点无异于否定了刑法分则规定的明知所具有的构成要件的界定功能。应该指出，张明楷教授将对幼女年龄的明知归入奸淫幼女构成的强奸罪的主观故意的内容，是完全正确的，因为这一明知并非刑法分则所规定，而是从刑法总则关于故意的概念中理所当然地引申出来的，因而可以说关于奸淫幼女的司法解释中的明知规定是对刑法总则中的故意的一种提示性规定。在对这一命题进行论证的时候，张明楷教授却将刑法分则规定的明知与刑法总则规定的明知视为同一之性质，这就涉及对分则规定的明知的理解问题，因而也就把问题转移到如何认识分则规定的明知上来，这也正是本文所要关注的问题。

我国刑法分则关于明知的规定之多，在世界各国刑法中是极为罕见的，因此，对刑法分则规定的明知予以合理的解释也就是十分重要的。为使我们充分掌握我国刑法分则关于明知的规定，以下对刑法分则关于明知的规定予以列举：(1) 第 138 条规定的教育设施重大安全事故罪，其构成要件是明知校舍或者教育教学设施有危险，而不采取措施或者不及时报告，致使发生重大伤亡事故。(2) 第 144 条规定的销售有毒、有害食品罪，其构成要件是销售明知掺有有毒、有害的非食品原料的食品。(3) 第 145 条规定的销售不符合标准的医疗器材罪，其构成要件是销售明知是不符合保障人体健康的国家标准、行业标准的医疗器械、医用卫生材料，足以严重危害人体健康。(4) 第 146 条规定的销售不符合安全标准的产品罪，其构成要件是销售明知是不符合保障人身、财产安全的国家标准、行业标准的电器、压力容器、易燃易爆产品或者其他产品，造成严重后果。(5) 第 147 条规定的销售伪劣农药、兽药、化肥、种子罪，其构成要件是销售明知是假的或者失去使用效能的农药、兽药、化肥、种子。(6) 第 148 条规定的销售不符合卫生标准的化妆品罪，其构成要件是销售明知是不符合卫生标准的化妆品，造成严重后果。(7) 第 171 条规定的运

① 张明楷《刑法学》，4 版，246 页，北京，法律出版社，2011。

输假币罪，其构成要件是明知是伪造的货币而运输。(8) 第 172 条规定的持有、使用假币罪，其构成要件是明知是伪造的货币而持有、使用。(9) 第 177 条之一规定的妨害信用卡管理罪，第 3 款第 1 项规定的构成要件是明知是伪造的信用卡而持有、运输的，或者明知是伪造的空白信用卡而持有、运输。(10) 第 191 条规定的洗钱罪，其构成要件是明知是毒品犯罪、黑社会性质的组织犯罪、恐怖活动犯罪、走私犯罪、贪污贿赂犯罪、破坏金融管理秩序犯罪、金融诈骗犯罪的所得及其产生的收益，而掩盖、隐瞒其来源和性质。(11) 第 194 条规定的票据诈骗罪，第 1 款第 1 项规定的构成要件是明知是伪造、变造的汇票、本票、支票而使用。第 2 项规定的构成要件是明知是作废的汇票、本票、支票而使用。(12) 第 214 条规定的销售假冒注册商标的商品罪，其构成要件是销售明知是假冒注册商标的商品。(13) 第 218 条规定的销售侵权复制品罪，其构成要件是以营利为目的，销售明知是刑法第 217 条规定的侵权复制品，违法所得数额巨大。(14) 第 219 条规定的侵犯商业秘密罪，第 2 款规定的构成要件是明知或者应知前款所列行为，获取、使用或者披露他人的商业秘密。(15) 第 244 条是关于强迫职工劳动罪的规定，其第 2 款规定的构成要件是明知他人实施前款行为，为其招募、运送人员或者有其他协助强迫他人劳动的行为。(16) 第258 条规定的重婚罪，其构成要件包括明知他人已经有配偶而与之结婚。(17) 第259 条规定的破坏军婚罪，其构成要件是明知是现役军人的配偶而与之同居或者结婚。(18) 第 310 条规定的窝藏、包庇罪，其构成要件是明知是犯罪的人而为其提供隐藏处所、财物，帮助其逃匿或者作假证明包庇。(19) 第 311 条规定的拒绝提供间谍犯罪证据罪，其构成要件是明知他人有间谍犯罪行为，在国家安全机关向其调查有关情况、收集有关证据时，拒绝提供。(20) 第 312 条规定的掩饰、隐瞒犯罪所得、犯罪所得收益罪，其构成要件是明知是犯罪所得及其产生的收益而予以窝藏、转移、收购、代为销售或者以其他方法掩饰、隐瞒。(21) 第 345 条规定的非法收购、运输盗伐、滥伐的林木罪，其构成要件是非法收购、运输明知是盗伐、滥伐的林木。(22) 第 350 条第 2 款规定的制造毒品罪的共犯，其行为是明知他人制造毒品而为其提供前款规定的物品（醋酸酐、乙醚、三氯甲烷或者其他用于制造毒品的原料或者配剂）。(23) 第 360 条第 1 款规定的传播性病罪，其构成要件是明知自己患有梅毒、淋病等其他严重性病而卖淫、嫖娼。(24) 第 363 条第 2 款规定的制作、复制、出版、贩卖、传播淫秽物品牟利罪的共犯，其行为是明知他人用于出版淫秽书刊而提供书号。(25) 第 370 条第 1 款规定的故意提供不合格武器装备、军事设施罪，其构成要件是明知是不合格的武器装备、军事设施而提供给武装部队。(26) 第 373 条规定的雇用逃离部队军人罪，其构成要件是明知是逃离部队的军人而雇用。(27) 第 379 条规定的战时窝藏逃离部队军人罪，其构成要件是战时明知是逃离部队的军人而为其提供隐蔽处所、财物。(28) 第 399 条规定的徇私枉法罪，其构成要件是司法工作人员明知是有罪的人而故意包庇不使他受追诉，或者在刑事审判活动中故意违背事实和法律作枉法裁判。(29) 第 415 条规定的办理偷越国（边）境人员出入境证件罪，其构成要件是负责办理护照、签证以及其他出入境证件的国家机关工作人员，对于明知是企图偷越国（边）境的人员，予以办理出入境证件。(30) 第 415 条规定的放行偷越国（边）境人员罪，其构成要件是边防、海关等国家机关工作人员，对于明知是偷越国（边）境的人员，予以放行。(31) 第 429 条规定的拒不救援友邻部队罪，其构成要件是在战场上明知友邻部队处境危急请求救援，能救援而不救援，致使友邻部队遭受重大损失。

以上我国刑法分则关于明知的规定，就其内容而言，大体上可以分为以下 4 种情形：一是对行为客体的明知，例如持有假币罪中明知是伪造的货币而持有，其明知的内容就是伪造的货币。二是对行为状态的明知，例如拒不救援友邻部队罪是不作为犯罪，该罪的不作为表现为能救援而不救援，其明知的内容是友邻部队处境危急请求救援，这是为了说明行为人具有救援义务。三是属于过失犯罪的明知。应该指出，在以上我国刑法分则关于明知的规定中，绝大多数是故意犯罪，有的条文甚至明确地标明了故意。例如徇私枉法罪不仅规定了对行为客体的明知，而且规定了其行为是故意的。我国刑法分则还对个别情况下的过失犯罪，也规定了明知。例如一般都认为教育设施重大安全事故罪是过失的责任事故犯罪，然而刑法第 138 条也规定了明知。张明楷教授认为，这是作为刑法总则过于自信过失的具体化而规定的。① 四是共犯的明知。共犯对于正犯在犯罪性质上具有一定的从属性，因而其主观上的明知对于认定共犯行为具有重要意义。尤其是在中立行为被认定为共犯的情况下，主观上的明知对于定罪具有重要意义。② 在刑法分则中也有关于共犯的明知规定，例如为他人制造毒品而提供用于制造毒品的原料或者配剂的，只有当主观上具有明知时，才能成立制造毒品罪的共犯，这里主要是指帮助犯。由此可见，我国刑法分则对明知的规定范围十分宽泛，在这种情况下正确认定刑法分则规定的明知对于定罪具有重要意义。应当指出，本文所讨论的重点乃是与故意犯罪相关的刑法分则规定的明知。

除了我国刑法分则以外，在有关的司法解释中也存在对明知的解释，以上我们讨论的奸淫幼女的司法解释就是一个适例。此外，2001 年最高人民检察院《关于构成嫖宿幼女罪主观上是否需要具备明知要件的解释》规定："行为人知道被害人是或者可能是不满十四周岁幼女而嫖宿的，适用刑法第三百六十条第二款的规定，以嫖宿幼女罪追究刑事责任。"那么，司法解释规定的明知在性质上到底属于刑法总则规定的明知还是属于刑法分则规定的明知呢？我认为，该司法解释所规定的明知属于刑法总则规定的明知，它是对刑法总则犯罪故意概念中明知的一种提示性规定，而根本不同于刑法分则规定的明知。例如，2002 年 7 月 8 日最高人民法院、最

① 参见张明楷：《刑法学》，4 版，246 页，注释 35，北京，法律出版社，2011。

② 关于中立行为的研究，参见陈洪兵：《中立行为的帮助》，17 页以下，北京，法律出版社，2010。

高人民检察院、海关总署《关于办理走私刑事案件适用法律若干问题的意见》第5条对走私罪的明知问题专门作了规定，指出："行为人明知自己的行为违反国家法律法规，逃避海关监管，偷逃进出境货物、物品的应缴税额，或者逃避国家有关进出境的禁止性管理，并且希望或者放任危害结果发生的，应认定为具有走私的主观故意。走私主观故意中的'明知'是指行为人知道或者应当知道所从事的行为是走私行为。"从以上司法解释的规定来看，走私罪中的明知就是走私故意中的明知。也就是说，刑法分则对走私罪没有规定明知，该司法解释对走私罪明知的规定只不过是刑法总则犯罪故意概念中明知的一种提示性规定。正因为该司法解释规定的明知属于刑法总则规定的明知的提示性规定，其也不在本文的研究视野之内。

关于刑法总则规定的明知与刑法分则规定的明知之间存在性质上的区别，在司法实践中为我国指导性案例所认可。例如，在王某超等生产、销售有毒、有害食品案中，裁判理由中关于对生产、销售有毒、有害食品案件中的明知如何认定时，指出："本案被告人及辩护人对本案犯罪故意中是否'明知'提出异议，一审判决认为刑法第一百四十四条规定的'明知'和刑法第十四条规定的'明知'应当有所区别。总则中的'明知'是对犯罪故意成立的总的要求，或者说是所有故意犯罪的一般构成要素，其内容是'自己的行为会发生危害社会的结果'。而分则中的'明知'，其内容则较为特定。分则中的'明知'不能局限于犯罪故意的认定，还涉及定罪量刑标准等问题。"① 以上裁判理由虽然正确地揭示了刑法总则规定的明知与刑法分则规定的明知是存在区别的，不能将两者混为一谈。然而刑法总则规定的明知与刑法分则规定的明知为什么存在区别、如何加以区别，对于这些问题裁判理由并没有作出回答。因此，需要采用德日刑法学中表现犯的概念对刑法分则规定的明知予以科学解读。唯有如此，才能正确区分刑法总则规定的明知与刑法分则规定的明知。

二、德日刑法学中的表现犯：概念与性质

在德日刑法学中，表现犯是指以内心认知作为主观构成要件要素的犯罪。由此可见，表现犯是因刑法分则对特定的主观要素的规定而形成的一种犯罪类型，其与目的犯的性质是极为相似的。应当指出，表现犯这个概念在我国刑法学中较为生疏，与目的犯概念的广泛采用形成鲜明的对照。我国刑法学界对于目的犯之目的这一主观构成要件要素进行了较为充分的研究②，笔者也曾经专门撰文讨论我国刑法中的目的犯。③ 相对来说，我国刑法学界对表现犯则缺乏深入研究。

① 最高人民法院刑事审判庭：《刑事审判参考》（第81集），7页，北京，法律出版社，2012。

② 例如，付立庆：《主观违法要素——以目的犯为中心的展开》，12页以下，北京，中国人民大学出版社，2008；欧阳本祺：《目的犯研究》，18页以下，北京，中国人民公安大学出版社，2009。

③ 参见陈兴良：《目的犯的法理探究》，载《法学研究》，2004（3）。

表现犯是随着主观违法要素的发现应运而生的一个理论概念，因此，对表现犯产生过程的追溯，也就是对犯罪论体系从古典的犯罪论体系到新古典的犯罪论体系，再到目的行为论的犯罪论体系的演变过程的回顾。

古典的犯罪论体系以德国著名刑法学家贝林为代表，主张客观违法性论，由此界定违法性与有责性之间的关系，以下这句法律格言充分揭示了这一关系："违法是客观的，责任是主观的。"在这种情况下，违法与责任的关系就被等同于客观与主观的关系，即违法＝客观，责任＝主观。由于构成要件是判断违法性的凭证，因此，从客观违法性中没有疑义地引申出构成要件的客观性。例如贝林在其学术生涯的早期，提出了构成要件的概念，以此与违法性和有责性相对应，建立了古典的犯罪论体系。毫无疑问，贝林的构成要件是客观的，甚至直接将构成要件视为与法的价值判断相背离的、纯粹形式的、记叙的、价值中立的犯罪类型。此后，主观违法要素被"发现"，对贝林的构成要件论产生了某种程度的冲击。贝林在其学术生涯的晚年，对其构成要件论作了一定的修正，例如，不再将构成要件称为犯罪类型，而是称为犯罪类型的指导形象或者客观轮廓。但贝林仍然否认所谓的主观构成要件要素或者主观违法要素的概念。例如贝林指出："如果硬要把'内在要素'从行为人精神层面上塞入构成要件之中，那么就会陷于方法论的歧途。贝林认为，所谓主观构成要件要素是犯罪类型本身的要素，而不是从犯罪类型中提炼出来的指导形象的要素。"① 在贝林之后，对主观违法要素理论作出了巨大贡献的是德国刑法学家迈耶。迈耶认识到在构成要件中存在主观要素，这些主观要素对违法性的判断具有重要影响。但迈耶又自相矛盾地坚持构成要件是客观的，因而把构成要件中的主观要素归入责任，即在责任是主观的这一命题下处理主观违法要素的体系性地位。这是一种不彻底的主观违法要素论。正如有德国学者指出，主观不法要素理论的全面发展应当归功于麦兹格。② 麦兹格肯定了主观违法要素的概念，认为类型化了的主观违法要素就是主观的构成要件要素。为区分主观违法要素和故意、过失等责任要素，麦兹格提出了以下著名的命题：责任要素是"外部行为的单纯的意欲"，而主观违法要素是"外部行为的有意义的意欲"。

那么，如何区分这里的"单纯的意欲"和"有意义的意欲"呢？笔者认为，关键的问题是怎么界定这里的"意义"。依笔者的理解，这里的"意义"是指对于违法性判断的意义。也就是说，在意欲（主观要素）对于违法性判断具有意义的情况下，这种意欲就是主观违法要素：如果这种意欲（主观要素）对于违法性判断没有意义，它就是责任要素。麦兹格这一思想确定了主观违法要素的地位，尤其是揭示了主观违法要素与责任要素的界分，具有重要意义。当然，麦兹格仍然把故意与过

① ［德］恩斯特·贝林：《构成要件理论》，王安异译，16、17页，北京，中国人民公安大学出版社，2006。

② 参见［德］汉斯·海因里斯·耶赛克、托马斯·魏根特：《德国刑法教科书（总论）》，徐久生译，382页，北京，中国法制出版社，2001。

失归入责任，在例外的情况下肯定主观违法要素的存在。麦兹格进一步将含有主观心理色彩成分的构成要件划分为 3 种类型，即所谓目的犯（Absichtsdelikte）、倾向犯（Tendenzdelikte）和表现犯（Ausdrucksdelikte）。① 及至目的论的犯罪论体系产生以后，规范责任论取代了心理责任论，因此，故意与过失等心理要素被从责任范畴中“逐出”而被纳入构成要件，由此彻底颠覆了构成要件的客观性。正如有德国学者指出：“从目的的行为结构中得出这样的结论，即故意必须与其他主观的不法特征一起，共同属于犯罪构成要件范畴，因为犯罪构成要件的任务是在所有的对处罚具有意义的不法特征方面来说明行为。主观的构成要件特征现在更多地被以‘个人的不法要素’的大概念形式，与故意合二为一，并被作为‘行为非价’（Handlungsunwert）与‘结果非价’（Erfolgsunwert）相对立。”② 目前，在德国刑法学界行为与结果无价值的二元论占据主导地位，主观构成要件成为通说，只不过把主观构成要件进一步分为一般的主观构成要件与特殊的主观构成要件，在特殊的主观构成要件中，讨论目的犯、倾向犯和表现犯。

在德国刑法典中，主观违法要素的立法例并不是很多。相对来说，在主观违法要素的犯罪类型中，目的犯的规定较多，因此，在德国刑法学中对目的犯进行了较为充分的研究。而倾向犯和表现犯的规定较少，因而对这两者的主观违法要素的犯罪类型的研究也是较为薄弱的。关于表现犯，德国学者在界定的时候有的强调其行为显示了行为人的一种内心过程③，有的则强调行为人的外部行为与内心认识状态相矛盾。④ 第一种表述中的内心过程这个概念过于粗疏，而第二种表述中的外部行为与内心认识状态相矛盾则较为明确，但只有证言犯才能体现这种内心认识与外部行为的矛盾。例如德国学者一般都以《德国刑法典》第 153、154、156 条所谓证言犯以及第 138 条的知情不举犯为例，说明表现犯。证言犯中的虚假言词，从字面上来看似乎没有涉及行为人的主观要素。但证言犯是以行为人明知其言词与事实情况不相符合为前提的，如果行为人误以为其证言与事实情况相符合而陈述，则因缺乏主观违法要素而不构成该罪。在这种情况下，明知其证言虚假就成为证言犯的构成要件的主观要素。因此，虽然德国刑法关于证言犯的构成要件中并没有明文规定主观要素，但该主观要素可以从虚假言词中推导出来。至于知情不举，《德国刑法典》第 138 条规定了“确实知道”这一主观要素。在确实知道的情况下不予告发，确实知道就成为产生具体告发义务的主观前提。因此，只有在确实知道的情况下，不予

① 参见付立庆：《主观违法要素理论——以目的犯为中心的展开》，32 页，北京，中国人民大学出版社，2008。

② ［德］汉斯·海因里斯·耶赛克、托马斯·魏根特：《德国刑法教科书（总论）》，徐久生译，260 页，北京，中国法制出版社，2001。

③ 参见［德］克劳斯·罗克辛：《德国刑法学总论》，第 1 卷，王世洲译，208 页，北京，法律出版社，2005。

④ 参见［德］汉斯·海因里斯·耶赛克、托马斯·魏根特：《德国刑法教科书（总论）》，徐久生译，238 页，北京，中国法制出版社，2001。

告发这一行为才具有违法性。

主观违法要素的概念也为日本刑法学界所认同，只是在主观违法要素的性质上存在不同见解。例如日本学者小野清一郎认为：构成要件中有主观要素这一点，无论在实定法上，还是在理论上，都是不能否定的。如果是这样，那么问题就在于它在实质上是属于违法性呢，还是属于责任。小野清一郎认为，在主观要素的 3 种构成要件中，所谓表现犯的主观要素是属于违法性方面的；但是倾向犯及目的犯中的主观要素，就不是违法要素，而往往属于道义责任。① 小野清一郎的理由是：在表现犯的情况下，离开了主观要素，例如知情不举中的知道事实真相，则其客观行为，例如不予举报就不具有违法性。因为法律只将报告义务赋予了解事实的人，只要不具备了解事实这一条件，一般地说就不存在法律义务。所以，不报告，只有在了解事实而不报告的场合才应当是违法的。因此，表现犯的主观要素是主观违法要素。至于倾向犯和目的犯，从行为客观方面就可以观察出其是违法的。例如，倾向犯中的猥亵或者侮辱，其行为都是违法的。目的犯中的伪造货币，即使没有行使目的，也是违法的，只是在具有行使的目的时，才开始构成伪造货币罪。因此，倾向犯中的内心倾向和目的犯中的目的都属于责任要素而非违法要素。② 应该说，在日本刑法学界小野清一郎是肯定表现犯具备主观违法要素的少数学者之一。

在日本刑法学界关于主观违法要素存在肯定说与否定说之分。行为无价值论一般都肯定主观违法要素，不仅肯定特殊的主观违法要素，而且肯定一般的主观违法要素。例如大塚仁指出："作为构成要件性行为的主观要素，可以举出故意、过失、目的等。除了目的犯之外，作为包括主观违法要素的犯罪，麦兹格还提出了倾向犯和表现犯这种观念。所谓倾向犯，是指行为是作为表现行为人的主观倾向而发生的，只有在能够看出这种倾向时，才肯定构成要件符合性。例如，公然猥亵罪（第 174 条）、强制猥亵罪（第 176 条）等，只有在刺激或者满足行为人的性冲动的倾向下进行时，才视为犯罪。外表上虽然是同样行为，以诊断和治疗的目的进行的行为等则不包含在内。表现犯，是指行为是作为行为人内部的、精神的经过或者状态而显现的。不比较外部的事象和行为人的精神面，就不能正确地判断其违法性和构成要件符合性。例如，伪证罪（第 169 条），只有在行为人违反其记忆作了虚假的陈述时，才成为犯罪。"③ 由此可见，大塚仁对主观违法要素是全面肯定的。故意与过失，在大塚仁的犯罪论体系中具有双重意义：既是构成要件要素，又是责任要素。但目的等特殊的主观违法要素是否同时又是责任要素呢？对此，大塚仁并没有论及。

至于结果无价值论对主观违法要素的态度，一般来说，故意与过失这样的主观要素都被认为是责任要素，因而不承认所谓"一般的"主观违法要素的概念。但对

① 参见［日］小野清一郎：《犯罪构成要件理论》，王泰译，64～65、67 页，北京，中国人民公安大学出版社，2004。

② 参见上书，65 页以下。

③ ［日］大塚仁：《刑法概说（总论）》，3 版，冯军译，142 页，北京，中国人民大学出版社，2003。

于目的等特殊的主观违法要素是否承认，又存在不同见解。其中，既有像山口厚教授这样肯定特殊的主观违法要素的学者，又有像前田雅英教授这样彻底否定主观违法要素的学者。山口厚教授指出："违法性的实质是法益侵害、危险的引起，由于有无法益侵害和行为人的意思无关，故而基本上不能认可主观的违法要素，但在属于构成要件要素的结果是法益侵害之危险的场合，例外地，也存在着行为人的行为意思（并非单纯的对事实的认识）通过对于有无法益侵害之危险及其程度施加影响，而能够作为违法要素予以认可的场合。"① 值得注意的是，山口厚教授所认可的主观违法要素的范围是极其窄小的，仅承认作为主观的超过要素的目的是主观违法要素，至于倾向犯和表现犯都不认可其主观违法要素之存在。例如在论及表现犯时，山口厚教授指出："内心的表现成为处罚的对象的犯罪（这称为表现犯）中的内心状态属于主观的违法要素吗？关于伪证罪（刑法第169条）中的'虚假的陈述'的含义素有争论，其中，判例从把陈述与内心的记忆不一致理解为'虚伪'的主观说出发，承认了其属于主观的违法要素。但是，若是把针对违反'符合记忆进行陈述'这一义务的认识本身作为主观的违法要素的话姑且不论，但即便主观说也认为是违反记忆的客观的陈述奠定了违法性的基础，并不意味着单纯的内心状态成了违法要素。在这个意义上，与围绕着'虚伪'之含义的主观说和客观说的对立无关，无论如何，不能认可此处的主观的违法要素。"② 山口厚教授在这里所说的关于虚伪的主观说和客观说，是指对虚伪的两种不同理解。按照主观说，是否虚伪应以行为人的主观认识为标准，因此，主观认识为A，但其陈述为B，即使其所陈述的B与客观真实相符合，也属于虚假陈述。而按照客观说，是否虚伪应以客观真实为标准，只要行为人的陈述违背客观真实，无论其主观认识如何，都属于虚假陈述。在日本刑法学界一般认为：如果主张客观说则虚假性的认识是一个故意的问题，没有必要承认主观违法要素。只有在主张主观说的情况下，其符合事实真相的陈述要认定为虚假陈述，才有必要承认主观违法要素。例如，西田典之教授指出："表现犯是指因表现行为者的内心而成立的犯罪。伪证罪（第169条）就是典型的表现犯。就伪证的含义采取主观说者认为，其违法性在于证人作出有违自己的记忆的表现（证言）。但如果采取客观说，即伪证是指证言内容有违客观真实，则虚假性的认识应归结为故意的问题。这样便没有必要肯定目的犯以外的其他主观性违法要素。"③ 但山口厚教授认为：无论是主观说还是客观说都没有必要承认主观违法要素，因为在主张主观说的情况下，违反记忆的陈述本身是违法性的基础，其判断仍然是客观的。但违反记忆而又符合真相的陈述，如果仅从客观外观来看，并不能认为是虚假的陈述。只有结合行为人的主观认识，才能确认其陈述是违反记忆，因而是虚假的陈述。就此而言，在采用主观说的情况下否认主观违法要素的观点并非

① ［日］山口厚：《刑法总论》，2版，付立庆译，95页，北京，中国人民大学出版社，2011。

② 同上书，97页。

③ ［日］西田典之：《日本刑法总论》，刘明祥、王昭武译，65页，北京，中国人民大学出版社，2007。

无懈可击。当然，在日本学者中也有完全否认主观违法要素的观点，例如前田雅英教授：前田雅英教授是把构成要件分为客观的不法构成要件和主观的责任构成要件，在这种情况下故意与过失以及其他主观要素都被类型化为主观的构成要件要素，因此不承认主观违法要素的概念。① 基于此，前田雅英教授当然不承认表现犯的概念。

综上，在德日刑法学中，对于建立在主观的违法要素理论基础上的表现犯，存在各种不同的观点的聚讼。德日刑法学家从各自不同的逻辑前提出发，得出了不同的结论。尤其是，德日学者对表现犯都能够结合本国刑法的规定进行研究，从而使其理论具有实践价值。这种研究方法更是值得我们借鉴的。

三、我国刑法学中的表现犯：借鉴与争议

在我国四要件的犯罪论体系中，根本就不存在主观违法要素的概念，因此也没有采用表现犯的分析工具对我国刑法中的规定进行研究。近年来，随着德日刑法学知识尤其是三阶层的犯罪论体系引入我国，主观违法要素理论开始受到我国学者的重视，但表现犯的理论仍然是被忽视的。

就四要件的犯罪论体系而言，将犯罪构成要件区分为客观要件和主观要件，这种主客观的两分法的逻辑中，客观的归客观，主观的归主观，也就没有主观违法要素存在的余地。例如，俄罗斯学者把犯罪的主观方面要件分为基本要件和补充要件(或称选择要件)。罪过是所有犯罪主观方面的基本要件，而动机、目的和情感状态属于选择要件。基本要件的本质在于，其存在于一切犯罪之中，而选择要件在一些犯罪中并不存在。因此，将犯罪主观方面分为基本要件和选择要件，不是因为罪过存在于一切犯罪之中，而是因为动机、目的和情感状态在一些犯罪中可能不存在。② 这里的犯罪主观方面的基本要件和选择要件并没有正确地揭示目的与动机之间的差别。其实，基本要件是由刑法总则规定的，而所谓选择要件是由刑法分则规定的，二者的功能是完全不同的：前者是在具备刑法分则所规定的构成要件的基础上，为责任的追究提供主观根据；而后者则是和刑法分则中规定的其他客观要素一起，形成某一具体犯罪的构成要件。但在四要件的犯罪论体系中构成要件的概念实际上已经缺失，刑法总则规定的犯罪主观要素和刑法分则规定的犯罪主观要素的区分几乎不可能。因此，所谓基本要件与选择要件只是一种十分表面化的说法，未能触及事物的本质。以往在我国刑法学界因为秉承四要件的犯罪论体系，也没有正确地阐述以上两种犯罪主观要素之间的区别。例如我国有学者也在犯罪构成的主观方

① 参见付立庆：《主观违法要素理论——以目的犯为中心的展开》，134页，北京，中国人民大学出版社，2008。

② 参见［俄］Π.B. 伊诺加莫娃-海格主编：《俄罗斯联邦刑法（总论）》，黄芳等译，83页，北京，中国人民大学出版社，2010。

面中讨论动机与目的。在论及刑法分则规定的目的时，我国有学者指出："犯罪目的尽管对直接故意的形成具有重要的意义，但目的本身并不是犯罪构成的要件。只有当法律为限制某种犯罪的范围，特别指明某种犯罪必须具有一定目的时，犯罪目的才成为该罪的构成要件。犯罪目的是行为人实施犯罪行为所要达到的结果的主观反映。追求犯罪目的的实现，正是希望性故意（直接故意）固有的特征。刑法要求某些犯罪具有特定的目的，不仅意味着过失不能构成此种犯罪，而且表明该种犯罪由特殊的故意构成，也即不是普通的故意，而是以特定目的为内容的直接故意。"① 在这种情况下，刑法分则规定的目的只不过是直接故意的提示性规定，它与故意并没有区分。按照这样的逻辑，刑法分则规定的明知同样是故意的内容，属于犯罪构成的主观方面的要件。因此，也就没有表现犯独立存在的余地。此后，我国学者将刑法分则规定的目的与故意加以区分，指出："这种规定的意义在于说明，这些犯罪不仅是故意犯罪，而且另外还要求特定目的。"② 但由于在四要件的犯罪论体系中没有主观违法要素的概念，特定目的在犯罪论体系中的地位无从确立，表现犯的分析工具也没有逻辑基础。

在引入三阶层的犯罪论体系以后，违法与有责作为犯罪的两大支柱的观念逐渐建立起来，主观违法要素的概念也开始被我国学者接受。首先是目的犯的概念，此后是倾向犯和表现犯的概念都得到了一定程度的探讨。其中，围绕着表现犯在我国刑法学界展开了争论，肯定表现犯的观点，例如我国有学者指出："根据刑法理论，故意的认识对象是构成要件的客观事实；也就是说，构成要件的客观事实具有规制故意内容的功能。但是对于表现犯来说，故意的内容不能完全依靠客观要素来判断。例如，在伪证罪中，行为人所陈述的事实是否与客观事实相符合，对于行为人犯罪故意的认定无济于事；犯罪故意的有无取决于行为人所陈述的事实与行为人所记忆的事实是否一致。也就是说，在伪证罪中，行为人是否具有犯罪故意，难以从客观上判断，而必须结合行为人主观心理态度来判断。在这一点上，表现犯有其存在的价值。"③ 而张明楷教授则从其结果无价值论出发，否认主观违法要素的概念，只是在主观超过要素的意义上承认目的犯。在论及表现犯时张明楷教授指出："所谓表现犯，是指行为反映了行为人的内心的经过或者状态的犯罪；对这种犯罪的认定，必须将外部的事实与行为人的主观心理进行比较，否则，不可能判断其构成要件符合性与违法性。"伪证罪被认为是表现犯的适例。张明楷教授对伪证罪的主观说与客观说分别作了介绍，然后指出："主观说难以被人接受。因为证言是否虚假，应以证人陈述的内容与客观事实相符合为标准进行判断。只有违背客观事实的证言，才可能妨害司法活动。如果联系主观方面考虑，虚假应是违反证人的记忆与实际体验且不符合客观事实的陈述。如果违反证人的记忆与实际体验但符合客观

① 高铭暄主编：《刑法学原理》，第2卷，121页，北京，中国人民大学出版社，1993。
② 高铭暄主编：《刑法专论》（上编），253页，北京，高等教育出版社，2002。
③ 欧阳本祺：《目的犯研究》，165页，北京，中国人民公安大学出版社，2009。

事实，就不可能妨害司法活动，不能认定为伪证罪；如果符合证人的记忆与实际体验但与客观事实不相符合，则行为人没有伪证罪的故意，不可能成立伪证罪。因此，伪证罪不是表现犯；表现犯的概念也没有存在的必要。”① 应该说，张明楷教授的以上观点，与其所坚持的绝对的结果无价值论的学术立场具有极大的相关性。张明楷教授在论及结果无价值论与行为无价值论的区别时指出：“结果无价值论认为，判断行为是否违法，只能以行为的客观面为根据；不管行为人的主观能力、意识内容如何，只要客观上违反法律，就具有违法性。行为无价值论则认为，判断行为是否违法，不能仅以行为的客观面为根据，而应同时考虑行为人的主观能力与意识内容。于是，结果无价值论者一般不承认主观的违法要素，而行为无价值论者则普遍承认主观的违法要素。”② 张明楷教授是主张结果无价值论的，因而否认主观违法要素，以保持其学术立场的一致性。但是，结果无价值论者也并非全部否认主观违法要素，例如作为结果无价值论者的山口厚教授虽然否认故意、过失是主观违法要素，但还是例外地认可在超过的主观要素意义上的目的犯之目的是主观违法要素。③ 笔者个人也是赞同结果无价值论的④，但笔者主张的是相对的结果无价值论，因此并不否认特定情况下的主观违法要素。⑤ 这里的特定情况，就是指刑法分则关于主观要素的规定，例如目的、明知等情形。当然，刑法分则规定的主观要素是否一概归之于主观违法要素也还值得进一步讨论。例如，我国刑法分则在某些条文中规定了故意（例如故意杀人罪）与过失（过失致人死亡罪）等，这里的故意与过失的性质如何界定还是值得研究的。无论如何，一概否认主观违法要素，虽然能将结果无价值论的学术立场贯彻到底，但在解释刑法分则规定的主观要素的时候就会无能为力。

以上围绕着表现犯概念的存废而展开的讨论，只不过是日本刑法学界的理论争论在我国的翻版。在这里有一点是需要着重指出的，就是，在我国学者对表现犯的讨论中，仍然采用伪证罪的例子，但我国刑法第305条关于伪证罪的规定，与德日刑法都不相同，强调了“故意作虚假证明、鉴定、记录、翻译，意图陷害他人”。在这种情况下，讨论表现犯的余地并不大。而我国刑法在分则中大量规定了明知的要素，我国学者并没有将其作为表现犯进行讨论，而是把它理解为故意的特别规定。这是令人遗憾的。

值得注意的是，我国台湾地区学者将确信之违反作为表现犯之特定意态，指出：“所谓确信，指认识某事物，已达于极深之程度；亦即所谓‘明知’者是。若

① 张明楷：《刑法分则的解释原理》，2版，460页，北京，中国人民大学出版社，2011。

② 张明楷：《刑法的基本立场》，171页，北京，中国法制出版社，2002。

③ 参见［日］山口厚：《刑法总论》，2版，付立庆译，95页，北京，中国人民大学出版社，2011。

④ 参见陈兴良：《教义刑法学》，340页，北京，中国人民大学出版社，2010。

⑤ 关于相对的结果无价值一元论视野下的主观违法要素的原则否认与例外肯定的观点，参见付立庆：《主观违法要素理论——以目的犯为中心的展开》，134页，北京，中国人民大学出版社，2008。

只为‘预见’，而非‘明知’，尚不得谓为确信。例如：在假酒充斥之市场，购得之酒，虽有其可能为假酒之预见，但尚不得谓已明知其为假酒；亦即尚未系确信其为假酒。”台湾地区学者还指出：“依刑法分则或其他特别刑法之规定，须明知如何如何，始构成犯罪者，皆属确信之违反；例如：滥权追诉罪，须明知为无罪之人，而使其受追诉，始能成立（一二五条一项三款）；贩卖伪品罪，须明知为伪造或仿造之商标、商号之货物而贩卖，始能成立（二五三条）；公务员登记不实罪，须明知为不实之事项，而予登载，始能成立（二一三条）皆是。亦有在条文上虽未明定‘明知’字样，而依其性质，当然以出于‘明知’为必要者，亦属确信之违反；例如：枉法裁判罪，须明知法律故为出入，始能成立（一二四条）；伪证罪，须明知为虚伪之事项，而予陈述，始能成立（一六八条）皆是。表现犯之所表现者，即为此内心之‘明知’状态。”① 由此可见，台湾地区学者根据台湾地区“刑法”分则关于明知的规定，采用表现犯的理论进行解释。

我国刑法分则虽有大量明知的规定，但却没有采用表现犯的解释进路。如上所述，持否认主观违法要素观点的学者，当然不可能将刑法分则规定的明知解释为表现犯；即使是主张主观违法要素理论的学者，也没有将刑法分则规定的明知归入表现犯的范畴。在此，需要对于刑法分则规定的明知是主观违法要素的命题加以论证。

明知是一种主观要素，这是没有问题的。那么，它究竟是主观违法要素还是责任要素呢？对此，我国学者并没有展开讨论。这里涉及违法要素与责任要素的区分标准问题：一般认为，违法要素决定行为的法益侵害性，而责任要素与法益侵害性的判断没有关系。在通常情况下，违法要素都是客观的，法益侵害是由客观行为所造成的，而刑法分则就是类型化了的法益侵害行为。在这个意义上，构成要件是违法行为类型。构成要件具有违法性的推定机能，在一定程度上说，构成要件的判断就是违法性的认定。但是在极少数情况下，主观要素发挥着与客观要素相同的功能。日本学者泷川幸辰指出，主观的违法要素可以起着这样的作用：可以决定同样的外部举止活动哪一个是有侵害性的，或者决定哪一种侵害是严重的。主观违法要素将外部的、事实上的、客观的举止活动的侵害性赋予了个性，因而它和客观的要素一样，也属于违法类型的要素。② 笔者以为，泷川幸辰的以上论述是十分精辟的。在一般情况下，通过客观行为以及结果可以进行违法性的判断，当然，这里的违法性是指形式违法性，只有排除了违法阻却事由以后才能获得实质违法性，例如杀人行为，在一般情况下可以将其判断为违法。但在某些情况下，客观行为本身具有中立性，难以从其外观作出违法性的判断。例如，我国刑法第 258 条规定的重婚罪，包括两种行为：一是有配偶而重婚，这是指本人有配偶而与他人结婚；二是明

① 郑健才：《刑法总则》，128 页，台北，三民书局，1985。

② 参见［日］泷川幸辰：《犯罪论序说》，王泰译，41 页，北京，法律出版社，2005。

知他人有配偶而与之结婚。第一种行为在客观上就是重婚，其行为的重婚性质与主观要素无关。但第二种行为中因为本人是单身，但缺乏对他人有配偶的明知的情况下，与他人结婚的行为就是一种正常的结婚行为；只有明知他人有配偶而与之结婚，其行为才能被评价为非法的结婚行为，即重婚。十分值得回味的是，我国刑法分则第三章第一节关于生产、销售伪劣商品罪的规定，除了第 140 条（生产、销售伪劣产品罪）、第 141 条（生产、销售假药罪）、第 142 条（生产、销售劣药罪）、第 143 条（生产、销售不符合安全标准的食品罪）及第 144 条（生产、销售有毒、有害食品罪）前半段以外，第 145 条（生产、销售不符合标准的医用器材罪）、第 146 条（生产、销售不符合安全标准的产品罪）、第 147 条（生产、销售伪劣农药、兽药、化肥、种子罪）、第 148 条（生产、销售不符合卫生标准的化妆品罪）的构成要件都采取了对于以生产方式构成的伪劣商品犯罪没有规定明知，但对于以销售方式构成的伪劣商品犯罪规定了明知这样一种立法模式。之所以如此规定，是因为对于生产者来说，伪劣商品是其制造出来的，因此没有必要规定明知，其生产伪劣商品的行为本身就具有违法性。对于（非生产的）销售者来说，缺乏明知其行为的违法性就没有达到应受刑罚处罚的严重程度。在这个意义上说，这里的明知也具有违法性程度的标志功能。

在论证了刑法分则规定的明知属于违法要素的基础上，我们还要进一步讨论刑法分则规定的明知与总则关于犯罪故意规定中的明知之间的区别。关于这两者的区别，台湾地区学者郑健才曾经作过以下论述："刑法总则上所称之明知，与刑法分则上所称之明知不同。前者，系作为基本主观要件之一种基础；后者则系一种特定主观要件。犯罪须具备此特定主观要件时，刑法分则之明知为第一次明知，刑法总则之明知为第二次明知。有第一次之明知，未必即有第二次之明知。"① 笔者认为，这里的"有第一次之明知，未必即有第二次之明知"这句话十分重要。可以想见，如果刑法分则规定的明知属于故意中的明知，是故意的内容，则只要有第一次明知就必然有第二次明知。在这种情况下，刑法分则规定的明知就只具有提示功能，而没有独立存在的价值。此外，"有第一次之明知，未必即有第二次之明知"还揭示了刑法分则规定的明知与刑法总则规定的明知之间的递进关系：第一次明知属于构成要件，是主观违法要素，而第二次明知属于责任要素，就违法与责任的关系而言，没有违法自然也就没有责任，但即使有违法也不一定有责任。所以说，刑法分则规定的明知是刑法总则规定的明知的前提，但却不是其本身的要素，因为具有第一次之明知。在一般情况下就具有第二次之明知。那么如何理解这里的虽有第一次之明知却没有第二次之明知的情形呢？如果不深入思考，有时是难以理解的。在此，关键问题是如何区分第一次明知与第二次明知。郑健才曾经举了一个例子说明第一次明知与第二次明知的区别："台湾'刑法'第 213 条规定了登载不实罪，其

① 郑健才：《刑法总则》，96 页，台北，三民书局，1985。

构成要件是：公务员明知为不实事项，而登载于职务上所掌之公文书，足以生损害于公众或他人。例如公务员在职务上掌管甲乙两种账簿，应在甲账簿登载1万元，在乙账簿登载1千元。若在甲账簿登载1千元、在乙账簿登载1万元者，即为登载不实；此为该公务员所明知（第一次明知）。亦即已具备该罪之特定主观要件。在具备此要件之情形下，倘该公务员进而明知甲账簿非乙账簿，而在甲账簿为1千元之记载，则此第二次明知，已成为确定故意。倘该公务员非有此第二次明知，而仅系不分辨账簿之为甲为乙，随意分别为1万元及1千元之登载，以致登载不实，亦只为不确定故意；而非确定故意。”① 在此，对于应在甲账簿登载1万元、在乙账簿登载1千元的明知，是第一次明知；对于甲账簿非乙账簿的明知，是第二次明知。如果没有第一次明知，即没有认识到应在甲账簿登载1万元、在乙账簿登载1千元、则其在甲账簿登载1千元、在乙账簿登载1万元的不实登载行为不具有该罪的构成要件该当性。如果有此第一次明知，但没有第二次明知，即不分辨账簿之为甲为乙，则虽然具备不实登载罪的构成要件该当性，但因没有故意而不具备责任要件。因为是以台湾地区“刑法”规定的犯罪为例进行讨论，而我们对该罪名的构成要件不甚熟悉，显得有些难以理解。在此，以我国刑法规定的犯罪为例进行分析。应该指出，我国刑法关于明知的规定，不像以上规定那样复杂。我国刑法规定的明知基本上是对行为客体的明知，本来应该属于故意的认识因素，却被立法者为限制犯罪成立的范围而作为构成要件要素加以规定。在这种情况下，作为故意内容之一的对行为客体的明知被前置于构成要件，可以称为前置型的明知。故意的明知被前置以后，故意的认识因素不再包括对行为客体的明知，只是对行为性质的明知以及对其他构成要件要素的明知。例如，我国刑法第172条规定的持有、使用假币罪，其构成要件是明知是伪造的货币而持有、使用。对假币的明知是第一次明知，这是对持有、使用假币罪的行为客体的明知。而对其行为是持有、使用伪币行为的明知，是第二次明知。

在三阶层的犯罪论体系中，如果坚持构成要件的违法行为类型说，则刑法分则规定的明知属于第一阶层中构成要件的要素，而刑法总则规定的明知属于第三阶层中有责性的要素。在法律评价上，两者是有所不同的。例如，我国刑法第259条规定的破坏军婚罪，刑法分则规定明知是军人的配偶而与之同居或者结婚的，构成本罪，因此，如果缺乏这种明知，则破坏军婚罪的构成要件不具备，因而也就不具有违法性。但我国刑法第236条第2款规定的奸淫幼女型的强奸罪，只要在客观上与不满14周岁的幼女发生性行为，就具备了构成要件该当性。缺乏对幼女年龄的明知，是一个在有责性中解决的问题。换言之，即使在不知对方是不满14周岁的幼女的情况下与之发生性行为，也是违法的，只不过不追究责任而已。又如，我国刑法第360条第1款规定了传播性病罪，其构成要件是明知自己患有梅毒、淋病等严

① 郑健才：《刑法总则》，96页，台北，三民书局，1985。

重性病而卖淫、嫖娼。如果缺乏这里的明知，则该罪的构成要件不具备。而刑法第360条第2款规定的嫖宿幼女罪，其构成要件是嫖宿不满14周岁的幼女。因为刑法分则没有规定明知，尽管相关司法解释规定了明知，但只要在客观上嫖宿不满14周岁的幼女，该罪的构成要件就具备了。至于有没有明知，那是故意是否存在的问题。比较以上两种情况，没有刑法分则规定的明知是欠缺违法性，而没有刑法总则规定的明知是在具备违法性的前提下缺乏有责性，这当然是两种不同的法律评价。

四、刑法分则规定的明知：分析与认定

我国刑法分则规定的明知在实体上如何界定，以及在司法实践中如何认定，始终是一个亟待解决的问题。因为这里的明知属于主观的范畴，因而其内容界定和司法认定都具有不同于客观要件的特点，对此应从法理上予以探讨。

在理解刑法分则规定的明知的时候，我们首先需要将其与刑法总则规定的明知的含义加以比较。关于刑法总则在犯罪故意概念中规定的明知，在刑法理论上一般都认为，这是犯罪故意的认识因素，包括两种情形：一是明知结果可能发生，二是明知结果必然发生。因为我国刑法关于故意的规定是以明知自己的行为会发生危害社会的结果为内容的，明知的终极指向是结果，而结果的发生可以分为可能发生与必然发生两种情形，所以对故意的明知也作了以上两种区分。但实际上故意的明知对象不仅包括结果，还包括行为、行为客体等内容。对于这些认识对象来说，并不存在可能发生与必然发生的问题，只是一个存在还是不存在的问题。因此，可以与刑法分则规定的明知相对比的只能是对行为以及行为客体或者行为状态的认识，就这一认识内容而言，明知就是一个主观对于客观状况的反映问题，是一个认识论的问题。以此为内容进行比较，笔者认为，刑法总则规定的明知与刑法分则规定的明知不是一般明知与特殊明知的关系。如前所述，我国刑法分则规定的明知是一种前置型的明知，因此，刑法分则规定的明知不是刑法总则规定的明知的例外，而是与其是一种并列关系。在这种明知的立法例中，明知在具体犯罪的构成要件中发挥了更多的限定性作用，使缺乏明知的行为被从构成要件中予以排除，而不是在故意中予以排除。

这里涉及一个值得研究的问题：以明知为构成要件的犯罪是否可以由间接故意构成？对此问题，在台湾地区刑法学界也是存在争议的，可以分为肯定说和否定说。例如台湾地区学者林山田教授在论及公务员登载不实罪的主观罪过时指出："本罪的构成要件故意仅以直接故意为限，行为人若仅具间接故意，则不足以构成本罪。"① 但也有台湾地区学者不同意以上观点，指出："学者间有主张凡刑法分则规定以明知为要件之一之犯罪，必须有确定故意，始能成立者，乃将刑法分则上之

① 林山田：《刑法各罪论》（下册），修订5版，289页，北京，北京大学出版社，2012。

明知，与刑法总则上之明知，混而为一之故。”① 这里所说的确定故意是相对于不确定故意而言的，确定故意往往被认为是直接故意的别称，而不确定故意则被认为是间接故意的别称。② 这里涉及更为深层次的问题是：直接故意与间接故意的区分到底在于认识因素还是在于意志因素，抑或两者？显然，确定故意与不确定故意之称，是从认识因素上区分直接故意和间接故意的，即前者的认识是确定性认识，后者的认识则是不确定性认识。但在刑法理论上，更强调的是意志因素：直接故意对结果是希望其发生的，而间接故意对结果是放任其发生的。当然，对于直接故意与间接故意的认识因素是否存在区分，还是有分歧意见的。按照台湾地区学者的观点，第一次明知是确信之违反，当然只能是确定认识；但第二次明知可以是不确定的认识。由于两次明知的对象不同，所以其确定与否也就不同。这样说起来，肯定说还是有一定道理的。

关于以明知为构成要件的犯罪是否可以由间接故意构成的问题，在我国刑法学界未见否定的观点，但见肯定的观点。例如张明楷教授认为，当刑法分则规定以明知为要件时，并不排除间接故意的可能性。③ 但对于为什么不能排除，并未见其阐述。笔者认为，我国刑法分则中的明知基本上是对行为客体的明知，这种明知本身是确定性的认识。因此，在行为犯的情况下，刑法分则规定明知的犯罪都只能是直接故意。例如，明知他人有配偶而与之结婚，行为人的主观心理显然是直接故意。但在结果犯的情况下，直接故意和间接故意的区分取决于对结果是持希望还是放任的心理态度，就此而言，刑法分则规定的明知确实并不能否认间接故意的存在。于刑法第 148 条规定的生产、销售不符合卫生标准的化妆品罪，在以销售行为构成本罪时，刑法要求行为人主观上对不符合卫生标准的化妆品具有明知。本罪属于结果犯，因此，虽然行为人对不符合卫生标准的化妆品具有明知，但对于造成严重后果却可能是放任的，由此构成间接故意犯罪。

刑法分则规定的明知就其认识内容的确定性程度而言，确实要比刑法总则规定的明知要高一些。正是在这个意义上，台湾地区学者认为，表现犯的本质是确信之违反，是一个反真实的问题。台湾地区学者指出：“确信，原系认识问题，属于观念范围，非属于意思范围；如明知鹿为鹿，马为马是。但确信之违反，则已进入意思范围；如指鹿为马是。此种确信之违反，与目的犯之意图不同；盖确信之违反，系反真实的心理状态，因其反真实而受非难；而意图，系因其目的不法，而受非难，并非反真实问题。确信之违反，又与倾向犯之意欲不同；盖意欲，系因其心理

① 郑健才：《刑法总则》，96 页，台北，三民书局，1985。

② 我国学者姜伟认为：把确定故意等同于直接故意，把不确定故意等同于间接故意，是欠妥的。事实上，确定故意未必就是直接故意，不确定故意未必就是间接故意。参见姜伟：《罪过形式论》，152 页，北京，北京大学出版社，2008。

③ 参见张明楷：《刑法学》，4 版，246 页，北京，法律出版社，2011。

倾向不法，而受非难，亦非反真实之问题。”① 因此，刑法分则规定的明知已经不是一般意义上的认知问题，而是一个反真实的问题。应该说，这一对表现犯的本质的概括是十分精彩的。我们在认定刑法分则规定的明知的时候，必须从确切性的认识的意义上去把握明知的内容。

在我国刑法理论上，如何理解刑法犯罪规定的明知这个问题存在表述上的差异，并引起了讨论。我国刑法第 219 条第 2 款关于侵犯商业秘密罪的规定中，曾经出现明知与应知的并列，因此对应知该如何理解产生了不同的观点。我国刑法关于过失犯罪的规定采用了应当预见而没有预见的表述，而应知往往被理解为应当知道，所以应知就被认为是过失的一种心理特征，主要是疏忽大意的过失。② 然而，我国刑法第 219 条对侵犯商业秘密行为的规定，都是故意的，是否可能仅因为在条文中出现了应知的用词，就肯定侵犯商业秘密罪也可以由过失构成？这是存在疑问的。对此，我国还有学者主张这里的应知应当解释为结合案件中的各种证据，可以推定行为人在当时情况下知道他人是以盗窃、利诱、胁迫或者其他不正当手段获取权利人的商业秘密，而仍然放任非法获取、使用或者披露他人商业秘密的侵害结果发生，行为人主观上至少有间接故意，应知是一种推定的明知。③ 这个解释也许是更为合理的，但也存在一个文义解释上的障碍：在法条上应知与明知是并列的，是否可以通过解释方法将应知包含在明知的外延之中？笔者认为，如果把明知解释为对这种主观心理的实体性规定，而把应知解释为对这种心理的推定性规定，还是能够对以上刑法规定作出合理解释的。因此，应当知道并不是以不知道为前提的，而是指并非行为人本人承认的知道，是通过推定所确认的知道。因此，笔者主张摈弃“应当知道”这一提法，改为推定知道的用语。④ 当然，这里涉及推定方法在明知认定中的运用。

我国有关司法解释没有把明知与应知并列起来，而是将明知解释为知道和应当知道，即把应知包含在明知的范畴之中。例如，我国刑法第 214 条规定的销售假冒注册商标的商品罪，要求行为人对其销售的是假冒注册商标的商品具有明知。2004 年 12 月 8 日最高人民法院、最高人民检察院《关于办理侵犯知识产权刑事案件具体应用法律若干问题的解释》第 9 条第 2 款规定，具有下列情形之一的，应当认定为属于刑法第 214 条规定的“明知”：（1）知道自己销售的商品上的注册商标被涂改、调换或者覆盖的；（2）因销售假冒注册商标的商品受到过行政处罚或者承担过民事责任、又销售同一种假冒注册商标的商品的；（3）伪造、涂改商标注册人授权文件或者知道该文件被伪造、涂改的；（4）其他知道或者应当知道是假冒注册商标的商品的情形。在以上司法解释中，前 3 项是为明知的推定提供基础事实，只要具

① 郑健才：《刑法总则》，128 页，台北，三民书局，1985。

② 参见党建军主编：《侵害知识产权罪》，184 页，北京，中国人民公安大学出版社，1999。

③ 参见周光权：《刑法各论》，2 版，277 页，北京，中国人民大学出版社，2011。

④ 参见陈兴良：《“应当知道”的刑法界说》，载《法学》，2005（7）。

备前3项之事实，即可认定明知之存在。但由于该司法解释将明知界定为知道或者应当知道，那么具备以上3项事实的情况下，究竟是知道还是应当知道呢？对此，指证不明。值得注意的是，2009年11月4日最高人民法院《关于审理洗钱等刑事案件具体应用法律若干问题的解释》，对明知的规定发生了重要的变化。该司法解释第1条规定：（第1款）刑法第191条、第312条规定的“明知”，应当结合被告人的认知能力，接触他人犯罪所得及其收益的情况，犯罪所得及其收益的种类、数额，犯罪所得及其收益的转换、转移方式以及被告人的供述等主、客观因素进行认定。（第2款）具有下列情形之一的，可以认定被告人明知系犯罪所得及其收益，但有证据证明确实不知道的除外：（1）知道他人从事犯罪活动，协助转换或者转移财物的；（2）没有正当理由，通过非法途径协助转换或者转移财物的；（3）没有正当理由，以明显低于市场的价格收购财物的；（4）没有正当理由，协助转换或者转移财物，收取明显高于市场的“手续费”的；（5）没有正当理由，协助他人将巨额现金散存于多个银行账户或者在不同银行账户之间频繁划转的；（6）协助近亲属或者其他关系密切的人转换或者转移与其职业或者财产状况明显不符的财物的；（7）其他可以认定行为人明知的情形。（第3款）被告人将刑法第191条规定的某一上游犯罪的犯罪所得及其收益误认为刑法第191条规定的上游犯罪范围内的其他犯罪所得及其收益的，不影响刑法第191条规定的“明知”的认定。以上对洗钱犯罪的明知的规定，是在所有关于明知的司法解释中最为详细和详尽的，对于司法机关正确认定洗钱犯罪具有重要指导意义。在以上3款规定中，第1款是关于明知认定的一般原理，强调了在认定明知的时候应该结合主、客观因素。第2款是关于明知推定的基础事实。尤其是，该司法解释还规定了“但有证据证明确实不知道的除外”，这表明通过推定所得出的结论是或然的，在存在反证的情况下可以被推翻。这就为辩护留下了余地。这在以往的司法解释中是没有的。我国学者把这一规定称为“除却规定”，认为这是一种可反驳的客观推定。除却规定允许被告人反驳，以便有效地防止客观推定的绝对化。如果行为人有证据证明自己确实不知，则推定其明知的结论不成立。① 第3款则是对洗钱罪明知对象的特殊规定，因为洗钱罪的上游犯罪并非一种而是多种，该司法解释对此作了概然性规定。这一规定表明洗钱罪的明知也可以是概然性的认识，这里的概然性不是指认识程度的概然性，而是指认识内容的概然性。在这一司法解释中，关于明知的界定没有再出现“应当知道”这一表述内容，这是于该司法解释之前关于明知的规定的一个重大转变。对此，该司法解释的执笔人指出：“《解释》起草之初曾在第一条第一款对‘明知’有说明性的文字，即‘明知是指知道或者应当知道’。专家论证会上有意见指出，尽管过去相关司法解释文件有类似表述，但从理论上看并不严谨，‘应当知道’包括确实不知道或者说过失的情形，而本解释强调的是明知可以通过客观证据来推定，并非要将

① 参见王新：《反洗钱：概念与规范诠释》，247页，北京，中国法制出版社，2012。

过失的情形涵括在内。考虑到国外不乏将过失洗钱规定为犯罪的立法例，为避免司法中可能出现的不必要的误解，坚持我国洗钱犯罪为故意犯罪的立法本意，《解释》删去了该文字表述。”① 笔者认为，这是司法解释的一个重要进步，它不仅可以避免对过失的误解，而且为对明知的理论定性提供了司法资料。

如何认定犯罪的主观要素，始终是一个司法活动中的疑难问题。对于故意来说，在绝大部分情况下，都可以从故意支配下的客观行为中得到确证。例如，行为人使用手枪朝着被害人的心脏开枪，在这种情况下，即使没有打死，我们也可以从其开枪行为中确认行为人主观上具有杀人故意。又如，行为人潜入他人住宅秘密窃取他人财物，也可以从窃取财物的行为中确认行为人主观上具有盗窃故意。对于这些主观要素来说，证明并不困难。但对于目的犯之目的、倾向犯之倾向、表现犯之表现，则证明起来是相当困难的。因为在这些情况下，某些主观要素，例如目的犯之目的，并不对应于客观行为，是一种主观超过要素，难以由客观行为直接确认其存在。至于倾向犯之倾向，例如强制猥亵罪中的性意图；表现犯之表现，例如刑法分则规定的大量明知，都是行为以外需要证明的主观违法要素，不能从其行为中直接确证。在这种情况下，行为本身不具有违法性或者违法性程度较低，需要通过主观要素确认其行为的违法性或者提升其行为的违法性程度，而客观上的行为并不能为这种主观要素的认定提供直接的根据。为此，在司法活动中对主观要素采取了推定的证明方法，尤其是有关司法解释通过设置推定规范，为明知的司法认定提供法律根据。

推定是一种根据已知的事实推导出推定事实的方法。推定经常被用于对主观事实的证明。就主观事实与客观事实相比较而言，对客观事实的证明相对来说较为容易，而对主观事实的证明则较难。所以我国学者提出了刑事主观事实的证明这一命题，并对此进行了研究。这无疑是具有现实意义的。② 当然，在我国法学界，推定是一个最为混乱的概念之一，诉讼法学者与实体法学者对推定的理解存在差异。例如刑事法中的推定，便是如此。对明知的推定，严格来说应该是一个证据法的问题，在这个问题上，诉讼法学者也许更有发言权。从证据法的角度来说，推定的问题实际上是一个证明责任的转移问题。因为主观的构成要件要素的证明责任属于控方，这是从无罪推定原则中引申出来的必然结论。对于诸如明知这样的主观构成要件要素，如果被告人自认，当然没有问题。即使被告人不承认，但如果有间接证据可以证明，这就是所谓推论。而只有在不能从间接证据中推论的情况下，才存在所谓推定的问题。因为在推定的情况下，通过一定的形式已经把控方的举证责任转移

① 刘为波：《关于审理洗钱等刑事案件具体应用法律若干问题的解释的理解与适用》，载最高人民法院刑事审判庭编：《刑事审判参考》（第72集），125页，北京，法律出版社，2010。

② 参见康怀宇：《刑事主观事实证明问题研究》，3页以下，北京，法律出版社，2010。可惜该书以在伪证罪上采用客观说为由否认表现犯的概念，并且没有对我国刑法分则所规定的明知的司法证明进行研究。这是存在缺憾的。

给辩方，即：只要存在法定的已知事实，就得出推定事实，除非存在反证。而反证就必须由辩方提出，如果提不出反证，则推定事实就可以成立。例如我国诉讼法学者龙宗智教授对推论和推定作了严格区分，指出了推论与推定的以下3个不同特征：第一，推定因其具有一定程度的“推测与假定性”而降低了证明要求，而推论必须符合证明充分性的一般要求。第二，推定具有“法定证据”的制度特征，而推论具有“自由心证”制度特征。第三，推定转移了证明责任，而推论并未转移证明责任。第四，推定确立了事实认定义务，而推论则没有确立这种义务。第五，推定是法律问题，推论是事实问题，二者在诉讼中的意义和性质不同。① 笔者认为，以上区分是正确的。于对明知的认定来说，在大多数的情况下，采用的是推论的方法，即：根据现有的证据，采用逻辑推论和经验推断的方法，对于是否存在明知获得内心确证。只有在极少部分司法解释有明文规定的情况下，可以采用推定的方法，由司法解释所列举的已知事实推导出推定事实，这样就使控方对主观构成要件要素的举证负担大为减轻。

① 参见龙宗智：《证据法的理念、制度与方法》，292页以下，北京，法律出版社，2008。

第二十四章

自杀关联行为的定性

对于与自杀相关联的行为，尤其是教唆、帮助自杀，在刑法上究竟应该如何处理，国内外学界历来有分歧；我国实务中对类似案件的处理因不同地方、不同时期而结论不同，因此，研究自杀关联行为意义重大。从总体上看，对教唆自杀、帮助自杀的定性，有基于自杀违法性说的定罪论和立足于自杀合法性说的无罪论之间的对立。本章在梳理各种不同观点的前提下，主张不同于传统解决思路的自杀行为法外空间说，并尝试对该学说的优点、与共犯论的关系等进行阐释，并对这类案件的处理提出若干解决思路。

一、教唆、帮助他人自杀行为定性的理论分歧

对自杀的帮助、教唆行为是否定罪，定何种罪，取决于理论上对因果关系、构成要件、自杀违法性等的认识。对此，存在以下理论对立。

（一）故意杀人罪说

1. 参与行为对死亡有原因力说

我国通说认为，教唆、帮助自杀的，并非属于共同犯罪中的教唆犯或者帮助犯，但由于行为人的教唆行为、帮助行为为自杀者的死亡结果提供了原因力，即具有因果关系，所以，一般应按故意杀人罪定罪处罚；同时，由于自杀者本人具有意思决定的自由，因而社会危害性较小，宜依照情节较轻的故意杀人予以从轻、减轻或者免除处罚。① 这种观点，从表面看是从因果关系的角度切入，但其实质是承认教唆、帮助自杀本身就是刑法分则所规定的实行行为（正犯行为说）。我国司法实务过去也通常持这种立场，将教唆或者帮助自杀的以故意杀人罪论处。但是，这种较为强硬的态度近年来有转变的趋势。

其实，通说的说服力极其有限：一方面，某种行为为结果发生提供了原因力，或者有因果关系就要负责？这是不是会导致溯及太远的因果联系？是否会导致对死亡没有实质影响的行为也对结果负责？另一方面，将教唆、帮助自杀的行为作为刑法分则规定的杀害行为看待的实质根据究竟在哪里？是否会使得对犯罪不存在支配关系的边缘行为成为刑法分则规定的核心行为？而故意杀人的实行行为必须是具有类型性的导致他人死亡的危险性的行为②，如果认为教唆、帮助自杀属于刑法分则规定的实行行为，那么，类型化的行为或者行为的定型性如何保证？因此，有学者指出，“将‘杀人’扩张解释至包含‘自杀’，实已过度，且显与‘罪刑法定原则’有违，故不可采”③；“对教唆、帮助自杀行为定罪属于刑法明确禁止的类推”④。

① 参见高铭暄、马克昌主编：《刑法学》，5版，462页，北京，北京大学出版社、高等教育出版社，2011。

② 参见［日］前田雅英：《刑法总论讲义》，4版，114页，东京，东京大学出版会，2006。

③ 黄常仁：《“沧桑旧法”——论“自杀共犯”及其可罚性之理论基础》，载许玉秀主编：《刑事法之基础与界限——洪福增教授纪念专辑》，547页，台北，学林文化事业有限公司，2003。

④ 曲新久：《区分扩张解释与类推解释的路径新探》，载《法学家》，2012（1）。

2. 自杀违法性说

这种观点认为，自杀具有违法性，教唆、帮助自杀从属于自杀的违法性，因而也应当定罪处罚。其具体理由是：(1) 生命属于个人法益，但生命法益是个人的一切价值或者权利赖以存在的物质载体或本源，生命的放弃意味着对生命个体及附随于个体而存在的自由和价值的彻底否定，是对包括个人享有的自己决定权在内的法益的永久剥夺。因此，在生命的保护上应例外地承认为保护本人利益的“家长主义”，否定法益主体对自己的生命的处分权。这样，故意杀人罪中的“人”就不限于他人，而且包括自己。由此一来，自杀是符合构成要件的违法行为，就是刑法分则故意杀人罪所规定的“杀人”的实行行为。(2) 考虑到自杀源于本人的决定，其违法性低，不值得处罚；从刑事政策的视角来看，也欠缺处罚自杀者的必要性和合理性，因此，在实务中，仅仅是例外地不处理自杀者。(3) 自杀具有违法性，自杀参与行为当然也有违法性。共犯因为通过正犯行为引起了违法结果而受到处罚，其中，正犯是直接侵害法益，共犯是间接侵害法益。一般而言，正犯违法性的量或者程度要高于共犯。但是，如果从介入行为人方面的情况来考虑（如被害人地位、被害人的自己决定等），情况就可能有例外。就自杀和自杀参与行为而言，自杀虽有违法性，但因系自己决定，其本人既是正犯又是被害人，自杀者的自我决定自由在很大程度上得到了实现，行为的违法性因此得以降低，不值得刑罚处罚或者说违法性尚未达到刑罚处罚的程度。既然自杀行为系符合故意杀人罪构成要件的行为，具有违法性（只是不需要处罚），那么参与自杀的行为系对故意杀人行为的协力或者加功，从因果共犯论来看，自杀参与者通过正犯（自杀者）的自杀这一违法行为间接地惹起了侵害他人生命法益的结果，所以，其应当成立故意杀人罪的教唆犯或者帮助犯。[①] 这是将教唆、帮助行为视为从属于自杀行为的学说（共犯行为说）。

应该说，对于自杀违法的观点，在国外也有不少学者赞成。曾根威彦教授曾指出：自杀是法益主体（自杀人）消灭自己的行为，是侵害比自己决定的自由更为重大的法益即生命的行为，因此，“从消极家长主义的立场看，自杀具有违法性。”只不过考虑到自杀是被害人自身的行为，该违法性还没有达到可罚的程度（不可罚的违法性）。虽然自杀不可罚，但自杀参与行为毕竟干涉了他人的生命，因此值得制定“特殊规范”予以处罚。[②]

认为自杀违法，相关参与行为构成故意杀人罪这一主张的问题在于：(1) 如果肯定自杀有“杀害”的违法性，且足以导致一人死亡，又说其违法性低，无论怎么解释，其实都会与论者自己承认的生命权绝对保护原则有冲突，难以令人信服。(2) 如果认为作为正犯者的自杀者违法性低，那么，从属于正犯、处于共同犯罪“边缘地位”的共犯反而违法性达到了值得处罚的程度（尤其是在中国，认为其达

① 参见钱叶六：《参与自杀的可罚性研究》，载《中国法学》，2012 (4)。

② 参见［日］曾根威彦：《刑法学基础》，黎宏译，74页，北京，法律出版社，2005。

到了值得按照故意杀人罪处罚的程度），与正犯在共同犯罪中具有犯罪支配性、共犯仅仅是边缘角色的观念相冲突，难以自圆其说。（3）刑法“家长主义”的理论是不是站得住脚，是否与现代法治国家立场相抵触，还值得仔细辨析。（4）在“共犯行为说”看来，只有先肯定自杀违法，才能解决对自杀者给予救助造成其损害的，救助者的行为具有正当性（成立正当防卫）这一问题。但是，这一观点未必有道理，不预先设定自杀违法，救助者行为的正当性也不可否认。此时，仍然可以认为自杀是规范所不禁止的行为①，他人违背自杀者的真实意志阻止其自杀或者对其加以救助的，在特定情况下可以成立推定的被害人承诺。（5）认为自杀违法性较低，需要从政策的角度“例外地”不处罚的结论与事实不符。自杀没有违法性，对自杀未遂绝对不处罚，是当今世界各国的通例。欧洲许多国家在18世纪之前都有关于自杀（主要是未遂）的处罚规定，而从19世纪起，各国都先后废除了相关规定（最晚的是英国，其在20世纪60年代之后才废除对自杀行为本身定罪的规定）。因此，在今天如果仍然坚定地主张自杀是刑事违法行为、具有可罚性，则与现代各国的法制状况相悖，或许仅在“口头上”具有意义。同样地，在中国司法实务中，对于所有的自杀未遂情形，不是“例外地”不处罚，而是绝对地、一律地不处罚没有成功实现自我死亡的那个人，现实中找不出一例对自杀未遂者以故意杀人未遂定罪处刑的例子。这也说明，认为自杀违法的主张并不能得到实务的支撑。（6）今天的刑法学通说认为自杀行为本身不是符合构成要件的违法行为，从而欠缺创设共犯可罚性的要件。② 国外确实有认可自杀参与行为干涉了他人的生命，因此值得处罚的立法例，但也无一例外地强调要制定“特殊规范”予以处罚，而不是将参与行为依附于以“杀害”这种类型化的实行方式所实施的故意杀人罪。（7）如果认为自杀参与人原本就从属于正犯的不法，那么，许多国家或地区针对自杀关联行为单独设立罪名的立法实在是“多此一举”，因为对参与人按照故意杀人罪定罪，并且在量刑上根据共犯理论从轻处罚就可以解决相应问题。但世界上这么多立法例均不约而同地采用大致相同的模式，说明其背后必有玄机，许多难题显然不是自杀具有违法性这一简单判断能够解决的。

（二）无罪说

1. 实行行为不存在说

王作富教授认为，教唆、帮助行为不应该作为犯罪处理。主要理由是：“教唆者和帮助者的行为，同自杀死亡者之间有一定因果联系，主观上可能希望或放任被害人死亡。但是，毕竟是由被害人自己的意志决定自杀的，同违反自己意志被他人杀死有所不同。因此，教唆、帮助自杀不构成故意杀人罪，如果定罪只能是类

① 规范不禁止并不意味着行为合法，对此后面会作详尽分析。

② 参见［德］克劳斯·罗克辛：《德国刑法学总论》，第2卷，王世洲等译，522页，北京，法律出版社，2013。

推。”① 陈兴良教授基于罪刑法定原则，主张教唆或者帮助自杀的行为，与杀人行为本身不能等同，属于法无明文规定的情形，不应以故意杀人罪论处。②

2. 自我答责的法理

冯军教授基于自己决定与自我答责的原理，主张参与自杀乃至受嘱托杀人的情形均不成立犯罪，因为生命处分权属于自己决定权的范畴，是人的权利和自由。基于自己的意思所实施的自杀行为，在规范上属于完全自由地处置自己生命的行为，所以，参与他人在法规范上完全自由地处置自己生命的行为，不是刑法上的杀人行为；把同意杀人、教唆杀人或者帮助杀人视为故意杀人罪的刑事立法，都违反了“自由是法的存在根据”这一原则，忽视了自我决定的绝对价值。③

3. 自杀合法性说

王钢博士认为：自杀关联行为不构成犯罪。处理类似案件，要先判断自杀者主观的意思，确定其是否属于自杀。如果能够肯定是自杀的，自杀者及其相关者都没有刑事责任；如果不能认定为自杀，就应从客观上看行为人是否有足以被评价为杀害的实行行为：如果有类似行为，直接以故意杀人罪处理；反之，则不能定罪处罚。其具体主张是：(1) 自杀本身并非刑事不法行为，如果承认客观归责理论，就更应当认为教唆、帮助自杀没有创设不容许的风险。因为自杀行为完全是发生在自杀者自身权利领域内的事件，自杀者应当对之自负其责，没有理由据此限制行为人的行为自由，教唆或帮助自杀、对自杀者不予救助或者过失导致他人自杀等自杀相关行为也不应当受到刑事处罚。(2) 必须严格限定自杀的成立范围，只有当被害人主观上有意识地自主追求或放任死亡结果发生，并且客观上在最后关键时刻自己支配着直接终结生命的行为时，才能认定其构成刑法意义上的自杀。如果被害人没有充分的认知与判断能力并且其意思表示有重大瑕疵，则不能认定其自愿选择了死亡。(3) 我国司法实务中所涉及的绝大部分所谓“相约自杀”或者“教唆、帮助自杀”案件，其实并不是真正意义上的自杀相关案件。在这些案件中对行为人加以处罚从结果来看往往是正确的，但是在定性上宜认定为以间接正犯或不作为方式实施的故意杀人或者过失致人死亡。④

王钢博士上述观点的立足点是现代自由主义，其强调对个人自由的尊重，认为：权利主体按照自己的意愿处分与自己有关的权利，是其“自己决定的自由”的体现，法律必须保障个人有这样的自由，而不能过多地进行干预。自杀意味着被害人自主地决定选择了死亡，体现着自杀者处分自身生命的自由权利，法规范没有理由对其加以禁止，尤其是不能根据刑法“家长主义”否定自杀者对自己生命进行支

① 王作富：《中国刑法研究》，518页，北京，中国人民大学出版社，1988。

② 参见陈兴良：《判例刑法学》，下卷，162页，北京，中国人民大学出版社，2009。

③ 参见冯军：《刑法的规范化阐释》，载《法商研究》，2005 (6)；冯军：《刑法中的自我答责》，载《中国法学》，2006 (3)。

④ 参见王钢：《自杀的认定及其相关行为的刑法评价》，载《法学研究》，2012 (4)。

配、处分的自由。自杀不可能构成刑事不法，应当通过目的性限缩将其排除在故意杀人罪的构成要件之外，帮助、教唆自杀当然就不构成犯罪。①

二、理解自杀性质的第三种路径：法外空间说

笔者认为，关于自杀具有违法性以及应当处罚教唆、帮助自杀行为的主张并不具有合理性；自杀关联行为更不是刑法分则规定的杀害行为，在中国当前的立法体例下，不能直接按照故意杀人罪（或其共犯）定罪处罚，因此，本章认同王作富教授、陈兴良教授的主张。此外，本章基本赞成王钢博士关于不对自杀关联行为定罪的结论，但对其自杀具有合法性的理论预设持不同看法。

本章的核心意思是："评价规范引发出是否存在诫律的漏洞之问题，这个漏洞仅限于其没有禁止的事情中，因此也不是通过一个相应的'积极的'价值来填补。在此，人民谈及到'法律无涉之领域'（rechtsfreier Raum）。"② 自杀即是违法、合法之外的第三种情形，是"法律无涉的领域"。因为自杀不能被评价为违法行为，对自杀参与行为除非另设罪名，在现有立法体例下，不能依照故意杀人罪定罪处罚。

（一）自杀不是违法行为，但也不能说自杀合法

1. 自杀违法的理由站不住脚

钱叶六教授论断的立足点是自杀是违法的，并由此展开其对自杀关联行为的论证。但是，这一论断存在明显问题。

其一，违法意味着某种行为一定应该被规范禁止。刑法作为最后手段，其所禁止的违法，一定会在其他行政法律法规或民事法律法规上有所体现，同时也是政策上所不能容忍的行为，例如，故意伤害他人身体一定是侵权责任法所不能容忍的；非法经营一定是违反行政法规的行为；妨害公务一定是治安管理处罚法上的违法行为；颠覆国家政权罪一定是国家安全法上要惩罚的行为。如果说某种行为在刑法上被评价为违法，却全然没有任何其他前置行政或民事法律法规来禁止该行为，就一定是讲不通的。据保守估计，中国每年自杀的人在 30 万人以上。但针对这一社会问题，却没有任何行政法律法规来禁止自杀，来惩罚自杀未遂者。相反，人们对自杀未遂者大多根据导致其自杀的原因展开一定程度的救助。这说明人们必须接受、默认有人愿意去自杀的现实。社会学家也认为，可以肯定的是，自杀的增加在欧洲是普遍现象，文化程度越高的国家自杀率越高。但是，现在所有的欧洲国家都"不打算在法律上禁止自杀"③。如果说自杀是违法行为，但世界各国都不禁止，那么

① 参见王钢：《自杀行为违法性之否定——与钱叶六博士商榷》，载《清华法学》，2013（3）。

② ［德］阿图尔·考夫曼、温弗里德·哈斯默尔主编：《当代法哲学和法律理论导论》，郑永流译，346 页，北京，法律出版社，2002。

③ ［法］埃米尔·迪尔凯姆：《自杀论》，冯韵文译，407 页，北京，商务印书馆，1996。

认为自杀违法的规范依据究竟在哪里？如果没有任何规范依据，说自杀违法岂不成了理论上的“为赋新词强说愁”？或者说仅仅是将自杀这种“感觉上违法”的情形在刑法上“当真了”？需要明确的是，刑法上所讲的不法，必定是构成犯罪的不法，而不是法律领域的“泛负价值”行为，不能用自杀在道义上可能不妥当的感知标准来取代法律判断。“刑法条文必须是清楚地告诉人们，什么是禁止的，以便让大家能够以此约束自己的举止。”① 但是，我国刑法第232条并没有清楚地告诉国民自杀是禁止的，国民就不需要用“不自杀”来约束自己的举止，个人在遇到自感绝对难以继续生存的实际障碍时，没有面对群体必须继续活下去的法定义务。

其二，如果认为自杀违法，只是违法性低，且从政策的角度看不需要处罚自杀者，但是，成为问题的可能就是造成生命法益受损的行为被认为违法性低是不是讲得通。此外，如果认为从政策角度看可以不处罚自杀者，逻辑上就可以认为：当司法机关想要处罚其中的某一个自杀者来“杀鸡儆猴”时，也还可以实现处罚。但这样的结论估计没有谁能够接受，事实上也找不出我国司法机关对自杀未遂者以故意杀人罪定罪判刑的案件。②

其三，法规范的实质是不得妨碍他人。自杀没有违反行为规范，不是违法行为。法规范注定是行为规范和裁判规范的统一体。作为行为规范，法规范的主旨在于提供行为样板。为此，其必须指明理性的个人可以在何种范围内活动，指示个人的行动边界，保障个人在一定区域范围内的自由。由于这种自由是在和他人权利相对的意义上而言的，行为是否违法也就取决于行为人是否限制了他人的自由空间，从而是否对他人造成妨害。行为规范的实质是“不得妨碍他人”。如果某一行为并未不当压缩他人自由权利空间，不会对他人的人身、财产等权利造成侵害，该行为就不是法规范所要禁止的违法行为。自杀体现了自杀者意志决定的自由，是其自主决定的结果，其不会对他人造成损害，没有妨碍他人的生存权利和自由权利，明显是为了“不给自己添麻烦，也不给别人添麻烦”，没有违反行为规范，就不能说自杀违法。

其四，自杀违法说背后的刑法“家长主义”已经过时。刑法“家长主义”导致国家权力无孔不入，个人的自决权受到压制，自身法益不能放弃，自杀成为可罚的行为。在现代法治国家，刑法“家长主义”已经明显不合时宜。“自我决定权的兴起是自由法治国家的开端。在自由法治国家刑法中，国民的自决权受到尊重，以意思自治的原则为基础，国民可以选择性地放弃自身的法益；在不侵犯和危害到他人（包括集体法益）的情况下，国家放弃自己在国民个人领域的管理权。向自由法治国家转变后，刑法保护圈在国民个人自由领域的扩张受到遏制，在刑法中表现为道德犯罪的逐渐较少，如自杀的不罚，违反风俗性犯罪的减少，自我负责思想的兴

① ［德］约翰内斯·韦塞尔斯：《德国刑法总论》，李昌珂译，21页，北京，法律出版社，2008。

② 自杀时可能对他人造成妨害（例如，自焚但危害公共安全）的，以及军人战时自杀的除外，因为行为对生命权之外的其他法益有侵害性。

起，在刑法原则中表现为自我负责原则以及被害人信条学原则。”①

最后还需要强调，现代刑法普遍将维护法益而非伦理秩序作为自己的根本目的。认为自杀违法的观点，实际上是承认：对团体而言，个人有不得不继续活下去的义务等社会伦理，这就将自杀及其参与行为的违法性建立在了自杀的“社会伦理可非难性”之上。但是，“为保护自杀者的生命，反而诉诸‘教唆者’或‘帮助者’，是否有本末倒置之嫌，又是否有泛道德化或泛伦理化之虞？”②

2. 自杀合法性说的问题点

确实，有不少学者会认为，就自杀而言，如果认同自杀是处分自己的权利，是人选择不再活下去这种特殊生活方式的“死的权利”，“自杀总是一个人宁可死也不愿活的行为”③，如果贯彻现代自由主义，强调对个人决定权的尊重，就应该认为，自杀者对生命的自我决定权就应该得到承认，就应该认为自杀是合法行为。也正是在这个意义上，才有学者指出：“有一种强烈的倾向认为，既然自杀本身是合法的，参与其间的帮助行为自然也是合法的。这原则上是法国和德国的通行立场。”④ 但是，笔者认为，肯定自杀合法的观点也存在许多值得质疑之处：

（1）合法的题中之意是法律不能禁止。“法不禁止即自由”，该行为所有人都可以实施，而且可以反复实施。说某种举止合法，不仅含有法律予以承认的层面，还有法律明显地鼓励人们去从事该行为的意思。但是，对于自杀，国家不可能在合法的意义上去鼓励、去提倡，更像是默认和“只能如此”地接受——正所谓“天要下雨，娘要嫁人”！实务中也普遍认为，自杀虽然不是犯罪行为，但不值得提倡，甚至有一定的社会危害性。⑤

（2）一个合法行为，只要涉及人身的，必定与人身权利有关。例如，个人的自由行动是合法行为，该人身权利需要法律来保障，不仅刑法要出面，行政法律法规、民事法律法规都要保障个人的行动自由，将侵犯行动自由权利的行为认定为非法拘禁等违反治安管理处罚法、侵权责任法、刑法的行为，通过法律法规来保障个人的相关权利。如果认为自杀是合法的，那么，我国行政法律法规、民事法律法规在保障个人的自我决定权方面岂不是有重大缺漏？对于在他人自杀时予以救助或者阻碍的，岂不是要按照治安管理处罚法或刑法上的非法拘禁罪来处罚？对此，山口厚教授也认为：刑法是否必须保护处分生命法益的自由，是值得讨论的问题。“如果考虑到即便是通过物理力阻止了想要自杀的人的自杀行为，也被理解为不成立刑法第 223 条所规定的强制罪的话，问题就比较明确了。”⑥

① 申柳华：《德国刑法被害人信条学研究》，142 页，北京，中国人民公安大学出版社，2011。

② 黄常仁：《“沧桑旧法”——论“自杀共犯”及其可罚性之理论基础》，载许玉秀主编：《刑事法之基础与界限——洪福增教授纪念专辑》，539 页，台北，学林文化事业有限公司，2003。

③ ［法］埃米尔·迪尔凯姆：《自杀论》，冯韵文译，299 页，北京，商务印书馆，1996。

④ ［美］乔治·弗莱彻：《反思刑法》，邓子滨译，245 页，北京，华夏出版社，2008。

⑤ 参见顾明：《相约自杀案适用逮捕与否之探讨》，载《中国检察官》，2014（2）。

⑥ ［日］山口厚：《从新判例看刑法》，付立庆等译，23 页，北京，中国人民大学出版社，2009。

(3) 无论哪一个国家都倾向于认为，自杀不能传染下去，对试图自杀者虽不能采取强制措施禁止其自杀，但要想办法给予诱导、救助，让其更“想得开”，从而防止自杀结果的发生。如果肯定自杀是个人的合法权利，这样的倾向性指引就是缺乏根据的。即便在自我标榜自由程度较高的西方国家，对于自杀也是要采取一定的限制措施（制定特殊规范处罚自杀关联行为就是其手段之一）。这说明自杀并不是畅通无阻的权利。

(4) 如果承认自杀是个人的自我决定权，这种由生命权衍生出来的权利自然就应该是绝对地排他的。但是，刑法对特殊情形下的自杀行为（例如，军人在战时自杀的）要给予严厉处罚，这反过来说明自杀并不是绝对权利。如果认为自杀合法，是个人对生命的自我处分自由，那么，很多国家制定自杀关联犯罪当然也就是缺乏根据的。

这样看来，对自杀的定性，确实有必要改变不是合法就是违法的对立思维，没有必要界定其是否合法，只需要认为其没有违反行为规范、不违法就可以了。因为在社会生活中，完全存在不违法但也没有必要说其合法的“灰色地带”“中间地带”，自杀就应该在这种情形中找到自己的位置。

(二) 自杀的死亡结果不能被认为是法益侵害，但也不能说自杀没有造成任何损害

对于法益，必须要放在规范关系中去理解。法益具有双重含义：一方面是指体现权利的物质（对象物）的客观存在；另一方面，其还意味着权利人根据自己的意思对该对象物可以自由利用、支配。当我们说财产法益存在时，其实同时意味着某种实体存在，且权利人对其能够加以支配，换言之，“法益处分的自由也成为法益的构成要素”[①]。而在权利人自己决定处分某种权益时，该法益就不再存在。如果仅仅存在某种物质，但行为人对其没有支配可能性，则说法益存在毫无意义。相应地，造成法益侵害必然以权利人对特定对象物进行自主支配、使用和处分的自由被妨害为前提。有学者指出，法益应该界定为“刑法所保护的社会生活利益，并且指称‘利益’为使人感受到愉悦的状态”[②]。法益侵害就是阻碍他人的自主决定权，使之感到“不愉悦”的情形；反过来，没有权利人对行为客体的支配，处分权利没有受到侵害，没有感到不愉悦，某一件事情没有违背其本人的意思，则不能认为有法益侵害。[③] 换言之，法益概念始终是静态性和动态性的统一，其静态性是指，外在世界中作为对象物而客观存在的、可供权利人支配的物体（物质）存在，这是法益的当然内容；其动态性是指，权利人可以自主地对这些外在载体加以处分、利用、支配。仅仅将某种实存作为法益的全部内容是不全面的，因为“法益是理念性(ideelle)的社会价值”[④]，是规范内的利益，是规范上所意欲保护的利益。法益概

① [日] 山口厚：《从新判例看刑法》，付立庆等译，107页，北京，中国人民大学出版社，2009。

② 黄荣坚：《基础刑法学》，上册，22页，台北，元照出版有限公司，2012。

③ 行为阻却违法（尤其是被害人承诺）的法理依据也就在这里。

④ [德] 约翰内斯·韦塞尔斯：《德国刑法总论》，李昌珂译，5页，北京，法律出版社，2008。

念只有在和他人相对、排除他人对权利载体的控制、支配的意义上才有存在价值。①

具体到自杀而言，“生命法益所保护的并不只是生命存续或者说自然地耗损的状态，而且也包括个人根据自己的价值观念与目标设定自主地对生命加以支配和利用，从而发展自身人格、达成自我实现的（潜在）自由。事实上，自杀者往往也并不是为了死亡而死亡，其恰恰是（试图）通过放弃生命来摆脱自身艰难困苦的处境、实现自己特定的目标或者为他人谋求利益等等。因此，虽然自杀伴随着生命的消亡，但其所表现的却正是自杀者对自身生命所进行的自由支配与使用”②。因此，自杀身亡的结果不能被认为是法益侵害。

但是，如果认为自杀是处于法外空间的行为，就不能说自杀连保护法益之外的任何损害都没有造成。自杀者的突然死亡，会给其家人带来无比悲痛，对其亲友的正常生活造成困扰，对围观者的心理带来震撼，亲人们会认为自杀者不负责任、“一了百了”，留下一大堆问题给活着的人；其他知晓自杀事件的人也易于认为自杀者“死得不体面”、死得没有尊严。这已然是一种“自杀不是一件好事”的负面评价。自杀还可能对一定区域的社会管理秩序带来影响。虽然自杀确实没有侵害他人的生命权，没有造成故意杀人罪中的法益侵害，但是，没有造成法益侵害并不意味着该行为完全合法。就正如某人因炫富而将 10 万元现金付之一炬，该行为是对自己财物的处置，行为人有这样的权利，不构成故意毁坏财物，并不违法，但我们也不能就此得出结论说该行为合法，而应该在规范上认为该行为处于法外空间。

（三）自杀法外空间说的论证

违反行为规范并造成法益侵害的行为，一定违法。但是，能不能反过来讲，没有违反行为规范的行为一定合法？对此，还值得进一步辨析。一般认为，在违法性的判断中，只有合法与违法的二分价值判断。但是，在不断然认定行为属于刑法意义上的违法的场合，也认为对行为性质的判断只有合法和违法之间的对立、不可能有“第三种状态”，在方法论上并不是没有疑问。

在个人基于自主决定而行动的领域，即便其意思多少有些瑕疵，由此选择的行为也可能具有“虽不合法，但法律并不禁止”的性质。对此，莫斯认为：“自杀既非法律所许可，亦非法律所禁止，亦即居于所谓‘法中性’（Rechtlich Neutral）地带。”③ 威廉·加拉斯敏锐地指出，自杀既非合法，亦非违法，而是“不禁止-不允许”的行为，要处理自杀参与犯罪只能按照独立的正犯规定去进行。④ 罗克辛教授

① 参见周光权：《常识主义刑法观》，载《法制与社会发展》，2012（1）。

② 王钢：《自杀的认定及其相关行为的刑法评价》，载《法学研究》，2012（4）。

③ 转引自黄常仁：《“沧桑旧法”——论“自杀共犯”及其可罚性之理论基础》，载许玉秀主编：《刑事法之基础与界限——洪福增教授纪念专辑》，541 页，台北，学林文化事业有限公司，2003。

④ 转引自［德］阿图尔·考夫曼：《法律哲学》，2 版，刘幸义等译，248 页，北京，法律出版社，2011。

虽然没有明确肯定自杀是中性行为，但其明确指出，不作为是违反社会期待的行为，如果缺乏任何社会期待，也就谈不上不作为了。任何人每天都可以做很多他自己或者别人都没有想到的事情——自杀、酗酒、突然离家出走，等等，但这些缺乏社会期待的事情不会形成违法性的基础。① 在自杀和离家出走等同、没有违反社会期待的意义上，可以认为罗克辛教授认同自杀处于法的“法中性”地带的观点。

对此，格拉斯说得更清楚：“对于自杀行为的法律判断，不管是认为自杀合法，还是认为自杀是违法行为，两者同被排除；唯一可能的答案，乃将自杀视为不禁止的行为。如此一来，法律秩序亦不需以禁止自杀的方式，对于此一专属于个人事务及良知的紧急情状，制定出法律上的行为规定。”② Gallas 所说的“将自杀视为不禁止的行为”等于是将自杀作为违法、合法之间的状态看待。这和考夫曼所讲的“法外空间说”高度一致。

考夫曼明确指出：对所有与刑法有关的行为，人们都习惯于用合法/违法的二元尺度来评价。但是，这是不正确的。实际上，完全存在虽与法律有联系，并且也受法律的规范，但却可以合理地既不受合法评价也不受违法评价的情形，这就引出了“法外空间”的概念。对于涉及法外空间的情形而言，合法、违法的价值范畴是不够的。“法外空间所涉及行止，系与法律相关的且由法律所规范的，然而此行止既不能适当地评价为合法的，也不能评价为违法的。”考夫曼进一步指出，法外空间的情形，仅涉及紧急状况的案例；他明确地将自杀共犯和紧急避险等并列，称它们为法外空间的适例。③

按照考夫曼的逻辑，对于类似于著名的“木板案”（两个落水的人为求生而拼命抢一块木板，其中一人死亡）的紧急避险情形，如果认为抢木板的人违法，就得肯定对方的正当防卫权，且对正当防卫不得再防卫，那么，结局就是两个人都同时是违法攻击者，而在对抗他方时又都是合法的防卫者！传统刑法学对合法和违法的二分在这里一定会走入死胡同。对自杀及其共犯的判断也是如此：在自杀的场合，显然不能否定自杀者自我决定的意思，在刑法上凡是行为人不受干预地独立自我决定的场合，按照结果归属的原理，他就必须自我负责；如果肯定自杀违法，又说行为人的自我决定在规范上无效，其原因是对生命价值的绝对保护。可是，在行为人自我抛弃财产的场合，肯定不会对教唆、帮助者定罪。从形式上看，因为生命权重大，所以为了禁止自杀、保护自杀者的生命而去禁止教唆、帮助行为似乎是合理的。但是，无论如何强调生命的意义，放弃生命权这一重大决定，毕竟是自杀者在其清醒、自由状态下作出，此时如果要他人负责，就必须反过来修改结果归属

① 参见［德］克劳斯·罗克辛：《德国刑法学总论》，第2卷，王世洲等译，475页，北京，法律出版社，2013。

② 转引自［德］Neumann、Hassemer、Ulrich Schroth：《自我负责人格之法律——Arthur Kaufmann 的法律哲学》，刘幸义等译，207页，台北，五南图书出版公司，2010。

③ 参见［德］阿图尔·考夫曼：《法律哲学》，2版，刘幸义等译，244页，北京，法律出版社，2011。

的逻辑——一旦权利重大，自我决定行为的合法性就要受到限制：行为人抛弃1元钱的，由其自己负责；抛弃1万元的，构成故意毁坏财物罪①，教唆、帮助抛弃财物者岂不是要定故意毁坏财物罪的共犯？这样的判断显然陷入了结论彼此矛盾的困局。

笔者认为，上述诸种主张都充分看到了自杀行为往往在一瞬间发生，大多出现在紧急情况下，法律对个人的决定不能横加指责、过多评价的特点，极具合理性，尤其是考夫曼将自杀及其共犯都看成是法外空间的主张具有很强的理论张力。“法外空间意指，法律秩序对相关行止放弃评价。由行为人自行负责其行为的正确性……在特定的范围内，法律唯有允许不处罚；它没有说：这是正确的或错误的。”② 对紧急避险等情形的判断是如此，对自杀及其共犯性质的评价也是同理。因此，本章的初步结论是，自杀不是法律领域的负价值行为，而仅仅“属于法律上不考虑违法、有责判断的‘法律空白领域’之内的放任行为”③。

在这里，有必要附带提到：考夫曼明确指出，“法外空间”的提法极易引起误解，“正确的称谓应为‘法律无评价的空间’。‘不禁止’一词也不完全符合所要指称的事物。称为‘不禁止的—不允许的’是正确的，在此，‘不禁止’不意谓‘合法的’，‘不允许的’不意谓‘违法的’。菲利普斯说得很适当：‘法外空间属于不禁止的规范领域，然而并不可由此导出允许，或者——同值的——属于非不允许的领域，同样地，它并非允许的’。”④

三、法外空间说的适用

（一）法外空间说的比较优势

肯定法外空间说就等于承认自杀不违法，而只要认为自杀不违法，对自杀及其关联行为的定性就基本和自杀合法性说是一样的——对自杀参与行为不能以故意杀人罪的共犯论处。但是，笔者认为，还是有必要强调自杀法外空间和自杀合法性说的差别：（1）自杀合法性说因为强调对个人决定权的尊重，就肯定自杀者对生命的自我决定权应该绝对得到尊重，在一定程度上是自由主义走得太远了。所有的自由都是相对的自由，国家不能采用法律手段强硬地限制自杀，但是，也不能在“合法”这一层面上发出自杀合法，可以得到国家允许、提倡的暗示。（2）说自杀处于更接近于（但不属于）负面评价（违法）的“灰色地带”，更符合事实，因为国家不会将自杀看作是法律所鼓励、赞许的事情，只是将其作为“既然发生了，就只能

① 按照自杀违法说的逻辑，我国刑法第275条仅规定了故意毁坏公私财物，没有限定只有故意毁坏“他人”财物的才构成本罪。因此，故意毁坏财物罪中的财物包括行为人本人的财物。

② ［德］阿图尔·考夫曼：《法律哲学》，2版，刘幸义等译，244页，北京，法律出版社，2011。

③ ［日］曾根威彦：《刑法学基础》，黎宏译，73页，北京，法律出版社，2005。

④ ［德］阿图尔·考夫曼：《法律哲学》，2版，刘幸义等译，248页，北京，法律出版社，2011。

无可奈何地接受”的客观事实看待。“因为法律规定也不知道更好的主意。”① （3）说自杀合法，面对许多西方国家将边缘性的自杀关联行为视作违法的现实时，理论上就很难讲得通。但是，如果认为自杀处于法律不禁止但也不能允许、鼓励的“灰色地带”，要对自杀关联行为特别立法加以禁止，解释的障碍就更小一些。

对于法外空间说能够为域外处罚自杀参与行为的立法例提供更为说得通的依据，也能够为中国未来增设相关犯罪预留理论空间这一点，在这里有进一步展开的必要。很多国家和地区正是考虑到自杀行为不违法、共犯无法从属于正犯这一点，对于参与自杀（教唆或者帮助自杀）行为，都将之作为与普通杀人罪不同的独立“犯罪类型”加以规定。② 例如，日本刑法第202条规定，教唆或帮助他人自杀，处6个月以上7年以下惩役或者监禁；我国台湾地区“刑法”规定，教唆或帮助他人使之自杀，处1年以上7年以下有期徒刑。此外，奥地利、西班牙、意大利、瑞士、丹麦等国家的刑法均将参与自杀行为的全部或者部分作为犯罪加以明文规定。上述规定，是拟制的正犯（共犯行为正犯化）立法的适例，使得原本作为教唆犯、帮助犯无法处罚的人成为直接正犯，从而将危害较大的共犯行为独立规定为正犯行为。③ 在中国司法实务中，如欲处罚自杀关联行为，就必须增设教唆自杀、帮助自杀等新罪，在此之前，依照共犯从属性的法理，不能处罚类似行为。

按照法外空间说，就中国刑法而言，在立法增设新罪之前，不能处罚教唆、帮助自杀者，这是因为作为实行行为的自杀行为不违法，从属于实行行为的共犯行为当然不违法，教唆或者帮助他人自杀的行为实际上并没有侵犯法益。如果将来立法上增设类似教唆、帮助自杀罪，对于该罪的法益，就只能按照法外空间说的思路进行解释。在笔者看来，在对加功自杀类犯罪的法益进行解释这一点上，如果肯定自杀合法，势必难以使正犯行为合法，而“参与合法行为的边缘行为”却成为犯罪提供合理解释。但是，如果认为自杀是处于法外空间的行为，就可以说其原本就是“不合法”的行为，对“不合法”行为的间接参与，可以成为违法行为。这样的说理更易于让人接受。

（二）法外空间说与共犯论的协调

如上所述，自杀不是合法行为，但也不属于确定无疑的违法行为，而是处于法所不予评价的空间，这样的结论容易与共犯理论相协调，为不处罚教唆、帮助自杀行为提供更为合理的解释根据。

认为帮助、教唆自杀构成犯罪的观点，建立在自杀具有违法性的前提下，但如

① ［德］阿图尔·考夫曼、温弗里德·哈斯默尔主编：《当代法哲学和法律理论导论》，郑永流译，346页，北京，法律出版社，2002。

② “即便说生命是一身专属的法益，但还是很难合理说明对合法行为的间接参与，就变成为违法的理由”，同时，参与自杀的当罚性极低，其实应该删除类似规定。参见［日］曾根威彦：《刑法学基础》，黎宏译，74页，北京，法律出版社，2005。

③ 参见周光权：《刑法总论》，2版，213页，北京，中国人民大学出版社，2011。

果认为自杀正犯的行为不符合故意杀人罪的构成要件，且（处于法外空间但）并不违法时，考虑到共犯处罚根据的混合惹起说，就不能处罚教唆、帮助自杀者，因为从共犯方面来看，参与人没有违法地惹起构成要件结果，更重要的是正犯（自杀者）实施了符合构成要件的违法行为这一前提并不存在。对此，松宫孝明教授指出：帮助自杀不构成故意杀人罪的共犯，只能按照日本刑法所规定的参与自杀的特殊类型进行处罚。但是，在德国，由于没有规定这种特别的自杀参与类型，所以不处罚。这样，共犯应当以正犯的不法作为其成立的必要条件的共犯从属性得到坚持。① 因此，一旦认定自杀处于“灰色地带”，该行为就完全不可能符合构成要件，因此，即便按照最小限度的从属性，教唆、帮助自杀也不具有违法性，不属于故意杀人罪的实行行为；按照限制从属性的法理，在自杀行为不违法时，不能认为教唆、帮助自杀行为具有可罚性。罗克辛教授也认为，把参加人当作一种间接的、通过实行人个人作用引起符合行为构成结果的意见，完美地正确评价了从属性原则。如果不承认这种从属性，不将自杀参与人的行为与自杀者的行为联系起来考虑，就难以防止可罚性的泛滥和处罚的冲动，极易将促使自杀和提供帮助的行为在故意地引起死亡结果时，不当地定性为故意杀人罪，从而接纳了应该被抛弃的“纯粹的引起理论”。“这个方法会导致刑事可罚性的一种显著扩张，而这种扩张是应该通过把参加人结合在实行人的行为构成的行为上来加以防止的。令人难以理解的是，当这种促使的实行要么在完全不严重要么仅仅在非常不严重的犯罪的行为人的人身上受到惩罚时，这个促使人却应当根据杀人的刑罚范围加以惩罚。”② 这样说来，在当下中国，在刑法并未规定专门的自杀关联犯罪时，断然肯定自杀违法性，将教唆、帮助他人自杀的参与者以故意杀人罪论处就与共犯从属性相悖，并不合适。

（三）法外空间说不会导致司法失当

自杀是法律所不过问的“灰色地带”。法外空间的主张，不会扩大处罚范围，但也不会使那些明显触犯故意杀人罪的行为人成为漏网之鱼。

1. 法外空间说的方法论意义

在笔者看来，自杀违法性说和合法性说可能过于纠结于对行为性质的判断，而不对其性质进行“合法-违法”评价的法外空间说恰好绕开了这一点，由此淡化了关于自杀合法与违法的争论。“在评价‘合法’与‘违法’时，尚有第三可能性存在：保留而不作评价。如果评价，则依‘合法的’与‘违法的’范畴从事，然而并不是非评价不可”，这就是考夫曼所说的合法/违法之外的不禁止、不允许的“第三途径”③。因为自杀在法律性质上是中性的，参与自杀也就不违法，不能进行刑罚处罚。对司法实务而言，能够进入处罚视野的，就只能是被实质地评价为类型化故

① 参见［日］松宫孝明：《结果反（无）价值论》，张小宁译，载《法学》，2013（7）。

② ［德］克劳斯·罗克辛：《德国刑法学总论》，第 2 卷，王世洲等译，101 页，北京，法律出版社，2013。

③ ［德］阿图尔·考夫曼：《法律哲学》，2 版，刘幸义等译，248 页，北京，法律出版社，2011。

意杀人行为的“杀害”，因此，要紧的不是判断自杀及其关联行为的性质，而是要对哪些属于真正的杀害进行实质判断。

因此，按照法外空间说，对于可能涉及自杀的案件，从方法论上讲就应该特别注意“逆向思考”——从自杀的性质、自杀如何处理、对自杀关联行为如何定性，转向于准确判断哪些行为不是自杀而是真正的“杀害”？所以，问题的关键是防止将“他杀”错误认定为自杀，从而形成处罚漏洞。这一处理方法的反面就是严格掌握自杀的认定标准。

按照法外空间说的逻辑，如果行为人真的属于自杀，因为法律对其行为性质“不予置评”，就谈不上其他人对其死亡承担故意杀人的刑事责任的问题。对于自杀，一定要掌握最为严格的标准来认定，即自杀必须是个人基于自由，且在自我负责的意思决定下所实施的自我剥夺生命的行为，其仅在决定者正确地了解了放弃生命的意义和结局的情况下才能成立。“人们把任何由死者自己完成并知道会产生这种结果的某种积极或消极的行动直接或间接地引起的死亡叫做自杀。自杀未遂也是这种意义上的行动，但在引起死亡之前就被制止了。”① 在被害人主观上积极追求或认同死亡结果发生，同时客观上支配着直接终结生命的行为时，属于刑法意义上的自杀。如果结合证据认定某些形式上属于自杀、实质上是他杀的，应该成立故意杀人罪的间接正犯的情形。这样，就能够对实务中出现的真正属于自杀的行为，否定其违法性，当然不再处罚真正自杀行为的帮助者、教唆者，从而将刑法评价的重心从对自杀性质的争论中摆脱出来，关心实务中大量出现的形式上是自杀、实质上是“他杀”的情形。

2. 在司法上，绝对不能将“他杀”错误认定为自杀

(1) 实质地判断杀害行为是否存在

前述分析表明，在死亡由行为人支配、自由决定时是自杀。但是，如果不存在这种支配和自由决定，就需要进一步讨论是否由他人造成死亡结果。此时，实质地判断故意杀人罪的实行行为是否存在就变得很重要。

如果所谓的教唆、帮助行为对自杀者的意志有影响、有操纵，可能被评价为利用被害人的行为杀害被害人的（间接正犯），就只能成立故意杀人罪。对实行行为是否存在的判断，如果转换成客观归责论的理论话语，也就是判断制造法益风险的行为是否存在。如果存在杀害的实行行为的，即便从形式上看死亡结果是由被害人的行为造成的，也不是自杀。对此，有关司法解释也加以肯定。1999 年 10 月 9 日最高人民法院、最高人民检察院《关于办理组织和利用邪教组织犯罪案件具体应用法律若干问题的解释》第 4 条和 2001 年 6 月 4 日最高人民法院、最高人民检察院《关于办理组织和利用邪教组织犯罪案件具体应用法律若干问题的解释（二）》第 9 条规定，组织和利用邪教组织制造、散布迷信邪说，指使、胁迫其成员或者其他人

① ［法］埃米尔·迪尔凯姆：《自杀论》，冯韵文译，11 页，北京，商务印书馆，1996。

实施自杀的，邪教组织成员组织、策划、煽动、教唆、帮助邪教组织人员自杀的，都应以故意杀人罪定罪处罚。对这一司法解释，有学者予以批评，认为：我国刑法第 300 条规定的组织、利用会道门、邪教组织、利用迷信致人死亡罪，是帮助自杀、教唆自杀的特别规定。组织和利用邪教组织制造、散布迷信邪说，指使、胁迫其成员或者其他人实施自杀的；邪教组织成员组织、策划、煽动、教唆、帮助邪教组织人员自杀的，其实是自杀的帮助行为、教唆行为，应该按照刑法第 300 条处理。以此衡量，相关司法解释规定以故意杀人罪处理不合适。① 但是，这种批评可能并未切中要害。邪教组织因其超乎想象、难以被揭穿的迷惑性、欺骗性，对其成员有强烈的精神强制，在受邪教影响的场合，被害人虽然对于结束生命有认知，但却对死亡的目的、意义有明显错误的认识，如果不受邪教组织的强制和欺骗，就不会选择自杀，因此，这里的被害人自己造成死亡并不属于刑法意义上的自杀，而是由邪教组织所操纵、支配，邪教组织人员实施了故意杀人的实行行为，对邪教组织人员以故意杀人罪的间接正犯处理是合适的。这与刑法第 300 条的规定并不冲突，因为刑法第 300 条仅对组织、利用会道门、邪教组织、利用迷信“致人死亡”的情形定罪，而不能处理组织、利用会道门、邪教组织、利用迷信实质地决定死亡结果、故意杀害他人的案件。

这样说来，如何处理与自杀有关的案件，其要害在于能否最终将案件评价为“他杀”。例如，甲男与乙男系同性恋。甲父母发现此事实后，强令甲赶紧找女朋友结婚。乙得知这一消息后万念俱灰，要甲和自己一同自杀，甲同意。甲按照乙的要求，从患有抑郁症的亲戚处偷偷拿到 100 片安眠药，分给乙 50 片。乙因为害怕药的苦味，一次吃不下 50 片安眠药，但又担心自己死不成，遂与甲约定，由乙自己先服用 5 片安眠药，半小时后，在乙昏昏欲睡时，再由甲将剩余 45 片药喂给乙吃，待乙死亡后，甲再自杀。甲虽无自杀之心，但也答应如此行事。在乙死亡后，甲即向警方自首。其是否成立故意杀人罪？在这种情形下，行为人甲亲自将药递到乙的口中，甲的行为直接导致了被害人乙的死亡，在最后关键时刻支配、掌控事态发展的并不是乙，乙不成立自杀。在本情形中，行为人是应请求而杀人的犯罪嫌疑人，“在结束他人生命的过程中有积极的行动”，因此，完全可以认为甲实施了刑法分则中故意杀人罪的实行行为。在德国与此类似的案例是：一对年轻恋人相约自杀，因为女孩的父母禁止他们相见。在服药自尽未遂后，两人想用汽车尾气来了结生命。于是，男孩在排气管上接了一个软管，软管的另一头从车窗伸进车里。两人被发现时，车还发动着，女孩已经死亡，男孩处于昏迷状态，脚还踩在油门上。德国法院判决男孩有杀人行为，主要理由是其对整个事件有控制作用，对结束他人生命有积极行动。②

① 参见陈洪兵：《人身犯罪解释论与判例研究》，11 页，北京，中国政法大学出版社，2012。

② 参见［美］乔治·弗莱彻：《反思刑法》，邓子滨译，245 页，北京，华夏出版社，2008。

问题的另一面是：根据客观归责的法理，出于自杀者本意的生命自我了断行为一旦实施，事件进程完全由自杀者控制的，死亡结果就只能由自杀者自己负责，相关的自杀帮助行为不构成犯罪。前例中，如果甲拿到100片安眠药后，分给乙50片并在同一个房间各自服用。数小时后，曾有安眠药服用史的甲醒来，发现乙已经死亡，便投案自首。因为能够肯定乙在认识非常清醒的状态下，自主地决定自己的死亡，甲没有支配乙的死亡，没有任何意思强制，没有利用乙的错误意思造成乙死亡的情形，乙属于典型的自杀，其行为不违法。甲的行为相应地属于典型的帮助自杀，按照共犯从属性的法理，不构成犯罪。

（2）欺骗他人自杀的，有成立“他杀”的可能

在死亡并非出于被害人自愿即欺骗他人自杀的案件中，是否一律成立故意杀人罪，是值得研究的问题。换言之，在被害人对死亡结果存在清楚认识，但却对自杀身亡的目的、意义有错误认识（被害人动机错误）时，是否仍然成立自杀？对此，应当考察在具体个案中，被害人动机错误的大小，是否足以构成重大意思瑕疵。在可以假定没有该错误，被害人就不会决定放弃法益，就不会选择自杀时，就应当认为该动机错误损害了被害人的自主决定权，其自杀承诺无效。换言之，如果被害人没有充分的认知与判断能力并且其意思表示有重大瑕疵的，不能认定其自愿选择了死亡。例如，甲因另有所爱而企图杀害极为依恋自己的女朋友乙，于是假称父母反对自己与乙交往，进而与乙相约一起服毒自杀。在乙服下致死的毒药之后，甲却并未兑现承诺。如何处理甲？对此，应该认为，如果“自杀者”没有动机错误就不会决定放弃法益，不会选择“自杀”，该动机错误损害了被害人的自主决定权，该死亡就应该由欺骗者负责。在本案中，甲和乙共同赴死是乙决定自杀的本质要素，如果没有甲的伪装，乙不会形成和强化自杀意思，乙的自杀意图不是出自其自愿的真实意思，被害人是在“上当受骗”之后实施荒唐举止的，该承诺无效，其不成立自杀，谎称共同自杀的行为人利用没有自杀意思的被害人的行为造成死亡结果，因而构成故意杀人的间接正犯。① 因此，对于欺骗他人自杀的情形，并不能一律定故意杀人罪。此时，分析被害人是否有动机错误，实际上也就是在考虑欺骗行为对于被害人作出自杀决定所起作用的大小。如果被害人决心自杀，只求速死，行为人为让其快死，而假装一同自杀，被害人最终自杀身亡的，行为人无罪，因为即便存在欺骗，被害人有一定认识错误，但是该错误是在被害人已经有死亡的自主决定权之后才产生的，行为人对被害人作出自杀决定的影响力较小。其实，这也是在判断“杀害行为”的有无。“在判断欺骗行为对法益处分意思的作用时，关键是判断行为的

① 相反的观点认为：在假装自杀案件中，追随他人去死虽然是导致对于方自杀的条件之一，但是对于具有正常判断能力的而且明白自杀意思的人而言，追随他人去死对于自杀的决意来说是不是本质要素，还有疑问。在这种场合下，行为人只是赋予对方动机而已，被害人只是在动机、起因方面有错误，不能说行为人支配了死亡结果，因此，伪装自杀者不应成立故意杀人罪的间接正犯，应成立自杀参与犯罪。参见［日］曾根威彦：《刑法学基础》，黎宏译，76页，北京，法律出版社，2005。

'实行行为'性的有无，这是最重要的……在这种场合，由于自杀意思是无效的，那么判断的关键就是，能否肯定欺骗行为──→错误──→自杀意思──→自杀行为──→死亡结果这一正犯的因果关系，为了肯定杀人罪的成立，必须认定具备上述要件。”①

(3) 在自杀出于本意时，不救助者不成立故意杀人罪

被害人决心自杀，行为人（尤其是配偶等被害人特别依赖的人）不阻止或不救助的，是否构成不作为的杀害？这一问题，其实质仍然是考察行为人对于他人死亡是否有支配，是否制造并实现了死亡风险。

对此的基本结论是：被害人自杀，是自陷风险的行为，行为人不阻止或不救助的，不构成不作为的杀害。按照法外空间说，自杀不是自杀者对自身生命的自由支配和处分，但也不是违法行为，他人决意自杀的，法律只能默认，此时就不宜认为他人有规范上的义务对自杀行为加以阻止，就不能认为不救助者成立不作为犯罪。此时，行为人的作为义务并不存在，因为作为义务的目的在于防止对被害人的法益侵害，而不是在被害人不愿意接受保护时仍然去干涉其意志自由，更不能将保护义务转化为对被保护者的约束和管制。例如，丈夫发现妻子可能自杀而离家出走，后者自杀身亡的，德国法院最初判丈夫犯过失杀人罪，但后来这一结论被推翻。争议的焦点在于，丈夫将妻子留在一个有潜在风险的环境中，是否属于违法行为。“法庭最终认定，妻子自杀的风险不足以制造丈夫留在家中的义务。”② 罗克辛教授指出：“从婚姻伴侣的保护人地位中并不能推导出那种保护另一方免受有责任的自我伤害的义务……一个婚姻配偶应当保护另一方免受外部的侵害，而不是自己对自己造成的危险。”③ 但类似案例，在中国大多被认为有罪。现在看来，这样的处理方式并不妥当——自杀是法律不予置评的“法外空间”，因这种行为的发生而赋予他人过重的救助义务，在规范上并不合适。

在教唆、帮助自杀的场合，自杀参与行为并不是可以导致作为义务的先前行为，即便教唆、帮助者事后不救助自杀者，也不宜认定为不作为的故意杀人罪。④ 因为先前行为必须是造成法益危险的行为，在自杀的场合，劝说和帮助行为本身并不能对自杀者的生命法益构成威胁，是否赴死完全取决于自杀者的意思。更何况，一方面认为教唆、帮助自杀行为本身不应当受到刑事处罚，另一方面却又肯定这种行为会导致教唆、帮助者负有阻止自杀者死亡的作为义务，会导致价值评价上的自相矛盾。⑤ 此外，还需要考虑，如果肯定教唆、帮助自杀这种积极行为都不具有可

① ［日］山口厚：《从新判例看刑法》，付立庆等译，25页，北京，中国人民大学出版社，2009。

② ［美］乔治·弗莱彻：《反思刑法》，邓子滨译，268页，北京，华夏出版社，2008。

③ ［德］克劳斯·罗克辛：《德国刑法学总论》，第2卷，王世洲等译，547页，北京，法律出版社，2013。

④ 在这种场合，是否有成立遗弃罪的可能，还值得研究。

⑤ 参见王钢：《自杀的认定及其相关行为的刑法评价》，载《法学研究》，2012（4）。

罚性，在他人决意自杀时未能介入并防止他人自杀这种没有任何举止的消极行为却成立故意杀人罪，在处理上会导致不平衡。因此，甲教唆他人自杀，但发现自杀者乙一息尚存时没有施救，乙最终死亡的，不能认为甲构成不作为的故意杀人罪，因为乙陷入危险是由其自己决定的，从规范上不能赋予甲作为义务来干预乙的行为；丙为丁提供自杀工具的，也不能对自杀者的生命法益构成威胁，帮助行为并不是可以导致作为义务的先前行为，即便不救助，也不构成不作为的故意杀人罪。

第二十五章

刑事案例指导制度的发展方向

在2010年11月26日发布《关于案例指导工作的规定》并正式建立指导性案例制度之初，最高人民法院对这项具体的司法改革应该说是充满信心的：一方面，最高人民法院在制度预设上，垄断了指导性案例的发布权，并强力推行这项制度；另一方面，最高人民法院在指导性案例的效力设定上，试图赋予其绝对效力，要求下级法院对指导性案例“应当参照适用”。但是，问题的复杂程度可能远远超过当初的想象，最高人民法院对于建立指导性案例制度可能面临的困难明显估计不足。转眼4年过去，刑事案例指导制度无论就其规模、功能，还是对司法的总体影响力，都与当初的预想大相径庭，而且在很长时期内，刑事案例指导制度的发布处于休眠状态，可以说这项制度目前处于“进退两难”的境地。最高人民法院从2014年4月起新设“案例月度发布制度”，也似乎从侧面印证了刑事案例指导制度的困境。① 在这种背景下，对刑事案例指导制度的功能定位、未来发展方向进行思考，并提出相应的建议，对于确保这项制度的良性发展具有重大意义。

一、思考的起点：刑事案例指导制度的功能定位

指导性案例一定要有“指导功能”，缺乏这种功能或者指导性明显不足的案例，不应该被遴选为“指导性案例”。笔者在过去的研究中已经揭示出：目前已发布的刑事指导性案例中，有的属于回应公共议题型；有的仅仅在重复或重申司法解释；有的则是为了满足被害人的诉求。只有个别案例在司法解释不明确的地方“指导功能”有所发挥。② 这样一来，最高人民法院发布的大量刑事指导性案例其实是名实不符和“功能错位”的——所谓的指导性案例其实是在做“指导性”以外的事情。

（一）回应社会关切并不是刑事指导性案例的应有功能

法院在判决重大、敏感案件回应社会关切时，所涉及的法律适用上的难题往往较少。很多时候案件社会影响虽大，但毫无疑难之处。发布这样的案例，其实是出于政策的考量——表明国家对某种行为的态度（例如，对腐败现象“零容忍”）。对于这样的案件，最高人民法院完全可以通过新闻发布会的形式发布，或通过指导性案例之外的其他途径发布，将其纳入指导性案例的范畴会导致名实不符。

最高人民法院近年来似乎对此已有所认识，从而将明显是在回应公众关切的案例以“典型性案例”的形式在“月度案例发布”中披露，而不再作为指导性案例发

① 最高人民法院于2014年4月底举办新闻发布会，明确宣布：为了使案例发布工作制度化、规范化，最高人民法院正式建立人民法院案例“月度发布制度”。每月公布的“典型性”案例，都是由最高人民法院各业务庭室从最高人民法院和下级人民法院审结生效的案例中筛选出来的，一般不少于5个。参见陈思：《最高法院建立案例月度发布制度 首批公布五起典型案例》，载http：//www.chinacourt.org/article/detail/2014/04/id/1285776.shtml，访问日期：2014-05-06。今后，案例指导制度是否有萎缩趋势，也还需要观察。

② 参见周光权：《刑事案例指导制度：难题与前景》，载《中外法学》，2012（3）。

布。例如，对于社会关注度较高的反腐败问题，最高人民法院曾通过发布指导性案例（指导案例第3号“潘玉梅、陈宁受贿案”、第11号“杨延虎等贪污案”）来加以回应。但是，类似做法今后原则上不会再出现，而是通过指导性案例之外的方式发布。最高人民法院在2014年4月底的新闻发布会上公布的“被告人樊爱东、王圣华、蔡军污染环境案”就是如此：被告人处置危险化学品硫酰氯，将其倾倒于小河中。该危险品遇水反应生成的毒气雾团飘至村中，将熟睡中的村民熏醒，致上百村民呼吸系统受损，并造成庄稼、苗木等重大财产损失，村民韩某原患有扩张型心肌病等疾病，因吸入酸性刺激气体，致气管和肺充血、水肿，直接加重心肺负荷，导致急性呼吸循环衰竭而死亡。检察机关以被告人犯以危险方法危害公共安全罪向淄博市中级人民法院提起公诉。法院经审理认为，被告人樊爱东、王圣华、蔡军违反国家规定，往河中倾倒具有腐蚀性、刺激性的化学品硫酰氯，严重污染环境，并造成1人死亡、重大财产损失的特别严重后果，其行为均已构成污染环境罪。最高人民法院将本案作为典型性案例，主要是为了回应“公共议题”——法院加大了对污染环境犯罪的打击力度，集中审结了一批污染环境犯罪案件，本案是其中的典型，充分体现和发挥了人民法院依法惩治污染环境犯罪、促进生态文明建设和经济社会健康发展的职能作用。

（二）仅仅重复司法解释的指导性案例没有实际意义

把单纯重申司法解释的案件作为指导性案例，也会造成功能错位。指导案例第3号“潘玉梅、陈宁受贿案”、第11号“杨延虎等贪污案”、指导案例第12号“李飞故意杀人案”、指导案例第14号“董某某、宋某某抢劫案”等，都属于这种情形。其中，指导案例第3号“潘玉梅、陈宁受贿案”所提供的4个裁判要点，在以前的司法解释中全部存在，相关司法解释还规定得很明确，因此，出现了指导性案例和司法解释之间的交叉、重复。指导案例第12号“李飞故意杀人案”的裁判要点强调：“对于因民间矛盾引发的故意杀人案件，被告人犯罪手段残忍，且系累犯，论罪应当判处死刑，但被告人亲属主动协助公安机关将其抓捕归案，并积极赔偿的，人民法院根据案件具体情节，从尽量化解社会矛盾角度考虑，可以依法判处被告人死刑，缓期二年执行，同时决定限制减刑。”这实际上是对过去多个司法解释（1999年10月27日最高人民法院颁布的《全国法院维护农村稳定刑事审判工作座谈会纪要》、2010年4月最高人民法院刑三庭《在审理故意杀人、伤害及黑社会性质组织犯罪案件中切实贯彻宽严相济刑事政策》）的重申。指导案例第14号“董某某、宋某某抢劫案”明确对于未成年人因上网诱发犯罪的，可以禁止其在一定期限内进入网吧等特定场所，与2011年4月28日最高人民法院等部门发布的《关于对判处管制、宣告缓刑的犯罪分子适用禁止令有关问题的规定（试行）》第4条第1项的规定完全一致。上述指导性案例所提炼的裁判要点总体上是在重复以往的司法解释，从而使得这些案例失去了独立的存在价值和意义。

上述分析充分说明，在选择刑事指导性案例方面，最高人民法院虽然千挑万选、极为用心，但许多案例缺乏对基层司法实务的指导作用，重申以往司法解释的案例占绝大多数，其实际效果是否能够达到预期，还是一个疑问。

（三）指导性案例的指导功能：在罪刑法定框架内的合理、充分解释

受罪刑法定原则的约束，在刑事领域，不能像在民事领域那样发布具有填补漏洞性质的指导性案例，因此，指导性案例的制定所受到的约束会更多。但是，即便如此，指导性案例也必须在不依赖于成文的司法解释的情况下，尽力去探求法条文义解释的边界。因此，指导性案例的功能只能定位于其“指导性”。在刑事领域，这种指导性体现在：既不突破罪刑法定原则，又能够合理且充分地解释刑法，从而为下级法院处理类似案件提供操作样本。

指导性案例必须揭示原本不明确的立法、司法解释。刑事案例指导制度作为一种刑法适用的解释机制，其所确立的裁判规则是对相关刑法规范的精确化和具体化，可以起到解释、明确、细化刑法规定的作用。通过指导性案例解释刑法，不仅具有比抽象的司法解释更强的针对性，能更直观地揭示刑法条文的含义，而且对法条中所蕴含的法律精神和立法意旨的阐释也更为准确和清晰，可以保证相同或类似案件得到相同或类似处理，有助于实现刑法适用的统一性。① 因此，能不能对刑法明确性起到实质性作用是一个案例能否成为指导性案例的重要标尺。“没有法律解释的案件基本上没有指导性……具有解释的内容永远是（指导性案例）最重要的条件。”②

如果将刑事指导性案例的功能定位于脱离司法解释文本，那么，目前全国每年发布的近百万件刑事案件判决书中，能够成为指导性案例的，数量应该少之又少。有学者指出：要使判例性制度发挥作用，必须将案例限定在那些揭示法律适用疑难问题的类型化案件上，通过消除这些疑难案件中所产生的适用歧义，来具体细微地解释刑法规范中的矛盾、含糊，从而认可、确立一般性的适用规则加以普遍推广。③ 真正的问题在于：一方面，由于最高人民法院发布了大量司法解释，基层法官已经养成按照司法解释判案的思维定势，许多复杂问题被简单化；另一方面，由于刑事判决书的“本院认为”部分说理明显不足，有的基层法官的创造性没有充分得到发挥，有的基层法官不能娴熟运用法律解释方法，使得难以形成有意义的判决，挑选指导性案例就成为“无源之水”，只能在重申公共政策、重申司法解释、阐明最高人民法院的某种刑事政策立场（例如抚慰被害人）这几个问题上“打转转”。

因此，从准确定位刑事指导性案例的功能出发，自然引申出来的问题是：（1）大幅度改革刑事判决书制度，增强判决书的说理性。（2）必须尽量减少成文司

① 参见张建军：《案例指导制度对实现刑法明确性的作用》，载《法学杂志》，2013（9）。

② 蒋惠岭：《建立案例指导制度的几个具体问题》，载《法律适用》，2004（5）。

③ 参见林维：《刑事案例指导制度：价值、困境与完善》，载《中外法学》，2013（3）。

法解释的数量，大力培养一线法官的解释能力，让其离开司法解释这根“拐棍”也能够独立行走。(3) 必须采用一定手段来确保指导性案例的效力得到实现。唯其如此，才能为刑事案例指导制度的发展奠定良好基础。以上这 3 点，也是刑事指导性案例未来的发展方向。

二、刑事判决书改革与刑事案例指导制度

在未来，应当通过改革刑事判决书来为刑事案例指导制度的发展提供实质支撑，使这项制度具有持久的生命力。

(一) 现有的判决书大多说理不透，难以成为指导性案例

目前的刑事判决书，对说理——“本院认为”部分的阐述过于简单：大量判决书 90%以上的内容是罗列证据，不到 10%的部分在分析定案理由。在确定被告人有罪时，大多用一两句话说明被告人的行为符合某罪的构成要件，然后说公诉机关的指控成立，被告人及其辩护人的辩护意见缺乏事实和法律支持，最后得出有罪判决结论。许多判决既没有将案件的演绎过程以及法官的心证过程清晰地呈现在当事人以及社会公众面前，也没有消除被告人对定性可能错误的疑虑。因此，大量刑事判决书并不可能为指导性案例的形成提供有益的“素材”!

此外，大多数刑事案件都有公诉人，公诉人的法律文书里面可能有一些涉及事实和证据的细节，然后律师行使辩护权利时对事实和证据可能有另外的说法。但是，现在法院在判决中必然对这些事实有裁减，这样有可能使得法官在判决书中讲得振振有词，但是，如果将判决书和公诉词、辩护词同时对照，细细推敲，判决结论未必完全站得住脚。刑事判决书必须详尽说明裁判理由、推理过程，批驳相反观点。未来合理的刑事判决，其内容应当包括对推理过程详细的展示，对控辩双方相互观点充分的展示，以及法官的独立思考、解释。这一点比民事指导性案例要复杂。如何挑选案例，以客观、全面反映控辩双方的观点，确保判决结论从证据事实中推演出来，于对指导性案例的制作、遴选而言都是难题。目前，我们地方各级法院的法官中有多少具有作出日后可能成为指导性案例的判决的能力，实在是一个疑问。

在判决书充分说理方面，大陆法系国家有很多值得我们借鉴的地方。例如，被告人甲发现被害人在某公园的椅子上坐着与他人聊天时将随身携带的手提包放在身边，就暗想，如果被害人不小心遗忘了这个包，就去拿走。结果，被害人离开椅子时，真的将包忘了。甲在发现被害人走出 27 米左右时，感觉时机已到，就将包拿到旁边的公共厕所里，打开手提包从中取走现金。被害人在离开现场 200 米后（2 分钟路程），发现自己忘了拿包，返身回来找，后来在朋友协助下将行为人甲抓住。如果在中国，法院可能判被告人盗窃罪（也可能判侵占罪），判决书对裁判理由的交代极有可能就是：甲的行为符合盗窃罪的构成要件，公诉机关的指控意见正确，被告人及其辩护人的辩护意见缺乏事实和法律依据。而对本案，日本法院在判决被

告人构成盗窃罪时，一审法院的判决理由是：虽然被害人将本案拎包遗忘于公园椅子上，但被害人脱离对本案拎包现实的控制的距离与时间都极为短暂，在这期间，公园里几乎无人通行，被害人不仅对遗忘物场所有明确认识，对于有可能拿走拎包的人也能猜得到，实际上也是如此。因此，在被告人拿走财物之时，被害人对财物的实际支配并未丧失，仍然继续保持对财物的占有。二审法院认为，被告人在被害人离开自己的财物仅仅 27 米之际就拿走被害人的财物，即便考虑到被害人暂时忘记拎包而离开现场的事实，也不能认为被害人失去了对本案拎包的占有，故被告人在本案中的领得行为构成盗窃罪。[①] 二审法院直接根据被告人取得财物的行为时点时的状况来判断被害人是否丧失占有，进而根据被告人在被害人离开 27 米就拿走被害人财物的事实，肯定被告人侵害了他人的占有，因而是妥当的判决。这和传统的解决进路不同。传统的进路是：对于从被害人离开财物的时间点开始直到发现自己遗忘物并回到遗忘场所的全部状况加以综合检讨，据此判断该财物此时是否仍处于被害人的占有之下。对此，山口厚教授指出：传统进路面临“存疑时有利于被告人”这一刑事裁判原则的拷问。因为“即便是最大限度地考虑被害人与财物之间的时间、距离的隔离的场合，能否肯定被害人对财物的占有，可能并不明确。与上述场合相反，在本判例中，在被告人实施取得行为的时点已确定的基础上，直接地采取了以该时点来判断被害人是否丧失占有的判断方法。可以说这种直接判断法才是本来的占有的判断方法。这是因为，只有在取得行为之时点被害人是否丧失占有才成为问题，在取得行为实施完毕后，被告人即便又丧失占有，但盗窃罪一旦成立就告既遂，也就不可能再说不成立盗窃罪了”[②]。由于对本案的处理，一、二审法院都充分说理，即便定罪结论相同，法官说理的方式也不相同，不同法官的判决主张就可以充分展示出来。只有这样的判决，才能为案例指导制度提供最为坚实的基础。离开充分说理的判决，刑事案例制度真的是皮之不存毛将焉附！从未来进一步发展指导性案例的角度看，判决书也必须包含使判决赖以作出的对案件事实和法律推理的完整叙述。

（二）判决书充分说理对指导性案例发展的意义

1. 判决书充分说理才能解决以往其他案例之间相互矛盾的问题

现在已经有很多由最高人民法院、各高级人民法院通过各种途径公布的案例，其中有一些案件，案情大致相同，但在不同部门编选的案例选辑中，处理结论大不一样，有的结论甚至截然相反。比如，对于被告人驾驶机动车运输伪劣产品，汽车被公安机关扣留，被告人再偷或抢回来的案例，最高人民法院有的部门编选的案例里的裁判结论是财产犯罪（视情形成立盗窃罪、抢劫罪），另有地方法院判决被告人构成妨害公务罪，或者非法处置被查封、扣押的财产罪，或不是犯罪。所以，对

① 参见日本最高裁判所（2004 年）平成 16・8・25 刑集 58 卷 6 号，515 页。

② ［日］山口厚：《从新判例看刑法》，付立庆、刘隽译，129 页，北京，中国人民大学出版社，2009。

同样情形所作出的结论五花八门，以后要解决这种冲突，就需要法官在处理案件时充分说理，再由最高人民法院从最为讲得通的判决书中挑选并制定指导性案例。还有一些犯罪，例如，在轮奸行为中，个别人自动停止犯罪的，最高人民法院刑事审判部门编选的案例书上说是犯罪中止，但最高人民法院研究机构编选的案例书则说这是犯罪既遂。对于过去结论上有冲突的案件，今后也必须要依靠判决书充分说理来解决，再由从中挑选出来的刑事指导性案例表明最高人民法院的明确态度。

2. 只有充分说理，才能准确提炼裁判要点

裁判要点，是最高人民法院从原判决书中提炼而成的主要法律问题以及对这些问题的法律定性和规则适用解释，是指导性案例的核心内容。① 但是，如何充分说理，形成法律解释上的亮点，供最高人民法院提炼裁判要点，对于制作原判决的下级法院法官来说并非易事。在拟作为指导性案例报送到最高人民法院的材料中，有的仅介绍背景、影响和裁判考虑的因素，或者指出法律问题，而缺乏明确的结论或解决办法，没有揭示出案例的主要裁判规则和亮点；有的对其他内容介绍过多，要点概括不简明、不醒目；还有的裁判要点与裁判文书相关表述脱节甚至矛盾，表述累赘或晦涩难懂。因此，如何归纳和提炼裁判要点，确保其合法有据，概括准确、精炼，结构严谨，表达简明，语义确切，通俗易懂，能够挖掘出案例的闪光点，以对类似案件的裁判具有指导和启示意义，归纳具有指导意义的裁判理念或裁判方法，并使得裁判要点具有创新性，归纳总结出裁判文书中对法律适用或其他问题的创新性判断，而不是对法律的明文规定或司法解释的变相重述，有高度、深度和好的角度，是一个难题。而这一问题的解决，只能依靠判决书改革。在判决书充分说理的场合，要从中挑选出有价值的裁判要点就远比现在容易。

3. 判决书只有充分说理才能够“指向长远”

一个出色的刑事判决，既不能突破法律，又要发挥案例指导的功能，就必须指向未来，让一般老百姓也有预测可能性。而我国基层人民法院或者中级人民法院的法官有的不具备作出这种判决的能力，有的解释能力受到目前判决书写法的压制。由于指导性案例主要是依据中级及其以下法院所作的判决，然后，由最高人民法院加工以后作成指导性案例，如果基础判决太差，相关指导性案例的编选工作就做不了。但是，实践中，大量刑事案件基础判决就很差。于民事案件的判决，法官可以附带写出很多自己对法理的理解甚至创造性的观点。在刑事案件里，法官不敢这样做，另外，可能是判决理由写得越多，越容易被挑毛病，也就越麻烦。所以，在刑事判决书里，几乎千篇一律地将被告人或者辩护人的辩解阐释为“没有事实和法律依据，不予采纳”。有学者指出，裁判充分说理，既能够彰显司法裁判中的公共理性，也能够使裁判结论指向未来、指向长远。② 如果不突显裁判充分说理这一点，

① 参见王晨光：《制度建构与技术创新——我国案例指导制度面临的挑战》，载《国家检察官学院学报》，2012（1）。

② 参见吴英姿：《司法的公共理性：超越政治理性与技艺理性》，载《中国法学》，2013（3）。

上述目标都无从谈起。因此，要实施刑事指导性案例制度，需要基层法官有大智慧，要求法官精通法理、法律，熟练掌握刑事政策。所以，案例的选择、制作与发布，远比由最高人民法院制定抽象的司法解释条文更复杂。刑事判决书的写法、相应的制度不改革，到哪里去找那么多合适的刑事指导性案例？

实证研究已经表明，与基本案件事实相比，基层法官更重视指导性案例中的说理性因素，特别是判决书原文中的法律论证或推理部分，期待从案例中得到关于刑法解释方法、判决思路等方面的启发；更关注判决理由、法律适用是否与他们对法律的理解相一致，期待指导性案例能够为具体案件的裁判提供解释进路、处理方案上的支持。而许多基层法官认为，目前指导性案例的“说理性与说服力尚须加强”，近半数的调查对象认为“案例本身不具有说理性与说服力”将会影响类似案件在办案过程中的参照适用。① 对于实践中的这种呼声，在今后进一步推行案例指导制度时必须特别加以关注。这样说来，在当前中央大力推动司法改革的大背景下，为回应刑事案例制度发展所提出的新要求，由最高人民法院主导，对1999年《法院刑事诉讼文书样式》进行改革，强化刑事判决书的说理，大幅度增加“本院认为”部分的内容，就应该提上议事日程。这一项改革，应该和目前最高人民法院正在推行的裁判文书公开一道，成为倒逼司法公正的重要“技术手段”。

笔者认为，只要大力推进司法改革，充分调动一线法官解释刑法的积极性，赋予其应有的法律适用解释权，在刑事判决书中重视逻辑推理，准确概括控辩双方的诉讼主张，全面展示法官内心确信的形成过程，刑事案例指导制度的良性发展就是可以期许的。

三、法官的解释能力与刑事案例指导制度

在未来，应该大力提高法官的解释能力，从而为刑事案例指导制度的发展提供内在动力。

（一）大量制定司法解释和发布指导性案例之间存在内在矛盾

1. 必须清醒地认识司法解释的先天不足

在我国，习惯上对于疑难问题由最高人民法院进行司法解释，而不是寄希望于法官个人独立地根据个案解释刑法。由此可能产生的消极影响表现在：（1）司法解释既然要统一全国的司法活动，就必然具有抽象性、普遍性。这种解释就具有立法的性质，导致司法权和立法权关系混淆，司法解释随时有冲击罪刑法定原则的可能。（2）司法解释必然缺乏针对性，仍然需要进一步解释。司法解释貌似可以满足“统一司法”的目标，但是其初衷是否能够实现，大可质疑。（3）司法解释是最高

① 参见四川省高级人民法院、四川大学联合课题组：《中国特色案例指导制度的发展与完善》，载《中国法学》，2013（3）。

人民法院替全国法官思考问题，其存在会抑制法官自身探索刑法学真谛的冲动，使得法官的独立裁判显得多余。(4) 减少甚至消除了刑法学者发现问题的机会，遮蔽了刑法学理论的视野。法官碰到重大、疑难案件，不是求之于理论，不去仔细审视理论上对类似问题是否提出过解决方案，而是习惯于内部的层层请示，问题被法院系统内部消化，刑法学者们对于实践中究竟有哪些问题是最为紧迫、疑难的，无从知晓。司法解释都是干巴巴的条文，和立法只有名义上的区别，学者们有时甚至无法知道司法解释究竟是针对哪些案件作出的。刑法理论有时就沦为"司法解释的解释论"，而不是刑法解释论，刑法理论还能够发现什么真问题？还能够建立什么远离司法解释的新体系？(5) 司法解释实际上无意中向一线法官灌输了判决无须说明理由的错误观念，因为已经有一颗大脑把解决疑难问题的方法想好了，办案法官只需要依葫芦画瓢。法官总是寄希望于最高人民法院的司法解释来解决疑难案件，一旦有司法解释，法官直接根据司法解释作出判决，而无须进一步解释判决理由。在几乎所有的法官看来，最高人民法院的司法解释就是理由，当然毫无必要再向被告人、辩护人详尽解释判决理由；而最高人民法院作出司法解释时，也是不需要公布其理由的，有的解释明显是武断的。其结局就是，对疑难案件的处理，很多时候是在不需要说明理由的情境下进行的。事实上，除了最高人民法院，许多高级人民法院、中级人民法院甚至基层人民法院都在以"答复""会议纪要""指导意见"的名义制定实质上的司法解释——定罪量刑规范，法官只需要依葫芦画瓢，不需要独立思考，不需要更新刑法理论知识，不需要说明判决理由，由此培养了一些日益懒惰、缺乏风格、毫无理论底蕴的法官。在这些法官看来，既然判决不需要说明理由，那么刑法理论基本也是无用之物。①

2. 大规模司法解释的存在压缩了指导性案例的发展空间

过去的刑事司法解释太多，为未来发布指导性案例设置了一些难题。我国刑法典的条文有四百多条，加上修正案大概有五百多条，司法解释数以千计。如果将重复司法解释的案例排斥在指导性案例之外，则以往已经制定的那么多的司法解释，等于是为指导性案例的制作设置了障碍，大大压缩了指导性案例的未来发展空间，因为一线法官处理案件时总是在想着"对号入座"，其解释能力、解释冲动都受到重大影响。最高人民法院现在要制定指导性案例，和哪一条司法解释说不定就有冲突。指导性案例的挑选，要尽量符合刑法规定，也要尽量避免与以往司法解释相抵触，这是很大的难题。因此，如果要发展指导性案例，司法解释的数量就必须减下来，必须提倡法官在适用中解释刑法，培养一线法官的解释能力。唯有如此，刑事案例指导制度才能走得长远。期待司法解释的制定和指导性案例制度的发展齐头并进、两全其美，是不切实际的想法。

3. 在发挥指导功能方面，指导性案例比司法解释明显具有优势

虽然司法解释和指导性案例都能够在很大程度上消除刑事立法的模糊性，为法

① 参见周光权：《刑法总论》，2版，37页，北京，中国人民大学出版社，2011。

律适用提出标准，但是，两相比较，指导性案例的优势更为明显。理由在于：司法解释具有立法性质，其所确定的规则仍然可能是高度抽象和模糊的，与个案之间的联系相对间接，从立法规则到司法解释规则的过渡并不必然能够为个案处理提供实质帮助，理解和适用上仍然可能产生大量歧义；而指导性案例是具体的、感性的、可捕捉的，是针对法律适用上的疑难案例所作出的，其总是和每一个活生生的案件有紧密关联，能够为司法人员处理类似案件提供相对直观的判断标准。① 因此，在究竟是制定司法解释还是发布指导性案例来统一刑法适用方面，如果需要取舍，从制度正当性、合理性、经济性的角度考虑，无疑应该优先发展刑事案例制度。

（二）通过刑事案例指导制度提升法官个人的法律解释能力

法官个人在处理案件时解释刑法的积极意义无论如何彰显都是不过分的。在适用刑法处理各种案件过程中，法官个人对含义不明或者理解上有分歧的规定进行解释，可以在充分考虑各种方案的合理性的基础上，从容选择最佳方案，可以确保解释结论和案件之间有直接关联性。这是法官解释刑法的好处。法官解释刑法，也能够带来理论与实务互动而非相互排斥。司法中，法官在对疑难案件进行解释以前，必须仔细比较当下最为重要的学者对相关问题的论述，在对理论合理性进行甄别的基础上得出判决结论。所以，我们经常可以看到，对于疑难案件的刑事判决，法官可能在判决书上明确表明自己赞成刑法学上哪一派别的观点，甚至直接引用某位当前最为著名刑法学者的观点，作为支撑判决的理由。刑法学者可以因为理论更多地被司法判决引用而获得成就感，理论对实务的实际影响力也才能得到具体体现。反过来，在理论上，可以在对同类案件的不同判决结论进行比较的基础上选择合理的问题解决方案，找到批评的样本和素材，由此建构的理论才会是言之有物、有的放矢的。法官和学者由此能够进行沟通和互动，相得益彰。

刑事案例指导制度对于法官个人解释刑法可能带来的积极影响是：一方面，因为推行案例指导制度，法官需要比较指导性案例和当下待处理案件之间是否属于“类似案件”，在此过程中，复杂的思维过程和刑法解决技巧的运用就在所难免，法官个人的刑法解释能力得到提升；另一方面，刑事案例指导制度的推行可以带动刑事司法领域的全面改革尤其是判决书改革，法官在刑事判决书中必须充分说理，其个人解释能力就必须达到一定水准，法官不能再像以往那样仅仅借助于司法解释就可以判案，其独立司法和独立解释刑法能力的培养显得特别重要。

接下来有必要提及的问题是：一旦减少司法解释数量，真正发展刑事指导性案例，就必然要求法官个人独立解释刑法。此时，法官要大量运用文义解释，通过这种解释方法探究法条用语的含义。在实务中通过文义解释所得出的结论，大多要接受其他解释方法的验证（只不过在多数情形下，这一过程被司法人员无意识完成了）。通常首先要接受体系解释（系统解释、逻辑解释）、目的解释的检验；对法条

① 参见陈兴良：《我国案例指导制度功能之考察》，载《法商研究》，2012（2）。

用语的扩张解释要符合规范目的；形式上符合文义，且与目的解释不相冲突的结论才是可以接受的。同时，法官的刑法适用解释是一个商谈、反复试错的过程。在疑难案件中，不可能直接找到法条用语的可能含义，因此，“特别需要通过法律商谈来检验解释结论的性质”①。“只有当支持法律解释的论辩以理性的方式进行且最后结论为法律共同体所接受时，法律解释的证立才是正确的。合理的要求依附于论辩程序。”② 在控辩双方的刑法解释有分歧时，法官需要作出选择。刑法解释过程，不仅仅是一个商谈的过程，同时也是一个反复试错的过程，而不是“单向度”从文义解释出发直达目的解释的思维过程。解释刑法时通常可能按照一定逻辑顺序推演，但是，在发现根据目的解释所得出的结论明显不妥当，不能被国民接受时，又要返回到文义解释中，对法条用语进行限制，进行解释的“反向制约”，在反复试错中取得共识。普珀教授指出，方法论长久以来都在努力试着订出各种解释方法之间的抽象顺位，但是并没有成功；对于具体个案中判决的发现来说，这些解释方法仅具有次要的意义。依此，法律适用者是先根据他的“前理解”决定正确的结论，然后再回过头来寻找能够证成这个结论的解释方法。③ 这样说来，对很多刑法规定的解释，都是解释者或明或暗地有了倾向性意见之后，再回过头去寻找解释方法去论证该结论的正确。此时，使用何种解释方法，就受制于解释者的“前理解”、预判。

（三）法官适用、解释刑法必须受制于罪刑法定原则

罪刑法定原则的题中之意是法律成文化，以满足法的确定性要求，实现法的安定性，将罪刑关系普遍化，法律不因人、因事而异，使一般公正有实现的可能性。罪刑法定之下的成文法主义表明，立法者确定的罪刑规范，应当成为司法人员遵守的规范；在刑法领域的“法源”，只能是立法机关通过特定程序制定的成文法，刑事司法应该以成文法为准，以此来约束司法行为，防止司法擅断。司法解释以及指导性案例，在与成文刑法相抵触时一律无效。

在刑事指导性案例中，裁判要点处于核心地位。对指导性案例的提炼实际上是通过解释和适用法律，对法律适用规则、裁判方法、司法理念等方面的问题作出的创新性判断，提出有新意的解决方案。有学者认为：指导性案例制度的建构，实际上是想在一定程度上克服成文法的局限性，运用案例判决的既判性、权威性特点，统一同案或类案的法律适用，以填补法律漏洞。指导性案例具有解释法律和“创法”功能已是不能回避的事实。④ 另有观点主张，如果裁判要点没有超出法律或司法解释的规定内容，变相重复或引述原文规定的，就是没有体现出案例的指导价值

① 冯军：《论刑法解释的边界和路径》，载《法学家》，2012（1）。

② ［荷］伊芙琳·T·菲特丽斯：《法律论证原理》，张其山等译，131页，北京，商务印书馆，2005。

③ 参见［德］英格博格·普珀：《法学思维小课堂》，蔡圣伟译，78页，北京，北京大学出版社，2011。

④ 参见舒洪水：《建立我国案例指导制度的困境和出路——以刑事案例为例》，载《法学杂志》，2012（1）。

和创新性。[①] 但是，问题在于：在刑事领域，裁判要点一旦超出法律规定的内容，就违反罪刑法定原则。因为在刑事法领域，任何法官都没有“法律形成”、法律制定的权力。在民事领域，可能不存在这样的问题，因为处理民事案件，在没有法律的时候，依习惯；没有习惯的时候，依条理、情理。法官对民事案件怎么处理似乎都没有太大问题，因为民事案件基本都可以调解、协商。所以，在民事领域，最高人民法院发布指导性案例，即便有很多创造性的内容，好像问题也不大。但是，在刑事领域，受罪刑法定约束，法官没有法律创制权。对此，有德国学者指出：在某些情况下，对法律安定性和分权原则的考虑会要求严格禁止司法性的漏洞填补活动。比如，按照“法无明文不为罪”原则，对于确立刑罚以及加重刑罚的规定禁止类推适用。[②] 如果对法官的权力不制约，任由其去解释法律，类推解释就可能在所难免，最高人民法院从中挑选的指导性案例就存在先天不足。所以，对刑事判例制度，总会有是否冲击罪刑法定原则的疑问，法官在处理当前案件时，对刑法的解释自然就应该更慎重。

综上所述，可以认为，凡是以往司法解释已经加以明确的问题，不需要再发布指导性案例，否则，要么会使得指导性案例难以发挥其指引功能，要么会使得基层法官在是适用具有一定强制效力的指导性案例还是适用司法解释上陷入两难；对于现有司法解释中不明确的地方，也不宜再制定司法解释来填补“漏洞”，而应尽可能通过发布指导性案例的方法解决。今后，应当尽量减少刑法司法解释的数量，以培养基层司法工作人员的刑法解释能力、独立裁判能力、充分说理能力，以不与罪刑法定原则相抵触，同时为指导性案例的发展赢得制度空间。希望刑法司法解释制度和案例指导制度并驾齐驱是不现实的，在二者可能存在冲突时，应当重点致力于发展刑事指导性案例。

四、“类似案件类似处理”[③] 与刑事案例指导制度

在未来，应当通过发挥指导性案例的事实约束力，来提升刑事案例指导制度的实践效果。

（一）指导性案例的效力表现为“类似案件类似处理”

最高人民法院《关于案例指导工作的规定》第 7 条指出：“最高人民法院发布的指导性案例，各级人民法院审判类似案件时应当参照。”这里的“应当参照”，说明指导性案例是有效力的，其至少包含以下内容：（1）指导性案例本身的效力来源于“正确的决定性判决理由”，其效力具有一种说服力，说服力产生的权威是理性

① 参见胡云腾、吴光侠：《指导性案例的体例与编写》，载《人民法院报》，2012－04－11，8 版。

② 参见［德］齐佩利乌斯：《法学方法论》，金振豹译，97 页，北京，法律出版社，2009。

③ 有的学者将指导性案例必须被遵循称为“同案同判”。笔者认为，如果结合最高人民法院《关于案例指导工作的规定》第 7 条的规定，将其概括为类似案件类似处理更为准确。

的权威，是“理由产生权威”。(2) 从制度安排的程序上看，指导性案例是“经最高审判组织确定认可的程序安排”，是一种制度权威。“指导性案例本身具有的‘正确的决定性判决理由’和‘经最高审判组织确定认可的程序安排’，共同构成了指导性案例的说服力和指导作用。”① (3) “应当参照”意味着类似案件必须类似审判，尤其是法官在判决书中对与当下案件类似的指导性案例持赞成态度时，必须对指导性案例影响当下判决的理由加以论证，“遵循先例”成为法官难以摆脱的“法定义务”，背离指导性案例进行判决是允许的，从而为法官审理类似案件时“应当参照”指导性案例提供制度保证。② 这样说来，指导性案例的效力最终表现为类似案件类似处理。

但是，遗憾的是，根据笔者的有限观察，迄今为止，实务中还没有出现一起在判决书中引用最高人民法院此前发布的指导性案例的情形。那么，在未来进一步推进刑事指导性案例制度建设时，就需要考虑类似案件类似处理的实现途径这一关键问题。唯其如此，指导性案例“同案同判”的价值目标才有可能实现。③

(二) 应当建立判断“类似案件”的规则

何谓类似案件，实务中倾向于一种相对容易判断的“相似性识别技术”，即以“裁判要点”为判断相似性的基准：待决案件的事实与“裁判要点”所包括的必要事实具有相似性；待决案件所要解决的法律问题与“裁判要点”涉及的法律问题具有相似性。“由此，此种相似性识别技术就与我国法官长久以来形成的司法习惯、裁判思维、法律推理等建立起对话与沟通的可能。”④

于同志认为：案件相似性的判断过程，就是按照一定的价值标准，在若干具有关联性的指导性案例中选择、确定与待决案件事实最为接近、裁判效果最好的一个，从而参照适用。从案件的必要事实及实质构成要件来判断，一个案件的事实要素涉及方方面面，在案情比对时又不能也不应当全部地、逐一地进行，应注意区分案件的必要事实与非必要事实，避免因过分拘泥于纷繁的非必要事实，而放弃了从整体上对案情作出判断。应当注意把握案件的必要事实及形成判决基础的构成要件，并在此基础上判断指导性案例中法律解释方案的合理性或实质性理由，进而决定是否适用该指导性案例。⑤ 张骐教授则主张：判断案件是否相似需要确定案件的比较点，以保证案件的类似性具有相关性。确定类似案件的比较点就是确定案件的争议问题是否具有同类性。争议问题兼有事实性和法律性。先例的争议问题体现为

① 胡云腾等：《统一裁判尺度，实现司法公正》，载《中国审判》，2011 (1)。

② 不同的主张则认为，“同案同判”仅仅是一种道德要求，而不是一项无法摆脱的法律义务。参见陈景辉：《同案同判：法律义务还是道德要求》，载《中国法学》，2013 (3)。

③ 参见张志铭：《中国法院案例指导制度价值功能之认知》，载《学习与探索》，2012 (3)。

④ 四川省高级人民法院、四川大学联合课题组：《中国特色案例指导制度的发展与完善》，载《中国法学》，2013 (3)。

⑤ 参见于同志：《论指导性案例的参照适用》，载《人民司法》，2013 (7)。

判决理由及实质事实。判断类似案件所使用的类比推理方法是一种“类型的思维方式”，类比保证规则和类比保证理由可以帮助、规范类似性判断，并在一定程度上防止类似性判断的专断和失误。①

笔者认为，判断案件是否类似，的确需要适用类比推理的方式，在此过程中，要认真研究判决理由与事实概要，以建立二者之间的联系，从中寻找与该案件的事实关系有密切关联的判决的核心意思（本意、要旨），防止仅因边缘事实不同而彻底架空指导性案例。②

（三）引用指导性案例时，应当在判决书中载明

今后，如果法官在刑事审判中使用了指导性案例，或者法官在审判中对当事人提出的先前指导性案例没有予以采纳，都应当在判决书中说明。如果说在许多大陆法系国家，先前判例的事实拘束力都是通过将其写在法院后来的判决中来实现的，那么，在中国，要使指导性案例发生效力，就没有理由将其排斥在法院的判决书之外。

在判决书中明确引用承办法官实际使用的指导性案例，具有以下意义：(1) 可以让当事人全面地了解案件裁判的真正理由，落实司法公开原则，从而促使当事人息诉服判。(2) 可以保持法院审判的一致性和连贯性，推动法律适用的统一，贯彻社会主义法治原则。(3) 可以增强裁判文书的说理性，提高司法的公信力和审判效率。(4) 有助于法律人共同体整合司法经验，统一法律认识，提高业务素质等。③张骐教授进一步提出，在判决书中列明指导性案例，还可以为以后的司法、立法工作提供很好的经验。④ 反过来，如果在案件判决时，实际引用了指导性案例，但不明确写在判决书中，会使诉讼参与者不明就里，也必然使指导性案例的效力大打折扣。因为只有在具体的指导性案例被作为先例而引入其他案件的审理过程时，才有可能对其他案件的裁判产生实质上的效力。指导性案例没有被明确援引，就很难说当下的审判已然参照过去所发布的指导性案例。“强化指导性案例的效力，必须通过对法官施加更为严格的论证说理义务，否则，其执行仍然会落空。”⑤ 如果指导性案例不能被法官在判决书中引用，所有的诉讼参与者（包括法官、检察官、律师、被告人及其辩护人等）都可以对指导性案例置若罔闻、不予理会，这必然会使得指导性案例的效力降至“典型案例”的境地，对地方法院的刑事判决不会产生实质性、决定性的影响，最终使指导性案例的功能异化。

需要指出，在刑事判决书中写清楚所引用的指导性案例，不是要整体性地引用指导性案例，不需要罗列指导性案例所认定的事实、所采信的证据，也不需要全面

① 参见张骐：《论类似案件的判断》，载《中外法学》，2014 (2)。
② 进一步的分析，请参见周光权：《刑事案例指导制度：难题与前景》，载《中外法学》，2012 (3)。
③ 参见于同志：《论指导性案例的参照适用》，载《人民司法》，2013 (7)。
④ 参见张骐：《指导性案例中具有指导性部分的确定与适用》，载《法学》，2008 (10)。
⑤ 林维：《刑事案例指导制度：价值、困境与完善》，载《中外法学》，2013 (3)。

展示适用指导性案例的类比推理过程，而应仅引用指导性案例的案件名称、编号和裁判要点，尤其要突出指导性案例所确定的具体指导规则，并将其适用到当下案件中。当然，在最终的判决书中对指导性案例的引用表述得相对简单，并不意味着在形成裁判结论的推理过程中可以完全抛开指导性案例所涉及的基本事实和证据，也不意味着案情对比、刑法解释方法的运用以及思维的复杂过程等可以被忽略。

（四）类似案件类似处理的程序影响

1. 基于类似案件类似处理的考量，在庭审过程中，控辩双方都可以使用指导性案例作为法庭辩论及发表法律意见的规范依据。尤其是当律师提出有关指导性案例的适用要求时，法官应当回应律师的要求并作出采纳与否的决定。

2. 法官应当在裁判文书中，对控辩双方提出的适用或不适用具体指导性案例的意见进行回应（即应阐明适用或排除适用指导性案例的理由，以及引用相关指导性案例来论证案件裁判结果），但其无视指导性案例的存在，如果控辩双方认为当下案件与有关指导性案例相似而没有得到类似处理的，可以成为其上诉、申诉或抗诉的理由，在由此所作出的新判决书中，应当对于是否引用指导性案例处理当下案件作出回应。

3. 上级法院尤其是最高人民法院在对下级法院的案件质量考评过程中，发现某一刑事案件原本应当援引指导性案例进行判决，但原生效判决并未对此加以关注的，应当主动启动再审程序进行审理，并引用指导性案例所确定的裁判规则下判。① 当然，根据指导性案例未被适用这一情形启动特殊审判程序这项工作具体何时开展，还有一个时机评估和选择的问题——适宜在未来指导性案例的发布、适用机制相对健全，法律共同体对这项制度高度认同，指导性案例总体上达到一定规模之时，再将指导性案例作为上级法院指令再审、提审、发回重审或者改判的依据。②

应该说，最高人民法院《关于案例指导工作的规定》第 7 条仅宣示性地规定“最高人民法院发布的指导性案例，各级人民法院审判类似案件时应当参照”，会使得指导性案例的约束力停留在纸面上。对于指导性案例“应当参照”而不参照的，如果可能因此而启动新的诉讼程序，并带来改判可能时，刑事指导性案例才可能真正有约束力，相应的司法改革才是下足了功夫的真改。

① 在民事领域，也有学者认为，由于法律对上诉和再审理由已经有明确规定，背离指导性案例进行裁判不能成为再审理由。[参见王利明：《我国案例指导制度若干问题研究》，载《法学研究》，2012 (1)。] 但是，如果考虑到被告人关于指导性案例应该采用的辩护理由未被采纳这一点，把背离指导性案例作出裁判的情形纳入法定的上诉、再审理由加以考虑，并不是没有可能。因此，应该肯定类似案件没有得到类似处理能够成为启动新程序的理由。

② 类似的观点，请参见四川省高级人民法院、四川大学联合课题组：《中国特色案例指导制度的发展与完善》，载《中国法学》，2013 (3)。

第二十六章

指导性案例研究Ⅰ：潘玉梅、陈宁受贿案

在最高人民法院发布的指导性案例中，刑事指导性案例具有重要的地位。刑事指导性案例对于犯罪认定与刑罚裁量等有关法律问题，采取提炼指导性案例中的裁判要点的方式，确立了有关司法规则。这些司法规则对于此后处理类似案件提供了法律根据，因而具有重要的指导意义。本章拟对潘玉梅、陈宁受贿案进行规范分析，重点研究裁判要点，以加深我们对该案所确立的司法规则的正确理解。

一、潘玉梅、陈宁受贿案的内容

[基本案情]

2003年八九月间，被告人潘玉梅、陈宁分别利用担任江苏省南京市栖霞区迈皋桥街道工委书记、迈皋桥办事处主任的职务便利，为南京某房地产开发有限公司总经理陈某在迈皋桥创业园区低价获取100亩土地等提供帮助，并于9月3日分别以其亲属名义与陈某共同注册成立南京多贺工贸有限责任公司（以下简称多贺公司），以“开发”上述土地，但潘玉梅、陈宁既未实际出资，也未参与该公司经营管理。2004年6月，陈某以多贺公司的名义将该公司及其土地转让给南京某体育用品有限公司，潘玉梅、陈宁以参与利润分配名义，分别收受陈某给予的480万元。2007年3月，陈宁因潘玉梅被调查，在美国出差期间安排其驾驶员退给陈某80万元。案发后，潘玉梅、陈宁所得赃款及赃款收益均被依法追缴。

2004年2月至10月，被告人潘玉梅、陈宁分别利用担任迈皋桥街道工委书记、迈皋桥办事处主任的职务之便，为南京某置业发展有限公司在迈皋桥创业园购买土地提供帮助，并先后4次各收受该公司总经理吴某某给予的50万元。

2004年上半年，被告人潘玉梅利用担任迈皋桥街道工委书记的职务便利，为南京某发展有限公司受让金桥大厦项目减免100万元费用提供帮助，并在购买对方开发的一处房产时接受该公司总经理许某某为其支付的房屋差价款和相关税费61万余元（房价含税费121.081 7万元，潘支付60万元）。2006年4月，潘玉梅因检察机关从许某某的公司账上已掌握其购房仅支付部分款项的情况而补还给许某某55万元。

此外，2000年春节前至2006年12月，被告人潘玉梅利用职务便利，先后收受迈皋桥办事处一党支部书记兼南京某商贸有限责任公司总经理高某某人民币201万元和美元49万元、浙江某房地产集团南京置业有限公司范某某美元1万元。2002年至2005年间，被告人陈宁利用职务便利，先后收受迈皋桥办事处一党支部书记高某某21万元、迈皋桥办事处副主任刘某8万元。

综上，被告人潘玉梅收受贿赂人民币792万余元、美元50万元（折合人民币398.123 4万元），共计收受贿赂1 190.2万余元；被告人陈宁收受贿赂

559万元。

［裁判结果］

江苏省南京市中级人民法院于2009年2月25日以（2008）宁刑初字第49号刑事判决，认定被告人潘玉梅犯受贿罪，判处死刑，缓期2年执行，剥夺政治权利终身，并处没收个人全部财产；被告人陈宁犯受贿罪，判处无期徒刑，剥夺政治权利终身，并处没收个人全部财产。宣判后，潘玉梅、陈宁提出上诉。江苏省高级人民法院于2009年11月30日以同样的事实和理由作出（2009）苏刑二终字第0028号刑事裁定，驳回上诉，维持原判，并核准一审以受贿罪判处被告人潘玉梅死刑，缓期2年执行，剥夺政治权利终身，并处没收个人全部财产的刑事判决。

［裁判理由］

法院生效裁判认为：关于被告人潘玉梅、陈宁及其辩护人提出的二被告人与陈某共同开办多贺公司开发土地获取“利润”480万元不应认定为受贿的辩护意见，经查，潘玉梅时任迈皋桥街道工委书记，陈宁时任迈皋桥街道办事处主任，对迈皋桥创业园区的招商工作、土地转让负有领导或协调职责，二人分别利用各自职务便利，为陈某低价取得创业园区的土地等提供了帮助，属于利用职务上的便利为他人谋取利益；在此期间，潘玉梅、陈宁与陈某商议合作成立多贺公司用于开发上述土地，公司注册资金全部来源于陈某，潘玉梅、陈宁既未实际出资，也未参与公司的经营管理。因此，潘玉梅、陈宁利用职务便利为陈某谋取利益，以与陈某合办公司开发该土地的名义而分别获取的480万元，并非所谓的公司利润，而是利用职务便利使陈某低价获取土地并转卖后获利的一部分，体现了受贿罪权钱交易的本质，属于以合办公司为名的变相受贿，应以受贿论处。

关于被告人潘玉梅及其辩护人提出的潘玉梅没有为许某某实际谋取利益的辩护意见，经查，请托人许某某向潘玉梅行贿时，要求在受让金桥大厦项目中减免100万元的费用，潘玉梅明知许某某有请托事项而收受贿赂；虽然该请托事项没有实现，但“为他人谋取利益”包括承诺、实施和实现不同阶段的行为，只要具有其中一项，就属于为他人谋取利益。承诺“为他人谋取利益”，可以从为他人谋取利益的明示或默示的意思表示予以认定。潘玉梅明知他人有请托事项而收受其财物，应视为承诺为他人谋取利益，至于是否已实际为他人谋取利益或谋取到利益，只是受贿的情节问题，不影响受贿的认定。

关于被告人潘玉梅及其辩护人提出的潘玉梅购买许某某的房产不应认定为受贿的辩护意见，经查，潘玉梅购买的房产，市场价格含税费共计应为121万余元，潘玉梅仅支付60万元，明显低于该房产交易时当地市场价格。潘玉梅利用职务之便为请托人谋取利益，以明显低于市场的价格向请托人购买房产的行为，是以形式上支付一定数额的价款来掩盖其受贿权钱交易本质的一种手段，应以受贿论处，受贿数额按照涉案房产交易时当地市场价格与实际支付价格的差额计算。

关于被告人潘玉梅及其辩护人提出的潘玉梅购买许某某开发的房产，在案发前已将房产差价款给付了许某某，不应认定为受贿的辩护意见，经查，2006年4月，潘玉梅在案发前将购买许某某开发房产的差价款中的55万元补给许某某，相距2004年上半年其低价购房有近两年时间，没有及时补还巨额差价；潘玉梅的补还行为，是在许某某因其他案件被检察机关找去谈话，检察机关从许某某的公司账上已掌握潘玉梅购房仅支付部分款项的情况后，出于掩盖罪行目的而采取的退赃行为。因此，潘玉梅为掩饰犯罪而补还房屋差价款，不影响对其受贿罪的认定。

综上所述，被告人潘玉梅、陈宁及其辩护人提出的上述辩护意见不能成立，不予采纳。潘玉梅、陈宁作为国家工作人员，分别利用各自的职务便利，为他人谋取利益，收受他人财物的行为均已构成受贿罪，且受贿数额特别巨大，但同时鉴于二被告人均具有归案后如实供述犯罪、认罪态度好，主动交代司法机关尚未掌握的同种余罪，案发前退出部分赃款，案发后配合追缴涉案全部赃款等从轻处罚情节，故一、二审法院依法作出如上裁判。

二、潘玉梅、陈宁受贿案的分析

受贿罪是刑法中的一个重要罪名，也是在司法实践中认定较为复杂的一个罪名。尤其是在现实生活中出现了一些新类型的受贿犯罪，给受贿罪的定罪量刑都带来一定的困难。为此，2007年7月8日最高人民法院、最高人民检察院颁布了《关于办理受贿刑事案件适用法律若干问题的意见》（以下简称《意见》），对于新类型的受贿案件中的法律适用问题提出了具体的处理意见。潘玉梅、陈宁受贿案就是在《意见》颁布以后，适用《意见》形成裁判要旨的一个案例。该案的裁判要点在《意见》中大都已经作了规定，该案的裁判要点在一定程度上是《意见》的适用结果。在这个意义上说，该案并没有创制新的司法规则。尽管如此，该案还是对于司法机关正确地认定新类型的受贿罪具有指导意义。以下，本文对该案涉及的4个裁判要点进行法理分析。

（一）国家工作人员利用职务上的便利为请托人谋取利益，并与请托人以“合办”公司的名义获取“利润”，没有实际出资和参与经营管理的，以受贿论处

受贿罪的客观行为是收受财物，这里的收受财物是指无对价地取得他人的财物。然而，在现实生活中，出现了各种较为隐蔽的收受财物的行为方式，其中之一就是以合作经营获取利润的名义无偿地取得他人财物。对此，《意见》第3条对于以开办公司等合作投资名义收受贿赂问题作了以下明文规定：“国家工作人员利用职务上的便利为请托人谋取利益，由请托人出资，‘合作’开办公司或者进行其他

'合作'投资的，以受贿论处。受贿数额为请托人给国家工作人员的出资额。国家工作人员利用职务上的便利为请托人谋取利益，以合作开办公司或者其他合作投资的名义获取'利润'，没有实际出资和参与管理、经营的，以受贿论处。"以上规定涉及两种情形：一是在合作开办公司或者进行其他合作投资活动时，国家工作人员没有实际出资，而是请托人出资，由此获得所谓合办公司的股权或者其他合作投资的份额。在这种情况下，出资额即为受贿数额。这是一种无偿取得公司股权或者其他投资份额的一种受贿方式，相当于收受干股。二是在合作开办公司或者进行其他合作投资活动时，没有实际出资，也未参与管理、经营，而获取利润。在这种情况下，对于获取利润行为应以受贿论处。这是一种名为获取利润的变相受贿行为。由此可见，以上两种合作经营型的受贿行为，在性质上存在一定的区分：前者是以出资名义受贿，其受贿数额就是出资额；后者是以获取利润的名义受贿，其受贿数额就是获取的利润数额。这里尤其需要指出，在前一种情况下，以出资名义受贿的，受贿人既可能参与了公司的管理、经营活动，也可能没有参与公司的管理、经营活动。但是，无论是否参与了管理、经营活动，国家工作人员从公司获取利润的，该利润都不能再视为受贿数额。而在后一种情况下，以获取利润的名义受贿：受贿人不仅没有出资，而且没有参与管理、经营，其所获取的利润完全是一种无对价取得的财物。在这种情况下，为什么该国家工作人员在公司的出资也是虚假的，却不是像前一种情形那样将出资额认定为受贿数额，而是将获取的利润认定为受贿数额？关于这个问题，如果仅从文字表述来看是不太容易理解的：前后两种情形都获取了利润，为什么第一种情形按照出资额计算受贿数额，第二种情形却按照所获取的利润计算受贿数额？通过潘玉梅、陈宁案，对上述问题就能获得较为明确的认识。潘玉梅、陈宁案涉及的是以上第二种情形，其裁判要点与《意见》的表述也是极为近似的。从潘玉梅、陈宁案的案情来看，2003 年八九月间，被告人潘玉梅、陈宁分别利用担任江苏省南京市栖霞区迈皋桥街道工委书记、迈皋桥办事处主任的职务便利，为南京某房地产开发有限公司总经理陈某在迈皋桥创业园区低价获取 100 亩土地等提供帮助，并于 9 月 3 日分别以其亲属名义与陈某共同注册成立多贺公司，以"开发"上述土地。潘玉梅、陈宁既未实际出资，也未参与该公司经营管理。2004 年 6 月，陈某以多贺公司的名义将该公司及其土地转让给南京某体育用品有限公司，潘玉梅、陈宁以参与利润分配名义，分别收受陈某给予的 480 万元。由此可见，在该案中，所谓利润并非经营所获取的分红性质的利润，而是将公司以及资产转让以后的收益。潘玉梅、陈宁是以参与利润分配的名义获取收益的，这与具有分红性质的利润是两个不同的概念。如果在该案中，潘玉梅、陈宁名义出资，也没有参与管理、经营，却获取分红，则其行为属于前一种性质的受贿，其受贿数额应以出资数额计算。

根据《意见》的规定，这两种以合作开办公司或者进行其他合作投资名义进行的受贿，在成立条件上存在一定的差异：前者只要求没有出资，后者则不仅要求没有出资，而且要求没有参与管理、经营活动。在这两者之间到底存在何种区别呢？因为《意见》对于前者没有要求“没有参与管理、经营活动”，因此，即使参与了管理、经营活动也构成受贿罪。之所以如此理解，是因为受贿对象是出资额，因而与此后的是否参与管理、经营活动无关，只要公司成立，其受贿犯罪已经既遂。根据出资所获取的利润，是其所收受的出资的衍生物，不能再次认定为受贿数额，正如挪用公款罪中，其所挪用的公款存入银行的利息收入，不能再次计算为犯罪数额。更何况，《意见》第2条关于收受干股型的受贿罪，对于转让干股获取的红利，是按照贿赂款的孳息处理的。对此，我国有学者指出：“对于国家工作人员收受请托人出资额后又按照该出资额比例收受利润的，情况与根据股份获得分红类似，也应该按照《意见》第2条规定的上述认定原则办理，即将所收利润按照受贿孳息办理，这也是为了保持《意见》内部相似情况认定精神的一致性。”① 这一观点，笔者认为是正确的。但在后者的情况下，没有出资并且没有参与管理、经营活动，以利润的名义获取的公司整体转让以后的收益，认定为受贿数额。如果虽然没有出资但参与了管理、经营活动，无论是以利润的名义收取分红，还是获取公司整体转让以后的收益，笔者认为，都应当以其出资额认定为受贿数额。只有在既没有出资也没有参与公司管理、经营活动的情况下，其以利润的名义获取的公司整体转让以后的收益才能认定为受贿数额。

（二）国家工作人员明知他人有请托事项而收受其财物，视为承诺“为他人谋取利益”，是否已实际为他人谋取利益或谋取到利益，不影响受贿的认定

这一裁判要点涉及受贿罪的为他人谋取利益这一要件的司法认定问题。根据我国刑法第385条的规定，受贿可以分为收受财物与索取财物这两种情形：前者要求为他人谋取利益，后者则不要求为他人谋取利益。在要求为他人谋取利益的情况下，如何理解这里的“为他人谋取利益”呢？对此，我国刑法学界始终是存在争议的，我国学者把这种争议归纳为旧客观要件说、主观要件说与新客观要件说②，这是颇为形象的。旧客观要件说认为，为他人谋取利益是受贿罪的客观要件，即行为人必须实施为他人谋取利益的行为，如果国家工作人员收受财物但事实上并没有为他人谋取利益的，就不成立受贿罪；同时认为，为他人谋取利益是否已经实现，并不影响受贿罪的成立。主观要件说认为，为他人谋取利益是受贿罪的主观要件，即构成受贿罪以行为人主观上具有为他人谋取利益的心理态度就够了，并不要求具体实施为他人谋取利益的行为。新客观要件说认为，为他人谋取利益是受贿罪的客观要件，只是其内容是许诺为他人谋取利益。在以上3种观点中，其实主观要件说也是将许诺为他人谋取利益作为其内容的，只不过认为许诺是主观要件而已。例如，笔者和王作富教授较早提出了主观要件说，并且把其内容归结为许诺或者答应，指

① 郭竹梅：《受贿罪新型暨疑难问题研究》，305页，北京，中国检察出版社，2009。

② 参见黎宏：《刑法学》，955页，北京，法律出版社，2012。

出："为他人谋取利益，只是行贿人与受贿人之间货币与权力互相交换达成的一种默契。就行贿人来说，是对受贿人的一种要求；就受贿人来说，是对行贿人的一种许诺或者答应。因此，为他人谋取利益只是受贿人的一种心理状态，属于主观要件的范畴，而不像通行观点所说的那样是受贿罪的客观要件。"① 新客观要件说是认为许诺或者答应本身都是客观要件的内容而非主观要件，相对于要求实施为他人谋取利益行为的客观要件说，这是一种新客观要件说。在这个意义上，主观要件说与新客观要件说在对为他人谋取利益的内容理解上其实已经没有区别。这种所谓新客观要件说为某些学者所主张，例如张明楷教授指出："'为他人谋取利益'仍然是受贿罪的客观构成要件要素，其内容的最低要求是许诺为他人谋取利益。国家工作人员在非法收受他人财物之前或者之后许诺为他人谋取利益，就在客观上形成了以权换利的约定，同时使人们产生以下认识：国家工作人员的职务行为是可以收买的，只要给予财物，就可以使国家工作人员为自己谋取各种利益。这本身就使职务行为的不可收买性受到了侵害。这样理解，也符合刑法的规定：为他人谋取利益的行为本身是一种行为，故符合刑法将其规定为客观构成要件要素的表述。"② 从以上论述可以看出，符合刑法条文的规定是主张"为他人谋取利益"属于客观要件的主要理由之一，也是新客观要件说批驳主观要件说的根据。例如我国学者黎宏教授指出："'主观要件说'的缺陷也是极为明显的。从为他人谋取利益这句话本身来讲，应该说，它是受贿罪的客观要件。因为，很明显，它所描述的是一种行为。'为他人'是用来说明'谋取利益'这种行为是为谁实施的。因此，从法律规定上来看，为他人谋取利益应当是受贿罪的客观要件。"③ 但是，如果把"为他人谋取利益"视为客观要件，也是受贿罪构成要件中的行为，那么它与收受财物行为之间究竟是一种什么关系？是否意味着受贿罪的构成要件中存在双重行为？这些问题在刑法理论上是难以解决的。当然，将许诺或者答应视为主观要件的内容，也确实存在瑕疵，因为在一定意义上说，许诺或者答应的确是一种行为，因此，应该把"为他人谋取利益"理解为行为人的主观要素，而许诺或者答应只不过是这一主观要素的客观显现而已，而且，为他人谋取利益的实现行为也是这一主观要素的客观显现，它们的作用在于印证主观要素的存在，而在法律上并不要求。此后，笔者采用目的犯理论来解释"为他人谋取利益"，指出："为他人谋取利益，在受贿罪中只是一种主观上的'意图'。受贿罪由为他人谋取利益之意图而构成，是短缩的二行为犯。这里的二行为，一是指受贿行为，二是指为他人谋取利益的行为。为他人谋取利益并不能由受贿行为本身实现，而有赖于将这一意图付诸实施。但为他人谋取利益这一行为又不是受贿罪本身的行为，因而称为短缩的二行为犯，以与纯正的二行为犯相区别。立法者之所以规定短缩的二行为犯，是为了防止其他违法犯罪的发生。也就

① 王作富、陈兴良：《受贿罪构成新论》，载《政法论坛》，1991（1）。

② 张明楷：《刑法学》，4版，1068页，北京，法律出版社，2011。

③ 黎宏：《刑法学》，955页，北京，法律出版社，2012。

是说，根据法律的规定，不待其他违法犯罪发生（即只有其他违法犯罪之意图），就足以构成本罪。在受贿罪中，为他人谋取利益之意图，对于受贿行为来说是动机，而对于为他人谋取利益的行为来说则是目的。”① 在这个意义上，我们可以把原先的主观要件说称为旧主观要件说，而把目的犯意义上的主观要件说称为新主观要件说。对刑法规定的解释，笔者认为不能机械地拘泥于字面，而是要根据刑法教义学的理论对其加以塑造。从刑法的文字来看，确实应当将其理解为客观行为，但刑法规定的是为他人谋取利益这一主观意图的实现行为，真正应当纳入受贿罪的构成要件的是主观要素。在这个意义上，笔者认为我国刑法规定的受贿罪是一种隐性的目的犯，可以从“为他人谋取利益”这一主观目的的实现行为推导出行为人主观上的目的。

尽管在刑法学界对于“为他人谋取利益”这一要件的性质存在争议，但在司法解释中对于“为他人谋取利益”的解释逐渐明确。例如2003年11月13日最高人民法院印发的《全国法院审理经济犯罪案件工作座谈会纪要》（以下简称《纪要》）对“为他人谋取利益”作了以下解释：“为他人谋取利益包括承诺、实施和实现三个阶段的行为。只要具有其中一个阶段的行为，如国家工作人员收受他人财物时，根据他人提出的具体请托事项，承诺为他人谋取利益的，就具备了为他人谋取利益的要件。明知他人有具体请托事项而收受其财物的，视为承诺为他人谋取利益。”在这一规定中，承诺、实施和实现当然都是客观行为，但在明知他人有具体请托事项而收受其财物的情况下，客观上并无行为，司法解释规定视为承诺为他人谋取利益。对此，笔者认为可以解释为“为他人谋取利益”是一种主观要件。因为在没有客观行为的情况下，仅仅明知他人有具体请托事项就视为具备了“为他人谋取利益”这一要件。在这种情况下，还把“为他人谋取利益”解释为客观要件就十分勉强。

在司法实践中，对于“明知他人有具体请托事项而收受其财物的，视为承诺为他人谋取利益”这一规定如何认定问题上，笔者认为还是存在一些值得探讨的问题，主要问题在于：对于上述规定中的“具体请托事项”如何理解？从目前有些案例来看，对这里的“具体请托事项”作了较为宽泛的理解，从而使“为他人谋取利益”这一要件所具有的规范功能几乎丧失殆尽。例如成都市人民检察院诉刘爱东贪污、受贿案（载《最高人民法院公报》2004年卷）提炼的裁判摘要指出：“根据《刑法》第三百八十五条第一款的规定，国家工作人员明知他人有具体请托事项，仍利用职务之便收受其财物的，虽尚未为他人谋取实际利益，其行为亦构成受贿罪。”这一裁判摘要当然是正确的，但该案中涉及的案情是：“王某明、张某松是一建公司、市政公司的负责人，二人给当时分管建委和城建工作的刘爱东分别送钱时请刘多关照，送钱的意图是明显的，即想在项目承建上得到刘爱东的照顾。刘爱东在供述中承认其明白二人送钱的这一意图，但仍收取了这10万元现金，是以收钱的行为向送钱人承诺，要为送钱人谋取利益。刘爱东后来虽未实际给王某明、张某松谋取利益，但其收取二人钱财的

① 陈兴良：《贿赂罪谋取利益之探讨》，载《法学与实践》，1993（5）。

行为，符合受贿罪中权钱交易的本质特征。”① 在这一案情中，只是一般性地请求在项目承建上得到照顾，这是否就是前述司法解释所规定的“具体请托事项”呢？这是值得质疑的。而在潘玉梅、陈宁案中，请托人许某某向潘玉梅行贿时，要求在受让金桥大厦项目中减免100万元的费用，潘玉梅明知许某某有请托事项而收受贿赂；虽然该请托事项没有实现，但“为他人谋取利益”这一要件已经具备。在这一认定中，存在着“在受让金桥大厦项目中减免100万元的费用”这一具体请托事项，因而可以认定为具备“为他人谋取利益”的要件。因此，在“为他人谋取利益”的“具体请托事项”的认定中，如何理解请托事项的具体性，关系到受贿罪的成立。从目前的司法实践情况来看，往往是只要请托人与受财人之间具有职务上的相关性，例如属于行政上的相对人，在“予以照顾”等这样十分笼统的请求下，就视为明知有“具体请托事项”而收受，认定其收受行为具备了“为他人谋取利益”的要件。这样一种对“具体请托事项”的理解，无形之间消解了“为他人谋取利益”这一受贿罪的构成要件，因而有所不妥。我们将潘玉梅受贿案与刘爱东受贿案相比可以看出，前者的请托事项是具体的，而后者的请托事项并不具体。潘玉梅受贿案作为指导性案例，虽然在裁判要旨的表述上与刘爱东受贿案似乎相同，都是在一定程度上重复了司法解释的规定，但在请托事项具体细节上的差异，对于司法机关正确认定受贿罪的“为他人谋取利益”这一要件仍然具有重要的参考价值。

（三）国家工作人员利用职务上的便利为请托人谋取利益，以明显低于市场的价格向请托人购买房屋等物品的，以受贿论处，受贿数额按照交易时当地市场价格与实际支付价格的差额计算

以低于市场价格购买房屋等物品的形式受贿，也是受贿罪的一种新类型，司法解释称为“以交易形式收受贿赂”。对此，《意见》第1条第1款规定：“国家工作人员利用职务上的便利为请托人谋取利益，以下列交易形式收受请托人财物的，以受贿论处：（1）以明显低于市场的价格向请托人购买房屋、汽车等物品的；（2）以明显高于市场的价格向请托人出售房屋、汽车等物品的；（3）以其他交易形式非法收受请托人财物的。”《意见》第1条第2款还规定：“受贿数额按照交易时当地市场价格与实际支付价格的差额计算。”这种以交易形式构成的受贿罪的认定，难点在于：（1）如何确定这里的市场价格？（2）如何确定这里的交易时点？（3）如何确定这里的“明显”低于或者高于市场价格？

关于以上第一点，这里的市场价格是差价的基准价，其如何确定对于以交易形式构成的受贿罪的认定具有重要意义。应当说，由于交易对象的差别，其市场价格也是有所不同的。尤其是各类房屋等商品，存在程度不等的优惠价。在这种情况下，以最低优惠价作为市场价格，笔者认为是较为合理的。关于这一点，《意见》第1条第3款规定：“前款所列市场价格包括商品经营者事先设定的不针对特定人

① 《最高人民法院公报》（2004年卷），334页，北京，人民法院出版社，2005。

的最低优惠价格。根据商品经营者事先设定的各种优惠交易条件，以优惠价格购买商品的，不属于受贿。”在这一规定中，在作为“以交易形式受贿”的数额计算的基准价的确定上，强调了两个条件，这就是：（1）事先设定；（2）不针对特定人。据此，可以把以交易形式构成的受贿与以优惠价格购买商品的界限予以划清，因而是可取的。

关于以上第二点，市场价格的确定应该以交易时及交易地作为考虑因素。在一般情况下，交易的时间与地点是单一的，因此也是容易确定的。但是，在某些情况下，交易的时间与地点可以是较为复杂的。例如购买商品房，其价格是以口头约定时计算，还是以合同签订时计算，或者以房屋交付时计算？这就是一个较为复杂的问题。因为在这几个时点，房屋的市场价格是波动的，按照不同的时点，其市场价格是有所不同的。对此，笔者认为应该按照合同签订时确定市场价格才是较为合理的。

关于以上第三点，即明显低于或者高于市场价格的问题，需要进行裁量。在以往的司法实践中，关于明显低于市场价格的认定曾经以成本价作为基准，也就是说，只有在低于成本价的情况下，才能认定为低于市场价格。笔者认为，按照成本价计算显然是不合适的。只要低于或者高于市场价格的幅度较大，就应当将差价认定为以交易形式构成的受贿罪的犯罪数额。

在潘玉梅受贿案中，潘玉梅购买的房产，市场价格含税费共计应为 121 万余元，潘玉梅仅支付 60 万元，明显低于该房产交易时当地市场价格。尽管这里的房屋的市场价格是如何计算出来的，案例没有说明，但就市场价格为 121 万元而潘玉梅仅支付 60 万元的这一差距而言，可以说是明显低于市场价格，将其差价认定为受贿数额是完全正确的。

（四）国家工作人员收受财物后，因与其受贿有关联的人、事被查处，为掩饰犯罪而退还的，不影响认定受贿罪

在一般情况下，国家工作人员利用职务便利为他人谋取利益以后，收受他人财物，其受贿罪即为既遂。既遂以后如何处置财物，并不影响受贿罪的成立。当然，也有一些例外的情况，在对行为人定罪或者量刑时是应当予以考虑的。例如，收受财物以后上交的，是否构成受贿罪，就是一个较为复杂的问题。其实，除了上交的以外，还有一个退还的问题。如果及时退还，就不能认为是受贿既遂以后的行为，而是应当视为拒贿的行为，其行为不构成受贿罪。同样，收受他人财物以后及时上交，也是一种拒贿行为，其行为不构成受贿罪。对此，《意见》第 9 条第 1 款规定：“国家工作人员收受请托人财物后及时退还或者上交的，不是受贿。”笔者认为，这一规定是完全正确的。但是，这里的退还与上交必须是及时。这里的及时，是指立即或者马上的意思。如果国家工作人员在收受他人财物以后，不是立即退还或者马上上交，而是在行将案发之际或者案发以后，为掩盖受贿罪行而退还或者上交，则仍然构成受贿罪。对此，《意见》第 9 条第 2 款规定：“国家工作人员受贿后，因自

身或者与其受贿有关联的人、事被查处，为掩饰犯罪而退还或者上交的，不影响认定受贿罪。”应该说，这一规定是正确的，对于区分受贿犯罪的罪与非罪界限具有重要意义。

在潘玉梅受贿案中，潘玉梅购买许某某开发的房产，在案发前已将房产差价款给付了许某某，是否认定为受贿罪？这是在控辩双方之间存在争议的问题。法院认定，2006 年 4 月，潘玉梅在案发前将购买许某某开发房产的差价款中的 55 万元补给许某某，相距 2004 年上半年其低价购房有近两年时间，没有及时补还巨额差价；潘玉梅的补还行为，是在许某某因其他案件被检察机关找去谈话，检察机关从许某某的公司账上已掌握潘玉梅购房仅支付部分款项的情况后，出于掩盖罪行目的而采取的退赃行为。因此，潘玉梅为掩饰犯罪而补还房屋差价款，不影响对其受贿罪的认定。从以上叙述尚不能完全看出，潘玉梅购买房屋的差价款在 2004 年购买房屋时是否在房屋开发商那里，是已经平账还是仍然挂账？笔者认为，只有在已经平账的情况下，其两年后因许某某被查而补交差价的行为，才不影响受贿罪的认定。但如果没有平账，在开发商的账目上显示只是交了一部分购房款，其余的购房款没有交齐，则应当视为欠账，是一种债务关系。其行为是否构成受贿罪，要根据是否属于名为欠账实为受贿来确定。因此，对其补交房款的行为不能一概视为受贿以后为掩盖罪行而实施的退还行为。

三、潘玉梅、陈宁受贿案的评论

案例指导制度是我国建立的一种通过发布案例、提炼裁判要旨以指导司法活动的制度，对于我国法律体系的完善具有重要意义。潘玉梅、陈宁受贿案是最高人民法院颁布的第一批指导性案例，从本案的裁判要点来看，基本上是最高人民法院颁布的《意见》中有关规定的重复。因此，在规则的创制上有所不足，这是不可否认的。当然，考虑到案例指导制度建立伊始，没有更多的经验可供借鉴，采取一种较为稳妥的方法，也是可以理解的。但是，这里必须指出，案例指导制度存在的意义就在于创制规则，从而成为司法解释以外，满足司法活动的规则需求的另一种途径。因此，如果指导性案例不去创制规则，而仅仅是重复现有的司法解释，那么，案例指导制度的设立初衷就可能无法实现。尽管如此，我们还是可以通过本案，发现一些在阅读条文化的司法解释时不能得到的收获，尤其是具体的案情对于我们理解司法解释提供了一个全新的视角。当然，我们期待着指导性案例创制更多的司法规则。

第二十七章

指导性案例研究Ⅱ：王志才、李飞两起故意杀人案

案例指导制度的功能不仅在于指导定罪，而且在于指导量刑。尤其是死刑的司法适用具有较强的政策性，更需要通过案例进行指导。在最高人民法院发布的第一批和第二批指导性案例中，两个案例涉及死刑的适用，包括限制减刑制度的适用，这就是王志才故意杀人案和李飞故意杀人案。本章拟通过对这两个刑事指导案例的法理分析，使我们更加深刻地把握死刑适用的条件，并对死刑适用的司法控制进行探讨。

一、两起指导性案例的主要内容

（一）王志才故意杀人案（最高人民法院指导案例第4号）

［基本案情］

被告人王志才与被害人赵某某（女，殁年26岁）在山东省潍坊市科技职业学院同学期间建立恋爱关系。2005年，王志才毕业后参加工作，赵某某考入山东省曲阜师范大学继续专升本学习。2007年赵某某毕业参加工作后，王志才与赵某某商议结婚事宜，因赵某某家人不同意，赵某某多次提出分手，但在王志才的坚持下二人继续保持联系。2008年10月9日中午，王志才在赵某某的集体宿舍再次谈及婚恋问题，因赵某某明确表示二人不可能在一起，王志才感到绝望，愤而产生杀死赵某某然后自杀的念头，即持赵某某宿舍内的一把单刃尖刀，朝赵的颈部、胸腹部、背部连续捅刺，致其失血性休克死亡。次日8时30分许，王志才服农药自杀未遂，被公安机关抓获归案。王志才平时表现较好，归案后如实供述自己罪行，并与其亲属积极赔偿，但未与被害人亲属达成赔偿协议。

［裁判结果］

山东省潍坊市中级人民法院于2009年10月14日以（2009）潍刑一初字第35号刑事判决，认定被告人王志才犯故意杀人罪，判处死刑，剥夺政治权利终身。宣判后，王志才提起上诉。山东省高级人民法院于2010年6月18日以（2010）鲁刑四终字第2号刑事裁定，驳回上诉，维持原判，并依法报请最高人民法院核准。最高人民法院根据复核确认的事实，以（2010）刑三复22651920号刑事裁定，不核准被告人王志才死刑，发回山东省高级人民法院重新审判。山东省高级人民法院经依法重新审理，于2011年5月3日作出（2010）鲁刑四终字第2—1号刑事判决，以故意杀人罪改判被告人王志才死刑，缓期2年执行，剥夺政治权利终身，同时决定对其限制减刑。

［裁判理由］

山东省高级人民法院经重新审理认为：被告人王志才的行为已构成故意杀人罪，罪行极其严重，论罪应当判处死刑。鉴于本案系因婚恋纠纷引发，王志才求婚不成，恼怒并起意杀人，归案后坦白悔罪，积极赔偿被害方经济损失，且平时表现较好，故对其判处死刑，可不立即执行。同时考虑到王志才故意杀人手段特别残忍，被害人亲属不予谅解，要求依法从严惩处，为有效化解社会矛盾，依照《中华人民共和国刑法》第50条第2款等规定，判处被告人王志才死刑，缓期2年执行，同时决定对其限制减刑。

(二) 李飞故意杀人案（最高人民法院指导案例第12号）

［基本案情］

2006年4月14日，被告人李飞因犯盗窃罪被判处有期徒刑2年，2008年1月2日刑满释放。2008年4月，经他人介绍，李飞与被害人徐某某（女，殁年26岁）建立恋爱关系。同年8月，二人因经常吵架而分手。8月24日，当地公安机关到李飞的工作单位给李飞建立重点人员档案时，其单位得知李飞曾因犯罪被判刑一事，并以此为由停止了李飞的工作。李飞认为其被停止工作与徐某某有关。

同年9月12日21时许，被告人李飞拨打徐某某的手机，因徐某某外出，其表妹王某某（被害人，时年16岁）接听了李飞打来的电话，并告知李飞，徐某某已外出。后李飞又多次拨打徐某某的手机，均未接通。当日23时许，李飞到哈尔滨市呼兰区徐某某开设的"小天使形象设计室"附近，再次拨打徐某某的手机，与徐某某在电话中发生吵骂。后李飞破门进入徐某某在"小天使形象设计室"内的卧室，持室内的铁锤多次击打徐某某的头部，击打徐某某表妹王某某头部、双手数下。稍后，李飞又持铁锤先后再次击打徐某某、王某某的头部，致徐某某当场死亡、王某某轻伤。为防止在场的"小天使形象设计室"学徒工佟某报警，李飞将徐某某、王某某及佟某的手机带离现场抛弃，后潜逃。同月23日22时许，李飞到其姑母李某某家中，委托其姑母转告其母亲梁某某送钱。梁某某得知此情后，及时报告公安机关，并于次日晚协助公安机关将来姑母家取钱的李飞抓获。在本案审理期间，李飞的母亲梁某某代为赔偿被害人亲属4万元。

［裁判结果］

黑龙江省哈尔滨市中级人民法院于2009年4月30日以（2009）哈刑二初字第51号刑事判决，认定被告人李飞犯故意杀人罪，判处死刑，剥夺政治权利终身。宣判后，李飞提起上诉。黑龙江省高级人民法院于2009年10月29日以（2009）黑刑三终字第70号刑事裁定，驳回上诉，维持原判，并依法报请最高人民法院核准。最高人民法院根据复核确认的事实和被告人母亲协助抓捕被告人的情况，以（2010）刑五复66820039号刑事裁定，不核准被告人李飞死刑，发回黑龙江省高级人民法院重新审判。黑龙江省高级人民法院经依法重新审理，于2011年5月3日作出（2011）黑刑三终字第63号刑事判决，以故意杀人罪改判被告人李飞死刑，缓期2年执行，剥夺政治权利终身，同时决定对其限制减刑。

［裁判理由］

黑龙江省高级人民法院经重新审理认为：被告人李飞的行为已构成故意杀

人罪，罪行极其严重，论罪应当判处死刑。本案系因民间矛盾引发的犯罪；案发后李飞的母亲梁某某在得知李飞杀人后的行踪时，主动、及时到公安机关反映情况，并积极配合公安机关将李飞抓获归案；李飞在公安机关对其进行抓捕时，顺从归案，没有反抗行为，并在归案后始终如实供述自己的犯罪事实，认罪态度好；在本案审理期间，李飞的母亲代为赔偿被害方经济损失；李飞虽系累犯，但此前所犯盗窃罪的情节较轻。综合考虑上述情节，可以对李飞酌情从宽处罚，对其可不判处死刑立即执行。同时，鉴于其故意杀人手段残忍，又系累犯，且被害人亲属不予谅解，故依法判处被告人李飞死刑，缓期 2 年执行，同时决定对其限制减刑。

二、死刑适用条件的司法考察

王志才故意杀人案与李飞故意杀人案都是十分典型的婚恋纠纷引起的杀人案件。在目前的司法实践中，此类杀人案件占有相当的比重。如何处理由于婚恋纠纷所引起的杀人案件，对于司法机关来说，是一个重要的课题。在上述两个故意杀人案的处理中，涉及死刑立即执行与死刑缓期执行的界限区分。应该指出，死刑立即执行与死刑缓期执行同属于死刑的范畴，都是以犯罪分子所犯罪行极其严重、论罪应当判处死刑为前提的。那么如何区分死刑立即执行与死刑缓期执行的界限呢？从我国刑法第 48 条第 1 款的规定来看，适用死刑缓期执行的条件是：“对于应当判处死刑的犯罪分子，如果不是必须立即执行的，可以判处死刑同时宣告缓期二年执行。”可以说，这个法律规定是十分笼统的，几乎就是一个授权性的规定。在个案中对犯罪分子是否判处“死缓”，完全取决于法官对于该犯罪分子是否必须立即执行的内心确信。当然，在刑法理论上还是可以为死刑立即执行与死刑缓期执行的区分提出刑法教义学的根据。

（一）死刑适用条件的一般理解

值得注意的是，1979 年刑法关于死刑适用条件的规定采用的是“罪大恶极”一语，从客观上的社会危害性极大与主观上的人身危害性极大这两个方面为死刑适用提供了一般性条件。尽管“罪大恶极”四字仍然是极为概括性的，但毕竟指出了从主、客观这两个方面加以考察的基本思路。但是，1997 年刑法却将“罪大恶极”一语修改为“罪行极其严重”一词。那么，这一修改的用意究竟何在呢？对于这一修改，高铭暄教授指出：1979 年刑法典颁布后，对于“罪大恶极”，一些学者指出，这一死刑适用标准在理论上有多种解释，实践中理解和执行标准不一，势必造成司法的不统一，故应当将其具体化为“犯罪性质和危害后果特别严重，而且犯罪人的主观恶性特别巨大”。考虑到立法用语的规范化的要求，1997 年 1 月 10 日的刑法修订草案将“罪大恶极”修改为“罪行极其严重”。后来，这一修改为 1997 年刑法典所沿用。在这里，“罪行极其严重”应当理解为犯罪性质和犯罪情节极其严重，而且犯罪分子的主观恶性也极其严重。[①] 从以上解释来看，“罪行极其严重”是“罪大恶极”的替代语，两者只是具体与抽象的关系，即，立法者试图采用较为具体的“罪行极其严重”一语代替“罪大恶极”一词。当然，“罪行极其严重”一语其实也并不具体。因此从立法本意来说，“罪行极其严重”仍然是客观危害与主观恶性的统一。但是，从文字来看，“罪行极其严重”一语似乎只是指客观上的危害而并不包括主观上的恶性。对此，我国刑法学界存在质疑。例如我国有学者指出：不论刑法的修改意义如何，单从文字来理解，似乎让人感觉到在死刑的适用上，修订刑法更加注重了客观罪行的标准，因而冲淡了可能因为单纯恶极被判处死刑的适用。但这同样带来了一个不得不令人思索的问题：立法者将“罪大恶极”修改为“罪行极其严重”，岂不是降低了死刑（包括“死缓”）适用的条件？也即按照新刑法典之规定，是否只要从犯罪的客观危害一个方面去确定是否应当判处死刑，而置行为人的主观恶性和人身危险性于不顾？我们认为，不论立法者对这一词语的修改旨在将概念含义具体化，还是要对死刑适用的条件作实质性的变更，降低死刑适用条件的立法意图是可以排除的。唯一可作为合理解释的是：立法者为了便于司法操作、力求概念明确化，出于这一初衷的用语却导致了不应有的概念异化（即“罪行极其严重”与将“罪大恶极”具体化的立法本意相去甚远）。这不能不说是立法技术上的一个缺憾。[②] 以上学者所说的概念异化，是指立法上的言不达意。在这种情况下，如果根据立法者的本意，“罪行极其严重”应该包括客观上的危害极其严重与主观上的恶性极其严重这两个方面。但如果仅从法条的文字上理解，则“罪行极其严重”是指客观上的危害极其严重而不能包含主观上的恶性极其严重。从我国刑法学界的解释来看，基本是还是采取基于立法者本意的理解。因为如果把适用死刑的条件“罪行极其严重”从需要具备客观上的危害极其严重与主观上的恶性极其严重这两个方面的要素，改为只需要客观上的危害极其严重这一个方面的要素，显然是降低了死刑的适用标准，这与限制死刑适用的刑事政策精神存在抵牾。

值得注意的是，储槐植教授对我国刑法规定的死刑适用条件作了全新的解读，指出：“罪行极其严重”为死刑适用的一般化标准，即不能因人而异，属行为刑法，体现形式理性，同等情况同等对待；具体“犯罪分子”为死刑执行方式裁量的个别化根据，即需因人而异，属行为人刑法，体现实质理性，不同情况不同对待。综观刑法第 48 条，兼有形式理性与实质理性，协调行为刑法与行为人刑法，是谓矛盾统一。刑法第 48 条同时规定了死刑适用的标准和死刑执行的两种方式，即死刑立即执行和缓期 2 年执行，两种执行方式的区分主要取决于“犯罪分子”的不同情况，理论和实践都只能得出这样的结论。[③] 根据以上论述，对于我国刑法第 48 条

① 参见高铭暄：《中华人民共和国刑法的孕育诞生和发展完善》，225 页，北京，北京大学出版社，2012。

② 参见黄伟明：《死缓制度的当代价值》，137 页，北京，科学出版社，2007。

③ 参见储槐植：《死刑司法控制：完整解读刑法第四十八条》，载《中外法学》，2012（5）。

所规定的死刑只适用于罪行极其严重的犯罪分子，应该将“罪行极其严重”与“犯罪分子”这两个用语分别理解。“罪行极其严重”是指客观上的危害特别严重，这是死刑适用的一般标准。而“犯罪分子”则是对行为人的主观恶性的考察，其决定死刑执行方式，即是死刑立即执行还是死刑缓期执行。由此可见，储槐植教授认为应当根据文字本身对法条进行解释，适用死刑的条件是“罪大”，而决定死刑是否立即执行的条件是犯罪分子是否“恶极”。在这种情况下，就必然得出结论：1979年刑法的法定死刑圈小，1997年刑法的法定死刑圈大。因此，“死缓”的适用条件就是罪大但不恶极。① 这一解释当然是具有一定新意的。根据储槐植教授的这一解释，罪大恶极是死刑立即执行的适用条件，罪大不恶极则是死刑缓期执行的适用条件。这对于正确区分死刑立即执行与死刑缓期执行是具有参考价值的。当然，储槐植教授也认识到，这样一种对刑法第48条关于死刑适用条件的理解与立法本意并不符合，但又认为这是立法初义（原意）在司法实践过程中发生了合乎生活逻辑的蜕变，是客观解释论之典范。从司法实践的情况来看，确实是客观上的“罪大”容易把握，而主观上的“恶极”不太容易把握，而恰恰是主观上的是否恶极对于确定是否适用“死缓”具有重要意义，对于故意杀人罪的死刑适用来说尤其如此。

关于死刑适用条件的理解，该条件是适用于所有的死刑案件的，因此我们还要考虑到不同犯罪类型之间的差别。一般来说，故意杀人、故意伤害、强奸、抢劫等所谓自然犯的主观恶性是较为明显的，可以从其客观危害当中比较容易分离出来。然而诸如贪污、受贿等职务犯罪以及集资诈骗等法定犯，除了犯罪数额这一客观危害的要素区分度较高以外，其主观恶性的差别并不太大。在这种情况下，即使是死刑立即执行与死刑缓期执行的区分也在很大程度上取决于犯罪数额。因此，笔者还是倾向于对“罪行极其严重”加以更为全面的解释，作为一个综合性的判断标准。在这个意义上，笔者认为，作为死刑适用条件的“罪行极其严重”完全是一个政策界限，更需要的是政策上的指导。至于死刑立即执行与死刑缓期执行之间也并没有根本性的区分，换言之，这种区分本身是相对的。因此，对于死刑适用标准从政策上予以把握是极为重要的。当然，这并不是说，刑法教义学的分析可以缺位。即使是体现死刑政策的司法解释，还是需要通过刑法教义学的分析使之具体化，并在个案中得以适用。

（二）故意杀人罪的死刑适用

基于“杀人者死”的传统观念，在我国刑法中，故意杀人罪是判处死刑最多的罪名之一。在这种情况下，如何限制故意杀人罪的死刑适用是我国司法机关面临的一个考验。对于故意杀人罪来说，在将他人杀死的情况下，主要是一个是适用死刑立即执行还是死刑缓期执行的界限把握问题。本文所涉及的王志才故意杀人案和李

① 参见储槐植：《遵从立法多判死缓：罪大但不恶极》，载赵秉志主编：《刑法评论》，第1卷，237页，北京，法律出版社，2012。

飞故意杀人案，均是如此。在故意杀人罪中，客观上的危害特别严重的标准是较为容易把握的，就是指将人杀死。换言之，只要将人杀死，一般而言就具备了适用死刑的条件。关于这一点也是存在法律根据的，因为我国刑法第 232 条对故意杀人罪的法定刑是按照“死刑、无期徒刑或者十年以上有期徒刑”这样一个从重到轻的顺序排列的，这在我国刑法分则关于法定刑的规定中可谓独一无二。这表明，立法者认为故意杀人为我国刑法中最为严重的犯罪，对其应当适用最为严厉的刑罚。这一立法精神与我国公众对于故意杀人罪的法感觉是吻合的。就我国目前的死刑限制来说，更多的还是应当大量减少非暴力犯罪的死刑适用，而对于故意杀人罪的死刑适用限制应当慎之又慎。从各国废除死刑的经验来看，故意杀人罪是死刑废除的最后堡垒。如果在大量存在非暴力犯罪的死刑适用的情况下，贸然减少故意杀人罪的死刑适用必然会引起民意的反弹，这是值得警觉的。当然，这并不意味着只要是故意杀人罪就一概适用死刑，尤其是适用死刑立即执行。因为故意杀人罪适用死刑在这个死刑适用中所占的比重较大，如果在故意杀人罪的死刑适用上无所作为，则减少死刑适用就会无能为力。因此，对于故意杀人罪的死刑适用应当采取一种谨慎而又稳妥的做法。

笔者认为，对于故意杀人罪来说，当务之急是减少死刑立即执行的适用，而扩大死刑缓期执行的适用。所以，对于故意杀人罪来说，死刑立即执行与死刑缓期执行的区分是更为重要的。目前，在我国司法实践中，关于故意杀人罪的死刑适用的政策根据主要是 1999 年 10 月 27 日最高人民法院发布的《全国法院维护农村稳定刑事审判工作座谈会纪要》（以下简称《纪要》）的规定。在论及故意杀人罪的死刑适用时，《纪要》指出：“对故意杀人犯罪是否判处死刑，不仅要看是否造成了被害人死亡结果，还要综合考虑案件的全部情况。对于因婚姻家庭、邻里纠纷等民间矛盾激化引发的故意杀人犯罪，适用死刑一定要十分慎重，应当与发生在社会上的严重危害社会治安的其他故意杀人犯罪案件有所区别。对于被害人一方有明显过错或对矛盾激化负有直接责任，或者被告人有法定从轻处罚情节的，一般不应判处死刑立即执行。”根据这一规定，在考虑对故意杀人罪是否判处死刑的时候，应当考虑以下 3 个方面的因素：

1. 杀人起因所决定的犯罪性质

正如世界上没有无缘无故的爱，也没有无缘无故的恨，世界上也没有无缘无故的杀人。即使是那些在一般人看来是无故杀人的情形，其实也是有因的杀人，只不过该杀人原因与被害人无关而已。在一定程度上，杀人的起因决定着故意杀人罪的性质。在《纪要》中区分了两种杀人犯罪，即因婚姻家庭、邻里纠纷等民间矛盾激化引发的故意杀人犯罪与发生在社会上的严重危害社会治安的其他故意杀人犯罪；并且认为这两种杀人犯罪之间存在着性质上的根本区分。这是在故意杀人罪死刑适用时首先必须把握的一条政策法律界限。以上两种杀人犯罪的主要区分就在于杀人的起因：前一种杀人犯罪是婚姻家庭、邻里纠纷等民间矛盾激化引发的；后一种杀人犯罪是其他原因引发的。在民间矛盾引发的杀人犯罪中，《纪要》特别列举了婚姻家庭、邻里纠纷这两种情形。所谓婚姻家庭纠纷引发的杀人犯罪，是指当事人由于处理婚姻家庭事务不当产生矛盾，由于这种矛盾激化，由此发生的杀人犯罪案件。在这种杀人案件中，被告人与被害人之间存在着较为密切的人际关系，甚至是亲属关系。例如发生在夫妻之间的杀人案件，对于其父母子女来说，既是被告人的亲属，又是被害人的亲属，具有这种双重身份。所谓邻里纠纷引发的杀人犯罪，是指被告人与被害人之间存在着邻里关系的杀人犯罪案件。以上杀人案件都是从民事纠纷转化的刑事犯罪案件，并且都发生在熟人之间，这就决定了这种杀人犯罪是一种侵犯他人生命权的单纯的杀人犯罪案件。与这种婚姻家庭、邻里纠纷等民间矛盾激化引发的杀人犯罪案件不同，发生在社会上的严重危害社会治安的其他故意杀人犯罪，具有两个特征：一是发生地域的公共性，二是严重危害社会治安。所谓“发生地域的公共性”，是相对于发生在家庭或者邻里之间而言的，表明两种犯罪在犯罪地点上的差异。所谓“严重危害社会治安”，是指对社会治安的危害性，这对于故意杀人罪来说是一种间接的危害后果。当然，以上两个因素，前者是表象性的因素，后者才是实质性的因素。以上两个特征决定了上述两种故意杀人罪之间在杀人起因上的不同。例如寻衅滋事或者聚众斗殴引发的杀人犯罪案件，以及报复性的杀人犯罪案件等，这些杀人案件不仅侵犯了被害人的生命权，而且严重危害社会治安。此外，这些杀人犯罪案件的被害人是不特定的，因此对其他人产生心理上的恐惧与影响。由此可见，以上两种杀人犯罪在性质上是有所不同的。

在有关的司法文件中，曾经论及注意区分两类不同性质的故意杀人案件的原则。例如最高人民法院刑三庭在《在审理故意杀人、伤害及黑社会性质组织犯罪案件中切实贯彻宽严相济刑事政策》中指出：在实践中，故意杀人、伤害案件从性质上通常可分为两类：一类是严重危害社会治安、严重影响人民群众安全感的案件，如极端仇视国家和社会，以不特定人为行凶对象的；一类是因婚姻家庭、邻里纠纷等民间矛盾激化引发的案件。对于前者应当作为严惩的重点，依法判处被告人重刑直至判处死刑。对于后者处理时应注意体现从严的精神，在判处重刑尤其是适用死刑时应特别慎重，除犯罪情节特别恶劣、犯罪后果特别严重、人身危险性极大的被告人外，一般不应当判处死刑。对于被害人在起因上存在过错，或者被告人案发后积极赔偿，真诚悔罪，取得被害人或其家属谅解的，应依法从宽处罚，对于同时有法定从轻、减轻处罚情节的，应考虑在无期徒刑以下裁量刑罚。以上司法文件关于正确区分两类不同性质的故意杀人案件的精神是十分可取的，应当在司法活动中切实地予以贯彻。

2. 被害人的过错

被害人的过错，是故意杀人罪的死刑适用中需要考虑的一个重要因素。被害人的过错，除了诈骗罪以外，一般都会影响对被告人的量刑，这是一个基本原则。对于故意杀人罪来说，考虑是否对被告人适用死刑的时候，尤其需要注意被害人是否存在过错，以及这种过错在何种程度上影响对被告人的死刑适用。

在犯罪学上，被害人的过错也是犯罪起因的一种，它对于被告人实施犯罪行为起到了一定的激发作用。换言之，被害人的过错本身就是引起被告人的犯罪行为的动因。在暴力犯罪中，被害人的过错所引起的案件往往占有一定的比例。根据我国学者的总结归纳，在司法实践中，被害人的过错在暴力犯罪案件中主要有以下 4 种表现形式：(1) 挑衅。这类被害人过错主要发生于聚众斗殴、民事纠纷等原因引起的故意杀人、故意伤害等暴力犯罪案件中。挑衅是指被害人向守法者进行攻击而使之受到刺激。被害人的故意挑衅行为，在一定的情景之下，激发了被告人的犯罪意识及犯罪行为，因而可以认为，被害人在犯罪起因上存在过错。(2) 激将，即在一般纠纷或争吵斗殴中被害人使用激将语言或行为，诱发犯罪人的犯罪意识而导致受到侵害。学理上往往把激将称为"被害人推动"：加害人本无实施严重加害行为的故意，被害人用语言刺激加害人，从而促使加害人实施犯罪行为。(3) 暴力或生活中品质恶劣的其他行为。这类被害人过错主要发生在婚姻家庭矛盾引发的暴力犯罪案件中。如被告人长期因生活琐事遭其丈夫即被害人的殴打、辱骂，被告人因此将被害人杀死；又如被告人的配偶与第三者发生不正当性关系，被告人十分愤怒，遂将其配偶或第三者杀死，等等。上述情况下的被告人原亦系受害人，但正是案件中最终的被害人的种种恶劣行为，经长时间的积累而导致了被告人的报复心理，促使被告人实施了犯罪。因而被害人的行为对于案件的发生具有直接的因果关系。(4) 贪欲。被害人的贪欲常常表现为勒索的行为，这种勒索的对象包括金钱等物质利益，也包括其他非物质的利益。如被害人因敲诈麻将室老板而被该老板开枪打死。如被害人与被告人发生不正当两性关系后，常常以将此事告知被告人工作单位为要挟，多次向被告人索要巨额钱款，被告人不堪重负，遂起意将被害人杀死。[①] 应该说，以上的总结与归纳还是较为符合实际的。上述被害人的过错，都或多或少地对于被告人实施暴力犯罪起到了一定的激发作用，在对被告人量刑的时候都是应当予以考虑的。但是，对于死刑的适用，例如是否判处死刑以及是否适用"死缓"等的裁量发生作用的并不是一般意义上的被害人过错，而是重大且明显的被害人过错。这里的"重大过错"，是指该被害人的过错对于被告人实施杀人犯罪行为具有根本性的激发作用，例如被害人抓住被告人的把柄进行一而再、再而三的勒索，促使被告人将被害人杀死。这就是一种重大的过错，因为这一勒索行为本身不仅违法而且涉及犯罪。但如果只是一般性的言语辱骂、刺激，由此而导致被告人杀人的，虽然被害人也有一定的过错，但这一过错是微小而非重大的。这里的"明显过错"，是就该被害人过错的表现程度而言的，指这种过错具有显而易见的性质，根据社会一般人的是非观都会认为存在着过错，而不是只有被告人自认为的过错。因此，在是否存在被害人过错的判断上，应当采用社会一般人标准说，而不是被告人的个人标准说，才是合理的。

① 参见任志中：《死刑适用问题研究》，249 页，北京，知识产权出版社，2012。

被害人的过错在故意杀人罪中之所以能够影响死刑的适用，主要是因为它反映出被告人的主观恶性较小。最高人民法院刑三庭在《在审理故意杀人、伤害及黑社会性质组织犯罪案件中切实贯彻宽严相济刑事政策》中指出：主观恶性是被告人对自己行为及社会危害性所抱的心理态度，在一定程度上反映了被告人的改造可能性。一般来说，经过精心策划的、有长时间计划的杀人、伤害，显示被告人的主观恶性深；激情犯罪，临时起意的犯罪，因被害人的过错行为引发的犯罪，显示的主观恶性较小。对主观恶性深的被告人要从严惩处，对主观恶性较小的被告人则可考虑适用较轻的刑罚。在对故意杀人罪适用死刑的时候，被害人的过错以及程度，是一个重要的指数，对于是否适用死刑以及死刑立即执行与死刑缓期执行的区分，都具有重大的影响；同时，也是律师辩护的一个主要理由。在司法实践中法官应当实事求是地认定被害人的过错，以便对被告人正确地量刑。在以往的人民法院指导案例中，曾经颁布过因为被害人过错而从死刑改判"死缓"的案例。例如在王勇故意杀人案①中，一审法院以被害人有明显过错判处被告人王勇死刑缓期 2 年执行。一审宣判后，附带民事诉讼原告人以对王勇应当判处死刑立即执行、赔偿数额太少为由提起上诉。二审法院经审理认为：被告人王勇故意非法剥夺他人生命，已构成故意杀人罪，且犯罪手段凶残，情节特别严重，应依法严惩。但被害人无故打伤被告人王勇的父亲，又找到王勇家，对于引发本案有一定的过错责任，且被告人王勇作案后能投案自首，故依法从轻判处。原判决定罪准确，量刑适当，审判程序合法。故裁定驳回上诉，维持原判。有关裁判理由指出：在本案中，被害人董某伟无理纠缠并打伤被告人王勇的父亲，引起被告人与被害人争吵、厮打，并用刀当场杀死被害人。被害人董某伟打伤被告人王勇父亲，与被告人王勇杀死董某伟的行为是紧密联系的。被害人无故纠缠被告人王勇的父亲，并致其父头皮血肿、胸壁软组织损伤，属于有严重过错。因此，虽然被告人王勇用菜刀对被害人头部、面部等要害部位连砍数刀，致其死亡，手段残忍，后果严重，亦可以酌情予从轻处罚。② 王勇故意杀人案是以被害人有明显过错而对被告人适用死刑缓期执行的一个范例，对于此后司法实践中根据被害人的明显过错对被告人正确适用"死缓"具有参考价值。当然，我们也还必须注意，在王勇故意杀人案中，不仅存在被害人有明显过错这一个酌定从轻的情节，而且存在着被告人自首这一法定从轻情节。

3. 法定的从轻情节

是否具有法定的从轻情节，对于故意杀人罪的死刑适用同样具有重要意义。所谓法定的从轻情节，是相对于酌定的从轻情节而言的，一般是指自首、立功，以及在《刑法修正案（八）》中新增的坦白。关于自首、立功与坦白，在刑法中都有明文规定，但这些法定的从轻情节如何在故意杀人罪的死刑裁量中正确适用，则是一

① 参见最高人民法院编：《刑事审判参考》，第 3 辑，22 页，北京，法律出版社，1999。

② 参见上书，21 页。

个需要进一步研究的问题。值得注意的是，在有关司法文件中都有关于这方面的规定，这对于司法机关处理此类问题提供了参考依据。例如，最高人民法院刑三庭在《在审理故意杀人、伤害及黑社会性质组织犯罪案件中切实贯彻宽严相济刑事政策》中指出：对于自首的故意杀人、故意伤害致人死亡的被告人，除犯罪情节特别恶劣，犯罪后果特别严重的，一般不应考虑判处死刑立即执行。对于亲属送被告人归案或协助抓获被告人的，也应视为自首，原则上应当从宽处罚。对具有立功表现的故意杀人、故意伤害致死的被告人，一般也应当体现从宽，可考虑不判处死刑立即执行。但如果犯罪情节特别恶劣，犯罪后果特别严重的，即使有立功情节，也可以不予从轻处罚。从以上规定可以看出，凡是具有自首、立功等法定的从轻处罚情节的，除了特殊情况以外，一般都可以考虑适用死刑缓期执行。当然，如何在故意杀人案件中正确地进行死刑立即执行与死刑缓期执行的裁量，仍然是一个具有较高的政策把握难度与法律理解深度的专业问题，可谓差若毫厘，失之千里。对此，笔者将在下文结合个案进行较为细致的探讨。

（三）两起指导性案例的比较分析

王志才故意杀人案和李飞故意杀人案都有一个从死刑立即执行到死刑缓期执行的改判过程，这里涉及故意杀人罪的死刑立即执行与死刑缓期执行的正确区分问题。从上述两案的具体案情来看，既存在着从轻处罚的情节，又存在着从重处罚的情节。

在王志才故意杀人案中，从轻处罚的情节包括：（1）本案系因婚恋纠纷引发；（2）归案后坦白悔罪；（3）积极赔偿被害方经济损失；（4）平时表现较好。从重处罚的情节是：被害人亲属不予谅解，要求依法从严惩处。

在李飞故意杀人案中，从轻处罚的情节包括：（1）本案系因民间矛盾引发的犯罪；（2）案发后李飞的母亲梁某某在得知李飞杀人后的行踪时，主动、及时到公安机关反映情况，并积极配合公安机关将李飞抓获归案；李飞在公安机关对其进行抓捕时，顺从归案，没有反抗行为，并在归案后始终如实供述自己的犯罪事实，认罪态度好；（3）在本案审理期间，李飞的母亲代为赔偿被害方经济损失。从重处罚的情节是：（1）累犯；（2）被害人亲属不予谅解。

应该说，以上两案的被告人都是罪行极其严重，因此就故意杀人罪而言，具备适用死刑的条件。问题在于，是否应当适用死刑缓期执行。根据最高人民法院关于故意杀人罪适用死刑的有关司法解释，对于因婚姻家庭、邻里纠纷等民间矛盾激化引发的故意杀人犯罪，适用死刑一定要十分慎重，应当与发生在社会上的严重危害社会治安的其他故意杀人犯罪案件有所区别。对于被害人一方有明显过错或对矛盾激化负有直接责任，或者被告人有法定从轻处罚情节的，一般不应判处死刑立即执行。这里的“一般不应判处死刑立即执行”，笔者认为其界限是明确的。王志才故意杀人案和李飞故意杀人案都符合上述司法解释的规定，不宜判处死刑立即执行，而应当判处死刑缓期执行。在此，我们可以将上述两案与轰动一时的李某奎故意杀人案进行一个比较性的考察。

李某奎故意杀人案的案情如下：被告人李某奎与被害人王某飞存在感情纠纷。2009年5月14日，李某奎之兄李某国与王某飞之母陈某金因琐事发生打架，李某奎得知此事后便于5月16日13时许赶到家，在途经王家门口遇见被害人王某飞及其弟王某红（3岁），李某奎与王某飞发生争吵，进而抓打，在抓打过程中李某奎将王某飞掐晕后抱到王家厨房门口实施强奸。后又将被害人王某飞抱到王家堂屋，王某飞醒来后跑向堂屋，李某奎便提起一把条锄猛击王某飞头部，致王某飞当场倒地，并将王某飞拖入王家堂屋左面第一间房内，又提起王某红的手脚将其头猛撞门框；后又在王家屋里找来一根绳子勒住已经昏迷的王某红和王某飞的脖子，并逃离现场。经法医鉴定王某飞、王某红均系颅脑损伤伴机械性窒息死亡。对于本案，云南省昭通市中级人民法院以故意杀人罪判处被告人李某奎死刑，剥夺政治权利终身；以强奸罪判处被告人李某奎有期徒刑5年，决定执行死刑，剥夺政治权利终身。并判决由被告人李某奎赔偿附带民事诉讼原告人经济损失共计人民币30 000元。一审宣判以后，被告人不服，提起上诉。云南省高级人民法院经过审理以后认为：上诉人李某奎目无国法，将王某飞掐致昏迷后对其实施奸淫，而后又将王某飞、王某红姐弟杀害的行为，分别构成强奸罪、故意杀人罪，应依法严惩。上诉人李某奎在犯罪后到公安机关投案，并如实供述其犯罪事实，属自首；在归案后认罪、悔罪态度好；并赔偿了被害人家属部分经济损失，故上诉人李某奎及其辩护人所提被告人具有自首情节、认罪、悔罪态度好，积极赔偿被害人家属的上诉理由和辩护意见属实，本院予以采纳。鉴于此，对李某奎应当判处死刑，但可以不立即执行。遂作出如下判决：第一，维持云南省昭通市中级人民法院（2010）昭中刑一初字第52号刑事附带民事判决第二及第一项中对被告人李某奎强奸罪的定罪量刑及故意杀人罪的定罪部分；撤销第一项中对故意杀人罪的量刑部分。第二，上诉人（原审被告人）李某奎犯故意杀人罪，判处死刑，缓期2年执行，剥夺政治权利终身。李某奎故意杀人案被改判“死缓”的判决在媒体披露以后，引发社会公众和舆论的广泛质疑。后云南省高级人民法院提起再审，云南省高级人民法院经再审认为，被告人李某奎因求婚不成及家人的其他琐事纠纷产生报复他人之念，强奸、杀害王某飞后，又残忍杀害王某飞年仅3岁的弟弟王某红，其行为已分别构成强奸罪、故意杀人罪，且犯罪手段特别残忍，情节特别恶劣，后果特别严重，社会危害极大，虽有自首情节，但不足以对其从轻处罚。原二审“死缓”判决量刑不当，故改判死刑。本案在报请最高人民法院核准以后，对李某奎执行了死刑。至此，李某奎故意杀人案画上了一个句号。

李某奎故意杀人案的从重处罚的情节包括：（1）杀死二人，且手段极其残忍；（2）将被害人掐晕后实施强奸。除此以外，李某奎故意杀人案也存在以下从轻处罚的情节：（1）本案系婚恋纠纷引发的故意杀人案件；（2）自首；（3）赔偿被害人家属部分经济损失。将李某奎故意杀人案的以上情节与王志才故意杀人案和李飞故意杀人案相比，从轻处罚的情节相差不多，但犯罪行为方面相差较大，即李某奎所犯罪行远比王志才的和李飞的严重。但在云南省高级人民法院原二审判决中，仅仅根据本案系婚恋纠纷引发的故意杀人案件、存在自首以及赔偿了被害人家属部分经济损失这些从轻处罚的情节，就将死刑立即执行改判为死刑缓期执行。这里存在的质疑意见是：本案是否应当适用相关司法解释关于民间纠纷引发的故意杀人案件一般不应当判处死刑立即执行的规定？更为重要的问题是：在死刑裁量中，究竟如何平衡客观上的危害与主观上的恶性之间的关系？

本案是否属于民间纠纷引发的故意杀人案件的问题，涉及对本案起因及性质的判断，对于本案的死刑裁量也是密切相关的。关于最高人民法院《纪要》所称的婚姻家庭、邻里纠纷等民间矛盾（以下简称民间纠纷）激化所引发的故意杀人案件，在进行刑法教义学解读的时候，首先涉及的问题是：从地域上来说，该故意杀人案件是否必须发生在农村？详言之，发生在农村以外地域的民间纠纷引发的故意杀人案件，是否也适用《纪要》关于一般不判处死刑立即执行的规定？对于这个问题，笔者认为，虽然《纪要》是针对农村犯罪情况制定的，而且农村更多地保留了熟人社会的特征，因此这种婚姻家庭、邻里纠纷等民间矛盾激化所引发的故意杀人案件在数量上也是较多的，《纪要》对此作出了针对性的规定，但是，不能由此而将《纪要》的适用范围仅限于农村。事实上，因为婚姻家庭纠纷引发的故意杀人案件，在城镇也并不鲜见。至于邻里纠纷，由于城镇，尤其是大城市，熟人社会的特征逐渐消失，呈现出陌生人社会的性质，邻里关系不如农村那样密切，因此，纯粹的邻里纠纷引发的故意杀人案件确实较为少见。但如果发生了此类邻里纠纷引发的故意杀人案件，也还是要参照《纪要》的精神处理。同时，《纪要》强调的是民间纠纷引发的故意杀人案件，婚姻家庭、邻里纠纷只是一种列举，除此以外的民间纠纷引发的故意杀人案件的审理也应该适用《纪要》的规定。当然，农村与城镇在民间纠纷的表现形式上有所不同。在农村地区，除了较为常见的婚姻家庭、邻里纠纷引发的故意杀人案件以外，还有水利纠纷、山林纠纷、赡养纠纷、殡葬纠纷以及村界纠纷引发的群体性械斗等而发生的故意杀人案件。在城镇地区，则有出租车收费纠纷、停车收费纠纷、交通纠纷等引发的故意杀人案件，这些纠纷不可能发生在农村，具有城市纠纷的特征。而且，这些纠纷不是熟人之间的纠纷，而是陌生人之间的纠纷；这些纠纷不是发生在私密场所而是发生在公共场所。但这些纠纷同样具有民间纠纷的性质，因此也应当参照适用《纪要》。在这个意义上说，笔者认为，应当突破《纪要》的地域限制，而是按照案件的性质确定是否适用该规定。

无疑，李某奎故意杀人案发生在农村，具备适用《纪要》的前提条件，这是没有问题的。关键在于：引发李某奎杀人的是否属于民间纠纷，尤其是邻里纠纷？对此，我国有学者指出：在该案中，在自然意义上引发血案的纠纷，是在被害人王某飞的母亲与李某奎的哥哥之间发生的“收费纠纷”，而王某飞、王某红与李某奎本都不属于该纠纷的直接当事人。即使承认李某奎与王某飞之间另外存在直接的“感情纠纷”，但是无论如何，李某奎与3岁幼儿王某红之间，不存在任何直接的纠纷，其杀死王某红的行为不能被评价为《纪要》中规定的因“邻里纠纷”矛盾激化引发的杀人案件，因此即使其存在自首情节，也不宜适用“邻里纠纷引发的杀人一般不判处死刑立即执行”的规定。云南省高级人民法院的二审改判将李某奎案放在《纪要》的背景下理解，方向是对的，不能说是没有根据的判决，但是具体到“邻里纠纷”的引用上，仅依据字面做了过于宽泛的、教条化的理解。① 以上观点是有一定道理的。当然，笔者认为，在本案中所谓的民间纠纷是存在的，故意杀人罪在一定程度上说也是由于这些纠纷所引发的，但是，在李某奎故意杀人案中这种民间纠纷对于量刑究竟有多大的影响，是值得研究的。更为重要的是，在本案中，李某奎杀死3岁幼儿王某红，属于滥杀无辜。在这种情况下，还能否根据《纪要》不判处死刑立即执行，是一个政策界限的把握问题，也是李某奎故意杀人案引起我们思考的更为重要的一个问题。

即使是根据《纪要》的精神，对于民间纠纷引发的故意杀人案件，也只是一般不判处死刑立即执行，而不是一律不判处死刑立即执行。那么，李某奎故意杀人案是否属于“一般不判处死刑立即执行”的范畴呢？对此，原二审判决并没有加以深入的论证。在李某奎故意杀人案中，行为人触犯了两个罪名：一是故意杀人罪，二是强奸罪。对于这种犯有数罪的情形，首先应当分别定罪量刑，然后再考虑如何并罚。因此，在对故意杀人罪进行量刑的时候，不应把强奸罪作为从重情节加以考虑。换言之，不能因为在故意杀人罪以外还犯有一个强奸罪，而在故意杀人罪不应当判处死刑立即执行的情况下，因为考虑强奸罪而将被告人判处死刑立即执行。但是，在李某奎故意杀人案中另外一个犯罪要素是必须考虑的，这就是李某奎杀死二人。在日本刑法中，生命法益是一身专属法益，因此杀死一人即构成一个杀人罪，杀死二人即构成二个杀人罪，应当对此进行数罪并罚。但在我国刑法中，对于同种数罪是不并罚的，而是作为一罪加以处罚。但是，杀死一人与杀死二人在量刑上是绝不能一视同仁的。在李某奎故意杀人案中，如果只是杀死一人，根据其情节判处死刑缓期执行还是适当的，但在杀死二人的情况下，死刑缓期执行的判决确实存在罪刑不相称的问题。

在李某奎故意杀人案中，还存在一个问题，即如何看待自首在量刑尤其是死刑裁量中的作用？我国刑法规定：“对于自首的，可以从轻或者减轻处罚。其中，犯罪较轻的，可以免除处罚。”李某奎的故意杀人当然不属于犯罪较轻的情形。但我国刑法对自首的处理采取的是裁量性的而非强制性的从轻或者减轻处罚的制度。因此，对于自首的犯罪分子，如果其所犯罪行极其严重，不予从轻或者减轻也是可以的，并不违反刑法的规定。当然，在一般情况下应当从轻或者减轻处罚。那么，在李某奎故意杀人案中，是否因为存在自首情节而予以从轻处罚呢？减轻处罚当然不

① 参见车浩：《从李昌奎案看“邻里纠纷”与“手段残忍”的涵义》，载《法学》，2011（8）。

可能，不过，从死刑立即执行降为死刑缓期执行，究竟是从轻处罚还是减轻处罚，在学理上也还是不明确的。笔者个人还是认为这是从轻处罚而非减轻处罚。在自首的情况下，是从轻处罚还是减轻处罚，以及是否不予从轻处罚或者减轻处罚，都取决于所犯罪行的轻重。因此，在李某奎故意杀人案中，最终还是要回到对李某奎故意杀人行为的客观危害性的评价上来。死刑适用条件的“罪行极其严重”，仍然是一个相对的概念。也就是说，在“罪行极其严重”当中，还是存在着程度上的区分。当罪行达到极其严重这个界限的时候，就具备了适用死刑的基本条件。在达到这一条件以后，还存在着死刑立即执行与死刑缓期执行的区分，对于这一区分来说，并不是不再考虑罪行严重程度这个因素、只考虑主观恶性以及人身危险性这个因素。无疑，李某奎杀死二人是其故意杀人犯罪情节特别严重的一个重要因素。

此外，还要论及故意杀人罪的所谓手段特别残忍。在王志才故意杀人案和李飞故意杀人案中，都存在手段特别残忍这一用语，甚至存在以手段特别残忍代称罪行极其严重的现象。笔者认为，这是不正常的，不能将手段特别残忍这一用语泛化，以至于将其适用于所有的故意杀人案，只要是故意杀人就是手段特别残忍，这显然是一种错误的认识。在故意杀人罪中，存在手段特别残忍的故意杀人与手段不是特别残忍的故意杀人之分。换言之，手段特别残忍并不是一句套语，可以随便乱用，而是需要证据证明、需要论证的一个具体影响量刑的情节。事实上，王志才故意杀人案与李飞故意杀人案，都只是一般性地杀人，还谈不上手段特别残忍。我国有学者认为，目前我国司法实践在故意杀人的案件中，当其他因素不发挥影响或影响很小的时候，对于以特别残忍手段杀人者一般处以死刑立即执行，而对于不是以残忍手段杀人者一般处以“死缓”、无期徒刑甚至有期徒刑，这也是司法实践中长期以来形成的一种不成文的裁判惯例。[①] 其实，并不尽然。司法实践并没有自觉地形成以手段特别残忍作为区分死刑立即执行与死刑缓期执行的标志的惯例。在王志才故意杀人案和李飞故意杀人案中，重审判决虽然都认定杀人手段特别残忍，但仍然判处死刑缓期执行。可见，故意杀人罪的手段特别残忍在相当程度上还是一句内容空泛的套语。另外，杀死二人或者杀死妇孺老人也不能称为手段特别残忍。就故意杀人罪的“手段特别残忍”而言，这里的手段是指杀人所采取的具体方法以及行为方式，例如杀人毁容、杀人碎尸，等等。这些特别残忍的手段都是指将人杀死以外，或者附加的内容。如果只是出于将人杀死而采取的一般杀人手段，就不存在手段特别残忍的问题。换言之，手段特别残忍的杀人只是故意杀人罪中较为例外或者较为特殊的一种类型，它并不能等同于“罪行极其严重”。也就是说，即使没有采取手段特别残忍的方式杀人，同样也可以认定为罪行极其严重。那么，李某奎的故意杀人是否属于手段特别残忍呢？对此，我国有学者作了肯定的回答，认为李某奎故意杀人的手段残忍性表现在两个方面：一方面，李某奎将被害人王某飞掐晕后实施强

① 参见车浩：《从李昌奎案看“邻里纠纷”与“手段残忍”的涵义》，载《法学》，2011（8）。

奸，再用锄头猛击其头部，性质上属于先奸后杀；另一方面，李某奎又对3岁的无辜幼儿王某红实施暴力，依据法院判决书的描述，“提起王某红的手脚将其头猛撞房间门框”①。这里涉及的问题是：先奸后杀是否属于故意杀人的手段特别残忍？将人摔死是否属于故意杀人的手段特别残忍？就一般社会公众的观念而言，该故意杀人手段引起了众怒，挑战了法律与道德的底线。这是可以肯定的。但从刑法上来说，是否属于故意杀人的手段特别残忍，还是需要论证而不能简单地予以赞同。就先奸后杀而言，这是指犯有故意杀人罪与强奸罪两罪。根据数罪并罚原则，应当分别评价。笔者认为，不能以此前构成的强奸罪作为此后实施的故意杀人罪的手段特别残忍加以评价。其实，除了先奸后杀还有先杀后奸。先杀后奸当然只构成故意杀人罪，其后的强奸行为实际上是奸尸，在刑法上并不构成强奸罪。但是，在这种情况下，奸尸情节可以作为故意杀人罪的从重处罚情节予以考虑，将其视为手段特别残忍的杀人或许具有一定的道理。至于李某奎杀死3岁幼儿所采用的摔死手段，是否属于特别残忍，也还值得研究。摔死也只是杀死的一种行为发生，只是较少发生，很难说一定就是手段特别残忍。总之，对于故意杀人的“手段特别残忍”需要进行刑法教义学的分析，而不是在社会公众观念的意义上使用。

在李某奎故意杀人案中，其杀人犯罪的罪行极其严重，足以抵消自首的法定从宽情节与民间纠纷等酌定从宽情节，属于《纪要》所规定的“不判处死刑立即执行”的例外情形。因此，云南省高级人民法院原二审将本案从一审的死刑立即执行改判为死刑缓期执行，确实存在着政策界限把握上的疏失，甚至严重偏差。正如有学者指出：李某奎虽有自首等从宽情节，但其从宽情节对刑罚轻重调节的整体作用力要明显弱于所具有的从重情节，从整体上无法降低其犯罪行为的极其严重的社会危害程度，因而不足以对其从轻处罚。②

对王志才故意杀人案与李飞故意杀人案和李某奎故意杀人案的对比性考察，使我们看到，死刑立即执行与死刑缓期执行之间的界限还是不够明晰的，更多的是一种政策把握而非裁量规则的指引。当然，案例的指导作用对于此后死刑判决还是具有重要的参照作用的。

三、限制减刑制度的司法裁量

限制减刑制度是我国《刑法修正案（八）》新设的一种刑罚制度。我国刑法第50条第2款规定：“对被判处死刑缓期执行的累犯以及因故意杀人、强奸、抢劫、绑架、放火、爆炸、投放危险物质或者有组织的暴力性犯罪被判处死刑缓期执行的犯罪分子，人民法院根据犯罪情节等情况可以同时决定对其限制减刑。”根据我国

① 车浩：《从李昌奎案看“邻里纠纷”与“手段残忍”的涵义》，载《法学》，2011（8）。

② 参见赵秉志、彭新林：《我国死刑适用若干重大现实问题探讨——以李昌奎案及其争议为主要视角》，载《当代法学》，2012（3）。

刑法第78条第2款第3项的规定，限制减刑的犯罪分子实际执行的刑期应当按照以下规定执行："人民法院依照本法第五十条第二款规定限制减刑的死刑缓期执行的犯罪分子，缓期执行期满后依法减为无期徒刑的，不能少于二十五年，缓期执行期满后依法减为二十五年有期徒刑的，不能少于二十年。"这就是我国刑法关于限制减刑制度的完整规定。

限制减刑制度是为减少死刑适用而设立的一种制度，因此将其称为死刑制度的一部分也不为过。事实上，我国刑法就是把限制减刑制度规定在死刑当中的。在限制减刑制度设立之前，随着在以往刑法修订中死刑罪名的增加，我国刑法的刑罚体系中存在着一个结构性矛盾，这就是笔者所说的"死刑过重，生刑过轻"。针对这一结构性矛盾，笔者提出了"限制死刑，加重生刑"的对策，指出：在严格限制死刑适用的前提下，首先应当做到重者更重。这里所谓重者更重，是指那些严重犯罪，包括暴力犯罪与非暴力犯罪，由过去判处死刑立即执行改判为"死缓"和无期徒刑以后，应当加重"死缓"和无期徒刑的处罚力度。被判处"死缓"的，原则上关押终身；个别减刑或者假释的，最低应关押30年以上。被判处无期徒刑的，多数应关押终身少数减刑或者假释的，最低应关押20年以上。有期徒刑的上限提高到25年，数罪并罚不超过30年。① 笔者的以上观点虽然是使生刑趋重之论，但从根本上说还是为了减少死刑适用，调整我国刑罚结构，使之更为合理。在《刑法修正案（八）》的立法讨论过程中，围绕着如何加重生刑，存在一个从"不得减刑"到"限制减刑"的转变过程。对此，高铭暄教授曾经作过以下描述：最初拟定的条文是以"不得减刑"为基调的，以此体现宽严相济刑事政策的要求。但也有意见认为这一规定过于严厉，只强调了刑罚的惩罚性，不符合我国以改造人为宗旨的刑罚目的。立法机关综合各方面意见，将草案原先"不得再减刑"写法改为"限制减刑"，并最终获得通过。② 尽管只是一种有限度地加重生刑的立法，但对于减少死刑的适用还是具有积极意义的。

限制减刑实际上在死刑立即执行与死刑缓期执行之间又增加了一个裁量的层次，即：除了死刑立即执行以外，由于限制减刑制度的存在，使死刑缓期执行分为了两种：一是没有附加限制减刑的死刑缓期执行，另一种是附加了限制减刑的死刑缓期执行。那么，限制减刑如何适用呢？笔者认为，并非对刑法所列举的各种犯罪被判处死刑缓期执行的犯罪分子一概适用限制减刑，而只有对于那些本来应当判处死刑立即执行，因为存在着某些从轻情节，而判处一般的死刑缓期执行又不足以体现罪刑相适应原则的犯罪分子，才能适用限制减刑的规定。因此，法官需要在死刑立即执行与死刑缓期执行之间进行尺寸的艰难拿捏。从王志才故意杀人案和李飞故意杀人案的情况来看，犯罪分子的杀人犯罪都属于因婚姻家庭、邻里纠纷引发的杀

① 参见陈兴良主编：《宽严相济刑事政策研究》，20页，北京，中国人民大学出版社，2007。
② 参见高铭暄：《中华人民共和国刑法的孕育诞生和发展完善》，230页，北京，北京大学出版社，2012。

人案件。而且在李飞故意杀人案中，李飞的母亲梁某某在得知李飞杀人后的行踪时，主动、及时到公安机关反映情况，并积极配合公安机关将李飞抓获归案；李飞在公安机关对其进行抓捕时，顺从归案，没有反抗行为，并在归案后始终如实供述自己的犯罪事实，认罪态度好。虽然没有被认定为自首，但其效果相当于自首。但无论是王志才故意杀人案还是李飞故意杀人案，都存在着一些从重的因素需要考虑。例如，在王志才故意杀人案中，其亲属虽然积极赔偿，但未与被害人亲属达成赔偿协议，因此不判处死刑立即执行存在着来自被害人亲属方面的压力。而在李飞故意杀人案中，被告人系累犯，且被害人亲属不予谅解。在这种情况下，在判处死刑缓期执行的同时，适用限制减刑，笔者认为，是一种较为合理的判决结果：既减少了死刑立即执行的适用，又体现了对犯罪分子的较为严厉的惩罚，给被害人亲属也是一个交代。换言之，在王志才故意杀人案中如果被告人不仅积极赔偿，而且与被害人亲属达成了赔偿协议，获得了被害人亲属的谅解，则只能判处死刑缓期执行，不应再适用限制减刑；在李飞故意杀人案中如果被告人不是累犯，并且获得了被害人亲属的谅解，同样不应再适用限制减刑。因此，从实体裁量上说，王志才故意杀人案和李飞故意杀人案的限制减刑适用条件的把握，为此后司法机关正确适用限制减刑提供了可以参照的样板。

在限制死刑的适用中还存在一个关于限制减刑制度的时间效力问题。《刑法修正案（八）》是2011年5月1日生效的，那么，对于此前发生的案件符合限制减刑规定的，是否适用限制减刑呢？这个问题涉及刑法的溯及力的理解与适用。2011年4月25日最高人民法院《关于〈中华人民共和国刑法修正案（八）〉时间效力问题的解释》第2条第2款明确规定："被告人具有累犯情节，或者所犯之罪是故意杀人、强奸、抢劫、绑架、放火、爆炸、投放危险物质或者有组织的暴力性犯罪，罪行极其严重，根据修正前刑法判处死刑缓期执行不能体现罪刑相适应原则，而根据修正后刑法判处死刑缓期执行同时决定限制减刑可以罚当其罪的，适用修正后刑法第五十条第二款的规定。"王志才故意杀人案和李飞故意杀人案的一审与二审都发生在《刑法修正案（八）》生效之前，而限制减刑的判决的时间是2011年5月3日，可以说是第一批适用限制减刑的案件。

四、最高人民法院在控制死刑中的作用

王志才故意杀人案和李飞故意杀人案都经历了一个由死而生的司法转折历程，即一审和二审法院都宣告了死刑立即执行的判决，只是到了最高人民法院的死刑复核程序，才因没有核准死刑立即执行、被发回原审法院，最终改判为死刑缓期执行并宣告限制减刑。可以假设，如果没有最高人民法院的死刑核准程序，即高级人民法院具有死刑的终审权，则王志才和李飞两被告人均已被执行死刑。通过王志才故意杀人案和李飞故意杀人案死刑判决结果的逆转，可以明显地看出最高人民法院在控制死刑中的重要作用。

限制死刑可以分为立法控制与司法控制。立法控制是指通过立法程序，减少死刑罪名，以达到限制死刑的目的。而司法控制是指通过司法裁量活动，减少死刑判决，以达到限制死刑的目的。死刑的立法控制与司法控制，可以说是各有利弊。立法控制从根本上取消了某些罪名，使法律上的死刑罪名得以减少，具有一劳永逸之效。这是死刑的立法限制之利。但死刑的立法限制同样存在着其弊端，这就是具有一定的政治风险，尤其是在死刑的社会基础尚较为雄厚的情况下，骤然减少死刑，可能会引起社会动荡。而死刑的司法控制是一种个案的控制，社会影响没有那么大，个案死刑控制可以达到积沙成塔的累积效应。当然，死刑的司法控制其效果仅及于个案，不如立法控制那样具有普遍的效力。从世界各国限制与废除死刑的经验来看，除了个别国家为某种特定目的，例如加入以废除死刑为前提的欧盟而对死刑采取休克疗法以外，大多数国家都首先通过司法逐渐减少，乃至于完全不用死刑。在社会就废除死刑达成共识的情况下，再水到渠成地在立法上废除死刑。当然，死刑的司法控制也会受到来自被害人及其亲属和民意的较大压力，尤其是在较为极端的个案，例如李某奎故意杀人案中，如果把握不好，同样会有风险。笔者认为，在目前中国的具体国情下，对于限制死刑来说，主要还是应当采取司法控制的途径。

死刑的司法控制，从法院的级别上来说，可以区分为最高人民法院的控制与中高级人民法院的控制。中高级人民法院承担着死刑案件的一审与二审，可以说是处在死刑案件审理的第一线，承担着死刑司法控制的主要职责。但是，中高级人民法院毕竟属于地方法院，因此在审理死刑案件的时候更多地受到来自各方面的干扰与压力。相对来说，最高人民法院更具有超脱性。因此，最高人民法院在死刑的司法控制当中发挥着其独特的作用。最高人民法院对死刑的司法控制又可以分为直接控制与间接控制，分别论述如下：

（一）最高人民法院对死刑的直接控制

最高人民法院对死刑的直接控制是指通过履行对死刑案件的复核职责，严格控制死刑适用条件，以期通过个案的改判或者不核准，直接减少死刑的适用。应该说，最高人民法院对死刑的直接控制是以其行使死刑核准权为前提的。我国 1979 年刑法虽然规定最高人民法院行使死刑核准权，但在 20 世纪 80 年代初“严打”中，为严厉惩治犯罪的需要将死刑核准权授予高级人民法院行使以后，除了少部分特殊类型的案件以外，最高人民法院对具体案件的死刑复核权不复存在。自 2007 年 1 月 1 日起，死刑案件的核准权统一收回最高人民法院行使。最高人民法院严格掌握死刑适用条件，统一死刑裁判标准，对于那些没有达到死刑立即执行条件的案件不予核准死刑，从而对于死刑的司法控制起到了重要的把关作用。从实际情况来看，那些没有核准死刑的案件，存在的主要问题有以下这些：（1）对于具有法定从宽处罚情节的案件，充分体现、落实政策不够；（2）对于因日常琐事、感情纠葛、民间矛盾激化引发的案件，适用死刑立即执行，从严把握不够；（3）对于共同犯罪案件，仔细区分各被告人在共同犯罪中的地位、作用的差别，体现区别对待的政策精神不够；(4) 对于被告人同时具有从重、从宽处罚情节，综合考虑，争取更好裁判效果的司法能力有待加强；(5) 做附带民事调解工作不力，积极争取当地党委、政府及有关部门的支持、协助，充分发挥基层组织的作用不够；(6) 有的案件，直至复核阶段再做依法不核准的善后工作，才实现被害方对依法从轻处罚被告人的谅解。

(二) 最高人民法院对死刑的间接控制

最高人民法院对死刑的间接控制，是指通过制定死刑的司法政策，颁布死刑的指导性案例，为死刑适用提供明确可行的统一规则，指导中高级人民法院的死刑审判活动，以此达到限制死刑的司法适用之目的。笔者认为，最高人民法院对死刑的直接控制与间接控制之间，存在着某种相关性。最高人民法院通过死刑案件的核准工作，可以较为具体地发现中高级人民法院在死刑适用中存在的问题，然后通过制作死刑适用的政策与规则，指导中高级人民法院的死刑审判活动，并使这种指导具有针对性与有效性。最高人民法院对死刑的间接控制，主要存在以下3种方式：

1. 制定死刑的司法政策

我国刑法的死刑政策从总体上说是“保留死刑，严格控制和慎重适用死刑”的政策。在目前世界上相当多的国家已经废除死刑的情况下，考虑到我国的犯罪态势和具体国情，在短时期内尚不具备废除死刑的条件，仍然存在着保留死刑的必要性。但是，减少、限制死刑是势在必行的一项措施，应当在条件许可的情况下，尽可能地减少死刑的适用。从20世纪80年代初“严打”以来，我国立法上的死刑罪名一直呈现着增长的势头。直到《刑法修正案（八）》，我国立法机关取消了刑法中的13个罪名的死刑适用，从而使我国刑法开启了减少死刑罪名的立法发展进程。这是具有里程碑意义的一个事件，也足以表明我国死刑政策的价值取向。在这种情况下，死刑的司法政策也应当是与死刑的立法政策同步的，并且是方向一致的，都是要严格控制死刑。最高人民法院在制定死刑的司法政策方面起步较早，在前面提及的1999年10月27日最高人民法院《纪要》，对于故意杀人罪的死刑适用的控制就起到了积极的作用。尤其值得注意的是，2010年最高人民法院颁布了《关于贯彻宽严相济刑事政策的若干意见》，根据宽严相济的刑事政策具体提出了死刑的司法政策。该意见第29条规定：要准确理解和严格执行“保留死刑，严格控制和慎重适用死刑”的政策。对于罪行极其严重的犯罪分子，论罪应当判处死刑的，要坚决依法判处死刑。要依法严格控制死刑的适用，统一死刑案件的裁判标准，确保死刑只适用于极少数罪行极其严重的犯罪分子。拟判处死刑的具体案件定罪或者量刑的证据必须确实、充分，得出唯一结论。对于罪行极其严重，但只要是依法可不立即执行的，就不应当判处死刑立即执行。

可以说，在司法活动中控制死刑，严格把握死刑适用标准是宽严相济刑事政策的应有之义。最高人民法院所制定的死刑司法政策对中高级人民法院审理死刑案件的司法活动具有重要的指导意义。

2. 提供死刑的裁判规则

我国刑法第 50 条对死刑适用条件的规定是极为抽象、笼统的，即使是死刑立即执行与死刑缓期执行的法律界限也是具有裁量性的。这是由立法本身的局限性所决定的。但是，司法活动所面临的死刑案件需要的是极为具体的裁判规则。在这种情况下，最高人民法院承担着制定死刑裁判规则的使命。死刑裁判规则可以分为实体规则与证据规则这两个部分。相对来说，制定统一、完整的死刑适用的实体规则是有难度的。从目前的情况来看，最高人民法院主要是在那些适用死刑较多的罪名的相关司法解释中，制定了死刑适用的实体规则。例如运输毒品罪的死刑适用存在较多问题，尤其是那些受雇佣为他人运输毒品的案件，其运输毒品的数量巨大，如何掌握死刑适用标准，就是一个值得关注的问题。2008 年最高人民法院印发《全国部分法院审理毒品犯罪案件工作座谈会纪要》，对运输毒品罪的刑罚适用问题作了规定，其中涉及运输毒品罪的死刑适用问题。该纪要规定了毒品犯罪死刑适用的数量加情节的原则，即近期掌握的死刑数量标准，应当结合本地毒品犯罪的实际情况和依法惩治、预防毒品犯罪的需要，参照最高人民法院复核毒品犯罪案件的典型案例，恰当把握。例如，关于运输毒品罪的死刑适用，该纪要指出："对于运输毒品犯罪集团首要分子，组织、指使、雇佣他人运输毒品的主犯或者毒枭、职业毒贩、毒品再犯，以及具有武装掩护、暴力抗拒检查、拘留或者逮捕、参与有组织的国际毒品犯罪，以运输毒品为业、多次运输毒品或者其他严重情节的，应当按照刑法、有关司法解释和司法实践实际掌握的数量标准，从严惩处，依法应判处死刑的必须坚决判处死刑……对有证据证明被告人确属受人指使、雇佣参与运输毒品犯罪，又系初犯、偶犯的，可以从轻处罚，即使毒品数量超过实际掌握的死刑数量标准，也可以不判处死刑立即执行。毒品数量超过实际掌握的死刑数量标准，不能证明被告人系受人指使、雇佣参与运输毒品犯罪的，可以依法判处重刑直至死刑。"应该说，这一规定对于运输毒品罪的死刑适用是具有指导性的，它有利于区分运输毒品犯罪中不同性质的案件，使运输毒品罪的死刑适用具有更为明确的裁判规则。

除了死刑案件的实体裁判规则以外，死刑案件的证据规则也是十分重要的。因为死刑涉及对人的生命的剥夺，因此在证据标准上比一般的案件要求要高，必须达到确实、充分，排除合理怀疑，得出的结论应当具有唯一性。为此，最高人民法院、最高人民检察院、公安部、国家安全部、司法部颁布了《关于办理死刑案件审查判断证据若干问题的规定》，对于办理死刑案件的证据规则作了专门规定。该规定确立了死刑证据的裁判原则，这就是第 2 条："认定案件事实，必须以证据为根据。"这是"以事实为根据"的法律原则的具体化，其实它不仅适用于死刑案件，而且适用于普通案件。该规定还细化了死刑案件的证明标准，明确了死刑案件的证明对象。尤其是该规定还创设了死刑证据的裁判规则，例如第 33 条对死刑案件中间接证据的裁判规则作了具体规定，强调根据间接证据定案的，判处死刑应当特别慎重。以上这些死刑案件的证据规则，对于保障死刑案件的证据质量具有重要意义。

3. 颁布适用死刑的指导性案例

通过案例指导死刑的司法适用，是一个较为直观、具有成效的途径。最高人民法院历来重视对死刑适用的案例指导。在《最高人民法院公报》《刑事审判参考》等刊物中，都颁布了一些死刑案件的指导案例。例如本文在前面提及的王勇故意杀人案，就刊登在最高人民法院刑庭所编的《刑事审判参考》中，它传达了最高人民法院有关死刑的政策精神和裁判规则。与此同时，最高人民法院还注重通过案例进行死刑审判工作的内部工作指导。例如 2009 年最高人民法院《关于印发严格执行死刑政策依法不核准死刑典型案例的通知》选择 19 个严格执行死刑政策依法不核准死刑的典型案例，印发给中高级人民法院，要求组织刑事法官和审判委员会委员进行学习讨论。该通知印发的死刑案例大多是故意杀人案，并对依法不核准的理由都作了具体说明，这对于中高级人民法院把握死刑的适用条件无疑具有直接的示范效应。

2010 年最高人民法院正式建立了案例指导制度，使案例指导成为一种除了司法解释以外的裁判规则的提供方式。在最高人民法院公布的第一和第二批指导案例中，就有王志才故意杀人案和李飞故意杀人案涉及死刑适用问题。通过这两个依法不核准死刑的案例，确立了故意杀人罪的死刑适用的裁判规则，这是值得我们重视的。

第二十八章

指导性案例研究Ⅲ：施某某等聚众斗殴案

施某某等17人聚众斗殴案是最高人民检察院公布的指导性案例第一例。该指导性案例涉及相对不起诉制度的适用，案例要旨是展示法律效果与社会效果相统一的思想在相对不起诉中的实际运用。其实，该指导性案例并不仅仅涉及相对不起诉问题，而且涉及聚众斗殴罪的客观构成要件的认定问题，同时也涉及主观违法要素等问题。这些被遮蔽了的法理问题，恰恰是值得我们认真研究的。本章在叙述施某某等17人聚众斗殴案的基本情况的基础上，对该案所涉及的刑法问题，进行细致的法理分析。

一、案情叙述

[基本案情]

犯罪嫌疑人施某某等9人系福建省石狮市永宁镇×村人。

犯罪嫌疑人李某某等8人系福建省石狮市永宁镇Z村人。

福建省石狮市永宁镇×村与Z村相邻，原本关系友好。近年来，两村因土地及排水问题发生纠纷。永宁镇政府为解决两村之间的纠纷，曾组织人员对发生土地及排水问题的地界进行现场施工，但被多次阻挠未果。2008年12月17日上午8时许，该镇组织镇干部与施工队再次进行施工。上午9时许，犯罪嫌疑人施某某等9人以及数十名×村村民头戴安全帽，身背装有石头的袋子，手持木棍、铁锹等器械到达两村交界处的施工地界，犯罪嫌疑人李某某等8人以及数十名Z村村民随后也到达施工地界，手持木棍、铁锹等器械与×村村民对峙，双方互相谩骂、互扔石头。出警到达现场的石狮市公安局工作人员把双方村民隔开并劝说离去，但仍有村民不听劝说，继续叫骂并扔掷石头，致使二辆警车被砸损（经鉴定损失价值人民币761元），3名民警手部被打伤（经鉴定均未达轻微伤）。

[诉讼过程]

案发后，石狮市公安局对积极参与斗殴的×村施某某等9人和Z村李某某等8人以涉嫌聚众斗殴罪向石狮市人民检察院提请批准逮捕。为避免事态进一步扩大，也为矛盾化解创造有利条件，石狮市人民检察院在依法作出批准逮捕决定的同时，建议公安机关和有关部门联合两村村委会做好矛盾化解工作，促成双方和解。2010年3月16日，石狮市公安局将本案移送石狮市人民检察院审查起诉。石狮市人民检察院在办案过程中，抓住化解积怨这一关键，专门成立了化解矛盾工作小组，努力促成两村之间矛盾的化解。在取得地方党委、人大、政府支持后，工作小组多次走访两村所在的永宁镇党委、政府，深入两村争议地点现场查看，并与村委会沟通，制订工作方案。随后协调镇政府牵头征求专家意见并依照镇排水、排污规划对争议地点进行施工，从交通安全与保护环境的角度出发，在争议的排水沟渠所在地周围修建起护栏和人行道，并纳入镇政府的统一规划。这一举措得到了两村村民的普遍认同。化解矛盾工作期间，工作小组还耐心、细致地进行释法说理、政策教育、情绪疏导和思想感化等工作，两村相关当事人及其家属均对用聚众斗殴这种违法行为解决矛盾纠纷的做法进行反省并表示后悔，都表现出明确的和解意愿。2010 年 4 月 23 日，×村、Z村两村村委会签订了两村和解协议，涉案人员也分别出具承诺书，表示今后不再就此滋生事端，并保证遵纪守法。至此，两村纠纷得到妥善解决，矛盾根源得以消除。

石狮市人民检察院认为：施某某等 17 人的行为均已触犯了《中华人民共和国刑法》第 292 条第 1 款、第 25 条第 1 款之规定，涉嫌构成聚众斗殴罪，依法应当追究刑事责任。鉴于施某某等 17 人参与聚众斗殴并非为了私仇或争霸一方，且造成的财产损失及人员伤害均属轻微，并未造成严重后果；两村村委会达成了和解协议，施某某等 17 人也出具了承诺书，从惩罚与教育相结合的原则出发以及有利于促进社会和谐的角度考虑，2010 年 4 月 28 日，石狮市人民检察院根据《中华人民共和国刑事诉讼法》第 142 条第 2 款之规定，决定对施某某等 17 人不起诉。

从以上案情叙述来看，本案可以定性为一起因土地及排水纠纷引发的群体性械斗事件，双方人数达到数十人之多，被指控的犯罪嫌疑人有 17 人。参与人持械，准备殴斗，但被警方隔开，未能实际进行殴斗。因此，没有发生严重的人员伤亡和财产损失后果，只是警方遭受轻微的人员损伤和财产损失。对于本案，检察机关对涉案的施某某等 17 人作出了相对不起诉的决定。在本案的要旨中，最高人民检察院总结了本案处理中的政策考虑，强调了办案的法律效果与社会效果的统一。因此，本案可以说是一个政策指导型的案例。但是，在本案中，出罪的实体性根据如何确定，仍然是一个值得研究的问题。

二、构成要件的法理阐述

对于本案，石狮市人民检察院引用当时有效的 1996 年刑事诉讼法第 142 条（2012 年现行刑事诉讼法第 173 条）第 2 款的规定，作为对施某某等 17 人不起诉的法律根据。1996 年刑事诉讼法第 142 条第 2 款规定，“对于犯罪情节轻微，依照刑法规定不需要判处刑罚或者免除刑罚的，人民检察院可以作出不起诉决定”。因此，检察机关是以施某某等 17 人的行为已经构成聚众斗殴罪，只是因为犯罪情节轻微，不需要判处刑罚或者可以免除刑罚，而作出了相对不起诉的决定。在此，从刑法理论上分析，涉及以下两个问题需要进行研究：

（一）聚众斗殴罪的客观构成要件

刑法第 292 条对于聚众斗殴罪采取了简单罪状的立法方式，并没有对聚众斗殴行为进行客观描述。在这种情况下，如何界定聚众斗殴就成为在刑法理论上需要解决的一个问题。

聚众斗殴，顾名思义，是由聚众和斗殴这两部分内容组成的。对于这里的斗殴，在理解上一般来说不会发生太大的争议，是指相互之间的打斗。对于聚众斗殴罪来说，关键在于如何理解这里的聚众。我国学者认为，聚众是指犯罪首要分子所实施的组织、策划和指挥的行为。① 这种观点是从我国刑法第 97 条关于首要分子的规定中引申出来的。根据刑法第 97 条的规定，聚众犯罪中的首要分子在犯罪中起的是“组织、策划、指挥作用”，因此，聚众就是一种刑法意义上的行为，具体表现为组织、策划、指挥活动。但是，组织、策划、指挥活动是贯穿整个聚众犯罪过程的不同阶段的活动，我们可以将其分为事前与事中这两个阶段。组织与策划一般发生在聚众犯罪的事前，而指挥一般发生在聚众犯罪的事中。当然，有些聚众犯罪案件中，在犯罪过程中也会发生增援性的聚众活动，以扩大犯罪规模。因此，将首要分子的组织、策划、指挥这 3 种行为方式都理解为聚众行为，在逻辑上是存在一定问题的。笔者认为，在首要分子的组织、策划、指挥这 3 种行为方式中，只有组织和策划这两种行为方式属于聚众的性质。至于指挥，有可能是斗殴的指挥，这属于斗殴行为的性质。因此，首要分子的作用存在于整个聚众犯罪过程中，在聚众斗殴罪中也是如此。聚众斗殴罪中的聚众就是首要分子经过策划以后，以斗殴作为目的聚集 3 人以上的纠集活动。

那么，如何理解聚众行为与斗殴行为的关系呢？这个问题的实质是：聚众行为是否独立于斗殴行为？对此，在我国刑法学界存在着否定说，认为聚众不是聚众犯罪的实行行为，而仅仅是实施实行行为的一种形式。② 按照这种理解，聚众斗殴罪的实行行为是斗殴行为，聚众只是斗殴行为的一种形式，以此区别于非聚众的斗殴行为。在聚众斗殴与单人斗殴相对应的情况下，确实可以将聚众斗殴视为斗殴行为的一种形式，而不是一种独立于斗殴的单独行为。但是，聚众这个词在汉语中具有双重含义：当其作为形容词的时候，是指一种众人聚集的状态，因此，聚众斗殴区别于单人斗殴。但当其作为动词的时候，是指纠集多人的动作，因此，聚众斗殴中的聚众就具有独立于斗殴的行为特征，即指发生在斗殴之前的聚集多人的活动。基于对聚众的以上两种理解，关键在于，聚众犯罪中的聚众仅仅是指犯罪的状态呢还是指单独的行为特征。笔者认为，在我国刑法所规定的聚众犯罪中，聚众都是指一种独立于聚众所要实施的具体犯罪的行为过程，聚众行为与此后所实施的具体犯罪行为之间，存在着手段行为与目的行为之间的理解关系。在特定的聚众犯罪中，并不仅仅处罚具体的犯罪，也处罚对该具体犯罪所实施的聚众行为。因为我国刑法中的聚众犯罪大多数属于妨碍社会管理秩序罪，而聚众行为具有对于社会管理秩序的妨碍性，因此被规定为聚众犯罪。对于单人斗殴，法律并不处罚，只有在造成重伤

① 参见刘德法：《聚众犯罪理论与实务研究》，87 页，北京，中国法制出版社，2011。

② 参见刘志伟：《聚众犯罪若干实务问题研讨》，载《国家检察官学院学报》，2003 (6)。

或者死亡后果的情况下，才作为侵犯人身权利的犯罪予以处罚，这是因为这种犯罪并没有严重妨碍社会管理秩序。但对于聚众斗殴，即使没有造成重伤或者死亡后果，因其妨碍社会管理秩序，也要予以处罚。由此可见，聚众行为本身是聚众犯罪所要处罚的重点之所在，把聚众仅仅理解为斗殴的行为方式而不是与斗殴行为相并列的一种独立的构成要件行为的观点是难以成立的。

值得注意的是，在这种否定说中，还有另外一种叙述，即一方面将聚众与斗殴都表述为聚众斗殴罪的客观要素，但另一方面又否定聚众是本罪的实行行为，认为只是本罪的预备。例如，黎宏教授指出：聚众斗殴罪的构成要件在客观方面由聚众和斗殴两个行为构成。其中，聚众是指在首要分子的组织、策划、指挥下，纠集特定或者不特定的多人；斗殴则是指殴打对方或者相互施加暴力攻击人身的行为。其两者之间的关系是形式和实质的关系。聚众斗殴罪危害社会的表象在于聚众，而危害社会的实质在于斗殴，因为刑法只追究聚众斗殴中的首要分子和积极参加者的刑事责任，并不要求每一个参加者都实行聚众行为和斗殴行为，可能有的犯罪分子是在斗殴行为开始时才加入并成为积极参加者。换言之，聚众斗殴罪的着手行为应为斗殴。如此说来，纠集数人持械寻人未果的行为，只能认定为本罪的预备，而不能认定为未遂。[①] 这种观点的矛盾之处在于：一方面将聚众认定为聚众斗殴罪的客观要素，另一方面又将聚众行为界定为聚众斗殴罪的预备行为。从逻辑上来说，聚众确实可以看作是斗殴的预备，但当立法者将聚众行为纳入本罪的构成要件的时候，聚众行为就应当是本罪的实行行为。由此可以得出结论，聚众斗殴罪的构成要件是由聚众行为与斗殴行为共同组成的。

在刑法理论上，当构成要件的行为是由两部分构成的时候，一般都认为这是复行为犯。复行为犯是相对于单行为犯而言的：单行为犯是指单一行为构成的犯罪，而复行为犯是指复合行为构成的犯罪。在一般情况下，单一行为与复合行为的区分是极为容易的。但在聚众犯罪的情况下，究竟如何判断是否属于复行为犯，则存在一定的复杂性。对于聚众斗殴罪是否属于复行为犯，必须从聚众犯罪与复行为犯的关系切入展开讨论。

聚众犯罪是我国刑法所规定的一种特殊犯罪类型，在刑法理论上认为可以将聚众犯罪分为两种类型：一是共同犯罪的聚众犯罪，例如刑法第 317 条规定的聚众持械劫狱罪。另一种是单独犯罪的聚众犯罪，例如刑法第 290 条规定的聚众扰乱社会秩序罪，第 291 条规定的聚众扰乱公共场所秩序、交通秩序罪。[②] 以上两类聚众犯罪，存在着明显的区分：前者不仅聚集者构成犯罪，而且被聚集者也构成犯罪，因此属于刑法理论中的必要共犯。但后者只有聚集者才构成犯罪，即刑法处罚这种聚众犯罪的首要分子，一般参与者的行为并不构成犯罪，因此属于单独犯罪。在此，

① 参见黎宏：《刑法学》，797～798 页，北京，法律出版社，2012。

② 参见陈兴良：《共同犯罪论》，2 版，136 页，北京，中国人民大学出版社，2006。

我们需要探讨的是作为必要共犯的聚众犯罪。必要共犯不同于任意共犯，任意共犯是指以组织、教唆或者帮助的方式与他人共犯刑法分则所规定的犯罪。在这种情况下，刑法分则所规定的是单独犯罪。对于任意共犯，必须适用刑罚总则关于共同犯罪的规定，才能为其定罪量刑提供法律根据。因此，任意共犯又称为总则性共犯。必要共犯是一种分则性共犯，刑法分则所规定的构成要件就是以数人共同实施为模型而设置的，对于必要共犯应当直接引用刑法分则条文定罪量刑，而没有必要适用刑法总则关于共同犯罪的规定。共同犯罪的聚众犯罪，就是典型的必要共犯。

对于聚众犯罪是否属于复行为犯，在刑法理论上存在两种不同观点之争。肯定说认为聚众犯罪属于复行为犯，复行为犯具有法定性、整体性和异质性的特征。我国刑法中的聚众犯罪完全符合复行为犯的特征。例如，聚众斗殴罪的客观行为中有聚众和斗殴两个行为，这是在一个独立的犯罪构成（聚众斗殴罪）中由刑法分则明文规定的（刑法第292条）、包含了两个具有手段（聚众行为）和目的（斗殴行为）关系的危害行为的一种犯罪类型。[①] 如果把聚众与斗殴视为两个独立的行为，那么，将聚众斗殴罪界定为复行为犯是合乎逻辑的。其实，聚众犯罪，这里主要是指共同犯罪的聚众犯罪，都具有共同的特征，即“聚众行为＋特定犯罪行为”，因此，聚众犯罪可以构成复行为犯。但是，否定说对此观点并不赞同，其主要理由在于：刑法为聚众犯罪所预设的行为类型确实包括了聚众行为和其他性质的行为，例如聚众斗殴罪中的斗殴行为。但是刑法上所预设的这些复数行为并非都是首要分子成立犯罪既遂所必需的行为。对于首要分子来说，刑法惩罚的主要是聚众行为，也就是组织、策划、指挥的行为。因此，只要首要分子实施了聚众行为，就满足了成立该罪的客观实行行为的要求。至于首要分子本人是否亲自参与实施了其他性质的行为，并不是该罪成立既遂所必需的条件。对聚众犯罪的客观行为进行分析时，不能忽视立法对于不同的犯罪主体预设了不同的行为类型这个特点。总之，在聚众犯罪中，参与实施聚众行为以外的全部其他行为并不是决定首要分子是否成立犯罪既遂的决定性因素。而在复行为犯中，实施了全部复数行为是行为人成立犯罪既遂的必要条件。因此，聚众犯罪不是复行为犯。[②] 以上关于聚众犯罪是否属于复行为犯的争议，并不在于复行为犯概念的界定。因为，无论是肯定说还是否定说，对复行为犯的理解都是相同的，即：都把复行为犯理解为两种行为构成的犯罪，因此复行为犯的构成要件行为具有复合型。肯定说与否定说的争议，笔者认为，主要还是在于对必要共犯的复行为犯理解上。在一般情况下，复行为犯都是单独犯罪，或者说是以单独犯罪作为标本讨论复行为犯的。在单独犯罪的情况下，行为人必须同时实施两个行为才能构成复行为犯。但在聚众犯罪的情况下，行为人可以分为首要分子与其他参与者。对于首要分子来说，可能只实施了聚众行为而并没有实施其他具体的

① 参见刘德法：《聚众犯罪理论与实务研究》，91页，北京，中国法制出版社，2011。

② 参见王明辉：《复行为犯研究》，80页，北京，中国人民公安大学出版社，2008。

犯罪行为。但对于一般参与者来说，只实施了其他犯罪行为而并没有实施聚众行为。在这种情况下，如果从各个行为人的角度来看，并没有同时实施复行为犯中的两个行为，由此而得出不符合复行为犯特征的结论。

笔者认为，必要共犯的复行为犯与单独犯罪的复行为犯是有所不同的。对于单独犯罪的复行为犯来说，行为人必须同时实施复行为犯中的两个行为才能构成复行为犯。但对于必要共犯的复行为犯来说，并不要求各个行为人都同时实施复行为犯中的两个行为才能构成复行为犯，因为，必要共犯也是一种共同正犯，在共同故意范围内适用部分行为、全体责任的定罪原则。对于复行为犯来说，只要必要共犯中的不同行为人分别实施了复行为犯中的不同行为，也可以构成复行为犯。因此，在聚众斗殴罪中，首要分子实施了聚众行为，而一般参与者实施了斗殴行为，这是在必要共犯中的行为分工，并不影响复行为犯的构成。从这个意义上说，复行为犯是一种法律形态即立法所规定的规范类型，而不是事实形态即司法中的犯罪类型。

对于聚众犯罪是复行为犯的观点，张明楷教授提出了批评，主要理由是：如果聚众斗殴罪是复行为犯，会影响对没有直接参与斗殴行为的首要分子的定罪。而且，如果说聚众斗殴罪是复行为犯，就意味着纠集他人就是聚众斗殴罪的着手甚至既遂，这便不当扩大了本罪的处罚范围。① 以上第一个理由，主要涉及在必要共犯的情况下，各个行为人是否都必须同时实施全部构成要件行为的问题。如上所述，必要共犯适用部分行为、全体责任的定罪原则，并不要求各个行为人都必须同时实施全部构成要件行为。对于复行为犯也是如此。因此，即使是聚众斗殴罪中的首要分子只实施了聚众行为而没有直接参与斗殴的，也并不影响对首要分子的定罪。以上第二个理由，笔者认为是更为重要的，涉及对聚众斗殴罪的构成要件行为的理解。如果把聚众斗殴罪界定为复行为犯，那么，聚众行为与斗殴行为都是该罪的构成要件行为。只要行为人开始实施聚众行为，就是该罪的着手。这里的聚众行为，是指聚集众人的行为。那么，聚众行为与张明楷教授所说的纠集他人的行为是否是同一个概念呢？聚众当然也可以表述为纠集多人。如果以斗殴为目的纠集多人，这里的纠集行为可以认定为聚众斗殴中的聚众行为。如果只是纠集了多人但由于意志以外的原因，尚未实施斗殴行为的，应当认定为聚众斗殴罪的未遂，不可能认定为聚众斗殴罪的既遂。如此掌握，并不存在不合理地扩大聚众斗殴罪的处罚范围的问题。

既然将聚众斗殴罪界定为复行为犯，那么，构成本罪在客观上必须具备聚众行为与斗殴行为。但在施某某等聚众斗殴案中，虽然双方聚集多人到了现场，但因为警察到场制止，没有实际发生斗殴行为。在这种情况下，如何从法理上进行把握呢？对于这种以斗殴为目的实施了聚众行为的情形，如果从聚众斗殴罪属于复行为

① 参见张明楷：《刑法学》，4版，934页，北京，法律出版社，2011。

犯的原理出发，必然会得出结论：在这种情况下，应当认定为聚众斗殴罪的未遂。

（二）聚众斗殴罪的主观违法要素

聚众斗殴罪当然是故意犯罪，行为人主观上具有犯罪故意，这是没有问题的。在刑法理论上，聚众斗殴罪是否存在主观违法要素，是一个存在较大争议的问题，它涉及非法定的主观违法要素的概念。

主观违法要素，又称为主观构成要素，不同于故意或者过失等主观责任要素。一般来说，违法是客观的，因此，作为违法类型的构成要件要素通常是指客观要素。但在某些特殊情况下，主观要素也可以成为违法要素，这就是主观违法要素。主观违法要素通常是由刑法分则条文明文规定的，例如我国刑法规定的非法占有目的等，就是典型的法定的主观违法要素。但在某些情况下，虽然刑法分则条文没有明文规定，刑法理论仍然将某种主观要素解释为某罪的构成要件要素，这就是所谓非法定的主观违法要素。法定的主观违法要素是对刑法已有规定的主观要素的一种逻辑地位：对于这种主观要素刑法分则已经有明文规定，将其界定为违法要素而非责任要素，只是根据这种主观要素的功能而对其体系性地位的一种确定。但是，在刑法分则没有明文规定的情况下，将某种主观要素解释为主观违法要素，就会限缩犯罪成立的范围。这是一种目的性限缩解释，对此存在较大的争议。但在刑法理论上一般认为，目的性限缩解释是有利于被告人的，因此并不违反罪刑法定原则。

我国刑法第 292 条关于聚众斗殴罪的规定，并没有关于主观要素的规定。但在对该罪的学理解释上，通说都把一定的目的或者动机解释为该罪的主观要素。例如，有些著作将这里的目的称为不正当目的，指出："聚众斗殴是指出于私仇、争霸或者其他不正当目的而纠集多人成帮结伙地打架斗殴"①。根据这一定义，私仇、争霸或者其他不正当目的是聚众斗殴罪成立的主观要素。我国有学者也把这一不正当目的称为流氓动机，例如周光权教授指出："聚众斗殴是指出于私仇、争霸或其他流氓动机而纠集他人成帮结伙地互相进行斗殴，从而破坏公共秩序的行为。"②以上所说的目的与动机虽然用词不同，但所指却是同一主观要素。应该说，在心理学与刑法学上，目的与动机还是有所不同的：动机是推动行为的主观要素，而目的则是指行为所指向的结果。因此，从时间维度上来看，动机在前，而目的在后。就此而言，以上所论及的私仇、争霸等主观要素，更接近于动机而非目的。但是，在刑法理论上，目的犯的概念已经约定俗成，而且，我国刑法也有非法占有目的等立法表述。在这种情况下，接受目的犯的概念也未尝不可。但我们应该明确，目的犯之所谓目的，其实就是动机。如果把目的犯的目的称为动机，反而更能够使目的犯的目的与直接故意中的目的加以区分。动机在一般情况下并不影响定罪，但在刑法

① 全国人大常委会法制工作委员会刑法室编：《中华人民共和国刑法条文说明、立法理由及相关规定》，604 页，北京，北京大学出版社，2009。

② 周光权：《刑法各论》，2 版，317 页，北京，中国人民大学出版社，2011。

具有明文规定的情况下，则影响定罪。因为刑法关于目的犯的规定，通过一定的目的限缩了构成要件的范围，因而影响定罪。在刑法没有明文规定的情况下，非法定的目的犯，是一种目的性限缩解释，当然对于定罪也是具有重大影响的。对于聚众斗殴罪，本来刑法没有规定为目的犯，但刑法理论却把私仇、争霸等目的或者动机解释为聚众斗殴罪的主观要素，对聚众斗殴罪的成立范围起到了一种限制作用，更为重要的是，借此将聚众斗殴罪与其他犯罪区分开来。对此，下文还要具体论述。

那么，聚众斗殴罪的主观要素即所谓流氓动机，如何会成为该罪的成立要件呢？这个问题涉及聚众斗殴罪的前身——1979 年刑法中的流氓罪。1979 年刑法第 160 条规定了流氓罪，但在法条中同样没有关于流氓动机的内容，而是在刑法理论上将寻求下流无耻的精神刺激视为流氓罪的主观要素，认为这是流氓罪的本质特征。例如，有学者指出：

> 所谓寻求下流无耻的精神刺激，主要是指：（1）称王称霸，以耻为荣。也即放刁撒野，横行霸道，为所欲为，寻求一种“老子天下第一”的精神上的满足，或者向同伙显示自己的“骨气”“义气”“霸气”。（2）发泄、满足自己的淫乱思想。通过各种不顾廉耻的手段，侮辱妇女，玩弄异性，达到性的满足或者发泄自己的变态性欲。（3）寻求感官刺激，填补精神空虚。通过各种疯狂、惊险、残害无辜、捉弄他人的活动来刺激感官，寻欢作乐。这些既是犯罪分子实施流氓行为的内心起因，甚至在犯罪的动机上比在犯罪的目的上表现得更为明显。所以人们常常把它称为“流氓动机”。由于在流氓犯罪中，犯罪动机和犯罪目的具有一致性，所以我们认为用“流氓动机”来代表流氓的目的，也未尝不可。①

在这种情况下，流氓动机就成为流氓罪的必要因素，以此区别于其他犯罪。其实，我国刑法关于流氓动机的论述，源自苏俄刑法学。例如苏俄学者在论及流氓罪时指出：对于流氓罪来讲，流氓动机是必须具备的。正是流氓动机决定了这一行为的犯罪性质和方向。至于流氓动机的具体内容，苏俄学者认为表现为：

> 犯罪人粗暴破坏社会秩序和以自身行为来对社会表示公然不尊重，这也就是实现自己的流氓动机，满足自己的特殊要求——表示自己对社会主义道德和社会行为规则的否定态度，显示自己臆想的比周围人优越，使自己同集体和社会相对抗。②

由此可见，对于流氓动机的表述，我国刑法与苏俄刑法在叙述话语上是一脉相承的。为什么流氓动机在刑法条文中并无规定，却要把它解释为流氓罪的必备要

① 张智辉：《我国刑法中的流氓罪》，20～21 页，北京，群众出版社，1988。

② 参见［苏］T. M. 卡法罗夫、Ч. T. 穆萨耶夫：《论流氓罪》，李桁等译，61 页，重庆，西南政法学院法学研究所，1985。

素，而且是流氓罪的本质特征？对于这个问题，有学者通过区分两者不同的犯罪目的的方法进行解释，指出：

> 犯罪目的虽然与犯罪的直接故意具有密切的联系，但是仍然存在着作为犯罪直接故意所希望的结果与作为犯罪目的所希望达到的结果不同的情况，并且在这种情况下，犯罪目的并不是犯罪直接故意的内容。英国刑法理论把这种情况下的犯罪目的称为“潜在的故意”(further intention)，以区别于可以成为直接故意内容的犯罪目的。我国刑法理论中目前还没有能够区别这两种犯罪目的的专门术语，但是我们不能不承认，在我国刑法规定的犯罪中，同样存在着这样两种略微不同的犯罪目的。①

以上解释当然是有一定道理的，但更多的还是从心理学角度所进行的解释。在德日刑法学中，从刑法教义学角度给出了一种解释，这就是主观违法要素理论，笔者认为是更为合适的。从主观违法要素理论出发，可以将流氓动机确定为构成要件要素而非责任要素，因此，其性质不同于直接故意中的目的。同时，流氓动机属于表征违法性的要素，因此，其功能不同于责任要素。这种主观违法要素是刑法条文所没有明文规定的，因此，流氓动机是一种非法定的主观违法要素。

在1997年刑法修订时，流氓罪因其具有“口袋罪”的特征而被分解为聚众斗殴罪、寻衅滋事罪、侮辱妇女罪和聚众淫乱罪等罪名。在这种情况下，这些分解以后的犯罪，在主观上是否还要求具有流氓动机，就成为一个值得研究的问题。对此，存在着两种不同的见解：肯定说认为，从流氓罪中分解出来的犯罪仍然需要具备主观上的流氓动机。例如有学者指出：聚众斗殴罪是从1979年刑法规定的流氓罪中分离出来的，在流氓罪中，我国刑法学界强调流氓动机与流氓行为是区分流氓罪与其他犯罪的关键。所谓流氓动机，是指行为人具有寻求精神刺激，填补精神上的空虚的动机。在本罪中，这种流氓动机也存在于任何聚众斗殴行为人之中。这也是本罪与其他犯罪区分的关键之一。本罪行为人的犯罪目的也是受着这种流氓动机的直接制约的，在本罪中，行为人一般都具有通过聚众斗殴的扰乱公共秩序行为，来达到某种精神上的满足、寻求某种精神刺激的目的。在司法实践中，应注意查明行为人是否具有上述流氓动机和流氓目的。② 根据这一观点，在流氓罪分解以后，从流氓罪中分离出来的聚众斗殴罪还是需要具备流氓动机，否则，不能构成本罪。否定说则认为，从流氓罪中分解出来的犯罪并不需要具备主观上的流氓动机。例如张明楷教授基于其彻底的结果无价值论的立场，否定主观违法要素，同时否定作为主观违法要素的流氓动机。张明楷教授在论及寻衅滋事罪的流氓动机时提出了6点否定性理由，其中需要讨论的是以下3个问题：

其一，流氓动机是否具有限定犯罪范围的意义。张明楷教授认为，所谓流氓动

① 张智辉：《我国刑法中的流氓罪》，19～20页，北京，群众出版社，1988。

② 参见王作富主编：《刑法分则实务研究》，中册，5版，1125页，北京，中国方正出版社，2013。

机或者寻求精神刺激是没有具体意义、难以被人认识的心理状态，具有说不清、道不明的内容，将其作为寻衅滋事罪的责任要素，并不具有限定犯罪范围的意义。①流氓动机是否具有实体内容、是否容易认定，是另外一个问题。在此值得重视的是：流氓动机是否具有限定犯罪范围的意义？对此，笔者的回答是肯定的。例如，在寻衅滋事罪中包含了殴打行为，追逐、拦截、辱骂、恐吓等行为，强拿硬要或者任意毁损、占用公私财物行为，起哄闹事行为等，这些所谓寻衅滋事行为大多数既可以在没有流氓动机的情况下实施，也可以在具有流氓动机的情况下实施。例如，殴打、辱骂、恐吓、损毁、占用公私财物等。以殴打为例：我国刑法只规定了故意伤害罪，达到轻伤以上才构成犯罪，但没有设立类似日本刑法中的暴行罪。一般的殴打行为只是一种治安处罚行为。但如果在流氓动机支配下实施殴打行为，就构成寻衅滋事罪。由此可见，流氓动机对于寻衅滋事罪的构成来说具有限定意义。对于聚众斗殴罪来说也是如此：在我国刑法中，并非所有的聚众斗殴行为都构成犯罪，只有具有流氓动机的聚众斗殴行为才构成聚众斗殴罪。因此，有无流氓动机就成为罪与非罪的界限。例如有学者在论及认定聚众斗殴罪应当注意的问题时指出："注意将本罪与因民事纠纷、邻里纠纷而互相斗殴或者结伙械斗的行为区别开来。二者在互相殴斗的形式上很相似，但有本质的区别。后者一般是事出有因，不具有争霸一方、报复他人、寻求刺激等犯罪动机，其行为没有对社会公共秩序构成威胁，所以不能以本罪论处。"② 在以上论述中，认为因民事纠纷、邻里纠纷而互相斗殴或者结伙械斗的行为没有对社会公共秩序构成威胁，是与事实不符的。但这种行为主观上不具有流氓动机，因此不能认定为聚众斗殴罪，又是正确的。由此也可以得出结论，流氓动机无论是对于寻衅滋事罪还是对于聚众斗殴罪都具有限定犯罪范围的意义。

其二，流氓动机是否具有与他罪区分的功能。张明楷教授认为，要求行为人主观上出于流氓动机，可能是为了区分此罪与彼罪。但正如后文所述，寻衅滋事罪与故意伤害、故意毁坏财物、敲诈勒索、抢劫等罪并不是对立关系，只要善于适用想象竞合犯的原理，就可以合理地解决定罪问题。③ 这一论述的核心含义是：不借助于流氓动机，而是采用想象竞合犯原理也可以将寻衅滋事罪等与他罪相区分。以强拿硬要构成的寻衅滋事罪与抢劫罪的区别为例，最高人民法院 2005 年 6 月 8 日《关于审理抢劫、抢夺刑事案件适用法律若干问题的意见》指出：两者的区分在于，"前者行为人主观上还具有逞强好胜和通过强拿硬要来填补其精神空虚等目的，后者行为人一般只具有非法占有他人财物的目的；前者行为人客观上一般不以严重侵犯他人人身权利的方法强拿硬要财物，而后者行为人则以暴力、胁迫等方式作为劫取他人财物的手段"。因此，在客观要素相同的情况下，对于强拿硬要与抢劫罪的区别主要根据主观上是否具有流氓动机加以区分。按照这一思路，流氓动机显然具

① 参见张明楷：《刑法学》，4 版，938 页，北京，法律出版社，2011。
② 周道鸾、张军主编：《刑法罪名精释》下册，4 版，727 页，北京，人民法院出版社，2013。
③ 参见张明楷：《刑法学》，4 版，939 页，北京，法律出版社，2011。

有与他罪区分的功能。按照张明楷教授的观点，根据想象竞合犯的原理同样可以达到与他罪区分的目的。但是，想象竞合犯是在一行为完全符合两个犯罪的构成要件的情况下，按照其中的一个重罪处断。从司法角度来说，重罪与轻罪的比对就是较为困难的。而且，如果将流氓动机视为寻衅滋事罪的主观违法要素，对于区分强拿硬要构成的寻衅滋事罪与抢劫罪的界限是更为便利的。

其三，沿革解释是否应当优先。聚众斗殴等罪名是从流氓罪中分离出来的，对此并无疑义。问题在于，对于这些分离出来的罪名是否还应当沿用原先对流氓罪的解释。对此，张明楷教授是持反对态度的，指出："倘若永远按照旧刑法解释现行刑法，就意味着现行刑法对旧刑法的修改毫无意义。换言之，如果沿革解释优先，必然导致刑法的修改丧失意义。"① 笔者认为，沿革解释优先并不会否定刑法修改的意义。例如，1979 年刑法中的流氓罪在 1997 年刑法修订时被分解为若干个具体罪名，之所以作这样的修改，是因为流氓罪具有"口袋罪"的性质，内容过于庞杂，不符合罪刑法定原则的明确性要求。在流氓罪被分解以后，仍然将流氓动机解释为聚众斗殴等犯罪的主观违法要素，怎么可能使分解流氓罪使之符合罪刑法定原则这一刑法修改的意义丧失呢？恰恰相反，如果否定在被分解以后的犯罪中包含流氓动机，就会无法阐述立法的合理性。例如，我国刑法第 246 条规定了侮辱罪，第 237 条又规定了侮辱妇女罪。如果仅仅从逻辑上分析，似乎在侮辱罪与侮辱妇女罪之间存在特别法与普通法的法条竞合关系，因此，只要是侮辱妇女的，一概应定侮辱妇女罪。但对立法规定作如此理解，显然是错误的。在我国刑法中，并非只要是侮辱妇女的，就一概应定侮辱妇女罪。事实上，侮辱妇女罪也可以认定为侮辱罪而非侮辱妇女罪。那么，侮辱妇女的行为，在什么情况下被认定为侮辱罪，在什么情况下又被认定为侮辱妇女罪呢？对此，我国立法机关在论及侮辱罪与侮辱妇女罪时指出："侮辱罪是以败坏他人名誉为目的，必然是公然地针对特定的人实施，而且侵害的对象不限于妇女、儿童；而强制猥亵、侮辱妇女罪、猥亵儿童罪则是出于满足行为人的淫秽下流的欲望，不要求是公然地针对特定的人实施，侵犯的对象只限于妇女、儿童。"② 以上论述有将客观要素与主观要素混淆之嫌，但领会其含义，是以流氓动机作为侮辱罪与侮辱妇女罪的根本界分，即：侮辱妇女行为，在没有流氓动机的情况下只能构成侮辱罪、不能构成侮辱妇女罪；在具有流氓动机的情况下只能构成侮辱妇女罪、不能构成侮辱罪。这一界限是极为明确的，通过沿革解释为立法的合理性进行了有效的说明。

目前虽然没有关于聚众斗殴罪的主观违法要素的司法解释，但对于寻衅滋事罪的主观违法要素存在司法解释。例如 2013 年 7 月 15 日最高人民法院、最高人民检察院《关于办理寻衅滋事刑事案件适用法律若干问题的解释》第 1 条规定：（第 1

① 张明楷：《刑法学》，4 版，938 页，北京，法律出版社，2011。

② 全国人大常委会法制工作委员会刑法室编：《中华人民共和国刑法条文说明、立法理由及相关规定》，484 页，北京，北京大学出版社，2009。

款）“行为人为寻求刺激、发泄情绪、逞强耍横等，无事生非，实施刑法第二百九十三条规定的行为的，应当认定为‘寻衅滋事’。”（第2款）“行为人因日常生活中的偶发矛盾纠纷，借故生非，实施刑法第二百九十三条规定的行为的，应当认定为‘寻衅滋事’，但矛盾系由被害人故意引发或者被害人对矛盾激化负有主要责任的除外。”（第3款）“行为人因婚恋、家庭、邻里、债务等纠纷，实施殴打、辱骂、恐吓他人或者损毁、占用他人财物等行为的，一般不认定为‘寻衅滋事’，但经有关部门批判制止或者处理处罚后，继续实施前列行为，破坏社会秩序的除外。”以上司法解释关于寻衅滋事行为的性质界定，除了刑法第293条规定的行为以外，主要就是依靠主观违法要素，即寻求刺激、发泄情绪、逞强耍横等动机，而这些动机的认定又主要根据起因。笔者认为，这一司法解释虽然是针对寻衅滋事罪规定的，但于对聚众斗殴罪的认定同样具有参考价值。在认定聚众斗殴罪的时候，不仅应当根据在客观上是否实施了聚众斗殴行为，而且要根据主观上是否具有寻求刺激、发泄情绪、逞强耍横等动机。

综上所述，根据我国刑法学界的通说，所谓流氓动机是聚众斗殴罪的主观违法要素，以此作为聚众斗殴罪的罪与非罪以及此罪与彼罪的界限，于对聚众斗殴罪的认定具有重要意义。据此，施某某等人的行为显然不具有所谓流氓动机，而是由于邻村之间的土地和水利的纠纷引发的群体性械斗事件。在这种情况下，就本案的性质而言，根本就不能认定为聚众斗殴罪。

三、相对不起诉的政策体现

对于施某某等聚众斗殴案，检察机关作出了相对不起诉的决定，其前提是施某某等人的行为已经构成了聚众斗殴罪，只是因为“施某某等17人参与聚众斗殴并非为了私仇或争霸一方，且造成的财产损失及人员伤害均属轻微，并未造成严重后果”。显然，检察机关认为没有私仇或争霸一方的目的，也就是所谓流氓动机，聚众斗殴罪也是可以成立的，只是在处罚的时候应当考量的一个因素。因此，检察机关对本案作出了相对不起诉的决定。

相对不起诉是我国刑事诉讼法规定的一种不起诉形式，它体现了起诉裁量权的精神，因此又被称为酌定不起诉。根据我国2012年刑事诉讼法第173条（1996年刑事诉讼法第142条）第2款的规定，对于犯罪情节轻微，依照刑法规定不需要判处刑罚或者免除刑罚的，人民检察院可以作出不起诉决定。相对不起诉实际上是有罪不诉，体现了检察机关的起诉裁量权，具有相当丰富的刑事政策的蕴含。根据上述规定，相对不起诉的适用条件是：（1）犯罪情节轻微；（2）依照刑法规定不需要判处刑罚或者免除刑罚。只有上述两个条件同时具备，检察机关才能适用相对不起诉。这里的“犯罪情节轻微”，是相对不起诉的前提条件，它是检察机关根据案件的具体情况所作的一种法律判断。一个案件的犯罪情节是否轻微，应当从客观要素与主观要素等方面进行综合判断。这里的“依照刑法规定不需要判处刑罚或者免除刑罚”，是相对不起诉的法律根据。这种法律根据可以分为两种情形：一是依照刑法规定不需要判处刑罚，这是指刑法第 37 条的规定。根据我国刑法第 37 条的规定，对于犯罪情节轻微，不需要判处刑罚的，可以免予刑事处罚。这是一种定罪免刑的规定，体现了对犯罪宽大处理的政策精神。刑法的这一规定虽然是针对人民法院规定的，但在审查起诉阶段，对于这种犯罪情节轻微、不需要判处刑罚的案件，检察机关完全可以作出相对不起诉决定，而没有必要起诉到法院后由法院作出免予刑事处罚的判决。二是依照刑法规定免除刑罚。这是指在刑法中对于各种具体犯罪情节规定了免除刑罚的规定，这一免除刑罚的量刑情节虽然是法院在审判中适用的，但在审查起诉阶段，对于这种犯罪情节轻微案件，检察机关也可以作出相对不起诉决定。应该指出，刑法对于免除刑罚极少单独规定，而是往往与减轻处罚并列规定，以供司法机关选择。在这种情况下，对于犯罪情节是否属于轻微的判断就显得极为重要，因为只有犯罪情节轻微的案件才能适用免除处罚。我国学者顾永忠教授揭示了在酌定不起诉适用中存在着的矛盾：一方面，法律上和事实上存在着适用酌定不起诉的巨大空间；另一方面，司法实践中酌定不起诉的适用率又如此之低。并指出“造成该种现象的原因主要有以下方面：有罪必诉、有罪必罚的观念是深层心理原因；由于酌定不起诉决定作出后缺乏对不起诉人的有效监管和制约，是检察机关及检察人员心有顾忌而不敢放手适用的现实原因；检察机关系统内部对酌定不起诉存在认识误区，采取了严格限制适用的态度并将其纳入考核范围是直接原因；酌定不起诉的适用条件不明确以致在理解上存在较大分歧是基础原因，等等。”①由此可见，在我国司法实践中存在着在起诉环节未能充分发挥相对不起诉制度的起诉裁量功能的现象。从这个意义上说，施某某等聚众斗殴案作为一起适用相对不起诉的案件，作为最高人民检察院的指导性案例发布，确实有其对于扩大适用相对不起诉的现实指导意义。

我国刑事诉讼法中的相对不起诉是有罪不诉，以此区别于无罪不诉的绝对不起诉。但是，根据对施某某等聚众斗殴案如上所进行的刑法教义学分析，完全应该得出无罪的结论，本来应当适用的是绝对不起诉。十分吊诡的是，这是对一起无罪案件适用了只能对有罪案件才能适用的相对不起诉。一起案件本来可以从刑法教义学上获得无罪的结论，却在进入司法程序以后，在作出有罪判断的基础上，以犯罪情节轻微为由，在相对不起诉的名义下获得了事实上无罪的处理结果。这里反映出我国现实司法活动中的一种集体无意识或者制度无意识，也正好从一个侧面印证了顾永忠教授所指出的有罪必诉、有罪必罚的观念深入人心的现实。不起诉作为一种刑事诉讼制度，它的适用是以对刑法的正确理解为前提的，无论是对具体犯罪的构成要件还是作为相对不起诉条件的犯罪情节轻微的把握，都离不开刑法教义学，这也

① 顾永忠：《关于酌定不起诉条件的理解与思考》，载《人民检察》，2014（9）。

是一个不可否认的事实。那么，一个本来是无罪的案件，为什么从批捕开始就向着有罪的方向发展呢？我们可以分析一下施某某等聚众斗殴案的具体情况：这是一起群体性事件，涉案人数众多，双方因历史上存在的土地和水利纠纷而聚集，并且手持器械。在一触即发的紧要关头被公安干警制止，庆幸没有发生死伤等严重后果。这一群体性事件当然是地方上的一起重大案件，基于“稳定压倒一切”的思维定势，涉案人员全部落网。这样的案件到了检察机关的批捕部门，受到来自地方党委和公安的压力，只得同意逮捕，由此而使本案进入了刑事办案轨道。在这种情况下，审查起诉阶段才发现不能作为犯罪处理。平心而论，这个案件没有按照刑事诉讼的轨道一直走下去，公诉部门确实起到了把关的作用，在当前的法治环境下已属不易。值得我们深思的问题在于：一个本来无罪的案件是如何启动刑事诉讼程序的？这里涉及下文需要讨论的办案的法律效果与社会效果的关系问题。

本案的主旨指出：“检察机关办理群体性事件引发的犯罪案件，要从促进社会矛盾化解的角度，深入了解案件背后的各种复杂因素，依法慎重处理，积极参与调处矛盾纠纷，以促进社会和谐，实现法律效果与社会效果的有机统一。”这一主旨实际上强调了刑事政策对于群体性案件处理的指导意义。尤其是，在此还论述了法律效果与社会效果相统一的思想。法律效果与社会效果的统一，是在我国司法实践中所反复强调的一个政策话语。在本案的处理中也体现了这一话语。那么，如何理解这里的法律效果和社会效果，又如何实现这两者的统一呢？这些问题，都是需要我们研究的。法律效果当然是适用法律所产生的效果，对于个案来说，这是一种个案效果。司法所追求的是公正，因此，个案效果也应该是一种个案公正。然而，由于立法与司法的差异，适用法律的效果未必都是公正的，这就是所谓一般公正与个案公正之间的矛盾和冲突。司法活动在法律所允许的空间范围内，具有一定的调节功能，应该最大限度地追求司法公正。但就刑法而言，受到罪刑法定原则的限制，司法的能动性是有限的。一般公正与个案公正之间的背反，在刑法领域表现为以下两种情形：一是严格依照刑法规定定罪量刑，可能会使具有社会危害性的行为受不到法律的制裁。在这种情况下，仍然依照法律规定办案，虽然形式上维护了法律尊严，具有良好的法律效果，但未能收到良好的社会效果。这里的“未能收到良好的社会效果”，其实是贯彻罪刑法定原则所必须付出的代价。根据罪刑法定原则，对于法律没有明文规定的行为，绝对不能作为犯罪来处理。因此，社会效果必须付出法律效果。如果在这种情况下，允许为了所谓惩治犯罪的社会效果而牺牲法律效果，那就会对刑事法治造成不可估量的后患。二是严格依照刑法规定定罪量刑，可能会使社会危害性程度尚未达到犯罪程度的行为受到法律的制裁。在这种情况下，无论是根据刑法教义学方法论还是根据刑事政策，都应该继续法律救济。就刑法教义学方法论而言，通过违法阻却事由或者责任阻却事由，都可以将那些虽然符合构成要件但没有社会危害性的行为予以排除。在这种情况下，并不是以牺牲法律效果来实现社会效果，而是以刑事政策来进行救济。相对不起诉就是这种救济途径之一种，对于那些犯罪情节轻微的案件，在刑法有免除处罚的明文规定的情况下，当然可以依法作出相对不起诉。即使是刑法没有具体条文的规定，也可以根据刑法第37条关于定罪免刑的一般性规定，作出相对不起诉。总之，在刑法领域处理法律效果与社会效果的关系，一定要坚守罪刑法定原则。对于刑法没有明文规定的行为，即使其社会危害性再大，也不能以追求社会效果为由将其入罪。但对于那些刑法有明文规定的行为，如果其社会危害性较小，则可以通过刑法教义学或者刑事政策进行调节，使其出罪。至于我国刑法中的聚众斗殴罪，在刑法教义学上，将没有流氓动机的聚集性斗殴行为从其构成要件中予以排除，就具有限缩聚众斗殴罪的构成要件，使其刑事处罚范围更为合理化的功能。通过这种刑法教义学的工作，类似本案这种没有流氓动机的群体性械斗事件不能被认定为聚众斗殴罪，如果发生死伤等严重后果的，应当按照相关犯罪追究刑事责任。但像本案这样，只是进行了聚集，而没有实际进行斗殴，没有造成死伤等严重后果的案件，就不应该按照聚众斗殴罪处理。如果本案具有流氓动机，并且在客观上进行了聚众，只是由于公安人员的制止，未能实际发生斗殴，则构成聚众斗殴罪的未遂。根据我国刑法第23条之规定，对于未遂犯，可以比照既遂犯从轻或者减轻处罚。由此可见，对于未遂犯不能免除处罚，因此根据这一规定是不能作出相对不起诉的。但考虑到聚众斗殴罪的未遂，只是实施了聚众行为，而没有实施斗殴这一性质更为严重的主行为，因此社会危害性较小。如果综合全案考察，可以认为属于犯罪情节轻微，仍然可以根据我国刑法第37条的规定，作出相对不起诉的决定。在这个过程中，体现了宽严相济的刑事政策精神。

从本案的要旨来说，是想强调本案通过相对不起诉获得了较好的社会效果，在追求社会效果的名义下，为适用相对不起诉提供政治正确的根据。这样一种良好用心当然是值得肯定的，这里也有推动相对不起诉适用的策略上的考量在内。但是，我们必须看到，在传统的话语体系中，所谓法律效果与社会效果的统一，一般都是指通过牺牲法律效果以获得社会效果的代名词，而社会效果成为高悬于法律之上的达摩克利斯之剑，当它每每落下的时候，就又成为违法办案的挡箭牌。因此，所谓法律效果与社会效果的统一之类的话语应该摈弃，改换为刑法教义学与刑事政策的关系，纳入这一新的话语进行言说。

施某某等聚众斗殴案实际上还是一个在群体性事件处理中如何进行政策指导的案件，涉及相对不起诉制度的正确适用。应该说，办案人员在本案办理过程中，进行双方的和解工作，作出了巨大的努力，这些法外事务对于社会稳定当然是发挥了作用的。这是一种在中国目前社会环境下所特有的办案方式，确实会有其一定的社会效果，但它也会使司法资源流失，以司法权干预了社会生活，代替了社会管理，这不是法治的常态。

第二十九章

指导性案例研究Ⅳ：忻元龙绑架案

死刑适用不仅涉及死刑以及“死缓”的实体标准的掌握问题，而且涉及死刑案件的证据认定问题。前者是一个刑法问题，而后者则是一个刑事诉讼法问题。最高人民检察院（以下简称最高检）颁布的（检例第2号）忻元龙绑架案，主要涉及的是死刑案件的证据认定问题。本文从证据法角度，结合忻元龙绑架案，对死刑案件的证明标准和证据判断问题进行研究。

一、忻元龙绑架案的诉讼历程

［基本案情］

被告人忻元龙，男，1959年出生，汉族，浙江省宁波市人，高中文化。2005年9月15日，因涉嫌绑架罪被刑事拘留；2005年9月27日被逮捕。

被告人忻元龙因经济拮据而产生绑架儿童并勒索家长财物的意图，并多次到浙江省慈溪市进行踩点和物色被绑架人。2005年8月18日上午，忻元龙驾驶自己的浙B3C751通宝牌面包车从宁波市至慈溪市浒山街道团圈支路老年大学附近伺机作案。当日下午1时许，忻元龙见女孩杨某某（女，1996年6月1日出生，浙江省慈溪市浒山某某小学三年级学生，因本案遇害，殁年9岁）背着书包独自一人经过，即以“陈老师找你”为由将杨某某骗上车，将其扣在一个塑料洗澡盆下，开车驶至宁波市东钱湖镇某酒店后山。当晚10时许，忻元龙从杨某某处骗得其父亲的手机号码和家中的电话号码后，又开车将杨某某带至宁波市北仑区新碶镇一防空洞附近，采用捂口、鼻的方式将杨某某杀害后掩埋。8月19日，忻元龙乘火车到安徽省广德县购买了一部波导1220型手机，于20日凌晨0时许拨打杨某某家电话，称自己已经绑架杨某某并要求杨某某的父亲于当月25日下午6时前带60万元赎金到浙江省湖州市长兴县交换其女儿。尔后，忻元龙又乘火车到安徽省芜湖市打勒索电话，因其将记录电话的纸条丢失，将被害人家的电话号码后4位2353误记为7353，电话接通后听到接电话的人操宁波口音，而杨某某的父亲讲普通话，由此忻元龙怀疑是公安人员已介入，遂停止了勒索。2005年9月15日忻元龙被公安机关抓获，忻元龙供述了绑架杀人经过，并带领公安人员指认了埋尸现场，公安机关起获了一具尸骨，从其浙B3C751通宝牌面包车上提取了杨某某头发两根（经法医学DNA检验鉴定，是被害人杨某某的尸骨和头发）。公安机关从被告人忻元龙处扣押波导1220型手机一部。

［诉讼过程］

被告人忻元龙绑架一案，由浙江省慈溪市公安局立案侦查，于2005年11月21日移送慈溪市人民检察院审查起诉。慈溪市人民检察院于同年11月22日告知了忻元龙有委托辩护人等诉讼权利，也告知了被害人的近亲属有委托诉讼代理人等诉讼权利。按照案件管辖的规定，同年11月28日，慈溪市人民检察院将案件报送宁波市人民检察院审查起诉。宁波市人民检察院依法讯问了被告人忻元龙，审查了全部案件材料。2006 年 1 月 4 日，宁波市人民检察院以忻元龙涉嫌绑架罪向宁波市中级人民法院提起公诉。

2006 年 1 月 17 日，浙江省宁波市中级人民法院依法组成合议庭，公开审理了此案。法庭经审理认为：被告人忻元龙以勒索财物为目的，绑架并杀害他人，其行为已构成绑架罪。手段残忍、后果严重，依法应予严惩。检察机关指控的罪名成立。

2006 年 2 月 7 日，宁波市中级人民法院作出一审判决：(1) 被告人忻元龙犯绑架罪，判处死刑，剥夺政治权利终身，并处没收个人全部财产。(2) 被告人忻元龙赔偿附带民事诉讼原告人杨某风、张某彬应得的被害人死亡赔偿金 317 640 元、丧葬费 11 380 元，合计人民币 329 020 元。(3) 供被告人忻元龙犯罪使用的浙 B3C751 通宝牌面包车一辆及波导 1220 型手机一部，予以没收。

忻元龙对一审刑事部分的判决不服，向浙江省高级人民法院提起上诉。

2006 年 10 月 12 日，浙江省高级人民法院依法组成合议庭，公开审理了此案。法庭经审理认为：被告人忻元龙以勒索财物为目的，绑架并杀害他人，其行为已构成绑架罪。犯罪情节特别严重，社会危害极大，依法应予严惩。但鉴于本案的具体情况，对忻元龙判处死刑，可不予立即执行。2007 年 4 月 28 日，浙江省高级人民法院作出二审判决：(1) 撤销浙江省宁波市中级人民法院 (2006) 甬刑初字第 16 号刑事附带民事判决中对忻元龙的量刑部分，维持判决的其余部分；(2) 被告人忻元龙犯绑架罪，判处死刑，缓期 2 年执行，剥夺政治权利终身。

被害人杨某某的父亲不服，于 2007 年 6 月 25 日向浙江省人民检察院申诉，请求提出抗诉。

浙江省人民检察院经审查认为，浙江省高级人民法院二审判决改判忻元龙死刑缓期 2 年执行确有错误，遂于 2007 年 8 月 10 日提请最高检按照审判监督程序提出抗诉。最高检派员到浙江专门核查了案件相关情况。最高检检察委员会两次审议了该案，认为被告人忻元龙绑架犯罪事实清楚，证据确实、充分，依法应当判处死刑立即执行，浙江省高级人民法院以“鉴于本案具体情况”为由改判忻元龙死刑缓期 2 年执行确有错误，应予纠正。理由如下：

第一，忻元龙绑架犯罪事实清楚，证据确实、充分。本案定案的物证、书证、证人证言、被告人供述、鉴定结论、现场勘查笔录等证据能够形成完整的证据体系。公安机关根据忻元龙的供述找到被害人杨某某尸骨，忻元龙供述的诸多隐蔽细节，如埋尸地点、尸体在土中的姿势、尸体未穿鞋袜、埋尸坑中没有书包、打错勒索电话的原因、打勒索电话的通话次数、通话内容，接电话人的口音等，得到了其他证据的印证。

第二，浙江省高级人民法院二审判决确有错误。二审改判是认为本案证据存在两个疑点。一是卖给忻元龙波导1220型手机的证人傅某红在证言中讲该手机的串号与公安人员扣押在案手机的串号不一致，手机的同一性存有疑问；二是证人宋某娟证实，在案发当天看见一中年妇女将一个与被害人特征相近的小女孩带走，不能排除有他人作案的可能。经审查，这两个疑点均能够排除。一是关于手机同一性问题。经审查，公安人员在询问傅某红时，将波导1220型手机原机主洪某军的身份证号码误记为手机的串号。宁波市人民检察院移送给宁波市中级人民法院的"随案移送物品文件清单"中写明波导1220型手机的串号是35097××××389275，且洪某军将手机卖给傅某红的"旧货交易凭证"等证据，清楚地证明了从忻元龙身上扣押的手机即是索要赎金时使用的手机，且手机就在宁波市中级人民法院，手机同一性的疑点能够排除。二是关于是否存在中年妇女作案问题。案卷原有证据能够证实宋某娟、艾力买买提尼牙子证言证明的"中年妇女带走小女孩"与本案无关。宋某娟、艾力买买提尼牙子证言证明的中年妇女带走小女孩的地点在绑架现场东侧200米左右，与忻元龙绑架杨某某并非同一地点。艾力买买提尼牙子证言证明的是某某咖啡厅南边的电脑培训学校门口，不是忻元龙实施绑架的地点；宋某娟证言证明的中年妇女带走小女孩的地点是某某咖啡厅南边的十字路口，而不是老年大学北围墙外的绑架现场，因为宋某娟所在位置被建筑物阻挡，看不到老年大学北围墙外的绑架现场，此疑问也已经排除。此外，二人提到的小女孩的外貌特征等细节也与杨某某不符。

第三，忻元龙所犯罪行极其严重，对其应当判处死刑立即执行。一是忻元龙精心预谋犯罪，主观恶性极深。忻元龙为实施绑架犯罪进行了精心预谋，多次到慈溪市"踩点"，并选择了相对僻静无人的地方作为行车路线。忻元龙以"陈老师找你"为由将杨某某骗上车实施绑架，与慈溪市老年大学剑桥英语培训班负责人陈老师的姓氏相符。忻元龙居住在宁波市的鄞州区，选择在宁波市的慈溪市实施绑架，选择在宁波市的北仑区杀害被害人，之后又精心实施勒索赎金行为，赴安徽省广德县购买波导1220型手机，使用异地购买的手机卡，赴安徽省宣城市、芜湖市打勒索电话并要求被害人父亲到浙江省长兴县交付赎金。二是忻元龙犯罪后果极其严重，社会危害性极大。忻元龙实施绑架犯罪后，为使自己的罪行不被发现，在得到被害人家庭信息后，当天就将年仅9岁的杨某某杀害，并烧掉了杨某某的书包，扔掉了杨某某挣扎时脱落的鞋子，实施了毁灭罪证的行为。忻元龙归案后认罪态度差：开始不供述犯罪，并隐瞒作案所用手机的来源，后来虽供述犯罪，但编造他人参与共同作案。忻元龙的犯罪行为不仅剥夺了被害人的生命，给被害人家属造成了无法弥补的巨大痛苦，也严重影响了当地群众的安全感。三是二审改判忻元龙死刑缓期2年执行不被被害人家属和当地群众接受。被害人家属强烈要求判处忻元龙死刑立即执行，当地群众对二审改判忻元龙死刑缓期 2 年执行亦难以接受，要求司法机关严惩忻元龙。

2008 年 10 月 22 日，最高检依照《中华人民共和国刑事诉讼法》第 205 条第 3 款之规定，向最高人民法院提出抗诉。2009 年 3 月 18 日，最高人民法院指令浙江省高级人民法院另行组成合议庭，对忻元龙案进行再审。

2009 年 5 月 14 日，浙江省高级人民法院另行组成合议庭公开开庭审理本案。法庭经审理认为：被告人忻元龙以勒索财物为目的，绑架并杀害他人，其行为已构成绑架罪，且犯罪手段残忍、情节恶劣，社会危害极大，无任何悔罪表现，依法应予严惩。检察机关要求纠正二审判决的意见能够成立。忻元龙及其辩护人要求维持二审判决的意见，理由不足，不予采纳。

2009 年 6 月 26 日，浙江省高级人民法院依照《中华人民共和国刑事诉讼法》第 205 条第 2 款、第 206 条、第 189 条第 2 项，《中华人民共和国刑法》第 239 条第 1 款、第 57 条第 1 款、第 64 条之规定，作出判决：(1) 撤销浙江省高级人民法院（2006）浙刑一终字第 146 号刑事判决中对原审被告人忻元龙的量刑部分，维持该判决的其余部分和宁波市中级人民法院（2006）甬刑初字第 16 号刑事附带民事判决；(2) 原审被告人忻元龙犯绑架罪，判处死刑，剥夺政治权利终身，并处没收个人全部财产，并依法报请最高人民法院核准。

最高人民法院复核认为：被告人忻元龙以勒索财物为目的，绑架并杀害他人的行为已构成绑架罪。其犯罪手段残忍，情节恶劣，后果严重，无法定从轻处罚情节。浙江省高级人民法院再审判决认定的事实清楚，证据确实、充分，定罪准确，量刑适当，审判程序合法。

2009 年 11 月 13 日，最高人民法院依照《中华人民共和国刑事诉讼法》第 199 条和最高人民法院《关于复核死刑案件若干问题的规定》第 2 条第 1 款之规定，作出裁定：核准浙江省高级人民法院（2009）浙刑再字第 3 号以原审被告人忻元龙犯绑架罪，判处死刑，剥夺政治权利终身，并处没收个人全部财产的刑事判决。

2009 年 12 月 11 日，被告人忻元龙被依法执行死刑。

在最高检颁布的指导性案例中，忻元龙绑架案在字数上要大大超过其他案例：不仅案情叙述详尽，而且说理极为透彻。这是因为忻元龙绑架案是一个最高检抗诉的案件，抗诉的主要理由涉及死刑案件的证据认定问题。本案被告人忻元龙一审被判处死刑立即执行，但二审法院认为本案在证据上存在疑点，因此以“本案的具体情况”为由改判忻元龙死刑缓期 2 年执行。对于二审法院的改判，最高检向最高人民法院（以下简称最高法）提出了抗诉，后者对本案作出了指令重审的处理。二审法院经过重审，又判处被告人忻元龙死刑立即执行。

二、死刑案件证据标准的考察

在忻元龙绑架案中，涉及对死刑的证据认定问题。死刑的证据认定是一个关系到杀与不杀的重大问题，因此必须慎重对待。我国刑事诉讼法规定的证据标准是事实清楚，证据确实、充分。应该说，这一标准本身还是较为抽象的。尤其是在死刑案件中，如何认定证据确实、充分，就是一个需要关切的重大问题。

值得注意的是，在司法实践中也存在着某种矫正性的表述，也就是所谓“两个基本”：基本事实清楚，基本证据确实，充分。刑事证据的“两个基本”并非法律规定，但却对司法实践具有重要指导意义。“两个基本”是在“严打”的刑事政策背景之下提出来的，是从快打击犯罪分子的应有之义。对此，陈瑞华教授指出：“自 20 世纪 80 年代以来，伴随着严打运动的逐步兴起，‘从重从快’地惩罚犯罪成为司法机关优先选择的刑事政策。在这一运动中，这一证明标准（指‘事实清楚，证据确实、充分’——引者注）也被修正为‘基本事实清楚’和‘基本证据确实、充分’，也就是所谓的‘两个基本’。”① “两个基本”的提法最初出自 1985 年 5 月彭真同志在五大城市治安工作座谈会上的讲话，认为“一个案件，只要有确实的基本证据，基本的情节清楚，就可以判”。这时所说的“两个基本”，是指基本证据和基本情节。之所以提出“两个基本”，还是为了更加快速地打击犯罪。对于“两个基本”的证明标准，在刑事诉讼法学界存在着较大的争议。否定性的观点认为，“两个基本”在法律上没有明文规定，而且它与“证据确实、充分”的规定存在矛盾，其语言表达模糊，伸缩性比较大，没有具体标准，实际中难以掌握。而肯定说则认为，“两个基本”的说法是正确的，是与刑事诉讼法中对证据规定的精神一致的。②尽管如此，“两个基本”还是成为刑事证据判断的实际标准，并且逐渐进入官方话语体系。例如，在 2001 年 4 月 4 日全国社会治安会议上，江泽民同志代表中央提出，“只要基本事实清楚，基本证据确凿，就要快捕快诉快判”。这时所说的“两个基本”，是指基本事实和基本证据，较为规范。而在对“两个基本”的内容上，强调了事实清楚、证据确凿。为了贯彻这一会议精神，最高法与最高检都颁布了有关文件，其中最高检在 2001 年 4 月 7 日颁布的最高检《关于检察机关积极参加“严打”整治斗争和整顿规范市场经济秩序工作的意见》中，将“两个基本”明确界定为“基本事实清楚，基本证据确凿。”而最高法在 2001 年 4 月 13 日颁布的《关于贯彻全国社会治安工作会议的通知》中，将“两个基本”表述为“基本事实清楚，基本证据扎实”。其实，就语义而言，证据确凿与证据扎实并没有根本区分，甚至可以说意思是完全相同的。自此，“两个基本”的提法成为刑事证据审查判断的实

① 陈瑞华：《刑事证据法学》，254 页，北京，北京大学出版社，2012。

② 参见崔敏、张文清主编：《刑事证据的理论与实践》，91 页，北京，中国人民公安大学出版社，1993。

际标准，在一定程度上甚至取代了刑事诉讼法所规定的“事实清楚，证据确实、充分”的提法。当然，从逻辑上说，“两个基本”是对刑事诉讼法所规定的“事实清楚，证据确实、充分”的证据标准中的两大因素——事实与证据——的范围的限制，即：事实清楚中的“事实”是指基本事实而非全部事实；证据确实、充分中的“证据”是指基本证据而非全部证据。在这种情况下，通过对控方承担举证责任的刑事案件中的“事实”与“证据”加以限制，能够在一定程度上减轻控方的举证责任，有利于加快逮捕、起诉、判决的流程，因而体现“严打”的政策精神。因此，“两个基本”的提出对于检察机关履行指控犯罪职责是具有推动作用的，但对于审判机关行使审判权则形成一定的压力。

“两个基本”成为事实上的刑事案件证明标准以后，适用这一证明标准最大的问题在于如何界定这里的“基本”。这里的“基本”一词，在汉语中通常是指“主要”。因此，基本事实可以解读为主要事实，而基本证据可以解读为主要证据。“主要”是相对于“次要”而言的，但是如何区分这里的“主要”与“次要”？在有关“两个基本”的论述中，都提及不要纠缠于细枝末节。所谓细枝末节，就是指对定罪量刑没有根本性影响的细节。对于这些次要事实与次要证据没有必要强调事实清楚，证据确实、充分。应该说，这个思路本身没有错误，也反映了认识的相对性和证明的相对性原理。但是，“两个基本”所体现的对刑事证明标准修正的思路也潜藏着向降低刑事证明标准方向发展的危险，体现在“基本事实清楚，基本证据确实、充分”的“两个基本”被曲解为“事实基本清楚，证据基本确实、充分”。例如有学者指出“‘两个基本’中的‘基本’是对何而言呢？对此可以作两种不同的理解：其一，‘基本’针对‘事实’和‘证据’的证明对象范围而言；其二，‘基本’针对‘清楚’和‘确凿’的证明要求而言。由此在司法实践中产生了四种具体观点：第一种认为‘两个基本’是指‘根本的事实清楚，根本的证据确凿’；第二种认为‘两个基本’指‘主要的事实清楚，主要的证据确凿’；第三种认为‘两个基本’是‘大体上事实清楚，大体上证据确凿’；第四种认为‘两个基本’是‘事实基本清楚，证据基本确凿’。显然上述第三、四种观点中证明标准远远低于‘排除合理怀疑’的要求。令人担忧的是，司法实践中甚至在死刑案件中有时也采取了‘大体上事实清楚，大体上证据确凿’或‘事实基本清楚，证据基本确凿’的证明标准”①。应该说，以上担忧是合理的。如果对死刑案件不能采取严格的证明标准，甚至基于“严打”的需要，对死刑案件采取低于普通刑事案件的所谓“两个基本”的证明标准，确实是十分危险的，死刑冤案已经证明了这一点。当然，“两个基本”所提出的对于证据应当区分主要证据与次要证据，尤其是在证明的时候应当避免纠缠细枝末节而是要抓主要矛盾这样一种对于证据审查判断的政策思想本身，还是具有一定合理性的。

① 任志中：《死刑适用问题研究》，286～287页，北京，知识产权出版社，2012。

随着死刑核准权收归最高法行使，防止死刑冤案的发生，严格死刑案件的证明标准势在必行。在这种情况下，2010 年 7 月 1 日最高法、最高检、公安部、国家安全部、司法部联合颁布了《关于办理死刑案件审查判断证据若干问题的规定》（以下简称《死刑证据规定》），对于办理死刑案件审查判断证据问题作了具体规定。这是我国司法当局在死刑证据标准具体化方面所作的努力之一。《死刑证据规定》虽然不是立法机关制定的法律，但鉴于我国目前的权力格局，以上 5 个部门共同签发的这一规范性文件，具有事实上的规范效力。《死刑证据规定》分为一般规定、证据的分类审查与认定、证据的综合审查和运用 3 部分，共计 41 个条文。在我国尚未制定全面的证据规则的情况下，《死刑证据规定》不啻为一部小型的“证据法”，对于我国的死刑证据审查判断具有重要指导作用。即使是在此后的 2012 年 3 月 14 日立法机关对《刑事诉讼法》进行第二次修订以后，《死刑证据规定》仍然发挥着巨大的作用。

《死刑证据规定》第 5 条第 2 款对死刑证据标准作了具体规定，指出：“证据确实、充分是指：（一）定罪量刑的事实都有证据证明；（二）每一个定案的证据均已经法定程序查证属实；（三）证据与证据之间、证据与案件事实之间不存在矛盾或者矛盾得以合理排除；（四）共同犯罪案件中，被告人的地位、作用均已查清；（五）根据证据认定案件事实的过程符合逻辑和经验规则，由证据得出的结论为唯一结论。”这一规定实际上也是对当时《刑事诉讼法》关于“证据确实、充分”这一抽象规定的解释，该解释不仅适用于死刑案件的证据审查判断，而且也适用于其他案件的证据审查判断。《死刑证据规则》还对死刑案件证明标准中的证据范围作了明确规定，其第5条第 3 款规定：“办理死刑案件，对于以下事实的证明必须达到证据确实、充分：（一）被指控的犯罪事实的发生；（二）被告人实施了犯罪行为与被告人实施犯罪行为的时间、地点、手段、后果以及其他情节；（三）影响被告人定罪的身份情况；（四）被告人有刑事责任能力；（五）被告人的罪过；（六）是否共同犯罪及被告人在共同犯罪中的地位、作用；（七）对被告人从重处罚的事实。”也就是说，在以上关系到死刑案件是否能够认定以及是否应当适用死刑的定罪和量刑证据上，都应当做到证据确实、充分。以上规定，笔者认为，可以理解为对“两个基本”中的“基本证据”的界定，对于死刑案件的证据认定具有重要意义。

尤其是，在 2012 年刑事诉讼法第二次修订中，吸收了上述规定，在我国《刑事诉讼法》中首次确立了排除合理怀疑的证据审查判断标准。《刑事诉讼法》第 53 条第 2 款规定：“证据确实、充分，应当符合以下条件：（一）定罪量刑的事实都有证据证明；（二）据以定案的证据均经法定程序查证属实；（三）综合全案证据，对所认定事实已排除合理怀疑。”对此，有刑事诉讼法学者指出：“2012 年《刑事诉讼法》对‘事实清楚，证据确实、充分’的证明标准确立了较为具体的规则，特别是将‘排除合理怀疑’的规则引入这一最高证明标准之中，标志着我国证明标准制度开始走向成熟。”[①] 由此可见，从死刑案件的证据标准开始，我国刑事证据标准得以明晰化，这对于提升我国刑事法治的水平具有重要意义。

这里涉及证据确实、充分的一般证明标准与排除合理怀疑的证明规则之间的关系问题。事实上，在证明标准问题上，不同国家之间存在着不同的表述，归纳起来，大体上可以分为两种类型：客观标准与主观标准。英美法系国家适用的是排除合理怀疑的标准，较为倾向于客观效果，即采取的是一种客观化的证明标准。而大陆法系国家适用的是内心确信的标准，较为倾向于主观心理，即采取的是一种主观化的证明标准。其实，这两者是同一证明标准互为表里的两种表述。[②] 因为，排除合理怀疑的怀疑主体也是人，因此，客观上的证据确实、充分必须为人所体认。同样，内心确信的根据也是客观存在的证据。因此，在证明标准问题上客观与主观应该是统一的：客观是为主观所认知的客体，而主观则是对客观认知的结果。这里应当指出，大陆法系国家之所以采取内心确信的表述，是因为法官本人是证据判断的主体，并且在司法实践中实行自由心证主义。而英美法系国家之所以采用排除合理怀疑的表述，是因为在陪审制的情况下，法官具有说服责任，最终作出判断的主体是陪审员。因此，作为英美法系诉讼证明的指导性标准，排除合理怀疑是与证明责任的分配密切相关的。[③] 我国刑事诉讼法将刑事案件的证明标准确认为证据确实、充分，其实是具有较为明显的客观化倾向的，这也与对自由心证和内心确信等证明标准的唯心主义指责具有关系。但是，在我国刑事诉讼法的修正当中，立法者又引入了排除合理怀疑的规则，这一规则具有英美法系的特征，以陪审制为其制度背景。因此，如何融合证据确实、充分与排除合理怀疑这两种证明要求，对于我国刑事诉讼法学界来说，还是一个考验。从我国刑事诉讼法对证据确实、充分和排除合理怀疑的规定来看，是把排除合理怀疑当作检验证据是否确实、充分的一个考察要素看待的。因此，证据确实、充分和排除合理怀疑这两者不是一种并列关系，而是一种从属关系。

值得注意的是，我国学者在解读证据确实、充分和排除合理怀疑这两个规则之间的关系的时候，提出了正面肯定与反面否定的关系，认为英美法系国家受怀疑主义思维传统的影响，从否定方面把排除合理怀疑作为刑事诉讼有罪判决的证明标准。大陆法系国家受理性主义思潮的支配，从肯定方面确定了内心确信的证明标准。而我国刑事诉讼法中的“犯罪事实清楚，证据确实、充分”的证明标准，是从正面肯定角度来进行界定的，这样的证明标准完全是以控方入罪为中心的衡量标准，没有反映和体现辩方辩护行为在证明活动中的作用。因此，在死刑案件的证明标准中应当引入排除合理怀疑的证明标准。[④] 笔者认为，对于证据确实、充分与排

① 陈瑞华：《刑事证据法学》，254页，北京，北京大学出版社，2012。

② 参见卞建林主编：《刑事证明理论》，237页，北京，中国人民公安大学出版社，2004。

③ 参见上书，242页。

④ 参见聂昭伟：《我国死刑案件证明标准的重新选择》，载《法治研究》，2008（8）。

除合理怀疑从肯定与否定这两个维度进行观察，对于我们正确认识两个规则之间的逻辑关系，是具有启迪的。同时，两个维度的考察使证据判断更为全面，也更能够保证判断结论的可信性。但是，作者把证据确实、充分与排除合理怀疑对立起来，认为否定式证明标准对有罪判决制约的严密性要高于肯定式证明标准，具有更强的实践可行性，主张以排除合理怀疑取代证据确实、充分，作为死刑案件的证明标准。① 对于这一观点，笔者并不赞同。实际上，证据确实、充分与排除合理怀疑之间并不是相互对立的关系，而是互相补充的关系，其中，证据确实、充分是总的原则，而排除合理怀疑是具体规则。对于任何刑事案件来说，有罪判决都必须达到证据确实、充分的证明标准，而只有排除合理怀疑才能认为证据已经达到确实、充分。反之，只有证据确实、充分才能认为合理怀疑已然排除。

忻元龙绑架案发生在《死刑证据规则》颁布之前和刑事诉讼法第二次修订之前，但该案作为指导性案例则是最高检在 2010 年 12 月 25 日颁布的，时间是在《死刑证据规则》颁布之后和刑事诉讼法第二次修订之前。这个时间点对于我们理解忻元龙绑架案所涉及的死刑证据标准的把握，具有参考价值。

忻元龙在一审被判处死刑立即执行，但在二审却以“本案的具体情况”为由，被改判为死刑缓期 2 年执行。但在二审裁定中，对于这里的“具体情况”并没有加以说明。在浙江省人民检察院的抗诉书中，明确指出所谓“具体情况”是指本案存在以下两个证据疑问：一是卖给忻元龙波导 1220 型手机的证人傅某红在证言中讲该手机的串号与公安人员扣押在案手机的串号不一致，手机的同一性存有疑问；二是证人宋某娟和艾力买买提尼牙孜证实，在案发当天看见一中年妇女将一个与被害人特征相近的小女孩带走，不能排除有他人作案的可能。以上第一个疑问，涉及物证的可靠性问题，用来勒索财物的手机是本案重要物证之一。但本案手机的来源，在案的证据还包括洪某军将手机卖给傅某红的“旧货交易凭证”等证据，而手机号码的差错只是公安人员在询问傅某红时，将波导 1220 型手机原机主洪某军的身份证号码误记为手机的串号。如果以上情况属实，这一差错确实不影响对本案的定罪。但是，公安人员为什么当时没有发现这一差错？该证据进入司法程序以后，对于证据的瑕疵如何予以排除？这些问题在本案中都没有得到有效的解决。第二个疑问，涉及犯罪是否另有其人的问题，如果这个疑问不能排除，将在根本上动摇本案的定罪。对此，公诉方认为，在案发当天看见一中年妇女将一个与被害人特征相近的小女孩带走的证言与本案无关，可以予以排除。除了以上证言所涉及的时间、地点等与本案发生的时间、地点存在差误以外，本案的定罪证据中包括被告人指认埋尸现场，在现场公安机关起获了一具尸骨，以及从被告人所有的浙 B3C751 通宝牌面包车上提取的杨某某头发两根（经法医学 DNA 检验鉴定，是被害人杨某某的尸骨和头发）这两个客观证据。据此可以排除他人犯罪的可能性。从以上分析来看，

① 参见聂昭伟：《我国死刑案件证明标准的重新选择》，载《法治研究》，2008（8）。

抗诉意见是合理的。在这里也可以发现，司法机关对于死刑案件如何排除合理怀疑，存在不同的意见。当然，这也是基于法院与检察院的不同立场。最终，最高法支持了抗诉，对本案被告人忻元龙改判死刑立即执行以后，最高法核准死刑并执行了死刑。

从以上忻元龙绑架案的证据疑问来看，第一个疑问确实属于细枝末节，对于定罪没有根本性的影响，而且也已经排除。第二个疑问对于案件的定性则具有重大的影响，因为，它涉及绑架是否另有其人的问题。如果这个疑问不能排除，本案就难以认为已经达到证据确实、充分的程度。其实，在任何刑事案件中都存在疑点，任何疑点都不存在的刑事案件几乎是不存在的。关键问题在于：如何排除这种疑点？一个刑事案件的审理过程，不仅是认定犯罪的过程，同时也是排除疑点的过程，这两者是同步进行的。刑事案件中的疑点，有些是可以排除的，有些则是难以排除的。在疑点可以排除的情况下，排除合理怀疑以后，证据仍然可以达到确实、充分的标准。在疑点难以排除的情况下，不能排除合理怀疑，证据就没有达到确实、充分的证明标准。在忻元龙绑架案中，我们看不到围绕着这两个疑点所进行的控辩双方的争辩，以及法官在排除疑点方面所作的努力。当然，这与指导性案例的编写本身有关，也与判决书的写作习惯有关。我相信，在法庭上会有对此展开的控辩攻防与争辩，在法官的结案报告中应该会有对此的更为详尽的说明与论证。但这一切在忻元龙绑架案的官方叙述文本中并没有呈现，因此具有检察机关单方面言说的性质。就忻元龙绑架案提供的资料为基础进行分析，在笔者看来，检察机关的抗诉还是有道理的，因为这两个疑点都是可以排除的，排除这两个疑点以后，对于忻元龙定罪的证据还是确实、充分的。在检察机关看来，这两个疑点所涉及的只是案件的细枝末节，并不影响定罪。但法院则认为这两个疑点虽然并不影响定罪，但对于量刑具有影响，因此对被告人忻元龙作出了留有余地的“死缓”判决。那么，这种留有余地的“死缓”判决是否具有合理性呢？这是从忻元龙绑架案中引申出来的另外一个值得研究的问题。

三、留有余地的“死缓”判决的反思

在忻元龙绑架案的二审中，既然法院认为存在疑点，而且这两个疑点都涉及被告人忻元龙能否定罪的问题，那就意味着本案不能排除合理怀疑，就应当宣告被告人无罪。但是，为什么二审法院不是宣告无罪而是改判为死刑缓期2年执行？这是我国司法机关的习惯做法，称为留有余地的“死缓”判决。这种做法在死刑判决中较为普遍。在此，需要对留有余地的“死缓”判决进行分析。

在死刑案件的证明标准问题上，还存在两个相关问题：其一是死刑案件的证据标准是否应该高于普通刑事案件；其二是死刑案件的证明标准是否应该区分为定罪的证明标准和量刑的证明标准，以及死刑案件量刑的证明标准是否应该高于定罪的证明标准。对这两个问题的理解，直接关系到对留有余地的“死缓”判决的评价问题。

关于第一个问题，即死刑案件的证明标准是否应该高于普通刑事案件，在法律上并没有明文规定，在刑事诉讼法学界则存在争议。肯定说认为，死刑案件的证明标准应该高于普通刑事案件。例如有学者指出：“死刑案件人命关天，死刑案件的处理更应慎重，证明有罪的标准较之其他案件更高更严，认定犯罪事实的结论必须具有不容置疑的唯一性和排他性。所以，对于（死刑案件的）犯罪构成要件的事实适用的标准应当高于一般刑事案件的证明标准——‘确定无疑，排除一切合理怀疑’，要适用最高级别的证明标准，达到‘确定无疑，排除一切怀疑’，特别是对于犯罪主体一定要达到最高级别的确信。”① 这一观点的理论根据是证明标准的多元性，基于这一原理，刑事诉讼、民事诉讼和行政诉讼这三大诉讼的证明标准应该不同。正如有学者指出：“无论是从理论、立法、实践，还是从世界各国的普遍做法来看，都应当改变我国现行的一元化证明标准，实行多元化的证明标准，即根据三大诉讼各自的性质、诉讼目的及任务，以及具体的证据制度，采用不同的证明标准。”② 如果把证明标准多元化的观点贯彻到刑事诉讼法中，那么，就应当奉行根据罪行轻重适用不同的证明标准的原理：愈是严重的犯罪，法官愈应谨慎，对控方指控的证明要求也越高。③ 而死刑案件的罪行在刑事案件中是最为严重的，当然也就应当适用最为严格的证明标准。而否定说则认为，死刑案件的证明标准不应高于普通刑事案件，关于主要理由，有学者论及以下 3 点：首先，更高的证明标准可能会放纵犯罪。其次，更高的证明标准导致法律适用上的不统一。最后，更高的证明标准可能超越民众（尤其是被害人）对于裁判的可接受性。④ 这里的“法律适用上的不统一”，可以为否定论者的以下所谓悖论所说明：“被指控严重犯罪可能被判处死刑者虽可满足较轻案件所需要的较低证明标准，但因不能达到为死刑案件单独设立的高证明标准而被无罪开释，而被指控较轻犯罪者因证明标准较易满足而被定罪入狱。最终结果可能是犯大案者获得自由，犯小案者进去坐牢。”⑤ 应该说，以上两种观点各有其理。除此以外，我国刑法学界还存在一种介乎上述两者之间的观点，主张对死刑案件的证明标准分而治之，即不能笼统地主张死刑案件的证明标准应该高于普通刑事案件的证明标准。对死刑案件的证明标准应当采取分而治之的策略：死刑案件定罪的证明标准应当采取与普通刑事案件相同的“排除合理怀疑”的证明标准，判处死刑的证明标准则应当采用更高的“排除一切合理怀疑”的证明标准。⑥ 这种观点不仅涉及死刑案件的证明标准与普通刑事案件的证明标准的区分问

① 任志中：《死刑适用问题研究》，294 页，北京，知识产权出版社，2012。

② 卞建林主编：《刑事证明理论》，258 页，北京，中国人民公安大学出版社，2004。

③ 参见聂昭伟：《我国死刑案件证明标准的重新选择》，载《法治研究》，2008（8）。

④ 参见曹治华：《试论死刑案件的证明标准》，载《政法学刊》，2008（6）。

⑤ 秦宗文：《死刑案件证明标准的困局与破解》，载《中国刑事法杂志》，2009（2）。

⑥ 参见陈卫东、李训虎：《分而治之：一种完善死刑案件证明标准的思路》，载《人民检察》，2007（8）。

题，而且涉及死刑案件中定罪证明标准与量刑证明标准的区分问题，拟在下面探讨。从死刑的严厉性、错判难纠以及司法资源的合理配置等方面考量，笔者认为还是应该对死刑案件设置更为严格的证明标准。从死刑这一刑罚的严厉性来说，死刑称为极刑，是其他刑罚所不可比拟的。一方面，因为死刑涉及人的生命，所谓人命关天，所以必须慎之又慎。而且，死刑还有一个致命的缺陷，这就是错判难纠。因为人死不能复生，所以对于死刑尤其是死刑立即执行的适用，要设置严格的实体标准与证明标准。只有这样，才能尽可能地避免死刑冤案的发生。另一方面，司法资源是有限的，对于重罪，尤其是死刑，要投入更多的司法资源，对于死刑案件的证明标准应该设置得更高，这都是理所当然。基于以上考虑，笔者认为确实应该对死刑案件提出高于普通刑事案件的证明标准。从目前的法律规定来看，对于死刑案件和普通刑事案件规定的证明标准是相同的，但在具体操作上，还是应该对死刑案件的证明标准严格把握。

关于第二个问题，即死刑案件的证明标准是否应该区分为定罪的证明标准和量刑的证明标准，以及死刑案件量刑的证明标准是否应该高于定罪的证明标准，在我国刑事诉讼法学界也是存在争议的。任何犯罪都可以分为定罪与量刑两个环节，与之相适应，证据也可以分为定罪证据与量刑证据。我国刑事诉讼法第 53 条第 2 款第 1 项规定，定罪量刑的事实都有证据证明，是证据确实、充分的判断条件之一。由此规定可以合乎逻辑地引申出定罪证据与量刑证据，以及对定罪证据的证明与对量刑证据的证明。那么，对于死刑案件的定罪证据与量刑证据是否应当设置不同的证明标准呢？对此，如前所述，我国学者提出了分而治之的观点，这种观点是要区分死刑案件的定罪证明标准与量刑证明标准的。这种观点的进一步论述指出："死刑案件的定罪程序适用'排除合理怀疑'的证明标准，是否适用死刑的量刑程序适用'排除一切合理怀疑'的证明标准。死刑案件在确定被告有罪后，即进入量刑阶段，对于量刑的证据标准可以作分别处理：(1) 控方没有请求判处被告死刑，则继续适用'排除合理怀疑'证明标准进行量刑；(2) 若控方主张判处死刑，应适用'排除一切合理怀疑'的证明标准。"① 以上对于死刑案件应该区分定罪证据与量刑证据，并且对两者采用不同程度的证明标准的表述，在逻辑上存在一定的瑕疵：既然是死刑案件，当然是被告人被判处死刑的案件，又怎么会由控方不请求判处死刑呢？请问：控方不请求判处死刑，而且法院也没有判处死刑的案件还能够称为死刑案件吗？对于死刑案件来说，确实存在定罪证据与量刑证据。例如，被告人犯故意杀人罪，其定罪证据是指故意杀人罪能够成立的证据，而量刑证据是指在故意杀人罪成立的基础上，再来考虑是否适用死刑的证据。因此，一个案件，只有在被告人已经被判处死刑的情况下，才能够称为死刑案件。在这个意义上说，定罪与量刑可以区隔，并且证据标准也是可以有所不同的。对于这种观点，有学者提出了相反的

① 曹治华：《试论死刑案件的证明标准》，载《政法学刊》，2008 (6)。

见解，认为死刑案件的证明标准并没有多少特殊之处，指出："与其他刑事案件一样，死刑案件的定罪标准和量刑标准都是一致的，也就是'事实清楚，证据确实、充分'的标准。这一标准对于检察机关证明被告人构成犯罪与证明从重量刑情节，都是可以适用的。要避免死刑案件出现冤假错案，要防止死刑的滥用，我们唯一要做的是坚守司法证明的底线，在对被告人犯罪事实的证明上不降低证明标准，摈弃那种'留有余地'的判决方式，对未达到法定证明标准的犯罪指控，勇于作出无罪判决。"① 在此，作者提及在死刑案件的量刑中的"留有余地"的判决。在作者看来，对死刑案件的量刑事实确立更高的证明标准，可能带来消极后果，这就是变相地降低死刑案件的定罪证明标准，而在量刑的时候留有余地地判处"死缓"。从以上争议来看，是围绕死刑案件的证明标准展开的。但在死刑案件的审判实践中，如何具体把握这些证明标准也许是更为重要的。

事实上，在我国司法实践中存在着以下两种不同性质的留有余地的"死缓"判决：

第一种是定罪证据达到了确实、充分的程度，但是量刑证据存在合理怀疑的。在这种情况下，不判死刑立即执行，而是判处死刑缓期 2 年执行。应该说，这种留有余地的"死缓"判决是被司法解释认可的。例如，最高法、最高检、公安部、司法部《关于进一步严格依法办案确保办理死刑案件质量的意见》第 35 条规定："人民法院应当根据已经审理查明的事实、证据和有关的法律规定，依法作出裁判。对案件事实清楚，证据确实、充分，依据法律认定被告人有罪的，应当作出有罪判决；对依据法律认定被告人无罪的，应当作出无罪判决；证据不足，不能认定被告人有罪的，应当作出证据不足、指控的犯罪不能成立的无罪判决；定罪的证据确实，但影响量刑的证据存有疑点，处刑时应当留有余地。"这种留有余地的"死缓"判决，在定罪上证据已经达到了确实、充分的程度，可以认定为有罪，但影响量刑的证据存有疑点。在这种情况下，根据司法实践中的做法，可以判处"死缓"。其实，这里的"量刑证据存有疑点"还应该进一步加以辨析。因为量刑证据可以分为有利于被告人的量刑证据（例如从轻处罚情节的证据）和不利于被告人的量刑证据（例如从重处罚的量刑证据）。在因为量刑证据存有疑点而留有余地判处"死缓"的情况下，这里的量刑证据是指不利于被告人的量刑证据，根据这些证据才能判处被告人死刑立即执行。如果这种类型证据存在疑点，虽然不影响定罪，但影响是否适用死刑立即执行。因此，基于留有余地的考量，对被告人适用"死缓"，是对被告人有利的处理结果。这种情况不能认为是"疑罪从轻"的判决结果，其实仍然坚持了疑罪从无原则。因为从重处罚的量刑证据有疑而没有采用，在这个意义上，就是从无而非从有。但排除这一从重处罚的量刑证据以后，基于其他证据所证明的事实仍然符合判处"死缓"的条件。在这种情况下判处"死缓"，并无不当。

① 陈瑞华：《刑事证据法学》，263 页，北京，北京大学出版社，2012。

第二种是定罪证据没有排除合理怀疑，仍然认定有罪，但为了避免错杀、留有余地，判处死刑缓期2年执行。这种情形，显然是没有法律根据的，但在我国司法实践中普遍存在。并且，在判决书中采用“根据本案的具体情况”这种惯常性的表述。如果说以上第一种留有余地的“死缓”判决当然没有问题，第二种留有余地的“死缓”判决会出现问题。在死刑案件定罪证据没有排除合理怀疑的情况下判处“死缓”，可能会有两种情形：第一种是轻纵犯罪人，即：本来是定罪证据确实、充分的死刑案件，只是由于法院的错误认识，以为没有排除合理怀疑，而将应当对被告人判处死刑立即执行的案件判处了死刑缓期2年执行。第二种是冤枉被告人，即：本来是定罪证据没有排除合理怀疑、不能认定有罪的案件，法院以留有余地的方式认定有罪并判处死刑缓期2年执行。忻元龙绑架案属于上述第一种情形，在检察机关抗诉以后，得到了纠正。但在司法实践中大量存在的第二种情形，却无法得到有效救济，只是在个别案件中“真凶现身”的情况下，才被发现这是冤案，得以平反。

意味深长的是，在2013年浙江发现了两起震动全国的冤案，全都是以上所讲的第二种留有余地的“死缓”判决，即：本来是定罪证据没有排除合理怀疑、不能认定有罪的案件，法院以留有余地的方式认定有罪并判处死刑缓期2年执行，最终因为真凶发现而获得平反。第一起是浙江萧山陈某阳等5人抢劫杀人案。1995年浙江萧山发生两起抢劫杀害出租车司机事件，检察机关指控陈某阳等5人实施了杀人抢劫行为。1997年7月，杭州市中级人民法院一审判处陈某阳等3人死刑立即执行、1人死刑缓期2年执行、1人无期徒刑。同年12月，浙江省高级人民法院二审以“本案的具体情况”为由将判处死刑立即执行的3人改判“死缓”，其他2人维持原判。及至2012年春，浙江警方通过指纹比对发现其中一起案件系另一犯罪嫌疑人项某所为。2013年5月30日，浙江省嘉兴市中级人民法院判处项某“死缓”。该案是在没有任何客观证据的情况下，完全按照口供定罪。死者出租车上留有一枚指纹，与5个被告人都比对不上。对于如此重要的有利于被告人的证据，公安机关既没有认定，也没有任何合理解释。而且，在侦查过程中存在明显的刑讯逼供现象。实际上，在该案二审当中，法官已经发现证据难以定罪，但按照留有余地的方式改判死刑缓期2年执行而结案。第二起是浙江张氏叔侄强奸案。2003年5月，安徽货车司机张某、张某平叔侄涉嫌奸杀其搭载的1名女大学生。2004年4月，杭州市中级人民法院一审分别判处张某死刑立即执行、张某平无期徒刑。同年10月，浙江省高级人民法院二审改判张某死刑缓期2年执行和张某平15年有期徒刑。2011年11月，该案死者指缝中的人体组织残留物DNA鉴定比对上数年前已因强奸罪被执行死刑的另一犯罪人勾某。在该案中，在死者指纹中的人体组织残留物的DNA比对不上被告人张某、张某平的情况下，以不能排除是在生活中接触到的其他人留下为由，仍然予以认定。在该案二审的时候，法官也已经发现这些疑点，但仍然认定有罪，而以“本案的具体情况”为由将第一被告人张某的死刑立即执行改判为死刑缓期2年执行，将第二被告人张某平的无期徒刑改判为有期徒刑15年。以上两个冤案都是在死刑案件中，没有排除合理怀疑，最终以“本案的具体情况”为由，留有余地地改判“死缓”。检察机关都没有对这两起案件提起有利于被告人的抗诉，而是支持了二审法院的判决。在2013年这两起冤案暴露以后，二审法院还庆幸因为留有余地改判“死缓”而没有造成错杀的更为严重的后果。

忻元龙绑架案是最高检颁布的指导性案例，从正面宣传检察机关抗诉获得法院改判的效果，因此本案的要旨是“对于死刑案件的抗诉，要正确把握适用死刑的条件，严格证明标准，依法履行刑事审判法律监督职责”。但是，联系此后暴露出来的两起冤案，检察机关对于死刑案件的证明标准到底是严格把握还是把握不严，答案不是很清楚吗？而法院在死刑案件的证明标准的把握上，也受到来自于检察机关的强势压力，最终未能严格把关，而是以妥协的方式，留有余地地改判“死缓”结案，由此铸成大错，教训是十分深刻的。对于忻元龙绑架案、陈某阳等人抢劫案、张某平等人强奸案这3起案件，浙江省高级人民法院都作了留有余地的“死缓”判决。忻元龙绑架案因抗诉而改判死刑立即执行，并被最高检制作为指导性案例，以此表明浙江省高级人民法院这一留有余地的“死缓”判决的错误。而陈某阳等人抢劫案和张某平等人强奸案，则因真凶发现而被确认为冤案。虽然留有余地的“死缓”判决，避免了错杀的更为严重的后果，但未能严格把握死刑案件的证明标准，浙江省高级人民法院难辞其咎。面对这样一种局面，法院对于留有余地的“死缓”判决还会留恋吗？这是一个问题。

对于忻元龙绑架案，我们不能仅仅孤立地阅读这个案件，结合此后发生的两起冤案阅读这个指导性案例，我们能够看到官方公布文本中所不具有的内容。

索　引

（按拼音音序排列）

刑法教义学与刑事政策的关系：从李斯特鸿沟到罗克辛贯通（代跋）

劳东燕教授在其论文中曾作出如下判断："在晚近以来我国的刑法学研究中，刑法与刑事政策之间关系的话题正日益引起关注。"① 对于这个判断，笔者是赞同的。在我国以往的研究中，刑法与刑事政策是分别作为两个学科进行研究的，因此在刑法教义学与刑事政策之间存在着较大的隔阂与疏离。现在，刑法与刑事政策的关系进入理论研究的视野，表明了刑法教义学和刑事政策之间的融会与贯通，这对于刑法与刑事政策的研究来说，是两全其美、各得其所，值得充分肯定。对于刑法教义学与刑事政策的关系，这里追踪到德国学者李斯特，描述其刑法教义学与刑事政策分立的李斯特鸿沟，并阐述德国学者罗克辛对李斯特鸿沟的贯通。李斯特鸿沟及罗克辛贯通都属于德国问题，这个德国问题在中国语境下如何展开，并从中探寻中国意识，是本文所要重点关切的问题。

一、李斯特鸿沟

那么，刑法教义学与刑事政策的这种关系是如何发生变化的？这种变化是指：刑法教义学与刑事政策从相互隔离到相互融通。对此，笔者必须提到德国学者罗克辛教授在论及李斯特关于刑法教义学与刑事政策之关系的界定时提出的一个学术标签——李斯特鸿沟。

德国学者罗克辛教授使用德语的 Lisztsche Trennung 一词来描述李斯特区分刑法教义学与刑事政策的做法。蔡桂生博士将 Lisztsche Trennung 一词形象地翻译为"李斯特鸿沟"，指出："这里简译为'李斯特鸿沟'一词，是为了表达罗克辛教授对于这种区分的批判性倾向，即这种区分有割裂刑法与刑事政策之间联系的倾向。"②

① 劳东燕：《刑事政策与刑法解释中的价值判断——兼论解释论上的"以刑制罪"现象》，载《政法论坛》，2012（4）。

② ［德］克劳斯·罗克辛：《刑事政策与刑法体系》，2版，蔡桂生译，译者注，7页，北京，中国人民大学出版社，2011。

蔡桂生的这一译法可谓神来之笔，生动地表达了罗克辛教授对李斯特关于刑法教义学与刑事政策之间关系的思想所持有的批判性倾向。

德国学者李斯特不仅是著名的刑法学家，而且是刑事政策的重要倡导者。在论及刑法与刑事政策的关系时，李斯特提出了一个至今仍然广为流传的命题："刑法是刑事政策不可逾越的屏障"。这句话也被译为："罪刑法定是刑事政策不可逾越的藩篱。"李斯特关于刑法与刑事政策关系的这一命题，在一定程度上揭示了（对于李斯特来说）刑法与刑事政策之间的紧张关系。李斯特的意思是：刑法具有保护法益的功能，这种法益是一种生活利益，因而也是一种公共利益。刑法正是通过惩治犯罪而达致保护法益的目的。与此同时，李斯特又指出："不得为了公共利益而无原则地牺牲个人自由。在法制国家，只有当行为人的敌对思想以明文规定的行为表现出来，始可科处行为人刑罚。"① 因此，在李斯特看来，刑事政策的实现应当受到罪刑法定原则的限制。由此可见，李斯特是从外部视角去理解刑法与刑事政策之间的关系，揭示了两者之间的对立性。李斯特关于刑法与刑事政策关系的观点为刑法教义学与刑事政策的关系提供了现实法律基础。可以说，李斯特关于刑法教义学与刑事政策之间二元分立的观点恰恰是其刑法与刑事政策二元区分观点的理论投影。因此，这两个命题之间具有密切相关性，以至于合为一体而不分彼此。本文也并不刻意地区分上述两个命题，只是在特别需要的地方才加以分别。

基于对刑法教义学与刑事政策关系的这种外在化的理解，形成了李斯特的二元性构想。② 这里的二元性构想，是指以罪刑法定原则为归依的刑法教义学与以惩治犯罪的必要性与合目的性为皈依的刑事政策的相互分立。对此，德国学者对李斯特的古典刑法体系所具有的二极结构作了如下描述："一方面通过客观主义和形式主义，为处罚的先决条件提供最为可靠的法安全；另一方面通过以犯罪之人为中心的制裁体系，实现最高度的目的性。"③ 当然，李斯特关于刑法教义学与刑事政策的二元结构并不是为了强调二者之间的敌对，而是基于其各自性质的不同，将刑法教义学与刑事政策尽量地予以疏离。尽管如此，李斯特还是在整体刑法学的框架内实现了刑法教义学与刑事政策的外在统一。对此，德国学者指出："克服专业的片面性，实现各部分的有机统一，是冯·李斯特所追求的伟大目标，他将之称为'整体刑法学'（gesmte Strafrechwissenschaft）。由于各专业的任务和方法的不同，在这一领域并没有出现一个统一的学科，但它促进了各学科的相互了解和专业上的合作。"④ 以下，笔者对李斯特整体刑法学视野中的刑法教义学与刑事政策分别加以

① ［德］李斯特：《德国刑法教科书》，修订译本，徐久生译，23页，北京，法律出版社，2006。

② 参见［德］克劳斯·罗克辛：《刑事政策与刑法体系》，2版，蔡桂生译，53页，北京，中国人民大学出版社，2011。

③ ［德］汉斯·海因里希·耶赛克、托马斯·魏根特：《德国刑法教科书（总论）》，徐久生译，252页，北京，中国法制出版社，2001。

④ 同上书，53页。

叙述：

（一）李斯特：刑法教义学的古典派学者

李斯特是古典的犯罪论体系的创始人，而以古典的犯罪论体系为基础建立起来的刑法教义学，使近代刑法学进入了一个划时代的发展阶段。关于刑法教义学，李斯特曾经指出："刑法学的下一步任务是：从纯法学技术的角度，依靠刑事立法，给犯罪和刑罚下一个定义，把刑法的具体规定，乃至于刑法的每一个基本概念和基本原则发展成完善的体系。作为实用性很强的科学，为了适应刑事司法的需要，并从司法实践中汲取更多的营养，刑法学必须自成体系，因为，只有将体系中的知识系统化，才能保证有一个站得住脚的统一的学说，否则，法律的运用只能停留在半瓶子醋的水平上。它总是由偶然因素和专断所左右。"① 在此，李斯特提出了纯法学技术的分析方法，这就是法教义学方法。此外，李斯特还特别强调了刑法知识的体系化与系统化，由此建立刑法的教义学体系。可以说，正是李斯特指明了近代刑法学的发展路径，将刑法学从政治、宗教和意识形态的纠葛中解脱出来，形成自成一体的知识体系。在刑法教义学的知识体系中，罪刑法定原则是根本的价值追求。在罪刑法定的框架范围之内，刑法教义学应该遵循实证主义的分析方法，而这种实证主义是排除价值判断的。这里应当指出，李斯特所说的刑法教义学，其实就是犯罪论而并不包括刑罚论，并且以三阶层的犯罪论体系为其理论形态。

在李斯特的三阶层的犯罪论体系中，每个阶层都体现了这种实证主义的思想。对此，德国学者曾经生动地将李斯特的古典犯罪论体系中的三个阶层，分别描述为客观—叙述性的构成要件论、客观—规范限制的违法性论、主观—叙述性的罪责论。② 而这也正是李斯特的古典派犯罪论体系的特征。

1. 客观—叙述性的构成要件论

在以行为为中心的构成要件阶层，李斯特主张因果行为论，将行为界定为引起外在变化的意思活动。李斯特指出："表明意思活动特征并进而表明行为特征的'意欲'，在这里仅意味着意志冲动（Willensimpuls）。可将其规定为心理学上的神经支配（Innervation），可将其理解为心理学上的'确定其原因的意思过程'。"③ 由此可见，在李斯特那里，意思活动是一种心理学的现象，对其应当采用心理学方法进行分析。至于意思活动所引起的外在变化，就是指结果。结果是任何一种行为必须具备的，因此，没有结果的行为犯对于李斯特来说是不可想象的。李斯特认为，即使是危险，其本身也是一种结果，一种产生于外界的状况。④ 对于结果，则应当适用物理学的原理进行描述。至于刑法中的因果关系，也是一种行为与结果的客观

① ［德］李斯特：《德国刑法教科书》，修订译本，徐久生译，4页，北京，法律出版社，2006。

② 参见［德］汉斯·海因里希·耶赛克、托马斯·魏根特：《德国刑法教科书（总论）》，徐久生译，251页，北京，中国法制出版社，2001。

③ ［德］李斯特：《德国刑法教科书》，修订译本，徐久生译，177页，北京，法律出版社，2006。

④ 参见上书，180页。

联系。在因果关系的判断上，李斯特采用条件说，也称为全条件同价值说。在李斯特看来，因果关系是纯客观的，并不涉及评价问题。李斯特指出："我们应当坚持这样的观点，'因果律'（Kausalsatz）只涉及事件前的时空，不涉及概念的逻辑关系或对行为的社会伦理评价；此外，我们还应当特别引起注意的是，因果关系涉及一个思维方式问题，借助这个思维方式我们将实际存在的情况联系在一起，而不对导致事件过程的力量作出任何评价。"① 李斯特以上对于行为、结果及其因果关系的论述充分反映了其实证主义的思想。对此，罗克辛评价道："在所有规范性的构成要件中，采取因果的方式会导致不法的客观内容的完全扭曲。这方面有个非常著名的例子，亦即，侮辱罪的不法被理解成：发出声波震动的时候，造成了对当事人听觉的感官刺激。由于这种自然主义的现象也完全可以同样理解成是在赞美；而侮辱罪的不法到底是什么，则根本没有在这里得到阐述。"②

2. 客观—规范限制的违法性论

在违法性问题上，在李斯特时代存在主观违法性论与客观违法性论之争。主观违法性论以命令说为其基础而将该法律性质解释为法律上之命令，并主张命令只对于可理解命令意义能力之人方有其意义，故唯有理解命令意义能力之人（即责任能力人）之行为方被认定为违反命令而解释为违法。反之，客观违法性论则主张解释为法律上之客观评价规范，违反视为客观评价规范之法律行为即属违法。依次，行为人是否有理解法律规范意义之能力（特别是责任能力）则在所不问。在此所谓客观之评价，一般认为应具备两种客观性，即"违法性判断"之客观性与判断对象之客观性。③ 因此，主观违法性论与客观违法性论的根本区分就在于违法与责任的关系如何建构：主观违法性论否认"没有责任的违法"，而客观违法性论肯定"没有责任的违法"。李斯特当然是站在客观违法性论的立场上的，宣称"客观是指否定评价的作出不取决于行为人的主观能力"。李斯特在批判主观违法性论时指出："该理论的不正确性源于它的武断的片面性。它忽视了法律的双重功能，即法律不只是命令，即命令规范，而且，从逻辑上的必要性出发，法律也是评价规范。仅就此点而言，法律以抽象的价值标准的面目出现，其适用可能性完全不取决于被评价的对象、人的行为所发生的方式（有责或无责）。"④ 相对于主观违法性论，李斯特所主张的客观违法性论具有明确的规范标准，更符合实证主义的逻辑。客观的违法性论也为李斯特的古典派的犯罪论体系奠定了基础，它正是建立在"违法是客观的，责任是主观的"这一命题基础之上的。

① ［德］李斯特：《德国刑法教科书》，修订译本，徐久生译，185页，北京，法律出版社，2006。

② ［德］克劳斯·罗克辛：《刑事政策与刑法体系》，2版，蔡桂生译，65页，北京，中国人民大学出版社，2011。根据古典派的构成要件来描述侮辱罪，还有这样的版本："一连串的喉结抖动，血脉贲张，引致他人不愉快的情绪者，为侮辱罪。处一年以下有期徒刑。"这里加入了"引起不愉快的情绪"这一负面内容，似乎不至于理解为是在赞美他人。

③ 参见余振华：《刑事违法性理论》，79、80页，台北，作者自版，2001。

④ ［德］李斯特：《德国刑法教科书》，修订译本，徐久生译，198页，北京，法律出版社，2006。

在客观违法性论的基础上，李斯特还提出了形式违法与实质违法这对范畴。这里的形式违法是指符合构成要件的行为，其具有形式主义的特征并不难理解。而实质违法是指对法益的侵害或者破坏，显然，这是一种实质性的价值判断。那么，李斯特如何在实质违法的判断上坚持形式主义的标准呢？这简直是无法理解的。我们可以来看一段李斯特的论断："这种违法行为的实体（反社会的）内容不取决于立法者的正确评价（该内容是前法学的）。法律只能发现它，而不能制造它。形式违法和实体违法可能相互重叠，但也可能分开。我们不得推测行为的实体内容和对行为的积极评价之间的这种矛盾。但这种矛盾并未被排除，它还是存在的。如果它存在，那么，法官受法律的约束；现行法的修改超然于其任务范围。"① 李斯特在此对形式违法与实体违法的关系进行了阐述，可以看出，李斯特的实体违法并非只是为了在具备构成要件以后行使消极的排除机能，而是强调了在构成要件设立的时候，立法者就是根据实体违法来设置违法行为的。正是在这个意义上，李斯特才会说，实体违法的概念是前法学的，它不是被制造的而是被发现的。李斯特也论及形式违法与实体违法之间的矛盾，即未能完全一致的状态，这个矛盾是指行为具有实体违法性但却没有被立法者规定为犯罪。对此，李斯特认为基于罪刑法定原则，法官受法律的约束不得将其入罪。那么，是否存在另一种形式违法与实体违法的矛盾，即行为具备构成要件但却不具有实质违法性呢？对此，李斯特当然也是承认的。但李斯特认为这种情形主要是指正当化事由，而只有法定的正当化事由才被承认，超法规的违法性事由是此后的新古典派的犯罪论体系才创立的。由此，李斯特在违法性阶层仍然采取了形式的判断标准。德国学者许乃曼在论及李斯特实证主义的犯罪论体系中的违法性概念时，曾经采用了"规范的异形" （normative FremdkÜrper）一词，认为这是一个破绽。那么，这个破绽是如何钉补的呢？按照李斯特实证主义的概念法学，法（Recht）和实定法是等同的，不经由法官根据精密的价值判断所作的诠释，也能认识法律的意义。因此，一个符合构成要件的行为违法，表示这个行为与实定法不一致，在个案中确定违法性，原则上即是违法，只有为了确定例外情形时，才必须彻底检验规定在实定法中的阻却违法事由。② 因此，在李斯特的犯罪论体系中，违法性阶层也是一种形式判断。

3. 主观—叙述性的罪责论

罪责是在违法性判断之后，将某种客观上的罪行归之于行为人的主观根据。在"违法是客观的，责任是主观的"这一古典学派命题的支配下，以主观心理为内容的责任主义的罪责论取得了主导性的地位。例如，德国学者罗克辛教授曾经描述了建立在自然主义基础之上的心理性罪责概念，指出："19 世纪末期的自然主义思想，试图将所有的法律概念都归结为在自然科学上可以清楚地理解的经验性事实，

① ［德］李斯特：《德国刑法教科书》，修订译本，徐久生译，201 页，北京，法律出版社，2006。

② 参见［德］许乃曼：《刑法体系导论》，载许玉秀、陈志辉合编：《不移不弃献身法与正义——许乃曼教授刑事法论文选译》，265 页，台北，作者自版，2006。

并且从这个角度发展出那种直到20世纪初还居于统治地位的‘心理性罪责概念’；根据这个概念，罪责被理解为行为人在主观上与结果的关系。故意与过失被看成是‘罪责的种类’，同时，人们大多把归责能力表示为‘罪责条件’或者‘刑罚条件’。”① 罗克辛教授将李斯特列为心理性罪责概念的代表人物之一。当然，李斯特在晚年时受到规范性罪责概念的影响。例如，李斯特叙述了从心理性罪责概念向规范性罪责概念发展的趋势，指出：“罪责概念的发展不得不取决于针对内心之人（人的内心世界）的义务概念和本质，也只有如此，罪责所特有的规范性特征才能被理解。在新近的刑法文献中此点被明确地得到承认，且越来越抛却自然主义的和形式主义的罪责论，如果仅仅从特定的心理特征来解释罪责，则该罪责概念就越来越明显地得到承认。”② 在此，李斯特论及规范性罪责概念的发展。虽然李斯特承认规范性要素在罪责判断中的必要性，但仍然坚持心理事实对于罪责判断的重要性，认为：罪责不纯粹是一个心理事实，也不是简单的价值判断；它更多的是些责任能力的先决条件为基础的心理存在和价值判断之间的一种评价关系；在这一意义上，罪责的本质可以被简单表述为：基于造成违法行为的心理活动过程的缺陷，罪责是指违法行为的可责性。③

从以上李斯特关于犯罪论体系三个要件的分析来看，其刑法教义学的知识体系已然形成一个具有封闭性的结构。这个刑法知识体系力图避免法官在定罪过程中的擅断，确保刑法的保障人权的大宪章功能的实现。因此，在刑法教义学的语境中，李斯特是一个古典派学者。

（二）李斯特：刑事政策学的实证派学者

在建构以古典的犯罪论体系为核心的刑法教义学的同时，李斯特开创了刑事社会学派，其以个别预防为中心的刑事政策思想也得以彰显。在此基础上，李斯特建立了以特殊预防为目的的刑罚论，刑事政策正是这一刑罚论的主要内容。

刑事政策思想当然古已有之，例如中国古已有之的“刑期于无刑”的命题就具有十分强烈的刑事政策色彩。然而，作为体系化的刑事政策学说则是近代的产物。一般认为，费尔巴哈是刑事政策的首倡者。日本学者正木亮指出：“刑事政策一词，在18世纪末的德国便开始使用，但现在意义上的刑事政策的称呼则始于费尔巴哈，他将心理学、实证哲学、一般刑事法及刑事政策作为刑事法的辅助知识，赋予了刑事政策独立地位。”④ 费尔巴哈的刑事政策以心理强制说为标志，主张以法律威吓为内容的一般预防，对于此后的刑事政策理论的发展起到了开启先河的作用。费尔巴哈是刑事古典学派的代表人物之一，其刑法理论的核心是一般预防，也称为消极的一般预防，一般预防构成费尔巴哈关于刑法与刑事政策关系理论的基石。当然，

① ［德］克劳斯·罗克辛：《德国刑法学总论》，第1卷，王世洲译，561页，北京，法律出版社，2005。
② ［德］李斯特：《德国刑法教科书》，修订译本，徐久生译，251页以下，北京，法律出版社，2006。
③ 参见上书，257页。
④ 转引自［日］大谷实：《刑事政策学》，新版，黎宏译，8页，北京，中国人民大学出版社，2009。

在费尔巴哈的理论中刑事政策在多大程度上独立于刑法，还是一个可以商榷的问题。

费尔巴哈认为，刑事政策是国家据以与犯罪作斗争的惩罚措施的总和。并且，费尔巴哈主要是把刑事政策当作一种立法政策，强调了刑事政策对于刑事立法的指导作用，这种指导作用主要体现在：通过制定刑法，确立罪刑价目表，对国民进行法律威吓。费尔巴哈的法律威吓包括立法威吓与司法威吓，指出："在法律上将这种恶作为行为的必然后果加以规定（法定的威吓）。为了实现法律规定的理想联系，被所有人理解；法律规定的原因上的联系一定会出现在现实生活中，因此，一旦发生违法行为，就应当立即给予法律规定的恶（执行判决）。威吓目的的执行权和立法权的协调有效，构成了心理强制。"① 值得注意的是，费尔巴哈同时还是罪刑法定原则的倡导者，而罪刑法定原则的实际功能之一就在于以刑法的确定性发挥其应有的威吓效果。因此，在费尔巴哈这里，刑事政策与刑法之间具有一种外在的关系。在一定意义上，刑法是实现刑事政策的工具。正因为如此，费尔巴哈将刑事政策与实定刑法联系起来，揭示了刑法与刑事政策在所追求的价值目标上的一致性，形成其具有特色的刑法与刑事政策关系。罗克辛在评价费尔巴哈关于刑法与刑事政策的观念时指出："自费尔巴哈时代以来，通过罪刑法定原则来实现的威吓性预防就是刑事政策的基础原则；构成要件的动机机能和保障机能（die Motivationsund die Garantiefunktion）则是同一刑事政策之目标构想（Zielvorstellung）的两个方面。"② 可以说，费尔巴哈初步界定了刑法与刑事政策的关系，但并没有对此进行深入的研究。

李斯特也是刑事政策的重要推动者，其刑事政策思想在欧洲大陆曾经产生过广泛影响。但李斯特的刑事政策思想与费尔巴哈的已经存在较大的差别。李斯特是站在刑事社会学派的立场上，基于实证主义的方法，阐述刑事政策的内容。李斯特的刑事政策思想也可以被看作是对费尔巴哈刑事政策思想的一种发展。李斯特对于费尔巴哈刑事政策思想的发展体现在以下三个方面：

1. 从以刑罚为中心的刑事政策到以追求更多样的犯罪抗制为目的的刑事政策

在刑事政策的理解上，费尔巴哈采取的是较为狭义的概念，即把刑事政策直接与刑法相联系，以刑法为唯一的刑事政策手段，并且主要把刑事政策看作是一种立法政策。虽然费尔巴哈也强调司法及行刑对于实现刑事政策的作用，但因为费尔巴哈将法律威吓视为刑事政策的主要目标，而心理强制是法律威吓的根本手段，所以立法威吓就是心理强制的主要形式，它对于刑事政策的实现具有保障功能。日本学者曾经指出："1800 年左右德国的刑法学家费尔巴哈等使用'刑事政策'这个词的时候，它主要是指刑事立法政策，而现在这个概念有更宽泛的含义，即刑事政策是

① ［德］冯·费尔巴哈：《德国刑法教科书》，14 版，徐久生译，28 页，北京，中国方正出版社，2010。

② ［德］克劳斯·罗克辛：《刑事政策与刑法体系》，2 版，蔡桂生译，54 页，北京，中国人民大学出版社，2011。

由国家或者社会团体以预防和镇压犯罪为目的所采取的各种措施。"[①] 这里赋予刑事政策更宽泛含义的主要就是李斯特。李斯特将刑事政策的含义分为以下三个层次：一是最广义上的刑事政策，不仅包括对犯罪原因及刑罚作用的研究，还包括犯罪对策以及社会对策。二是广义的刑事政策，既包括刑罚以及类似刑罚的各种制度，又包括与犯罪作斗争的各种原则的整个体系。三是狭义的刑事政策，将刑事政策与社会政策明显地区分开来，强调刑事政策首先是通过对犯罪人个体的影响来与犯罪作斗争。[②] 可以说，李斯特在很大程度上拓展了刑事政策的范围。当然，李斯特提出的"最好的社会政策即最好的刑事政策"的命题，尽管具有一定的合理性，但还是受到批评，即将刑事政策与社会政策混为一谈。李斯特主要是将刑事政策的主体从国家扩展到社会，将刑事政策的手段从刑罚扩展到保安处遇等类似刑罚的制度，将刑事政策的功能从威吓性的预防扩展到抗制性的惩罚。

2. 从以法律威吓为中心的刑事政策到以犯罪人的矫正为中心的刑事政策

日本学者曾经将从费尔巴哈到李斯特的刑事政策的发展描述为从以刑罚为中心的传统刑事政策到以追求更多样的犯罪防制为目的的刑事政策[③]，是十分正确的。在这当中，以法律威吓为中心的刑事政策，主要是指费尔巴哈的学说，而以追求更多样的犯罪防制为目的的刑事政策是指李斯特的学说，其中对犯罪人的个人矫正观念具有十分重要的地位。应该说，费尔巴哈与李斯特在刑罚目的上都摆脱了报应主义，而主张功利主义。然而，费尔巴哈主张的是以规则功利主义为基础的一般预防，而李斯特主张的是以行为功利主义为基础的特殊预防。事实上，李斯特并不否定一般预防，但李斯特强调刑罚的功能表现为在符合目的地适用刑罚情况下可以获得的刑罚效果的多样性。[④] 当然，在刑罚的一般预防与特殊预防这两个方面，李斯特无疑是更注重特殊预防的。李斯特在论及现阶段刑事政策的要求以及其对最新法律发展的影响时指出："刑事政策首先是通过对犯罪人个体的影响来与犯罪作斗争的。一般来说，刑事政策要求，社会防卫，尤其是作为目的刑的刑罚在刑种和刑度上均适合犯罪人的特点，这样才能防止其将来继续实施犯罪。从这个要求中我们一方面可以找到对现行法律进行批判性评价的可靠标准，另一方面我们也可以找到未来立法规划发展的出发点。"[⑤] 在此后的相当长的一个时期，以矫正为核心的刑事政策思想始终主导着各国刑事立法与刑事司法。

3. 从依附于刑法的刑事政策到独立于刑法的刑事政策

在费尔巴哈时代，刑事政策虽然已经被提出，但它还不具有独立性，只是依附于刑法的一种思想观念。费尔巴哈的刑事政策思想具有明显的启蒙色彩，是理性主

① ［日］森本益之等：《刑事政策学》，戴波等译，1 页，北京，中国人民公安大学出版社，2004。

② 参见严励：《中国刑事政策的建构理性》，2 页，北京，中国政法大学出版社，2010。

③ 参见［日］森本益之等：《刑事政策学》，戴波等译，1 页，北京，中国人民公安大学出版社，2004。

④ 参见［德］李斯特：《德国刑法教科书》，修订译本，徐久生译，8 页，北京，法律出版社，2006。

⑤ 同上书，15 页。

义刑法观的产物。例如，日本学者在阐述近代启蒙思想对刑事政策的影响时指出："特别是费尔巴哈，他最初使用了'刑事政策'一语，认为人是在对刑罚产生的痛苦和犯罪产生的快乐进行合理计算，觉得痛苦更甚的话就会打消犯罪念头的'理性人'，因此，刑罚应当通过事先预告痛苦，威吓一般人不要犯罪。这种见解就是所谓'心理强制说'。他们从对防止犯罪来说，所有的刑罚制度，只有在有有效性并且必要的时候才能被看作是正当的，超过了基于心理强制说的一般预防限度的刑罚是不正当的观念出发，提出了提倡树立合理主义的、功利主义的刑罚观，主张以消除不合理的非人道的犯罪人处遇为基本宗旨的刑事政策。"① 因此，在费尔巴哈那里，刑事政策的唯一目的就是改善刑法，并且以威吓为核心的刑事政策也只能依靠刑法来实现。正是在这个意义上，费尔巴哈的刑事政策被归结为立法政策。李斯特则在很大程度上拓展了刑事政策的范围，将一切有助于抗制犯罪的措施都纳入刑事政策的范畴。根据这种广义的刑事政策概念，刑事政策并不限于直接的以防制犯罪为目的的刑罚诸制度，而间接的与防制犯罪有关的各种社会政策，例如居住政策、教育政策、劳动政策（失业政策）及其他公共保护政策等，均属之。② 在这种情况下，刑事政策所要研究的并不仅仅是刑法对于犯罪的抗制作用，而且是，或者说更重要的是，除刑法以外关涉犯罪防制的各种措施。随着李斯特所倡导的广义的刑事政策观念的传播并被接受，刑事政策出现了与刑法渐行渐远之势，逐渐地从刑法的束缚中解脱出来，这在客观上促使刑事政策独立于刑法而形成一门学科。

（三）刑法教义学与刑事政策的疏离化：李斯特鸿沟的形成

在李斯特那里，刑法作为规范科学是一种教义学，其所遵循的是逻辑规律，并且以罪刑法定为其边界；而刑事政策作为经验科学是一种事实学，其所贯彻的是科学原则，并且以惩治犯罪与预防犯罪为目标。显然，在李斯特看来，在刑法教义学与刑事政策之间是存在各自疆域的，不可互相侵扰。如前所述，在李斯特那里，刑法教义学是指犯罪论，而刑事政策是指刑罚论。因此，刑法教义学与刑事政策的分立，也可以说是以罪刑法定原则为根基的犯罪论体系与以目的性为导引的刑罚论之间的二元分裂。本书也是在上述意义上使用刑法教义学与刑事政策概念的，这是李斯特意义上的一种话语的延续。李斯特对刑法教义学与刑事政策关系的这样一种处理方式，在很大程度上受到了休谟关于实然与应然、事实与价值的二元区分观念的影响，李斯特认为：刑法教义学讨论的是刑法的实然问题与事实问题，刑事政策讨论的是刑法的应然问题、价值问题。因此，刑法教义学是价值中立的，刑事政策才是价值关联的。刑法教义学是以司法为中心的，罪刑法定原则是其最高准则。至于刑法的价值内容，应当通过立法输入到刑法之中，因此，刑事政策是以立法为中心的。由此，李斯特将刑法教义学与刑事政策加以分立，使之各自独立，分别发挥

① ［日］大谷实：《刑事政策学》，新版，黎宏译，9页，北京，中国人民大学出版社，2009。
② 参见许福生：《刑事政策学》，3页，北京，中国民主法制出版社，2006。

功能。

罗克辛将李斯特关于刑法教义学与刑事政策之关系的观点称为李斯特鸿沟，当然是具有其根据的，也在一定程度上正确地反映了李斯特对于刑法教义学与刑事政策关系的界定。不过，即使是在李斯特那里，刑法教义学与刑事政策也不是风马牛不相及的，两者之间仍然存在着重大的关联性。例如，李斯特在论及刑事政策对刑法适用的影响时指出："刑事政策给予我们评价现行法律的标准，它向我们阐明应当适用的法律；它也教导我们从它的目的出发来理解现行法律，并按照它的目的具体适用法律。"① 因此，所谓李斯特鸿沟并不意味着对于李斯特来说，刑法教义学与刑事政策毫无关联，而只是这种关联仅仅是一种外在的关系。

二、罗克辛贯通

发现李斯特鸿沟并不是罗克辛的目的，其目的在于消除这一鸿沟，这就是要贯通刑法教义学与刑事政策的关隘。如前所述，李斯特鸿沟是指将刑法教义学与刑事政策界定为一种外在的关系，而罗克辛的贯通也主要是指将刑法教义学与刑事政策的这种外在关系转变为内在关系。德国学者许乃曼教授在评论罗克辛的目的理性的犯罪论体系时指出："此种刑法体系的再规范化在近20年来促成了许多或是较基础的或是较细节的研究，它们尝试超越刑法体系与刑事政策互为对立之构想（我称其为鸿沟构想'Grabenkonzept'），并以一个两概念之间贯通的推导与关系结构之想法来取代，换言之即发展一种架桥构想（Brückenkonzept）。"② 这里的鸿沟构想与架桥构想，十分形象地描述了李斯特与罗克辛在刑法教义学与刑事政策关系问题上的不同立场。

那么，从李斯特的鸿沟到罗克辛的贯通，罗克辛做到了吗？又是怎么做到的呢？

（一）李斯特鸿沟的批判性解构

罗克辛教授对李斯特鸿沟进行了批判，因为根据李斯特的思想，刑法与刑事政策是两个完全不同的学术领域，应当予以相对隔离。李斯特鸿沟就是这种刑法教义学与刑事政策二元结构的产物。如果考虑到在李斯特时代，刑事政策尚未获得独立地位，刑法教义学与刑事政策纠缠不清并不利于刑事政策的发展，那么，将刑事政策与刑法教义学进行适度的区隔是具有一定合理性的。当然，这种刑法教义学与刑事政策的分立也带来了以下三个方面的问题：

1. 刑法教义学的体系性与刑事政策的个案性难以兼顾

刑法教义学具有体系性的特征，正是这种体系化的知识所形成的具有封闭性的

① ［德］李斯特：《德国刑法教科书》，修订译本，徐久生译，4页，北京，法律出版社，2006。

② ［德］许乃曼：《刑法体系与刑事政策》，载许玉秀、陈志辉合编：《不移不弃献身法与正义——许乃曼教授刑事法论文选译》，47页，台北，作者自版，2006。

结构，对于法官的偶然和专断具有限制性与约束性。因此，刑法教义学的体系性自有其优越性。对于刑法教义学的优越性，罗克辛也是充分肯定的。罗克辛甚至提出了“体系是一个法治国不可缺少的因素”的命题。① 罗克辛曾经引述西班牙学者金贝尔纳特·奥代格的以下这段话来说明体系性思考的优点：“在刑法信条学设定了界限和规定了概念的情况下，它就可以使刑法在安全和可预见的方式下得到运用，并能够避免非理性化、专横性和随意性（Improvisation）。”② 因此，体系性的刑法教义学知识对于实现罪刑法定主义来说是必不可少的保障。但是，体系性的知识体系存在着缺陷，甚至是危险。德国学者称这种危险为非常抽象的程式化的刑法解释学（Strafrechtsdogmatik）的危险，指出：“该危险存在于法官机械地信赖理论上的概念，从而忽视具体案件的特殊性。”③ 因此，这里的危险是指个案公正的难以周全、兼顾。因为在刑法教义学的体系内，更强调的是对于各种行为与行为人的平等对待。在这种情况下，行为的特殊情境与行为人的特殊个性就无法在法律评价中得到体现。因此，在将刑法教义学与刑事政策完全分离的状态之下，刑法教义学无法顾及个案情况，而刑事政策不能进入刑法体系。

2. 刑法教义学的教条性与刑事政策的灵活性不能两全

刑法教义学是以刑法条文为中心建立起来的知识体系，具有先天的教条性。这种教条性不可避免地使其教义规则具有某种僵硬性。而刑事政策是为抗制犯罪所设计的各种措施，具有对策性，是更为灵活的应对举措。这两者之间存在一种紧张关系。在刑法教义学与刑事政策分立的情况下，教义规则的教条性与刑事政策的灵活性各自存在。只有当刑事政策进入刑法体系时，才能以刑事政策的灵活性对教义规则的教条性起到一种补救的作用。罗克辛指出：“针对‘李斯特鸿沟’（Lisztsche Trennung）所延伸出来的刑法教义学方法，还会导致另一个问题，即：若刑事政策的课题不能够或不允许进入教义学的方法中，那么从体系中得出的正确结论虽然是明确和稳定的，但是却无法保证合乎事实的结果。”④ 之所以如此，主要是由刑法教义的僵硬性决定的。因此，罗克辛提出了“我们必须从刑事政策上主动放弃那些过于僵硬的规则”这一命题。

3. 刑法教义学的逻辑性与刑事政策的价值性无法并存

刑法教义学作为一个知识体系，具有自身的逻辑结构，例如三阶层的犯罪论体系就是如此。罗克辛指出：“自实证主义的开端以后，阶层体系就如同一个概念金字塔（Begriffspyramide），有着林奈式（Linnéschen）植物分类体系那样的形状：

① 参见［德］克劳斯·罗克辛：《德国刑法学总论》，第1卷，王世洲译，132页，北京，法律出版社，2005。

② 同上书，126页。

③ ［德］汉斯·海因里希·耶赛克、托马斯·魏根特：《德国刑法教科书（总论）》，徐久生译，242页，北京，中国法制出版社，2001。

④ ［德］克劳斯·罗克辛：《刑事政策与刑法体系》，2版，蔡桂生译，7页，北京，中国人民大学出版社，2011。

通过阶层化的步步推进的抽象（阶层）直到内涵广泛的上位概念——行为，人们从大量的犯罪特征中归纳出了这种构造。”① 这样一个阶层式的刑法教义学体系当然具有其优越性，这就是以其严密的逻辑演绎推理在相当程度上保障了刑法教义的正确性。但是，刑法并不仅仅是逻辑现象，它更是社会现象。对社会问题需要进行价值判断，而这正是刑事政策的功能之所在。在李斯特鸿沟中，刑法教义学与刑事政策之间互相隔绝，导致刑法体系中价值判断的缺失。

（二）刑事政策进入刑法教义学体系

在李斯特—贝林的古典派的犯罪论体系之后，又先后出现过新古典派的犯罪论体系、目的行为论的犯罪论体系。罗克辛认为，以上体系都未能妥善地解决刑法教义学与刑事政策的关系问题。

新古典派犯罪论体系在刑法体系中引入所谓新康德哲学，而这一哲学又被称为价值哲学。对于新古典派犯罪论体系将刑事政策应用到刑法教义学中，罗克辛是充满期待的，他同时指出了新古典派犯罪论体系对三阶层的学术贡献：在构成要件阶层按照被保护法益进行解释，在违法性阶层发展出超法规紧急避险等正当化事由，以及在罪责阶层提出了期待可能性思想等。但罗克辛批判新古典派犯罪论体系虽然试图将刑事政策上的目标设定引入刑法教义学，但只是对体系从个体—价值上进行瓦解，而没有揭示作为超法规紧急避险或罪责阻却事由的期待不可能背后的目的理论并加以普遍认可的论证。②

对于目的行为论犯罪论体系，罗克辛肯定了其试图重新建立刑法教义学与现实之间的联系的努力，指出：“通过考察本体论的构造和社会现实，目的行为论试图重新建立刑法教义学与现实之间的联系，从根本上看，这种努力也并非毫无结果。”但罗克辛又认为：“我们前面提到的体系推导和直接价值评判之间的紧张关系，在目的主义那里，也还是没有得到消除。”③ 在此，罗克辛所说的体系推导与价值评判之间的紧张关系，也就是刑法教义学的逻辑—概念建构与推导和刑事政策的价值—利益判断与衡量之间的对立关系。

罗克辛将自己创立的犯罪论体系，当然罗克辛更喜欢称为刑法体系，标识为目的理性的犯罪论体系。应该说，罗克辛所谓目的理性的犯罪论体系中的目的与目的行为论的犯罪论体系中的目的，是有所不同的：前者的目的是行为目的，目的的主体是行为人，因此这是一种存在论意义上的目的；而后者的目的是规范目的，目的的主体是刑法，因此这是一种规范论意义上的目的。例如，我国学者在比较上述两种体系时指出：在今日之规范论体系论者看来，由于目的行为论者没有将行为本体目的与法规范的目的性区分开来，或者是偏重于行为的目的而没有足够地强调刑法

① ［德］克劳斯·罗克辛：《刑事政策与刑法体系》，2版，蔡桂生译，16页，北京，中国人民大学出版社，2011。

② 参见上书，19页。

③ 同上书，19页。

（罚）的目的对犯罪论体系的指引，因而并非真正的规范论体系。① 这里的规范论体系，就是指罗克辛的目的理性体系。因此，尽管罗克辛也强调目的，但此目的非彼目的。

目的理性的犯罪论体系的根本标志就是刑事政策进入刑法体系，罗克辛指出："实现刑事政策和刑法之间的体系性统一，在我看来，是犯罪论的任务，也同样是我们今天的法律体系的任务。"② 那么，在罗克辛的目的理性的犯罪论体系中，刑事政策是如何进入刑法教义学的呢？事实上，罗克辛仍然保持了古典派犯罪论体系的三阶层构造，只是对三阶层的内容都进行了刑事政策的改造。罗克辛提出了以刑事政策作为各种犯罪类型的基础的命题，指出："罪刑法定原则的前提、利益对立场合时社会进行调节的利益衡量和对于刑法之目的的探求，就是我们所常见的各个犯罪类型的刑事政策之基础。"③ 也就是说，犯罪论体系的三阶层分别应该以罪刑法定原则、利益衡量原则和刑法目的原则作为其刑事政策的基础。

1. 构成要件的实质化

在三阶层的犯罪论体系中，古典派犯罪论体系最为人所诟病的就是形式化的构成要件。根据古典派学者的观点，构成要件的记述性、中立性，都是排斥了价值判断的，而这又被认为是罪刑法定主义的基本要求。罗克辛则认为构成要件具有体系性、刑事政策性和信条性这三个功能。罗克辛在论述构成要件的刑事政策性功能时指出："这方面的意义存在于《德国刑法典》第 103 条第 2 款要求的'保障功能'之中。刑法只有在行为构成中准确地规定了所禁止的举止行为时，才能对'法无明文规定不为罪'这个原理作出完整的正确的说明。如果说，我们的刑法是行为构成的刑法而不是主观的刑法，或者说它主要是行为刑法而不是行为人刑法，那么，在使用这些关键词进行表述的背后，总是有着行为构成的刑事政策意义的基础。"④ 罗克辛将刑事政策意义上的构成要件称为保障性的构成要件，并认为罪刑法定原则是构成要件的刑事政策基础。

那么，如何理解罗克辛将罪刑法定原则作为构成要件的刑事政策基础这一命题呢？笔者认为，这里涉及罗克辛所确立的刑法与刑事政策的关系和李斯特所确立的刑法与刑事政策的关系究竟存在何种区分的问题。在笔者看来，可以作出这样的区别：李斯特是将罪刑法定原则置于构成要件之外，作为抵御刑事政策侵入的边界。归根结底，李斯特还是把罪刑法定原则与刑事政策对立起来。因此，李斯特在罪刑法定原则的理解上更注重的是通过其形式性特征防止司法权的滥用。而罗克辛则将

① 参见方泉：《犯罪论体系的演变——自"科学技术世纪"至"风险技术社会"的一种叙述和解读》，65 页，北京，中国人民公安大学出版社，2008。

② ［德］克劳斯·罗克辛：《刑事政策与刑法体系》，2 版，蔡桂生译，16 页，北京，中国人民大学出版社，2011。

③ 同上书，22 页。

④ ［德］克劳斯·罗克辛：《德国刑法学总论》，第 1 卷，王世洲译，181 页，北京，法律出版社，2005。

罪刑法定原则与刑事政策统一起来，认为罪刑法定原则所具有的保障功能本身就是刑事政策所要求的，因此，在刑事政策机能之视角下，罪刑法定原则不仅具有将法无明文规定的行为排除在构成要件之外的功能，而且应该根据罪刑法定原则所具有的保障功能对构成要件进行实体审查，将那些没有处罚必要性的行为排除在构成要件之外。罗克辛指出："从罪刑法定原则的角度来看，其相反的做法反而是正确的：也就是说，落实刑法之'大宪章'机能和刑法之'不完整性'（fragmentarische Natur）的限制性解释，基于保护法益的思想，只能抽象地限制在不可放弃的可罚性领域。这里达到这个目的，就需要一些调节性（regulativ）的规则，比如威尔泽尔所引入的社会相当性，这个社会相当性并不是构成要件要素，而更似乎是在针对包含了社会容忍的举止方式的各种字词含义进行限制时，为了解释的方便而得出的东西。进一步地，还有所谓的'轻微性原则'（GeringfÜgigkeisprinzip），亦即在大多数构成要件中，是可以一开始就排除那些轻微的损害的，而被排除的这些轻微损害也属于社会容忍的内容。"① 这样，罪刑法定原则就具有实质性的积极功能，这就是罗克辛所说的罪刑法定原则所具有的指导人们举止的目标。在这个意义上，罗克辛认为，罪刑法定原则就成为变革社会的工具，而且是具有重要意义的根据。② 显然，这与李斯特对罪刑法定原则之功能的消极理解是完全不同的，罗克辛主要是强调了罪刑法定原则的实质侧面，并且为构成要件的实质化提供了正当性的根据。根据以上考察，我们可以看到罗克辛在一定程度上恢复了费尔巴哈的罪刑法定思想，因为费尔巴哈主要是从一般预防角度论证罪刑法定原则的正当性的，刑法的合理性不仅来自惩罚的必要性，而且来自预防的必要性，而这里的预防，就是指费尔巴哈所主张的心理强制。费尔巴哈指出："刑法的必要性的根据以及刑罚存在的根据（既包括法律中规定的刑罚，也包括刑罚的运用本身），是维护所有人彼此之间的自由的必要，其途径是消除人们内心的违法动机。"③ 因此，罪刑法定在费尔巴哈那里，本身就具有一般预防的功能。及至李斯特开始注重特殊预防，罪刑法定的一般预防功能被忽视，而其人权保障功能备受重视。罗克辛则在注重罪刑法定的人权保障功能的同时，也强调罪刑法定的一般预防功能。由此，刑法目的与罪刑法定获得了一致性，并在构成要件阶层得以体现。

在构成要件的实质化中，罗克辛的正犯理论，尤其是义务犯理论，具有不容忽视的重大意义。正犯虽然与共犯相对应，但它更涉及对构成要件行为的理解。在实证主义的观念指导下，古典派犯罪论体系所主张的物理性的行为概念使得对不作为的解释显得捉襟见肘，其对忘却犯的解释简直就是无能为力。目的行为论的犯罪论体系虽然添加了行为的目的性这一要素，使得行为概念的内容更为丰富，但对于过

① ［德］克劳斯·罗克辛：《刑事政策与刑法体系》，2版，蔡桂生译，30页，北京，中国人民大学出版社，2011。

② 参见上书，12页。

③ ［德］冯·费尔巴哈：《德国刑法教科书》，14版，徐久生译，29页，北京，中国方正出版社，2010。

失犯的行为性，目的行为论的犯罪论体系仍然束手无策。罗克辛在刑事政策观念的指引下，将构成要件行为与法益损害之间的关系区分为支配关系与义务关系，由此引申出支配犯与义务犯这一对范畴。支配犯的本质是对犯罪行为的因果流程的支配，这种支配既可以是行为支配（Handlungsherrschaft），即以直接实施构成要件行为的方式构成的直接正犯；也可以是意志支配（Willensherrschaft），即行为人虽未亲自实施构成要件行为，但利用自己的意志力量支配了犯罪的因果流程；还可以是机能支配，即行为人通过和其他犯罪人的分工合作，机能性地支配了犯罪，因而拥有机能的犯罪支配（funktionelle Tatherrschaf）。① 应该说，罗克辛的支配犯尚可在传统的行为论上加以理解，至于义务犯，则具有强烈的价值论色彩，在很大程度上超越了传统的行为论。罗克辛指出："还存在着这样的犯罪，在这些犯罪中处于实现行为构成的中心位置的人，是那些违反特定的不是每个人都要履行的义务的人。我称之为'义务犯罪'。"② 义务犯的行为不像支配犯那样，是通过实在的外在举止的方式所能够把握的，而是通过违反构成要件特别规定的特定义务而加以描述的。在论及义务犯的特定义务时，罗克辛指出："在义务犯中，构成要件所保护的是那些生活领域的功效（Funktionsfähigkeit），而这些生活领域是人们在法律上精心构建过（durchgeformt）的。"③ 随着义务犯理论的建构，构成要件的行为极大地超越了存在论的疆域，越来越具有规范论的性质。这也被认为是罗克辛的目的理性的犯罪论体系的特色之一。

在构成要件的实质化中，罗克辛所做的最为重要的贡献还在于提出了客观归责理论。客观归责是在形式地具备构成要件之后，再进一步对符合构成要件的行为进行实质审查。客观归责的基本原理是："法秩序必须禁止人们创设对于受刑法保护的法益而言不被容许的风险，而且，如果行为人在某个侵害法益的结果中实现了这种风险就要作为一种符合构成要件的行为归属到该行为人身上。"④ 客观归责理论所要解决的是：在什么样的前提条件下将结果归责于行为人所实施的行为？这个问题，在古典派的犯罪论体系中，是通过因果关系理论来解决的，将其视为一个事实上的归因问题。此后，目的行为论的犯罪论体系强调了意志的归责（die voluntative Zurechnung），而罗克辛则在规范的归责（die normative Zurechnung）的基础上，形成了客观归责理论，完成了从存在论的归因到规范论的归责的转变。⑤ 随着客观归责理论的创立，构成要件的实质判断得以强化。在这种情况下，构成要件从存在论走向价值论或者规范论。刑事政策所具有的目的性的观念在构成要件中得以

① 参见何庆仁：《义务犯研究》，11页，北京，中国人民大学出版社，2010。

② ［德］克劳斯·罗克辛：《德国刑法学总论》，第2卷，王世洲等译，11页，北京，法律出版社，2013。

③ ［德］克劳斯·罗克辛：《刑事政策与刑法体系》，2版，蔡桂生译，23页，北京，中国人民大学出版社，2011。

④ 同上书，72页。

⑤ 关于德国客观归责理论的形成，参见吴玉梅：《德国刑法中的客观归责研究》（中国人民公安大学出版社2007年版）一书。

贯彻，而客观归责只不过是其中的一个篇章。

2. 违法性的价值化

在三阶层的犯罪论体系中，违法性主要是对符合构成要件的行为进行实质审查。但在李斯特的古典派的犯罪论体系中，虽然违法性可以分为形式违法性与实质违法性，但构成要件是形式违法性的凭证，其形式违法性的判断主要依靠构成要件的推定。而实质违法性在很大程度上也取决于正当化事由的判断：凡是存在正当化事由的，都否定实质违法性的存在；只有在否定正当化事由的情况下，才肯定实质违法性的存在。因此，违法性的有无取决于正当化事由是否存在，无须单独进行判断。而且，否定实质违法性的存在，也不能否定形式违法性，这是基于三阶层递进式逻辑的必然结论。因此，根据李斯特的古典派的犯罪论体系，违法性的功能极为有限，只是根据法律规定认定正当化事由。只是在新古典派犯罪论体系中，才真正引入实质违法性的判断，使违法性阶层发挥实质审查功能。对此，德国学者许乃曼在论及新古典派犯罪论体系对违法性阶层的贡献时指出："在贝林—李斯特的体系里，违法性原来是一个纯粹形式的、完全由立法者以权威命令充实内涵的范畴。在此透过违法性理论即发生了一个大转变：无论如何，在实质的违法性被定义为'侵害社会的行为'，并且对于阻却违法发展出'目的手段相当原则'或'利多于害原则'等调节公式之后，人们才可能开始对无数被立法者所忽视或未予解决的违法性的问题，籍由体系处理寻求解决的方法。"①

罗克辛进一步将违法性要件所要承担的作用由从构成要件中排除不具有实质违法性的行为的消极功能转化为解决社会冲突的积极功能。罗克辛指出："在违法性层面，人们探讨的是相对抗的个体利益或社会整体利益与个体需求之间产生冲突时，应该如何进行社会纠纷的处理。也就是在一般人格权（allgemeines Persönlichkeichkeitsrecht）与公民行为自由之间有矛盾时，是否有必要进行公权力的干预，以求得矛盾的消除，以及在现实的、难以预见的紧急状态的情况下，是否要求作出进行干预的决定：在这里，人们经久不衰地讨论的是，社会如何才能对利益以及与之相对立的利益实现正确的管理。"② 在此，罗克辛提出了一个与违法性的本质相关的重要概念，这就是干预权。这里的干预权是指法律，确切地说，是刑法对于个人行为的干预权。如果干预，则意味着某种行为应当被作为犯罪处理；如果不予干预，则该行为可以不被作为犯罪处理。而是否干预，就直接决定了犯罪的范围与特征。例如，对于安乐死是否构成故意杀人罪的问题，就涉及法律是否赋予公民个人以尊严死的权利这一较为敏感的问题。在正当化事由中，除了刑法明文规定的正当防卫、紧急避险等法定事由以外，还存在着大量的超法规的正当化事由。

① ［德］许乃曼：《刑法体系思想导论》，载许玉秀、陈志辉合编：《不移不弃献身法与正义——许乃曼教授刑事法论文选译》，271～272页，台北，作者自版，2006。

② ［德］克劳斯·罗克辛：《刑事政策与刑法体系》，2版，蔡桂生译，21页，北京，中国人民大学出版社，2011。

对于这些超法规的正当化事由的认定，就涉及在相对立的利益之间如何权衡与取舍的选择。根据罗克辛的观点，这里关系到整体法秩序，也是刑法中最为活跃的内容。通过正当化事由的范围调节，刑法能够及时与灵活地反映社会现实。这对于刑法来说，可以在对社会作出有效的反应的同时，又能够保持刑法的稳定性。正如罗克辛指出："干预权是源自整个法的领域的，而且正如超法规紧急避险的例子所表现的那样，其是可以从实在法的一般原则推导出来的，也并不需要用刑法法条来固定化，因此，不受罪刑法定原则影响的其他法领域的发展变化可以在正当化事由方面直接影响到案件是否可罚，而并不需要刑法作出同步修改。"① 在这种情况下，违法性就成为一种否定性的价值判断，它以干预权为依归，由此而充分发挥了违法性的出罪功能。

3. 罪责的目的化

如前所述，李斯特的古典派犯罪论体系在罪责上所持的是心理性的罪责概念，此后新古典派犯罪论体系发展出了规范性的罪责概念，在罪责概念中引入了价值评价。目的行为论的犯罪论体系则进一步对规范性罪责概念进行了修正，将故意、过失这些单纯的心理性内容从罪责概念中抽掉，将之归入构成要件，在罪责概念中保留下来的仅仅是可谴责的标准。可以说，从心理性的罪责概念到规范性的罪责概念，罪责要件已经在很大程度上完成了从存在论的罪责观到价值论的罪责观的转变。但罗克辛认为，上述规范性罪责概念仍然是一种形式性的罪责概念；指出："规范性罪责概念仅仅是说，一种有罪责的举止行为必须是'可谴责的'。但是，这个概念仅仅具有形式上的性质，而还没有回答这个问题：这种可谴责性应当取决于哪一些内容上的条件。这是一个关于实质性罪责概念的问题。"② 在此，罗克辛提出了实质性罪责概念的命题。那么，实质性罪责概念到底包含哪些要素呢？罗克辛认为，罪责主要是回答"构成要件该当、违法的行为具备什么条件才配得上动用刑罚"的问题。罗克辛指出："刑罚同时取决于两个因素，其一是，用刑罚进行预防的必要性；其二是，犯罪人罪责及其大小。如果人们赞同我的观点，那么，也就意味着，刑罚受到了双重的限制。刑罚之严厉性不得超过罪责的严重性，同时，也不能在没有预防之必要性的情况下科处刑罚。也就是说，如果有利于对犯罪人实行再社会化的话，那么，是可以科处比罪责之严重程度更为轻缓的刑罚的；如果没有预防必要的话，甚至可以完全不科处刑罚。"③ 因此，在罗克辛的实质性的罪责中，包含了两个要素，这就是规范性要素与预防必要性；并且，在这两者之间存在着逻辑上的位阶关系：规范性要素在前，预防必要性在后：后者以前者为前提。罗克辛

① ［德］克劳斯·罗克辛：《刑事政策与刑法体系》，2版，蔡桂生译，39页，北京，中国人民大学出版社，2011。

② ［德］克劳斯·罗克辛：《德国刑法学总论》，第1卷，王世洲译，562页，北京，法律出版社，2005。

③ ［德］克劳斯·罗克辛：《刑事政策与刑法体系》，2版，蔡桂生译，78页，北京，中国人民大学出版社，2011。

还提出了答责性（Verantwortlichleit）作为上述两个概念的上位概念。规范性要素解决的是非难可能性（Vorwerfbarkeit）的问题，它只是答责性的必要条件，只有加上预防必要性，才能为答责性提供充分条件。①

对于罗克辛实质性罪责概念中的规范性要素，不必着墨过多，因为并无特别之处。这里重点需要讨论的是预防必要性。罗克辛的预防必要性是从刑罚目的中引申出来的，这里的刑罚目的就是预防犯罪。罗克辛是报应主义的坚定反对者，因为报应主义使刑罚完全脱离了社会，没有考虑刑罚处罚的社会必要性。而基于刑事政策之机能的视角，在刑罚目的上只能选择预防主义。罗克辛指出："刑罚的目的只能是一种社会治理（soziale Steuerung）和社会控制的机制，它也就只能谋求社会目标。"② 这里的刑罚的社会目标就是指预防犯罪，这也是刑事政策的目标。

预防犯罪有一般预防与特殊预防之分，在以往德国学者中，费尔巴哈是主张一般预防的，李斯特则转向特殊预防。但是，无论是费尔巴哈还是李斯特都没有将犯罪预防的观念引入罪责之中。在将预防观念引入罪责概念的理论中，其中有两种理论：第一种是必须为自身个性负责的罪责，这一罪责概念具有明显的人格责任论的性质，将罪责标记成"为这种人格必须承担责任（Einstehenmüssen）"，因此，特殊预防成为刑罚必要性的考量因素。第二种是根据一般预防需要归咎的罪责，这是德国学者雅科布斯所主张的，这种理论将罪责理解为一种一般预防性的归咎（Zuschreibung），一般预防成为刑罚必要性的考量因素。③ 对于这两种关于刑罚必要性的罪责理论，罗克辛都是反对的。罗克辛在刑罚目的问题上是一个双重预防论者，指出："刑罚还要有特殊预防和一般预防的目标。通过刑罚的安排，必须实现让被处罚者尽量不再犯的目标；我们的刑事执行最好能够努力促进犯罪人在刑法上的重新塑造，促进他的再社会化，以此来让他不为再犯。同时，刑罚也要对公众产生作用，具体也就是，刑罚要能促进人民的法律意识，并且让他们注意到可罚举止的后果。"④ 因此，在罗克辛的预防性的罪责概念中，既包括了特殊预防，又包括了一般预防。

（三）刑法教义学与刑事政策的一体化：罗克辛贯通的径路

罗克辛将李斯特关于刑法教义学与刑事政策的关系的界定描述为李斯特鸿沟，这当然是一种贬义，反映了在这个问题上罗克辛的倾向性立场，即要打通刑法教义学与刑事政策之间的关系。罗克辛明确地将其刑法教义学称为以刑事政策为导向的

① 参见李文健：《罪责概念之研究——非难的实质基础》，222页以下，台北，作者自版，1998。

② ［德］克劳斯·罗克辛：《刑事政策与刑法体系》，2版，蔡桂生译，76页，北京，中国人民大学出版社，2011。

③ 参见［德］克劳斯·罗克辛：《德国刑法学总论》，第1卷，王世洲译，565、567页，北京，法律出版社，2005。

④ ［德］克劳斯·罗克辛：《刑事政策与刑法体系》，2版，蔡桂生译，77页，北京，中国人民大学出版社，2011。

刑法学，指出："建立这个刑法体系的主导性目的设定，只能是刑事政策性的。刑事可罚性的条件自然必须是以刑法的目的为导向。"① 罗克辛将刑事政策贯彻到构成要件、违法性和罪责这三个阶层之中，成为其目的理性的犯罪论体系的一根红线。

罗克辛将刑事政策贯穿于整个刑法教义学，是否会发生李斯特所担忧的刑事政策对刑法的侵扰呢？回答是否定的。之所以如此，是因为罗克辛引入刑法教义学的刑事政策与罪刑法定这两者始终处于一种复杂的牵制关系之中。事实上，罗克辛不仅将刑事政策贯穿于构成要件、违法性和罪责这三个阶层，而且把罪刑法定主义同时贯穿于这三个阶层。

1. 构成要件与罪刑法定

在构成要件阶层，罪刑法定原则主要体现为明确性的要求。然而，这种明确性并非绝对的，需要进行价值的填充，这种填充在很大程度上受到刑事政策的指导。罗克辛在论及构成要件对行为的描述时就认为，如果人们想通过对行为的描述来满足罪刑法定原则的要求，那么就会产生一个无法解决的矛盾：人们要怎样才能够用精确的行为描述（Tatbeschreibung）来处理没有的行为（Nichthandeln）呢？这里的"没有的行为"可以被理解为缺乏物理性特征的行为，建立在实证主义基础之上的行为论对此是无能为力的。只有采用刑事政策的方法，才能对此进行合理的价值建构。罗克辛认为，正确的做法本该是：在行为犯的场合，只有在该行为犯之构成要件包含义务犯的情况下，才可以允许不作为取得与积极作为同等的地位。② 因此，在构成要件上，罗克辛通过义务犯之义务关系填补了空隙。因为从罪刑法定原则的角度来讲，这个对义务的违反是通过作为的方式来实现的，还是通过不作为的方式来实现的，并不重要。在罗克辛看来，立法者对构成要件只能作出较为粗疏的规定，这是一种框架式的规定。这也是一种罗克辛称为"粗略描绘的现行法的形象"，只有依靠刑事政策"在一切细节上进行设想和加工"③。由此，罗克辛在构成要件的解释上将刑法教义学与刑事政策统一起来。

2. 违法性与罪刑法定

在违法性阶层，被视为核心概念的干涉权，罗克辛认为它并不违反罪刑法定原则，因为它限制了司法权的定罪范围。而且，罪刑法定原则在正当化领域也是有其功能的，例如，正当防卫类型的教义学—体系化处理方法本身就受到立法的限制。至于超法规的正当化事由，也并不能被认为是违反罪刑法定原则的，因为罪刑法定原则只是限制入罪，但并不限制出罪。而且，对于正当化事由，无论是法定的正当化事由还是超法规的正当化事由予以出罪，也并不与罪刑法定的一般预防精神相抵

① ［德］克劳斯·罗克辛：《德国刑法学总论》，第1卷，王世洲译，133页，北京，法律出版社，2005。

② 参见［德］克劳斯·罗克辛：《刑事政策与刑法体系》，2版，蔡桂生译，25页，北京，中国人民大学出版社，2011。

③ ［德］克劳斯·罗克辛：《德国刑法学总论》，第1卷，王世洲译，137页，北京，法律出版社，2005。

触，因为正当化事由不仅没有刑罚必要性，而且，没有预防必要性。

3. 罪责与罪刑法定

在罪责阶层，刑事政策主要体现在引入了预防必要性的概念，但它是在具有心理性要素和规范性要素的基础上，进一步要求具备预防必要性才能动用刑罚，因此，预防必要性起到的是限制刑罚发动的作用，而不是扩张刑罚范围。在论及罪责方案的设计时，罗克辛指出："除此之外，还要提一下罪刑法定原则：这是个同时也适用于罪责要素和被用于确定可罚的范围的原则，同样，该原则也必须适用于我们所提的这个方案。"① 因此，罪刑法定原则也贯穿于罗克辛的目的理性的犯罪论体系，一如刑事政策。

在刑法与刑事政策的关系这个标题下，这里的刑法，罗克辛也称为刑法体系，也就是所谓犯罪论体系，或者教义刑法学，这是没有疑问的。但是，这里的刑事政策到底是指什么，却是值得仔细推敲的。李斯特的刑事政策是指实体上的刑事政策，即抗制犯罪的各种措施。事实上，李斯特并不排斥刑事政策对实体刑法的影响，例如在刑罚规定中，就应该根据犯罪人的个体特征针对性地设置刑事处罚措施。但是，在关于犯罪的规定中，李斯特坚持罪刑法定原则，竭力避免刑事政策的侵入。可以说，在刑法与刑事政策的关系上，李斯特在犯罪论与刑罚论这两个领域是存在一定程度的分裂的：犯罪论坚持罪刑法定原则，而刑罚论坚持刑罚目的论。这也就是罗克辛所说的刑法典作为"犯罪人的大宪章"的人权保障功能与刑事政策作为"刑法的目的性思想（Zweckgedanke）"的实现工具之间互相疏离。

在罗克辛那里，虽然到处都出现刑事政策这个概念，但没有见到其对刑事政策的确切定义。罗克辛的刑事政策概念与李斯特的刑事政策概念是一致的吗？如前所述，李斯特的刑事政策是一种实体性或者本体论的刑事政策。显然，罗克辛的刑事政策概念毋宁说是一种价值性或者方法论的刑事政策。罗克辛的刑事政策具有更为抽象的特征，而不是实体性的具体措施。揭示李斯特的刑事政策与罗克辛的刑事政策之间的根本差别，具有重要意义。事实上，罗克辛只是从李斯特的刑事政策中提取了目的性思想这个理论资源，将其上升到价值论与方法论的程度，以此进入刑法教义学。至于李斯特所定义的那种实体性或者本体论意义上的刑事政策，则完全可以在刑法教义学之外，作为一门独立的学科进行专门性的研究。

根据笔者的观察，罗克辛的刑事政策可以与以下这些概念相等同：

第一，实质。在罗克辛的刑法词典中，刑事政策也成为实质的同义语。这里的实质是在与形式相对应的意义上使用的，在此，刑法规范的形式性与刑事政策的实质性就成为一对范畴。与此同时，实质也与实证在相对应的意义上使用，具有价值的含义。例如，罗克辛在论及犯罪论时指出："犯罪论，是人们对所有刑事政策立

① ［德］克劳斯·罗克辛：《刑事政策与刑法体系》，2版，蔡桂生译，48页，北京，中国人民大学出版社，2011。

场进行提取和归纳，并以描述性、实证化（positivistisch）的方式进行形式上的归类，才设计出来的。”① 罗克辛在这里所定义的犯罪论，是指其目的理性的犯罪论，其中包含刑事政策作为实质性的基本立场和具有形式性和实证性的刑法教义规则这两个层次的内容。因此，在罗克辛的犯罪论体系中，刑事政策可以被视为其实质性内容。

第二，价值。罗克辛还往往把刑事政策作为价值性的工具使用，刑事政策是一个价值性的概念，而与事实性概念形成一种对应关系。在罗克辛看来，刑事政策就是一种价值判断。例如，罗克辛指出：“要将价值评价性各种分散的观点，放到其刑事政策的合法性上来考察——具体举例来讲，也就是，对构成要件进行法益上的、宽泛的目的性（teleologisch）上的解释，不可以盖过罪刑法定原则的保障功能。”② 在此，罗克辛是把价值评价性吸纳到刑事政策的概念之中。在罗克辛的目的理性的犯罪论体系中，刑事政策主要承担着价值性判断的职责。

第三，目的。罗克辛将其犯罪论体系称为目的理性体系，这里的目的，在很大程度上是可以等同于刑事政策的。例如，罗克辛在论证刑法与刑事政策并不是对立而是统一的时候，指出：“更确切地说，刑法是这样一种形式，在这种形式中，人们将刑事政策的目的设定转化到法律效力的框架之内。”③ 在此，刑事政策就是一种目的。其实，在刑事政策是一种目的性思想这一点上，罗克辛是继承了李斯特的学说的。李斯特最早提出了刑法的目的性思想，首次赋予目的这一概念以刑事政策的意蕴。但是，李斯特的刑事政策仍然是实体性的抗制犯罪的具体措施，而没有直接将刑事政策等同于目的。在罗克辛这里，则将刑事政策从实体性内容中抽离出来，因此刑事政策才可能等同于目的。

基于以上分析，在罗克辛的目的理性的犯罪论体系中，并没有一个统一的、完整的、确定的刑事政策概念，而是在各种不同的犯罪论阶层，具有不同的刑事政策概念。例如，在构成要件阶层，相对于对行为的实证性描述，刑事政策就是指对构成要件的实质性评判；在违法性阶层，相对于对正当化事由的形式性叙述，刑事政策就是指对违法性的价值性判断；在罪责阶层，相对于对罪责的心理性要素、规范性要素的论述，刑事政策就是指对罪责的目的性分析。这里还应当指出，贯穿于罗克辛的目的理性的刑法体系的还有另一个重要概念，这就是功能，也译为机能，由此罗克辛的目的理性的刑法体系也称为功能性的（funktionalen）的刑法体系。这里的功能性，是与实证性相对应的一个概念，是指主观上的目的设定性与客观上的功效呈现性。实证性的刑法体系是建立在所谓物本逻辑基础之上的，而功能性的刑法体系是建立在价值选择基础之上的。刑法体系中的功能性因素，也就是刑事政策

① ［德］克劳斯·罗克辛：《刑事政策与刑法体系》，2版，蔡桂生译，13页，北京，中国人民大学出版社，2011。

② 同上书，58页。

③ 同上书，49页。

因素。因此，罗克辛的刑事政策本身也不是存在论意义上的，而是价值论意义上的，是一种所谓观念性的刑事政策。

罗克辛的犯罪论体系还不是从存在论的犯罪论体系向价值论或者规范论的犯罪论体系演变这一历史过程的终点，这个终点是雅科布斯的机能主义刑法学。如果说，李斯特—贝林的古典派犯罪论体系是纯粹的存在论的犯罪论体系，那么，目的行为论的犯罪论体系就是非纯粹的存在论的犯罪论体系，而目的理性的犯罪论体系是非纯粹的规范论的犯罪论体系，雅科布斯的机能主义的犯罪论体系则是纯粹的规范论的犯罪论体系。① 在这个意义上说，罗克辛的目的理性的犯罪论体系仍然具有存在论与规范论并和的折中性质，只不过更偏向于规范论。

三、中国意识

德国对于我们来说是一个遥远的异邦，发生在德国一百三十年前的李斯特鸿沟，以及在其一百年之后的罗克辛贯通，对于中国刑法学者来说，究竟意味着什么？这是一个值得严肃思考的问题。

我国对于刑法和刑事政策的研究都是三十年前才恢复的，在国家法治建设的召唤下，这两个学科都取得了令人瞩目的成绩，这是不容否定的。对于刑法学来说，我国正处在向刑法教义学转型的一个关键时期。严格来说，我国还没有建立起体系化的刑法教义学。就此而言，我国还处在李斯特时代。与此同时，我国的刑事政策研究已经形成了独立的学科。在我国，刑事政策作为一个学科不仅独立于刑法学，而且独立于犯罪学，这在各个刑事法的理论格局中也是独具特色的。我国的刑事政策学除了对刑事政策的基本原理的研究以外，还有对我国实际奉行的刑事政策的研究。② 这些研究都在一定程度上促进了我国刑事政策的理论发展。就刑法与刑事政策的关系而言，我国刑法学界在以下三个方面的研究值得重视：

第一，刑法的刑事政策化研究。

刑法的刑事政策化就是我国较为热门的一个话题。我国学者指出："所谓'刑法的刑事政策化'，就是在刑法的制定和适用过程中，考虑刑事政策，并将其作为刑法的评价标准、指引和导向。"③ 根据学者的观点，刑法的刑事政策化可以分为两个环节：一是刑事立法的刑事政策化，二是刑事司法的刑事政策化。应该说，我国无论是刑事立法还是刑事司法在很大程度上都受到刑事政策的左右：从 1983 年起实行的"严打"的刑事政策，从 2005 年开始实行的宽严相济的刑事政策，都对

① 参见方泉：《犯罪论体系的演变——自"科学技术世纪"至"风险技术社会"的一种叙述和解读》，100 页，北京，中国人民公安大学出版社，2008。

② 参见陈兴良：《宽严相济刑事政策研究》，3 页以下，北京，中国人民大学出版社，2007。

③ 黎宏：《论"刑法的刑事政策化"思想及其实现》，载《清华大学学报（哲学社会科学版）》，2004（5）。

我国的刑事立法与刑事司法产生了重大的影响。对于这种影响如何评价，当然不是本书所要讨论的。这里只是指出，这种刑法的刑事政策化并不是李斯特以及罗克辛的话语体系中的刑法与刑事政策关系的内容。

第二，刑法与刑事政策的功能界分研究。

我国学者还从功能界分上对刑法与刑事政策的关系进行了探讨，指出："刑事政策与刑法的关系应有正确定位。就刑事政策是刑法立法指针而言，刑事政策应优位于刑法；二者有各自发挥作用的界域，应各就各位，互不替代；刑事政策与刑法应相互制约，协调发展；相互推动，共同进步。二者关系的核心是在区别二者前提下的互动的制约、促进关系。刑法（主要通过其基本原则）对刑事政策的制约主要涉及刑事政策的制定和实施，这是法治的要求，是权利保障的要求；刑事政策对刑法的指导主要体现在法律的制定、实施和法律变革上，这是时代发展的要求，也是社会防卫的要求。而无论如何，倡行法治、保障人权是刑事政策和刑法都应该奉行的基本原则，是已为现代法治国家的刑事司法实践所证实的理性选择。"① 这一对刑法与刑事政策关系的讨论，是对作为实在法的刑法与实体性的刑事政策之间关系的一种理论分析，它和李斯特、罗克辛讨论的作为教义学的刑法与作为方法论的刑事政策之间关系的话语体系也是完全不同的。

第三，刑事一体化研究。

在我国刑法学界，刑事一体化是一种具有学术影响力的思想，储槐植教授作为这一思想的发明者，对我国刑法理论的发展作出了重要的贡献。储槐植教授在1989年发表在《中外法学》第1期的《建立刑事一体化思想》一文中，首次提出了刑事一体化的概念，认为刑事一体化的内涵是刑法和刑法运行内外协调，即刑法内部结构合理（横向协调）与刑法运行前后制约（纵向协调）。② 这一刑事一体化的思想主要还是就刑法的立法与司法而言的，并未涉及刑法作为一种理论及其与刑事政策之间的关系。此后，储槐植教授又对刑事一体化思想作了进一步的阐述，认为刑事一体化可以分为作为研究方法的刑事一体化和作为刑法运作的刑事一体化。其中，作为研究方法的刑事一体化，储槐植教授强调对刑法的全方位的研究，包括在刑法之中研究刑法、在刑法之外研究刑法、在刑法之上研究刑法。而作为观念的刑事一体化，储槐植教授旨在建造一种结构合理和机制顺畅（即刑法和刑法运作内外协调）的实践刑法形态。在此，储槐植教授论及刑事一体化与刑事政策的关系，指出："作为观念的刑事一体化与刑事政策的关系极为密切，一方面它要求良性刑事政策为之相配，同时在内涵上又与刑事政策兼容并蓄，因为刑事政策的基本载体是刑法结构和刑法机制。"③ 在此，储槐植教授已经从刑法与刑事政策的理论形态上加以考察，追求两者的契合，从而触摸到了李斯特鸿沟，就其试图将刑事政策引入

① 卢建平：《刑事政策与刑法关系的应然追求》，载《法学论坛》，2007（3）。

② 参见储槐植：《刑事一体化与关系刑法论》，294页，北京，北京大学出版社，1997。

③ 储槐植：《刑事一体化论要》，28页，北京，北京大学出版社，2007。

刑事一体化而言，在一定程度上跨越了李斯特鸿沟。当然，刑事一体化思想虽然在我国刑法学界得以广泛传播，但对刑法与刑事政策的具体研究却未能产生实质性的影响，存在着“只见开花，不见结果”的令人遗憾的局面。笔者以为，这主要是因为我国尚未建立起严格意义上的刑法教义学，缺乏承接刑事一体化思想的理论载体。

近些年来，随着李斯特、罗克辛的学术著作传入我国，刑法与刑事政策这个德国问题也开始引起我国学者的关注。① 其中，劳东燕教授的成果较为突出：劳东燕教授较早时期以风险社会与风险刑法为题强势进入刑法学领域②，在风险刑法的分析中已经采用了刑事政策的方法，这是对刑法问题分析采用刑事政策方法与视角的一种尝试。此后，劳东燕又发表专文讨论如何将刑事政策引入规范刑法学之中③，这里的规范刑法学其实就是指教义刑法学。劳东燕教授肯定了在刑法教义学中引入刑事政策的必要性，指出：“德日刑法学者将刑事政策引入刑法教义学的研究之中，绝不是学者一时兴起的闭门造车，而是代表着刑法理论发展的走向。将刑事政策弃之不顾的做法，已经难以获得基本的正当性。缺乏刑事政策这一媒介，不仅刑法与社会现实之间的联系通道会全面受阻，刑法教义学的发展也会由于缺乏价值导向上的指引而变得盲目。”④ 劳东燕教授还用这一方法，对刑法教义学中的有关问题进行了示例性的分析。尤其值得肯定的是，劳东燕教授注意到了刑法教义学与刑事政策、李斯特与罗克辛之间的这种学理上的差异，对刑法体系与刑事政策的关系，从费尔巴哈，经由李斯特，再到罗克辛的学术演变路径进行了梳理。⑤ 劳东燕教授是我国最先对刑法教义学与刑事政策的关系这一问题予以关注，并将其转换为中国问题的学者，她的研究成果为我们正确地认识刑法教义学与刑事政策的关系奠定了基础。

当前，我们已经来到李斯特鸿沟面前，并且目睹了罗克辛的贯通。在这种情况下，我国刑法学意欲何为、去向何方？这是一个决定着我国刑法学发展的命运之问，也是李斯特鸿沟以及罗克辛贯通的中国意识之所在。笔者认为，李斯特鸿沟以及罗克辛贯通对于我国刑法学具有启迪意义，促使我们对刑法教义学的基本问题进行重新审视与思考。

（一）从四要件到三阶层犯罪论体系转变

如前所述，我国尚处在李斯特时代，严格意义上的刑法教义学还没有建立起来。在这种情况下，建构刑法教义学体系可以说是我国刑法学界的当务之急。我国

① 参见谢望原：《论刑事政策对刑法理论的影响》，载《中国法学》，2009（3）。

② 参见劳东燕：《公共政策与风险社会的刑法》，载《中国社会科学》，2007（3）。

③ 参见劳东燕：《罪刑规范的刑事政策分析——一个规范刑法学意义上的解读》，载《中国法学》，2011（1）。

④ 同上书。

⑤ 参见劳东燕：《刑事政策与刑法体系关系之考察》，载《比较法研究》，2012（2）。

目前正在进行的四要件的犯罪论体系与三阶层的犯罪论体系之争，就是刑法教义学建构中涉及的一个发展路径问题。

四要件是以社会危害性为其逻辑出发点的，在此基础之上建立起来的犯罪论体系，并不是一个刑法教义学的体系。例如，苏俄学者在论述社会危害性与犯罪构成的关系时，认为社会危害性是犯罪构成的属性，两者是统一的，犯罪构成是犯罪的法律形式，而社会危害性是犯罪的社会政治内容，犯罪是法律形式与社会政治内容的统一体，两者不可分割。苏俄学者皮昂特科夫斯基指出："作为一种法律概念的犯罪构成，应该表现出犯罪的实质，揭露犯罪的政治内容及其对社会主义制度基础或社会主义法律秩序的危害性。每一个犯罪行为，按其客观特征来说，就是行为的一定的事实特征和行为的社会属性——对苏维埃制度或社会主义法律秩序的危害性。行为的社会危害性，就是对行为的社会政治评价。因此，不仅应该把每一犯罪行为的事实特征列为犯罪构成的特征，而且应该把它的社会属性，即行为的社会危害性也列为犯罪构成的特征。"① 在这种观点看来，犯罪构成是犯罪的事实特征与社会政治内容的统一。如果把事实特征理解为犯罪的存在论意义上的特征，那么，社会政治内容就是犯罪的价值论意义上的特征。显然，这一犯罪构成体系已经完全不是李斯特那种实证主义的犯罪论体系，而是将价值判断引入了犯罪构成体系之中。这种具有强烈政治色彩的价值内容是从犯罪的实质概念中引申出来的，对于犯罪的事实特征具有明显优势。在没有建立事实与价值之间的位阶关系的情况下，这种四要件的犯罪构成就沦为社会危害性的构成。因此，苏俄的四要件的犯罪论体系具有实质主义的性质。这一点也体现在苏俄学者对德国古典派犯罪论体系的批判当中。例如苏俄学者指出："资产阶级刑法并不运用社会危害性这一概念，而只运用犯罪构成及违法性的概念，同时也未揭露出它们的阶级本质。资产阶级借抽象的结构，将犯罪构成的概念与违法性的概念截然对立起来。他们宣称：这些概念是完全独立的和互相隔离的。"② 这里的资产阶级刑法就是指李斯特—贝林的犯罪论体系，指责这一犯罪论体系将犯罪构成视为一种纯粹描述性质的抽象的法律上的结构。此外，苏俄学者特拉伊宁也对古典派的犯罪论体系的客观性—形式性特征进行了批判，指出："贝林把犯罪构成同那种作为犯罪构成而不具有任何主观色彩的行为混为一谈，使主体的抽象行为达于极限。犯罪构成是犯罪的无形的反映。这样一来，贝林就把犯罪构成由日常生活中的事实变成了脱离生活实际的抽象的东西，变成了'时间、空间和社会以外的'一个概念。"③ 特拉伊宁是从行为人刑法、实质主义刑

① ［苏］A. A. 皮昂特科夫斯基：《社会主义法制的巩固与犯罪构成学说的基本问题》，孔钊译，载中国人民大学刑法教研室编译：《苏维埃刑法论文选译》，第1辑，82页，北京，中国人民大学出版社，1955。

② ［苏］T. B. 采列捷里、马卡什维里：《犯罪构成是刑事责任的基础》，高铭暄译，载上书，63页。

③ ［苏］A. H. 特拉伊宁：《犯罪构成的一般学说》，王作富等译，16页，北京，中国人民大学出版社，1958。

法的角度对古典派的犯罪论体系进行责难的，实际上也就是对作为古典派的犯罪论体系之根基的罪刑法定原则的否定性评价。当犯罪构成突破了罪刑法定限制的时候，刑事政策就如同脱缰的野马，对公民权利与自由所主宰的市民社会肆意践踏的危险就会随之而来。正是在这个意义上，笔者曾经提出“回到贝林”的学术口号，指出：“我国犯罪论体系的转型，除了应当对特拉伊宁的犯罪构成一般学说进行批判性反思，还必须重新审视贝林的构成要件论，甚至在一定意义上回到贝林，并以贝林为理论起点重新出发。”① 我在这里所说的“回到贝林”，是指从特拉伊宁回到贝林，是在拨乱反正的意义上回到贝林。因此，这里的“回到贝林”只是一种学术上的象征或者姿态，并非真要全盘接受李斯特—贝林的古典派犯罪论体系。正如我们已经回不到贝林，也已经回不到李斯特，因为他们创立的存在论的犯罪论体系已经为规范论的犯罪论体系所超越。但这一点也不妨碍我们回望李斯特鸿沟，遥想当年李斯特在刑法教义学与刑事政策之间划河为界的英姿。

苏俄学者对古典派的犯罪论体系的批判，在某种意义上似乎与罗克辛的批判具有相似之处，都是揭示了古典派犯罪论体系的形式—实证主义的叙述缺乏价值性内容。但是，两者之间又存在着根本的差异，这种差异就表现在：苏俄的四要件犯罪论体系将以社会危害性为标志的实质性价值概念作为整个刑法体系的基石范畴，而这种实质性价值概念凌驾于学术性的构成要件之上，难以避免定罪过程中的主观任性与专断。换言之，李斯特通过建构实证主义的犯罪论体系来抵御刑事政策侵入的意图完全落空。而罗克辛则在保留了李斯特的阶层性的犯罪论体系结构的前提下，将刑事政策引入犯罪论体系。在三阶层的框架内，刑事政策仍然受到罪刑法定原则的限制。对于罗克辛的目的理性的犯罪论体系来说，罪刑法定原则仍然是其犯罪论体系的边界。通过对罪刑法定原则功能的实质化阐述，罪刑法定原则不仅具有形式上的排除不具有构成要件的行为的消极出罪功能，而且具有实质上的限缩符合构成要件的行为的积极出罪功能。因此，苏俄学者对李斯特犯罪论体系的政治性批判与罗克辛对李斯特犯罪论体系的功能性超越，具有完全不同的性质，两者不能混为一谈。

在今天，李斯特的古典派犯罪论体系所具有的形式—实证主义的特征对于我们仍然具有参考意义。从四要件到三阶层的犯罪论体系的转变，是我国借鉴德日犯罪论体系的必由之路。在犯罪论体系的建构中，应将罪刑法定原则作为刑法教义学的出发点。刑法教义学不是一种以应然性的价值为研究对象的学科，而是一种以实然性的法条为研究对象的学科。在这一点上，刑法教义学与刑事政策之间是存在重大区别的。例如罗克辛在论及刑事政策学时指出：“刑事政策学的研究对象不是那些已经存在（ist）的法律的形成，而是那些根据目的的要求本来应当存在（sein sol-

① 陈兴良：《构成要件论：从贝林到特拉伊宁》，载《比较法研究》，2011（4）。

len）的法律的形成。"① 这里的"已经存在"就是指实然，而"本来应当存在"就是指应然。在罗克辛看来，刑事政策学是应然性的学科；与此对应，教义刑法学就是实然性的学科。这种实然性表现在它以现行法条为其逻辑出发点，这也是罪刑法定原则的应有之义。德国学者在论述教义学时，提出了既有给定（ex datis）概念，指出："教义学的思想经常被视为一种不能批判思想的典范。这就表明：教义学是以自身已经确定而无须再作任何检验的信条为前提的，而且通过对这些前提的深入思考可以进一步认识教义学。这种理解其实是以预先给定的内容和权威为前提，而不是对该前提进行批判性检验。"② 因此，刑法教义学具有对刑法文本的解释性的特征，这种解释又不能超越法律的语义边界。正是在这种罪刑法定原则的限制之下，刑法教义学获得了其合法性与正当性。

虽然刑法教义学以刑法文本为对象，并受到罪刑法定原则的限制，但刑法教义学又不是对刑法文本的简单诠释，而是根据一定的内在精神演绎成一个知识体系。在此，阶层式结构作为刑法教义学的框架，起到了至关重要的作用。李斯特首先奠定了不法与罪责的位阶关系，提出了刑法制度中的罪责只能在违法性学说之后来探讨的命题。③ 此后，贝林提出并完善了构成要件的理论，由此形成三阶层的犯罪论体系。这种犯罪论体系的阶层式构造，可以说是德国刑法学的标志性成果。例如，目的行为论的创始人威尔泽尔指出："将犯罪分为构成要件符合性、违法性和罪责三个阶层，是过去两三代人所取得的最为重要的学理成果。将犯罪分解为互相组合的三个评判和评价阶层，给法律适用带来了高度的理性和安全性；而且，借诸评价阶层之区分，还使获得正义的最终结论成为可能。因此，贯彻这一区分的法律体系就比不存在这种区分的法律体系更为优越（überlegen）。德国的法律科学普遍接受了这种三分法，德国的实践也以它作为判决的基础。"④ 如果说，阶层是这一犯罪论体系的框架，那么，体系化的知识就是这一体系的内容。框架是较为稳定的，但内容却是变动的。这里的"知识"就是指各种刑法的教义学原理，它构成了刑法教义学的最为活跃的部分。罗克辛指出："刑法信条学并不满足于把各种理论原理简单地合并在一起，并且一个一个地对它们加以讨论，而是努力要把在犯罪行为的理论中产生的全部知识，有条理地放在一个'有组织的整体'之中，通过这种方法，使人们能够清楚地认识各个信条（Dogmen）之间的内在联系。"⑤ 这样一个阶层式的犯罪论体系形成以后，尽管此后随着各个刑法学流派的演变，刑法教义学的具体内容发生了重大的变化，但这个体系本身并没有根本性的变动。即使是罗克辛的目

① ［德］克劳斯·罗克辛：《德国刑法学总论》，第1卷，王世洲译，133页，北京，法律出版社，2005。
② ［德］沃尔福冈·佛里希：《法教义学对刑法发展的意义》，赵书鸿译，载《比较法研究》，2012（1）。
③ 参见［德］李斯特：《德国刑法教科书》，修订译本，徐久生译，168页，北京，法律出版社，2006。
④ ［德］汉斯·威尔泽尔：《近百年的德意志刑法学理与目的行为论（1867—1966）》，蔡桂生译，载陈泽宪主编：《刑事法前沿》，第6卷，233页，北京，中国人民公安大学出版社，2012。
⑤ ［德］克劳斯·罗克辛：《德国刑法学总论》，第1卷，王世洲译，118页，北京，法律出版社，2005。

的理性的犯罪论体系，也还是承接了这一体系结构。而在我国，阶层式的犯罪论体系虽然开始受到重视，结合中国刑法规定进行本土化改造的学术努力也始终没有停止，但平面式的四要件体系仍然占据着重要位置。

从李斯特鸿沟到罗克辛贯通，我们首先需要面对的是李斯特的刑法教义学体系。只有具备了这一阶层式的犯罪论体系的基本框架，我国的刑法教义学才能获得发展的基础。我们应当看到，从李斯特—贝林的古典派的犯罪论体系，经过新古典派的犯罪论体系、目的行为论的犯罪论体系，最后到罗克辛的目的理性的犯罪论体系，这是一个将近百年的演变过程。罗克辛的体系并不是对李斯特的体系的简单否定，而是以其为学术嬗变的起点所进行的长达百年、历经数代刑法学人的努力所达到的学术境界。因此，我们也应该将学术起点确定在李斯特，当然不是重复从李斯特到罗克辛的跋涉过程，而是充分关注这一过程所涉及的问题，并在中国的语境下解决这些问题。

（二）刑事政策对刑法教义学的目的引导

如前所述，李斯特的形式—实证主义的犯罪论体系是特定历史条件下的产物，对于张扬罪刑法定主义、防止司法权的滥用，具有不可低估的历史意义。在我国目前罪刑法定原则在刑法中确立不久、尚未深入人心的阶段，李斯特的体系还是具有现实意义的。当然，李斯特的体系本身具有先天的不足，这主要表现在李斯特似乎过分夸大了立法者的立法能力。因为李斯特的体系是一个纯粹形式的体系，这一体系要发挥积极作用，完全取决于立法者在立法过程中，已经将犯罪毫无遗漏地规定在刑法当中。在这种情况下，司法者只要形式地根据刑法法条认定犯罪，就能够实现刑法的目的。例如，李斯特指出："根据现今的法律观，成文法（广义上的法律）是刑法规范的唯一渊源。刑法的所有规范都同属于制定法（gesetztes Recht)。当代的刑法立法从假定其完整性出发，并在此假设的基础上提出排他性要求。刑法立法反映了18世纪末以来（1789年和1791年《法国宪法》）反复强调的、1919年《帝国宪法》第116条明确规定的要求：'刑罚之科处，应以行为实施前，可罚性明定于法律者为限。'（Nullum crimen sine lege，nulla poena sine lege）只有那些被法律明确规定科处刑罚的行为才受到刑法处罚，而且，所科处之刑罚只能是法律明文规定之刑罚。"① 请注意在李斯特以上这段话中的这两个词：完整性与排他性。这里的"完整性"是指立法者对犯罪作了完整的规定，法律规范本身已经体现了实质合理性。在这种情况下，司法活动只要坚持形式合理性就足以实现法律正义。立法的实质理性与司法的形式理性的完美结合，造就了其形式—实证主义的犯罪论体系。也只有如此，才能实现罪刑法定原则对法无明文规定的行为进行排他性的处置。

对于法无明文规定不为罪的原则当然是要坚持的，但罪刑法定原则只是设立了对外抵御司法权滥用的防线，却没有考虑到进入构成要件的行为本身仍然需要进行

① ［德］李斯特：《德国刑法教科书》，修订译本，徐久生译，126页，北京，法律出版社，2006。

实质合理性的审查。李斯特的思想具有明显的立法中心主义和立法完美主义的特征，这是一种古典学者所坚持的法律乌托邦思想，并不符合立法的现实。事实上，任何法律都不是完美无缺的，刑法也不例外。在刑法中，除了超法规的违法阻却事由刑法典不能一一明文列举以外，鉴于刑法规定的盖然性与粗疏性，有必要进行价值补充。在这种情况下，具有实质价值性的刑事政策进入犯罪论体系，尤其是进入构成要件，具有其合理性。例如我国目前的刑法中，大量存在所谓兜底条款，甚至"口袋罪"，这与罪刑法定主义所要求的明确性原则是存在较大距离的。但在我国尚不存在对刑法的违宪审查制度的情况下，只能依靠刑事政策进行价值填补。例如德国学者许乃曼认为在刑法总则中，立法者所使用的专有名词，经常有广阔的概念回旋空间，对此，司法者有权并且有义务发挥造法机能，将立法者所留下的迂回空间予以填满。许乃曼指出："在这里，透过目的手段限缩（Zweck-mittel-Reduktion），亦即借着审查符合特定法律体制目的的事实，所进行的除规范化，即具有极重大的意义。"① 在罪刑法定原则限度内的刑事政策填补，具有目的性的限缩功能，并不会扩张犯罪的范围，反而会限制犯罪的范围。

在我国的刑法教义学体系中，同样应当以刑事政策为引导。当然，刑事政策在刑法教义学中作用的发挥应当以一定的教义学原理为中介，而不是生硬地直接采用刑事政策进行解释。在我国以往的司法解释中，存在着根据刑事政策对刑法相关问题进行解释者。例如，1984 年 4 月 26 日最高法、最高检、公安部《关于当前办理强奸案件中具体应用法律的若干问题的解答》规定："第一次性行为违背妇女的意志，但事后并未告发，后来女方又多次自愿与该男子发生性行为的，一般不宜以强奸罪论处。"在这一解释中，第一次违背妇女意志与之发生性关系的行为已经构成强奸罪，其性质并不以此后情况的变化而改变。但前引司法解释规定，对此不以强奸罪论处，这不是刑法教义学的结论，而是刑事政策的判断。又如，1996 年 12 月 24 日最高法《关于审理诈骗案件具体应用法律的若干问题的解释》规定："对于多次进行诈骗，并以后次诈骗财物归还前次诈骗财物，在计算诈骗数额时，应当将案发前已经归还的数额扣除，按实际未归还的数额认定，量刑时可将多次行骗的数额作为从重情节予以考虑。"这是对诈骗犯罪中所谓"拆东墙补西墙"现象的数额认定问题的规定，这种以归还他人诈骗款为动机的诈骗，影响诈骗罪的成立。因此，根据刑法教义学的推理，多次诈骗的数额本来应该累计计算。但前引司法解释却规定对于案发前已经归还的诈骗数额不计入诈骗数额，这也只能理解为是一种刑事政策的考量。这些规定都是有利于被告人的，因此具有合理性。当然，如果将刑事政策的精神借助于刑法教义学原理进行解释，则可以取得更好的效果。例如，罗克辛的客观归责就是对构成要件进行刑事政策的实质化判断的重要理论，通过深入研究

① ［德］许乃曼：《刑法体系思想导论》，载许玉秀、陈志辉合编：《不移不弃献身法与正义——许乃曼教授刑事法论文选译》，295 页，台北，作者自版，2006。

罗克辛创制的一系列的教义学规则，从而将刑事政策与刑法教义学完美地融合在一起。在罗克辛的客观归责理论中，包含具有强烈的刑事政策色彩的目的性解释方法的运用。这种目的可以分为规范保护目的与构成要件的保护目的，对此罗克辛作了严格的区分。① 规范保护目的中的规范是指前刑法规范，例如在罗克辛所举的脚踏车案中，因为前后两个脚踏车的行车人都没有点灯，结果前一个脚踏车的行车人将他人撞伤。如果后一个脚踏车的行车人点灯，就可以避免前一个脚踏车的行车人将他人撞伤的事故发生。在这种情况下，后一个脚踏车的行车人没有在夜间行车时点灯，创设了法所不允许的风险。但夜行时脚踏车要点灯这一规范的目的是避免行车人本人与他人发生交通事故，而不是要求骑车人点灯照亮公共道路，防止别人发生交通事故。根据这一规范保护目的原理，前一个脚踏车的行车人将他人撞伤的结果不能归责于后一个脚踏车的行车人。而构成要件的保护目的则是指刑法对某一犯罪的构成要件的设置所要达致的立法目的。在这一构成要件的保护目的之内的行为与结果，称为构成要件的效力范围。例如，我国学者冯军采用这种构成要件的保护目的的原理对我国刑法第133条之一规定的危险驾驶罪进行了分析，在论及这种保护目的分析方法时，冯军教授指出："对任何一个刑法条文的解释和适用，都必须从其规范的目的出发，刑法分则中每一个规定了犯罪构成要件和法定刑的条文，都具有自己特定的规范目的。如果已经存在的刑法条文足以实现某一目的，就不需要为实现这一目的而另外设立新的具有罪刑构造的刑法条文。"② 显然，这种以刑法教义为依托的刑事政策更能够在刑法教义学体系中获得合理定位并实现其应有的功能。

我国刑法关于犯罪的规定具有罪量要素，这是一个极具中国立法特色的问题。关于罪量要素在犯罪论体系中的地位问题，我国刑法学界展开了广泛而深入的讨论，成为我国刑法教义学研究中十分突出的一个刑法热点问题。关于罪量要素的体系性地位的探讨，当然涉及何种犯罪论体系这一前提条件：是指在四要件的犯罪论体系中的地位，还是指在三阶层的犯罪论体系中的地位，抑或是指在笔者所主张的罪体、罪责与罪量这一"三位一体"的犯罪论体系中的地位？以往较多的是在四要件的犯罪论体系中讨论，现在较多的是在三阶层的犯罪论体系中讨论。在三阶层的犯罪论体系中讨论的时候，关于罪量要素的性质提出了各种观点，例如处罚条件说、构成要件要素说、区分对待说等。③ 其中，近期较有影响的观点包括王莹博士提出的在构成要件基本不法量域基础上的类构成要件复合体的学说。④ 以上观点大多是在构成要件的范畴内为罪量要素提供栖身之所。因为构成要件要受刑法教义学

① 参见［德］克劳斯·罗克辛：《德国刑法学总论》，第1卷，王世洲译，256、262页，北京，法律出版社，2005。

② 冯军：《论〈刑法〉第133条之一的规范目的及其适用》，载《中国法学》，2011（5）。

③ 参见王强：《罪量因素：构成要件抑或处罚条件》，载《法学家》，2012（5）。

④ 参见王莹：《情节犯之情节的犯罪论体系定位》，载《法学研究》，2012（3）。

原理的支配，罪量要素的构成要件要素说或多或少地存在某些逻辑上的障碍。值得注意的是，梁根林教授晚近在其论文中，从但书的刑事政策机能这一命题出发，将罪量要素分为消极罪量要素与积极罪量要素，认为消极罪量要素是指但书关于“情节显著轻微危害不大的，不认为是犯罪”的规定，而积极的罪量要素是指刑法分则以明示或者暗示的方式规定的反映行为不法程度的罪量要素，是但书这一消极罪量要素规定在刑法分则罪状中的正面展开。梁根林教授指出：“消极罪量要素与积极罪量要素，分别对应于刑法总则侧重出罪机能的发挥与刑罚分则强调入罪机能的发挥。”① 在此，存在一个矛盾：既然所谓积极罪量要素是消极罪量要素在刑法分则的正面展开，那么，两者的机能应该是相同的，又怎么能够得出结论说消极罪量要素的机能是出罪而积极罪量要素的机能是入罪呢？正是从积极罪量要素的机能是入罪这一观念出发，梁根林教授指出：“就其功能而言，罪量要素都可以被解读为刑罚扩张事由。因此，在区分不法与罪责的阶层犯罪论体系中，为了贯彻责任主义原则，不宜将这些与不法和责任及其程度直接相关的罪量要素，简单地置换为客观处罚条件，使其游离于罪责的规制之外，成为决定犯罪成立的纯粹客观事实情况。既然认为要素与不法和罪责相关，不是客观处罚条件，就可能将其分别纳入不法构成要件要素和责任要素。”② 笔者认为，无论是消极罪量要素还是积极罪量要素，都具有出罪功能而非入罪功能。换言之，刑法分则规定的罪量要素相对于没有规定罪量要素的立法语境而言，其是刑罚限缩事由而非刑罚扩张事由。在这种情况下，笔者认为，对于我国刑法中的罪量要素应当采用刑事政策的解释。在《规范刑法学》一书的第三版，笔者在论及罪量要件的性质时指出：“罪量作为犯罪构成的要件之一，具有明显的刑事政策色彩。刑事政策对于刑法具有指导意义，对于犯罪构成具有制约功能。我国刑法对罪量要素的规定，表明我国刑法限制犯罪范围，因而限制司法权，同时赋予公安机关较大的治安处罚权。”③ 因此，从刑事政策的观念出发，将罪量要素看作是刑罚限缩事由，从而把罪量要件界定为客观处罚条件，在逻辑上并无太大问题。

（三）刑法教义学对刑事政策的边界控制

刑事政策作为一种价值判断，在刑法体系中的功能发挥，应当受到刑法教义学的有效限制。这也是罪刑法定原则的题中应有之意。但是，这里所说的刑法教义学对于刑事政策的功能限制，与李斯特将刑事政策拒之于刑法教义学大门之外的鸿沟战术是完全不同的。正如罗克辛所做的那样，刑事政策应当被引入刑法教义学，但基于形式判断先于实质判断的阶层构造，刑法教义学完全可以约束刑事政策，使之发挥人权保障的实质合理性功能。例如罗克辛指出：“从信条学与立法者的刑事政策目标想象的联系中，可以得出这样一种结论，例如，在利益冲突状态下，在详细

①② 梁根林：《但书、罪量与扒窃入罪》，载《法学研究》，2013（2）。

③ 陈兴良：《规范刑法学》（上册），3版，198页，北京，中国人民大学出版社，2012。

说明那种决定举止行为的社会有益性或者有害性并因此决定该行为的违法性的秩序原则（Qrdungsprinzipien）时，起决定作用的是这个根据法律制度可以看得见的基本原则而不是那种解说者个人的价值想象。同样，在人们根据刑罚目的理论的刑事政策观点来解释责任范畴并加以体系化时，也不是根据学者或者法官在刑罚目的方面所具有的想法，而是应当以从法律规定的免责根据和可能过分塑造的宪法方面能够赢得的目标为基础的。”① 在刑法教义学框架之内，刑事政策的价值判断不会导致主观武断与专横，而是有其边界的。因此，只要通过刑法教义学原理正确地加以限制，刑事政策只能发挥其出罪的功能而不可能发挥其入罪的功能。德国学者金德豪伊泽尔教授提出了用教义学来控制刑事政策的边界的命题，指出：“对于自己根基的自我反思以及由此而引发的更尖锐的意识，即刑罚是一种亟须正当化的恶，使得持有完全不同的政治立场和完全不同的世界观的刑法学者在基本态度上取得了一致，亦即：必须指出刑事政策的边界。”② 刑法教义学对刑事政策的限制主要是通过罪刑法定原则实现的，该原则所派生的“刑法的不完整性特征”（fragmentarischer Charakter）成为体系性工作的限制。

在我国刑法学界，存在着以社会危害性为中心的、具有强烈的实质冲动的思想基础，这主要体现在四要件的犯罪论体系之中。随着四要件的犯罪论体系的逐渐消解，三阶层的犯罪论体系得以传播。但在传统的社会危害性观念没有得到有效清算的情况下，社会危害性会以法益侵害性、处罚必要性以及刑事政策等实质性的判断根据而出现在刑法体系中，这只不过是社会危害性观念的替身而已。对此，我们必须保持足够的警惕。在这当中，存在着一个如何正确处理价值判断与法教义学的关系问题。法教义学并非不要价值判断，而是要限制价值判断。刑法更是如此。正如我国学者劳东燕教授指出：“在刑法体系中，基于罪刑法定的制约，并非任何法外的价值判断都允许被引入。因为罪刑法定原则是形式合理性与实质合理性的统一体，它将实质合理性的内容即法律之目的及刑事政策的影响，严格限制在该刑事政策对于法律条文文字明示而确实表达的范围内。由此，在法无明文规定时，一项入罪性的决定即使属于合理的价值判断，在刑法中也并无存在的空间。”③ 对于这种将法教义学背景之下的价值判断分为法外价值判断与法内价值判断的分析进路，笔者是赞同的。德国学者金德豪伊泽尔教授所说的“刑法的不完整性特征”观念就是禁止法外价值判断的合适理由。法内价值判断当然是不可或缺的，这也毋庸置疑。对于盖然性条款、兜底式罪名，都存在价值填充的必要性。但是，法内价值判断也存在一个限度的问题，在进行这种法内价值判断的时候，仍然需要遵循法教义学规

① ［德］克劳斯·罗克辛：《德国刑法学总论》，第1卷，王世洲译，138页，北京，法律出版社，2005。

② ［德］沃斯·金德豪伊泽尔：《适应与自主之间的德国刑法教义学——用教义学来控制刑事政策的边界》，蔡桂生译，载《国家检察官学院学报》，2010（5）。

③ 劳东燕：《刑事政策与刑法解释中的价值判断——兼论解释论上的“以刑制罪”现象》，载《政法论坛》，2012（4）。

则。例如，目前在我国引起广泛关注的“以刑制罪”的问题，就是值得慎思的。我国学者高艳东教授较早提出了所谓量刑与定罪的互动论，认为为了量刑公正可以变换罪名。① 这里的“变换罪名”通常是指选择较重之罪名。劳东燕教授也指出：“由于应受刑罚处罚必要性以及程度具体乃是通过刑罚的严厉性程度来体现，这意味着，解释犯罪成立要件时必须考虑刑罚问题，确切地说是应当以相关法条所规定的法定刑及其适用作为解释的基点。不妨把这种现象称为‘以刑制罪’。顾名思义，它指的是应予适用的刑罚的严厉程度反过来会制约与影响犯罪成立要件解释。”② 以刑制罪，其实就是重法优于轻法，也就是较重的刑罚决定罪名。在法条竞合等情况下，均有此类观点。就在法律范围内而言，进行这种价值判断似乎有益无害，而且有助于罪刑相适应原则的实现。但笔者认为，以刑事政策为基础的价值判断即使在法律范围内，也还是要遵循法教义学的规则，这是对立法者的尊重，而立法者是法条背后的价值决定者。因此，对于“以刑制罪”这样一些充满实质性内涵的方法论，还是要予以警觉。

在如何用刑法教义学限制刑事政策问题上，涉及我国存在重大争议的一个理论问题，这就是形式解释论与实质解释论之争。③ 如果仅仅看表象，似乎形式解释论就是不要实质判断，因此十分容易造成对形式解释论的误解。其实，这种误解也是对形式法治的经典误解，例如我国法理学者陈金钊教授指出：“对形式法治的经典误解是认为其不问法之善恶，其实，情况并不是这样。形式法治论者只是更多地关心法律之内的善，而疏于关心法律之外的善；要用法律祛除立法者认定的恶，而没有顾及法律本身也可能产生恶，对于善恶这种基于主观评判的结论采取了漠视的姿态，而钟情于法律已经明确的标准。”④ 对于坚持罪刑法定原则的刑法来说，所谓法律本身产生的“恶”，无非有以下两种情形：一是应当入罪而没有规定入罪，二是应当出罪而没有规定出罪。对于前者，基于法无明文规定不为罪的原理，无论如何也不能入罪，这是罪刑法定原则的代价。对于后者，完全可以通过实质性的价值判断予以出罪而并不违反罪刑法定原则。因为罪刑法定原则只是限制对法无明文规定的行为入罪，但并不禁止对法有明文规定的行为出罪。在法有明文规定的行为出罪这一点上，完全可以进行实质判断。因此，形式解释论意图通过形式特征限制对法无明文规定的行为入罪。实质解释论一般是以实质法治思想为其依归，但这种实质法治论本身也隐藏着危险性。对此陈金钊教授提出了实质法治带有毁灭法治的倾向的命题，并进行了论证。⑤ 这并不是危言耸听。当然，实质解释论也不是完全否

① 参见高艳东：《量刑与定罪互动论：为了量刑公正可变换罪名》，载《现代法学》，2009 (5)。

② 劳东燕：《刑事政策与刑法解释中的价值判断——兼论解释论上的“以刑制罪”现象》，载《政法论坛》，2012 (4)。

③ 这一争议的主要文献，参见陈兴良：《形式解释论的再宣示》，载《中国法学》，2010 (4)；张明楷：《实质解释论的再提倡》，载《中国法学》，2010 (4)。

④ 陈金钊：《实质法治思维路径的风险及其矫正》，载《清华法学》，2012 (4)。

⑤ 参见上文。

定形式的功能，但在实质性价值内容的逼迫之下，形式的疆域难以坚守。目前，我国赞同实质解释论的学者为数不少，只不过出现一些具有折中色彩的实质解释论，例如所谓保守的实质解释论①、修正的实质解释论②等。其实，这些观点与笔者所宣称的形式解释论已经相去不远。我认为，形式解释论与实质解释论之争的关键，还是如何理解罪刑法定原则的精神的问题，更是如何在刑法教义学中利用教义学规则限制刑事政策的问题。

这里特别需要说明的是，德国问题在中国语境下展开的时候，我们必须关注中国与德国在刑事法治发展阶段上的差异：中国目前尚在法治的建设过程中，处于前法治的时代；德国则属于法治发达国家，处于后法治时代。正是这种差异，决定了要从中国法治现实出发选择理论观点。可以说，我国刑法面临的是双重的使命：既要坚定地站稳罪刑法定主义的立场，又要扎紧形式法治的篱笆，抵御法外价值判断的侵入。从这一点上看，李斯特鸿沟对我们仍然具有启迪意义。同时，我们毕竟已经来到21世纪，刑法教义学也已经完成了从存在论到价值论的历史性跨越。刑事政策进入刑法教义学在其体系框架内可以发挥实质性的功能，从而使刑法不仅成为消极的人权保障的工具，而且成为积极的实现正义的武器。因此，罗克辛贯通对于我国刑法学界也是具有现实意义的。我们无须回到李斯特，也没有必要重新跨越李斯特鸿沟，我们可以直接享受罗克辛贯通的成果。然而，我们还是必须在思想上经历一遍从李斯特鸿沟到罗克辛贯通的学术历程。

也许，这是一种学术上的忆苦思甜。

① 参见魏东：《保守的实质刑法观与现代刑事政策立场》，8页以下，北京，中国民主法制出版社，2011。
② 参见王海桥：《刑法解释的基本原理——理念、方法及其运作规则》，93页以下，北京，法律出版社，2012。

后　记

2006年，陈兴良教授和我合作撰写了《刑法学的现代展开》一书。近十年时间，白驹过隙！其间，中国人民大学出版社的方明先生多次和我们联系，希望能够对该书进行修订。在和陈老师讨论修订事宜时，我建议编写《刑法学的现代展开Ⅱ》，陈老师对此极为赞同，出版社方面也很支持。于是，我们一边修订《刑法学的现代展开》，一边就《刑法学的现代展开Ⅱ》的编辑出版紧锣密鼓地开展工作，于是就有了各位现在看到的这本书。

因为《刑法学的现代展开》的后记是陈老师写的，这次他便安排我来写本书后记。这不是"轮流坐庄"，恩师对我的提携其实就体现在这些细节中。恭敬不如从命，但愿我能够完整表达合作者的想法。

《刑法学的现代展开Ⅱ》书名的确定，表明了我们对学术连续性、立场一贯性的追求，不过，也的确有敝帚自珍的意思。当然，如此命名，在一定程度上也是受到了国外同行的启发。例如，山口厚、井田良、佐伯仁志诸教授合作曾于2001年在日本岩波书店出版了《理论刑法学的最前线》一书，分别讨论因果关系、违法阻却事由、故意、原因自由行为、危险犯、共同正犯等问题。5年后，3位教授再度携手，在同一家出版社又推出了《理论刑法学的最前线Ⅱ》一书，分别研究生命法益的保护、刑法和民法的关系、司法秩序的保护、诈骗罪的构造、伪造文书罪、不可罚的事后行为与共罚的事后行为等问题。日本学者对理论研究的虔诚和挚爱也体现在他们对曾使用过的书名的恋恋不舍中。我们对《刑法学的现代展开》这一书名也有这种"情结"。《刑法学的现代展开Ⅱ》作为"续集"，总体上沿袭了《刑法学的现代展开》的风格，只不过对刑法学重要原理、核心范畴的研习更为细致入微。我们的初衷和《刑法学的现代展开》一样，始终想保持开放的胸怀，拓宽我们的学术视野，站在学科前沿，精心梳理刑法学发展的脉络和争论要点，积极推动刑法的"学派之争"，紧密结合司法实务尤其是疑难复杂案件、指导性案例，从不同的侧面切入去揭示我国刑法学的最新研究进展。

基于上述考虑，首先，在本书导论部分，我对我国刑法学如何处理生活经验和规范判断的关系、如何考虑时代特点、如何对待欧陆理论等问题进行了初步讨论；然后，我和陈老师依次围绕刑法的机能、刑法的基本立场、罪刑法定原则的理解和适用、犯罪论体系的建构、客观归责论、罪过、共犯、身份犯、死刑限制等专题分别进行研究；最后，陈老师还对于刑法学如何从刑事政策学中汲取理论滋养作了深入思考。

众所周知，最近十年来，我国刑法学取得了令人瞩目的成就。由于本书是专题性的，不可能面面俱到，难以全面反映我国刑法学研究的新进展，但是，凡是特别重大的学术论争，我们都不是旁观者，尤其是对于学术界围绕犯罪论体系的改造、实质解释和实质解释论、因果关系与客观归责论、共犯独立性和共犯从属性等重大问题所进行的论争，在本书中我们都有积极回应，对相关复杂问题的解决也提出了我们自己的独立见解。我们的这些研究，肯定还有颇多值得商榷之处，但“雁过留声”，其至少可以成为学术新锐们“练手”的“靶子”。

在《刑法学的现代展开》后记中，陈老师对我们之间观点上的细微差异进行了说明。在这里，仍然要指出的是，我们两位作者的个别差异，并没有因为时间的经过而消弭。这种差异，比较突出地表现在以下方面：在刑法基本立场上，陈老师倾向于采纳结果无价值论，我坚持行为无价值二元论；在刑法解释上，陈老师坚持形式解释论，我因为承认客观归责论、义务犯的法理、犯罪支配说而坚持实质解释论；对身份犯的竞合，陈老师强调用想象竞合犯来处理，我坚持“重要义务者正犯说”。如果重视刑法“学派之争”，就应该肯定上述差异的存在是正常的。不同学者之间的理论分歧和“难题意识”，才是刑法理论之树常青的不竭动力！

我们两人的写作分工是：

导论　常识主义刑法观：周光权
第一章　刑法的机能：陈兴良
第二章　行为无价值论的构造：周光权
第三章　风险刑法理论批判：陈兴良
第四章　但书规定研究：陈兴良
第五章　刑法解释方法位阶性的质疑：周光权
第六章　罪刑法定主义的逻辑展开：陈兴良
第七章　罪刑法定与刑法明确性：陈兴良
第八章　罪刑法定与口袋罪的限制适用：陈兴良
第九章　转型中的中国犯罪论体系：陈兴良
第十章　构成要件论的历史演进：陈兴良
第十一章　构成要件和违法性的关系：周光权
第十二章　客观归责方法论的中国实践：周光权
第十三章　主要罪过说：周光权
第十四章　过失犯的危险犯：陈兴良
第十五章　客观处罚条件：周光权
第十六章　未遂犯的处罚根据：周光权
第十七章　不能犯和未遂犯：周光权
第十八章　教唆未遂：周光权
第十九章　身份犯的竞合：周光权
第二十章　身份犯的共犯：陈兴良
第二十一章　法条竞合：周光权
第二十二章　死刑政策的法理解读：陈兴良

第二十三章　刑法分则规定的明知：陈兴良
第二十四章　自杀关联行为的定性：周光权
第二十五章　刑事案例指导制度的发展方向：周光权
第二十六章　指导性案例研究Ⅰ：潘玉梅、陈宁受贿案：陈兴良
第二十七章　指导性案例研究Ⅱ：王志才、李飞两起故意杀人案：陈兴良
第二十八章　指导性案例研究Ⅲ：施某某等聚众斗殴案：陈兴良
第二十九章　指导性案例研究Ⅳ：忻元龙绑架案：陈兴良
刑法教义学与刑事政策的关系：从李斯特鸿沟到罗克辛贯通（代跋）：陈兴良

最后需要说明的是，因为刑法总论的问题更能折射刑法教义学的理论魅力；且近年来，我国最有理论价值的成果基本都体现在对总论问题的思考上，本书也就有意识地对总论问题讨论得更多一些，不像《刑法学的现代展开》那样有将近一半的篇幅研究个罪，因为篇幅的限制，这一遗憾这次实在没有办法解决。如果今后还有机会出版《刑法学的现代展开Ⅲ》，我们将尽可能多选择具体罪名进行深入研究，以弥补本书的一些缺憾。

我们深知，刑法学是魅力无比的宝库，也是一座迷宫，我们用心凿力，得到的只不过是“沧海一粟”。但为了永远在“下一处”的美景，我们不能放弃！

谨以此与读者诸君共勉！

周光权

2015年10月12日　于清华大学明理楼

图书在版编目（CIP）数据

刑法学的现代展开 . 2/陈兴良，周光权著 . —北京：中国人民大学出版社，2015. 7
（21 世纪法学研究生参考书系列）
ISBN 978-7-300-21635-5

Ⅰ. ①刑… Ⅱ. ①陈…②周… Ⅲ. ①刑法-法的理论-中国-研究生-教学参考资料
Ⅳ. ①D924. 01

中国版本图书馆 CIP 数据核字（2015）第 160817 号

21 世纪法学研究生参考书系列
刑法学的现代展开Ⅱ
陈兴良　周光权　著
Xingfaxue de Xiandai Zhankai Ⅱ

出版发行	中国人民大学出版社		
社　　址	北京中关村大街 31 号	**邮政编码**	100080
电　　话	010－62511242（总编室）		010－62511770（质管部）
	010－82501766（邮购部）		010－62514148（门市部）
	010－62515195（发行公司）		010－62515275（盗版举报）
网　　址	http://www. crup. com. cn		
	http://www. ttrnet. com(人大教研网)		
经　　销	新华书店		
印　　刷	北京中印联印务有限公司		
规　　格	170 mm×250 mm　16 开本	**版　　次**	2015 年 11 月第 1 版
印　　张	38 插页 2	**印　　次**	2016 年 8 月第 2 次印刷
字　　数	768 000	**定　　价**	98. 00 元